DIREITO PROCESSUAL PENAL
Projectos Legislativos

PAULO PINTO DE ALBUQUERQUE

DIREITO PROCESSUAL PENAL
Projectos Legislativos

VOLUME I

ALMEDINA
1955-2005

DIREITO PROCESSUAL PENAL
PROJECTOS LEGISLATIVOS – VOLME I

AUTOR
PAULO PINTO DE ALBUQUERQUE

EDITOR
EDIÇÕES ALMEDINA, SA
Rua da Estrela, n.º 6
3000-161 Coimbra
Tel: 239 851 904
Fax: 239 851 901
www.almedina.net
editora@almedina.net

Com a colaboração da Universidade Católica

EXECUÇÃO GRÁFICA
G.C. GRÁFICA DE COIMBRA, LDA.
Palheira – Assafarge
3001-453 Coimbra
producao@graficadecoimbra.pt

Novembro, 2005

DEPÓSITO LEGAL
235300/05

Toda a reprodução desta obra, por fotocópia ou outro qualquer processo,
sem prévia autorização escrita do Editor,
é ilícita e passível de procedimento judicial contra o infractor.

*Para o Professor Doutor
Jorge de Figueiredo Dias*

Preâmbulo

Ao longo de anos de pesquisa para elaboração de uma dissertação universitária sobre a reforma da justiça criminal em Portugal e na Europa fui encontrando estudos de vários autores, que dedicaram a sua atenção e o seu esforço à elaboração de um código de processo penal. Estes estudos encontram-se dispersos por várias bibliotecas e arquivos nacionais, sendo de difícil acesso. Um deles, o de Corrêa Telles, era até ao presente desconhecido.

A divulgação destes estudos tem um duplo propósito: estimular o estudo da ciência do direito e preservar o património dogmático nacional.

Os projectos que agora se publicam consubstanciam trabalhos de síntese de enorme relevância dogmática, cuja importância política também deve ser salientada. Com a sua publicação procura-se impulsionar a investigação científica sobre as matérias que eles trataram.

Por outro lado, a preservação do património dogmático nacional é um dever que incumbe sobre todo o jurista. A recuperação de textos esquecidos ou até ignorados para a discussão científica é, não apenas um imperativo ético de respeito por esta herança cultural, mas também uma forma de prestar tributo a quem antes de nós dedicou a sua atenção e o seu esforço à ciência do direito e, deste modo particular, ao bem de Portugal.

Introdução

I - Projecto Mello Freire

O "Ensaio de Código Criminal" é da autoria do desembargador da Casa da Suplicação e lente da Faculdade de Leis da Universidade de Coimbra Pascol José de Mello Freire dos Reis.

Mello Freire foi nomeado por carta régia de 22.3.1783 para apresentar um projecto de código de direito público e um projecto de código criminal. O projecto de código criminal foi apresentado em 1789. A sua publicação teve lugar em 1823 na cidade de Lisboa, através da Typographia Maigrense, e ficou a dever-se a Miguel Sétaro, sendo essa edição a reproduzida nesta colectânea.

II - Projecto Forjaz Sampaio

O "Extracto de Projecto de Código de Delictos e Penas e da Ordem do Processo Criminal" é da autoria do desembargador do Tribunal da Relação do Porto José Maria Forjaz de Sampaio.

O projecto foi publicado em 1823 na cidade de Coimbra, através da Imprensa da Universidade de Coimbra, sendo essa edição a reproduzida nesta colectânea. Na altura o autor fazia ainda parte da comissão especial do projecto comum, criada por ordem das Cortes Constituintes de 23.11.1821 com o objectivo da apresentação de um projecto de código penal e de proceso penal. O motivo invocado por Forjaz de Sampaio para a publicação autónoma do Ensaio foi o do desacordo com algumas opções fundamentais dos restantes membros da comissão, designadamente, no que respeita ao direito penal.

III - Projecto Giovanni Carmignani

O *Progetto de Codice di Procedura Criminale* foi feito pelo lente da Universidade de Pisa Giovanni Carmignani, na sequência da abertura de um concurso público pelas cortes portuguesas em Abril de 1835, tendo o projecto sido entregue às Cortes portuguesas no final do ano de 1836. Simultaneamente, o autor ofereceu um projecto de código penal.

O projecto foi publicado no volume sexto dos *Scritti Inediti*, do autor, saído no ano de 1852 da Tipografía de Giuseppe Giusti em Lucca, sendo essa edição a reproduzida nesta colectânea.

IV - Projecto Corrêa Telles

O Projecto de Código de Processo Criminal é um manuscrito da Biblioteca da Ordem dos Advogados de Lisboa e não se encontra datado nem assinado.

O projecto foi finalizado entre os dias 26.9.1840 e 28.11.1840. Na motivação do projecto, o autor menciona profusamente as fontes legislativas, jurisprudenciais e doutrinárias do texto proposto, tendo sempre como referência a Nova Reforma Judiciária, o que permite concluir, sem margem para dúvida, que a finalização do texto é anterior à data da publicação da lei que fixou as bases da reorganização judiciária e autorizou o governo a publicar uma nova reforma judiciária, isto é, a Lei de 28.11.1840. Por outro lado, na nota ao parágrafo 27 faz-se menção à Lei de 26.9.1840, sendo esta a lei citada pelo autor com a data mais recente, o que conduz à conclusão de que o autor terá pelo menos finalizado a obra nesta data ou em data posterior a ela. Comprende-se assim que o autor não tenha visto interesse em dar à estampa o seu projecto, em face da publicação de uma nova lei geral da organização judiciária e do processo penal pouco tempo depois da conclusão da sua obra.

O projecto é da autoria de José Homem Corrêa Telles, como resulta da análise do conteúdo dogmático do manuscrito e, designadamente, da sua comparação com as posições assumidas por Corrêa Telles no "Manual de processo civil, suplemento do Digesto Português" (cfr. a minha A REFORMA DA JUSTIÇA CRIMINAL EM PORTUGAL E NA EUROPA, Coimbra, Almedina, 2003, pp. 231 a 239).

O texto do projecto é publicado reproduzindo as páginas do manuscrito com fidelidade, mantendo as entrelinhas, as notas de pé-de-página com letras e as palavras divididas no final de cada página. A numeração das páginas é feita com a indicação do número entre parêntesis rectos.

V - Projecto Joaquim Sant' Anna

O "Projecto de Codigo do Processo Civil e Criminal" é da autoria do juiz de direito Joaquim Sant' Anna e foi concluído em Abril de 1847.

O projecto foi publicado nesse mesmo ano na cidade do Porto, pela Typographia Constitucional. É essa edição a reproduzida nesta colectânea.

I - Projecto Mello Freire

ENSAIO

DO

CODIGO CRIMINAL,

A QUE MANDOU PROCEDER

A RAINHA FIDELISSIMA
D. MARIA I.

COMPOSTO POR
PASCOAL JOSÉ DE MELLO FREIRE,

QUE
A SUA MAGESTADE FIDELISSIMA

O SENHOR D. JOÃO VI.

REI DO REINO UNIDO DE PORTUGAL,
BRASIL E ALGARVES,

OFERECE E DEDICA

MIGUEL SETÁRO,

a quem liberalmente o cederão em publica utilidade
os dignos herdeiros de seu benemérito Autor.

LISBOA

SENHOR.

Tendo a Augusta Mãi de Vossa Magestade, a Senhora D. Maria I. de saudosa memoria, mandado proceder á formação de um novo Codigo Criminal, foi este por ordem da mesma Senhora composto e ordenado pelo Jurisconsulto Pascoal José de Mello Freire no anno de 1789, cujo autografo tendo-me sido mui liberalmente cedido pelos herdeiros do benemerito Autor, o mandei estampar, e o dedico a Vossa Magestade, como Digno imitador das Beneficas Intenções de Sua Augusta Mãi. Digne-se Vossa Magestade acceitar benignamente a minha offerta em signal do respeito veneração e acatamento, que professa á pessoa de Vossa Magestade.

*Lisboa 24 de Junho
de 1823*

Miguel Setáro.

PREFAÇÃO DO EDITOR.

Largo tempo ha que o Estado pedia a reforma das suas leis civís, e todo esse, que até o dia de hoje tem decorrido desde 1789, em que Pascoal José de Mello ordenou o Codigo Criminal, que ora estampamos, e o de Direito Público, que tambem tiraremos á luz, é para aquelles, que embaraçaram a sua promulgação, um ferrete; que os accusa ou das trevas, que pretendiam eternizar, ou dos males, que não queriam diminuir.

Porem que em geral a reforma das nossas leis criminaes, quiçá primeiro ainda que a das outras leis civis, era de absoluta necessidade, sobram para demonstra-lo o nosso mesmo Autor, tanto na sabia prefação ás suas *Instituições de Direito Criminal Lusitano,* como na *Introducção,* que adiante vai, ao presente Codigo; o assás filosofico *Discurso sobre Delictos e Penas* de seu sobrinho Francisco Freire de Mello, reimpresso o anno passado; o não menos filosofico *Discurso sobre a Pena Capital* de Antonio Ribeiro dos Santos; e sobra a simples leitura do Livro V. das Ordenações, de que inda, agora desgraçadamente usamos, compiladas das de D. Affonso V., e D. Manoel, das inserções atrozes feitas na Lei Julia, e de outras Leis dictadas pelos tyrannos de Roma, e por autoridades de seculos mais escuros. O exemplo de se reformarem, com as luzes do presente século, as Leis criminaes é uma lição, que á porfia nos dão as Nações mais cultas, emprehendendo mais ou menos, aquella reforma, certo já convencidas pela experiência, de que os frequentes, e atrozes supplicios não são os que melhoram a especie humana, e arrastadas pelos clamores dos Filosofos, e trabalhos de tantos Publicistas em esclarecerem os direitos particulares do homem, e geraes das Sociedades.

Este exemplo e aquella necessidade não tinham escapado á Rainha Fidelissima D. Maria I., que logo desde o principio do seu Reinado, por Decreto de 31 de Março de 1778, mandou proceder á formação de um novo Codigo, ou reforma do existente, e de todas as leis extravagantes; nomeando collaboradores, estabelecendo-lhes fórma regular de trabalhos, e conferencias, e sollicitando com grande empenho que a obra se levasse ao fim, e se publicasse no seu Reinado, como tendo por certo que ella só por si era bem capaz de immortaliza-lo.

Mas tanto zelo e tão eximio ficou por então sem effeito, porque os nomeados nada fizeram, ou por ineptos, ou por incapazes do nobre sentimento do público proveito, e daquella consciencia do bem, que é a verdadeira honra, e o mais sublimado galardão do homem virtuoso. Cinco annos se passaram, até que da Universidade foi por fim chamado o doutor Pascoal José de Mello Freire por carta de 22 de Março de 1783, ao qual se commetteo o Codigo do Direito Público, ou livro segundo da Ordenação, e acabado este, o Codigo Criminal, trabalhos, que rematou em cinco annos.

No cáos da Legislação de Roma e Portugal, alumiado o Autor do luminoso farol da critica, e da filosofia compoz estas duas gravissimas obras fazendo quanto pôde por preserva-las da ferrugem dos seculos, dos attentados da tyrannia, e das invasões do feudalismo, e assim architectou não uns modelos ou traços, ou ensaios, como elle modestamente os chama, porem uns verdadeiros Codigos, tão bons, quanto o podiam ser nos actuaes costumes, e relações dos Povos, e governo do Reino.

Mandou-se proceder á sua revisão por Decreto de 3 de Fevereiro de 1789; mas nem isto mesmo se cumprio, ou pelo menos se ultimou: e quem seria o culpado? A historia o dirá, e a posteridade marcará os delinquentes, e os votará a eterna execração.

O Autor, inclito ornamento da jurisprudencia e litteratura portugueza, morreo, aindaque com público tributo de verdadeira gloria, certo sem o premio que merecia, a 24 de Setembro de 1798 com 60 annos de idade, havendo nascido na pequena villa de Ancião a 6 de Abril de 1738.

Estas noticias, preciosas aos amadores das letras e gloria nacional, pódem-se ver na Inscripção gravada na pedra, que lhe cobre a sepultura, obra tudo de seu mencionado sobrinho, em verdade bom zelador da fama de seu illustre tio: esta sepultura está na Ermida de Santa Rosa de Lima, que ora serve de parochia da Freguezia de S. Jorge desta capital.

Noticias mais amplas se podem ler no *Panegyrico Historico,* recitado em seu louvor na Academia das Sciencias a 17 de Janeiro de 1799; o qual seu dito sobrinho verteo em Latim Ciceroniano, e addicionou com amplas e selectas Annotações; e se publicou tudo em Lisboa em 1802, e se reimprimio em Coimbra em 1815 á testa das obras do Autor.

No seu caracter moral, luzes, merito, e talentos fôra ocioso demorar-nos, porque bastantes abonadores ha do primeiro nas innumeraveis pessoas ainda vivas, que o trataram; as quaes são unanimes nos honrosos depoimentos que fazem da sua inteireza como homem público, e probidade como particular. Alem de que se é certo que os bons livros são um precioso legado, que seus autores deixam á posteridade, e demonstrado que nelles, como em filhos seus mimosos, ficam retratados ao vivo a alma, os sentimentos, o coração de quem os dictou, em quaes outros sobresahirão mais relevadas a rectidão e affecto á justiça, o amor da humanidade, o desejo ardente da ventura e bem estar de todos? Verdadeiramente amigo dos homens, em meio de tantas discussões do Direito Civil, e Patrio, mesmo neste intricado laberinto, penetrou elle sempre ou quasi sempre, alumiado, como dissemos, pelo faxo, não só da critica mais judiciosa, mas tambem daquella Filosofia, que marcha direita ao bem, e que outra mira não leva mais, que a felicidade geral, virtude por certo acima de todas as virtudes, pois que de todas é a mais util.

As luzes, o talento, o merito, com que o desempenhou, e pareceo ainda sobranceiro a trabalho tão arduo, isso póde só ignora-lo quem não tiver lição alguma delle, e poderia contestarlhos quem a não tivesse nem da primeira *Nota* dos seis volumes de suas obras, que contem a *Historia*, e as *Instituições do Direito Patrio*, e de varios opusculos, que delle possuimos, e correm impressos.

Mas, cingindo-nos por agora a falar sómente do *Codigo Criminal*, que ora offerecemos ao Público; este juiz competente das producções litterarias julgará em ultima e soberana instancia da sua bondade. Porem nós sem pretendermos contravir á sua decisão, nem anticipa-la, podemos asseverar com aquelle conhecimento, que nos cabe, e aquella imparcialidade, que professamos, que, sendo elle feito por ordem de uma Soberana, e numa conjunctura, em que pela diuturnidade dos tempos pareciam pelo menos esquecidos primitivos Direitos, era inpossivel faze-lo melhor, metter-lhe doutrinas mais liberaes, e rechea-lo de principios e ideias, que mais se chegassem á dignidade do homem, e á conservação da sociedade.

Mas este ponto requeria mais larga investigação, nem cabe nos termos de uma prefação. Bastará notar de passagem que se o presente Codigo, bem como o do Direito Público, ao menos se houvessem promulgado desde então, a milhares de males se tivera esquivado Portugal. Agora em fim com a mira na púbica utilidade, e com o fim de auxiliar quanto se possa aos que trabalharem em tão importantes objectos, cederam ao Editor generosa e desinteressadamente o autografo os dignos herdeiros de seu illustre Autor, acquisição, de que o Editor deve não pequena parte ás diligencias, e amor do bem público do Dr. Gregorio José de Seixas.

O mesmo Editor tendo servido a El Rei e á Patria com zelo e desinteresse, dentro e fóra do Reino, mormente na Missão da Russia junto da Imperatriz Catharina em Secretario adjunto á Legação portugueza [tempo, em que se celebraram com aquella Potencia os Tratados de Accessão á Neutralidade armada, e o de Commercio] e depois sendo Consul Geral, em cujos cargos presume ter cooperado para os interesses do Estado, assentou não poder de presente melhor servi-lo, do que publicando os trabalhos de um homem tão benemérito em materia tão ponderosa. Se este fim, a que exclusivamente se propoz, for cheio, cumpridos estão seus votos, pois a nada mais aspira, que a servir utilmente a sua Patria.

Nota. Lançámos para o fim as Provas, ajuntando-lhes as referencias a seus Titulos respectivos, e destes, e dellas fizemos indice com as paginas em que ambos vem. As citações marginaes, a que o Autor se refere muitas vezes, são as que vão no baixo das paginas, porque não cabiam nas margens de um volume de 8.°

INTRODUCÇÃO
AO
ENSAIO DE CODIGO
CRIMINAL.

A reforma das leis criminaes he mais difficultosa do que das civis; mas esta difficuldade, bem como diz o Auctor da Moral Universal tom. 2. sect. 4. c. 3., não vem tanto da natureza das cousas, como dos prejuizos dos homens.

Nada interessa mais á humanidade do que um bom codigo criminal; mas eu não sei aonde o haja! As leis antigas, e modernas da Europa, comparadas entre si, são a maior prova desta verdade; porque em todas vemos decisões não só injustas e crueis, mas inconsequentes; e contradicções monstruosas entre as mesmas leis, e suas circunstancias; entre os principios da natureza e entre as mesmas instituições civis. Veja-se Mr. Lefrosne nas suas reflexões sobre a justiça criminal, impressas em 1777.

Na certeza pois dos grandes abusos e defeitos, de que abundão todos os codigos criminaes, os principes, e sociedades litterarias, como a Economica de Berne, e a Academia de Chalons, não só tem procurado reformalos, mas promettido vantajosos premios áquelles que propozerem as leis menos severas, e ao mesmo passo mais promptas e capazes para conterem e evitarem os malfeitores; e estes são hoje os desejos de todos os homens bons e amantes da humanidade.

Tudo se deve ao estado e perfeição da moral politica, a qual ensina que o criminoso inda he cidadão, e que pelo seu mesmo interesse, e da sociedade, deve por ella ser tractado como um doente ou ignorante que he necessario curar, instruir e cauterizar segundo a sua infermidade.

Esta parte da philosophia, tão importante e necessária aos homens públicos, e tão vantajosa a toda a humanidade, teve verdadeiramente neste século o seu nascimento, e parece que tãobem a sua ultima perfeição. Aquelle se deve ao Marquez de Beccaria, que, desenvolvendo no seu Livro dos delictos e das penas os principios de Locke e Montesquieu, poz em movimento os espiritos de Linguet, de Lacroix, de Phlipon, de Servant, de Brissot, e de outros grandes homens que aperfeiçoárão a sua obra.

Mas eu não devo trazer aqui a historia, e successo destas obras philosophicas, nem tãobem tecer longos discursos sobre as leis criminaes das outras nações, suas atrocidades, e sobre a causa e motivo dellas. Esta materia he tão propria de uma academia, como alheia deste lugar.

Não posso porém dispensar-me de fallar dos grandes defeitos da actual Ordenação do liv. 5., em que se comprehende o nosso codigo criminal: eu os considero ou na substancia da cousa, ou respeito da ordem, ou na falta e omissão das matérias que devião necessariamente tractar-se.

Primeiramente os delictos não se distinguem, nem separão entre si pela sua ordem e classes: as doutrinas e regras geraes sobre os delictos, os delinquentes e suas penas, e sobre as provas, indicios e presumpções, são absolutamente ommissas: mas isto he o menos, o mais he que a mesma legislação no seu fundo, pela maior parte, he inconsequente, injusta e cruel.

Logo no primeiro titulo vejo eu que a Ordenação manda castigar os hereges com as penas determinadas por direito, e não declara que direito: e como não deve haver outro no foro, senão o do reino, que as não define, deixa a sua determinação ou ao enthusiasmo dos juizes, ou ao direito romano, que nesta parte não póde servir de regra pela sua incerteza e differentes principios, o que em lugar proprio se mostrará. He portanto a sobredita Ordenação muito defeituosa, e a sua reticencia, ommissão ou remissão em um ponto tão importante foi (quanto a mim) a principal causa e motivo das atrocidades commetidas nesta materia por tantos seculos.

A mesma Ordenação no tit. 3., suppoem que ha verdadeiros feiticeiros e adevinhões, e os castiga com pena de morte. He errada a suposição, e barbara a pena: e a excepção do §. ultimo do mesmo titulo, aonde se permitte adevinhar por astronomia e pelas nascenças das pessoas, he tão miseravel, que nenhuma desculpa póde admittir no tempo da ultima compilação. Este assumpto ha de ser tratado no seu lugar proprio, e por hora me remetto ao que sobre elle diz o jesuita Frederico Spe na sua Caução Criminal *de processibus contra sagas* e Paulo Rieger nas suas Instit. p. 4. desde o §. 384 até 435. Do mesmo genero he a prohibição que vem no tit. 4, para só com licença d'elrey, e dos prelados se podêrem benzer os cães e os bichos.

He supersticiosa e irreligiosa, por cheirar ao gentilismo, a Ord. do tit. 5. §. 2., em quanto permitte comidas e bebidas na occasião em que se levão os defuntos, com tanto que seja fóra da igreja.

As penas não tem proporção com os delictos, e são crueis e injustas, regularmente. Os crimes moraes, que admitem tanta escusa, são castigados com pena de morte, como se vê dos titt. 13. 14. 15. 19. 25. 32., e outros que a Ord. explica pelas palavras, *morra por elle, morra porém, morra morte natural para* sem*pre,* expressões estas que sendo adoptadas das leis moysaicas, *moriatur pro eo, moriatur in æternurn,* derão occasioes a muitas disputas.

Reputa-se no tit. 13. menor crime a bestialidade, do que a sodomia, porque aos réos daquelle crime manda só queimar, e a estes, além da pena do fogo, impoem a de infamia e a de inhabilidade para succeder aos filhos e netos.

Permitte a Ordenação a denunciação em segredo não só no caso de blasfemia, mas em quasi todos os delictos moraes, mandando que nelles não haja abertas e publicadas, que a prova se entenda legitima por uma ou duas testemunhas que o denunciante nomear em segredo, postoque sejão de differentes actos; que se não dê o nome dellas ao culpado: e obriga a todo o homem a denuncial-o e a delatal-o debaixo da pena de perdimento dos seus bens. Veja-se o tit. 2. §. 5. e o art. 13.

Castigão-se no tit. 12. com a pena de fogo em vida não só os que fazem moeda falsa, mas os que dão a isso conselho, e os que encobrem ou não descobrem os malfeitores, sem differença alguma, devendo fazer-se. No tit. 38. se consente não só que o marido possa matar a mulher e o adultero, achando-os na occasião, mas fóra della e a todo o tempo, e que para isso possa convocar os seus amigos, e parentes; e ahi se faz a celebre e escandalosa differença entre o fidalgo, desembargador, e os outros homens, como se todos não tivessem o mesmo e igual direito á sua honra.

O furto simples de valia de marco de prata he crime capital no tit. 60. E quem não vê que esta pena não tem proporção com o delicto? No tit. 54. se impoem a mesma pena de morte ás testemunhas falsas e aos que as induzem; e como os crimes são diversos, devião ser diversas as penas.

A pena de fogo em vida, e de mãos cortadas, he cruel, e se declara em muitos crimes, e em outros se manda morrer o culpado cruelmente, deixando ao juiz o genero da crueldade. Os tormentos se approvão, e se mandão dar no tit. 134.

Admitte-se o processo accusatorio no tit. 117., e o inquisitorio igualmente no tit. 122. A ordem judiciaria criminal, que vem no tit. 124., he quasi a mesma e a ordinaria do processo civil por libello, contrariedade, réplica, tréplica, dilação e tempo para prova, artigos de contradictas, e vista por fim ás partes para dizerem de seu direito.

Não se faz uso do processo summario, e verbal; nem se dão as regras e princípios sobre as provas em geral, e em particular por testemunhas, e confissão do réo, sobre a sua inquirição e exame, e formalidade que o juiz deve praticar, perguntando uns e outros: o que tudo he de summa importancia e necessidade, principalmente no estado, em que se acha a jurisprudencia criminal pelo prejuizo dos escriptores e ignorancia dos juizes, os quaes por boas e más artes, a torto e a direito, procurão e obrigão os reos ou a confessar o que não fizerão, ou ao que não confessarião senão fossem illudidos e enganados por aquelles modos e capciosas perguntas: o que tudo he contrario ao officio do julgador, que deve principiar por ser homem bom.

Basta o que fica dito, para se conhecer a necessidade de novas leis, e nem tanto era preciso depois de se mandarem fazer. Segue-se vêr o plano que tenho meditado da sua refórma, o qual eu pretendo comprehender debaixo de tres objectos e partes principaes.

Na primeira tratarei dos crimes em geral, e sua divisão, das pessoas capazes de delinquir, dos diversos delinquentes, e diversidade das penas; e aqui faço entrar, como appendix e accessorio, as diversas especies e ordens de crimes, quaes são os religiosos, moraes, públicos, particulares, communs, e privilegiados.

Preparados assim os juizes com os conhecimentos preliminares e idéas geraes da justiça e da equidade sobre os delietos, delinquentes, e suas penas; tratarei na segunda parte da natureza e força das provas, e sua diversidade, e dos indicios ou presumpções juridicas; materia tão importante e absolutamcnte ommissa nas nossas leis, e que apenas se tracta nas estranhas, e em que os nossos escriptores e os alheios a cada passo se enganão, propondo principios errados, em gravissimo prejuizo de toda a humanidade. A esta parte pertence a materia particular do juramento judicial e purgatorio, da acção ou accusação, e da defeza, do exame e inquirição das testemunhas, e da acareação do reo, e outras cousas.

Na terceira fallarei da ordem de processo criminal; a qual como seja tão connexa e dependente da ordem do processo civil, por ser uma e outra introduzida para a averiguação da verdade, que he o que se procura saber em um e outro processo: sem tocar nas noções e formalidades judiciarias, communs e geraes em todas as causas, e a todos os juizes e litigantes, que a Junta do Codigo depositou em mãos muito mais habeis do que as minhas; tratarei só das proprias do processo criminal.

Sobre cadauma destas tres partes, antes de entrar nellas, devo fazer primeiro algumas pequenas reflexões, deixando outras para os seus lugares respectivos. Emquanto á primeira, em que se trata dos delictos e delinquentes, e das penas, digo que não admitto em caso algum as penas crueis; que pouco ou nenhum uso faço das fiscaes; porem admitto, e me sirvo das capitaes em todos os crimes maiores.

Creio que todos facilmente convriáô comigo na abolição das penas crueis, e taes são as de morrer queimado vivo, enterrado, entaipado, despedaçado, e outras que por horror não quero nomear: o mesmo juizo faço da pena de cortamento das mãos, pés, olhos, lingoa, e outras.

A crueldade da morte por exquisitos e vagarosos tormentos offende a humanidade, e a religião, e de nada serve á sociedade; pois para ella ficar salva, basta que o criminoso morra. O cortamento de membro util e necessario para a vida natural e social do homem reputo do mesmo modo por uma atrocidade politica; porque, se o criminoso he tão máo, que não admitte emenda, e

24 • Direito Processual Penal

que, vivo, em todo o estado se faz temivel á sociedade, tem então lugar a pena ultima: em outras circunstancias, e podendo ainda ser-lhe util, para que he prival-o delle?

He por tanto barbara a lei do senhor rei D. Diniz feita em Lisboa aos 7 de Janeiro, era 1353, que manda tirar a lingoa pelo pescoço, e queimar vivos os que descrerem de Deos, e o doestarem, ou aos seus santos. Do mesmo genero he outra lei dionysiana, que manda cortar o dedo pollegar, e as mãos ao que ferir, ou arrancar arma na corte; e outra do senhor rei D. Affonso V. que, querendo diminuir e modificar a pena de morte imposta aos perjuros por lei do dito senhor rei D. Diniz dada em Coimbra aos 11 de Janeiro, era 1340, por muito favor e equidade lhe manda cortar a lingoa. Neste mesmo espirito forão feitas e concebidas as actuaes ordenações do reino nos tres differentes codigos, pelas razões que logo veremos.

Faço porém entrar no codigo não só todas as outras penas corporaes e afflictivas, mas as mesmas capitaes. Sei muito bem os argumentos do Marq. Beccaria no seu tract. dos delictos, e das penas §. 28., tirados já da natureza do contracto e pacto social, já da razão e exemplo do suicidio, já da experiencía; mas o auctor da instrucção para o codigo da Russia no fim do art. 7., Rousseau, e outros, que commentárão a obra de Beccaria, e que fizerão sobre ella as suas observações, respondem sólidamente aos seus argumentos. Eu tenho para mim que em Portugal não póde haver segurança publica sem penas capitaes; e todos sabem que o genio e caracter da nação he um principio para o augmento e diminuição da pena. Esta materia ha de ser tratada em um titulo especial, e ahi se dirá o modo, com que se póde aggravar esta pena nos grandes delictos, sem crueldade.

As penas fiscaes são frequentes nas nossas leis antigas e modernas, e nas de toda a Europa. Vemos nos foraes, nos mesmos crimes particulares, taxada certa pena para el-rei. A pena das *noveas* ou *noveado* pelo primeiro e segundo furto, sem outra alguma, era vulgar antigamente, e reputada como um certo privilegio e foro do cidadão, que el-rei D.. Affonso IV. modificou e definio a pedimento dos povos nas cortes geraes de Santarem, mandando-a cobrar pelos seus almoxarifes. Emfim com os delictos se locupletavão o fisco, a parte, os offciaes d'el-rei, e os alcaides grandes e pequenos.

Hoje todos reputão justamente por uma grande indignidade, enriquecer-se el-rei com os crimes de seus vassalos. Ainda assim, como a regra he que o confisco he direito do rei, e que ao fisco pertence a pena que não for especialmente applicada; no tit. IV. deste codigo se salva a regra e a sobredita indignidade, e se tira tãobem ao juiz a liberdade de condemnar para si ou para os seus officiaes, e para as despesas do concellho, pelo justo receio de podêr abusar della, e se fixa e define o seu podêr a respeito da applicação das penas arbitrarias, pois que não podem ser todas certas e legaes, por ser absolutamente impossivel não ter o julgador em muitos casos algum pequeno arbitrio.

A pena de infamia he tãobem frequentíssima nas nossas leis; o que não deve ser: eu só faço della aquelle moderado e necessario uso, que recommendão Mr. Vermeil, advogado do Parlamento de Pariz no seu Ensaio sobre a reforma da legislação criminal, impresso em 1781, e Mr. de Vouglans nas Memorias sobre as penas infamantes, e muitos outros, como se dirá no tit. 4.

E a respeito da 2.ª e 3.ª parte, isto he, sobre as provas e processo criminal, sabem todos que as leis antigas de todas as nações pouco se embaraçavão com os delictos particulares, parecendo-lhes que o cidadão por direito natural tinha no mesmo estado civil o direito de se defender a si e as suas cousas.

Deste direito, assim entendido, nasceo a prática e o uso da vingança particular entre as nações antigas, a qual se prova com os muitos exemplos, que refere Eustathio a Homero livro 9.º de sua Iliada, vens. 628. e seguintes. Desta prática nasceo tambem o uso e introducção dos asylos entre as mesmas nações, como observão *Grot de Jur. Bell.* liv. 2. c. 20. § 8. e 10., Bodino *de Repub.* Sect. ult., e o bom criminalista Antonio Mattheos ao liv. 47. do Digesto tit. 4. c. 2. §. 3.

Cessou este uso ou abuso da vingança, e se deixou ao imperante, depois que todo o mundo se fez romano, e logo que appareceo o Evangelho, que manda amar os inimigos: extinto o imperio romano, e collocados os barbaros na Europa, começou a reviver aquelle chamado direito, e a permittir-se a vindicta particular pelos crimes particulares.

O matador pelas leis dos Wisigodos em Hespanha era mandado entregar aos parentes do morto para tomarem delle a vingança que quizessem, comtanto que o não matassem, lei 3. e 9. 1.º 3. tit. 4, lei 16. e 18. 1.º 6. tit. 5, e lei 3. 1.º 7. tit. 3. Nas leis 12. e seguintes do 1.º 6. tit. 5. se determina que os juizes possão sim declarar a pena, mas que a sua execução se deixe sempre aos offendidos e interessados. Deixo outras provas.

Sobre este edificio gothico forão fundadas as nossas leis posteriores. O direito da vingança passava com a terra e com o vestido militar. Em escripturas e testamentos antigos da meia idade se lê *ad quemcumque hereditas teræ pervenerit, ad eum vestis bellica, id est, lorica, et ultio proximi, et solutio leudis debet pertinere.* A celebre e bem conhecida lei da revindicta a permittia geralmente na fórma que nella se declara, a todos os fidalgos e aos homens bons. O costume do reino era geral para cadaum podêr encoimar, isto he, vingar a deshonra dos seus parentes, costume que em grande parte abolio o senhor rei D. Afon*so IV.* por uma sua lei feita em Coimbra em 17 de Março, era 1363, e por outra de 11 de Abril, era 1385, e ultimamente supprimio o senhor rei D. Affonso V. Por lei do senhor rei *D.* Affonso III, que não está revogada, podia cada um livremente chamar a sua casa e ás suas terras, honras e coutos, homens escudados e armados, para com elles se defender das pessoas que o quizessem atacar, sem incorrer por isso na lei das assuadas: o senhor rei D. Diniz por lei dada em Lisboa no 1 de Junho, era 1441, livrou de toda a pena e coima os que matassem similhantes aggressores.

Conservão-se ainda nas ordenações novas, de que usâmos, bastantes reliquias deste direito; porque primeiramente as cartas de seguro requeridas pelos povos ao senhor rei D. Pedro I. nas Cortes de Elvas, de que se trata no tit. 130 do 1.º 5., não são outra cousa mais do que uma subrogação daquelle direito, que as novas leis inventárão com o fim de fazer cessar por este meio a vindicta particular, não tendo força para a prohibirem abertamente em todos os casos, e a todas as pessoas.

Os coutos, de que falla o tit. 123 do 1.º 5. para nellles se acoutarem os malfeitores, que são os nossos asylos civis, similhantes aos dos Judeos, forão instituidos e conservados até quasi aos nossos dias, não tanto para promover a agricultura, que he a razão vulgar que dão as mesmas leis, e os escriptores, mas com o fim de evitar a vindicta; e esta, quanto a mim, foi a verdadeira causa e o motivo da sua introducção e conservação.

No titulo 38. se permitte claramente e sem rebuço algum a vindicta particular no caso de adulterio, em todo o tempo e occasião, como já acima adverti. Nas cartas de inimizade, mandadas passar pela Ord. do liv. 1. tit. 3. §. 5., se vião approvadas e sustentadas pelas mesmas leis publicas a vingança, o odio, e a vindicta particular. Outros exemplos constão da Ord. liv. 3. tit. 89. §. 1., liv. 4. tit. 23. §. 3., tit. 57. §. 1., e tit. 76. §. 3. onde se consente a cadaum fazer direito a si mesmo.

26 • Direito Processual Penal

Nem as justiças do rei podião só conhecer, julgar e castigar todos os delinquentes. Em alguns foraes antigos se acha o foro de só poder ser julgado o cidadão pelos seus pares, e este era quasi geral a toda a ordem da nobreza. Sómente se conhecia dos crimes por accusação ou queixa feita á justiça, isto he, aos juizes das terras ou aos corregedores e ministros, ou nas alçadas; e para este fim forão principalmente introduzidas as correições, que tãobem se chamavão *devassas*, por estar devassa e patente a todos a accusação e a queixa, a qual se propunha simplesmente e sem formalidade de libello, ou outra similhante. Negando o réo, as provas se fazião ou pelo seu juramento judicial ou purgatorio, ou pela prova e experiencia da agua ou do fogo, ou por desafio, ou guerra particular, ou judicial, ou por outros modos chamados *judicia Dei*, ou finalmente pela prova e uso dos tormentos.

A esta ordem e provas do processo criminal antigo succedeo o moderno da actual Ordenação. do liv. 5. tit. 124., tit. 1. da de el-rei D. Manoel, e tit. 4. da de el-rei D. Affonso V. no mesmo livro, o qual foi tirado parte do direito romano, e canonico, parte dos glossadores e escriptores do seculo XIII., e parte das leis, e costumes antigos; e daqui vem a sua obscuridade.

A inquirição em certos crimes, quasi por via de regra, e a appellação por parte da justiça deve o seu nascimento ás leis romanas posteriores do Codigo e das Novellas, isto he, ao despotismo. O uso dos tormentos, approvado pelos nossos três codigos, deve tãobem a sua origem á dureza e barbarismo romano sobre os seus servos. A admissão dos denunciadores em segredo, sem assignatura e sobscripção, foi tida e havida nas *Decretaes*, e por consequencia, no foro como uma verdadeira denunciação evangelica, de que está tão distante.

A differença e divisão de provas affirmativas e negativas, perfeitas e imperfeitas, plenas e semi-plenas, obliquas e directas; a doutrina que nos grandes crimes bastão menores provas, quando deve ser pelo contrario; os enganos e más artes e maneiras, com que os juizes *por faz e por nefas* costumão enganar os réos, obrigando-os a confessar o que não fizerão, ou mais do que fizerão, e a opinião de que a simples confissão do réo, sem outra prova, basta para a condemnação, forão inventadas, e sustentadas pelos doutores escholasticos, e ainda hoje reinão no foro apesar de toda a boa rasão e philosophia.

Por tanto tenho assentado não fazer uso neste codigo de similhantes doutrinas pelas rasões que em seu lugar mais compridamente se dirão, e muito menos dos tormentos, por maior que seja o crime. Os sábios da Europa ha muito tempo tem declamado altamente contra a tortura. A obra de Grevio, impressa em Hamburgo em 1624, neste genero he a primeira que sahio, e mereceo por isso ser citada por Bayle com grandes elogios. Grocio, Bodino, Thomasio, Boehmero, Beccaria, Rizi, Voltaire, Montesquieu, e o eloquentissimo Mr. de Servant, provão evidentissimamente a injustiça, barbaridade e insufficiencia dos tormentos para o effeito de descobrir a verdade, o que já hoje passa sem contradictor. Santo Agostinho no 1.º 19. de Civit. Dei c. 6. havia já occupado, tantos seculos antes, todas as suas rasões; mas ainda assim em Madrid no anno de 1778 sahio uma obra com este titulo: *Defensa de la tortura, e leis patrias, que la estabeleceron, contra la impugnacion del tratado, que escrebio contra ella el Dr. D. Alphonso Maria de Azevedo, auctor D. Pedro de Castro.* Desta obra se faz menção no Diccionario da jurisprudencia tomo 1. na prefacão, pag. 77, e no tomo 4. da Biblioteca criminal historica, pag. 180, e ahi se faz d'ella o merecido juizo.

Em quanto á ordem do processo criminal, como a da Ord. pouco difere da civil, porque consta de libello, contrariedade, replica, treplica, dilação, e tempo ordinario para prova, artigos de contradictas, &c; eu a procurarei reduzir de modo que, sem offensa do direito da parte, se castiguem breve e promptamente os delictos, no que tanto interessa a republica. Farei uso do processo verbal, supprindo tãobem nesta parte, da forma que fica dito, as nossas leis; e por fim direi o que me parecer conveniente sobre o perdão e abolição dos crimes, e sobre o modo de indemnizar o innocente injustamente condemnado. Esta he a summa do plano e systema geral, que pertendo seguir; a ordem e nexo particular dos titulos, não a posso já oferecer, por não estar ainda feita.

Preparei-me para este trabalho, no pouco tempo que me foi concedido, com a lição de algumas obras philosophicas acima ditas. A dos auctores criminalistas antigos pouco poderá servir ao meu systema; porque observei que em Farinacio, por exemplo, para tudo se acha doutrina, e que em todos faltão os principios da verdadeira medida dos delictos e suas penas; com tudo Antonio Matheos he um bom livro, e o melhor e mais methodico dos antigos. Dos modernos faço principalmente uso de Phelippe Maria Renazi, Luiz Cremano, Frederico Boehmero, Rodolpho Engau, e Blackstone. No juizo das penas necessariamente heide consultar as nossas leis e as visinhas, e a pratica das Nações; mas protesto desde já não me embaraçar muito com o que ellas dizem, porque tendo o livro 5.º das nossas ordenações poucas regras que se aproveitem, as leis criminaes estrangeiras ainda tem menos. Com este protesto, e usando da liberdade que me he propria, sem transgredir os seus justos e verdadeiros limites, em tudo o que disser consultarei principalmente a razão natural, e civil das penas, o fim das sociedades, a segurança publica, o estado, génio e caracter actual da nação. e sobre tudo a lei da humanidade, entendida e combinada sempre com a lei da justiça e da pública segurança.

Ultimamente devo lembrar, em minha justa defeza, que nem esta pequena introducção, nem a que fizer ás outras partes que se seguem, segundo o plano meditado, nem os titulos (e estes muito menos) que vou formando segundo o mesmo plano, se deverião entregar sem estar toda a obra concluida e acabada; porque de necessidade hão de conter muitos defeitos, principalmente a respeito da proporção das penas entre uns e outros delictos, que só no fim de tudo feito se conhecem e advertem, e se pódem bem emendar; mas em fim isto por hora he mais ensaio e tentativa de um codigo criminal, do que verdadeiro código, como tal o offereço e apresento.

ENSAIO
DE CODIGO CRIMINAL.

TITULO I.
Dos delictos.

O QUE por sua vontade obrar qualquer acção que a lei prohibe, ou deixar geralmente de fazer o que ella manda, commette delicto.

§. 1. Sem dolo e malicia, ou culpa, não se póde considerar delicto para o effeito da pena.

§. 2. A simples cogitação, mera vontade, ou desejo de delinquir, não he delicto que sirva de objecto ás leis humanas, mas sómente o facto e acção, ou a ommissão della, dolosa e culpavel.

§. 3. A falta de denunciação, accusação ou manifestação, no caso de ser mandada pela lei, he verdadeiro delicto.

§. 4. O que intenta fazer um delicto, não o consumando, não será punido por elle, mas pelos excessos, e factos illicitos, que obrou; porque o conato não he o mesmo delicto.

§. 5. Os factos, que não offenderem a sociedade, nem os individuos della posto que sejão illicitos, não serão reputados verdadeiros delictos.

§. 6. O criminoso, logo que commette o maleficio, fica, por esse facto, obrigado a reparar o damno que causou, e a soffrer a pena imposta pela lei.

§. 7. Em rasão do seu objecto, os crimes ou são públicos, como aquelles que offendem a sociedade e interesse público, quaes são os religiosos, moraes e os civiz politicos; ou particulares, que offendem o direito e particular interesse de cada um; e ou são communs a todos os homens, ou privilegiados, e proprios de certa ordem e classe de pessoas.

§. 8. Differem tãobem pela qualidade, condição e intenção da pessoa natural, ou moral, que offende, ou he offendida; pelo lugar, tempo, occasião, e instrumento com que se commettem; pela sua raridade e frequencia, notoriedade ou dificuldade da prova; e por deixarem, ou não, vestigio ou signal de se haverem commettido; pela ordem e formalidade do seu processo, averiguação e exame, e por outras circunstancias que os fazem mais ou menos graves.

§. 9. O cidadão póde, livre e impunemente, fazer todas aquelas acções que não forem oppostas e contrarias ás leis.

TITULO II.
Das pessoas capazes de delinquir.

SO póde chamar-se delinquente o que commetteo o delicto de sua propria e livre vontade, e que soube, e conheceo o mal que fez.

§. 1. Por esta razão os furiosos, e dementes, não são capazes de delicto, e de pena; o mesmo entendemos dos verdadeiros melancholicos, e freneticos, e de todo o genero de loucos.

§. 2. Os curadores porem, ou outras quaesquer pessoas encarregadas da sua guarda, responderáõ pelos delictos que elles commetterem, segundo a sua culpa e omissão.

30 • Direito Processual Penal

§. 3. E não serão castigados os furiosos, posto que o delicto fosse commettido antes do furor, e demencia; porque neste estado o castigo seria inutil, e serviria mais de horror, do que de emenda, e exemplo.

§. 4. Os furiosos e lunaticos com intervallos de rasão, se dentro d'elles delinquirem, serão castigados; mas sobrevindo o furor, se suspenderá o castigo, e o conhecimento da sua causa, em quanto elle durar.

§. 5. Os infantes são incapazes de todo o delicto, e pena; excedendo porém a infancia se castigaráô segundo a sua malicia, e conhecimento.

§. 6. A bebedice, posto que seja uma demencia momentanea, não escusa, antes aggrava o delicto, sendo tomada de proposito, ou por habito, e costume. A casual, e involuntaria excusa.

§. 7. O delicto que se commetter em sonhos, não he imputavel, salvo podendo-se prever antes, e não se acautellando.

§. 8. Os collegios, corporações, e cidades podem delinquir pelas pessoas de que se compõem, e que os representão, e governão; e á universidade se atribue o delicto, quando todos os representantes o commetem, ou a maior parte d'elles.

§. 9. Aquelle que fizer uma acção licita, e permittida pelas leis, posto que della se siga damno, como foi sem intenção sua, e por fatalidade, não se póde dizer criminoso.

§. 10. Não sendo porém licita a acção, deve responder por ella, e ser castigado por todo o damno a que deo causa, e que necessariamente se seguio, posto que o não previsse, nem intentasse.

§. 11. Não he criminosa a acção que se commetter por erro, e ignorancia, não de pessoa certa e determinada, ou de direito, mas de facto, que a lei consente.

§. 12. Por tanto o que matar o seu visinho que de noute lhe entrou em caza, entendendo ser um roubador, não he verdadeiro delinquente; mas o que por engano matar outrem, ou por entender que o podia fazer por estar, por ex., excommungado, ou por ser de diversa religião, commette um rigoroso homicidio.

§. 13. Não he tãobem criminosa a acção, que provier d'uma causa fisica, e de força maior a que se não póde resistir, ou de ameaços, e medo capaz de cahir em varão constante, ou de precisa necessidade, e obrigação de officio.

§. 14. E por isso todo o facto commettido em execução, e obediencia das nossas leis, ou reaes ordens, ou dos nossos magistrados, não só excusa, mas justifica o seu auctor.

§. 15. Os officiaes, que por ordem de seus superiores, ou em rasão do seu officio, são obrigados a prender os malfeitores, não commettem delicto ferindo-os, ou matando-os, segundo a força, e resistencia que fizerem, não se querendo elles sujeitar á prisão, e resistindo depois de se lhes dar a nossa parte.

§. 16. E fugindo, irão em seu seguimento, mas não os poderáô matar, posto que sejão réos de delictos capitáes, sem ordem especial nossa.

§. 17. A necessidade em que estão as mulheres, filhos, e criados, de obedecer a seus maridos, pais, e amos, não justifica o delicto que obrarem por seu mandado, ou por falta de sustento necessario para a vida humana, porque nunca se presume; e muito menos por ira, amor, ou outra paixão semelhante.

§. 18. Não commette delicto o que em sua justa, e necessaria defeza ferir, ou matar, não excedendo o modo; nem o caminhante, que por força tomar o que lhe for necessario para conservar a propria vida, não o podendo haver por justiça, ou por vontade de seu dono.

§. 19. Os animaes são incapazes de delicto; e fazendo qualquer damno, seus donos serão obrigados a repara-lo no caso de lhe ser imputavel, e se castigaráõ segundo a sua malicia, ou culpa.

TITULO III.

Dos agentes, e cumplices.

CHAMA-SE agente, e auctor do delicto não só aquelle, que o commetteo, ou ajudou a commetter, mas o que a elle assistio com este fim.

§. 1. Por isso o que se postou a urna certa distancia para facilitar o roubo, ou o homicidio, ou a elle esteve presente com má tenção, he tanto auctor do delicto, como o mesmo que roubou ou matou.

§. 2. Os que se dizem agentes do delicto, podem differir no gráo de malicia, ou maldade, e por ella se deve medir a sua pena.

§. 3. O louco que, instigado por outrem, fez uma morte, ou o que ignorantemente deo veneno, não se póde dizer auctor do delicto que commetteo, para o effeito da culpa, e da pena; mas sim, e tão somente, quem o instigou, e preparou maliciosamente o veneno.

§. 4. Cumplice se diz o que não fazendo nem ajudando a mesma acção, nem estando a ella presente, deliberadamente cooperou de alguma sorte para o delicto, ou delle recebeo interesse.

§. 5. E póde alguem ser cumplice antes da acção, ou delicto, ou na mesma occasião em que elle se commette, ou depois.

§. 6. Antes da acção he cumplice o que a aconselhou, ou mandou fazer, ou para ella deo os meios: na mesma acção, o que a não evitou, estando a isso obrigado; e depois o que ajudou o criminoso, e o favoreceo.

§. 7. O que mandou matar ou ferir, he cumplice da morte ou ferimento, mas não do furto que o mandatario fizer, por ser outro crime diverso inteiramente, e separado d'aquelle, que lhe foi mandado.

§. 8. Mandando porem matar com veneno, e fazendo-se a morte com um punhal, ou com outro instrumento, he cumplice por ser, o crime mandado da mesma natureza.

§. 9. Ainda que do ferimento se siga a morte não sendo esta mandada fazer, o mandante he cumplice, neste caso, do ferimento e não da morte.

§. 10. Depois da acção he cumplice o que ajudar o criminoso, occultando-o ou livrando-o do podêr da justiça, ou dando-lhe meios para fugir; mas não o he orando por elle, sustentando-o na prisão, ou defendendo em verdade a sua causa.

§. 11. São cumplices na mesma acção os officiaes de justiça e militares, que não acudirem ás brigas e mais violencias que virem commetter; e os mesmos particulares, segundo as suas forças, e circunstancias em que se acharem.

§. 12. He tãobem cumplice o que participa, e se aproveita do delicto, comprando, recebendo, ou occultando as cousas furtadas, e prohibidas, sabendo-o; posto que não roubasse, nem por outro modo ajudasse a pessoa do delinquente.

32 • Direito Processual Penal

TITULO IV.
Das penas.

O CASTIGO necessario, que a lei faz sofrer ao criminoso, tem por fim não só a reparação do damno já feito; mas obstar, e impedir que elle continue a fazer mal, e que os outros o fação com o exemplo da sua impunidade.

§. 1. Para estes fins julgâmos ainda util, e necessaria a pena de morte natural; prohibimos porem os castigos, e penas crueis em todos os casos, e crimes, por mais graves que sejão.

§. 2. E taes são a pena de fogo em vida, de dilaceração ou cortamento de membro util, e necessario para a vida natural, e social do homem; e geralmente todo o genero de morte lenta e vagarosa, e á força de repetidos golpes e tormentos.

§. 3. Será por tanto a morte do criminoso em todo o caso feita de um só golpe, e em um só momento; e a sua execução, e das outras penas corporaes, se fará na fórma da sentença, e com aquelle apparato, que se declara no titulo 65.

§. 4. E sempre em presença e por auctoridade da justiça; porque nem o condemnado á morte, fugindo da prisão, ou lugar do supplicio, nem o ausente julgado, e pronunciado por banido, pode ser morto por qualquer pessoa do povo, mas todos o poderáõ prender.

§. 5. Quando nos condemnarmos alguma pessoa á morte, ou a que lhe cortem algum membro, por nosso proprio movimento, sem outra ordem e figura de juizo; a execução será espaçada até vinte dias, da forma que já fica determinado no nosso codigo do Direito Público, titulo 3. §24.

§. 6. A pena de desnaturalisação, e de degredo dentro, ou fóra do reino, assim perpetuo, como temporal, entra no officio do julgador; mas sem especial ordem nossa ninguem poderá ser condemnado e mandado sahir fora de nossos reinos e dominios.

§. 7. A pena, e tempo da prisão, o seu rigor ou suavidade, e o genero do trabalho do preso, será declarado na sentença, segundo a qualidade, e gravidade do crime. Os melhores lugares das prisões se darão aos que se prenderem por segurança, e suspeitas, ou por crimes leves.

§. 8. A pena da infamia de facto, consequencia necessaria de todo o delicto, pende mais da estimação dos homens do que da lei; a de direito se incorre em todos os crimes verdadeiramente infamantes, como são os moraes, os de traição, aleivosia, falsidade, furto, e outros expresamente nomeados neste codigo; e sempre se declarará na sentença.

§. 9. Os juizes não poderáõ applicar as multas, e penas pecuniarias, que não tiverem certo destino e applicação, para si, ou para os seus officiaes, nem para as despezas da relação, ou do concelho.

§. 10. Posto que semelhantes penas pertenção ao nosso fisco, nós as doamos por esta ordenação aos lugares pios, e concedemos que os nossos ministros as possão applicar a seu arbitrio para as obras publicas, e piedosas do lugar e seu termo, ou da comarca.

§. 11. Ainda que o criminoso condemnado á morte perca os seus bens, não lhe serão com tudo tomados, e confiscados, tendo descendentes em qualquer gráo, ou transversaes dentro do terceiro.

§. 12. Nos crimes grandes tem lugar o confisco naquelles bens, e quantidade semelhante, declarada por nossas ordenações.

§. 13. O juízes farão dar os mesmos castigos e penas corporaes, e infamantes a todos os criminosos, sem distinção de pessoa, naquelles casos, em que a lei a não fizer; nas pecuniarias, deixadas a seu arbitrio, devem fazer sempre a differença entre o rico, e o pobre.

I - Projecto Mello Freire • 33

§. 14. A qualidade da pessoa, e a sua maior intelligencia e entendimento, não desculpa, antes aggrava o delicto; e por consequencia não diminue, antes augmenta a pena.

§. 15. Os agentes do delicto devem todos soffrer a mesma pena, que se aggravará ao que delles exceder em malicia.

§. 16. Deve o cumplice do delicto ser menos castigado do que o auctor delle; o que se entende quando a sua malicia não for maior, como succede, por ex. no criado infiel a seu amo, que o mandou ferir ou matar por um estranho, e em outros similhantes.

§. 17. A pena do cumplice, não sendo outra especialmente determinada, deve ser a mais proxima, e chegada á ordinaria do delicto, que se faz soffrer ao seu auctor, considerando-se sempre, para o seu augmento e diminuição, a variedade dos cumplices e gráo da sua malicia, e gravidade do delicto.

§. 18. He maior o delicio do cumplice antes da acção do que depois della; e o que cooperou para o delicto, e o mandou fazer, he mais criminoso, do que aquelle que o encobrio depois, ou ajudou ao delinquente, com tanto que por força o não tirasse á justiça.

§. 19. O que occulta seu pai, e parentes, não he tão criminoso como o que recebe, e favorece os estranhos; não participando por outro modo do delicto.

§. 20. Aquelle que intentou fazer um delicto, não o consumando, só pode, ser punido com a pena ordinaria, quando a lei o houver por perfeito, e consumado.

§. 21. E no seu castigo, para o augmento, e diminuição da pena, se haverá sempre respeito, e consideração ao seu animo, e vontade, e aos actos externos, que praticou; e se pelo seu proprio movimento deixou de consumar o delicto, ou se por algum acaso, impedimento, ou força estranha.

§. 22. He maior a pena do delitto, que se commetteo de proposito, e insidiosamente, em plena liberdade, e por pura malícia, do que em rixa nova, por occasião inesperada, e sem plena liberdade, ou por alguma causa.

§. 23. Tãobem aggrava a pena a difficuldade de commetter o delitto, e o seu motivo; por tanto o que delinquir por mera ambição, e lucro de dinheiro, he mais criminoso do que por vingança, e satisfação da injuria já recebida; e este mais do que delinquindo no tempo, e occasião da mesma injuria.

§. 24. A circunstancia do lugar, e tempo do delicto, da pessoa offendida, e genero de offença, faz tãobem diminuir, ou aggravar a pena.

§. 25. O numero, e multidão dos delinquentes não se julgará bastante causa para a diminuição da pena.

§. 26. O erro porém, engano, imprudencia, ou ignorancia vencivel, o medo, ameaços, coacção, necessidade, e imperio, a que se póde, e deve resistir, o excesso no modo da defeza, o amor, a ira bem ou mal ordenada, a melancholia mais ou menos adiantada, a idade, e outras similhantes causas excusantes fazem menos aggravantes os delictos, e as suas penas.

§. 27. Os menores de vinte, e cinco anos, passando de vinte, serão castigados com a pena ordinaria do delicto; os outros, com respeito á sua idade, e malicia.

§. 28. O reo de muitos delictos deve soffrer as penas de todos, não sendo incompativeis, e podendo, verificar-se; nem a maior neste caso absorve a menor.

§. 29. Nos delictos capitaes, que pelas sobreditas circunstancias se fizerem mais aggravantes, se accrescentará á pena de morte a de açoutes, galés, ou outro genero de padecimento, ou affronta antes delle, segundo o gráo de malicia do criminoso, e depois a de fogo, laceração de membros,

34 • Direito Processual Penal

proscripção da sua memoria, confisco, e outras similhantes. Nas não capitaes se observará o mesmo proporcionalmente.

§. 30. Se alguma communidade, cidade, ou povo inteiro delinquir, as penas se aggravaráõ sempre aos cabeças; e os outros delinquentes serão tractados da forma que fica dito, segundo as suas circunstancias.

§. 31. O facto criminoso dos magistrados, e pessoas do governo, não se póde imputar a toda a cidade, ainda que seja público, nem dizer por ella approvado, sem que assim se mostre verdadeiramente.

§. 32. Quando todo o povo, ou a maior parte for culpado, o juiz nos informará com a sentença, antes da sua execução; a qual com tudo se não suspenderá a respeito dos cabeças e principaes delinquentes.

§. 33. Pelo delicto da cidade sómente se poderáõ castigar os verdadeiros culpados, e não constando quaes elles sejão, nunca para o castigo se poderá recorrer ao juizo das sortes, o qual reprovâmos como iniquo, e perigoso, por poder cahir nos innocentes.

§. 34. A pena, e o castigo sempre deve seguir-se, e nunca preceder á prova do crime; e só póde cahir no criminoso, e nunca na sua familia, estando innocente.

§. 35. Não respondem os herdeiros pelos delictos do defunto; devem porem reparar o damno, que elle fez, dentro das forças da herança; porque semilhante reparação he mais um officio natural, que tende a dar a cada um o que he seu, do que verdadeira pena.

TITULO V.

Dos hereges, e apostatas.

A DEFEZA pertinaz de huma proposição condemnada pelo juizo da igreja universal, e contraria ao symbolo da nossa santa fé catholica, he um grande crime não só religioso, mas politico.

§. 1. Não he crime civil a heresia mental, interna, nem merece castigo algum temporal aquelle que não conhece o seu erro, ou que facilmente se retrata e emenda, sendo corregido.

§. 2. O que tem e segue uma opinião contraria á verdadeira crença, não deve ser castigado como herege no foro externo, se a não ensina, espalha ou communica por palavra ou por escripto, ou se a não sustenta e defende com pertinacia, calor e animosidade.

§. 3. Em qualquer destes dois casos os hereges, alem das penas religiosas e espirituaes, serão julgados infames e inhabeis para todos os officios e cargos civiz, e privados dos que actualmente tiverem; não poderáõ succeder aos seus parentes transversaes, e muito menos aos estranhos, por qualquer via, e perderáõ ametade dos seus bens, applicados para as obras pias que os juizes declararem.

§. 4. Quando as penas sobreditas não parecerem bastantes, serão presos para sempre ou por dez annos, e privados da communicação das gentes, ou degradados pelo mesmo tempo para fóra do reino, ou mandados sahir dos nossos dominios, segundo os gráos, circunstancias e consequencias do seu erro e contumacia.

§. 5. O que proferir do mesmo modo, e defender proposições mal soantes, temerarias, escandalosas, suspeitosas de heresia, posto que o não sejão, será preso pela primeira vez por dois mezes, e pela segunda degradado por seis annos para fóra do reino.

§. 6. O que por causa da religião excitar alguma sedição, assuada ou tumulto, ou pela mesma causa houver a si sectarios e partidistas, e com elles com o pretexto da religião fizer occultos ajuntamentos e conventiculos, perderá todos os seus bens para a coroa de nossos reinos, e servirá para sempre nas galés. E sendo auctor principal do delicto, morrerá de morte affrontosa.

§. 7. O que depois de ter professado a religião catholica romana, a deixar inteiramente e abraçar outra, he verdadeiro apostata; e deve como tal ser castigado com as mesmas penas acima impostas aos hereges.

§. 8. Os verdadeiros schismaticos, que por tempo considerável perseverarem no seu schisma, serão tratados como hereges, e castigados do mesmo modo; e se além disto derem causa a algum motim ou tumulto, incorreráõ nas penas declaradas no §. 6.

§. 9. As penas temporaes dos hereges, e os seus effeitos civiz não podem passar aos seus filhos e netos, sendo innocentes.

§ 10. Os ministros ecclesiasticos que nos nossos reinos e dominios conhecerem por commissão nossa, no foro externo e contencioso, dos crimes religiosos, se governaráõ no seu exame, ordem do processo, e suas provas, e penas, por este nosso codigo e pelo seu especial regimento; e pelo que toca ás penas espirituaes, e exame e qualificação da doutrina, pelos canones e santas determinações da igreja: o que muito lhes encommendâmos. E o dito regimento, com o dos outros ministros e tribunaes, se fará logo público, e se juntará a este nosso código, como parte delle.

§. 11. O que despresar e tiver em pouco os canones disciplinares da igreja, e e os seus ritos e ceremonias recebidas geralmente, e praticadas em nossos reinos, será preso pela primeira vez por trinta dias, e pela segunda no dobro, e perderá todos os bens ecclesiasticos, e os da coroa que de nós houver; e pela terceira se mandará, sahir de nossos dominios, para o que se nos dará parte.

§. 12. As mesmas penas incorreráõ os que senão conformarem nos actos externos da religião com as ceremonias e ritos recebidos, posto que os não despresem.

§. 13. As pessoas de outra crença não poderáõ ter, haver e possuir em nossos reinos, por todo, e qualquer titulo, bens alguns de raiz, e muito menos os da nossa real coroa, sem especial licença nossa, dada com expressa derogação desta ordenação.

§. 14. E os que os obrigarem por qualquer modo a abraçar a nossa religião, ou lhes tomarem por força seus filhos para os fazerem baptizar, terão um anno de cadea, e não serão soltos sem licença nossa.

§. 15. Os que disputarem ou argumentarem em pontos de religião com pessoas de diversa crença, sem nossa missão, licença e auctoridade legitima, serão presos por trinta dias: e a mesma pena incorreráõ os que depois de lhes ser mandado, não pozerem fim a todas e quaisquer disputas, contendas ou libellos litterarios, e os que prégarem sem licença e approvação dos prelados.

TITULO VI.
Dos blasfemos.

O que injuriar de palavra, ou por obra a Deos senhor nosso, a Maria Santissima nossa senhora, aos sanctos, e sagradas imagens, commette um grave crime, para com Deos e para com os homens.

§. 1. A blasfemia, ou injuria verbal, sempre he atroz; mas pode ser mais ou menos, segundo a qualidade do convicio; e da mesma sorte a real, segundo a qualidade e génerо de desacato que se commetteo.

§. 2. A blasfemia heretica he a mais grave de todas; e então se commette, quando se dá e attribue a Deos o que não he de Deos, ou se lhe nega, ou quando se dá á creatura o que só he proprio de Deos.

§. 3. O que simplesmentee injuria e deshonra a Deos, ou o que falla de Deos por desprezo e ludibrio, he blasfemo, posto que seja verdade o que diz.

§. 4. As imprecações, pragas, juras, como não são verdadeiras blasfemias, devem ser menos castigadas, e com as penas que parecerem ao juiz, segundo as circunstancias.

§. 5. Os blasfemos hereticaes serão tratados e punidos como os hereges, na fórma deste titulo e do antecedente.

§. 6. O que mal disser de Deos, com público e geral escandalo, profanando o seu santo nome e divinos attributos com palavras indecentes, injuriosas e irreligiosas, será punido pela primeira vez com quatro mezes de cadea, por homem máo, infame e irreligioso; pela segunda em dobro; e pela terceira perderá todos os seus bens, e servirá nas obras publicas que lhe forem assignadas, por dez annos.

§. 7. Os que com escandalo particular de seis pessoas, ou d'ahi para cima, commetterem similhantes blasfemias, terão dois mezes de cadea pela primeira vez; pela segunda o dobro, depois de haverem sido apregoados por irreligiosos; e pela terceira perderáõ a metade dos seus bens, e serviráõ nas obras publicas por cinco annos.

§. 8. As mesmas penas terão os que commetterem algum grave desacato; porém os que o fizerem ao santissimo sacramento, lançando pelo chão, despresando e tractando sacrilega e indecentemente a hostia ou caliz consagrado, serão logo pela primeira vez açoutados publicamente, perderáõ todos os seus bens, e serviráõ por toda a vida nas galés.

§. 9. As sobreditas penas entendem-se das blasfemias reaes, ou verbaes atrozes neste genero; porque as que o não forem, ou admittirem excusa, serão punidas com algumas das referidas penas ou com outras similhantes; o que deixâmos ao prudente e religioso arbitrio do julgador.

§. 10. Os que blasfemarem dos santos, incorreráõ as mesmas penas declaradas no §. 6., á excepção da perda dos bens: blasfemando porem de Maria Santíssima, perderáõ a metade delles ou a terça parte, segundo for o escandalo.

§. 11. Ainda que a blasfemia mais leve, tomada em quanto offença feita contra Deos senhor nosso, não possa nunca dos homens receber uma pena condigna, nem os mesmos homens possão, ou devão vingar o mesmo Deos, mas sim honral-o e adoral-o de todo o seu coração; com tudo como a blasfemia póde ser tão qualilicada e escandaloza, que não bastem as referidas penas; mandâmos que os juizes da ultima instancia, posto que as não possão augmentar nem diminuir, nos dem em todo o caso parte com a sentença, antes da sua execução para as podêrmos aggravar, parecendo-nos assim conveniente ao bem público e á honra, da santa religião que professâmos.

TITULO VII.

Dos perjuros.

A DOLOSA, e culpavel violação de todo, e qualquer licito juramento he igualmente um grande crime para com Deos e para com os homens.

§. 1. A pena he maior ou menor, segundo a qualidade da causa e do perjuiso que della se seguio, e de outras circunstancias.

§. 2. O perjurio extrajudicial, do qual segundo a natureza do acto se não segue damno nem offença de terceiro, se castigará com quinze dias de cadea pela primeira vez; pela segunda em dobro, e d'ahi por diante a arbitrio do julgador.

§. 3. Podendo seguir-se damno, terá o perjuro a pena acima dita em dobro, ainda no caso de não ter effeito, por se descobrir a verdade ou por outra causa.

§. 4. Nas causas civiz, o que com dolo ou culpa, e por odio, affeição ou dependencia, jurar falso em juizo, pagará pela primeira vez o dobro do perjuizo que causou, e será prezo por dois mezes; e pelas outras se aggravaráõ as penas.

§. 5. E provando-se que jurou falso por dinheiro ou por peita que se lhe deo ou prometteo, alem das ditas penas incorrerá logo pela primeira vez a de infamia e de perdimento de todos os cargos públicos, e servirá um anno nas galés.

§. 6. Nas causas capitaes o perjuro, ou seja a favor do réo ou contra elle, para absolver ou para condemnar, terá a mesma pena que por nossas leis he imposta ao delicto.

§. 7. E esta pena terá lugar ainda no caso de se não seguir o effeito do juramento, que he a desejada e premeditada absolvição ou condemnação do réo.

§. 8. Nas criminaes simplesmente, o que jurou falso, alem da pena do delicto, será tido por infame, e condemnado a galés de dois até dez annos, segundo o gráo da sua malicia.

§. 9. O que maliciosamente induzir, subornar e corromper alguem para jurar falso em juizo, terá as mesmas penas dos perjuros.

§. 10. Mas os réos, que accusados de algum grave crime, procurarem por qualquer modo induzir alguma pessoa para jurar a seu favor, não terão por isso pena alguma.

§. 11. Mandâmos observar as penas canonicas contra os perjuros, que estiverem em uso, e forem geralmente recebidas em nossos reinos.

§. 12. As promessas e asseverações que se fazem pelas creaturas, e debaixo de palavra de honra ou de amizade, não são verdadeiros juramentos; e deixâmos a sua vingança e castigo ao juizo e estimação das gentes.

TITULO VIII.

Dos impostores.

POR este nome entendemos aqui os chamados magicos, feiticeiros, sortilegos, maledicos, encantadores, benzilhões, adivinhões, e outros embusteiros que com certas imprecações, palavras, ceremonias ou remedios, costumão illudir e enganar o vulgo ignorante.

§. 1. E porque não convem deixar impunidas similhantes superstições e embustes, mandâmos que todas as pessoas que nelles forem comprehendidas, sejão pela primeira vez prezas por quinze dias, depois de apregoadas pelas ruas publicas por homens fanaticos e supersticiosos, pela segunda serão reclusos nos carceres dos doudos, e ahi tratados e curados como taes.

38 • Direito Processual Penal

§. 2. E os que entenderem e tiverem para si que são verdadeiros magicos e sortilegos, que pódem por encantamento fazer bem ou mal, e predizer ou adevinhar os futuros, serão logo pela primeira vez mandados para as prizões dos doudos.

TITULO IX.
Dos sacrilegos.

He sacrilegio, geralmente fallando, toda e qualquer profanação, violação da pessoa, cousa ou lugar sagrado ou religioso.

§. 1. Este crime comprehende e contem em si outros crimes; e pelas suas circunstancias he mais ou menos grave para com Deos e para com os homens.

§. 2. Os que por obra, ou palavra offenderem todas, e quaesquer pessoas ecclesiasticas, seculares ou regulares, soffreráõ a pena do delicto em dobro.

§. 3. Mas os que injuriarem ou mal tratarem os ministros ecclesiasticos, estando celebrando os officios divinos, ou lhes prohibirem, impedirem ou perturbarem notavel e escandalosamente a celebração dos mesmos officios ou de outros quaesquer justos e licitos ajuntamentos ecclesiasticos, alem da pena propria do delicto, serão presos pela primeira vez por dois mezes, e privados de todos os officios, bens e rendas ecclesiasticas, e de nossa real coroa; e pela segunda, açoutados publicamente e serviráõ dois annos nas obras publicas.

§. 4. Aquelle que, de proposito e com máo animo, devastar e demolir ou incendiar as igrejas e templos sagrados, será açoutado pelas ruas públicas, perderá todos os seus bens, e servirá toda a vida nas galés.

§. 5. Os que comerem ou beberem nas igrejas, venderem, ou pedirem esmola em voz alta, ou conversarem, ou nellas assistirem indecentemente e sem a devida compostura, ou fizerem vodos ou fogaças, ou representarem todos, e quaesquer actos ou comedias, serão condemnados em cinco ou dez tostões, pagos da cadea e applicados para a fabrica da igreja. E para prova bastará só o juramento ou attestação jurada do parocho e de outra testemunha, sem mais formalidade.

§. 6. As rixas commettidas na igreja serão castigadas com a pena dobrada do delicto.

§. 7. O que violar os lugares religiosos, quaes são os cimiterios consagrados com as ceremonias e ritos da igreja, terão um mez de cadea pela primeira vez, e serviráõ outro nas obras públicas; e pela segunda levaráõ quarenta açoutes junto ao pelourinho. As mesmas penas terão os que deshonestarem ou por qualquer motivo impedirem a humação e sepultura dos cadaveres.

§. 8. O furto de cousa sagrada, ou não sagrada feito na igreja, será havido e se castigará como qualificado; e sendo de outros bens e trastes da igreja, depositados em outro lugar, como furto simples.

§. 9. Se o furto for de vasos sagrados em que actualmente estiver depositado o santissimo sacramento, se castigará com as penas do §. 4. deste titulo, ainda não havendo desacato.

TITULO X.

Dos usurarios.

O QUE no contracto do mutuo ou qualquer outra obrigação ou convenção, alem da sorte principal levar algum lucro e interesse illicito e reprovado por nossas leis, será tido e havido por usurario, e castigado pela primeira vez como ladrão simples, e pela segunda como qualificado.

§. 1. Similhante contracto só deixará de valer naquella parte em que se estipular maior lucro e interesse do que o permittido; o qual por tanto se deve reduzir á quantia legitima.

§. 2. Não se incorrem as penas acima ditas pelo simples pacto, escriptura ou convenção, mas pela effeito: por esta causa não será punido como usurario aquelle que estipular mais do que deve levar, mas o que de facto o levar ou o pedir em juizo.

TITULO XI.

Dos adulteros.

O CONJUGE que dolosa ou culpavelmente violar a fé conjugal dormindo com outra mulher ou homem, casado ou solteiro, commette um grave crime, e deve ser severamente castigado.

§. 1. Os esposos antes de se receberem por palavras de presente, da fórma que manda a nossa santa igreja, não são entre si verdadeiros adulteros.

§. 2. Não se deve ter por adultero o homem ou mulher casada que tractar outro com familiaridade e particular confiança, posto que seja criminosa, se não dormir com ella.

§. 3. O que dormir com mulher meretriz, ainda que seja casada, não será tido por adultero, para o effeito da pena no foro civil, sendo solteiro.

§. 4. A adultera em pena do seu delicto será tida por infame, perderá todo o seu dote e meação para o marido, e será reclusa em um convento ou casa de correcção, para sempre, segundo a sua qualidade, e ahi sustentada pelo marido, para o que se lhe julgaráõ alimentos, e não se lhe consentirá que falle a pessoa de fóra, por mais chegada e conjuncta que seja em parentesco, sem licença por escripto de seu marido.

§. 5. Os juizes neste arbitramento, sem respeito á sua qualidade e distinção, julgaráõ sómente os alimentos naturaes que forem necessarios para a sustentação e conservação da sua vida.

§. 6. O adultero perderá da mesma sorte os seus bens para sua mulher, e não poderá viver na mesma terra e comarca aonde ella assistir, sem sua licença e auctoridade; mas não será havido por infame.

§. 7. Sendo o adulterio dobrado e accusado pelos dois conjuges, perderá para elles os seus bens igualmente o adultero, e será degradado para fóra do reino por toda a vida; e sendo por um só accusado, se castigará como adulterio simples, na fórma que fica dito.

§. 8. Para se incorrerem as penas referidas, será necessario que se prove o casamento por palavras de presente, por certidão do parocho ou por testemunhas que assistirão ao recebimento, ou por fama publica e voz de casado por um anno ou mais.[1]

---

[1] *Ord. L. 5. tit. 25. §. 8.*

40 • Direito Processual Penal

§. 9. As mesmas penas tem lugar posto que o matrimonio seja nullo por razão do parentesco ou de outro impedimento, todas as vezes que de facto se houver contrahido, estando ambos os conjuges ou um delles em boa fé; mas o que souber do impedimento ou nullidade, não poderá fazer querella alguma por causa do adulterio.[2]

§. 10. O homem ou mulher casados que em vida da sua primeira mulher ou marido casar segunda vez, perderáõ todos os seus bens para o conjuge offendido, e serviráõ nas galés de cinco até dez annos.

§. 11. Não casando, mas fazendo-se denunciar na igreja, ou passando escriptos de casamento, ou pedindo outra mulher para casar, perderá para ella ametade dos seus bens, pelo engano que lhe fez, a todo o tempo que se descobrir; e será preso por trinta dias: o que se entenderá, não sabendo ella do seu estado, nem podendo facilmente averigual-o.

§. 12. Aquelle que com máo fim enganar alguma mulher, fazendo-lhe crer estar casado com ella sem o estar, fingindo o verdadeiro parocho, ou usando de outro estratagema similhante para a enganar e persuadir a viver com elle como casada, perderá todos os seus bens para a parte, será infame, e degradado por toda a vida para fóra do reino: o que do mesmo modo se entende, não podendo ella facilmente conhecer o engano que lhe fazem.

§. 13. E os filhos que houverem deste supposto e fingido matrimonio, serão em tudo havidos como se de legitimo matrimónio nascessem; succederáõ a seu pai nos bens patrimoniaes e da coroa, na forma de nossas ordenações; e preferiráõ aos mesmos filhos legítimos e naturaes que nascerem depois.

§. 14. Havendo porem filhos legítimos nascidos antes, não succederáõ estes que havemos por taes, nem terão mais direito que os outros filhos naturaes simplesmente; mas seu pai será sempre castigado do mesmo modo.

§. 15. Nas devassas e inquirições geraes não se perguntará particularmente por adulterios; e posto que hajão testemunhas que os declarem, não se tomarão os seus ditos.[3]

§. 16. Porque sómente o conjuge offendido póde querellar e perseguir este crime, dentro de um anno e dia, depois que chegue á sua noticia.[4]

§. 17. E a todo o tempo que o perdoar, antes ou depois da lide contestada, e da mesma sentença, ou se desistir da accusação, expressa ou tacitamente, não seguindo o feito no termo que lhe foi assignado, a justiça não irá por diante; e achando-se ja preso o accusado, se mandará logo soltar.[5]

§. 18. Succedendo morrer o marido ou mulher, antes ou depois de proposta e julgada a accusação, pendendo ainda a causa por embargos ou appellação, seus herdeiros a não poderão proseguir, por mais conjunctos que sejão, e ficará neste caso sem effeito.[6]

§. 19. O marido que em algum tempo consentio que sua mulher usasse mal de seu corpo, não a poderá jamais accusar de adulterio, posto que melhore de costumes.

---

[2] *A mesma Ord. tit. 26.*

[3] *Ord. L. 5. tit. 25. §§. 2. 3. 4. e 5. Alvará de 26 de Set. de 1579.*

[4] *O mesmo.*

[5] *O mesmo.*

[6] *O mesmo.*

§. 20. O conjuge infamado e accusado de adulterio com certa pessoa, casando com ella será por este facto julgada por adultero, sem mais prova; e o poderáõ accusar os herdeiros do conjuge defunto, aos quaes applicâmos os seus bens.[7]

§. 21. Achando o marido sua mulher em adulterio, nem por isso a poderá matar ou ao adultero; e muito menos seu pai: e fazendo-o, perderá todos os seus bens para o herdeiro do morto, e servirá nas gales por cinco annos.[8]

§. 22. E se a matar em outra occasão, ainda que prove o adulterio, será punido com a pena ordinária do delicto.

TITULO XII.
Dos crimes moraes.

TODOS os crimes moraes e familiares, como offensivos do decoro e socego público, e das familias, devem ser severamente castigados, mais ou menos, segundo a sua enormidade.

§. 1. He crime o mesmo concubinato simples de solteiro com solteira, e se castigará no foro externo, sendo notorio, público e escandaloso.

§. 2. E tal se diz para este efeito, quando se tem a concubina na propria casa, ou se sustenta e mantem fóra della por mais de anno e dia, á vista e face de todos; ou ainda que se não sustente, quando com publicidade e escandalo se tracta e frequenta a sua casa pelo mesmo tempo, de dia e de noite.

§. 3. O que assim viver sem temor das leis divinas e humanas, e de sua propria reputação, será pela primeira vez admoestado para que se emende, sob as penas abaixo declaradas, de que se fará um termo judicial com duas testemunhas, por elle assignado.

§. 4. Não se emendando, passados seis mezes depois de assim admoestado, será preso por trinta dias, ou mandado sahir pelo mesmo tempo cinco legoas fóra de villa e termo: e a concubina se mandará recolher na casa de correcção mais visinha, e sustentar á sua custa por cinco annos.

§. 5. O concubinato incestuoso na linha recta dos ascendentes e descendentes se castigará com galés por toda a vida; na mesma linha por affinidade, e no primeiro gráo da transversal por consanguinidade, com cinco annos: e dahi por diante dentro do quarto gráo, com as penas do §. antecedente e de quatro mil reis pagos da cadêa.

§. 6. Com as mesmas penas se castigará o concubinato adulterino com solteira, não sendo accusado pela mulher dentro de anno e dia; porque se for com casada, em nenhum tempo se poderá proceder pela justiça sem requerimento do marido, na fórma do titulo antecedente.[9]

§. 7. Os clérigos de ordens sacras ou beneficiados, além das penas sobreditas e das canónicas que estiverem em uso, serão suspensos e privados do seu officio e beneficio por seis mezes; e os nossos juizes e os ecclesiasticos se haverão no seu conhecimento e castigo da fórma que fica determinado no nosso Codigo de Direito Público, no titulo 17. *do foro do clerigo.*

---

[7] *§ ult. da mesma ord: - deve-se advertir neste §., porque parece admittir presumpção* juris et jure, *visto o que se diz na segunda parte das provas.*

[8] *Reforma do tit. 38 da ord.t*

[9] *Ord: tit. 28.*

42 • Direito Processual Penal

§. 8. Não será punido o concubinato constando da emenda ao tempo da accusação, por mais de tres mezes, ou achando-se casados os complices, ou tendo entrado em religião.[10]

§. 9. A concubina de um homem solteiro ou casado, clerigo ou frade, não pode ser por elle demandada por toda a injuria que lhe fizer, roubo ou furto; mas bem o póde ser por sua mulher na parte que lhe tocar, e pela igreja e mosteiro, se os bens forem ecclesiasticos.[11]

§. 10. O que dormir com mulher virgem que tiver quinze annos completos, ou com viúva honesta, por sua vontade, não será por esta causa pronunciado criminoso no foro externo.[12]

§. 11. E a mulher que assim se deixou voluntariamente corromper, não poderá querellar nem obrigar o corruptor a casar com ella, ou a pagar-lhe casamento.

§. 12. E a menor dos ditos quinze annos só tem direito para pedir, dentro de anno e dia, o seu dote que se lhe julgará segundo a sua qualidade, e não daquelle que a corrompeo.

§. 13. Mas o que dormir com mulher que andar em nossa casa, do príncipe ou dos infantes, será degradado para fóra do reino até nossa especial mercê.[13]

§. 14. O ministro official que dormir com mulher que perante elle requerer, não poderá servir mais esse officio e occupação, nem outro da mesma natureza.[14]

§. 15. O tutor ou curador que dormir com as menores de toda a idade, que lhe forão confiadas pela justiça, e que em sua casa estiverem, será removido da tutela ou curatela com· infamia e lhe pagará casamento.[15]

§. 16. O que morar com outrem por soldada ou a bem fazer, dormindo ou casando com sua ama, ou com a mãi, irmã ou parenta de seu amo, dentro do segundo gráo, sem sua vontade, será degradado para fora do reino até nossa mercê.[16]

§. 17. Terão as mesmas penas os que estando em casa de outrem a titulo de amizade, charidade, parentesco ou serviço, dormirem ou casarem, similhantemente com suas parentas dentro do mesmo gráo.

§. 18. Nestes casos, como fica reservado ao nosso real arbítrio declarar o degredo por toda a vida, por certo tempo, ou perdoal-o; os condemnados, de qualquer lugar aonde estiverem fóra do reino, requererão a nós immediatamente esta declaração, se forem fidalgos ou cavalleiros, e não o sendo, na mesa do desembargo do paço. Em outros quaesquer, havendo similhante condemnação, requererão sómente a nós.

§ 19. Todo o homem de qualquer estado e condição que seja, que por força e violencia dormir com qualquer mulher, posto que ganhe dinheiro pelo seu corpo, ou por força a tirar fóra de casa de seus pais, tutor, amo ou outra pessoa sob cuja guarda estiver, servirá nas galés por toda a vida.[17]

§. 20. E desta pena, que só terá lugar sendo verdadeiramente forçada, não será relevado, posto que com ella case, e muito menos pelo posterior consentimento que der ao facto.[18]

---

[10] *Ord: tit. 27.*
[11] *Ord: tit. 29, e L. 4. tit. 66.*
[12] *Ord: tit. 23.*
[13] *Ord: tit. 16.*
[14] *Ord: tit. 20.*
[15] *Ord: tit. 21 § 1.*
[16] *Ord: tit. 24.*
[17] *Ord: tit. 18.*
[18] *Ord: tit. 18. § 1.*

§. 21. Aquelle que sem verdadeira força, por dadivas, promessas e afagos induzir alguma mulher virgem, ou viuva honesta para sahir de casa de seus pais, tutores, ou curadores ou de outra pessoa sob cuja governança e guarda estiver, e a levar com sigo e fugir, será degradado para fóra do reino até nossa mercê, posto que case com ella.[19]

§. 22. A mesma pena terá o que do mesmo modo tirar freira do seu convento e a induzir para sahir delle, ou entrar dentro da sua clausura sem justa causa e auctoridade legitima.[20]

§. 23. Se alguem recolher em sua casa alguma freira, posto que tenha licença do seu prelado para podêr andar por fóra, será preso por um mez, não o fazendo no mesmo dia saber á justiça da terra.[21]

§. 24. Os sodomitas e os que tiverem commercio e ajuntamento com algum animal, serviráõ nas galés de cinco até dez annos, com vestido particular que faça vêr e conhecer a todos o seu crime.[22]

§. 25. O uso da mollicie nos que tiverem a seu cargo o ensino e educação da mocidade, e nos superiores seculares e ecclesiasticos, a respeito dos subditos, se castigará com o perdimento do officio e dignidade por cinco annos.[23]

§. 26. O lenocinio nos pais, mãis, tutores e curadores, a respeito de suas filhas e pessoas encarregadas á sua guarda, com a pena de degredo por um ou dois annos fora da comarca, e com a perda do poder patrio ou tutorio, e do direito da successão, assim testamentaria como legitima, a requerimento dos outros herdeiros e parentes, a quem de direito haja de pertencer.[24]

§. 27. No homem casado a respeito de sua mulher, com a perda do direito e prerogativa de marido, e da adininistração dos bens do casal, e de infamia.[25]

§. 28. Nos outros se castigará com a pena de degredo por um ou dois annos fóra de villa e termo, ou de trinta dias ou quarenta de cadêa, ou de trabalho nas obras públicas sem salario pelo mesmo tempo, a arbitrio dos juizes. As mesmas penas se darão aos que consentirem que as mulheres em sua casa fação maldade de seu corpo.[26]

§. 29. O homem que se vestir com os trages de mulher, ou a mulher com os de homem, sendo assim achado fóra de sua casa, se levará á presença do juiz, que depois de averiguar a sua tenção, e não sendo outro o seu crime, o castigará com prisão por dois dias, ou com a multa de quatro centos reis.[27]

§. 30. O concubito vago e o tracto meretricio, como tão perjudicial á sociedade, se procurará evitar pelos juizes pelos meios efficazes e prudentes, segundo as circunstancias, sendo público e notorio.

§. 31. Toda a pessoa que nas casas das mulheres públicas, ou da sua concubina, causar desordens e motins, dando pancadas, arrancando armas deffensivas ou offensivas, ou injuriando altamente as pessoas que nellas estiverem, será, por este facto sómente, preso por um anno, ou

---

[19] *Ord: tit. 18. § 3.*
[20] *Ord: tit. 15.*
[21] *Ord: tit. 15.*
[22] *Ord: tit. 13.*
[23] *Ord: tit. 15. §. 3.*
[24] *Ord: tit. 32.*
[25] *Ord: tit. 25. §. 9.*
[26] *Ord: tit. 32.*
[27] *Ord: tit. 34.*

44 • Direito Processual Penal

degradado pelo mesmo tempo fóra da villa e termo, e soffrerá a pena ordinaria do delicto em dobro.

§. 32. A ebriedade ou bebedice notoria se castigará com prisão por dois dias, ou com a multa pecuniaria de quatro centos até oito centos reis; e o delicto nella commettido, na fórma que fica declarado no titulo 2 §. 6.

TITULO XIII.
Do crime de alta traição.

O QUE directa e immediatamente offender, e atacar a sociedade, ou a nossa real pessoa ou o nosso real e supremo podêr e auctoridade, he réo do maior delicto que póde commetter o vassallo.

§. 1. E se chama de alta traição, de estado, e de lesa magestade, por conter eminentemente a maior aleivosia, perfidia e infidelidade, e pela immediata offensa que delle recebe a nossa real pessoa e dignidade, e a sociedade inteira.

§. 2. São réos deste grande crime não só os nossos vassallos, seculares ou ecclesiaticos, mas os estrangeiros que estiverem em nossos reinos, pela protecção que todos de nós recebem como em preço e equivalente da sua fidelidade e sugeição.

§. 3. Todos serão castigados com as mesmas penas, e julgados pelos nossos juizes; mas a sentença que se der contra os ecclesiasticos ou estrangeiros, não se executará sem primeiro se nos dar parte.

§. 4. E porque he da nossa justiça determinar e qualificar os crimes de alta traição, e tirar toda a occasião de se ampliarem ou diminuirem; declarâmos que só por taes seráô tidos os que vão declarados e especificados neste titulo; e quando aconteção outros que pareção ter a mesma ou maior enormidade, se nos dará parte antes de final sentença, para os declararmos, ou não comprehendidos.

§. 5. Por taes declarâmos em primeiro lugar a perduellião ou rebellião, a traição, a conjuração, facção, sedição e tumulto, na fórma abaixo declarada. He rebelde e perduellião todo aquelle que por qualquer, modo, arte ou maneira, por armas ou dolo, procurar directamente a ruina e perdição do estado. Tal he o que fïzer e suscitar uma guerra civil, tomando armas contra a sua mesma patria, ou contra nós, com o fim de mudar de religião ou de governo, ou outro qualquer: e o governador general ou outra pessoa que fizer ou declarar guerra sem nosso mandado, ou quebrar e romper a paz pública dada por nós, com o fim de arruinar e perder a sociedade.

§. 6. O que tomar armas por odio particular não contra a republica e imperante, mas contra outro cidadão por ser seu inimigo e competidor, não he perduellião nem como tal será castigado.

§. 7. He traidor, propriamente fallando, o que confia e descobre os segredos importantes da republica ou do seu principe ao seu inimigo; o que o ajuda com a sua pessoa, conselho ou industria; o que vai para elle no tempo de guerra, para o servir, ou lhe subministra no mesmo tempo dinheiro, munições e petrechos de guerra, ou os viveres necessarios; o que faz, trabalha ou coopera para que os nossos amigos se fação inimigos; o que lhes entrega a cidade e fortaleza que lhe foi confiada; e o que a não entrega á pessoa do imperante, ou a quem elle mandar.

§. 8. O que deixar a fortaleza ou castello, e a desamparar, não por traição e proditoriamente, mas por fraqueza ou por julgar que a não podia defender, ou por não entender bem as ordens que lhe forão dadas, não será havido por traidor, e se castigará na forma que mandão as leis militares.

§. 9. Nem o que revelar os segredos públicos que lhe forão confiados, ao amigo ou vassallo da coroa; nem o que os pertender saber, por boas ou más artes, das pessoas a quem se confiárão, sem animo de os participar ao inimigo.

§. 10. A conjuração jurada, de tres ou mais pessoas, meditada e preparada de muito ou pouco tempo, e secretamente; e a mesma simples confederação sem juramento, a facção ou ajuste contrario, prejudicial e ruinoso á sociedade, ou á pessoa do imperante, para se verificar todas as vezes que se offerecer occasião, he crime de alta traição: e como tal se castigará, posto que não tenha produzido effeito.

§. 11. O que sem ajuste antecedente e meditado, mas por occasião, excitar alguma sedição, ou achando-a já excitada, incitar e mover a multidão em ruina nossa ou da republica, ou de alguma cidade e grande povoação; ou o que em algum repentino e popular tumulto se ingerir e associar por seu guia e capitão, e induzir e concitar o povo a tomar armas contra nós, ou contra a sua pátria, ou contra o nosso governo immediatamente, he traidor e rebelde.

§. 12. Aquelles que seguirem ou se acharem e associarem a qualquer sedição ou tumulto, não sabendo dos seus fins e destinos, não serão havidos, nem castigados como traidores. [vide tit. 16. §. 4.]

§. 13. Nem os que resistirem a qualquer magistrado ou governador, ou tomarem armas contra elles, não se seguindo a ruina ou destruição de alguma cidade, villa ou lugar, templos, casas particulares ou searas. [vide tit. 18.]

§. 14. He principalmente réo de alta traição o que conspirar contra a vida do imperante, de seu marido ou mulher, ou de seus filhos ou filhas, naturaes e ligitimos,[28] ou netos, filhos do principe herdeiro e successor do reino.

§. 15. E o que para este caso, e para todos e quaesquer acima ditos, deu ajuda, conselho e favor; o que não revelar e descobrir similhantes criminosos, ou os pertender livrar da prisão, ou procurar e promover por qualquer modo a sua fugida.

§. 16. Os abominaveis réos deste crime seráõ enforcados, e morreráõ de morte vil e afrontosa; e antes de a padecerem, descalços e nus, e com o baraço ao pescoço e a cabeça rapada, serão publicamente açoutados pelas ruas da cidade, e apregoados por infames e traidores.

§. 17. Depois de mortos, seus corpos no mesmo lugar e occasião do supplicio serão logo despedaçados em quatro partes, e postos nas praças da cidade até o tempo os consumir; e o coração e figados lhes seráõ ahi mesmo arrancados pelo algoz, e lançados ao fogo e depois ao mar.

§. 18. As suas casas principaes de residencia na cidade e no campo seráõ arrasadas e salgadas, e no sitio se levantará um padrão com a inscripção do caso; as suas estatuas, armas e pinturas demolidas, rotas e picadas; a sua memoria proscripta, e o seu nome tirado de nossos livros e de nossas relações, concelhos e tribunaes, em que tiver servido; e não poderá já mais nomear-se nem escrever-se em tempo algum o seu proprio nome, sem se lhe chamar infame e

---

[28] Filhos naturaes e legitimos *dizem-se em direito os filhos de legitimo matrimonio; para distinção dos que se dizem simplesmente naturaes.* Nota dos editores.

46 • Direito Processual Penal

traidor: e por tres annos successivos, no mesmo dia da execução, se fará outra similhante em uma estatua e com o mesmo apparato.

§. 19. Todos os seus bens e direitos serão confiscados para o nosso fisco e camara real, ou sejão patrimoniaes ou da coroa, posto que tenhão filhos ou outros herdeiros; e os apropriâmos do dia e tempo do malefecio.

§. 20. Os bens vinculados e foreiros que poderem andar em estranhos, passaráõ ao fisco; e os familiares e de geração áquelles a quem pertencerem por bem e condição do morgado ou aforamento.

§. 21. Sendo o vinculo ou foro instituido ou aforado em bens da coroa, voltará em todo o caso para a coroa donde sahio, posto que seja familiar.

§. 22. A vocação e nomeação do morgado ou foro, feita pelo traidor depois do seu maleficio, será nenhuma, e se devolverá a successão ou ao nosso fisco ou aos chamados pelo instituidor, na fórma acima dita.

§. 23. O procedimento neste crime deve sempre principiar pela prisão do culpado, e pela aprehenção e arresto de todos os seus bens e rendimentos, de que se fará inventario judicial; e não lhe serão deixados alguns para seu sustento, ou de sua mulher, ou filhos.

§. 24. Na sentença se mandará restituir à mulher o seu dote e arrhas, ou a sua meação tendo casado por carta de ametade ou na fórma do costume do reino, não havendo participado do crime do marido.

§. 25. Todos os outros bens, sem respeito algum aos filhos, ficaráõ perpetuamente na administração do fisco; e delles se pagaráõ primeiro as dividas do traidor e o que elle tiver mal levado, até onde chegarem sómente.

§. 26. Contra o culpado e infamado deste delicto se procederá ainda depois da sua morte, da fórma que fica dito, ouvido o seu herdeiro e successor.

§. 27. Os filhos do traidor, sendo innocentes, não ficão infames na sua pessoa; nem perderáõ pelo delicto do pai os seus proprios bens e direitos nem a faculdade de herdar e de adquirir por qualquer via.

§. 28. Perdem porem o direito de pedir todos e quaesquer bens da coroa ou das ordens, que por via e linha do pai lhes possão vir, ainda que fossem dados de juro e herdade: e achando-se verificada já a mercê na sua pessoa, não poderáõ usar della sem graça especial.

§. 29. Nao serão admittidos no paço, nem poderáõ servir officio algum público, militar ou civil; e achando-se providos nelle, ficaráõ logo suspensos pela mesma sentença contra seu pai, sem necessidade de outra declaração, e reduzidos a simples particulares.

§. 30. Não poderáõ tratar nem communicar seus parentes dentro do segundo gráo, e entrar em sua casa sem especial licença nossa, sob pena de se julgarem participantes do mesmo delicto.

§. 31. A gravidade deste delicto pede que a sua prova seja plena e legal; e não se castigará ordinária e judicialmente sem ella, por pequenos e fracos indicios, ou por testemunhas inimigas e defeituosas.

§. 32. Mas extraordinaria e economicamente, em falta de prova legal, póde ter lugar a prisão perpetua ou temporal, ou outra similhante, segundo os indicios e presumpções, se assim pedir o bem e segurança do estado.

§. 33. E pela mesma rasão se poderáõ por indicios, ou por uma justa prevenção e cautela, prender e segurar os filhos e outros parentes dos culpados, por muito ou pouco tempo, segundo as circunstancias.

TITULO XIV.

Do crime de lesa magestade.

AQUELLE que não offender directamente o estado, nem o imperante na sua pessoa, nem o seu alto e supremo poder, da fórma que fica dito, mas a sua dignidade, auctoridade e direitos, he criminoso de lesa magestade.

§. 1. Posto que por muitos modos se possa offender a nossa real e suprema magestade, queremos com tudo que sómente se julguem réos della os que commetterem os crimes aqui declarados.

§. 2. E taes são tratar a morte de todo, e qualquer descendente ou ascenden-te nosso, ou parente em segundo gráo, sendo daquella parte donde vem o reino.

§. 3. Matar ou ferir algum pessoa de proposito na presença do imperante, ou de seu marido ou mulher, ou do principe herdeiro.

§. 4. Quebrar a segurança ou salvo conducto dado immediatamente por nós, e ofender as pessoas e gente a quem o dermos, ou os embaixadores e ministros estrangeiros que estiverem em nossos reinos.

§. 5. No mesmo crime incorrem os piratas que nos nossos mares tomarem por força de armas ou por enganos os navios e mercancias de toda, e qualquer nação, em tempo de paz, ou de guerra sem nossa auctoridade.

§. 6. E os que offenderem as pessoas que por alguma cidade nos forem dadas em arrefens, ou lhes derem ajuda para fugirem do nosso podêr.

§. 7. Os ministros e officiaes civiz ou militares, que não reconhecerem o seu successor, ou lhe não entregarem o seu officio e governo, levando provisões por nós assignadas.

§. 8. Os que tirarem por força do podêr da justiça os que forem por ella condemnados, estando ja no lugar do supplicio ou no caminho, para se justiçarem.

§. 9. E em geral todos os que desobedecerem por malicia ou culpa ás nossas reaes ordens e mandados, dados immediatamente por nós ou pelos ministros do nosso concelho e estado, deputados para a sua expedição.

§. 10. O que se entende daquella desobediencia que tiver por fundamento a paixão, interesse ou ambição particular, ou outra similhante causa.

§. 11. Porque aquelle que for contra as ordens que lhe forão dadas, por negar ou duvidar do nosso supremo podêr e auctoridade, ou por querer causar assim a nossa ruina, ou do estado, he traidor e rebelde, e se castigará na fórma do titulo antecedente.

§. 12. Os criminosos de lesa magestade, depois de açoutados pelas ruas públicas com baraço e pregão, serão enforcados; e o seu corpo dividido em quatro partes se porá nas praças da cidade até o tempo o consumir; e o seu coração e figados se lançaráó ao fogo, e as cinzas ao mar; e os seus bens se tomaráó para o nosso fisco, posto que filhos tenhão.

§. 13. O que de proposito e em nosso desprezo quebrar e derribar as nossas armas, ou estatua posta em nossa honra e memoria, será prezo e condemnado a galés ate nossa mercê.

§. 14. E o que de palavra ou por escripto disser mal de nós, ou por outros modos e feitos faltar á veneração e submissão que nos he devida, será prezo e castigado segundo a sua injuria, a nosso arbitrio; para o que os juizes nos darão logo parte.

48 • Direito Processual Penal

TITULO XV.
Dos que fazem moeda falsa.

HE moeda falsa no sentido das leis a que não for cunhada e batida por nosso especial mandado, ainda que seja feita daquella materia e com aquella forma de que se faz a verdadeira moeda, e ainda que tenha o seu verdadeiro e legitimo peso e valor intrinseco.[29]

§. 1. E porque similhante delicto offende a nossa auctoridade e soberania, e o bem público; os que nelle forem comprehendidos, incorrerão na pena de infamia e de perdimento de todos os seus bens, e da sua liberdade; e como servos do público e da pena serviráõ por toda a vida nas obras públicas mais penosas.[30]

§. 2. E estas penas incorreráõ não só os officiaes, obreiros, artistas e mais agentes que com dolo ou culpa fizerem, cunharem ou por qualquer modo trabalharem na formação de moeda falsa; mas todos os que a mandarem fazer, ou a isso derem ajuda, conselho ou favor, e que forem verdadeiros cumplices e socios do crime, ou consentidores.

§. 3. O que sómente for sabedor deste delicto, e o não descobrir, será condemnado em degredo por dez amos para os lugares de Africa, ou a trabalhar pelo mesmo tempo nas obras publicas, segundo as circunstancias.

§. 4. O que fizer moeda falsa, não com animo de se utilizar e locupletar, mas de perder a sociedade, reduzindo-a por este modo a pobreza, pertendendo tirar-lhe a fé publica, ou com o fim de usurpar a nossa soberania, será castigado como traidor na fórma do titulo 13.

§. 5. A casa em que se fizer a moeda, não sendo do culpado, não se perde para o fisco, posto que seu dono viva junto della, salvo se elle for socio e participante do crime, consentidor ou sabedor; e então se castigará na fórma dos §§. 2. e 3. deste titulo.[31]

§. 6. Os que fizerem moeda falsa com o cunho de outro reino e nação, e usarem della por qualquer modo, serão logo prezos á nossa ordem, e os nossos juízes, depois de preparada a sua causa, nos darão parte dos termos della, com o seu parecer.

§. 7. O que despender moeda falsa ou adulterada, sabendo-o, comprando e negociando com ella, ou usando della por todo, e qualquer modo, será tido e havido como ladrão qualificado, e como tal castigado com as penas declaradas no tit. 36.[32]

§. 8. As mesmas penas incorrerá o que cercear, diminuir ou corromper qualquer moeda de ouro ou prata, e o que tingindo ou dourando as moedas, procurar por este ou por outro modo augmentar-lhe o seu valor.

§. 9. Os que retiverem moeda falsa, sabendo-o, ainda que não usem della, serão prezos por trinta dias, não a denunciando aos nossos officiaes.

§. 10. Terá a mesma pena o que desfizer a nossa moeda ou a estrangeira, ou a vender a pezo; o que se entenderá igualmente das mesmas moedas antigas.[33]

---

[29] *Ord. L. 5. tit. 12.*
[30] *Ord. L. 5. tit. 12. pr.*
[31] *Ord. L. 5. tit. 12. §. 1. e 2.*
[32] *Ord. L. 5. tit. 12. §. 3.*
[33] *Ord. L. 5. tit. 12. §. 5.*

§. 11. O que engeitar a moeda lavrada de nosso verdadeiro cunho ou dos reis que ante nós forão, todas as vezes que ella se conhecer, e o valor que lhe foi dado, será prezo por tres dias.[34]

§. 12. E debaixo da mesma pena se acceitará toda a moeda corrente, sem differença de ouro, prata ou cobre; mas nos grandes pagamentos de cem mil reis para cima, ninguém será obrigado a receber em cobre mais do que a terça parte da sua importancia.[35]

§. 13. Os que levarem ou mandarem levar ou tirar para fóra de nossos reinos, ou para os nossos dominios sem licença legitima, ouro ou prata amoedada ou por amoedar, ou pedras preciosas engastadas ou por engastar, polidas ou por polir, além das penas declaradas nos regimentos de nossas alfandegas, perderáõ o seu valor em tresdobro. E os que nisso consentirem e derem ajuda ou favor, serão condemnados no pagamento do seu justo valor, e perderáõ todo o officio de justiça ou de fazenda que de nós tiverem.[36]

TITULO XVI.
Das sedições, tumultos e outros ajuntamentos.

HE sedição todo o ajuntamento de dez pessoas do povo, e dahi para cima, armadas todas ou a maior parte dellas, ordenado directamente não com fins e intenções particulares, mas com animo de confundir e perturbar o socego e ordem publica.

§. 1. O mesmo ajuntamento ou tumulto popular, ordenado com o mesmo fim, ainda que seja composto todo de pessoas da plebe, sem cabeça ou com cabeça da mesma ordem, se deve tomar e castigar como verdadeira sedição.

§. 2. A força commettida por um ou outro particular contra outro, ou contra a justiça, e o mesmo ajuntamento casual, ou de proposito de dez ou mais pessoas, com armas ou sem ellas, não sendo ordenado com o referido fim, não se pode chamar sedição nem tumulto no sentido acima dito; mas uma briga, rixa, desafio ou resistencia judicial, assuada ou motim do povo, de que se fallará nos seus lugares.

§. 3. A sedição ou tumulto contra a nossa real pessoa, governo e estado será tido, havido e castigado como verdadeiro crime de alta traição, na fórma do titulo 13. §. 12.

§. 4. Os que entrarem nesta sedição ou tumulto, não sabendo nem tendo verdadeira rasão de saberem os seus fins e destinos, serão castigados com a pena de perdimento de todos os bens da coroa e das ordens, e de todos ou parte dos· patrimoniaes, e dos officios de justiça ou fazenda que de nós tiverem; e além disto com a pena de prisão perpetua ou temporal, galés e açoutes, segundo a sua idade, intelligencia e gráo de malicia, e outras circunstancias.

§. 5. O sobre dito ajuntamento intentado e praticado contra o governador e ministro da terra, de qualquer ordem e graduação que elle seja, será castigado nos seus cabeças, auctores e motôres com pena capital nos casos de arrombamento de porta, de se lhe entrar em casa com violencia, de ferimento na sua pessoa ou de seus familiares, e de se obrigar a assinar ou passar alguma ordem ou mandado em materia da sua jurisdição, a qual não passaria se não fosse violentado e constrangido.

---

[34] *Ord. L. 4. tit. 22.*
[35] *Ord. L. 4. tit. 21.*
[36] *Ord. L. 5. tit. 113.*

50 • Direito Processual Penal

§. 6. Os agentes, socios ou cumplices não sendo cabeças nem auctores principaes, se castigaráõ com as penas impostas aos que resistem á justiça, declaradas no tit. 18.

§. 7. Nos outros casos em que se não seguirem os sobreditos effeitos, se castigará o auctor e cabeça do ajuntamento com a pena de perdimento dos officios que de nós tiver, de todos os bens da coroa e ordens, e ametade dos patrimoniaes, de inhabilidade para todas as occupações da republica, de prisão perpetua, degredo ou galés por toda a vida, segundo a qualidade e gravidade dos excessos commettidos. Os outros delinquentes, socios e cumplices se castigaráõ á proporção.

§. 8. As sobreditas penas se deveráõ impor ainda no caso de darem o governador e ministros occasião, pelas suas injustiças, vexações e excessos, ao sobredito ajuntamento ou sublevação; mas neste caso se não executará a sentença sem primeiro se nos dar parte.

§. 9. Provando-se levantamento e sedição de uma cidade inteira, ou da maior parte della, alem da pena dos cabeças e mais delinquentes, a cidade será privada de todas as suas honras e privilegios, e sugeita a outra cidade ou villa mais visinha que se declarar na sentença, e pertencerá d'ahi por diante ao seu termo e governança.

§. 10. Os ministros ecclesiasticos que ensinarem ou prégarem proposições sediciosas, serão castigados como auctores da sedição que por causa dellas se seguir; e não se seguindo, com a privação do uso e exercicio de todos os lugares, officios, benefícios e cargos ecelesiasticos, e de prisão até nossa mercê.

§. 11. Os ajuntamentos illicitos, occultos e clandestinos, parecendo verdadeiramente perjudiciaes, se castigaráõ com a pena de perdimento da casa em que se fizerem, ou de prisão· das pessoas que nella se ajuntarem com este fim, por trinta dias ou até mercê nossa, segundo as suas circunstancias, de que os juizes nos darão logo parte.

§. 12. E porque de todo, e qualquer ajuntamento e tumulto se pódem seguir muitos e diversos crimes, de que vem a cada um a sua particular denominação, os delinquentes, alem das penas aqui declaradas, soffreráo as proprias dos mesmos crimes.

§. 13. O ajuntamento do procurador e officiaes da camara de uma cidade, ou de outras pessoas da nobreza ou do povo, com o fim de nos representarem as injustiças, vexações e máo procedimento dos nossos ministros e governadores, não se póde de nenhuma sorte dizer criminoso.

TITULO XVII.

Dos que fazem assuada.

He crime de assuada todo e qualquer ajuntamento de dez pessoas para cima, armadas todas ou a maior parte dellas, ou sejão de fóra e estranhos, ou domesticos, como filhos, parentes e criados.[37]

§. 1. O sobredito ajuntamento, para se chamar verdadeira assuada, deve não só constar do referido numero de pessoas, mas ser ordenado com o fim de fazer mal a outrem, ou de vingar a propria injuria, ou de recuperar a propria cousa por aquelle modo.

---

[37] *Ord. L. 5. tit. 45; Man. tit. 51; Aff. tit. 45.*

§. 2. A multidão e ajuntamento do povo, casual, ou por occasião sem fim nem destino certo, posto que se commova e inquiete e cause alguma desordem, não se póde dizer assuada, mas tumulto ou motim popular.

§. 3. O sobredito ajuntamento de assuada, quando delle se não seguir outro effeito mais do que sahir a público e apparecer nas ruas da cidade, estradas ou caminhos, será castigado com a pena de sessenta dias de cadea, e de sessenta cruzados. Os cabeças e auctores principaes terão a mesma pena em dobro.

§. 4. Se o dito ajuntamento estiver postado perto da casa e habitação daquelle a quem se pertende fazer o mal na sua vida, honra ou fazenda, ou das pessoas que com elle viverem, posto que se não faça nem se passe adiante, se castigará nos cabeças e mais delinquentes com as mesmas penas em dobro.

§. 5. Nestes dois casos os filhos e criados, sendo seu pai ou amo auctor do ajuntamento, serão prezos por vinte ou trinta dias sómente; a multa porem pecuniaria será sempre a mesma, e paga pelo pai ou amo.

§. 6. No caso de haver arrombamento de porta, ou de se entrar em casa alheia por violencia, posto que se não mate nem fira pessoa alguma, nem furte nem commetta outro delicto; se castigará este com a perda de metade dos bens patrimoniaes, e de todos os da coroa e ordens, officios da fazenda e da justiça, e inhabilitação para todas as occupações públicas, e com dois annos de prisão, ou trabalho nas obras públicas, a arbitrio do juiz. O auctor principal, alem destas penas, perderá todos os bens patrimoniaes, e será prezo ou servirá nas obras públicas por dez annos.

§. 7. Havendo ferimento, se castigará o que o fez, e o auctor principal do ajuntamento como homicidas, e os outros delinquentes com as penas do §. antecedente.

§. 8. O ajuntamento dos filhos, parentes ou amigos, feito logo que tiverão a noticia da morte, ferimento ou perigo de vida de seu pai, ou de outra pessoa chegada em parentesco e amisade, sem consideravel intervallo de tempo, com o fim sómente de o soccorrerem, e de seguirem e prenderem o malfeitor, não he assuada nem verdadeiro delicto.

§. 9. A simples união e ajuste dos amigos, parentes ou estranhos, para vingarem e despicarem a injuria e affronta feita aos seus, se castigará com a pena de trinta dias de cadea, ou de degredo pelo mesmo tempo para fóra da commarca. Passando a mais, se castigará segundo os seus effeitos, como verdadeira assuada.

§. 10. O que por si só ou ajudado de outrem, mas sem assuada, entrar por força e armado em casa alheia, abrindo ou arrombando as portas, ainda que não faça roubo algum, furto ou outro dano, será privado de todos officios públicos que tiver, e condemnado a prisão ou degredo para fóra do reino, ou a trabalhar nas obras públicas por dous annos, e havendo ferimento, se dobrará a pena. Os que o acompanharem ou lhe derem ajuda, se castigaráõ do mesmo modo, mas a prisão ou degredo será só por um anno.

§. 11. Se alguma pessoa tomar por força alguma cousa sua, ou alheia cuidando ser sua, de mão e podêr de outrem, ou por força se for metter de posse de alguma fazenda ou herdade, lançando della violentamente o possuidor; perca todo o dominio e direito que tiver na cousa para o forçado, e não o tendo, outro tanto. E os que o acompanharem ou a isso derem ajuda e favor, serão presos por vinte dias.

§. 12. Prohibimos debaixo das mesmas penas ao forçado a recuperação por força da cousa que lhe foi tomada, ou da posse uma vez perdida: e isto ainda que a pertenda recobrar logo que se perdeo ou lha tomárão; porque só o pode fazer por auctoridade da justiça.

52 • Direito Processual Penal

§. 13. O que pela cidade ou estradas publicas, sem licença legitima, trouxer com sigo homens armados ou escudados, ou sejão seus domésticos ou estranhos, por este facto, ainda que se não prove animo de fazer mal, será condemnado com a pena de dez ou vinte dias de cadea, ou com a multa de dez ou vinte cruzados; e os que assim armados o acompanharem, com as penas dos que trazem armas prohibidas, em dobro.[38]

§. 14. Os que derem causa a algum tumulto ou motim popular, serão por este facto sómente obrigados a trabalhar de graça nas obras públicas por quatro dias; e os que nelle se ingerirem, por dois: e commettendo nelle algum excesso e delicto, se lhe aggravará a pena ordinaria.

§. 15. As penas do crime de assuada ou de outro qualquer ajuntamento e violencia, não tirão as ordinarias do delicto que particularmente se commetter, e todas devem soffrer os delinquentes.

§. 16. Os que sendo mandados pelas justiças pôr termo ás suas inimizades, rixas e contendas, incorreráõ, não o fazendo, nas penas que lhes forem comminadas.

§. 17. Os ministros e officiaes de justiça e militares, que podendo, não acudirem a todo o genero de ajuntamento, força ou brigas, serão suspensos dos seus officios por um anno.

§. 18. Nos motins, arruidos e brigas ninguem levantará outro appellido, salvo = aqui da rainha = sob pena de dois dias de cadêa: e os particulares, de baixo da mesma pena, não acudiráõ a tumulto algum, ou seja para o ajudar ou para estremar, se não em companhia dos nossos ministros e officiaes de justiça ou militares, ou parecendo-lhes prudentemente que por si só o poderáõ conter ou fazer cessar: e a mesma pena terão, não acudindo neste caso.

§. 19. Toda e qualquer força particular ou ajuntamento e multidão de gente, ainda que não soja armada, sendo ordenado com os fins acima ditos, e seguindo-se delle os mesmos effeitos como se fosse commettido com armas, será por elles castigado do mesmo modo, sem differença substancial de penas.

TITULO XVIII.
Dos que resistem ou desobedecem aos julgadores ou a seus officiaes,
ou lhes dizem injurias.

COMO o animo e intenção, além de outras circunstancias, faz mais graves todos os delictos; o que resistir ou desobedecer ás nossas justiças, com o fim de arruinar a sociedade, ou por duvidar do nosso real poder, será castigado como traidor na forma do titulo 13. §. 13.[39]

§. 1. E como réo de lesa magestade, na fórma que se diz no titulo 14. §. 9. e seguintes, o que resistir, ou desobedecer ás nossas ordens dadas immediatamente por nós ou pelos ministros do nosso concelho de estado. E queremos que nestes casos, pela sua gravidade, se castigue da mesma sorte a resistencia e a simples desobediencia: não se executará porém a sentença sem primeiro se nos dar parte, para a podêrmos alterar e modificar como nos parecer justo.

§. 2. Os que resistirem aos nossos desembargadores, corregedores, ouvidores postos por nós ou pelos donatarios, juizes de fóra ou ordinarios, ferindo-os ou a seus officiaes ou a outras pessoas que forem na sua companhia, ou ainda que os não firão, se por força impedirem que elles

---

[38] *Ord. L. 5. tit. 47. Man. tit. 106. Aff. tit. 96.*
[39] *Ord. L. 5. tit. 49. Man. 36. Aff. 90, 91.*

fação as diligencias da justiça pertencentes ao seu officio, como são prisões, citações, penhoras e outras similhantes; serão nestes dois casos degradados de todas as honras civiz e militares, e dos gráos de nobreza, perderáõ todos os bens da coroa e ordens, e offcios que de nós tiverem, e a administração dos vinculados, que se devolverá logo por esta lei ao immediato successor, e serão mais condemnados em prisão ou degredo perpetuo para fóra do reino, ou a trabalhar nas obras públicas por toda a vida.

§. 3. Serão iguaes estas penas nos ditos dois casos, assim para os agentes, como para os cumplices, mandantes ou mandatarios, e para todos os que lhes derem ajuda, conselho e favor; todos serão do mesmo modo castigados.

§. 4. Não havendo ferimento, nem deixando de se fazer a diligencia, se castigará a resistencia com as mesmas penas, á excepção da perda da nobreza, e da administração dos bens vinculados; e a prisão, degredo ou trabalho público será só por dez annos.

§. 5. E nestas mesmas penas serão condemnados os que resistirem aos juizes vintaneiros, alcaides, meirinhos, quadrilheiros, jurados, porteiros e outros similhantes officiaes creados para a execução dos mandados da justiça, no caso de ferimento na sua pessoa e dos que os acompanharem, ou de se não fazer a diligencia.

§. 6. E os que não abrirem as portas aos officiaes de justiça, sendo requeridos da nossa parte, sabendo que o são, e por força impedirem, ainda que sem effeito, que elles entrem em sua casa a fazer alguma citação, penhora ou outra diligencia de justiça.

§. 7. E os que na côrte ou no lugar aonde estiver a casa da Supplicação, acolherem, encobrirem ou tiverem em sua casa refugiado o réo de resistencia feita a nossa justiça.

§. 8 A resistencia feita a esta ordem de officiaes nos outros casos em que não houver ferimento nem se impedir a diligencia, se castigará com penas extraordinarias de dinheiro ou cadea; segundo a sua qualidade, e excesso commettido.

§. 9. Se a resistencia á nossa justiça for feita por um ajuntamento e multidão de pessoas armadas todas ou quasi todas, será castigado na fórma do titulo antecedente.

§. 10. A simples desobediencia sem resisteneia aos mandados dos julgadores nas cousas pertencentes ao seu officio, se castigará com a pena de prisão por alguns dias, ou de dinheiro, e outras similhantes extraordinarias e judiciaes, segundo a qualidade do julgador, da desobediencia, e diligencia mandada.

§. 11. O que resistir ou desobedecer aos juizes nas cousas que não pertencerem ao seu officio, não resiste nem desobedece á justiça.

§. 12. Offende porém a justiça o que em juizo ou fóra delle injuriar de palavras ou por obras os julgadores ou os seus officiaes, quaesquer que elles sejão, nas cousas pertencentes a seus officios, cargos e occupações, e será castigado com a pena ordinaria do delicto em dobro.[40]

§. 13. Sendo a injuria estranha ao officio e occupação, o juiz a poderá demandar, e proseguir perante o seu superior; como qualquer pessoa do povo, sem differença; e este a seu requerimento poderá prender o injuriante por vinte e quatro horas sómente, sem necessidade de outra prova; mas nunca o mesmo juiz, que se diz injuriado.

---

[40] *Ord. L. 5. tit. 50. Man. 66. Affons. 91.*

§. 14. O juiz, debaixo da pena de suspenção do seu officio, e de inhabilidade para servir outro, será obrigado a fazer auto, com as formalidades devidas, da resistencia ou injuria feita á justiça na sua pessoa publica.

§. 15. Mas não poderá perguntar as testemunhas, e muito menos julgar o auto; e o remetterá, citada a parte, para o juiz seu superior immediato, o qual procederá por elle em razão do seu officio, e por parte da justiça, na fórma de nossas ordenações.

§ 16. Poderá com tudo o juiz conhecer e julgar a resistencia, ou injuria committida contra os seus officiaes, que debaixo das mesmas penas de suspensão e inhabilidade serão obrigados do mesmo modo a formar auto de que conste a formalidade da resistencia ou injuria que se lhes fez.

§. 17. Do mesmo modo pertence tãobem ao juiz, e não ao seu superior, o conhecimento e castigo da simples desobediencia feita aos mandados da justiça na fórma do §.10 deste titulo, e de outras ordenações nossas.

§. 18. Quando os juizes deixarem de fazer os autos de resistencia, ou injuria na forma acima ordenada, os escrivães ou tabeliães, que no caso presente forem, debaixo das ditas penas de suspenso e inhabilidade farão auto della, declarando as testemunhas que pódem ser perguntadas sobre elle, e a culpa e ommissão do juiz, que entregaráõ ao seu superior, para as perguntar, e proceder contra os culpados como he obrigado por nossas leis.[41]

§. 19. Offende tãobem a justiça o que na presença dos julgadores, ou na occasião em que se fizer audiencia ou outro qualquer acto judicial, levantar a voz e fizer algum pequeno arruido, ou praticar alguma acção contraria ao respeito devido ao lugar ou á boa ordem da administração da justiça; e se castigará com um, dois ou tres dias de prisão, segundo for o excesso committido, não chegando elle a ser sedição, motim, assuada, resistencia, injuria ou desobediencia formal; porque então se castigará com as penas que ficão ditas.[42]

§. 20. E a mesma pena terá o que offender e injuriar de palavra ou por obra na prezença da justiça qualquer pessoa, além da ordinaria do delicto.[43]

TITULO XIX.

*Dos que tirão os presos do poder da justiça
ou das prisdes, e dos prezos que fogem da cadêa.*

O QUE tirar por força o prezo do lugar do supplicio, ou do caminho, quando for para se justiçar, sera castigado como réo de lesa magestade na fórma do titulo 14. §. 8.

§. 1. E aquelle que o tirar por força da mão e podêr do ministro ou official de justiça que o prendeo, será castigado com as penas declaradas no §. 2 do titulo antecedente.

§. 2. E o que o tirar da mão de qualquer pessoa do povo que o prendeo pelo achar em maleficio, ou por outro caso em que pela lei tem similhante podêr, será condemnado em quatro annos de degredo para Africa, ou a servir pelo mesmo tempo nas obras públicas.

---

[41] *Ord. L. 5. tit. 50, pr.*
[42] *Ord. L. 5. tit. 51. Man. tit. 75., Affons. 104.*
[43] *Ord. L. 5. tit. 51.*

§. 3. O que tirar o prezo por força da cadeia pública, obrigando violentamente o carcereiro a que lhe abra as portas, ou lhe entregue as chaves da prizâo, ou arrombando a mesma cadêa, as suas portas, ou paredes, ou quebrando as prizões que seguravão o prezo, ou desprendendo-o; alem das penas referidas no dito §. 2. do titulo antecedente, incorrerá a de perdimento de metade de seus bens patrimoniaes, applicados para as obras pias que os juizes destinarem, no caso de ferimento ou da effectiva tirada do prezo, ainda que o não haja.

§. 4. O arrombamento das paredes ou portas da cadêa, ou outra violencia similhante, não se tirando o prezo, nem se ferindo por esta cauza pessoa alguma pertencente á justiça, he incluido no §. 5. do dito titulo.

§. 5. O arrombamento ou tirada de prezo de uma caza ou lugar particular em que se metteo para dahi ser levado á cadêa publica, feito sem ferimento e resistencia de justiça e das pessoas encarregadas da sua guarda, será castigado com a pena extraordinaria de quinze até trinta dias de cadêa.

§. 6. O que sem violencia ou força, mas por arte e engano, ou ainda por promessas ou dadivas de dinheiro, ou por outro modo similhante tirar o prezo do podêr do official ou da cadêa, será prezo até mercê nossa.

§. 7. Nas sobreditas penas incorreráô igualmente o mandante e o mandatario, o agente e o cumplice, antes ou na mesma occazião do delicto.

§. 8. E não serão escuzos dellas, posto que entendão ser a prisão injusta, e ainda que o seja na verdade.

§. 9. A mulher, que tirar do podêr da justiça ou da cadêa a seu marido, ou este a sua molher, ou o pai e mãi a seu filho ou filha, ou os filhos a seus pais, serão castigados com menor pena a arbitrio do juiz, nao só no caso de industria ou dolo, mas de resistencia e arrombamento da cadêa, pela causa escusante do amor paterno e marital; mas os que os acompanharem e ajudarem como não tem uma similhante escusa, se castigaráô com as penas que ficão ditas.

§. 10. O que por auctoridade propria, sem licença da justiça mudar o prezo de um para outro lugar, e de uma prisão rigoroza para outra mais suave, ainda que seja a titulo de compaixão, ou o que por este ou outro similhante lhe affrouxar ou quebrar as prisões com o fim de lhe dar mais alivio, será por este simples facto, não havendo outras circunstancias que o aggravem, prezo por 15 ou 30 dias.

§. 11. O prezo que fugio da cadêa sem a arrombar, ou do podêr do official, ou do carcereiro, por descuido seu, ou por engano que lhe fez, ou pelo corromper, não usando da força e violencia, ou por quebrar as prisões e se desprender, não commette delicto.

§. 12. Fugindo porém por força e violencia feita ao official ou carcereiro, ou arrombando a cadêa, he criminoso, não pela fugida, mas pelo arrombamento e resistencia que fez.

§. 13. E se castigará não como verdadeira resistencia e arrombamento, pela causa escusante do amor da propria liberdade, mas com a pena de cadêa mais apertada, segura e rigorosa por um mez mais, alem da ordinaria do delicto.

§. 14. Pela fugida do preso não se deve dar por provado o seu delicto, não o estando, ainda no caso de arrombamento de cadêa, e de se mostrar que foi feito por seu mandado.

§. 15. Os que arrombarem, lançarem por terra ou despedaçarem as paredes, armações forcas, cordas, cadêas ou outros instrumentos destinados pela justiça para castigo dos malfeitores, ou os mudarem de um lugar para outro, ou tirarem os condemnados depois de mortos dos lugares, aonde forão mandados pôr pela justiça, serão por este simples facto, não havendo circunstancias

56 • Direito Processual Penal

que mais o aggravem, prezos por vinte ou quarenta dias, ou obrigados a trabalhar nas obras públicas da cidade pelo mesmo tempo.

TITULO XX.
Dos que fazem carcere privado.

COMMETTE este delicto o que por auctoridade propria, e sem licença nossa, usa de carcere e nelle retem e guarda alguma pessoa contra sua vontade.[44]

§. 1. Por tanto o que na sua propria casa, ou em outro lugar retiver alguem como preso por vinte e quatro horas, he réo deste crime.

§. 2. E isto ainda no caso de o não ter ligado com alguma prisão ou cadea; porque basta não estar em toda a sua liberdade.

§. 3. O que por vinte e quatro horas ou mais, na sua casa ou em outro lugar, retiver alguem contra sua vontade, será preso na cadeia pública pelo mesmo tempo em dobro; e perderá toda a causa e interesse que da prisão lhe podia vir, além da satisfação da injuria, reparação do damno que causou.

§. 4. Se a prisão e detenção corporal fôr por menos de vinte e quatro horas, será prezo pelo mesmo tempo; e esta será neste caso e do §. antecedente, a pena dos cumplices.

§. 5. Sendo o carcere privado feito em lugar público, ou com grades, e ao modo das nossas cadeias, será demolido por auctoridade da justiça; e o que assim o fizer ou usar delle, perderá todos os bens da coroa e ordens que de nós tiver, e os direitos de cidadão.

§. 6. Ainda que os bispos de nossos reinos e dominios possão por permissão nossa usar de aljube e cadeia pública, nos casos crimes que conforme nossas ordenações pertencerem ao seu foro; deverão com tudo de tres em tres annos, debaixo das penas de cárcere privado acima ditas, e do perdimento de toda a jurisdição temporal que de nós houverem, pedir e obter na meza do desembargo do paço licença para usarem da cadeia, que se lhes concederá pelo mesmo tempo, parecendo assim conveniente, e não havendo abusado della, ouvido sempre o nosso procurador da coroa.

§. 7. E nestas cadeias, ou aljubes os nossos ministros poderáõ recolher os prezos da justiça, sem necessidade de licença dos bispos, porque são nossas: e os seus officiaes e carcereiros os recolheráõ de seu mandado, e lhes responderáõ pela sua guarda.

§. 8. Nas mesmas cadêas, ordenadas e permittidas por nós mais para guarda e correcção, do que para castigo, se houverem algumas casas subterraneas, ou prizões secretas, ferros ou quaesquer outros instrumentos com que se possa atormentar ou mortificar os prezos, os nossos corregedores o não consentiráõ, e para este e outros fins as visitaráõ todos os annos de seu officio.

§. 9. E poderáõ nesta visita, e em todo o tempo, sendo requeridos, mudar os prezos de uma para outra prizão dentro da mesma cadêa, ou para a da cidade, ou soltal-os achando que forão injustamente prezos, e contra a forma das nossas ordenações.

---

[44] *Ord. L. 5. tit. 95. Man. 68., Affons. 92.*

§. 10. Visitarão do mesmo modo todos os annos os carceres das religiões, e achando nelles alguns religiosos prezos contra a fórma de direito, e das suas constituicões, os farão logo soltar.

§. 11. Prohibimos o uzo de todas as prizões secretas, debaixo das penas declaradas neste titulo no §. 3. e 5, e de perdimento dos officiaes, aos juizes e officiaes que as praticarem.

§. 12. Os prelados regulares, sob pena de perdimento dos seus cargos, não poderão impedir que os seus subditos, prezos por elles sejão visitados pelos religiosos da mesma ordem, ou pelos seus parentes dentro do quarto gráo, e muito menos pelos seus agentes e procuradores.

§. 13. Os prezos nos cadêas publicas poderáõ ser visitados ainda pelos estranhos e amigos, e por caso nenhum se metteráõ em segredo por mais de tres dias, nem por mais tempo se prohibiráõ de fallar com quem quizerem; o que assim mandámos, porque sendo semelhante reclusão uma rigorosa pena, não he da nossa justiça que o réo a soffra antes de convencido do seu delicto, nem que por aquelle modo se lhe dificulte a sua defeza.

§. 14. Parecendo porém ao juiz que he necessario para a sua averiguação, que o prezo esteja recluzo em segredo por mais de tres dias continuos, ou interpolados por uma vez sómente; achando-se no lugar aonde estiver a casa da Supplicação ou outra nossa Relação, ou cinco legoas ao redor della, dará parte ao seu governador, contando-lhe o cazo com todas as circunstancias e razões que no seu juízo pedirem mais tempo de reclusão; e achando-se em outro lugar, ao corregedor da comarca: e fará o que por cada um delles lhe for determinado.

§. 15. Declarâmos, que estas mesmas prizões secretas, pelo tempo e fórma que fica dito, não tem outro effeito mais do que evitar que os prezos fallem e communiquem nesse tempo com pessoas suspeitozas: por tanto não devem ser escuras e subterraneas, nem nellas os prezos maltratados; porque são ordenadas para averiguação da verdade, e para se não frustrar a justiça, e não por castigo.

§. 16. As mesmas cadêas e cazas de correcção serão públicas, para o fim de serem visitadas pela justiça, e de se podêrem saber as pessoas que nellas estão; as quaes comtudo só poderáõ fallar e communicar com aquelles que permittirem os intendentes particulares e guardas das mesmas cazas, na conformidade das ordens que lhes forem dadas.

§. 17. Aquelles a cujo cargo está o cuidado e guarda do furiozo, prendendo-o e fechando-o em uma caza com o fim de o curar, ou de evitar que elle faça mal, não commettem o crime de carcere privado.

§. 18. Nem os pais de familias prendendo por tres dias seus filhos menores de vinte e cinco annos, por correcção, e dentro dos limites do patrio podêr.

§. 19. Sendo a prizão por mais dias, não os poderáõ prender sem o juizo e voto dos outros parentes mais velhos, ainda transversaes, dentro do segundo gráo de um e outro lado. O mesmo dizemos de outro qualquer genero de castigo similhante.

§. 20. Se o juizo dos pais, contra o que he de esperar, e dos mais parentes se desviar das leis da humanidade que fazem todo o fundamento da sua correcção e castigo; os filhos poderáõ recorrer e queixar-se aos nossos magistrados; e este recurso se terá como verdadeira appellação, para o effeito de fazer cessar, logo que se interpozer, toda a jurisdicção e podêr paterno neste cazo.

§. 21. Os amos prendendo os seus criados e servidores incorrem no crime de carcere privado, porque só os pódem reprehender por palavras ou por outras maneiras brandas, e despedir do seu serviço. O mesmo mandâmos se entenda á proporção a respeito dos senhores com seus escravos; por se não podêr considerar em uns e outros aquella affeição natural que faz cessar nos pais e parentes o receio de excesso no castigo.

58 • Direito Processual Penal

§. 22. No mesmo crime incorre o credor que prender por sua auctoridade o seu devedor, ainda que seja suspeito de fuga, e ainda que se sugeitasse e obrigasse á prisáo pública ou particular no caso de não pagar em certo tempo.

§. 23. O que for condemnado em multa de dinheiro, deve pagal-a pelos seus bens, e não os tendo não se poderá prender por esta causa; e muito menos deter na cadêa o prezo por custas dos officiaes, ou outras dividas.

§. 24. A multa de dinheiro que provem de delicto, não podendo pagar-se, se commutará em tantos dias de trabalho nas obras públicas de graça, quantos corresponderem á sua importancia.

§. 25. Incorre o crime de carcere privado o pai ou marido que prender alguem pelo achar com sua filha ou mulher em adulterio, ainda que seja para o levar logo aos nossos juizes, aos quaes sómente poderá recorrer, pelas desordens que do contrario são de recear.

§. 26. Poderá com tudo o cidadão prender impunemente o banido, o matador, ladrão ou roubador, os que vendem as cousas furtadas, e geralmente todo o malfeitor achado em fragrante, com tanto que o faça logo entregar á justiça: e retendo-o em sua casa por mais de vinte e quatro horas, será castigado como reo do crime de carcere privado.

§. 27. Os que por força ou engano levarem ou chamarem alguem a sua casa, ou a outra parte, para nella o espancarem ou atormentarem, se com effeito lhe derem tratos ou fizerem outras mortificações e injurias notaveis, crueis e desusadas, serão presos por toda a vida, depois de haverem sido appregoados públicamente por infames e inimigos da humanidade. Não sendo as injurias desta ordem, se castigaráõ com as penas declaradas no titulo.

§. 18. Os ministros e officiaes de justiça, prendendo contra a fórma de nossas ordenações, ou sem as provas que ellas requerem, além de outras penas, incorrem as de carcere privado.

TITULO XXI.
Dos que se fingem ministros e officiaes de justiça.

Os que fingindo-se nossos ministros e officiaes de justiça, e valendo-se da nossa auctoridade, entrarem na casa alheia com o pretexto de ahi fazerem qualquer averiguação ou diligencia pertencente á nossa justiça, serão prezos por trinta dias, e satisfaráõ o damno que causarem, em dobro, e á parte offendida a sua injuria.

§. 1. E se em outra parte ou lugar, servindo-se do mesmo fingimento, fizerem alguma diligencia pertencente á justiça, serão prezos por vinte dias, e responderáõ do mesmo modo por todo o damno e injuria que causarem.

§. 2. Não entrando na caza alheia, nem fazendo outra diligencia, serão prezos em razão do dito fingimento por quinze dias; e a mesma pena terão os que tomarem e usarem em público o vestido ou insignia propria da justiça.

§. 3. Os parentes, amigos e criados dos ministros e officiaes de justiça, que valendo-se da sua auctoridade publica, e incutindo com ella terror, fizerem ou desfizerem todo e qualquer acto ou contracto que não farião sem a dita concussão, serão prezos por vinte dias, e não se consentiráõ mais em caza daquelles de cujo podêr se valêrão.

§. 4. Soffreráõ a mesma pena aquelles que não tendo auctoridade alguma pública, se valerem e servirem do mesmo modo da qualidade e condição das suas pessoas, ou das suas riquezas.

§. 5. E igualmente os que por força, medo ou ameaças graves obrigarem a alguma pessoa a fazer ou não fazer qualquer acto.

§. 6. Os ministros e officiaes de justiça, fazendo alguma diligencia por ordem que fingirão ter de seus superiores, perderáõ o officio e occupação, e não poderáõ servir outra similhante.

§. 7. E incutindo medo e terror injusto com o seu lugar, officio ou occupação, serão suspensos só por esta cauza por dois annos, e não se admittiráõ a servir cargo algum público pelo mesmo tempo.

§. 8. As referidas penas não tirão nem impedem as ordinarias do delicto que se commetter em razão dos sobreditos fingimentos, terror e concussão, e muito menos as acções civiz que d'ahi nascerem.

TITULO XXII.
Dos que tomão ou perturbão a nossa jurisdicção, e dos que levão direitos que lhes não pertencem.

Se alguem for tão ousado que se atreva a usurpar os direitos jurisdiccionaes que nos competem corno rainha soberana, e que se não podem nem costumão doar, ou sejão a respeito da administração da justiça civil ou criminal, e da boa ordem, economia e segurança pública assim interna como externa, ou a respeito da indicção, exacção e arrecadação dos nossos direitos e fazenda, alem da pena propria do delicto que por esse facto commetter, será prezo até nossa mercê, e perderá todos os bens da coroa e ordens que de nós tiver.

§. 1. O que usurpar a jurisdicção e direitos de outra ordem, e que se podem, e costumão doar na forma das nossas ordenações, alem das penas ordinarias do delicto, será prezo por trinta dias, e o juiz nos dará parte, parecendo-lhe assim necessario, segundo as circunstancias e qualidade da usurpação.

§. 2. Terá a mesma pena o que por qualquer modo ou maneira perturbar ou impedir o livre uso e exercicio da nossa jurisdicção, ou a exacção, arrecadação e cobrança dos nossos direitos.

§. 3. Os donatarios ecclesiásticos ou seculares que com dolo ou culpa levarem direitos ou pedidos que não tem, ou que levarem mais do que se lhes deve, ou que excederem a sua jurisdição e della usarem contra a fórma das suas doações, perderáõ todos os bens da coroa e ordens que de nós houverem.

§. 4. E se dizem para este effeito estarem em culpa, quando os levão contra a fórma das doações que tem em seu podêr, ou contra as nossas ordenações claras e expressas.

TITULO XXIII.
Das armas que são defezas.

Defendemos em todo o tempo, assim de dia como de noute, o uso das armas curtas que com facilidade se podem encobrir, como são facas, navalhas de ponta ou canivetes, sovelas, compassos, tesouras, pistolas e outras armas similhantes de fogo, aço ou ferro, capazes de fazer ferida mortal ou penetrante, debaixo das penas de confisco das mesmas armas, de prisão por trinta dias, e outros tantos de trabalho nas obras públicas de graça.

60 • Direito Processual Penal

§. 1. Os nobres e ecelesiasticos em lugar do trabalho nas obras públicas, pagaráõ da cadêa, em que serão detidos pelos mesmos trinta dias, doze mil reis para as mesmas obras públicas.

§. 2. Prohibimos o uso de bacamartes, espingardas, arcabuzes assim carregados, como descarregados, nas cidades, villas, e lugares, com as penas de quinze dias de cadeia, e de trabalho nas obras públicas na fórma acima dita. E debaixo das mesmas penas defendemos o uso dos estoques, punhaes, e outras armas semelhantes.

§. 3. Permittimos o uso das espadas, e espadins á cinta, sendo da marca. O que porem usar destas armas debaixo do capote, ou de outro modo, ou as trouxer na mão desembainhadas, pagará dez tostões da cadeia.

§. 4. Com a mesma pena defendemos o uso da espada, ou espadim á cinta aos aprendizes de todos os officios mecanicos, aos marinheiros, barqueiros, e criados de libré, salvo na companhia de seus amos pelas estradas e caminhos.

§. 5. Os officiaes mecanicos, debaixo das penas do §. 2., não poderáõ usar nem trazer fóra de suas casas, e tendas, as facas, tesouras, e mais instrumentos necessarios do seu officio, salvo na occasião em que os comprarem, ou os levarem a concertar, ou para o lugar aonde houverem de trabalhar.

§. 6. Pode-se trazer livremente espingarda carregada, andando á caça, ou pelo caminho, mas á noute, e na vinda para casa não se poderá entrar com ella carregada nas cidades, villas, e lugares, sob pena de dez tostões pagos da cadeia: e a mesma pena terão os que de noute em povoado dispararem armas de fogo.

§. 7. Os ministros, e officiaes de justiça, andando em diligencia, podem trazer as armas que lhes forem necessarias, e bem assim os soldados pagos, auxiliares, e da ordenança, estando em diligencia, ou exercicio, na fórma dos seus regulamentos.

§. 8. Pelas estradas e caminhos públicos se pódem trazer impunemente armas com licença do intendente geral da policia por escripto, ou de seus comissarios.

§. 9. Autorisâmos por esta ordenação ao mesmo intendente geral, para que segundo as circunstancias occorrentes, e com as penas, que couberem na sua alçada, pela voz do porteiro, ou por edictos affixados nos lugares públicos, possa dar todas as providencias, que se fizerem necessarias assim sobre o uso das armas, como sobre todos os outros objectos da policia, na conformidade do seu regimento, e das ordens particulares, que de nós houver.

TITULO XXIV.
Das Caças, e pescarias defesas.

TODA a pessoa poderá caçar livremente nas terras proprias, ou nas alheias que não forem coutadas nem muradas, nos tempos, e com as armas que não forem defezas; com tanto que não faça vida de caçador, porque então será tido e castigado como vadio.

§. 1. O que caçar nas terras muradas, sem licença de seu dono, ou nas abertas sem mesma licença, depois de semeadas e antes de colhidos os fructos, pagará dez tostões da cadeia, applicados para as obras públicas, e o damno que causou, em dobro.

§. 2. A mesma pena terão os que caçarem nas suas mesmas terras, ou nas alheias com licença, ou pescarem nos rios e lagoas públicas, no tempo e por modos defesos.

§. 3. Á camara do lugar pertence declarar os mezes, em que he livre o uso da pesca ou da caça, por não podêr fixar-se em todas as terras e lugares; as armas e instrumentos que devem servir neste exercicio, e as penas contra os transgressores, com tantoque não passem de oito dias de cadeia, e dez cruzados applicados para as obras públicas do concelho, a requerimento do seu procurador.

§. 4. Os que caçarem, ou pescarem nas coutadas a nós reservadas, ou dos donatarios, que dellas tiverem mercê por nós confirmada, ou nellas arrancarem ou cortarem arvores de fruto ou silvestres, incorreráõ as penas declaradas nas particulares leis e regimentos das mesmas coutadas.

§. 5. O que sem privilegio e mercê nossa arrogar a si o direito da caça ou da pesca, e fizer coutadas assim nos rios e lagoas, como nas terras e matos, de toda a sorte de animaes, lenhas ou pastos, será preso por um mez, e perderá toda a jurisdicção, que de nós tiver.

TITULO XXV.
Dos vadios.

HE vadio e ocioso o que não tem officio, emprego, mister, trato, negocio ou ocupação honesta e util ha sociedade; e o que tendo-a, a deixou, e não voltou a ella em trinta dias.

§. 1. São vadios os homens notoriamente máos e de máos costumes, e os que andão continuadamente pelas tavernas, casas de jogo ou outras suspeitosas, postoque tenhão officio, não o servindo de modo que possão viver delle, e sustentar-se.

§. 2. Os que vivem de tramoias e enganos; os charlatões, que illudem os povos por artes e maneiras insinuantes; os que se vestem com habitos religiosos, não o sendo; os que pedem esmolas, para si ou para algum santo, sem licença; e os vagabundos, que não tem domicilio certo.

§. 3. O vadio, que não tiver officio nem maneio honesto, não o tomando em quinze dias depois de advertido pela justiça, será preso por vinte e quatro horas pela primeira vez, e pela segunda por outo dias, e servirá por um mez de graça nas obras públicas; e pela terceira terá a mesma pena em dobro; e não se emendando, se mandará recolher nas casas e cadeias da correcção, de dois até seis annos a arbitrio dos ministros da policia.

§. 4. O mesmo se praticará com os officiaes, que deixárão os seus officios e empregos, e não tomárão outros, e com aquelles que fizerem vida de caçadores, toireiros, capinhas, e que se sustentarem de outros officios, modos e maneiras de viver semelhantes, não sendo juntamente honestos, e uteis á sociedade, e approvados por ella.

§. 5. Os vadios ociosos, não offendendo com os seus costumes a sociedade, nem os individuos della, se castigaráõ pela primeira vez com a pena de dois dias de cadeia, ou com a multa de quatro centos até outo centos reis, e pela segunda em dobro; e pela terceira se mandaráõ recolher na casa da correcção por dois mezes, e dahi por diante de dois até seis annos, segundo as circunstancias.

§. 6. Os que derem musicas de noute, e á porta de outrem cantarem ou tocarem, e os que a isso assistirem de proposito, pagaráõ da cadeia dez tostões para as obras públicas.

§. 7. O que nas cidades, villas e lugares, e caminhos públicos for achado com habito religioso, não o sendo na realidade, nem havendo professado o instituto de alguma das religiões approvadas pela igreja, e consentidas em nossos reinos, será levado á presença do juiz; que depois de averiguar a sua tenção, e não tendo outro crime, o mandará prender por dois dias, tirando-lhe o habito, e tratando-o dahi por diante como vadio.

62 • Direito Processual Penal

§. 8. Do mesmo modo serão tidos, e tratados os vagabundos, e os que mendicarem e pedirem esmolas de porta em porta sem licença do intendente geral da policia ou de seus commissarios, e os que sem a mesma licença, dentro ou fóra da igreja, pedirem publicamente esmolas para si, para algum santo ou para alguma obra pia ou profana, posto que a tenhão dos prelados ordinarios.

§. 9. Serão igualmente tidos por vadios os homens, que venderem pelas ruas ou nas praças e lugares públicos, frutas, hortaliças, alfeloas, obreias, e outras cousas similhantes, que podem e costumão vender as mulheres.[45]

§. 10. Todas as pessoas, nacionaes ou estrangeiras, que forem achadas fóra do termo da sua habitação e residencia, sem permissão e passaporte dos ministros da policia, ou que se não apresentarem aos mesmos ministros dentro em vinte e quatro horas depois que chegarem a qualquer porto, cidade, villa ou lugar de nossos reinos e dominios; e os que por obrigação e paga receberem alguem na sua casa ou navio, e os não denunciarem dentro do mesmo tempo, serão presos e castigados pela policia na fórma do seu regimento: o que muito principalmente se entenderá a respeito dos Ciganos, Gregos e Armenios, e mais estrangeiros suspeitosos.

§. 11. O que se subtrahir ao nosso serviço, fugindo, ausentando-se, ou escondendo-se por essa causa, será por este facto, não havendo circunstancias, que mais o aggravem, preso por vinte e quatro horas.

§. 12. Havemos por desnaturalisadas todas as pessoas, assim ecclesiasticas como seculares, que de nossos reinos se ausentarem sem licença e passaporte do intendente geral da policia, ou de seus commissarios para isso especialmente autorisados.[46]

§. 13. E os pilotos, mestres e marinheiros naturaes deste reino, que acceitarem navegação fóra delle, e servirem nas armadas estrangeiras, além da sobredita pena incorrerãõ a de perdimento de metade de seus bens para a nossa camara.

TITULO XXVI.

Dos Jogos, e theatros.

Os Jogadores de profissão, que vivem, e se sustentão do jogo, fazendo delle a sua principal agencia, serão tidos, havidos e castigados como vadios, na fórma do §. 3. do tit. antecedente: o que se entenderá dos mesmos jogos permittidos.[47]

§. 1. Prohibimos todos os jogos chamados de fortuna ou azar, ainda que nelles tenhão parte a industria, com tanto que predomine a fortuna: e como os seus nomes varião todos os dias, os ministros da Policia, governando-se por este principio, os farão declarar de modo que a todos conste quaes são os jogos prohibidos.

§. 2. Os jogos, em que predominar a industria, e os de exercicio inventados utilmente para desenfado dos nossos vassallos, e em beneficio da saude, não são prohibidos, antes mandamos que se estabeleção pela policia.[48]

---

[45] *Ord.* tit. 101.
[46] *L. de 6. de Dezembro de 1660, e 25 de Junho de 1760. §. 16.*
[47] *Ord. L. 5. tit. 82. Man. 48. Affons. 40. e 41.*
[48] *§. 2. do tit. 82. no fim.*

§. 3. Os maiores, que jogarem jogos prohibidos, não se emendando depois de advertidos pela justiça, serão presos pela primeira vez por outo dias, pela segunda em dobro; e pela terceira serão privados do exercicio dos cargos e officios, que de nós houverem, por tres annos; e não serão admittidos a servir outros em quanto não mudarem de costumes.

§. 4. Não podem pedir em juizo o que se lhes dever do jogo; e os vencidos, querendo, podem repetir o que perdèrão, e pagárão.[49]

§. 5. Declaramos nullas todas as promessas, contractos, dividas, fianças, hypothecas ou outras quaesquer obrigações, principaes ou accessorias, contrahidas por causa do jogo; e as poderáó annullar os mesmos contrahentes, seu marido, ou mulher, pais, filhos, e os credores.

§. 6. Os que jogarem com menores ou filhos familias, terão as mesmas penas em dobro; e seus pais, tutores e curadores poderáó demandar em juiso os dinheiros perdidos, e as perdas e damnos que sentirão na sua fazenda e patrimonio.

§. 7. Denegamos a acção e petição judicial a todos aquelles que derem ou emprestarem dinheiro, pedras, joias, ou outros moveis e trastes aos sobreditos menores ou filhos familias para jogarem; e declaramos nullos e sem effeito semelhantes obrigações e emprestimos.

§. 8. O que forçar a outrem para jogar, ou para lhe manter o jogo a fim de se desquitar, além das penas como jogador, pela força será degradado por quatro annos para fóra de villa e termo.[50]

§. 9. Os que levarem dinheiro de tabolagem por se jogar em sua casa, ou nella derem de comer e beber aos jogadores por dinheiro, serão presos pela primeira vez por trinta dias, e pela segunda em dobro, pela terceira perderáó todos os dinheiros e lucros, que da tabolagem tiverem recebido em tresdobro, applicados para as obras públicas, e todos os lugares e officios, que de nós tiverem, e não poderáó servir outros em tempo algum.[51]

§. 10. E não poderáó, nem a justiça, demandar o damno e injurias, que os jogadores ou circunstantes lhes fizerem na casa do jogo, e em quanto nella se jogar, não se seguindo morte ou ferimento. O que se não entenderá dos jogadores ou circunstantes, que injuriarem uns aos outros.[52]

§. 11. Prohibimos as loterias e sortes nas cidades, villas e lugaras de nossos reinos, e nas feiras ou outros ajuntamentos, debaixo da pena de confisco das mesmas sortes e moveis a ellas pertencentes, e dez tostões pagos da cadeia.

§. 12. Sobre a petição do que nellas se ganhar ou perder, se observará o mesmo que fica dito a respeito dos jogos prohibidos.

§. 13. O que vender ou usar de cartas estrangeiras, ou as fabricar neste reino sem licença, perderá as mesmas cartas e o que com ellas tiver lucrado em dobro, e será preso por oito dias.[53]

§. 14. Os officiaes e jornaleiros, que nos dias santos que a igreja manda guardar, jogarem os mesmos jogos permittidos, antes de ouvirem a missa na sua parochia, trabalharáó um dia de graça nas obras públicas; e as pessoas de outra qualidade pagaráó duzentos reis applicados para as mesmas obras publicas.[54]

---

[49] *L. 1. Cod. de aleatorib.*
[50] *Tit. 82. §. 7. L. 1. §. ult. e L. 2. de aleatorib.*
[51] *Tit. 82. §. 4.*
[52] *Tit. 82. §. 5. e 6. L. 1. §. 1. de aleatorib.*
[53] *Tit. 82. pr. e §. 1. L. 31 de Julho de 1769.*
[54] *Tit. 82. §. 10. L. de 8 de Julho 1521. Coll. de D. N. do Leão, P. 4. tit. 4. L. 1.*

§. 15. Toda a acção, assim civil como criminal, contra os jogadores ou contra os que dão tabolagem, se prescreve por tempo de um anno.

§. 16. As apostas e outros promettimentos deste genero são permittidos, e licitos de sua natureza, e se devem governar pelas regras geraes das outras convenções.

§. 17. Defendemos as operas, comedias e outros espectaculos e festejos públicos, sem licença da policia, debaixo da pena de prisão por um mez aos actores, e de dois dias aos que a ellas assistirem.

§. 18. Debaixo da mesma pena defendemos as corridas de touros sem licença da justiça; e só se poderáõ correr, cortadas as pontas, e tomadas todas as precauções necessarias para que não possão fazer mal.[55]

§. 19. Os actos, que servirem nos theatros, serão primeiro vistos e approvados pela Real Mesa da commissão sobre o exame e censura dos livros; e sem a sua approvação a policia não consentirá que se representem.

§. 20. Sem a mesma approvação e licença se não poderá imprimir livro algum ou papel volante, debaixo da pena de confisco dos exemplares, e outras declarações e impostos na conformidade do particular regimento da sobredita mesa.[56]

§. 21. Toda a pessoa de qualquer qualidade e condição que seja, que de dia ou de noite, em jogos e festas públicas ou pelas ruas, for achada mascarada e com a cara coberta e disfarçada, a fim de não ser conhecida, será presa por tres dias.[57]

§. 22. A mesma pena terão os que em jogos e festas, ou por outra occasião se vestirem e usarem dos habitos e insignias das ordens religiosas ou militares, sem serem professos nellas.[58]

§. 23. E os que tomarem armas e appelidos, que lhes não tocão, os que se chamarem fidalgos sem o serem, os que usarem de dom ou de outro tratamento e distinção, que lhes não pertencer em razão da sua pessoa ou do seu lugar, e os que lho derem, sabendo que lhes não compete.[59]

TITULO XXVII.
Do Luxo.

HE luxo o excesso e abuso, que cada um faz das suas riquezas, sem utilidade real sua, dos seus semelhantes e do público.

§. 1. O luxo sempre he relativo aos teres, haveres e condição de cada um.

§. 2. E depende muito da mudança e variedade dos tempos, e de outras circunstancias a que de necessidade se devem proporcionar as leis sumptuarias, que por esta causa não podem ser fixas e invariáveis.

---

[55] *Ext. na Coll. 1. n. 12. e 13. e Coll. 2. n. 7. e 8. á Ord. L. 1. tit. 86.*

[56] *Ord. tit. 102.*

[57] *Ord. tit. 34. e 79. §. 2. 3. e 4.*

[58] *Ord. tit. 93. Leão. P. 4. tit. 16. L. 1.*

[59] *Ord. tit. 92.*

§. 3. Por tanto a policia, na fórma deste titulo do seu regimento e das particulares ordens, que de nós tiver, dará as providencias, que segundo o tempo e circunstancias se fizerem necessarias, prohibindo com penas proporcionadas o luxo em todos os seus ramos e repartições.

§. 4. Em beneficio do commercio interior e adiantamento das artes e manufacturas, permittimos a todos o livre uso das fazendas, moveis e trastes feitos no reino, que a Policia só poderá moderar segundo as circunstancias.

§. 5. O luxo das fazendas estrangeiras permittidas, havendo outras no reino semelhantes, posto que não sejão tão boas, será absolutamente prohibido, e ainda o mesmo uso se não concederá francamente, no que se haverá a policia segundo as ordens, que de nós houver.

§. 6. Nas prohibidas absolutamente se haverá a policia na conformidade das leis, que defendem a sua introducção e despacho, e o seu uso ou o despacho sómente; não permittindo de modo algum que se use daquellas, e destas prohibindo só o luxo.

§. 7. Em beneficio da agricultura e povoação mandamos que na corte e cidades populozas se não admittão a servir como lacaios, menores de vinte e cinco annos completos, não sendo casados; e a policia regulará o seu numero com as penas proporcionadas, e os seus jornaes e salarios.

§. 8. Defendemos com pena de prisão por tres dias os jantares e ceas públicas ou particulares por occasião de casamento ou baptizado ou posse de algum cargo, officio ou dignidade ecclesiastica ou secular; e geralmente todos os banquetes que passarem de doze pessoas alem da familia de casa.

§. 9. Os funeraes serão feitos sem pompa e com moderação; o que muito encarregâmos aos magistrados da policia, e aos ministros ecclesiasticos.

§. 10. Não se tomará luto pelos principes, pai, avós, filhos, netos, marido ou mulher, por mais de seis mezes, tres rigoroso e outros allliviado; por sogro ou sogra, irmãos e cunhados, por mais de quatro; e pelos outros parentes dentro do 3º gráo por mais de um mez.

§. 11. O luto, á excepção do que se tomar pelos principes, ascendentes ou descendentes, marido ou mulher, será sempre allliviado, e constará só de vestias e calções, meias e fivelas pretas.

§. 12. O encerro das viuvas será sómente por tres dias, e o nojo por oito; e passados os seis meses se vestiráõ honestamente, mas nunca de luto.

TITULO XXVIII.
Dos Contrabandos.

O QUE comprar, vender ou negociar em fazendas ou negocio prohibido pelas leis, deve ser castigado mais ou menos á medida do prejuizo que causar, da sua frequencia e outras circunstancias concomitantes.

§. 1. E porque a razão da justiça e da utilidade pública do commercio pede que não seja a todos livre a faculdade de negociar, assim dentro como fóra do reino, em todas e quaesquer fazendas, e por todos os modos e maneiras; declaramos que ninguem poderá fazer profissão de negociante público, nem gozar das graças e privilegios a similhantes concedidos, sem licença e approvação da Junta do Commercio destes reinos e seus dominios, debaixo das penas de confisco das fazendas, e prohibição para contractar por cinco annos.

66 • Direito Processual Penal

§. 2. Os mercadores de pequeno trato, os vendeiros das cousas comestiveis pelo miúdo, e os taverneiros e almocreves, e outros similhantes, que levão fazendas de uns para outros lugares para as venderem nelles ou em feiras públicas, debaixo das mesmas penas, não poderáõ usar deste trato sem licença por escripto das camaras respectivas, que lhes será sempre dada de graça e sem emolumento algum, assim da parte do ministro, como do official, que a passar.

§. 3. Quando nós, em beneficio da causa pública e do commercio, houvermos por bem instituir e crear alguma sociedade e companhia para o trato de certas e determinadas fazendas, o que nellas contratar incorrerá nas penas declaradas na lei da sua creação.

§. 4. Sem licença da junta do commercio, e da policia, ninguem poderá negociar em qualquer genero de fazenda para os paizes e reinos estrangeiros, nem para as nossas conquistas, sob pena de perdimento das fazendas e do tresdobro do seu valor.

§. 5. Sendo difficultoso determinar para todos os tempos as fazendas e negociações prohibidas, ordenamos que por taes se tenhão não só as que forem declaradas por nossas leis, mas aquellas que na sua conformidade, ou por nossas ordens particulares declararem por editaes públicos a junta do commercio ou a policia.

§. 6. Mandamos observar todas as ordenações, leis, alvarás e decretos, que tem havido nesta materia, como se fossem encorporados neste nosso codigo, em tudo o que a elle não forem contrarios.

§. 7. Considerando que estes delictos não são capitáes, nem infamantes de sua natureza, abolimos as penas de morte, de açoutes e de infamia, quando se achem estabelecidas nas referidas leis; e mandamos que sómente se observem as pecuniarias, do confisco das fazendas, dobro ou tresdobro do seu valor, de prisão e outras semelhantes, impostas e declaradas nas mesmas leis, á excepção das sobreditas.

§. 8. Abolimos, igualmente como inutil a de se entregarem ao fogo as fazendas confiscadas: e mandamos que pela justiça se vendão empregando-se o seu producto em beneficio dos pobres e do público, e a mesma applicação se dará ás penas e multas pecuniarias do valor e estimação das mesmas fazendas.

§. 9. Os nossos vassallos de toda a ordem e condição, sem differença, poderáõ exercitar livre e louvavelmente todo o trato e negociação, que não for prohibida.

§. 10. Em ajuda dos canones prohibimos aos ecclesiasticos toda, e qualquer negociação, debaixo das penas de prisão por um mez, e de perdimento das fazendas do seu trato.

§. 11. Debaixo das mesmas penas, e do perdimento dos seus officios e lugares, os ministros e officiaes de justiça ou de fazenda, e os governadores das provincias do reino ou das conquistas, no tempo do seu governo, não poderáõ negociar por si, nem por interposta pessoa, nem por companhias, ou ter nellas algum emprego, ingerencia ou administração.

§. 12. Mas poderá entrar na companhia com uma ou muitas acções, assim como qualquer pessoa do povo, não tendo nella alguma intendencia ou officio particular, como fica dito.

§. 13. O que se concertar, e ajustar com outrem por dinheiro o seu despacho ou outra qualquer graça e mercê que nos requeira, ou do nossos tribunaes e ministros de justiça ou da fazenda, perderá anoveado tudo o que por esta causa se lhe houver dado ou promettido, e será tido por infame.

TITULO XXIX.

Dos que comprão pão, vinho, ou azeite para revender.[60]

POSTOQUE os proprietarios possão em regra vender os seus fructos como, quando, e aonde quizerem, e a cadaum seja permittido negociar e contratar nos mesmos frutos e em todo o genero de fazenda não prohibida, com tudo o negocio do pão, como tão necessário á vida e subsistencia do homem, se deve cohibir e moderar de forma que sempre o haja em abundancia, e por bom preço.

§. 1. Por tanto os monopolistas de pão de toda a casta, farinhas, vinho, e azeite, que o comprarem e retiverem em si, guardando-o para o venderem por um preço excessivo, fazendo-se como senhores desta especie de negocio, procurando e causando a sua falta e carestia, serão presos por trinta dias, e perderáõ todos os frutos que lhes forem achados, e o dobro do seu valor, applicados em beneficio dos pobres, e das casas pias.

§. 2. Se duas ou mais pessoas se ajustarem e conjurarem entre si para fazer monopolio dos sobreditos frutos, concordando no preço certo da sua venda, incorreráõ em dobro as penas acima ditas.

§. 3. Se este monopolio e ajuste for feita por alguma sociedade e companhia sem licença nossa, a companhia será desfeita, e os sócios, além das penas sobreditas, serão privados da faculdade de negociar para sempre.

§. 4. Constando que todos ou a maior parte dos artistas e officiaes de qualquer cidade, villa ou lugar se unirão para não acabarem as obras dos outros, ou para não fazerem obra e trabalho algum, senão por certo preço, em que elles convierão; a nossa justiça o não consentirá, e taxando-lhe o preço do costume, os obrigará a acabar, ou a fazer a obra, ou outro serviço de graça, não excedendo o trabalho de dois dias.[61]

§. 5. A taxa do trabalho e dos jornaes, que a justiça fizer, será sempre proporcionada ao augmento e preço dos viveres, e bastante para o sustento do jornaleiro e sua familia naquelle dia.

§. 6. Não he prohibido vender e comprar pão, vinho, e azeite na mesma terra para nella o revender, ou para o levar para fora dentro do reino, não se seguindo daqui carestia, nem monopolio.

§. 7. E muito menos nas mesmas circunstancias he prohibido aos proprietarios vender os seus frutos na mesma terra, ou transporta-los para fóra, ou guarda-los para os vender quando lhes fizer mais conta; e em seu beneficio e do povo ordenamos que a todos nas referidas circunstancias seja livre a sua venda e transporte.

§. 8. Não se impidirá de modo algum aos almocreves ou outras pessoas, que não forem verdadeiros monopolistas, o trato de comprarem pão, vinho ou azeite em uma terra para os venderem em outra, pelo grosso ou pelo miudo.[62]

---

[60] *Ord. L. 5. tit. 76.*
[61] *L. Unic.* Cod. *De Monop.*
[62] *Tit. 76. §. 1.*

68 • Direito Processual Penal

§. 9. A compra e venda do pão, vinho ou azeite no agro, feita d'antemão para se entregar no tempo da novidade por preço certo e diminuto, e não pelo que então correr, he nenhuma, e o comprador perderá não só o dinheiro que deo, mas outro tanto.[63]

§. 10. Succedendo haver carestia e falta consideravel de viveres, ou pelos muitos monopolios, que delles se tiverem feito, ou por não quererem os proprietarios vender os seus frutos, ou pelos não haver na terra; a justiça dará todas as providencias, que julgar convenientes para promover a abundancia, fazendo-os vir de fóra, e obrigando, sendo necessario, os compradores, e ainda os mesmos proprietarios a abrirem os seus celleiros e armazaens, e a vende-los por um preço justo, razoado e accommodado ao tempo.

§. 11. O livre commercio do linho e outras producções da terra, e mais fazendas, que não são tão necessarias ao homem, como o pão, vinho, e azeite, he livre a todos, e permittido na conformidade, das nossas ordenações.

TITULO XXX.
Do Homicidio simples.

O HOMICIDIO, o maior de todos os crimes particulares, pelas circunstancias, que nelle podem concorrer, ou he simples, ou qualificado.

§. 1. Chama-se homicidio simples o que não tem circunstancias aggravantes. E tal he o que a lei manda fazer; o que se faz em justa e necessaria defesa, por fatalidade e mero acaso; ou (por culpa) o que tem alguma causa escusante, e o que se commetteo voluntariamente em rixa nova, e no primeiro movimento.

§. 2. He licito o homicidio feito por autoridade pública da justiça, ou em guerra justa. Portanto os juizes, que julgão e condemnão os criminosos á morte na conformidade da lei, e os officiaes de justiça, que executão os seus mandados e sentenças, não são homicidas.

§. 3. O estranho, que matar os mesmos condemnados à morte, e os mesmos officiaes e executores da justiça, que os matarem particularmente, sem ordem e fora da presença da justiça, serão castigados como homicidas voluntarios.

§. 4. Não he licita a morte do banido por autoridade propria, e o que o matar será punido como homicida; mas todo o homem o póde e deve prender e entregar à justiça. O mesmo ordenamos se entenda a respeito dos desertores das tropas em tempo de paz, e dos que forem, ou se presumirem inimigos nossos ou do estado.

§. 5. He permittido, tolerado, e não tem pena alguma o homicidio feito em justa e necessaria defesa da propria vida, ou de algum membro do corpo, contra todo e qualquer injusto aggressor.

§. 6. He justa e necessaria a defesa, e o homicidio impune, todas as vezes que o perigo he provavelmente certo, e se não póde evitar por outro modo.

§. 7. O matador, para evitar toda a pena, deve provar esta qualidade por testemunhas, e na sua falta e em duvida por argumentos e conjecturas tiradas principalmente das circunstancias do caso.

---

[63] *Tit. 76. §. 4.*

§. 8. Não sendo a defesa inculpada, e provando-se que o matador excedeo a temperança, que devêra e podéra ter, será punido segundo a qualidade do excesso.

§. 9. O que matar o ladrão que o accometer, assim de dia como de noite, em justa e necessaria defesa da sua pessoa ou, dos seus bens, não será castigado, salvo excedendo o modo da defesa e temperança, que devêra e podéra ter, e se castigará semelhantemente segundo a qualidade do excesso.

§. 10. Do mesmo modo o que matar em defesa da sua pudicicia, sómente será punido pelo excesso. Matando em defesa da pudicicia dos seus parentes e conjunctos, ou estranhos, ou depois de commettido o insulto, será sempre castigado mais ou menos, segundo as circunstancias, por ser neste caso o homicidio commettido não por defesa, mas por vingança, a qual nunca he permittida.

§. 11. Será sempre castigado o pai ou marido, que matar a sua filha, ou mulher, ou o adultero, com pena ordinaria ou extraordinaria, da fórma, que fica dito no titulo 11 §. 21. e 22.

§. 12. Com o pretexto da honra offendida não he impune o homicidio; pois póde o offendido recorrer á justiça: não tolhemos porém aos juizes que possão diminuir a pena do delicto como pedir o caso.

§. 13. O homicidio meramente casual, que se não podia impedir ou prever, não se castiga.

§. 14. Havendo culpa ou imprudencia, será castigado segundo o género da culpa ou imprudência.

§. 15. E da mesma sorte se castigará o homicidio, que se seguir de todo e qualquer facto ilicito absolutamente, ou ilicito só em respeito do lugar e do tempo.

§. 16. Por tanto o que entrar cm casa alheia para furtar, matando alguem por acaso ou em sua defesa; o senhor da casa, que matar o que vai pela rua com o que lançar inconcideradamente das suas janellas; o caçador que caçando em tempo e lugar prohibido, querendo e cuidando matar uma fera, matar o homem; e outros semelhantes, serão sempre castigados com pena extraordinaria á medida da sua culpa e inconsideração.

§. 17. A impericia e ignorância no que faz profissão de alguma arte ou officio público, he culpa.

§. 18. E por isso o medico, cirurgião ou parteira, que não observar as regras e preceitos da arte ou desamparar o doente de que se encarregou, ou por lhe não assistir como devia o matar ou lhe prolongar culpavelmente a sua cura, será privado para sempre do seu officio, além de outras penas segundo o gráo da sua culpa e ignorancia.

§. 19. Os boticários, que por ignorância ou descuido, errando a composição dos remedios, ou dando uns por outros, causarem semelhantes prejuizos, serão castigados do mesmo modo.

§. 20. Da mesma sorte se castigaráõ os juizes, que por culpa e ignorancia condemnarem os criminosos á morte, ou os puzerem a tormento, ou os metterem em carceres e prisões escuras e doentias, contra a forma de nossas ordenações. Havendo dolo e malicia no juiz ou nos sobreditos, e seguindo-se o homisidio, serão castigados como verdadeiros e rigorosos homicidas.

§. 21. O mesmo dizemos dos estalajadeiros, e de todos aquelles, que por dinheiro receberem alguem em sua casa, que á medida da sua culpa responderáõ pelo maleficio, que nella se commetter assim pelos seus domésticos e criados, como pelos estranhos, que recolherem e agasalharem.[64]

---

[64] *Ord. L. 5. tit. 64.*

70 • Direito Processual Penal

§. 22. No homicidio culpável sendo a ommissão grave e próxima ao dolo, o criminoso será condemnado a servir para sempre preso nas nossas armadas, ou nas galés, ou nas obras públicas mais perigosas, em prisão, ou degredo perpetuo para fóra do reino, ou em outra pena, que parecer, immediata à capital, com tanto que não seja cruel.

§. 23. Sendo menor a culpa, se castigará com açoutes, prisão ou degredo temporal, dentro ou fóra do reino, ou com multas de dinheiro; e estas penas se poderáõ impor todas ou parte; com respeito á culpa.

§. 24. A culpa ordinaria, nos outros homens, se reputará sempre grave, e proxima ao dolo naquelles, que em razão dos seus officios e cargos públicos, e nas cousas e negocios a elles pertencentes, tem particular obrigação de ser mais cuidadosos e vigilantes.

§. 25. A gravidade da culpa, para o effeito da imposição da pena, se deve tirar não tanto da gravidade do caso, como dos talentos naturaes e educação do culpado; e daqui vem que o facto, que em um he culpa grave, em outros he leve, ou ainda menos.

§. 26. Não se deve julgar pena a reparação do damno, que em todo o caso de homicidio doloso ou culpavel deve pagar e resarcir o crimininoso.

§. 27. No casual meramente, necessario ou permittido pelas leis, não se deve obrigar o homicida nem á mesma reparação do damno.

§. 28. O homicidio simples, voluntario e doloso, que se não meditou antes, e se commetteo por occasião que se offereceo de repente, e que provem de um animo verdadeiramente impetuoso e perturbado, será castigado com pena extraordinaria.

§. 29. Assim se castigará o que matar em rixa nova e repentina ou imprevista, ou no primeiro movimento da colera, sem animo e meditação antecedente, e positiva vontade de matar.

§. 30. Ou, depois de acabada a rixa, o que no mesmo lugar em que ella se principiou, ou em outro, indo em seguimento do seu adversario, o matar, não se havendo divertido para actos estranhos, e parecendo ao juiz durar ainda o fervor da peleja.

§. 31. O que matar mettendo-se inconsideradamente em alguma briga ou ajuntamento de gente, com animo de o estremar, será semelhantemente castigado.

§. 32. O homicidio inconsiderado, que se commetter neste ajuntamento, não constando do seu verdadeiro autor, se attribuirá áquelles, que forem achados com armas proprias de matar, os quaes por isso mesmo serão castigados com maiores penas extraordinárias, do que outros socios.

§. 33. Tãobem se castigará com pena extraordinária o que matar sendo provocado, e sendo a provocação verdadeira, e não procurada nem affectada, como ás vezes acontece.

§. 34. As penas extraordinarias no homicidio simplesmente voluntario serão as mesmas do culpavel por grande e grave culpa, declaradas no §. 22. deste tit.: não tolhemos porém aos juizes que em alguns casos, e segundo as circunstancias, as possão moderar, e impor as que vem no §. 23.

§. 35. O que de dia ou de noite andar armado com animo de matar certa e determinada pessoa, não a matando, será só por esta causa condemnado a prisão de cinco até dez annos, ou a trabalhar nas obras publicas pelo mesmo tempo.

TITULO XXXI.

Do homicidio qualificado.

HE qualificado o homicidio voluntario, concebido e meditado de tempo antes, e o que se commetteo aleivosamente, ou por dinheiro, ou por outra paixão vil e baixa, ou com crueldade desusada; e geralmente o que for a companhado de circunstancias aggravantes em razão da pessoa do morto ou matador, do lugar, instrumento, modo e maneira, com que foi disposto e perpetrado.

§. 1. O homicidio doloso, premeditado com plena vontade e conhecimento, e deliberado com intervallo de tempo a commetter-se todas as vezes que se offerece occasião e lugar opportuno, será castigado com pena capital.

§. 2. Conhece-se a vontade deliberada de matar não da força ou grandeza do golpe, nem do impeto do aggressor, que só pódem provar o animo direito de fazer mal; porem das ameaças antecedentes, da inimizade capital entre o matador e o morto, ou do lugar aonde elle se escondeo, e de outros sinaes que precedêrão a morte.

§. 3. Este animo deliberado he bem como genero em todas as especies de homicidios qualificados, e sem elle não tem lugar a pena capital que se deve aggravar segundo as circunstancias, que o acompanhão.

§. 4. Por tanto o que com dolo e maquinação antecedente matar algum com pistola, faca ou outra arma curta, e o que com ellas ou outras armas matar alguem na Igreja, ou no Paço, ou no lugar, aonde estiver a casa da Supplicação, alem da pena de morte, perderá todos os seus bens patrimoniaes para os herdeiros do morto, não tendo filhos, nem outros descendentes.

§. 5. E porque o veneficio pela sua maldade intrinseca, e facilidade de se commetter e encobrir, deve ser mais severamente castigado; o que matar toda, e qualquer pessoa com veneno, morrerá morte natural, sendo primeiro açoutado pelas ruas publicas: perderá todos os seus bens patrimoniaes para os herdeiros do morto, não tendo filhos, e tendo-os, ametade; e os da corôa e ordens lhe serão confiscados em todo o caso, e será alem disto declarado por infame.

§. 6. Terá a mesma pena o que der veneno, ainda que delle se não siga a morte.

§. 7. E o que envenenar os pastos, frutos, hervas e fontes destinadas para o uso dos homens ou dos animaes, no caso de morrer algum, ou de estar em perigo de vida por causa do dito veneno.

§. 8. Morrendo ou perigando os animaes, e ainda não se seguindo algum outro funesto effeito, e só por este facto será preso, ou degradado por dez annos para fora do reino, e pagará sempre em tresdobro todo o damno e prejuizo, que causou.

§. 9. No caso de culpa será castigado o veneficio com as penas extraordinarias declaradas no tit. antecedente, §. 22. e 23, segundo os seus gráos e qualidade.

§. 10. O que mandou matar com veneno, e o que o fez e preparou, e o que o entregou a outrem para o dar a beber, e o que o comprou ou vendeo, sabendo que era para matar, seguindo-se a morte, ou chegando-se a tomar o veneno, morrerá morte natural.

§. 11. A mesma pena terão geralmente em todos os homicidios qualificados os verdadeiras cumplices, que concorrêrão e cooperárão para o delicto, mandando-o fazer, e dando ou facilitando os meios e armas necessarias para elle se commetter.

§. 12. Todo e qualquer homicidio qualificado, deixando de se executar por algum acaso e incidente, ou por senão offerecer occasião, ou por outro impedimento estranho, se castigará na pessoa dos mandantes e mandatarios, cumplices e socios do crime com pena de galés por cinco annos, degredo para fora do reino, ou prisão pelo mesmo tempo.

§. 13. E com um mez de cadeia, e vinte cruzados, deixando de se consummar e commetter por sua propria e livre vontade e arrependimento. Nos outros crimes se observará o mesmo á proporção.

§. 14. O simples conselho ou persuasão de matar com veneno ou por outro modo, de furtar ou de commetter outro qualquer delicto, dado ao homem por occasião de se queixar da sua pobreza, injuria ou affronta, que se lhe fez, não se castiga.

§. 15. Mas sendo especial e qualificado, ou por ser dado a um homem bom, e o corromper; ou a pessoa, que não commetteria delicto, se não fosse aconselhada, ou por lhe mostrar e abrir o caminho de o commetter, dando-lhe ou facilitando-lhe os meios, será castigado com pena extraordinaria á proporção do delicto principal, e das penas impostas ao seu autor, e segundo as forças e gráo da persuasão.

§. 16. Os boticarios ou outras pessoas, que venderem veneno contra a fórma determinada no §. 22 do titulo 43 do nosso codigo do direito público, serão só por este facto, não tendo outra culpa, privados para sempre do exercicio das suas occupações e presos por dois mezes.

§. 17. Aquelle, que matar sob mostrança de amizade, simulando e fingindo ser amigo de outrem, servindo-se e abusando infiel e aleivosamente da mesma amizade para o matar, será condemnado nas penas do §. 5.

§. 18. Os criados e domesticos, que deliberadamente e com premeditação antecedente matarem seus amos, ou outras quaesquer pessoas, com quem familiarmente viverem, e em cuja casa assistirem e morarem, e os subditos, que mataram aos seus legitimos superiores ecclesiasticos ou seculares, serão condemnados nas mesmas penas.

§. 19. O que, sem faltar á fé e amizade, matar outrem não com aleivosia, mas por traição e á falsa fé, morrerá morte natural, e será tido por infame.

§. 20. O que matar ou ferir algum de mandado de outrem, e por ajuste antecedente por dinheiro ou outro premio, que se lhe deo ou prometteo, será castigado com as penas declaradas no §. 5 deste titulo.

§. 21. E estas mesmas penas haverá o que mandar matar ou ferir outrem por dinheiro, seguindo-se a morte ou ferimento.

§. 22. O que mandou matar ou ferir por dinheiro ou outro premio, seguindo-se a morte ou ferimento, não será escuso da pena, posto que se mostre que revogou o mandado, e que se arrependeo, não o fazendo constar ao mandatário; porque o não revogou, nem se arrependeo em tempo e de modo, que aproveitasse.

§. 23. Revogando o mandado a tempo, e fazendo-o constar ao mandatario, ou não se lhe acceitando no principio; se o mandatario mudando de vontade e sem novo mandado, ou com aquelle assim revogado fizer a morte ou o ferimento, será o mandante só por aquelle primeiro ajuste, não se lhe podendo imputar outra culpa, preso por dois mezes, e multado em sessenta cruzados.

§. 24. O que louvou e approvou o homicidio ou outro crime, depois de feito, não dando causa, nem cooperando para elle se fazer, não será castigado, nem a sua ratihabição se haverá por mandado; mas poderá ser admoestado e corregido com alguns dias de cadeia.

§. 25. O que matar outrem não por vingança, nem por satisfação de alguma injuria, mas por mera ambição, e com o fim de o roubar, ou por outro lucro e utilidade, que espere haver da sua morte, será castigado como verdadeiro assassino.

§. 26. Os que de proposito por interesse e malignidade matarem os seus ascendentes, ou descendentes depois de nascidos, em qualquer gráo e idade, ou sejão naturaes e ligitimos, ou naturaes simplesmente, serão castigados como homicidas aleivosos, com todas as penas acima ditas.

§. 27. Soffreráõ as mesmas penas o pai ou mãi, que deliberadamente e por interesse, ou pura malignidade fizerem perecer o feto, que existir no ventre, depois de animado, e em duvida de o estar, se castigaráõ com galés ou degredo perpetuo para fóra do reino.

§. 28. O aborto, que acontecer por caso fortuito ou de remedio tomado segundo a arte, não tem pena.

§. 29. He impune o aborto e a morte do filho, que a mãi procurou expellir do ventre para salvar precisamente a propria vida. O mesmo dizemos dos que neste caso para elle concorrerão.

§. 30. Os pais ou estranhos, que por descuido e inadvertência causarem a morte do infante ou aborto, serão castigados extraordinariamente á medida da sua culpa e negligencia.

§. 31. A mãi, que esquecendo-se de o ser, matar de proposito o seu filho infante, não por malignidade do coração, nem por outra paixão vil e baixa, mas com o fim de encobrir o seu delicto, e de salvar a sua fama e reputação, será para sempre presa e reclusa na casa da correcção.

§. 32. E da mesma sorte, expondo-o pela mesma causa e motivo em lugar deserto e desabrido, succedendo morrer elle pela intemperança do ar, ou por outro accidente.

§. 33. Não será porém castigada pela justiça, expondo-o nas ruas públicas, ou á porta dos vizinhos, no caso de alguem o receber e tomar á sua conta, e muito menos expondo-o nos hospitaes e casas destinadas para a sua criação.

§. 34. Nem pela morte inesperada, acontecida contra as suas intenções por occasião do parto occulto, solitario e clandestino, a que se vio obrigada para salvar a sua fama.

§. 35. E porque muitos juizes costumão obrigar as mulheres pejadas a fazer termo de dar conta do fruto, que nascer do seu ventre, debaixo das penas nelle comminadas; abolimos esta pratica como inutil, desnecessaria e infamante, e mandamos que só se possa usar della no caso de haverem graves suspeitas de infantecidio ou aborto procurado.

§. 36. Toda a pessoa, que não receber em sua casa a mulher solteira, que nella por qualquer causa e incidente se for refugiar para parir, e a não ajudar para este fim, podendo, ou lhe descobrir a sua falta sendo occulta, será presa por sessenta dias.

§. 37. E os parentes, que por estar prenhe a offenderem e tratarem mal, terão a mesma pena, que o juiz a seu pedimento fará executar depois de os ouvir, no que terá toda a devida consideração, segundo as circunstancias do caso e das pessoas.

§. 38. O que criar e recolher os expostos, poderá repetir do pai as despesas da criação, tendo elle com que as pagar, e fazendo-as com esse animo, o qual neste caso nunca se presumirá sem se provar.

§. 39. Todo aquelle, que criar e salvar a vida, e educar como lhe for possivel algum exposto, por sua devoção ou obrigado pela justiça, será livre e escuso de todos os encargos do concelho, e de trabalhos nas obras públicas contra sua vontade, e das mesmas rondas da policia.

§. 40. Declaramos legitimos todos os expostos, e como taes os habilitamos para todos os officios e occupações públicas.

§. 41. Os pais ou mãis, que desampararem seus filhos maiores ou menores, e os lançarem fóra de casa sem razão, perderáõ o direito do patrio podêr, e a esperança de lhes succederem.

74 • Direito Processual Penal

§. 42. Os que por qualquer arte e maneira procurarem a sua esterelidade, serão açoutados publicamente, e não poderáõ servir officio algum público.

§. 43. O suicidio em duvida se julgará involuntario e feito por ira, sanha ou outra paixão forte e vehemente, e se não castigará pela justiça.

§. 44. Se alguem for tão deshumano, que não satisfeito com tirar a vida ao seu semelhante, lhe arrancar os figados e o coração, e lhe beber o sangue, ou o despedaçar e fizer em quartos em vida ou depois de o ter morto, ou o matar lenta e cruelmente, será apregoado por homem cruel, infame e inimigo da humanidade, açoutado publicamente, e castigado com as mais penas declaradas no §. 5. deste tit.

TITULO XXXII.
Dos Incendiarios.

Deve-se castigar este crime mais ou menos pela sua causa e effeito, e pelo lugar.

§. 1. O que de proposito e acintemente na igreja, cidade ou villas notaveis, ou no lugar aonde nós estivermos, ou a Casa da Supplicação, lançar fogo em algumas casas, ou em outros quaesquer edificios, por pura malignidade e com animo positivo de fazer mal, sem outro fim ou com o de se encobrir e evitar a suspeita de algum crime que houvesse commettido, pagará o damno, que causou, em tresdobro, e servirá nas galés ou obras públicas por toda a vida.

§. 2. Se as casas, que se incendiáraõ na cidade, forem separadas sobre si e tão distantes das outras que não possa dellas atear-se o fogo, pagará sempre o incendiario o damno em tresdobro, e será preso na cadeia pública por dois annos.

§. 3. Sendo o fogo lançado, assim na cidade como no campo, com animo de matar, e seguindo-se a morte, se castigará o incendiario como homicida qualificado com todas as penas impostas no §. 5. do titulo antecedente.

§. 4. E como homicida simples doloso, e com as penas do §. 4. do mesmo titulo, não se seguindo a morte, que se premeditou no incendio.

§. 5. Se o fogo for lançado com animo de furtar ou roubar, seguindo-se o furto ou roubo, o incendiario será castigado como ladrão qualificado, e não se seguindo, com as penas do §. 1. deste tit.

§. 6. Lançando-se o fogo nas casas do campo, ou de alguma pequena aldeia e povoação, ou nas searas, vinhas, pomares, olivaes, matos e montados, ou sejão particulares ou do concelho, o incendiario se castigará com as penas do §. 2. deste mesmo tit.

§. 7. A sobredita pena se aggravará no caso de consistir nas arvores, frutos e montados que se incendiáraõ, o principal commercio da terra.

§. 8. O que incendiar na cidade as suas mesmas casas, proximas e contiguas a outras, terá as mesmas penas como se incendiasse as alheias; e o seu valor se applicará para as obras públicas.

§. 9. Sendo solitarias e distantes de outros edificios, será castigado pela policia, e da mesma sorte se as demolir ou desfizer sem sua licença.

§. 10. As casas do campo poderá seu dono incendiar como quizer, e do mesmo modo queimar as suas terras e matos a bem da agricultura, com licença do senado do lugar, e nos tempos destinados.

§. 11. O incendio meramente casual e fortuito não se castiga. No culpável sempre se pagará o prejuizo que se causou, simplesmente ou em dobro, e se porão outras penas á proporção da culpa, que se commetteo.

§. 12. Aindaque o incendio na casa possa acontecer sem culpa dos seus habitadores, elles sempre deveráõ provar a sua diligencia, e que não tiverão ommissão ou descuido imputavel.

§. 13. As pessoas de toda a ordem, condição e estado, que podendo, não acodirem aos fogos ao primeiro sinal, ou que tiverem em suas casas matérias combustiveis, ou faltarem ás ordenações da policia neste artigo, serão castigadas na fórma das mesmas ordenações.

§. 14. Os juizes, dentro de três dias depois do incendio, farão de seu officio estimar todo o damno e perda que elle causou, por homens bons e intelligentes, ouvidas as partes a quem tocar, sob pena de se lhes levar em culpa.

TITULO XXXIII.
Dos que fazem ou acceitão desafio.[65]

O QUE de proposito em nossos reinos e senhorios reptar e desafiar qualquer pessoa em seu nome ou de outrem, e o requerer para com elle brigar, seguindo-se o desafio e briga, será preso por trinta dias, e degradado da nobreza que tiver; e não poderá em tempo algum servir cargo ou officio público.

§. 1. As mesmas penas terão os seus padrinhos, asseguradores e mais pessoas, que o acompanharem.

§. 2. E se o que assim desafiar outrem, o matar, será castigado como verdadeiro homicida voluntario e premeditado; e os sobreditos com açoutes e galés por vinte annos.

§. 3. Havendo ferimento, terá o duelista que desafiar outro, e mais pessoas que o acompanharem, as penas ditas no principio do tit. alem das particulares do delicto.

§. 4. O que acceitar o repto e desafio que se lhe fez, será preso pelos mesmos trinta dias, e pagará em dobro o damno que causou; e matando, servirá toda a vida nas obras públicas, que lhe forem destinadas.

§. 5. O repto e desafio repentino, de que se seguio a morte, e a que deo causa alguma paixão forte, ou grave injuria, se castigará como homicídio culpável, na fórma que fica dito no tit. 30.

§. 6. O que desafiou outrem inconsideradamente e em rixa nova, não se acceitando o desafio, e não havendo nem se seguindo outro algum effeito, será preso por tres dias.

§. 7. As pessoas, que levarem cartas ou recados de desafio, se castigaráõ com açoutes e quinze dias de cadeia.

§. 8. Tudo o que fica ordenado, se entenderá em toda a ordem e classe de pessoas, e nos mesmos soldados e officiaes de guerra, e de toda a patente e graduação.

§. 9. Considerando que os desafios procedem regulamente de um ponto de honra mal entendido, e da opinião errada de que só combatendo ficará satisfeita e reparada a sua affronta; desejando-os prevenir, ordenamos que em todas as cidades e villas de nossos reinos o juiz da terra o seja dos desafios, o qual com dois homens bons, escolhidos de aprazimento das partes,

---

[65] *Ord. tit. 43. Man. 39. Aff. 53.*

76 • Direito Processual Penal

julgará da sua causa e motivo da força, e qualidade da injuria, e do modo mais nobre da sua reparação.

§. 10. Ao sobredito juizo deverá recorrer toda a pessoa, que entender ser caso de desafio o que lhe aconteceo; e o que nelle se julgar, se cumprir á risca sem appellação nem aggravo suspensivo.

§. 11. E, porque desta fórma nenhum pretexto resta, que disculpe os desafios, os que de outra sorte, e pelas suas próprias maos pretenderem vingar, sanar ou reparar a sua honra, serão castigados nas penas que ficão ditas, sem remissão.

§. 12. Entre os militares se observará o mesmo, e será juiz da honra e dos desafios o seu immediato superior, e dois officiaes mais que elles escolherem.

TITULO XXXIV.
Dos Ferimentos.

Os ferimentos sempre se castigaráõ com respeito á qualidade das feridas, do lugar e da pessoa.

§. 1. O que de propósito ferir outro mortalmente, se castigará como verdadeiro e rigoroso homicida, na fórma do tit. 31, importando pouco para o caso, que môrra logo que assim for ferido, ou que viva algumas horas depois, ou dias.

§. 2. As feridas se julgarão mortaes pelo juízo dos medicos, que o juiz mandará chamar para o seu exame, como se dirá em seu lugar.

§. 3. Este juizo com tudo admitte prova em contrario; por tanto se o réo com boas razões, e pelo exame e juramento dos outros medicos, mostrar que as feridas que se derão, não forão mortaes, assim se julgará, sem embargo do primeiro exame, a que o juiz mandou proceder de seu officio.

§. 4. Quando os medicos, que o juiz chamou, discordarem sobre a qualidade das feridas, dizendo huns que são mortaes, outros que o não são, sempre se estará pelo maior numero.

§. 5. Aindaque se julguem as feridas mortaes, não se castigará como homicida o criminoso, em quanto se não seguir a morte do ferido.

§. 6. Se a ferida mão for mortal de sua natureza, mas perigosa, morrendo o ferido, se castigará o criminoso com pena de galés, ou de trabalho nas obras públicas, ou degredo para fora do reino por toda a vida; e não morrendo, por dez annos.

§. 7. Mostrando-se que o ferido morreo pelo seu máo regimento, por impericia dos médicos, ou por outros symptomas que sobrevierão, e que a ferida não era mortal nem perigosa, não havendo convalescido della, se castigará sempre com as ditas pena pelos mesmos dez annos.

§. 8. O que ferir com faca, pistola ou outra arma curta, postoque a ferida não seja perigosa, e que della se não siga a morte, será semelhantemente castigado.

§. 9. A mesma pena terá o que com toda e qualquer arma na Igreja, ou procissão aonde for o Santissimo Sacramento, ou na nossa presença, ou no paço, ferir outro: e arrancando arma para ferir, será só pelo dito arrancamento preso até nossa mercê.[66]

---

[66] *Ord. L. 5. tit. 39., e 40.*

§. 10. Do mesmo modo se castigará o filho, escravo ou criado, e geralmente todo o súbdito, que ferir seu pai, senhor ou amo, ou o seu legitimo superior; e arrancando arma, será por este facto só preso por trinta dias.[67]

§. 11. Se algum preso de propósito ferir outro, ou qualquer pessoa, que na cadeia com elle estiver, será castigado do mesmo modo.[68]

§. 12. As mesmas penas terão lugar no caso de cortamento de membro, ou de se seguir da ferida algum aleijão ou deformidade.

§. 13. E o que deliberada e determinadamente ferir, ou mandar ferir alguem no rosto, alem das ditas penas será açoutado pelas ruas públicas.[69]

§. 14. O que ferir ou espancar a pessoa, com quem andar em demanda, ou o seu agente, advogado ou procurador, ou o de alguma camara e concelho, por causa da mesma demanda, alem da pena própria do delicto, será preso por trinta dias, e não poderá proseguir a demanda.

§. 15. A simples ferida, feita de proposito com armas não prohibidas, não contendo particular malicia e torpeza, se castigará com seis mezes de cadeia, e com oito ou quinze dias, sendo só culpavel e commettida em rixa nova.

§. 16. As feridas e pancadas leves, que não deixarem vestigios de si, nem produzirem effeitos alguns funestos á vida e saude, se castigarão com alguns dias de cadeia, a arbitrio do juiz.

§. 17. O que tomar alguem á mão e o espancar, não havendo circunstancias, que aggravem o delicto, será preso por trinta dias.[70]

§. 18. As bofetadas, e outras quaesquer acções e pancadas, mais insultantes do que perigosas, se castigaráõ com sessenta dias de cadeia; e esta pena se aggravará sempre em razão da pessoa e do lugar.

§. 19. Declaramos que todas as sobreditas acções, ou sejão commettidas com ferro, ou com as mãos ou com um pão, ou com qualquer outro instrumento, não são injuriosas, nem se devem ter como signaes certos de desprezo ou deshonra, não sendo feitas com essa tenção; e que ainda sendo-o, não podem privar a pessoa da sua própria honra e estimação das gentes, como erradamente se imagina; o que assim declaramos, a fim de evitar despiques e contendas particulares.

§. 20. Portanto os que por estes ou outros modos se sentirem insultados ou injuriados, deveráõ somente recorrer a nossa justiça, ou ao juízo particular, que fica determinado no §. 9. do tit. antecedente, debaixo das penas nelle cominadas.

§. 21. Em todo o ferimento feito com dolo ou culpa, além das penas que ficão ditas, sempre se pagará o damno que se causou, em dobro.

---

[67] *Ord. L. 5. tit. 41.*
[68] *Dita Ord. tit. 35. §. 6.*
[69] *Dita Ord. tit. 35. §. 7.*
[70] *Regimento do Desembargo do Paço §. 18.*

TITULO XXXV.

Das Injurias.

CHAMA-SE injuria neste lugar tudo o que se diz, faz ou escreve com animo de offender e injuriar alguma pessoa, assim na sua presença como em ausencia.

§. 1. A injuria commettida directamente contra os filhos ou mulher, se julga tãobem feita ao pai ou marido; e por elles póde ser perseguida.

§. 2. Os outros parentes, por mais conjunctos que sejão, e muito menos os estranhos, á excepção dos tutores e curadores a respeito dos menores entregues á sua guarda e tutela, não podem demandar as injurias alheias.

§. 3. O que se diz ou faz por brinco ou correcção dentro dos limites do officio e poder de cadaum, não injuría.

§. 4. Nenhum facto, acção ou palavras se devem dizer injuriantes, não sendo feitas e ditas com esse animo, ou podendo ter outra interpretação.

§. 5. O que disser injurias com animo de injuriar, aindaque refira o seu autor, e seja verdade o que diz, sempre se castigará, não sendo as injurias públicas e sabidas de todos.

§. 6. As injurias verbaes ditas na face de cadaum se castigaráõ com oito dias de cadeia, e com a multa de sessenta cruzados applicados para os pobres, a arbitrio e por mão do injuriado.

§. 7. E em ausencia, com dois outros dias de cadeia, e com a multa de trinta cruzados applicados do mesmo modo.

§. 8. Esta mesma pena terão os mexeriqueiros, que por officio e costume disserem a alguma pessoa, que outrem disse mal della, e os maldizentes.[71]

§. 9. As sobreditas penas se aggravaráõ com outras maiores do mesmo genero, sendo as injurias qualificadas em razão da pessoa ou demanda que com ella se traz, ou do luguar, ou no caso de reincidencia, de dolo ou meditação antecedente; e se diminuirão pelo contrario no caso de culpa ou imprudencia, como bem parecer aos juizes: o que geralmente queremos que se entenda em todo o genero de injurias, e outros delictos semelhantes.

§. 10. O que não tiver prompta a multa pecuniaria dos trinta ou sessenta cruzados, ou outra qualquer, em que for condemnado, servirá nas obras publicas os dias, que forem precisos para o ganhar pelo seu trabalho; e a sua importancia se entregará pelas mesmas obras publicas ao injuriado, para por elle ser distribuida e applicadaa na forma que fica dito.

§. 11. Declaramos que se não deve prender o criminoso por não ter com que pagar a multa, em que foi condemnado; e neste caso se obrigará a servir de graça nas obras públicas os dias correspondentes á mesma multa, applicando-se o seu trabalho e jornal em beneficio do público ou da parte, na fórma de nossas ordenações.

§. 12. Se as injurias forem equivocas, e admittirem alguma benigna interpretação, se obrigará o injuriante a explicar o seu sentido, e por elle se julgará reparada, ou castigará segundo a dualidade do dito ou facto.

§. 13. Os ferimentos, pancadas, factos e acções insultantes ou de desprezo, sendo feitas com animo de injuriar, se castigaráõ com as penas deste titulo e do antecedente.

---

[71] *Ord. L. 5. tit. 85.*

§. 14. As pinturas injuriantes e infamantes, e o facto de pôr cornos de proposito á porta dos homens casados, se castigaráõ como injurias qualificadas.[72]

§. 15. Nas injurias reaes feitas á própria pessoa, e em todas as qualificadas, poderá o juiz, parecendo-lhe, accrescentar ás penas sobreditas a de não assistir o injuriante no mesmo lugar, termo ou comarca, em que viver o injuriado, por alguns mezes ou annos, segundo a qualidade da injuria e circunstancias.

§. 16. O que attentar simplesmente contra a pudicicia e honestidade de toda e qualquer pessoa, será só por este facto, não havendo outras circunstancias que o aggravem, privado pela primeira vez de entrar e assistir aos theatros, ajuntamentos e divertimentos públicos por cinco annos, e pela segunda para sempre.

§. 17. As cartas e libellos famosos, em que se descobrirem ou publicarem delictos infamantes, serão tidos e castigados nos seus autores e naquelles que os espalharem, como injurias qualificadas, com as penas do §. 9. deste titulo, e com as de degredo por tres annos para fóra da comarca; e as cartas meramente satyricas e maldizentes, como injurias simplices ditas em ausencia na fórma do § 7.

§. 18. Não injurião os defeitos fisicos, mas só os moraes contrarios aos bons costumes; por tanto o que os disser a alguem na cara ou em ausencia, ou lhe chamar pelo seu verdadeiro appelido ou alcunha, não poderá por isso ser demandado.

§. 19. Postoque o injuriado não deva repulsar com outra injuria a que se lhe fez, e só nega-la e defender-se; com tudo se desmentir logo o injuriante, ou lhe diser outra injuria semelhante e do mesmo género, não poderá por ella ser demandado, e ficará uma compensada com a outra.

§. 20. O que perdoar a injuria ou a dissimular, tratando e conversando familiarmente com o injuriante, não o poderá perseguir, e muito menos depois de passado um anno e dia.

§. 21. Cessa toda a acção de injuria declarando o injuriante de sua vontade a todo o tempo, antes ou depois da contestação ou da sentença, por termo por elle assignado nos autos, que não teve animo de injuriar, e que o autor he homem bom e honesto.

§. 32. A acção porém, que se costuma intentar para que o injuriante se desdiga e retracte em público ou em audiencia, do que disse, he contraria aos principios geraes das obrigações, e não poderá praticar-se.

§. 22. Recorrendo o injuriado á justiça ou ao juizo particular determinado no §. 9. do tit. 23, para a reparação e satisfação da sua injuria, não a poderá jámais proseguir.

TITULO XXXVI.
Dos Furtos.[73]

Commette furto o que tira a cousa alheia da mão e poder de seu dono contra sua vontade, e o que do mesmo modo dispõe e se serve della com animo de lucrar.

§. 1. A pena será á proporção da sua malicia, que se deve tirar da quantidade e qualidade do furto, do lugar e da maneira porque foi commettido, e d'outras circunstancias.

---

[72] *L. de 15 de Março de 1751.*
[73] *Ord. L. 5. tit. 60. e 61. Man. 37. e 38.*

§. 2. O furto simples de valor de doze mil reis se castigará pela primeira vez com pena de prisão, por sessenta dias, e de inhabilidade perpetua para todo o oficio de justiça ou de fazenda; e pela segunda com prisão por quatro mezes, e tres annos de degredo para fóra do reino, ou de trabalho nas obras publicas pelo mesmo tempo; e pela terceira por dez.[74]

§. 3. Sendo o primeiro furto do valor de vinte e quatro mil reis, se castigará como segundo com as penas acima ditas; e sendo segundo com as penas de terceiro; e pela terceira vez, com galés por vinte annos.

§. 4. O primeiro ou segundo furto, que não chegar á quantia de doze mil reis, se castigará com um ou dois mezes de cadeia a arbitrio do juiz; mas o terceiro, por menor que seja a sua quantidade, sempre se castigará com tres mezes de prisão, inhabilidade para todo o officio público, e de tres annos de degredo para fóra do reino, ou de trabalho nas obras públicas pelo mesmo tempo.[75]

§. 5. Do mesmo modo se castigará o furto de valor de cem mil reis e dahi para cima pela primeira vez; e estas penas se dobraráõ no caso de reincidencia.

§. 6. Em todo o genero de furto o ladrão, além das ditas penas, será obrigado a pagar o dobro do valor da cousa furtada a seu dono, a qual existindo, lhe será sempre restituida, e não tendo com que pagar, servirá nas obras públicas até que o ganhe.

§. 7. As sobreditas penas, assim corporaes como civis e pecuniarias, se não poderáõ mitigar nos maiores de vinte annos, posto que elles ou outrem por elles restituão ou paguem a coisa furtada, ou o seu valor; e não o querendo o dono, se applicará para as obras públicas.

§. 8. Mas no primeiro furto de doze até vinte e quatro mil reis, sendo o ladrão antes bem reputado, e parecendo ao juiz que terá emenda, poderá moderar a pena de inhabilidade para os lugares e officios públicos.

§. 9. O que furtou ou roubou matando será castigado como homicida qualificado, com todas as peruas declaradas no §. 25. do tit. 31.

§. 10. O furto violento ou roubo, sem differença de quantidade ou qualidade, e de lugar e tempo, e de primeiro ou segundo, chegando-se com effeito a tomar a cousa alheia, se castigará com açoutes, infamia e galés por toda a vida, no caso de ferimento.

§. 11. O mesmo no caso de haverem pancadas, ou sendo a força e medo, que se incutio com armas ou sem ellas, capaz de obrigar o homem a entregar ou deixar tomar o que he seu.

§. 12. Não se chegando a tomar por força a cousa alheia pela resistencia ou fugida de seu dono, ou por outro impedimento, a força, que por esta causa se commetteo, sempre se castigará com açoutes e galés por dez annos.

§. 13. Não havendo verdadeira força, nem a violencia acima dita, mas só meros e simples ameaços, persuasão ou medo, se castigará o furto pela sua quantidade e numero, e alem disto com a pena da concussão particular, de dez ou vinte dias de cadeia, e com a multa de dez ou vinte cruzados applicados para as obras públicas.

§. 14. O que inquietou, perturbou ou impedio ao senhor o livre uso e fruição da sua cousa, e o que o lançou por força della, se castigará pelo simples impedimento e inquietação com trinta dias de cadeia, e pela expulsão com sessenta, além do valor da cousa para seu dono.

---

[74] *Ord. L. 5. tit. 60. pr.*
[75] *Ord. L. 5. tit. 60. §. 3.*

§. 15. O que por força quebrar, arrombar ou abrir as portas de todo o genero de habitação, em que viverem e estiverem quaesquer moradores, assim no campo como na cidade, ou as abrir com gazuas, chaves falsas ou outros instrumentos, ou nellas entrar servindo-se de escadas, ou de outros modos industriosos, com animo de furtar, será castigado com as penas impostas aos que commettem violencia á propria pessoa, na fórma do §. 10. e 12.[76]

§. 16. Sendo o sobredito arrombamento e furto commettido nos armazens e celleiros particulares, ou em casas sem morador, assim na cidade como no campo, se castigará pela sua quantidade e frequencia com as penas que ficão ditas, e com um anno mais de degredo para fóra da comarca.

§. 17. O que de noite entrar em casa alheia sem força nem violencia, não sendo conhecido, nem se sabendo o seu fim, será tido e castigado como ladrão simples; e entrando com violencia, com as penas declaradas no §. 10. do tit. 17.

§. 18. O que por violencia e com verdadeira força se servir do ministério e trabalho de todo o homem livre, e com elle lucrar, ou o tirar de casa de seus pais, amos, tutores ou parentes, sob cuja guarda estiver; e o que com effeito o induzir, persuadir e aconselhar para fugir della, e se subtrahir da sua autoridade, se castigará no primeiro caso com galés por toda a vida, e no segundo com prisão até mercê nossa.

§. 19. Havendo sociedade e ajuntamento de dez pessoas unidas com o fim de furtar ou roubar, serão tidos e castigados todos os furtos que fizerem, sem respeito ao seu numero e quantidade, como se fossem feitos com violencia; e o chefe ou capitão da quadrilha morrerá de morte affrontosa.

§. 20. Os feitores, recebedores, mórdomos, depositarios, commodatarios e outros semelhantes, que tendo a principio a cousa alheia por vontade de seu dono, usárão ao depois della contra ou além da sua vontade, emprestando, dando e vendendo, ou fugindo com os dinheiros, trastes e mais coisas, que se lhes confiárão, serão presos por sessenta dias, declarados por infames, e pagaráõ em dobro o seu valor.[77]

§. 21. E sendo recebedores, almoxarifes, rendeiros, thesoureiros ou depositarios dos dinheiros públicos ou fazendas, além da pena de infamia, perderáõ o officio, ou a sua estimação não sendo proprietarios, e anoveado para nós o valor dos dinheiros e mais fazendas, que contra a forma do seu regimento despenderem, emprestarem ou derem a ganho, ou pagarem, ou converterem nos seus próprios usos, e serão prezos até nossa mercê.[78]

§. 22. Não tendo com que pagar, serviráõ nas obras públicas o tempo, que for preciso para o ganhar com o seu trabalho.

§. 23. Se os sobreditos não tiverem os dinheiros públicos ou fazendas em sua mão, mas em arcas, cofres ou casas fechadas, postoque dellas tenhão uma ou outra chave, não estando todas, abrindo com industria e com outras chaves ou instrumentos, ou quebrando e arrombando os ditos cofres, arcas ou portas, e tirando dellas qualquer quantia de dinheiro ou fazenda, serão açoutados e serviráõ nas galés por toda a vida, e os seus bens virãõ ao nosso fisco, postoque filhos tenhão.

---

[76] *Ord. L. 5. tit. 60. §. 1. e tit. 61.*
[77] *Ord. L. 5. tit. 60. §. 8.*
[78] *Ord. L. 2. tit. 51.*

§. 24. Outra qualquer pessoa estranha, que furtar os dinheiros públicos ou fazendas, será castigada pela sua quantidade e mais circunstancias, sem differença dos furtos particulares, á excepção de se reputar e castigar sempre o primeiro furto como segundo.

§. 25. Do mesmo modo se castigaráõ os furtos das cousas sagradas, e dos instrumentos necessarios para o uso da navegação e da agricultura, e os que se commetterem na igreja ou no paço, nos auditorios da justiça, na cadeia, nos navios, nos theatros, festas e ajuntamentos públicos, e em outros lugares de segurança; ou na occasião de ruina, naufragio, fogo ou outra calamidade.

§. 26. As usuras, e furtos commettidos pelos criados, parentes e amigos, se castigaráõ do mesmo modo.

§. 27. Semelhantemente se castigaráõ os que despenderem moeda falsa, ou adulterada, sabendo-o, comprando e negociando com ella, e os que a cercearem, diminuirem ou corromperem.

§. 28. E os ourives e outros officiaes semelhantes, que venderem pedras falsas ou contrafeitas, por verdadeiras, ou que puzerem ouro mais baixo e de menor quilate, ou maior liga de prata, do que manda a lei ou seus donos quizerão, nas obras que lhe mandáráõ fazer.

§. 29. Toda a pessoa, que nas praças e ajuntamentos públicos for tomada cortando, tirando ou desatando a bolsa, ou mettendo a mão na algibeira, postoque a não tire nem leve dinheiro, será punida como se furtasse, com respeito ás vezes em que assim for achada.[79]

§. 30. Será tãobem punido como ladrão, com respeito ao numero e quantidade, o que o encobrir ou lhe der asylo, conselho e ajuda; e o que comprar as cousas furtadas, sabendo-o ou tendo justa razão para julgar mal da pessoa, que lhas vendeo.[80]

§. 31. Os que de dia ou de noite forem achados com gazúas ou com outros artificios e instrumentos proprios para abrir fechaduras e portas, ou para as tirar do couce ou para desfazer grades de ferro, seráõ presos por este facto, e da cadeia purgaráõ a sua suspeita. O mesmo dizemos dos officiaes, que as fizerem ou venderem a pessoas suspeitosas.

§. 32. Se alguem comprar aos filhos ou filhas familias, ou criados, trastes de casa, frutos ou viveres de qualquer genero, sem licença de seus pais ou amos dadas por escripto, ou attestação de alguma pessoa de probidade, que deponha do seu mandato e conhecimento, será preso por quinze dias, e pagará o seu valor, e a venda será nenhuma.

§. 33. O ladrão conhecido por tal, e o que for achado no furto, e o que a alguma pessoa commetter a cousa furtada para a comprar, poderá por ella ser preso, e o entregará á justiça.[81]

§. 34. O que achar alguma cousa perdida, que exceder o valor de seis mil reis, e a não denunciar por editos affixados nos lugares públicos dentro de oito dias depois da achada, será preso pelos mesmos oito dias, e dará a seu dono a mesma cousa e o seu justo valor.

§. 35. Não lhe apparecendo dono dentro de sessenta dias depois de assim denunciada, ficará sua; e apparecendo neste tempo, lha fará logo entregar, e não lhe poderá pedir achadégo algum, e só as despesas pela sua guarda.[82]

---

[79] *Ord. L. 5. tit. 60. §. ult.*
[80] *Dita Ord. tit. 60. §. 5.*
[81] *Tit. 60. §. 7.*
[82] *Ord. L. 5. tit. 62. e L. 3. tit. 94.*

§. 36. O marido, que tomar alguma cousa a sua mulher, ou a mulher ao marido, com quem casou na fórma de direito commum ou do reino, não poderá em nenhum tempo por esta causa intentar um contra o outro procedimento algum criminal, e muito menos a justiça; e só pedir e perseguir a mesma coisa e o seu interesse, ou outras penas pecuniarias segundo nossas ordenações. O mesmo dizemos dos filhos no que tomarem a seus pais, ou estes aos filhos.

§. 37. E dos herdeiros entre si no que tomarem ou occultarem da herança, antes ou depois de adida; mas os estranhos, que tomarem e expilarem os bens da herança aindaque se não saiba a quem ella pertence, serão castigados como se tomassem e furtassem outros quaesquer.

§. 38. O furto feito com necessidade verdadeira, e não affectada, sómente se castigará segundo o excesso, que se commetter.

TITULO XXXVII.
Dos Daninhos.

O QUE de proposito e acintemente metter gados ou bestas nos campos e searas alheias, pomares ou olivaes, no tempo em que são coimeiros pelas posturas das camaras, pagará pela primeira vez o damno e prejuizo que causou, em dobro, e será preso por oito dias, e pela segunda por um mez, e pela terceira degradado para fóra da comarca por tres annos.[83]

§. 1. O damno se estimará pelo seu valor no tempo em que se fez, e não da colheita precisamente, havendo-se sempre respeito á mesma colheita, ao estado do anno, e à qualidade e producção ordinaria dos frutos.

§. 2. As bestas e gados, que por se acharem a fazer damno, forem mettidas no curral do concelho, não poderáõ delle ser tirados por autoridade particular; e os que os tirarem sem licença da justiça, do curraleiro ou jurado, ou daquelle, que as metteo no curral, pagará dois mil reis para as despesas do concelho.[84]

§. 3. Deixando seu dono penhor da valia de dez cruzados na mão dos sobreditos, ou de alguma pessoa da vizinhança, ou não os achando prestes, ou não o querendo elles receber, e aceitar, poderá tira-los por autoridade propria.[85]

§. 4. Os que arrancarem os marcos, e limites dos campos postos por autoridade pública para a sua divisão e demarcação, com o fim de confundirem os termos; e os que metterem outros de novo sem consentimento da justiça, ou dos interessados, com o mesmo fim, ou de adiantarem, e ampliarem o que he seu, serão condemnados a repor a cousa no estado antigo, e a pagar o damno que causarem em dobro, e em dois annos de degredo para fóra de villa e termo.[86]

§. 5. Alem das ditas penas sempre se pagaráõ as coimas, e multas agrarias sem appellação, nem aggravo suspensivo, não excedendo a quantia de seis mil reis.

§. 6. Os que furtarem no campo os frutos pendentes das arvores, ou colhidos, não excedendo o valor e quantidade, que for bastante para o sustento de um homem naquelle dia, pagaráõ a sua estimação, sem outra pena, pela primeira, e segunda vez.

---

[83] *Ord. L. 5. tit. 87. Man. 62. §. 2., e tit. 85.*
[84] *Tit. 87. §. 3.*
[85] *Tit. 87. §. 3.*
[86] *Ord. L. 5. tit. 62.*

84 • Direito Processual Penal

§. 7. Sendo maior o fruto, se castigará como tal, e o primeiro, como se fosse segundo, com as penas do §. 2. do tit. antecedente. Semelhantemente se castigaráõ os que furtarem bestas, ou gados dos pastos públicos do concelho, ou particulares.

§. 8. Os que por pura malignidade colherem os frutos do campo verdes, e os levarem consigo, deitando-os pelo chão, desperdiçando-os, ou destruindo-os, não se podendo, nem querendo utilizar delles, e só com o fim de fazer mal, serão castigados como ladrões.

§. 9. Todo o damno geralmente feito nos bens alheios, e animaes se castigará com pena do dobro do seu valor, e com oito ou quinze dias de cadeia, no caso de dolo ou malicia, e de culpa com a simples restituição, reparação do damno, e isto alem das penas próprias do delicto.[87]

§. 10. Do mesmo modo, e alem das penas particulares do delicto, se castigará o damno feito pelos animaes, e seus donos o pagaráõ em dobro, simplesmente na forma que fica dito no caso de dolo ou culpa.

§. 11. O que cortar, ou mandar cortar arvore de fruto, pagará a estimação dela em tresdobro.[88]

§. 12. E os que cortarem as ditas arvores, ou silvestres, que servirem de defesa, e reparo, ás inundações e correntes dos rios, alem do tresdobro do seu valor, pagaráõ a multa, que por esta causa lhes for imposta por nossas leis particulares e regimentos, posturas das camaras, ou ordenações da policia.

§. 13. Não se podem obrigar os pais, os senhores, e amos pelos damnos e maleficios, que causarem, e fizerem os seus filhos, criados, ou escravos, não se lhes podendo imputar, mas elles sómente.

TITULO XXXVIII.

Dos Falsarios.

O CRIME de falso consiste na mudança e alteração dolosa, ou asseveração contra a verdade, commettida por palavras, ou factos, em prejuizo de terceiro.

§. 1. E se deve castigar principalmente segundo o genero da falsidade que se commette, e da quálidade da pessoa e cousa, sobre que recae.

§. 2. O particular, que fizer, fabricar, fingir, ou falsificar o signal, ou sello de todo e qualquer juiz, ou de alguma camara ou concelho, ou outra corporação secular ou ecclesiastica, ou de algum notario, escrivão, ou tabellião, ou alguma escriptura pública, letras de cambio, testamento, attestação ou certidão, ou algum escripto, que por nossas leis merecer fé pública, ou que aos ditos escriptos, letras e escripturas verdadeiras tirar, ou accrescentar palavras substanciaes, será tido, havido, e declarado por infame, e castigado com as penas impostas aos ladrões, com respeito ao prejuizo, que da falsidade se seguir na fórma do §. 2. 3. 4. e 5. do tit. 36.

§. 3. Aindaque o prejuizo, que da falsidade resultar, não chegue a doze mil reis, sempre se castigará o falsario com as penas de segundo furto declaradas no dito §. 2, e seguintes proporcionalmente.

---

[87] *Ord. tit. 78. §. 1.*
[88] *Ord. tit. 75.*

§. 4. A simples falsidade commettida nos autos, e escriptos meramente particulares, sempre se castigará como furto simples pela sua quantidade, e frequencia.

§. 5. Sempre o falsario, assim como o ladrão, além das ditas penas será obrigado a pagar, e a resarcir em dobro o prejuizo, que causou.

§. 6. Os Notarios, escrivães, e mais officiaes de justiça ou de fazenda, que fizerem escripturas, ou outros quaesquer actos falsos, pertencentes a seus officios, assim judiciaes como extrajudiciaes, ou que os alterarem, e falsificarem em materia substancial, serão castigados com as penas de açoutes, de infamia e galés por toda a vida, impostas aos roubadores no §. 10 do citado tit.[89]

§. 7. E os que por dinheiro, ou por outro modo ordenarem, e concorrerem para que o escrivão, ou tabellião commetta falsidade no seu officio, e as testemunhas, que à falsidade assistirem, sendo della sabedores, serão publicamente açoutados, e serviráõ nas galés por cinco annos.[90]

§. 8. Não sendo a falsidade substancial, nem de consequência, e não se seguindo della prejuízo, sempre se castigará com dois mezes de cadeia, perdimento do officio ou do seu valor, e de inhabilidade para cargos públicos.

§. 9. Os defeitos e faltas dos officiaes na ordem, formalidade e ordenação do processo, e de outros quaesquer actos e escripturas, se castigaráõ na fórma dos seus regimentos.

§. 10. Os officiaes, que commetterem falsidade em materia alheia ao seu officio, serão castigados como os particulares.

§. 11. O que apresentar escriptura, ou escripto falso em juizo, sabendo-o, será castigado como se o fizesse, e perderá a causa, aindaque diga que não quer usar d'elle.[91]

§. 12. Os Parocos, thesoureiros, sacristães, guarda-livros, caixeiros, depositarios, que falsificarem os livros, e assentos dos baptismos, e casamentos, collações e posses beneficiaes, ou outros quaesquer actos e papeis pertencentes ao seu officio, entregues á sua guarda, cuidado e direcção, serão privados de toda a occupação civil ou ecclesiastica, que tiverem, presos por seis mezes; e castigados como ladrões, segundo o prejuizo, que causarem.

§. 13. E o que fingir ou falsificar o nosso signal, ou sello, ou dos ministros do nosso conselho de estado e gabinete, ou nas cartas e alvarás, por nós assignados, accrescentar, mudar, ou minguar algumas palavras ou letras, porque se mude em alguma parte a substancia, ou tenção da dita carta ou alvarás, será castigado com as penas de açoutes, de infamia e galés por toda a vida.[92]

§. 14. A falsidade opposta como excepção pelo devedor em todo o tempo da causa, não impede a sua condemnação, nem o conhecimento da causa civil e principal, que o juiz preferirá sempre á criminal: e o devedor, que não acabar a accusação, que principiou, dentro de um anno, não a poderá jamais proseguir, nem intentar.

---

[89] *Tit. 53. princ.*
[90] *Tit. 53. §. 1.*
[91] *Tit. 63. §. 2.*
[92] *Tit. 52. princ.*

TITULO XXXIX.

Dos Partos suppostos.

A MULHER, que fingindo-se prenhe, der o parto alheio por seu, ou a que substituir ao filho proprio ou alheio, que se lhe entregou, outro; ou o que se disser seu pai, ou mãi sem o ser, he réo do crime de parto supposto.[93]

§. 1. E se castigará na mãi supposta com a pena de prisão por toda a vida para a casa da correcção, e de perdimento de todos os seus bens para a mesma casa, ou outras obras públicas e piedosas, não tendo filhos; e no pai com prisão perpetua na cadeia pública, e perdimento dos bens do mesmo modo.

§. 2. Haveráõ a mesma pena os verdadeiros complices e socios do delicto, que a elle derem ajuda, conselho ou favor.

§. 3. Este crime como respeita á honra do marido, vivendo elle ninguem mais o poderá accusar; mas por sua morte poderáõ seguir a accusação os herdeiros, testamenteiros, ou legitimos, que haverião de succeder ao marido, se filho não houvesse, postoque sua mulher já morta seja; ou intenta-la contra ella, se ainda viver, ou contra o filho, que se diz supposto.

§. 4. Se o marido e mulher se conluiarem, e unirem entre si para a supposição do parto, com o fim de privarem os parentes dos bens, que de necessidade lhes havião de vir na falta de filhos, poderão por elles ser accusados.

§. 5. A sentença dada a favor, ou contra o pai ou mãi accusada de parto supposto, não prejudica, nem empece ao filho menor de quatorze annos; porque em attenção á sua gravidade, e ao pouco cuidado, que poderiáõ ter o tutor ou parentes na sua defesa pelo interesse, que esperão, ordenamos que executando-se logo na parte, que tocar ao pai ou mãi, fique em suspenso quanto á successão e direitos do filho, o que se espere pelo tempo da sua puberdade.

§. 6. Aquelle, que dormir com mulher alheia, fingindo-se seu marido, e fazendo-lha crer estar com ella casado, ou usurpar outros direitos maritaes, perderá para a parte offendida todos os seus bens, não tendo filhos, e servirá nas obras públicas por toda a vida.

§. 7. E o que suppondo-se pai ou mãi, tutor, ou curador de algum menor, approvar e consentir nos seus esponsaes e casamento, ou obrar nesta falsa qualidade outro qualquer acto em fraude das leis, e em prejuiso de 3.º será preso por seis mezes, e soffrerá a pena ordinaria do delicto em dobro.[94]

§. 8. Não he crime a mudança de nome, ou appellido, não se seguindo delle prejuizo a 3.º, e seguindo-se, se castigará com respeito ao prejuizo, que se causou, e mais circunstancias.

TITULO XL.

Dos Bulrões, e illiçadores.[95]

CHAMA-SE bulrão e illiçador o que usa de bulras, fraudes e enganos nos seus contratos, e negocios em prejuizo de terceiro.

---

[93] *Ord. L. 5. tit. 55.*
[94] *L. 161. §. 7.*
[95] *Ord. L. 5. tit. 65. Man. 65. Aff. 89.*

§. 1. Tal he o que especialmente hypotheca, ou obriga huma coisa a dois, não a tendo desobrigada do primeiro, ou não bastando para satisfazer a ambos: o que a permutar, ou trocar com outra, ou a der em paga do que dever: o que vende d'antemão pão, vinho, azeite, ou outros frutos, prommettendo da-los no primeiro anno de novidade, e dizendo que tudo tem das suas herdades, vinhas e olivaes, não as tendo, ou não sendo elas capazes de produzir o que assim vendeo: o que pede dinheiro emprestado a differentes pessoas, fazendo para o haver muitas seguranças e promessas, e depois que o acolheo faz bulra, e se ri de quem lho emprestou, e se esconde, ou foge para não ser citado, ou diz que não tem por onde pague, e que o citem e demandem: o que vender a mesma coisa duas vezes a differentes pessoas, e o que vender como sua, ou arrendar a propriedade alheia.

§. 2. O mesmo se deve entender daquelle, que comprar, ou por qualquer titulo houver a coisa alheia, sabendo, ou tendo razão de saber, segundo o prudente arbitrio o julgador, que não era de quem lha vendeo ou trespassou, e que a houve por máo titulo.

§. 3. E do foreiro, ou pensionario, que pagar a pensão ou fôro, que dever do casal ou propriedade que trouxer aforada, a pessoa estranha sem o consentimento do verdadeiro senhorio ou que sem elle a tomar novamente de emprazamento da mão do senhorio alheio.

§. 4. O que commetter os sobreditos crimes, ou outros semelhantes e da mesma ordem, pagará o prejuizo, que causou, em dobro, da cadeia, a requerimento dos prejudicados, feita primeira a devida prova, e havida sentença; e não será admittido a servir officio algum ou cargo público de dois até seis annos, segundo a qualidade da bulra, e do engano.

§. 5. Toda a impostura, collusão, fraude e engano, sendo prejudicial a terceiro, e não pertencendo a algum delicto proprio e nomeado, se castigará semelhantemente.

§. 6. Offerecendo o criminoso em juízo, em todo o tempo antes da sentença, pagar verdadeiramente tudo o que dever do contrato, e collusão, com que se houve, e as custas e despesas que se houverem feito, ficará logo a causa perempta, e não se proseguirá na accusação.

TITULO XLI
Dos Mercadores, que quebrão.[96]

PÓDE quebrar e fallir o mercador, e fraudar os seus crédores, ou com dolo e malicia, e por culpa sua, ou sem ella.

§. 1. He fraudolenta a quebra quando o mercador se levanta com as fazendas e dinheiros alheios, que lhe forão dados, ausentando-se da terra em que vive, ou escondendo-se, ou encobrindo e occultando os mesmos dinheiros ou fazendas assim no reino, como fóra delle, ou os seus livros e contas, ou appresentando-os viciados, ou suppondo e fingindo outros credores ou devedores, transportes, vendas, alienações e carregaços de fazendas, que não houverem; ou finalmente quando por outro qualquer modo e engano frauda os seus verdadeiros crédores.

§. 2. Será tido por fraudulento o negociante, que na denunciação, e apresentaçao de quebrado faltar ás formalidades, que as nosssas leis prescrevem aos fallidos debaixo desta mesma pena.

---

[96] Ord. L. 5. tit. 66.

§. 3. Semelhantes mercadores fraudulentos serão tidos como roubadores, e falsarios públicos, e como taes castigados com as penas dos officiaes, que commettem falsidades nos seus officios, declaradas no tit. 38 do §. 6.

§. 4. Terão as mesmas penas os que de mão commum com os fallidos divertirem, ou receberem os seus dinheiros e fazendas; os que acceitarem as suas letras, transportes e vendas simuladas; e os que se fingirem seus crédores sem o serem, ou em mais do que forem.

§. 5. Os que quebrarem por fatalidade sem culpa sua, por causa de algum naufragio, ou outro acontecimento imprevisto, ou por miseria e calamidade dos tempos, insolubilidade dos devedores, ou por outra occasião semelhante, não merecem castigo, mas compaixão, e serão tratados da fórma, que se determina no nosso codigo mercantil.

§. 6. Qualquer pessoa, não sendo mercador, nem feitor, ou administrador de fazenda ou dinheiros alheios, levantando-se com ella, escondendo-se, ou pondo-se em parte, aonde não possa delle facilmente haver direito, será castigado como bulrão, e illiçador.[97]

TITULO XLII.

Dos que abrem as cartas alheias ou papeis.

O QUE abrir as cartas do rei, rainha, ou principe, ou as que lhe são enviadas pelos seus ministros, ou outras quaesquer pessoas, ainda que não descubra o que nellas vem, será só por este facto preso até mercê nossa.[98]

§. 1. E descobrindo o que nellas vier, será castigado segundo a qualidade do negocio, e da pessoa, a quem o descobrir.

§. 2. Do mesmo modo se castigará o que abrir cartas ou papeis do serviço, e revelar o que nellas se contém: e não o revelando, ou não sendo o negocio de consideração, será preso de um até dois mezes.

§. 3. Provando-se que a mesma parte abrio os instrumentos e actos judiciaes, além da dita pena, não será jamais ouvida em juizo sobre aquelle negocio sem consentimento do seu adversario.

§. 4. O que abrir os papeis e cartas dos particulares, ou as dos ministros e pessoas públicas, que não respeitarem a seus officios; e o portador que deixar de entregar, ou demorar maliciosamente a entrega da carta, de que se encarregou por sua livre vontade, será castigado com as penas dos bulrões.

TITULO XLIII.

Dos Receptadores.

O QUE receber deliberadamente o ladrão, matador, ou outros quaesquer malfeitores em sua casa, quintas, fazendas, castellos, ou fortalezas, aproveitando-se dos seus furtos e malfeitorias,

---

[97] *Ord. L. 5. tit. 60. §. 8. e tit. 66. §. 10.*
[98] *L. 5. tit. 8. Man. tit. 80.*

ajudando a commette-los, e encobrindo-os, ou os mesmos malfeitores por dinheiro, ou coisa que o valha, será tido e castigado como autor do delicto.

§. 1. E o que sabendo, ou suspeitando do seu crime, os receber, encobrir e occultar em sua casa, com o fim de lhes valer, e de os subtrahir do poder da justiça, ou por outro semelhante, que seja ou pareça honesto, será castigado a arbitrio do juiz, segundo a qualidade da sua culpa, e suspeita, e do delicto, e da pessoa do delinquente, e relações que com elle tiver; e postoque não concorresse para o delicto, nem delle participasse.

§. 2. Os que assim encobrirem, receberem e acoitarem os malfeitores, tendo jurisdicção militar ou civil, ou outra occupação e officio público, serão suspensos delle até nossa mercê, além das outras penas, que aos juizes parecerem segundo as referidas circunstancias.

§. 3. A nossa justiça poderá proseguir e prender os malfeitores em toda a parte, e lugar, e nas mesmas casas dos fidalgos, e grandes de nossa côrte assim ecclesiasticos, como seculares; e havendo privilegio em contrario, o revogamos por esta ordenação.

§. 4. Não commette crime o particular, que não quizer descobrir, nem accusar á justiça o ladrão, matador, ou outros criminosos, á excepção dos de alta traição, e de lesa Magestade, não sendo legitimamente perguntado, nem a isso obrigado em razão do officio.

TITULO XLIV.
Dos que prevaricão nos seus officios.

Os crimes proprios dos juizes e officiaes de justiça e mais pessoas, que tem officios e cargos públicos, commettidos contra a sua particular obrigação, e nos mesmos cargos e officios, que administrão, vem debaixo do nome geral de *prevaricação*.

§. 1. Então se dizem prevaricar quando fazem, ou deixão de fazer o que he da razão e natureza do seu officio, e lhes foi especialmente ordenado na particular lei do seu regimento.

§. 2. Devendo-se sómente aos benemeritos os cargos públicos, o que por dinheiro, ou por outros modos illicitos os pretender procurando corromper as pessoas, que tem voto na sua data, ou outra qualquer influencia, será tido por infame, e privado em consecquencia do cargo que obteve por este meio, e mais pagará cem cruzados para as obras públicas.

§. 3. Ao referido fim ordenamos que todas as pessoas, que forem providas em cargos, e officios públicos, antes de tomarem posse, jurem perante nossas justiças que para os conseguirem não derão dinheiro, nem cousa que o valha, nem se servirão de meios illicitos e reprovados; e que do mesmo modo se não servirão delles para a sua conservação: e provando-se o contrario, serão condemnados nas penas de perjuros.

§. 4. Aos olhos da justiça como todos os homens são iguaes, o juiz a deve administrar sem accepção de pessoas, e não o fazendo assim, pagará á parte em dobro todo o prejuizo.

§. 5. Os juizes, que esquecidos da sua propria honra, e da dignidade do seu officio, fizerem venal a justiça aceitando por si, ou pela interposta pessoa de sua mulher, filhos, parentes, familiares ou amigos, dinheiros, dadivas, presentes, ou outras quaesquer peitas, por mais insignificantes que sejão, das pessoas, que perante elles requererem em todo o tempo da causa, antes ou depois da sentença, serão removidos, com infamia, do seu lugar, e pagarão em dobro o

90 • Direito Processual Penal

que receberão, applicado para as obras públicas; e isto ainda no caso de se mostrar que julgarão bem, e direitamente.[99]

§. 6. E recebendo peitas de pessoas, que perante elles não tiverem demandas, nem outro requerimento, vivendo ellas e morando no seu territorio, ou pertencendo por outro modo á sua jurisdicção, serão removidos sem infâmia, e suspensos do officio por tres annos.

§. 7. O que se não entende das coisas comestiveis, bebidas, e de outros pequenos presentes, os quaes podem livremente acceitar uma ou outra vez das pessoas, que com elles não tiverem requrimento, com tanto que não sejão seus subalternos, e sujeitos em razão de algum officio.

§. 8. O Juiz comprando ou fazendo outro qualquer contrato com a pessoa, que com elle fizer actualmente negocio, será castigado como se recebesse peita.[100]

§. 9. E dando alguma sentença injusta por malignidade, vingança, ou affeição, será infame, e pagará em dobro o prejuízo, que deo.

§. 10. Tendo culpa pagará o prejuiso simplesmente, ou em dobro segundo o seu gráo e qualidade, e julgando contra a ordenação expressa, será condemnado em quatro mil reis para a parte, a quem offendeo.

§. 11. Descobrindo o juiz os segredos da justiça ou outros, que lhe forão confiados, será punido segundo a qualidade do negocio, e da pessoa, a quem os descobrir, e do prejuizo, que dahi resultar, na conformidade do que se dispõe no tit. 42. Dos que abrem cartas alheias ou papeis.[101]

§. 12. O Juiz, que desordenadamente procurar adiantar o necessario decóro e autoridade devida ao seu lugar, fazendo-se inaccessivel ás partes, não querendo ouvi-las, ou tratando-as mal, será punido a requerimento, e por queixa das mesmas partes, pelo seu immediato superior segundo o excesso comettido, ainda durante o seu officio.

§. 13. Tratando os presos, e criminosos com demasiado rigor aspereza e deshumanidade, ou com enganos e fingimentos alheios do seu officio, reprovados por nossas leis, se castigará com as penas declaradas no tit...

§. 14. O que fica dito dos juizes se entendará á proporção dos vereadores, almotacés e mais pessoas da governança, e dos outros officiaes de justiça, ou de fazenda, ou de guerra, e geralmente de todos aquelles, que tem algum officio ou cargo público.[102]

§. 15. E dos assessores dos juizes leigos, que por peitas, dólo ou culpa respondêrão, ou aconselharão o que não devião.

§. 16. A parte, que desconfiando da sua justiça, der ou prometter alguma coisa ao juiz, ou official, perante quem litiga ou requer qualquer desembargo, perderá todo o direito, que na causa tiver.[103]

§. 17. Os parentes, criados ou estranhos, que sendo, ou fingindo-se amigos e validos dos ministros, e officiaes públicos de toda a ordem e graduação, receberem por esta causa dinheiros ou outras peitas, de algum litigante ou pretendente, com a promessa, ou na esperança de os servirem ou valerem na sua demanda, negocio ou pretenção, serão comdemnados a trabalhar nas

---

[99] *L. 5. tit. 71. Man. tit. 56. Aff. L. 3. tit. 126.*
[100] *Tit. 71. §. 9.*
[101] *Ord. L. 5. tit. 9. Man. tit. 80.*
[102] *Tit. 71. no pr.*
[103] *Tit. 71. §. 4.*

obras publicas por tres annos, e pagarão em dobro tudo o que assim houverão, e isto ainda no caso de ser effectiva a sua intercessão.

§. 18. E os ministros, que souberem e conhecerem um commercio tão sórdido, serão castigados com as penas do §. 5, deste tit, postoque delle se não utilizem.

§. 19. Como ladrões serão castigados os officiaes de justiça ou fazenda, e mais pessoas, a quem são taxados certos salarios, levando mais, do que por seus regimentos lhes he ordenado, postoque as partes lho queirão dar, sem embargo de todos os usos e costumes por mais antigos que sejão.[104]

§. 20. Os juizes de nossas alfandegas, escrivães, thesoureiros, almoxarifes, recebedores, contadores e mais officiaes, que tem a seu cargo descrever, contar e cobrar nossas rendas e direitos, ajustando-se com os rendeiros, ou outras pessoas a elles subordinadas na cobrança, descripção e administração das mesmas rendas, ou tendo nellas parte e parcería, ou recebendo delles dadivas e peitas, postoque voluntariamente lhas offereção, perderão o officio, e pagarão vinte por hum do que receberem.[105]

§. 21. Se algum rendeiro nosso, mórdomo, ou jurado fizer avenças sobre coimas, ou outras penas fiscaes, pagará o damno, que causou, e outro tanto.[106]

§. 22. As pessoas encarregadas da cobrança dos nossos direitos, ou dos donatarios, pedindo e arrecadando mais, do que se dever por lei ou foral, pagarão o tresdobro.

§. 24. Os procuradores, advogados e conselheiros, que prevaricando no seu officio enganarem, ou entregarem as causas, ou pessoas dos seus clientes e constituintes por malicia ou peitas, ou por culpa sua, deixando de produzir em tempo as provas, excepções, instrumentos e defesa necessaria, ou por outro modo ajudando o seu adversário, serão castigados com as penas dos §§. 9. e 10. deste titulo.[107]

§. 24. São nullas as avenças, que elles fizerem para haverem da parte certa cota ou cousa determinada, alem do seu justo honorario, no caso de vencerem a demanda, ou acabarem o negocio, de que se encarregarem, e pagarão outro tanto.[108]

§. 25. Do mesmo modo, e debaixo da mesma pena, será nullo todo o ajuste e contrato, que se fizer para se conseguir todo e qualquer negocio, e despacho de graça, ou seja de nós immediatamente, ou de nossos ministros e tribunaes.[109]

§. 26. Igualmente serão nenhumas todas as convenções e ajustes sobre os bens e heranças de pessoas, que morrêrão nas nossas conquistas, ou no reino em província diversa daquella, em que viverem os seus herdeiros; e o que estipular com elles certa quantia ou cota da mesma herança para a haver no caso da sua arrecadação e cobrança, aindaque se diga, ou seja na realidade feita como em paga das despesas e diligencias, que se fizerem, pagará o dobro do que assim estipular.[110]

---

[104] *Ord. tit. 72. Man. tit. 59.*
[105] *Tit. 71. §. 6.*
[106] *Tit. 73. Man. 62. Aff. 75.*
[107] *Ord. L. 1. tit. 48. §. 10. e 17.*
[108] *O mesmo tit. §. 11.*
[109] *Ord. L. 5. tit. 83. Man. tit. 70. §. 2.*
[110] *Alvará de 27 de Julho de 1765. §. 3.*

92 • Direito Processual Penal

§. 27. Os nossos procuradores, fiscaes promotores da justiça, prevaricando no seu officio não defendendo, como devem, a nossa causa, ou deixando por dolo ou culpa sua perder os nossos direitos, serão castigados como os particulares.

§. 28. Prevaricando em causa crime, que elles devião seguir e procurar em razão do seu officio, conluiando-se com o réo, e deixando de o accusar, ou servindo-se de pequenas e falsas provas, e deixando as verdadeiras, terão a mesma pena do delicto.

§. 29. O que falsa e maliciosamente, e por mera calumnia denunciar, querelar, ou accusar alguém á justiça, haverá a mesma pena, que teria aquelle, de quem querelar, se o maleficio lhe fosse verdadeiramente provado.[111]

§. 30. Não se deve julgar falso denunciante, e calumniador, para o effeito de soffrer a pena propria do delicto, aquelle que o não prova, ou que o accusa necessitado, mas só o que o denunciar e accusar com dolo e máo animo; e não o havendo, será sómente condemnado nas custas, perdas e damnos, de que foi causa.

§. 31. O particular, que não accusar o crime contra elle commettido, ou contra os seus, quando o possa fazer, não deve ser por isso castigado; nem o que desistio e remittio, ou deixou de proseguir a querela e accusação depois de principiada.

§. 32. Mas o que em nome do público, e por satisfação á justiça he obrigado a accusalo, deve responder, não o fazendo ou tergiversando por dólo, ou culpa sua; e por esta differença se castigará mais ou menos a arbitrio do juiz.

§. 33. Os alcaides e carcereiros, que por malicia e manifesta culpa, ou por davidas e peitas, soltarem os presos, ou os deixarem fugir da cadeia, terão a mesma pena, que haveria o réo se o maleficio provado fosse.

§. 34. E porque todos os crimes proprios dos officiaes e pessoas públicas ou particulares, commettidos nos seus oflicios públicos e occupações, participão dos communs, e a elles se pódem reduzir; declaramos que sempre se devem castigar com as penas ordinarias dos delictos, que se aggravarão a arbitrio do juiz pela particular obrigação que elles contrahirão em razão dos mesmos officios, na fórma deste titulo e do seu regimento.

TITULO XLV.
Das Provas.

SEM prova perfeita e legal ninguem deve ser condemnado.

§. 1. E tal se diz aquella, de que resulta uma certeza moral do delicto e do delinquente, e a impossibilidade moral da sua innocencia, havida por aquelle modo, que a lei determina.

§. 2. Adquire o juiz esta certeza pelo seu proprio facto e testemunho, ou pelo alheio, que resulta ou da confissão do mesmo réo, ou das testemunhas, que depuzerão contra elle, ou de algum escripto ou escriptura, de que se mostra o seu delicto da fórma, que se determina nos títulos seguintes.

§. 3. O testemunho particular do juiz, postoque na verdade seja de maior certeza do que o alheio, não serve para a condemnação ou absolvição do réo; portanto succedendo commetter-se o

---

[111] *Ord. L. 5. tit. 117. §. 4.*

delicto diante dos seus olhos vendo elle e conhecendo quem foi o seu autor, não deve condemnar, nem absolver o accusado contra a prova dos autos pela sua particular sciencia e consciencia, e nos dará parte do caso, para determinar-mos o que for de razão, e de justiça.

§. 4. Deve o juiz ter e tratar o accusado por innocente, em quanto não houver contra elle aquella certeza, que for bastante para o julgar culpado, e que seja capaz de resolver e determinar o homem a obrar as acções mais importantes da sua vida.

§. 5. E pondo o caso em si, não condemnará o réo na pena ordinaria do delicto, sem ler aquella prova e convencimento, que o obrigaria a estar, e aquiescer á sua proria condemnação.

§. 6. Não podendo as leis humanas, pela sua fraqueza, fixar as regras e os gráos da certeza e probabilidade moral, e dependendo muito o seu juizo do coração, da bondade e sentimentos naturaes dos juizes, e da sua recta razão e entendimento; os mesmos juizes, sem se moverem com as lagrimas dos réos, nem se escandecerem contra elles, procurarão em espirito de verdade averiguar, conhecer e castigar os delinquentes de tal maneira, que nem padeça a innocencia, nem se deixe de castigar o delicto com a merecida pena.

§. 7. A este fim, e a favor e em beneficio do réo e da republica, abolimos a doutrina das provas privilegiadas; porque em todos os crimes, e nos atrozes com maior razão pela sua gravidade e enormidade, são necessarias as mesmas, ou maiores provas.

§. 8. Quanto mais separadas e independentes forem as provas umas das outras, tanto maior força devem fazer para o convencimento do juiz.

§. 9. Em quanto se não verificar, e constar verdadeiramente que houve delicto por aquelle modo, que se ordena no tit... não tem lugar a inquirição e a prova para a averiguação, castigo, ou defesa do delinquente.

§. 10. Não se castigará crime algum com pena ordinaria, por se dizer notorio, e de fama pública e constante, sem que se accuse, e prove certo e determinado facto illicito.

§. 11. Nem se admittirá prova de delicto absolutamente improvavel, ou de uma negativa mera, não se reduzindo a facto positivo por si ou pelas circunstancias, que o acompanharem.

TITULO XLVI.
Dos Indicios, e presumpções.

A PRESUMPÇÃO, que resulta dos indicios, ou sinaes apparentes, ou provaveis do delicto, não faz prova legal.

§. 1. Não ha presumpção indubitavel por si só, ou necessaria de sua natureza, e toda se póde desvanecer, por mais forte que se considere, por provas em contrario.

§. 2. Nem presumpção, que a lei justifique, e tenha por prova legal do delicto, prohibindo mostrar o contrario.

§. 3. A presumpção, que se funda na fugida do réo, nos seus costumes, no seu sobressalto na occasião das perguntas, na declaração da parte no artigo da morte, ou do criminoso a respeito do seu socio, a sua confissão informe, solitaria e extrajudicial, as suas contradicções, mentiras e silencio, e a sua achada e estada no tempo e lugar do delicto, como he fallivel, não basta só sem outras provas e indicios para a condemnação do réo.

§. 4. Postoque seja muito forte a presumpção de adulterio, e de homicidio, que resulta de se achar um homem só na camara da mulher casada, debaixo do seu leito, ou com a espada na mão e ensanguentada, ou com os vestidos rotos, rasgados, ou cheios de sangue ao pé do morto, ou ferido, não se deve comtudo haver logo por prova, perfeita e legal, sem o concurso de outros indícios, provas e conjecturas.

§. 5. Se o réo desvanecer aquella presumpção, mostrando que estava na camara da mulher casada escondido para fugir e escapar a um assassino, que o perseguia, ou que acudindo ás vozes e gritos do réo lhe tirára por compaixão a espada do corpo, que outrem lhe havia mettido, ou elle a si mesmo por loucura e desesperação, fica neste caso raro, mas que póde acontecer, de nenhum effeito, e se desvanece a presumpção contra o accusado.

§. 6. Se o réo não desvanecer especificamente a sobredita presumpção pelos factos, e razões acima ditas; mas mostrar em geral, que sempre fôra amigo do morto, ou ferido, que o não conhecia, que em nenhum tempo tivera duvidas com elle, que nunca tratou a mulher casada, e que sempre foi tido por homem bom, quieto, pacifico e sisudo, será relevado da pena ordinária do delicto, não havendo outros indicios e provas, não obstante a dita presumpção.

§. 7. Por pena ordinaria não se entende precisamente a capital, mas aquella, que he propria do delicto, e que a lei impoem.

§. 8. Tãobem não basta para a pena ordinaria o depoimento de uma só testemunha sem suspeita e fidedigna, a confissão fóra de juizo, ou em juizo extorquida, e procurada por repetidas e impertinentes perguntas, os escriptos particulares, o interesse que o réo tinha no delito, a sua inimizade com o queixoso, e os seus máos costumes, ou procedimentos, todas as vezes que o réo desfizer especificamente esta presumpção, ou oppuzer taes razões, que a fação suspeitosa.

§. 9. E como seja impossivel ao entendimento curto do homem fixar as regras da certeza, ou probabilidade moral, e o valor intrinseco das presumpções: o juiz a quem de necessidade deixamos esta liberdade; combinando os indicios, que apparecem, com o facto criminoso, e com a maior ou menor proximidade, que com elle tem, não condemnará na pena ordinaria do delicto, sem que aos mesmos indicios se ajunte alguma especie de prova legal, havida por testemunhas, ou por confissão do réo vocal, ou por escripto.

§. 10. Portanto nenhum réo por uma sorte sómente de indicios será condemnado na pena da lei, mas só por muitos conferidos com o facto illicito, com a sua vida privada, e acções antecedentes, ou subsequentes ao crime, e com as testemunhas e mais provas do processo.

§. 11. Todas as vezes que os indicios, e provas imperfeitas acima ditas, unidas todas em um corpo, não bastarem para determinar o juiz, e para o convencer da certeza moral do delicto, não poderá condemnar o accusado.

§. 12. Quando se tratar de crimes, que ponhão em perigo a sociedade, ou a vida e segurança de uma familia inteira, ou ainda de uma só pessoa não havendo prova legal, mas indicios fortes e bem fundados do delicto, ou prova delle por testemunhas com alguma excepção, ou por confissão extrajudicial, ou por outro modo, que não chegue a ser legal e perfeito, sempre o réo se condemnará em pena de prisão, ou degredo temporal, ou perpetuo, ou em outra extraordinaria, segundo as circunstancias, que for bastante para prevenir, e evitar o perigo.

§. 13. O mesmo se praticará com os criminosos por pura malignidade, crueldade e maldade de coração, os quaes, na falta de prova legal, se castigaráõ igualmente por indicios fortes, e bem fundados, e outras provas acima ditas, com penas extraordinarias de modo, que não possão empecer aos seus semelhantes.

§. 14. Os outros crimes, que não forem desta natureza, sómente se poderão castigar judicialmente por provas legitimas; e o público terá particular cuidado em averiguar as suas acções.

TITULO XLVII.

Dos Confessos.

A CONFISSÃO voluntaria, espontanea, judicial, e especifica do delicto, e verosimil pelas circunstancias, concordando com as provas e indicios do processo, feita pelo maior de 25 annos, que sabe e entende as suas consequencias, sem dolo, erro ou engano, ameaços, terror, medo, e sem algum aborrecimento, nojo, ou tedio da propria vida, e só por consciencia do crime, he uma prova perfeita, legal, e a mais concludente da sua certeza.

§. 1. Offerecendo-se o réo para esta confissão, o juiz a receberá e fará escrever pelo escrivão do seu cargo, e assignar pelo mesmo réo, e duas testemunhas, e um official mais, que tenha fé pública.

§. 2. E porque he de presumir que ella não seja inteiramente voluntaria, e que proceda de loucura, desesperação, melancolia, ou de outra paixão forte e vehemente; o juiz perguntará ao réo a razão, que teve para confessar o seu delicto; e parecendo-lhe apaixonado, o fará examinar na sua presença por medicos peritos, que attestem do seu juizo, e capacidade, de que se fará termo.

§. 3. A confissão do réo, ainda que seja acompanhada de todas as circunstancias acima ditas, não basta para a sua condemnação, se antes se não tiver feito corpo de delicto, e verificado a sua existencia do modo, que em seu lugar se determina.

§. 4. Não se haverá a dita confissão por sentença, que passou em julgado, para o efeito de ser logo por ella condemnado o réo, em quanto não for julgada e sentenciada na Relação, e havida por prova legal e perfeita segundo a sua qualidade, verosimilidade, provas, indicios e mais circunstancias da mesma confissão, e sua confrontação com o processo.

§. 5. Nem a mesma confissão voluntaria e judicial, por si só sem o concurso das provas e indicios acima ditos, nem a extrajudicial com elles, nem a que o réo fizer em juizo obrigado das perguntas, que o juiz lhe fez de seu officio, he bastante para ser comdemnado na pena ordinaria do delicto, não se provando elle por outro modo.

§. 6. Quando o réo se for voluntariamente offerecer para confessar, ou declarar a culpa, de que he arguido, o juiz lhe dará juramento, antes de lhe tomar a sua declaração, confissão e depoimento, fazendo-lhe logo ver a obrigação, que tem de dizer a verdade, em tudo quanto disser em juízo, principalmente depois de assim o prometter com juramento.

§. 7. A confissão de réo só prova contra elle, mas não empece, nem prejudica aos outros que o mesmo réo declarou socios do seu crime, sem por outro modo se provar.

§. 8. Tudo o que fica dito da confissão do réo, se entende dos crimes capitaes e outros que tiverem pena corporal afflictiva, e infamante; porque nos leves não he preciso que concorrão todas as circunstancias acima indicadas, para se haver a confissão por legal; o que deixamos á religião do juiz.

TITULO XLVIII.

Como se perguntarão os réos.

O JUIZ em razão do seu oficio póde, e deve fazer perguntar aos réus todas as vezes, que assim o julgar conveniente a bem da justiça, ou em sua descarga.

§. 1. O réo prezo em fragante, ou por prova antecedente, será logo perguntado por juiz pelo facto que deo causa á sua prisão, ou ao menos dentro de vinte e quatro horas em sua propria casa, ou na pública da audiencia, e concelho, ou cadeia.

§. 2. Prohibimos como contrario ao officio do julgador o uso e pratica das perguntas capciosas, sugestivas e enganadoras debaixo da pena de infamia, de perdimento de officio e inhabilidade para toda a occupação pública.

§. 3. As mesmas penas terão os que ameaçarem, e metterem medo e terror aos réos, ou usarem de qualquer violencia, quando os perguntarem.

§. 4. Prohibimos igualmente ao juiz deferir juramento ao réo, ou acceita-lo, aindaque elle o queira dar, e o peça para responder sobre as perguntas, que lhe fizerão a respeito do facto e crime, de que he accusado, não só na parte, que lhe toca, mas dos seus complices, ou socios.

§. 5. Os primeiros interrogatorios e perguntas do juiz serão simples, breves e curtas, e a todas responderá o réo separadamente, e o juiz mandará escrever o que elle disser sem fazer sobre isso alguma instancia ou reflexão.

§. 6. Nas seguintes reporá ao réo as contradicções, e inverosimilhanças do seu depoimento, e todas as razões, que tiver para duvidar da verdade delle, e para o convencer; com tanto que não sejão subtis, capciosas, equivocas e superiores ao entender do mesmo réo.

§. 7. Nas respostas, que o réo houver de dar ás perguntas, que se lhe fizerem, não se poderá valer de algum conselheiro, ou advogado, porque ninguem melhor do que elle póde saber a verdade do facto, e da accusação.

§. 8. Parecendo ao juiz que o facto he muito implicado, e perplexo pelas circunstancias, ou em si mesmo, e alem da capacidade do réo, lhe nomeará conselheiro para lhe assistir e ajudar nas segundas e terceiras perguntas.

§. 9. E porque os criminosos, desesperando da sua saude, costumão ás vezes pôr em duvida e perigo a dos outros, declarando complices e socios, que não houverão, ou por pura malignidade sua, ou para se desculparem, ou para fazerem mais difficil e embrulhada a averiguação e o castigo do delicto, ordenamos aos juizes que não perguntem directamente os réos pelos seus complices e socios, mas sim e tão sómente pelo facto, e suas circunstancias da fórma, que estiver no processo, informação, ou na prova do corpo de delicto.

§. 10. E se os declararem sem serem perguntados, se escreverá o seu dito, mas por elle sem outra prova se não haverão por culpados e delinquentes, como acima se determinou.

§. 11. Nos crimes de estado, e de lesa magestade perguntará directamente o juiz pelos complices e conjurados, advertindo que ainda nestes mesmos crimes as perguntas devem ser feitas com a mesma, e maior exacção, exactidão, verdade e imparcialidade.

§. 12. As perguntas criminaes, sob pena de nullidade, serão feitas pelo juiz, sendo letrado, e não o sendo pelo seu assessor na sua presença, e assistirão sempre a ellas dois officiaes de fé pública, e depois de acabadas se lerão ao réo, presentes os sobreditos, e duas testemunhas mais de fóra, que para isso se chamarão, e todos assignarão as perguntas com o mesmo réo, e não sabendo elle escrever assignará o juiz de seu rogo.

§. 13. Não querendo o réo assignar as perguntas, ou querendo elle accrescentar, diminuir, ou declarar as suas respostas, de tudo se fará termo, e se assignará do mesmo modo.

§. 14. Tendo o crime pena capital, afflictiva do corpo, de confiscação, de galés, trabalho nas obras públicas, ou degredo para fóra do reino por mais de cinco annos, assistirá ás perguntas, além do juiz, dos officiaes e testemunhas, outro ministro civil, ou criminal nas terras aonde o houver, e nas outras o vereador mais velho, que servir naquelle anno.

§. 15. As confissões, declarações, e respostas que o réo der ás perguntas do juiz, fazem somente prova contra elle, e não contra os outros; mas ainda contra si esta prova não he tamanha, como a que resulta da confissão voluntaria, que o réo fez livremente pela consciencia do crime.

TITULO XLIX.
Da Prova por testemunhas.

A PROVA por testemunhas, havida na fórma, que se manda neste titulo, he perfeita e legal, e basta para a condemnação do réo, independentemente da sua confissão.

§. 1. Duas ou tres testemunhas maiores de vinte annos, sem excepção, imparciaes, desinteressadas e intelligentes do negocio, depondo uniformemente e com juramento, do facto illicito, e do seu autor, dizendo que o virão e presenciárão com os seus próprios sentidos, e dando sufficiente razão do seu dito, fazem prova perfeita.

§. 2. Não basta portanto o testemunho de um só homem, por mais autorizado que seja pela sua pessoa ou dignidade, para a condemnação do réo.

§. 3. Nem o testemunho dos menores de vinte annos, dos surdos e mudos, dos infames de facto e de direito, dos falsarios, dos domesticos e criados, dos descendentes e ascendentes em todo o gráo, e dos consanguineos e affins dentro do segundo, contado na fórma de Direito canonico, nos crimes e delictos de seus amos, pais, filhos e parentes; e muito menos dos inimigos, socios do crime e denunciantes.

§. 4. O juiz em nenhum caso do seu officio, ou a requerimento da parte perguntará os inimigos declarados e conhecidos do réo, nem os parentes acima ditos, pela sua affeição, e por ser justo e honesto dar algum direito á razão do sangue.

§. 5. O testemunho do homem absolutamente desconhecido, ou daquelle, que não conhecendo antes o réo, for chamado a juramento por se achar no lugar e occasião do delicto, não prova contra elle, não dando signaes e mostras, porque se entenda conhecer o mesmo réo pelo proprio delinquente.

§. 6. As testemunhas assim defeituosas pela sua pessoa e qualidade, não fazem prova perfeita nos mesmos crimes occultos e atrozes, postoque por outras se não possa descobrir a verdade.

§. 7. O juiz dará juramento ás testemunhas antes de as perguntar, e depois quando o houverem de assignar, lembrando-lhes a particular obrigação, que por elle contrahem de dizer a verdade, e as penas, consequencias e gravidade do crime de perjurio, e que hão de ser perguntadas na presença do réo quando se lhe der vista do seu juramento.

§. 8. As testemunhas devem ser uniformes, contestes, e sem contradicção, não só no facto, mas nas suas circunstancias do lugar e tempo; e de outro modo não fazem prova legal.

§. 9. A vida privada do accusado, os seus bons ou máos costumes e sentimentos naturaes, devem entrar muito na consideração do juiz para daqui formar o seu juizo sobre o credito das testemunhas.

§. 10. A demasiada uniformidade das testemunhas, e o seu depoimento sem nenhuma discrepancia, e pelas mesmas palavras, póde muitas vezes ser effeito do seu conluio e soborno, no que se haverá o juiz com toda a circunspecção.

98 • Direito Processual Penal

§. 11 As testemunhas de ouvida não provão por si, mas pela qualidade das pessoas, a quam ouvirão o facto· criminoso, que por elle serão perguntadas.

§. 12. Não fazem prova as testemunhas, que depõem de fama, e vozes vagas do delicto, e do criminoso, sem provas especificas; e sempre serão perguntadas pela razão do seu dito.

§. 13. As perguntas e interrogatorios, que o juiz fizer ao réo, ou á testemunha, serão reduzidos a escriptura pelo seu escrivão, e ao pé delles a testemunha, e o réo, sabendo escrever, escreverá pela sua mão e letra a sua resposta, e não sabendo, ou não querendo, o escrivão, de que dará fé; o que se praticará sómente nos crimes, que tem pena capital, ou afflictiva do corpo.

§. 14. Não tolhemos á testemunha a faculdade de modificar, declarar, entender e explicar o seu testemunho, e ainda de se retractar a todo o tempo antes da sentença.

§. 15. E não será porisso havida por perjura, mostrando-se que o fez por descargo da sua consciencia, por amor da verdade, e para desfazer a equivocação, ou engano, que teve.

§. 16. E porque neste caso o primeiro juramento fica já suspeitoso pelo segundo, o juiz á vista das razões de um e outro, das provas dos autos, e mais circunstancias, julgará qual merece ser acreditado.

§. 17. Mostrando-se que a testemunha declarou e retractou o seu juramento por soborno, dolo, ou malignidade, será castigada com todas as penas dos perjuros, que se aggravarão por esta circunstancia.

§. 18. As testemunhas, que não forem inhabeis, e defeituosas absolutamente, sempre fazem prova conjectural e presumptiva para o effeito da absolvição, ou condemnação do réo, da pena ordinaria, ou extraordinaria na fórma do tit. ....

TITULO L.

Das Testemunhas judiciaes.

HE judicial a testemunha, que faz prova legitima em juizo.

§. 1. E tal he a que o juiz pergunta na presença da parte, ou com a sua citação para a ver jurar.

§. 2. A parte tem direito de assistir e ver jurar as testemunhas, e esse he o fim porque se cita; mas não vindo dentro do termo prefixo, tira-se a testemunha, e faz prova contra ella.

§. 3. As testemunhas, que o juiz perguntar para sua informaçao particular sem citação da parte, para formar o corpo do delicto, ou a culpa ao accusado, não tem fé judicial, nem bastão para a sua condemnação, postoque bastem para a pronuncia, como se dirá no tit. ...

§. 4. As ditas testemunhas assim perguntadas, para provarem contra o réo e se poderem dizer judiciaes, devem ser reperguntadas na sua presença.

§. 5. Se o réo de sua livre vontade por termo assignado por elle e duas testemunhas, houver por boas, e judiciaes as testemunhas tiradas sem citação sua, por taes se haverão em juízo.

§. 6. Mandamos aos juízes que em todas as causas criminaes, que tiverem pena afflictiva do corpo, ou infamante, ou de degredo por mais de cinco annos para fóra do reino, reperguntem de seu officio as testemunhas da culpa, depois della formada, e da pronuncia na presença do réo, aindaque elle o não requeira.

§. 7. Neste acto perguntará o juiz primeiramente á testemunha se conhece o réo, e porque razão, e se he elle o proprio delinquente, de que se trata. A falta desta pergunta sobre a certeza e identidade da pessoa do réo, annulla o processo.

§. 8. Depois, fazendo lêr á testemunha o seu proprio juramento, lhe perguntará se está por elle; e querendo ella fazer alguma mudança, addição, ou alteração, lha fará escrever e a sua causa e motivo.

§. 9. E dirá á testemunha que lhe he licito e permittido fazer essa mudança sem perigo, procedendo de boa fé, e por amor da verdade.

§. 10. O réo não só nas causas acima ditas, mas em todas as criminaes póde requerer que as testemunhass da culpa se reperguntem á sua vista; e lhe poderá nessa occasião fazer as perguntas que lhe parecer, que o juiz mandará escrever com distincção e separação das suas.

§. 11. Não só se devem dar e publicar ao réo o nome das testemunhas, mas os seus ditos, para os poder melhor contestar.

§. 12. Parecendo á maior parte dos juizes da ultima instancia, que he necessario a bem da justiça, ou da defeza do réo reperguntar outra vez as testemunhas antes da sua absolvição, ou condemnação, o poderão, e deverão fazer á custa da parte, e não a havendo, da justiça.

TITULO LI.
Da Confrontação do réo e testemunhas.

Chama-se confrontação aquelle acto, porque o juiz para melhor averiguação da verdade pretende compôr e ajustar entre si as testemunhas, ou com o réo, ou este com os seus socios, e complices.

§. 1. Não se achando as testemunhas contestes, e discrepando entre si no facto, no lugar, e tempo e outras circunstancias; o juiz as chamará e confrontará perguntando as razões da sua discrepancia; e não o fazendo, será nullo o processo.

§. 2. Discrepando o dito das testemunhas do dépoimento e confissão do réo, o juiz de seu officio as confrontará igualmente com o réo, perguntando-o, e ás mesmas testemunhas sobre a discrepancia.

§. 3. Neste acto, mais que em todos os outros, se mostrará o juiz affavel, humano e imparcial, fazendo ver ao réo que a confrontação foi principalmente introduzida em seu favor, para por ella podêr mostrar a sua innocencia.

§. 4. A confissão, que o réo fizer no auto das perguntas, e confrontação entre elle e as testemunhas, tem a mesma e igual força da confissão judicial voluntaria e espontanea, pela presumpção natural, que della resulta.

§. 5. Havendo socios do crime, e discrepando nos seus depoimentos, se confrontaráõ entre si, e todos com as testemunhas.

§. 6. A repergunta, e confrontação das testemunhas entre si, e com os réos nos casos acima ditos, são de absoluta necessidade; e se farão sempre na presença de dois officiaes públicos, de dois ministros, e de duas testemunhas de fóra, de probidade e intelligencia conhecidas.

§. 7. Pertence somente ao juiz da culpa, e tãobem ao réo, na forma que fica dito, fazer as perguntas, que forem necessarias a bem da justiça, ou do accusado; mas se alguns dos sobreditos, ou ainda as testemunhas de fora, quizerem fazer perguntas ao réo, ou ás testemuhas da culpa, o poderão fazer, e se escreverão com as respostas, que se derem.

TITULO LII.
Da Prova por escriptura.

A ESCRIPTURA particular feita, ou assignada pelo réo, e reconhecida por elle extrajudicialmente, prova tanto, como a sua confissão extrajudicial; e em juizo, tanto como a judicial.

§. 1. E portanto em nenhum caso por si só se póde ter por prova legal e perfeita, sem o concurso de outras provas, indicios e presumpções, da forma que fica determinado a respeito da confissão dos réos.

§. 2. Não reconhecendo o réo a escriptura, de que consta o seu delicto, o juiz pela comparação das letras, e pelas testemunhas, que assignarão, e por outras, que poderá perguntar de seu officio, ou a requerimento da parte, sobre a verdade da escriptura, e do facto illicito que nella se comprehende, fará todas as diligencias necessárias para a averiguação do delicto, e do delinquente; e tendo certeza de que he o accusado, o condemnará na pena da lei.

§. 3. A prova, que se tira da comparação das letras como póde fallecer, he meramente conjectural.

§. 4. Pode o réo repellir a prova da escriptura offerecida contra elle, ainda no caso de a reconhecer, com a excepção da falsidade, dolo, medo, ou outra semelhante.

§. 5. Destas mesmas excepções se póde valer contra as escripturas publicas; e o juiz na averiguação do facto principal, ou incidente, se haverá modo, que se determina no tit...

TITULO LIII.
Dos Delictos occultos, e de difficil prova.

SÃO occultos e difficultosos de provar os delictos, que se commettem de noite, ou no ermo, e quasi todos os moraes, mas ainda assim não se castigaráõ com pena ordinaria sem prova legitima.

§. 1. Portanto não se julgará provado o homicidio, ferimento, ou força de mulher commettida de noite, ou em lugar ermo, ainda que se oiça brádar o ferido, ou forçada, e queixar-se de pessoa certa e determinada, e ainda que seja vista no mesmo lugar, ou mostrada pelo queixoso, como delinquente, não sendo visto commetter o homicidio, ferimento ou força.

§. 2. Porque semelhante prova he meramente presumptiva e conjectural, que o accusado pode desfazer por muitos modos; e insufficiente portanto por si só para a sua condemnação.

§. 3. Declaramos que estes mesmos crimes se devem antes de tudo realizar como os outros, e provar do mesmo modo na fórma deste titulo.

§. 4. Não bastão portanto os sobreditos indicios por si só, nem outros quaesquer, por mais fortes que sejão, a que chamão indubitaveis, porque os não póde haver.

§. 5. Nem aquelles indicios e presumpções, que se dizem de tal sorte apertar o animo do juiz, que o não deixão persuadir do contrario, porque semelhante persuasão repugna á naturesa dos indicios, e só he propria da probabilidade, ou certeza moral.

§. 6. Comtudo semelhantes crimes occultos e de prova difficil, se castigaráõ com pena extraordinaria, provando-se por presumpções naturaes, e bem fundadas, e por outros modos, que se apontão no tit. dos indícios e presumpções §. 12. e 13.

§. 7. O crime nefando, o adulterio e outros desta natureza, não se castigaráõ com a pena ordinaria pela prova de um simples trato, familiaridade e amizade, por mais intima e particular que seja, e ainda de tocamentos deshonestos, não havendo ao menos duas testemunhas sem suspeita, que deponhão do facto illicito, criminoso e especifico.

§. 8. Não he porem necessário, supposta a difficuldade da prova, que sejão contestes no mesmo facto, e basta que deponhão de differentes actos, concorrendo os indicios e presumpções acima ditas.

§. 9. Os crimes commettidos de noite, ou em lugar ermo, havendo uma testemunha de vista e sem excepção, que delles especificamente deponha, e os indícios e presumpções acima ditas no §. 1., e outros semelhantes, ou maiores, se julgarão perfeitamente provados. O que assim geralmente se entenderá no caso de não desvanecer o réo esta prova, ou de a não fazer suspeitosa pela sua defesa.

TITULO LIV.
Das Denuncias.

TODO o cidadão he obrigado a denunciar ao juiz os delictos públicos, que atacarem a ordem social, como são os homicidios, os roubos violentos e outros, sobre que os juizes devem inquirir de seu officio na fórma do tit…

§. 1. O que faltar a este officio de bom cidadão, não denunciando o crime, que vio commetter diante dos seus olhos, será condemnado em dez crusados applicados para as obras públicas, pela primeira vez, e pela segunda em vinte dias de cadeia, e pela terceira privado dos direitos da cidade.

§. 2. O facto da denuncia obrado por amor da justiça, e com o fim de salvar a sociedade he nobre em si mesmo, aindaque não fosse mandado por a lei.

§. 3. Nos crimes particulares não tem lugar as denuncias, e só se poderáõ proseguir por querela das partes.

§. 4. O juiz não fará obra alguma por denuncias anónimas dadas em cartas, ou em escriptos sem nome, ou por pessoa, que conhecer inimiga do denunciado, e outras, de cuja probidade não fizer conceito.

§. 5. A denuncia será assignada pelo denunciante, e pelo juiz, e seu escrivão e duas testemunhas mais.

§. 6. E se tomará em segredo, e em segredo tãobem se perguntaráõ as testemunhas, que o denunciante nomear.

§. 7. Mas o juiz advirtirá ao denunciante e testemunhas, que tempo virá, em que se publique o seu testemunho, e em que ellas sejão reperguntadas na sua presença, e do denunciado, que lhe poderá fazer todass as perguntas, que quizer, de que o escrivão dará fé.

§. 8. O denunciante por mais desinteressado que se entenda, nunca será tido por testemunha sem excepção; e com outra de vista, sem mais prova, não basta para a condemnação do réo em pena ordinária.

102 • Direito Processual Penal

TITULO LV.

Das Querelas e accusações.

Todo o cidadão póde queixar-se ao juiz da violencia, injuria, ou damno, que se lhe fez na sua pessoa ou fazenda, e usar do meio da querela e accusação.

§. 1. Este direito nos crimes particulares compete só aos interessados, e taes se dizem não só os proprios offendidos, mas os pais e filhos familias entre si, a mulher e o marido.

§. 2. Os delictos, que offenderem uma familia inteira, podem ser proseguidos pelos parentes dentro do quarto gráo, preferindo sempre os mais proximos.

§. 3. Por querela se entende a queixa, que se faz ao juiz sobre crime, que respeita á pessoa do queixoso, ou á sociedade; e para se receber deve elle jurar a mesma queixa, e nomear testemunhas idoneas.

§. 4. E se deve intentar nos crimes públicos dentro de dez annos, e nos particulares, que respeitão á pessoa do queixoso, dentro de vinte dias depois de commettidos.

§. 5. Por crimes públicos se entendem o de alta traição, e lesa magestade, a heresia pública, as blasfemias reaes e desacatos, a resistencia á justiça, a tirada de preso da cadeia, ou fugida com arrombamento, o ferimento de noite, ou de dia com armas prohibidas, o roubo, ou furto nas estradas e caminhos, os incendiarios, duellistas, falsarios e perjuros nas causas criminaes, os falsos monetarios, os sediciosos, que por qualquer pretexto excitarem tumultos e sedições populares, e outros semelhantes, que perturbarem e offenderem a ordem social.

§. 6. O querelante, ou queixoso, deve apresentar-se em pessoa ao juiz, contar-lhe o caso, de que se queixa, e nomear-lhe duas ou tres testemunhas, que tenhão razão de o saber.

§. 7. E o juiz lhe mandará tomar o termo da querela pelo escrivão de seu cargo perante duas testemunhas, e será por todos assignado, e lhe fará a mesma advertencia, que acima se ordena a respeito dos denunciantes.

§. 8. Póde o queixoso proseguir e continuar a sua queixa, como parte, em todas as instancias.

§. 9. Mas não querendo, por se livrar de gastos da demanda, ou por outra qualquer razão, mandamos que a justiça a prosiga á custa do público por ter obrigação de vigiar sobre a segurança da pessoa e bens do cidadão.

§. 10. E a todo o tempo que a parte desistir, ou perdoar o crime particular, que lhe respeita, não proseguirá a Justiça; mas nos públicos irá sempre por diante.

§. 11. Não querendo o offendido usar do meio da querela, nem dar logo e nomear as testemunhas do crime, mas accusa-lo ordinariamente, e da-las no tempo da prova, o poderá fazer dentro de anno e dia.

§. 12. Os offendidos, quaesquer que elles sejão, podem proseguir em juizo os crimes particulares contra elles commettidos, mas não os públicos, sendo infames, criminosos, e suspeitos da fé, de que o juiz se informará antes de lhe receber a sua querela, ou accusação.

§. 13. O clerigo não he prohibido accusar o leigo; nem o leigo ao clerigo por toda a sorte de delicto, em juizo competente.

§. 14. Se o autor accusar por procurador ao réo, pode este defender-se por procurador; porque um e outro devem gozar de igual direito: mas sempre o juiz os poderá perguntar quando lhe parecer, ou a requerimento das partes.

I - Projecto Mello Freire • 103

TITULO LVI.
Das Devassas.

Por devassa se entende todo o procedimento e inquirição criminal, que o juiz faz de seu officio.

§. 1. As devassas ou são geraes, ou especiaes: geraes as que o juiz deve tirar todos os annos inquirindo geralmente dos facinorosos e· malfeitores na fórma, que se lhe ordena no seu regimento.

§. 2. Especiaes as que deve tirar de certos delictos commettidos no seu territorio, como são o homicidio simples, ou qualificado, o assassinio, a propinação de veneno ainda sem effeito, o incendio na cidade, ou no campo, o furto violento, ou simples nas estradas e caminhos, as sedições, tumultos e assuada, a força de mulher sendo pública e notoria, moeda falsa, a tirada de preso e a fugida da cadeia com arrombamento, ou sem elle, a resistencia ou offensa da justiça, todo o ferimento de noite ou de dia, sendo feito com armas curtas e prohibidas.

§. 3. O juiz sómente por estes crimes tirará devassa ou inquirição de seu officio, dentro de tres dias depois de commettidos, perguntando doze testemunhas, que mais pertencentes lhe parecerem para o caso: e por editaes fará annunciar o crime, comminando a pena de dez cruzados ás pessoas, que não vierem depôr perante elle o que souberem, no preciso termo de vinte dias, depois dos quaes fechando a devassa a julgará segundo o merecimento das provas.

§. 4. Nas devassas especiaes tiradas por occasião dos delictos acima ditos, e nas que os juizes devem tirar todos os annos, não perguntarão por pessoa certa e determinada.

§. 5. Portanto prohibimos debaixo de pena de perdimento do officio toda a inquirição, ou devassa contra pessoa certa, não havendo accusação, denuncia, ou querela da parte pública ou particular, que della nomeadamente se queixe.

§. 6. Sendo alguem notoria e publicamente infamado dos sobreditos crimes, poderá o juiz perguntar nomeadamente por elle: de outra sorte as perguntas sempre serão geraes sobre o autor do delicto, como fica dito.

TITULO LVII.
Da Pronuncia.

Pronuncia he um acto judicial, pelo qual o juiz declara o réo culpado, segundo as provas e informações dadas.

§. 1. Não póde o juiz pronunciar o réo a prisão, ou livramento, sem lhe constar do delicto e delinquente por provas bastantes para a final ser condemnado.

§. 2. Havendo estas provas, sómente se poderá decretar a prisão pelos crimes, que tiverem pena afflictiva do corpo, infamante, ou de degredo.

§. 3. O que fôr achado em fragante póde logo ser preso não só pelo juiz e seus officiaes, mas pelos particulares, que o entregaráõ á justiça.

§. 4. Nos crimes leves, a que só he imposta multa de dinheiro, não será preso o réo dando caução pignoraticia, ou fidejussoria, que baste para pagar a condemnação.

§. 5. Parecendo ao juiz que he necessario ouvir o réo para maior averiguação da verdade, e a bem da justiça, ou para o corrigir e admoestar, pronunciará, que compareça perante elle sob pena de dez cruzados pagos da cadeia.

104 • Direito Processual Penal

§. 6. Nos crimes capitáes, roubos e outros semalhantes, que offendem a segurança pública, se poderão pronunciar a prisão os que forem gravemente suspeitos, e indiciados, o que deixamos à prudência e religião dos juizes.

§. 7. Os vagabundos, e suspeitos de fuga se prenderão semelhantemente pelos mesmos crimes por indicios, ainda que não, sejão tão fortes.

§. 8. Semelhantes presos serão mettidos em cadeias bem seguras, e prohibidos da communicação das gentes, em quanto não forem perguntados pela justiça; e ainda depois por algum tempo, parecendo assim conveniente.

§. 9. Mas não se metterão em carceres escuros e doentios, nem se porão a ferros, nem se lhes tolherá o uso da sua cama, comida e bebida ordinarias; porque como podem apparecer innocentes, não he razão que já se castiguem, e muito menos com penas secretas, que aos outros não podem servir de exemplo.

§. 10. Prohibimos o uso das cartas de seguro, e pratica dos livramentos sob fiança e fieis carcereiros nos casos, em que tem lugar a prizão.

§. 11. Comtudo nos crimes leves, com informação do juiz da culpa, por despacho do corregedor da comarca, ou acordão da Relação do districto, se poderá entregar a guarda do corpo do culpado aos seus parentes, amigos, ou estranhos por termo, em que se obriguem a dar conta delle debaixo das penas, que lhe forem comminadas.

§. 12 Por crimes leves para este effeito se entendem os que não forem infamantes, nem tiverem pena aflictiva do corpo, ou de degredo para fora do reino por mais de cinco annos.

§. 13. Prohibimos o uso e pratica da prisão sob homenagem; e mandamos que só nos crimes leves tenha lugar a sobredita guarda de corpo em toda a sorte de pessoas.

§. 14. Pela simples pronuncia do réo, e muito menos pela sua prisão, e antes da sentença, não se póde proceder no arresto dos seus bens.

§. 15. Nem privar-se o mesmo réo do exercicio dos cargos, e officios públicos, que tiver, que for compativel com o estado de preso; e muito menos do seu direito e propriedade.

TITULO LVIII.
Do Corpo do delicto.

A FORMAÇÃO e prova do corpo do delicto he necessaria em todo o procedimento criminal, e deve anteceder; ou seguir-se immediatamente à do dilinquente; e a sua falta annulla o processo.

§. 1. Nos delictos de facto permanente, de que ficão vestigios, deve o juiz por si mesmo, e com o escrivão do seu cargo fazer o corpo de delitto por inspecção ocular.

§. 2. E sendo, por ex., o crime de morte, ou de ferimento, deve averiguar o tempo, lugar e estado do morto ou ferido, a qualidade e genero da morte, ou das feridas, e o instrumento, com que forão feitas, chamando para isso os peritos da arte, para as qualificarem debaixo de juramento por termos simples e claros, que todo o mundo entenda; e tomará conta das armas e de todos os papeis, que se acharem ao morto ou ferido, pertencentes para o caso.

§. 3. Formado o corpo do delicto, tomará informação do delinquente, perguntando as testemunhas, que se achárão no mesmo lugar e occasião, e as mais, que souberem do caso; e não se perguntarão por informação extrajudicial, nem mais de vinte, nem menos de dez.

§. 4. E as testemunhas serão tãobem perguntadas pelas virtudes, vicios e costumes do morto ou ferido, e se elle andava em rixa com alguma pessoa, e pela occasião e motivo da presente bulha ou peleja; porque estas, e outras circunstancias servem a bem da justiça, ou do réo.

§. 5. Sendo o crime de falso, o juiz examinará do mesmo modo o genero da falsidade, averiguando em que ella consiste; e se he pública, ou particular, por testemunhas e comparação das letras, que se dizem falsificadas, de que se farão os termos necessarios.

§. 6. Deve o juiz fazer o corpo do delicto logo que souber delle, e lhe fôr requerido, e sem o concluir não passarás a outro algum acto estranho.

§. 7. Nos de facto transcendente, como o crime não apparece, se formará a prova delle por testemunhas, e outros modos de prova contra o delinquente.

§. 8. Se alguem fôr notoriamente infamado de algum delicto, a fama pública, nos casos em que fôr bastante para o procedimento da justiça, serve de corpo de delicto.

§. 9. Prohibimos no estupro e outros crimes desta natureza, a formação do corpo de delicto pela inspecção ocular, ainda pelo ministerio de mulheres; e para este effeito todos se reputarão de facto transeunte.

§. 10. Do mesmo modo se formará o corpo de delicto, no homicidio occulto, não apparecendo o morto, por se haver reduzido a cinzas, ou lançado ao mar.

§. 11. E sabendo-se que se enterrou em parte certa, se fará exhumar, não tendo ainda passado vinte: e quatro horas depois da nua morte; o que se entende parecendo assim necessario a bem da justiça, ou do réo, e a seu pedimento.

§. 12. Sendo necessaria a exhumação, e havendo de fazer-se na igreja, ou cimiterio consagrado por autoridade pública, se dará parte ao parocho para assistir a ella, querendo.

TITULO LIX.
Da Informação da Justiça.

VEM debaixo deste nome todos os actos extrajudiciaes, que a justiça faz para averiguação da verdade de seu officio, ou a requerimento da parte; como são as denuncias, querelas, devassas e pronuncia; a formação do corpo de delito, inquirição de testemunhas ou do accusado, e geralmente tudo o que a justiça fizer em segredo sem a sua audiencia e citação.

§. 1. A prova, que se houver pela formação do corpo do delicto e informação da justiça, não póde nunca ser bastante para a condenação o réo, nem para a sua tortura, nem para se metter em cadeias rigorosas e escuras; mas sim, e tão sómente para a sua pronuncia, e prisão em cadeia segura.

TITULO LX.
Do Processo judicial.

PERTENCEM ao processo judicial todos os actos, que se fizerem e processarem depois da pronuncia a bem da accusação, ou do accusado, como são a citação, a proposição do crime ou libello do accusador, a contrariedade ou defesa do réo, a repergunta e confrontação das testemunhas, ou do mesmo réo e socios, a sentença e sua execução, a appellação e outros semelhantes.

106 • Direito Processual Penal

§. 1. Admittimos nos mesmos crimes não só o processo ordinario e regular mas o sumario e verbal com tanto que não seja precipitado, e se não falte á necessaria defesa do réo.

§. 2. Depois da informação e pronuncia da justiça, será chamado o réo, e perguntado pelo delicto e suas circunstancias, segundo as provas que houverem, e as quaes se lhe dirão; e confessando, nada mais se requer para ser condemnado.

§. 3. Negando o delicto, que se acha provado pela informação e instrucção extrajudicial da justiça, se examinarão as testemunhas separadamente a seu requerimento, ou por officio do juiz, sendo differentes: e achando-se o réu por ellas convencido de que se farão os termos necessarios, se mandará ao reo que diga de sua justiça no preciso termo de oito dias.

§. 4. Requer portanto o processo summario não só a informação extrajudicial, mas que o réo seja perguntado em juizo, que se lhe mostre a prova da justiça, que confesse o crime, ou que, negando-o, seja delle prefeitamente convencido pelo novo exame das testemunhas feito na sua presença, e pelas suas respostas, e que por fim se lhe designe o termo de oito dias para dizer, allegar e provar o que fizer a bem da sua causa.

§. 5. Havemos esta ordem por necessaria, e natural para a averiguação do criminoso, e se não poderá preterir em genero algum de crime.

§. 6. Não confessando o réo o crime, ou negando-o com coartada, que o releve da pena, ou não estando delle convencido pelas perguntas judiciaes, que se lhe fizerem, e ás testemunhas, sera processado ordinariamente.

§. 7. E a parte, que o accusar, será portanto obrigada a formar contra elle o seu libello por artigos, em que mostre o crime com todas as circunstancias do tempo e lugar, segundo as provas da informação extrajudicial, e das que resultarem das reperguntas judiciaes, concluindo que deve ser condemnado na pena legal, que se declarará no libello.

§. 8. O libello e accusacção será logo contestado pelo réo, que poderá responder a cada um dos artigos, ou negar toda a accusação em geral, ou confessar parte delle com a defesa e coartada, que lhe convier.

§. 9. A parte pública, ou particular tem direito de replicar á defesa e contestação, como entender, e este de responder a treplicar á resposta que ella der á sua defesa; e não se admittirão mais artigos e allegações; assim da parte do autor, como do réo.

§. 10. Havendo de praticar-se esta ordem de processo, a accusação por libello será precisamente intentada no termo de oito dias depois de decretada, o réo contestará no mesmo termo; e a replica e treplica em cinco.

§. 11. Este termo he continuo; e não se poderá prorogar por genero algum de restituição, salvo por impossibilidade e doença provada logo em continente; e neste caso se dará outro termo igual por uma vez sómente.

§. 12. Tendo o réo alguma excepção dilatoria, ou peremptoria, não a poderá oppor separadamente, e antes do libelo; mas, contestando-o no termo e fórma acima ordenada, se poderá valer della propondo-a na mesma contrariedade, sob pena de que não o fazendo assim, se haver por contrariedade, defesa, ou resposta ao libello a mesma excepção, ou qualquer allegação, com que vier.

§. 13. Formados todos os sobreditos artigos, devem logo seguir-se as provas de huma e outra parte; para o que o juiz assignará primeiro ao autor, e depois ao réo a dilação de dez ou vinte dias na mesma terra, e para fóra a que for bastante.

§. 14. Dadas as provas, dirão as partes rio termo de oito dias improrogaveis, o que fizer a bem da sua causa, propondo o facto segundo as provas, e tirando dellas os raciocínios naturaes e jurídicos, que favorecerem a sua intenção: e sendo a justiça parte, dirá sempre em ultimo lugar.

§. 15. Prohibimos o uso das reprovas, e contraditas ás testemunhas da informação da justiça, por artigos antes da contestação; mas o reo poderá arguir os seus defeitos quando se reperguntarem da sua presença; ou inclui-los na sua contrariedade ou contestação ao libello.

§. 16. As contraditas ás testemunhas judiciaes poderão as partes propor e allegar nos oito dias assignados para dizerem da sua justiça; e parecendo ao juiz que são de receber, lhes assignará tres dias para prova; e sem mais as ouvir sobre ellas e mais provas do processo julgará a causa.

§. 17. O processo summario e verbal se praticará em todos os crimes sociaes, em que a justiça for autora, e algum particular offendido; e só se fará ordinario na fórma, que se ordena no §. 6.

§. 18. Nos crimes meramente particulares com parte, se praticará a ordem do processo ordinario, procedendo-se por via de accusação.

TITULO LXI.

Como se procederá contra os ausentes e outros.

Não devendo pessoa alguma ser condemnada sem primeiro ser ouvida, os culpados, que com medo da prisão, ou por outra qualquer causa se esconderem e ausentarem para parte aonde se não saiba delles, serão chamados por editos afixados nos lugares públicos da sua naturalidade, e domicilio, para comparacerem no termo de dois mezes perante o juiz da culpa, para se defenderem e livrarem, com pena de revelia, da fórma que se ordena neste titulo.

§. 1. Acabado o tempo do edital, se mandará affixar outro com o termo de hum mez, e não comparecendo, se julgará o culpado por verdadeiro ausente, e se nomeará advogado, que o defenda.

§. 2. Nos editaes se chamarão tãobem os parentes do morto, para que o venhão accusar sob pena de que não vindo, serem lançados da accusação, e de tomar por parte da justiça.

§. 3. A citação, edital e processo contra os ausentes, sómente se praticará nos crimes que provados tiverem pena de morte, açoutes, galés, degredo perpetuo, ou temporal para fóra do reino por mais de cinco annos.

§. 4. Logoque o culpado se julgar ausente, o juiz lhe nomeará um advogado de letras e virtudes conhecidas, e lhe dará juramento de o defender bem e fielmente.

§. 5. Com este advogado correrá a causa, e elle terá tanto cuidado na defeza do ausente, como se fosse sua, e responderá por todo o dólo, culpa ou ommissão.

§. 6. Poderá requerer a repergunta e confrontação das testemunhas, e geralmente tudo quanto fizer a bem da justiça do réo, e que elle faria, se presente fosse.

§. 7. Não tendo bens o ausente, se farão as despesas necessarias por conta do público, que interessa tanto na sua absolvição sendo elle inocente, como no seu castigo sendo culpado.

§. 8. O ausente será condemnado, ou absolvido segundo o merecimento e provas dos autos.

108 • Direito Processual Penal

§. 9. E por isso se não deve ter logo por culpado porque poderia ausentar-se, e fugir com medo da prisão, ou por necessidade e negocio, e não consciencia do crime: sempre porém deve purgar, e desfazer o indicio, que resulta da sua fugida.

§. 10. A ausencia e fugida do culpado, qualquer que seja o seu crime, tãobem não he bastante para o sequestro e annotação dos seus bens, antes da sentença condemnatoria.

§. 11. Mas não poderá vender os seus bens de raiz, ou moveis preciosos; e vendendo-os será nenhuma a venda, e os compradores satisfarão por elles e pelos seus, sendo dolosos, todas as multas pecuniárias, em que elle for condemnado, e os entregarão a quem se julgarem por sentença.

§. 12. A pena capital, ou corporal, em que o ausente for condemnado, se executará na sua propria pessoa a todo o tempo que apparecer; e prohibimos o uso da execução em estatua, como alheia da dignidade e autoridade da justiça.

§. 13. O ausente a todo o tempo que vier a juizo, antes de final sentença, será admittido, e tomará a causa no estado, em que a achar: mostrando porém que se ausentou por negocio e necessidade, e não por medo e sciencia do crime, todo o processo será nullo, e se principiará de novo.

§. 14. Não mostrando razão e causa legitima da sua ausencia, vale todo o processo, e faz prova a favor, e contra elle; e seguirá o processo dahi para diante como lhe convier.

§. 15. Vindo a juizo dentro de um anno depois da final sentença, será admittido com as suas provas e allegações, mas não se annulará o processo, qualquer que seja a causa da sua ausencia.

§. 16. Passado o anno se executará a sentença na sua fórma, e não será jámais ouvido sobre ella e o processado, sendo ordenadamente feito.

§. 17. O preso, que fugir depois de principiado o seu processo, será julgado á sua revelia e não se lhe dará advogado, não tendo o seu crime pena capital, ou afflictiva do corpo.

§. 18. O mesmo ordenamos a respeito do réo, que não comparecer em juizo no termo prefixo, e em outro igual, que se lhe assignará, sendo primeiro julgado por contumaz.

§. 19. E comparecendo o réo, mas não querendo responder ás perguntas, o juiz o notificará para que responda no termo de 24 horas sob pena de lhe haver por confissão o seu silencio, e de correr a causa á revelia; e não se lhe nomeará semelhantemente advogado.

§. 20. O que do mesmo modo se entende nos crimes, que não tiverem pena capital, ou afflictiva do corpo; porque nestes sempre se nomeará advogado pela justiça; e os juizes a final se farão cargo desta circunstancia, ajuntando-a ás mais provas e indicios do processo.

§. 21. Os mudos e surdos por nascimento se defenderão por procurador nomeado por elles, ou pela justiça, a quem se dará juramento: e sabendo ler e escrever se lhes darão por escripto as perguntas, que forem necessarias, a que elles responderão tãobem por escripto.

§. 22. Os menores de 25 annos quando houverem de ser perguntados, o serão sempre na presença do advogado, que se lhes nomear para os defender.

§. 23. Sendo criminosa alguma cidade, comunidade, ou corporação assim ecclesiastica, como secular, não nomeando as pessoas que a representão, syndico que a defenda, o juis lho nomeará do seu officio, e com elle correrá a causa.

§. 24. Não se formará por parte da justiça processo aos mortos, por maiores que sejão os seus crimes; e havendo-se formado antes não se continuará, e se fará o feito concluso ao juiz, para julgar a sua extincção.

§. 25. Poderão porem as partes offendidas requerer em juizo toda a satisfação, e reparo dos prejuizos, que o morto lhes causou, para o que serão chamados os seus herdeiros.

TITULO LXII.
Do Juiz competente.

DECLARAMOS todos os juizes competentes para o conhecimento dos delictos; e a este fim revogamos todo e qualquer privilegio do fôro nas causas criminaes, e o uso das excepções declinatorias.

§. 1. Pertence porém principalmente ao juiz do lugar, em que se commetteo o delicto, conhecer delle pela maior facilidade da sua averiguação; e havendo outro tomado conhecimento, mandará avocar o processo.

§. 2. Os privilegios concedidos aos estrangeiros, que residirem em nossa côrte por causa do commercio, na fórma dos tratados, não se entendem revogados por esta ordenação, e se observarão na sua fórma.

§. 3. Os crimes dos ecclesiasticos seculares, e regulares, e os dos cavalleiros professos nas tres ordens militares do reino, ou na de S. João, de Malta, se julgarão na fórma, que se determina no codigo do Direito Público no titulo 17., §. 24.

§. 4. Revogamos nas causas criminaes o privilegio da primeira instancia concedido aos moradores das terras da rainha, do principe e do infante; e mandamos que dos seus delictos conheça precisamente o juiz do lugar.

§. 5. Nenhum vassallo nosso secular terá privilegio do fôro, e juiz privativo nas causas criminaes, ou lhe venha em razão da sua pessoa, ou dos bens, ou do lugar e occupação, que servir; porque todo e qualquer por mais especifico, e exubarante que seja, o havemos por revogado em beneficio do público.

§. 6. Os mesmos officiaes militares, e soldados pagos não gozarão do fôro militar nos delictos communs commettidos fóra dos seus quarteis, e alojamentos.

§. 7. Os juizes ordinarios, e de fóra não julgarão a final os crimes sociais, e geralmente todos aquelles, a que for imposta pena capital, ou afflictiva do corpo, ou de degredo perpetuo no reino, ou para fóra por mais de cinco annos, ou de confisco na maior parte dos bens: e logo que se ordenar o processo, e se tomar a necessaria instrucção do crime, o remetterão com o réo á Relação do districto.

§. 8. A informação e processo neste crimes não irá portanto aos corregedores das comarcas, e muito menos aos ouvidores, sem embargo dos privilegios dos donativos, mas em direitura á Relação.

§. 9. Os outros crimes, que não tiverem as sobreditas penas, se acabarão nas duas instancias do juiz, que os formou e procesou, e do seu superior immediato.

§. 10. Mas sempre a parte, que se sentir aggravada, se poderá queixar á Relação do districto, sem suspensão do julgado; a qual mandando avocar os autos, e parecendo-lhe que a sentença foi injusta, a poderá reformar segundo o seu merecimento.

§. 11. Sendo-os réos absolutos por falta de provas, ou condemnados em penas extraordinarias, a justiça fará saber os seus nomes aos ministros da policia, para vigiarem particularmente sobre as suas acções.

§. 12. Prohibimos aos ministros e escrivães criminaes levarem das partes salario, assignatura, ou emolumento algum por todos e quaesquer actos pertencentes ao processo criminal como são devassa, querelas, denuncias, inquirição de testemunhas, pronuncias, termos judiciaes, perguntas, sentenças, mandados e outro semelhantes.

110 • Direito Processual Penal

TITULO LXIII.
Da Sentença final.

DEVEM ser sentenciados em Relação os crimes capitaes e infamantes, e geralmente todos aquelles, a que forem impostas a penas acima ditas no §. 7. do titulo antecedente.

§. 1. O Corregedor do crime da côrte, a quem o processo for distribuido, perguntará a quem o processo for distribuido, perguntará necessariamente o réo, e poderá tãobem perguntar as testemunhas de seu officio, parecendo-lhe assim necessario a bem da justiça, ou do mesmo réo.

§. 2. E o réo perante elle poderá allegar a nullidade e defeitos do processo formado pelo juiz da culpa, e usar de toda a defesa, que quizer, no termo legal.

§. 3. Havendo o Corregedor formado o processo, não o proporá em Relação, porque póde ser que encubra alguns defeitos na ordem e modo de processar; mas sim o seu collega ou outro ministro, que o regedor nomear.

§. 4. O relator he obrigado a ler o libello ou accusação do autor, a contrariedade e defesa do réo, as testemunhas da instrucção do processo, e judiciaes, e geralmente todas as provas, que o favorecerem ou carregarem.

§. 5. Antes de se principiar a relatar o processo o juiz mandará chamar o réo, para que, querendo, venha assistir por si, ou por procurador á sua relação, de que se fara termo; e se mandará embora logoque se entrar aos votos.

§. 6. E os juizes poderão tomar por escripto os apontamentos, que lhes parecerem necessarios quando o feito se relatar, e fazer ao réo as perguntas, que quizerem, a bem da sua causa ou da justiça.

§. 7. Os crimes, que provados tiverem as penas declaradas no §. 7. do titulo antecedente, se despacharão por seis desembargadores, entrando neste numero o relator.

§. 8. As outras causas crimes, que por queixa das partes subirem á Relação, se despacharão por tres ministros.

§. 9. A sentença do juiz da primeira ou segunda instancia, não se haverá por voto, e se despachará sempre por tres ministros.

§. 10. O desembargo do feito sempre se porá, e vencerá pela pluralidade dos votos, sem respeito á probidade e reputação dos juizes.

§. 11. Sendo contrarios os votos dos seis ministros nomeados, por votarem tres em condemnação, e tres em absolvição, o réo não se dará por absoluto, e se chamarão outros até se vencer o feito.

§. 12. Os quaes podem livremente julgar o que entenderem, e não serão obrigados a concordar com os outros.

§. 13. Quando os votos são contrarios, ou iguaes, não se reduzem, nem concilíão, e se chamarão mais juizes.

§. 14. A reducção só tem lugar quando os votos são differentes, e no mesmo genero de pena.

§. 15. Devendo-se sempre o réo condemnar, ou absolver pela pluralidade; naquella pena em que a maior parte convier, se estará pela menor, a que os mais juizes se acostarem.

§ 16. Portanto condemnando igual numero de juizes em pena capital, de degredo e pecuniaria, não tem lugar a reducção, e se chamarão outros para a decisão e desembargo do feito.

§. 17. Se porem a maior parte concordar em uma das referidas penas, e só discordarem no genero da morte, do degredo, ou na quantidade, se conciliarão, e reduzirão á menor, como fica dito.

§. 18. A somma e quantidade menor, e a pena comprehende-se na maior.

TITULO LXIV.
Das Appellações.

ABOLIMOS nas causas criminaes todas as differenças dos aggravos entre si, e da appellação; e mandamos que estes dois recursos tenhão a mesma significação e effeitos juridicos.

§. 1. Toda a appelação ou aggravo, que vem a ser o mesmo, que se interpuzer de sentença definitiva, ou interlocutoria com força de definitiva; ou que contiver damno irreparavel, suspende.

§. 2. A appellação das sentenças, e despachos meramente interlocutorios sobre a ordem do processo, ou sobre a competencia do juiz, ou das partes e seus bastantes procuradores, ou sobre a formalidade das procurações, não suspende nem impede o conhecimento da causa.

§. 3. Mas se o juiz for arguido de suspeito, não continuará na averiguação do crime nem se julgarem as suspeições; o que se entende não sendo notoriamente frivolas e ineptas.

§. 4. A sentença preferida nas causas criminaes não passa em julgado em quanto não for confirmada na ultima instancia, a que deve vir; e a todo o tempo se póde appellar della.

§. 5. Não ha appellação de sentença condemnatoria cabendo a pena, e condemnação na alçada do juiz.

§. 6. Nos crimes particulares não appellando a parte, ou desistindo, não appellará o juiz por parte da justiça, salvo sendo o réo fidalgo, ou conhecidamente mais poderoso do que o autor em razão da sua pessoa, bens ou occupação.

§. 7. Nos públicos e sociais, sobre que o juiz póde, e deve inquirir e devassar de seu officio, sempre tem lugar a appellação por parte da justiça.

TITULO LXV.
Da Execução da sentença.

A EXECUÇÃO deve ser feita na fórma que se declara na sentença, e sempre em lugar público, e por officiaes de justiça.

§. 1. E se notificará ao réo para embargar querendo, dentro de tres dias; e só podera vir com uns embargos, de que serão juizes os mesmos, que derão a sentença.

§. 2. Logoque findarem os tres dias, o réo de pena capital, vestido com alva branca, e com um rotulo nas costas, que declare o seu crime, será levado com as mãos presas, e com uma corda ao pescoço pelas ruas e praças públicas ao lugar do supplicio.

§. 3. Acompanharão o réo os ministros criminaes, que nomear o regedor ou governador da Relação, com as suas insignias e guarda militar, que for necessaria, e dois ecclesiasticos para o ajudarem a bem morrer; e um delles em lugar alto e accommodado fará logo uma breve oração, em que mostre a necessidade do castigo, e a obrigação, que tem todo o christão e cidadão de

112 • Direito Processual Penal

obedecer ás leis do estado; e no dia da execução se mandarão fazer pelo réo preces públicas em todas as igrejas e conventos da cidade.

§. 4. Não se executará a pena capital no lugar onde nós estivermos, e cinco legoas ao redor sem se nos dar parte.

§. 5. A mesa do Dezembargo do Paço não poderá propor nem consultar a absolvição do réo condemnado em pena capital, ou a moderação nesta pena por outra, sem ordem nossa.

§. 6. E neste caso dirá o que lhe parecer á vista dos fundamentos da sentença, segundo o rigor da lei e equidade juridica.

§. 7. As penas de açoutes, e outras semelhantes se executarão nos lugares públicos de modo que sejão vistas por todos; e serão apregoadas pelo porteiro.

§. 8. As pecuniarias, por arresto e aprehensão dos bens dos condemnados; e não os tendo se mandarão servir nas obras públicas atéque os ganhem pelo seu trabalho.

§. 9. Os degradados se mandarão pela justiça para o lugar do degredo; e saindo delle antes de findo o tempo, e de se lhes haver por cumprido, lhes será dobrado.

§. 10. Em mulher prenhe não se executará pena alguma, ainda pecuniaria; nem se lhe intimará a sua sentença de condemnação em quanto assim estiver, e um mez depois de parir.

§. 11. Não são servos de pena os condemnados á morte, e podem testar na fórma de nossas ordenações, e dispôr dos seus bens como quizerem; com tanto que a sua disposição não encontre a sentença.

§. 12. A pena do confisco não se executará nas legitimas dos filhos innocentes; e só naquelles bens, de que o réo por a lei tinha liberdade de dispôr.

TITULO LXVI.
Dos Modos porque se extinguem as obrigações criminaes.

Todo o conhecimento e processo criminal cessa contra o morto e seus herdeiros; mas a acção civil e prosecutoria, ainda que traga a sua origem do delicto, póde intentar-se contra os herdeiros.

§. 1. Os crimes públicos e sociaes, por maiores que sejão, se prescrevem por vinte annos continuos, contados do dia, em que se commetterão; e os particulares e moraes, dento de anno e dia.

§. 2. He permittida toda a transacção e composição do crime entre as partes particulares no que toca ao seu direito, mas não com a parte pública.

§. 3. Não póde o ajuste e convenção das partes impedir o conhecimento do crime por officio da justiça nos casos, em que tem lugar.

§. 4. Quando nós por justa causa ordenamos que se não tome conhecimento de algum crime, os juizes não poderão conhecer delle por modo algum; nem fazer executar no réo a pena, em que for condemnado, tendo elle obtido letras nossas de agraciação, ou de commutação.

§. 5. Não se póde conhecer do crime que foi uma vez ouvido por sentença, que condemnou o réo na conformidade da lei, ou que o absolveu na mesma conformidade.

§. 6. Nos mesmos dias feriados se póde principiar, e continuar o conhecimento judicial dos crimes sociaes e públicos.

Fim do Codigo

PROVAS,
em que o
AUTOR FUNDOU AS DOUTRINAS
DESTA OBRA.

AO TITULO I.

O TITULO dos delictos em geral he o 1.º neste Codigo, pelas mesmas razões, porque foi tãobem o 1.º titulo dos Direitos reais no Codigo do Direito público. E aqui principia a primeira parte da nossa jurisprudencia criminal, segundo a ordem, que me propuz seguir na breve *Introdução,* que acabei de ler.

Vem logo no principio a definição do delicto, e tal se diz a acção contra a lei, e a sua transgressão e nella se comprehendem todas as leis, ou sejão prohibitivas, ou imperativas. Esta definição he de Blackstone; e a dos criminalistas em substancia vem a dizer o mesmo.

Os §§. 1. 2. 3. 4. e 5. servem de explicar a definição do delicto e são principios claros, que de pouca ou nenhuma illustração necessitão; mas são necessarios para servir de guia aos juizes, e por serem a base e fundamento de todo este edificio, juntos com os outros, que vão nos títulos seguintes.

Primeiramente he certo que não ha delicto digno de castigo sem dolo, ou culpa; pois não o havendo, a ninguem se pode imputar, e cessa todo o fundamento da pena.

Duvida-se se livra della a culpa levissima, se resolve commumente que não, em differença dos contratos; o que de proposito não quiz decidir, não só por serem obscuros, e quasi ininteligiveis os termos da culpa lata, leve, e levissima, como se vê da Dissertação de Thomasio sobre esta materia; mas porque na pratica raras vezes póde vir em duvida. A jurisprudencia criminal deve ainda ser mais clara e simples, do que a civil.

He necessario para haver delicto, que haja e se commetta facto, que offenda a sociedade, ou os individuos della. Donde vem que a cogitação não he delicto civil; que tâobem o não he o simples peccado contra Deos, e o vicio do homem todas as vezes que se não offende o público, ou o particular; e assim se distinguem no fôro humano o crime, ou delicto do peccado ou do vicio. Contra a regra de que a cogitação não he delicto, se oppoem exemplos do crime de heresia, e de lesa magestade, que em seu logar se entenderão.

O conato porém he delicto quando os factos, que se intentarão, são illicitos, e a pena deve corresponder á sua malícia, como adiante se dirá, fazendo-se para este effeito a devida differença entre os mesmos factos, e o delicto principal.

No §. 6. se diz que a causa da obrigação nos delictos he real; e esta he a doutrina e opinião de Justiniano: outros a deduzem do consentimento presumido, que a lei deduz da natureza do mesmo maleficio, do contrato social, ou da precisa obrigação do cidadão; opiniões, que não he necessario apurar. O jurisconsulto na L. 52. *De re jud.* chama delicto,= *malus contractus* = Aristoteles, e outros lhe chamão = contrato involuntario.

114 • Direito Processual Penal

No §. 7., e no seguinte vem a divisão dos crimes pelos seus objectos, pelas pessoas, pelas circunstancias, e pela differença da prova. E se dividem primeiramente em públicos, e particulares. O interesse público consiste, e depende da religião, dos costumes e de outras leis civis e sociaes, ao abrigo das quaes descança a sociedade, e por isso eu dividí os crimes públicos em religiosos, moraes, e civis politicos, divisão, que não admitte meio, postoque hajam muitas distinções, e especies de crimes públicos e particulares.

A esta divisão geral se reduzem todas as mais em crimes communs, e privilegiados, quaes são os militares, judiciaes, &c. e as que vem da condição e qualidade da pessoa, segundo a qual se distingue o parricidio, por ex. e infantecidio, do simples homicidio, e o crime contra uma corporação, do que se commette contra um simples particular. E tudo se deve considerar para a graduação da pena.

A differença dos crimes notorios, de facil ou difficil prova, e dos que deixão vestigio ou não, a que chamão de facto *permanente* ou *transeunte*, he necessaria para a ordem do processo, e para a formação do corpo de delicto, como se dirá adiante. Pareceo-me melhor esta divisão e mais clara, que a dos Romanos, e por ella se hão de explicar os diversos delictos e suas penas, como acima disse na *Introducção*.

Não fiz differença dos termos e palavras *crime, delicto, malefício*, porque a nossa lingua a não faz, e por isso usei de todas promiscuamente.

O §. ultimo segura a liberdade civil do cidadão, em quanto lhe permitte fazer tudo o que não for prohibido por a lei.

AO TITULO II.

Este titulo he verdadeiramente uma ampliação ou illustração do antecedente; porque depois de toda a noção do delicto em geral, era necessario, e consequente dizer quaes são os verdadeiros delinquentes.

No principio se põe a regra de que só póde delinquir aquelle, que sabe e entende o que faz, e que tem liberdade de obrar; e esta regra he o fundamento de todo o titulo.

Della se segue primeiramente que os furiosos, e dementes não são capazes de delinquir; e neste numero conto no §. 1., os verdadeiros melancolicos; porque a melancolia he uma especie de loucura parcial, ou total; e deve-se notar, que no texto fallo daquelles melancolicos, que pouco ou nada differem dos loucos. A prova, e modo da sua averiguação pelo exame dos peritos, se dirá em seu lugar, quando falarmos da jurisprudencia medica, e da ordem do processo criminal.

E importa pouco que o delicto seja commettido antes do furor, para o efeito da pena; porque sobrevindo, nem se póde castigar, nem processar a causa, e deve parar em todo e qualquer estado, em que se achar. Sei que tem havido leis em contrario; mas são barbaras. No caso porem de intermissão, ou intervallo de furor, o delicio então commettido pode-se punir em outro intervallo semelhante.

Já se sabe que o curador do furioso deve responder pelo seu delicto no caso de lhe ser imputavel por malicia, ou culpa sua, como se diz no §. 2., deste titulo, e na L. 13. §. 1. e L. 4. *D. De Offic. praesid.*

No §. 5., em consequencia do principio e regra fundamental deste titulo se diz, que os infantes não são rapazes de delinquir, e que excedendo a infancia, devem ser punidos segundo a sua malicia e conhecimentos.

I - Projecto Mello Freire • 115

Todas as leis da Europa, tiradas das Romanas fazem differença entre infancia, puericia ou mocidade, e puberdade; e as mesmas leis, e os DD. aos impuberes maiores de sete annos dividem em proximos á infancia ou á puberdade, e os puberes em proximos a maioridade, isto he, aos 25 annos, ou á puberdade, isto he, aos 14 annos.

Em quanto aos infantes, concordão facilmente em que não são capazes, de delicto e pena; mas a respeito dos impuberes, que excedem á infancia, e dos mesmos puberes menores, se podem, ou não delinquir, e se a pena deve ser ordinaria, ou extraordinaria, não convem as leis, nem os DD. Não me canço em referir as suas opiniões. Ponho só a regra de que os maiores de sete annos, sabendo o que fazem, commettem delicto, e que devem ser punidos segundo a sua malicia e conhecimento. No tituto 4. Se hade definir a idade certa e fixa para a imposição da pena. Veja-se entre tanto a *Disp.* 22. de Strykio De *Poen. impuber.*

As leis romanas dão escusa ao delicto commettido na ebriedade, *L.Omne delictum §. Per vinum D. De re milit;* mas as Inglezas não. A razão dicta, que um crime não pôde justificar outro. O que só se entende da ebriedade commettida de proposito, ou por habito, e não da casual, como se diz no §. 6.

Dormir póde ser delicto nos soldados e guardas, que são mandados vigiar; mas o dormente não póde responder pelo delicto commettido em sonhos, não o podendo prever, nem acautelar; e esta he a summa da doutrina da celebre *Dissert.* de Thomasio *De Jure circa somnia.*

São capazes de delicto as cidades e corporações, pelas pessoas, de que se compoem: as suas penas, e mais circunstancias neste caso se dirão neste codigo aonde parecer conveniente.

Duvida-se se o delicto, que aconteceo *praeter intentionem agentis* e accidentalmente, he imputável. Dizemos que sim, quando o facto, de que se seguio, era illicito; o contrario, não o sendo. Por esta doutrina, que não tem contradictor, foi formado o §. 9. e 10.

O erro e ignorancia não de direito, mas de facto, não he imputável; e esta he uma maxima sabida, que vem no §. 10. e 11. declarada com o seu exemplo. Não se duvida que todo o cidadão deve saber as leis do seu paiz; porem sendo ellas muitas, parecia que se lhe não podia imputar a sua ignorancia. E se no paiz reinarem as leis romanas, quem dirá que he culpa não as saber? Contudo na theoria seria risivel a lei, que admittisse por escusa legitima a sua ignorancia.

Sem liberdade de obrar não ha delicto, e por consequencia ninguem póde ser castigado por uma acção, que foi necessitado a fazer. Esta necessidade absoluta se dá quando o rei, ou os seus ministros a mandão fazer. E para o effeito da pena, e no foro civil, de que sómente fallo, importa pouco se o rei manda bem ou não.

A mesma necessidade se verifica no medo e ameaças graves, que se não podem definir: naquelle, que obra a acção em sua natural defeza; e no caminhante, que nos lugares ermos tomar por força o que lhe for necessario para a conservação da vida, não o pedendo haver por outro modo; sobre o que temos uma lei de Affonso III. feita em côrtes era 1289[112], anno 1251.

E a mesma necessidade absoluta se verifica no oficial, que fere ou mata a quem lhe resiste, quando o vai prender por ordem do seu superior, ou por obrigação do seu officio.

A o*rdenação* do L.° 5. tit. 49 §.10. e 11., faz differença entre resistencia, e fugida, e diz que o official póde matar no primeiro caso, e não no segundo da fugida, excepto sendo o malfeitor

---

[112] *Esta era é a de Cesar, de que se usava então neste reino; que adianta 38 annos.* Nota do editor.

116 • Direito Processual Penal

infamado, ou culpado de crime capital; excepção, que me não pareceo bem approvar, ou porque o fugir não he crime, ou porque se não deve deixar ao juizo do official o seu castigo.

Os filhos porem, criados, mulheres, não se justificão pelo mandato de seus pais &c., pois que não lhe absoluta a necessidade de lhes obedecerem, por ser sem dúvida mais forte, e de outra ordem a lei pública do estado, que prohibe a acção. Merecem porém alguma recusa para o effeito da diminuição da pena, como adiante se verá.

Pareceo-me que não podia tãobem justificar o delicto a fome, e falta de subsistencia; postoque Grocio, e Puffendorfio digão que sim: ou porque de outra fórma não fica seguro o sagrado direito da propriedade, ou porque se não presume por ser o systema da caridade ligado essencialmente com a nossa constituição. E esta he a opinião de muitos philosophos antigos, e modernos, seguida e abraçada por sabios legisladores: porém ainda que a fome não justifique o crime, sempre diminue e escusa, para o effeito da pena, como se dirá adiante.

No §. ultimo se fala do danno dado pelos animaes. Esta materia hade ser tratada em titulo especial, porque a este só pertence dizer, que os animaes não podem commetter delicto, e que seus donos não devem responder pelo danno, que elles causarem, salvo no caso de lhes imputavel, isto he, de dolo, ou culpa.

AO TITULO III.

Nos dois titulos antecedentes se diz o que he delicto, e quaes são as pessoas capazes de delinquir, neste se fala do delicto relativamente á pessoa, que o commette, que necessariamente hade ser agente ou complice.

He este o nexo do titulo, no qual se dá a conhecer a diversidade destes delinquentes; o que he absolutamente necessario não só para a illustração do juiz, e a bem da justiça, porque he differente a pena do agente e do complice, como logo veremos; mas a bem dos mesmos delinquentes; porque conhecendo elles a natureza e qualidade do seu crime, poderão assim formar melhor a sua defesa.

Temos aqui por autor ou agente do delicto não só aquelle, que com effeito o commetteo, mas o que a elle de proposito assistio, ou ajudou a mesma acção e facto criminoso do seu verdadeiro agente.

E tomo por complice o que he socio e participante do crime por outro qualquer modo; e o póde ser antes, na mesma acção, ou depois della, como se diz no titulo. Tal he o que o manda fazer, ou aconcelha, ou que o não impede, podendo, e o que se aproveita do delicto.

Faço complice na mesma acção não só os officiaes de justiça, e os soldados, que não acodirem ás bulhas e brigas, como he do seu officio, mas a todo o cidadão, podendo-o fazer segundo as suas forças, e sem perigo. Muitos querem que esta obrigação só tenha lugar nos crimes atrozes; mas semelhante differença he contraria á lei social, e systema da caridade; pois como todos vivem na mesma republica, devem mutuamente ajudar-se quando daqui lhes não vier mal, como se diz no texto.

Depois do delicto, e *ex post facto*, chamo complices aos que procurão livrar o criminoso do poder da justiça. O §. 10. he geral, e comprehende assim os estranhos, como os parentes;mas para o efeito da pena sempre deve haver sua differença, como se verá no titulo, que se segue. Comprehendo debaixo desta mesma ordem no §. ultimo o receptador das coisa furtadas, no que se commette uma especie de furto, de que se falará em seu lugar.

Antonio Matheos, Farinacio, Menochio e outros criminalistas desta grandeza, explicão a materia dos complices e agentes pelos outros modos, e termos e causa, a que chamão principais e collateraes, ou subalternas do delicto: o pouco, que disse no titulo pareceo-me bastante, mais claro e comprehensivel.

AO TITULO IV.

PERTENCE tãobem este titulo á primeira parte do codigo criminal, e he como um preparatorio e fundamento das outras. Nelle vem primeiramente a noção da pena, os seus fins, e diversidade; e por ultimo se apontão as circunstancias, que escusão, diminúem, ou aggravão a pena. Os principios, que aqui se encontrão, são necessarios, e forão tirados mais da equidade natural, e da natureza e fim da sociedade civil, do que das leis positivas, e dos autores.

No principio se diz o que he pena, e quaes os seus fins, e nos §§. seguintes vem a diversidade das penas, e se admittem as capitaes, com tanto que não sejão crueis. Sobre este artigo refiro-me ao que disse na *Introducção*.

A humanidade, que deve haver na imposição das penas, e a mesma autoridade pública pede, que a sua execução sómente se faça em presença da justiça. Por esta razão, e por outras, que facilmente se descobrem, se prohibe no §. 4 matar o banido por autoridade particular, ou o criminoso, que fugio da cadeia ou do mesmo lugar do supplicio. A ordenação do L. 5. tit. 127. §. 8. dá liberdade a qualquer pessoa ao povo para o matar; mas quem não vê que he deshumana, injusta, ou ao menos perigosa uma semelhante ordenação, que he o que basta para se reformar?

Por banido muitos entendem os desterrados para sempre; mas nós aqui, e a dita ordenação entendemos só os criminosos ausentes condemnados á morte. Em seu lugar se tratará do modo e formalidades do seu processo, e dos effeitos de semelhante condemnação, um dos quaes se refere no dito §. que he poder prende-los qualquer pessoa do povo.

O que se diz no §. 5. sobre as condemnações feitas pelos principes e he tirado da ordenação do L. 5. tit. 128; e assim foi logo determinado no principio do reino nas Côrtes de Coimbra do anno de 1211, debaixo do Snr. rei D. Affonso. II. A origem desta ordenação todos attribuem a uma lei de Theodosio Magno feita no anno de Christo de 390, referida no L.° 13 do seu Codigo no titulo De *Poen.*, cuja historia e occasião he bem sabida.

Alem da pena de morte e outras corporaes, no §. 6. se fala da desnaturalização e degredo, distinguindo-se estas duas penas; porque na verdade são diversas, como já dissemos no *Direito Público*. No mesmo §. se diz, que o juiz póde impor huma ou outra para dentro ou fóra do reino, isto he, para as conquistas; mas que não póde mandar sahir pessoa alguma dos dominios de S. Magestade sem especial ordem. Por quanto o criminoso ou póde ainda ser util á Patria, ou não: se póde ser util, para que he lança-lo fóra, e perder o estado este cidadão? As mulheres em França não se mandão sahir fóra do reino = *ne liberos pariantin aliena terra,* que he a razão, que dão os jurisconsultos.

E se elle he tão máo e tão criminoso, que se faz temivel a sua assistencia no reino e nas conquistas, temos o remedio dos carceres e outras penas; e não bastando, a ultima, parecendo assim conveniente e necessario, na fórma que mandão as leis. Por esta, razão me pareceo bem tirar o uso deste poder aos magistrados, sem ordem de Sua Magestade. O que sobre morte civil, seus effeitos e acontecimentos dizem os jurisconsultos, tirado das leis, e escriptores romanos he uma erudicção esteril, e nada tem com os nossos degredos e desnaturalização.

118 • Direito Processual Penal

A pena de carcere, de que se fala no. §. 7., entre os Romanos o não era, mas só custodia. Hoje o carcere he custodia para os suspeitos de crime, e pena para os verdadeiros criminosos confessos, quando se lhes dá em castigo por sentença. Não devem por tanto os lugares das cadeias ser todos iguaes; nem as suspeitas, porque alguem se póde prender, devem ser arbitrarias, mas definidas pela lei, o que em seu lugar se hade determinar. O asseio e cuidado das cadeias pertence á policia, como se disse no *Direito Público,* o rigor ou suavidade da prisão no ministro criminal. A ordem e duração do processo do criminoso se hade declarar adiante.

A pena da infamia, de que se fala no §. 8., he uma excommunhão civil. A ideia verdadeira da honra, e o modo de a perder he a coisa mais poderosa para conter os homens, e não se deve prodigalizar esta pena para a não envilecer. A regra, que ensinão os politicos, he impo-la sómente naquelles delictos, que o commum da Nação julga infamantes. O titulo das *Pandectas=De his, qui notantur infamiâ,* pouco serve hoje para os nossos costumes. Manda-se no texto declarar sempre a infamia na sentença, porque aindaque se incorra *ipso jure,* sempre he necessaria a declaração do juiz para os seus effeitos.

Tenho para mim que esta pena se não deve inteiramente abolir, como alguns querem pelos bons effeitos, que ella produz; não deve porem prodigalizar-se, e muito menos deixar-se ao arbitrio do juiz. Deve por tanto o seu uso governar-se pela regra acima, e outras que apontão Mr. de Vouglans nas suas *Memorias so*bre as penas infamantes, Vermeil e outros muitos; e isto he o que procurei fazer no dito §. 8 e nos outros deste codigo nos seus lugares competentes. Assento porem que postoque esta pena seja perpetua de sua natureza, como o infame póde mudar de costumes, se merecer a sua restituição, se lhe deve dar neste caso depois de certos annos, mostrando e provando a mudança; e deste modo entendo eu as nossas cartas de restituição de fama, de que fala a ord. do L.° 1. tit. 3. §. 2. No tit. = Da abolição do crime = ou aonde melhor parecer, se hade tratar esta matéria.

Prohibe-se no §. 9. ao juiz applicar multas pecuniarias para si, seus officiaes, ou para a Relação. A razão he para tirar toda a suspeita e facilidade de semelhantes multas, pela utilidade, que delas lhes póde vir.

No §.10 se conhece a regra de que as penas, que não tem certa applicação, são do fisco; mas como he indigno que o Erario se locuplete com os delictos dos vassallos, faz S. Magestade no dito §. doação déllas aos lugares pios; e desta fórma hão-de convir na regra nao só os juristas e politicos, mas os mesmos philosophos, que clamão contra as penas fiscaes, que a pobreza de outros tempos de alguma fórma escusava.

Nos §§. 11. e 12. se prohíbe o confisco dos bens dos condemnados, havendo filhos, ou outros herdeiros. Em Roma se costumavão publicar em todo o Lago desde o tem de Cesar, L. 1. L. 2. De *bon damnat.,* è L. 1., *Cod eod.* Theodosio e Valentiniano modificarão este direito, mandando que ametade dos bens confiscados fosse paa os filhos e netos; e a outra para o erario, L. 10. *Cod. De ban. proscript.* Justiniano na *Nov.* 134. C. ult. mandou preferir ao fisco todos os ascendentes e descendentes: Irnerio e os interpretes admittirão os parentes até o 3.° gráo. Remetto-me ao *Direito Público,* aonde ja toquei esta ponto. Se em todos os crimes maiores deve ou não, ter lugar o confisco, se dirá nos lugares respectivos.

No §. 13. se prohibe a distincção das penas pela distincção das pessoas, a excencão dos casos, em que a lei a faz. Mr. Brissot tom. 1. *da Theoria das leis criminaes* pag. 133, e o autor do *Trat. dos delictos e das penas §.* 21., no castigo dos nobres não admittem differença de pena pela pessoa do criminoso, porque dizem que todo o criminoso deixa de ser bom cidadão, e que como tal não tem mais direito aos privilegios da sua ordem; mas os nossos costumes não soffrem ainda esta philosophia, e a verdade he que uma semelhante pena dada ao nobre e a um homem do povo, não he a mesma, suposta a differente educação de um e do outro e os communs sentimentos da nação. No texto se salva a opinião dos philosophos, e dos que o não são; porque se põe a regra de que não deve haver distincção, e se põe tãobem a excepção dos casos, em que a lei a declarar. A nossa ord. L.º 5. tit 139. trata das penas, de que os nobres são escusos, e dos crimes exceptuados, de que se fará o uso que parecer conveniente.

Do §. 14. por diante se explicão, e applicão ao mesmo tempo os principios geraes sobre o augmento e diminuição das penas; e ahí se diz que se aggravão segundo a qualidade e intelligencia dos delinquentes.

Dos agentes e cumplices falão os §§. 15., 16., 17., 18. e 19. Esta materia já fica explicada em outro tit, e neste se diz que todos os agentes devem ser castigados com a mesma pena, que se aggravará segundo a malicia de cadaum, e que o complice por via de regra deve ser menos castigado.

O que manda ou dá conselho especial, no l. 15. *ad leg. Cornel.* he tão castigado, como o que obra. Mas a verdade he que deve haver differença entre o agente e o complice; e que aquele merece maior castigo e deste modo se evitão melhor os delictos; porque ninguem quererá ser autor delles, sabendo que hade ser mais castigado do que aquelle, que o mandou ou aconselhou.

Nos §§. 20. e 21 se propõe a materia do conato, isto he, do crime intentado ou principiado, a qual he bastantemente perplexa. Eu tenho para mim que não he tão criminoso o que intentou fazer o mal, como o que o fez. Este principio he certo, e só se limita no caso de a lei haver o conato em certas circunstancias pelo mesmo delicto, como succede, por ex., no que dá veneno, postoque não aconteça a morte, em outros semelhantes, que se dirão em seu lugar.

Nos outros a regra he, que a pena deve ser menor, fazendo-se sempre a devida differença para o effeito do castigo entre os actos proximos ou remotos do delicto, e a intenção, animo ou deliberação do criminoso; averiguando-se igualmente a causa, porque se não seguio o effeito, e consummou o delicto. Vejão-se Rodolpho Engau *Elem. Jurisprud. Crimim. Sect.* 2 c. 1. § 29., *Cremano de Jur. crim.* L.º 1. p. c. 5., Renazzi *Elem Juris crim.* L. 1. c. 4.

No §. 22. e seguintes, entre as ciscunstancias aggravantes do crime, se contão principalmente o proposito e malevolencia do animo do criminoso e difficuldade de commetter o delicto e &c. E se declara que pecca mais o que falta á lei matando, por ex. por dinheiro, do que por vingança e satisfação de alguma injuria já feita, e este mais, do que matando na occasião da mesma injuria. Não é preciso consultar os livros para prova destas verdades, que todos tem escriptas no seu coração.

Não he porém causa bastante para a diminuição da pena a multidão dos delinquentes, como se diz no §. 25., e esta he a opinião de Cremano, e de muitos outros.

Vem no §. 26. e 27. as causas escusantes principaes, como são o erro, imprudencia e ignorancia vencivel; e disse vencivel, porque não o sendo, não temos crime; o excesso no modo da defesa, a ira ou odio, e outras paixões semelhantes, e a idade.

No §. 5. de tit. 2. deste Codigo fica dito, que os infantes não são capazes de delinquir, e aqui no §. 26. se mandão castigar os maiores de vinte annos com a pena ordinaria, e os outros segundo a sua malicia com respeito sempre á sua idade. *A ord* do L.º 5. tit. 136. reputa nos crimes os maiores de vinte annos como se tivessem vinte e cinco, e como taes os manda castigar.

No §. 28. se decide, que o réo de muitos crimes deve soffrer a pena de todos. Os criminalistas quasi todos seguem, que a pena maior absorve a menor. Mas já se vê que todas as

120 • Direito Processual Penal

vezes que não houver repugnancia natural, devem castigar-se todos os crimes, e multiplicar-se as penas. Boehmero *Sect.* 2. c. 1., §. 29.

Nos delictos capitaes, como pódem uns ser muito mais aggravantes, do que os outros em si, e pelas circunstancias, póde entrar em duvida como se hão-de augmentar as penas, visto abolirem-se as crueis. E se decide no §. 29., que se aggrava a pena capital ajuntando-se outra ao criminoso, segundo a sua malicia, ou em vida, ou depois de morto. Taes são a de baraço e pregão, de açoutes, galés por muitos, ou poucos dias antes da morte, de passear as ruas públicas por ignominia e outras, que nos seus lugares proprios se individuarão.

Dos delictos de uma cidade (por este nome entendo toda e qualquer corporação) se trata nos §§. 30., 31., 39. e 33., e ahi se diz primeiramente que se devem aggravar as penas nos cabeças sómente, tratando-se os outros delinquentes pelas regras geraes, e circunstancias acima ditas: que a cidade não se julga delinquente pelo delicto de quem a governa, porque a regra de direito da L. 160 §. 1. *De reg. jur.* de que = *refertur ad universos quod publice fit per majorem partem* = tem só lugar nas materias civís, e nunca nas criminaes: que para se castigar um povo inteiro ou a maior parte, he necessario se consulte S. Magestade, não só porque assim o pede a multidão dos delinquentes, e para se acautelar todo o tumulto, que póde acontecer, mas para a diminuição da pena segundo as circunstancias, que occorrerem. Cremano *de Jur. crim.* L. 1. C. 6. §. 59. p. 1., Hottoman *Quaest. illust.* quaest. 42., Gothofredo *ad leg. Quisquis Cod. Theod. Ad leg. Cornel. de Sicar. c.* 6. Os exemplos, que as historias nos contão, de cidades castigadas, e de cidadãos quintados, não são para se seguirem.

O §. penultimo tem por seu fundamento a immutavel regra de que a pena *suos tantum debet tenere auctores,* costuma-se limitar nos crimes de lesa-magestade divina ou humana: em seu lugar se falará da justiça ou injustiça desta excepção.

A pena nunca póde cahir nos herdeiros, como se diz no §. ult., porque não succedem nos crimes e vicios do defunto; devem porém todos reparar o damno pela razão, que vem no mesmo §. Donde se vê que a pena he coisa diversa da reparação do damno. As differenças são muitas, eu só lembro uma, e he que á reparação está obrigado o criminoso, independente do facto e preceito do juiz, mas não há pena antes da sentença e condemnação. Puffendorf. *de Jur. Nat. et Gent.* L.º 8. cap. 3 § 4. Cremano *de Jur. Crim. L.* 1. p. 2. c. 1. §. 80.

O direito romano faz differença entro as penas civís e criminaes, e entre o caso de morrer o criminoso antes, ou depois da lite contestada e condemnação, sobre o que, alem de infinitos escriptos, se póde vêr a *Dissert,* de Henrique de Cocceio =, *De obligat. hered. ex delicto defuncti,* = aonde vem muitas especulações, que raras vezes tem uso. A regra do §. he justa e simples, e todos a entendem.

AO TITULO V.

ESTE titulo e os seguintes são appendices da 1.ª parte, na qual, como disse, me propuz tratar dos delictos, e das penas em geral e sua differença; e princípío pelos crimes religiosos, e taes são os que offendem a santidade da nossa religião, ou seja no fundo da sua doutrina, ou na disciplina, culto e cerimonias externas.

O fundamento de todo este titulo consiste nos tres principios seguintes: 1.º que a apostasia, a heresia e o schisma he crime não só ecclesiastico mas civil: 2.º que o castigo destes crimes,

I - Projecto Mello Freire • 121

considerados relativamente ao espiritual, não he da competencia dos tribunais humanos: 3.° que a sua medida, para o effeito da pena, he a perturbação, que podem causar na ordem social.

He a heresia crime civil, porque obsta e se oppõe á religião da sociedade e a lei geral, que a manda seguir; e porque della commummente nascem infinitas desordens, tumultos e perturbações, que a mesma sociedade deve acautelar; o que sómente póde fazer pelo meio de um rigoroso castigo, o qual postoque não possa alumiar o entendimento e tirar o erro, he bastante e necessario para evitar e precaver o damno futuro, para reparar o já feito; e este he todo o fim e fundamento do poder politico. O mesmo Thomasio com os outros Protestantes confessa este mesmo principio na sua celebre *Dissert. An Haeresis sit crimen.*

Não he porém este crime, considerado relativamente ao espiritual, objecto da justiça humana, que he o outro principio, que se deve suppor neste titulo; porque, os homens não furão postos para castigar, e vingar as offensas feitas a Deos, nem o seu castigo, por maior que seja, póde ter proporção com uma offensa infinita. Só elle conhece a sua enormidade, e só elle póde dignamente punir os transgressores da sua santa lei.

Ninguem duvida que os principes devem zelar a honra do Senhor, e manter e conservar em seus reinos as verdades da religião, e por esta causa se dizem seus protectores; mas nesta qualidade elles devem ter sempre diante dos olhos a mansidão, e instituição divina do poder e governo da Igreja, a qual só pelo meio da pregação e da doutrina, pela penitencia e outras penas espirituaes, procura a conservação, emenda e castigo dos hereges e peccadores.

O conhecimento da verdadeira religião he um dom de Deos, que elle dá como quer, alumiando o entendimento do homem, e dobrando, a sua vontade coração, ou endurecendo-o, e deixando-o ficar na sua cegueira *cujosenim vult* Deu*, miseretur, et quem vult induat,* diz o Apostolo aos Romanos cap. IX.v.8.

Portanto considerando-se a heresia como crime religioso, da parte do principe não póde estar mais do que fazer e procurar, que a respeito dele, se observe e pratique o que manda, e quer a Igreja; e que as penas e castigo sejão as mesmas, que a igreja tem julgado mais proprias para conseguir o seu fim, que he a conversão e a emenda. E considerando-se como crime civil, está obrigado a impor-lhe aquellas penas, que elle julgar necessarias para se conseguir a segurança e tranquilidade pública, e á medida das desordens e perturbações, que o criminoso causar na ordem social.

O que supposto, vejamos quaes são as penas estabelecidas neste crime, e se são ou não proporcionadas. Temos por direito commum a pena de infamia para filhos e netos; a pena de confiscação, ainda no caso de haver filhos; a perda do patrio poder e do direito da fidelidade, obediencia e mais obrigações devidas ao criminoso; e pena de perder o senhorio das suas terras aquelle senhorio temporal, que não lançar delas os hereges, a qual sendo primeiro imposta pelo imperador Friderico, foi ao depois causa ou pretexto, para que este mesmo principe fosse despojado do reino de Sicilia, para se dar a Carlos de Anjou. E finalmente a pena de morte natural, e de fôgo praticada com os relapsos, confitentes, diminutos e impenitentes. Veja-se o titulo *De Haereticis* em um e outro codigo, e no corpo do direito canonico, e a celebre Authentica Gazaros de baixo do mesmo titulo. E estas são as mesmas penas, que se achão nos Codigos criminaes da Europa do sculo XII. para cá.

Em Portugal temos praticado o mesmo mais por costume, do que por lei escripta; porque eu não tenho noticia de lei alguma antiga, que mande abertamente condemnar os hereges, principalmente á pena de fogo, nem ella se acha clara e expressa nos tres differentes codigos das nossas Ordenações. Eu vou em summa dizer a sua historia com algumas pequenas reflexões.

122 • Direito Processual Penal

E lembro em primeiro lugar uma lei do snr. rei D. João I, de que foi autor João Mendes, Corregedor da sua côrte, e nella escripta por Affonso Anes na era de 1454, na qual mandou que os hereges fossem castigados com as penas do direito commum, e que de seus bens se fizesse como elle mandasse, e fosse mercê sua.

E aqui não vemos imposta nem a pena de morte, nem a de confisco; porque o direito commum, isto he, o Romano, a que o dito snr. se refere, sómente a impõe aos Manichêos, hereges muito notaveis, e perversos e cheios de todas as maldades: e náo podia a lei, especial para elles, applicar-se para todos, principalmente não se executando, nem ainda com os mesmos Manichéos, por ser a sobredita pena posta mais para seu terror, do que para castigo, como attesta Sozomeno na sua *Hist. Eccles.* L. 7. C. 12. A pena de confisco não vem na dita Lei,antes se faz dependente da graça, declaração e mercê d'el-rei.

Isto não obstante, os juizes ecclesiasticos, isto he, os bispos condemnavão os hereges em penas de sangue, e nas mais acima ditas; e como lhes não tocavão semelhantes execuções, o snr. rei D. Alfonso V. mandou que remetessem os condemnados aos seus desembargadores com os processos, e que estes os vissem e as suas sentenças, e as mandassem cumprir e executar como achassem de direito.

E aqui temos, primeiro a obrigação de remetter os processos ao secular, o que era geral em todas as causas, tratadas no ecclesiastico, pelas leis antigas: segundo, que a remessa não era de mera formalidade, mas com o fim de se verem e examinarem os mesmos processos: terceiro que estava no arbitrio dos desembargadores cumprir ou não, a sentença dada pelos bispos: disposição esta contraria á de Bonifacio VII. no cap. 18. De *Haeret.* no *6.*, e ao sentimento de quasi todos Decretalistas, e criminalistas, em que depois se fundarão as disputas e contestações, que sobre a remessa e revisão dos processos tem havido em Portugal.

Passemos ao senhor rei D. Manoel, o qual na ordenação do L.º 5. tit. 2. mandou que os juizes ecclesiasticos, que então erão sómente os bispos, julguem os hereges como acharem de direito, que os remetão com o processo no caso de effusão de sangue, ou com as sentenças; que os ministros as cumprão, e que condemnem os mesmos hereges, como devem de direito, e que os seus bens vão para o fisco, ainda no caso de terem filhos.

Tãobem nesta ordenação não vemos claramente declarada a pena de morte, mas só a de confisco; porque a ordenação se remette ao direito commum; mas vemos que a approva na fórma do mesmo direito; e neste termos, para se poder impor, seria necessario que concorressem as circunstancias, que elle requer, e que concorrerão a respeito dos Manichéos.

He tãobem de advertir que nesta ordenação, mandando-se ver o processo e a sentença se devia em consequencia dar liberdade aos desembargadores para cumprirem ou não, a sentença do bispo, achando que não estava nesses termos: mas a ordenação pela maior autoridade que no seu tempo tinha adquirido o direito canonico, a manda positivamente cumprir, o que he incompativel e inconsequente com a obrigação, que lhes impõe de ver o processo.

Seguio-se no reinado proximo e immediato a instituicão do Santo officio por bulla do santo padre Paulo III. do anno de 1536 a instancias do senhor rei D. João III; e pelas suas leis, e particulares regimentos foi dahi por diante julgado este crime. Não he deste lugar a defesa ou accusação da Inquisição, nem a averiguação da justiça das suas ditas leis ou a sua reforma, no caso de haver necessidade della. Tenho porem para mim como certo, que no estado actual das coisas he necessario em Portugal um tribunal semelhante, regido e governado debaixo das leis, que S. Magestade lhe der; e que não convém por outra parte deixar aos bispos a inteira liberdade, que antes tomavão; e muito menos confiar-lhes o poder judiciario externo, e executorial nesta materia, em que tanto vai ao público e aos particulares, pelo justo e prudente receio de abusarem delle.

Mas deixando estas e outras considerações, que não pertencem ao meu officio, a verdade he que nas particulares leis e Regimentos da Inquisição se mandão condemnar os hereges confitentes, diminutos, relapsos e impenitentes; á pena de morte natural de fogo, de confisco e de infamia para filhos e netos, e que com eles se mandão tãobem praticar os tormentos.

He porem tãobem verdade que o rigor de semelhantes penas, e o fundamento de todos os privilegios e simgularidades desta causa, assim na ordem e formalidade do processo, como na substancia das provas, vem não das leis públicas da Nação, como fica indicado, mas do direito das Decretaes, e da opinião commum dos DD.; direito este e opinião, que os nossos principes naquelles tempos não podião proscrever pelo grande peso da autoridade, que lhes dava toda a Nação. Mas he para admirar que ainda se conservassem em grande parte no governo passado; e parece que a Providencia quiz reservar a gloria da sua inteira abolição para os bons dias do justo, humano e feliz reinado da rainha N. Senhora.

Publicarão-se nos principios do seculo passado as *Ordenações* actuaes, de que usamos, e nellas se vê no tit. 1. do L.º 5. mandar-se o mesmo, que na compilação antecedente. Declarão-se semelhantemente os hereges incursos nas penas de direito, sem se especificarem, e só claramente se impõe a de confisco; mandão-se do mesmo modo remetter as sentenças para os desembargadores as verem, mas não se fala no processo, o que parecia necessario; e por fim se lhes ordena que as cumprão. Este misterioso e politico silencio da Ord. na falta de especificação das penas e da remessa do processo, contentando-se só com a da sentença, e a precisa e imcompativel obrigação de ver e examinar a sentença, com a necessidade de a mandar cumprir, tem a mesma origem e fundamento acima indicado.

São estas as leis geraes incorporadas nos tres Codigos; e pelo que toca ás extravagantes falarei só de tres, que sahirão no reinado passado, que são as leis de 12 de J. de 1769, de 25 de Maio de 1773, e de 15 de Desembro do anno seguinte. Na de 1769 se mandão castigar os sigilistas com a pena de morte, de infamia e de confiscação na fórma da ord. do L.º 5. tit 1. cuja observancia ha por excitada e declarada na sobredita fórma, prohibindo que se possa interpretar e entender de outro modo. E aqui vemos estabelecer S. Magestade as ditas penas, como comprehendidas e declaradas na referida ordenação; mas bem conhecia o mesmo senhor que o não estavão abertamente; porque aliás seria desnecessario que assim o declarasse, prohibindo toda a inteligencia em contrario.

Na L. dos judeos de 25 de Maio de 1773, em que sabiamente se abolio a differença entre christãos novos e velhos, se manda no §. 3. passar a infamia para os filhos e netos dos condemnados na fórma da ord. do L.º 5. tit. 1; e aqui parece approvar esta pena e as mais acima ditas, que nella vem especificadas.

Na outra L. de 15 de Dezembro de 1774 na conformidade dos capp. 15. e 16. De *haeret. in 6.º* que ahi entendem e concordão, se conclúe que sómente são infames os filhos e netos, quando os hereges seus pais e avós forão condemnados nas penas da *Ordenação,* quaes são as de morte natural e de fogo.

Estas leis posteriores e novissimas tirão toda a duvida, que poderia haver a respeito da intelligencia das antigas sobre o uso e direito = De *haeretico comburendo* = Eu porem estou persuadido que a heresia, tomada como crime civil, não merece um castigo tão severo, qual he a privação da vida; e já disse que este crime, considerado relativamente ao espiritual, e como offensa feita a Deos senhor nosso, não era da competencia dos tribunaes humanos.

124 • Direito Processual Penal

A razão he porque a pena e castigo deve ser á medida da perturbação causada na ordem social, e tanto quanto for necessario para conseguir e conservar a tranquilidade pública; e para esta se conseguir manter, não he necessario que o homem morra queimado: bastão as penas de infamia, de inhabilidade para possuir, de perdimento de metade dos bens, de prisão, ou degredo perpetuo ou temporal e outras proximas as capitáes. E parece que se deve notar, que este crime he da ordem daquelles, que admittem alguma escusa para com os homens, por consistir mais no erro do entendimento, do que na propria malicia e preversidade do coração. Desta fórma, e pelo meio das sobreditas penas se acautela, castiga e repara bem o prejuizo, que póde vir á sociedade: e a religião nunca póde perigar, porque crêmos, e a Escriptura nos ensina, que ha-de perseverar até o fim dos seculos; e he necessario, e convem muitas vezes que hajão heresias, como diz ó Apostolo.

Este o meu sentimento sobre a pena de fogo; e em quanto á de infamia aos filhos e netos, não posso achar razão, que a justifique em caso algum; porque estes filhos e netos pódem ser bons cidadãos, e bons christãos; e como não são herdeiros das virtudes nem dos vicios dos pais, não pódem por eles ser infames. A infamia, qualquer que seja, de necessidade suppõe delìcto; e he manifestamente injusta a lei, que infama o homem innocente e virtuoso. A perda dos bens confiscados e o prejuizo, que daqui resulta ao filho, póde-se tomar como hum effeito e consequencia necessaria do crime do pai; mas a infamia do pai não passa de necessidade para o filho, nem este a póde incorrer; se não pelos seus factos torpes. O contrario he mais que despotismo, e diametralmente opposto a toda a razão, e muito mais á santidade da Igreja. A differença de filho, e filha e neto pela materna ou paterna, e de filhos nascidos antes, ou depois do crime de nada vale para o ponto de justiça de que tratamos.

Isto o que me pareceo notar a respeito das penas exteriores deste crime, e pelo que toca ás suas especies, qualificação e condemnação da doutrina, já fica dito no Codigo do Direito público, que á Igreja pertence privativa e exclusivamente a sua declaração e juizo; sobre o que senão póde intrometter o principe.

Com menos rigor se devem tratar os que proferem proposições mal soantes, escandalosas ou suspeitosas, e me parecerão bastantes as penas, que vem no §. 5. As notas, que destinguem estas proposições entre si, e das hereticas, não devem vir no codigo.

Deve-se tãobem distinguir a heresia simples, das facções religiosas, de que se tem seguido funestissimas ruinas; porisso os tumultos excitados por causa da religião, como são mais perigosos e prejudiciaes á sociedade, são mais castigados no §. 6. deste titulo, aonde se impõe ao autor principal a pena de morte affrontosa, e aos complices a de galés, e de confisco.

E passando ao exterior da religião, he certo que aquelle, que desprezar as suas ceremonias e culto recebido, ou introduzido, e praticar outro, comette por este positivo desprezo e falta de conformidade um grave crime politico; porque por estes factos oppõe o seu juízo particular ao juizo e autoridade pública. As penas vão declaradas no §. 11. e 12.

Em defesa e auxilio da religião se prohibe no §. 13. aos hereges a acquisição e retenção de bens de raiz no reino, e da corôa; e nesta parte me pareceo bem conformar-me inteiramente com os costumes da Nação; ficando sempre a Sua Magestade a liberdade de os alterar, quando as circunstancias assim o pedirem. He notavel a este respeito a mercê, que o senhor rei D. Pedro II. fez ao marechal Schambourg, ao qual concedeo os mesmos titulos de grandeza, fazendo-o conde de Mertola com dezoito mil cruzados de renda em sua vida.

O que se determina nos §§. 14. e 15., sobre os que tomão os filhos dos hereges para os fazerem baptizar contra sua vontade, e a respeito de toda a casta de disputas e contestações litterarias, he tirado no seu fundo de uma extravagante do senhor rei D. João V. de 3 de Agosto de 1708, que vem na Coll. 1. n. 1. á ord. do L.° 5. tit..99, e das leis 2.. e 3. *Cod. Theod.* De *his, qui super religione contendunt,* e da *Constit* de Benedicto XIV. do anno de 1747, que vem no tom. II. do seu *Bullario.*

Não falei no tit. da tolerancia de diversa religião, ou porque entendo que a não deve haver no estado presente e actual das coisas, ou porque este direito como magestatico e de ordem superior, pende do real arbitrio de Sua Magestade, e de mil circunstancias politicas, que não pertencem ao meu officio. O marquez de Alorna, sendo vice-rei na india, quiz consentir aos gentios conquistados o uso da sua religião, para o que fez convocar uma junta de theologos, em que só perguntava se o podia fazer. Hoje não se duvida deste direito; e só pódem entrar em duvida as circunstancias e condições da admissão; e por este mesmo direito e tolerantismo forão consentidos entre nós os Mouros, e Judeos com as suas synagogas, e mesquitas.

AO TITULO VI.

Blasfemia se chama todo o dito ou facto injurioso a Deos, a Maria Santissima e aos seus santos; e se diz mediata ou immediata, real ou verbal, simples, qualificada ou heretical, e mais ou menos atroz: divisões estas, que todas vem no titulo, sem se explicarem, por não ser necessario, nem o pedir a natureza da obra.

Tãobem blasfema o que profere e diz de Deos o que he de Deos e na verdade lhe compete, se o diz e profere por desprezo e irrisão; como por ex. o dito do imperador Juliano apostata = *Vicisti Galilea* = e deste genero de blasfemia fala o §. 3., o qual especificamente se chama = *Dehonestativa* = por Cremano e outros.

He tãobem, blasfemia a irrisão e desprezo dos ritos, e ceremonias da Igreja, a qual se não castiga neste titulo, porque já fica notada no antecedente, no §. 11.

Em quanto á pena deste crime, he vulgar a dureza das leis antigas, sobre o que basta só ver a Sebastião Berardo tom. 4. p. 1. *Dissert.* 2. C. 3., e o cito por ser o livro, que tenho aqui mais á mão. Em França o santo rei Luiz XIV mandava tirar a língua aos blasfemos com um ferro quente, por uma especie de talião. O senhor rei D. Diniz, por uma sua lei feita em Lisboa aos 7. de Junho da era de 1353. declara a mesma ou maior pena, como já em outro lugar se notou, a qual modificarão as Ordenações posteriores, como se vê do codigo do senhor rei D. Affonso V. no L.° 5. tit. 99, do senhor rei D. Manoel tit. 34 e do Philippino tit. 2.

Segundo a actual jurisprudencia a pena deste crime he pecuniaria, e de degredo; e pareceo-me que se não devia exacerbar, e impor-se-lhe a capital, e por isso vai castigado na fórma, que se declara nos §§. 5., 6., 7., 8. e 9. He certo que a blasfémia he um gravissimo delicto para com Deos, mas o homem não he vingador das injurias, que se fazem a Deos; e neste sentido nenhuma pena humana póde ser correspondente á sua gravidade.

Deorem injurias diis curae= era a grande maxima do senado romano[113], Deve o rei pincipalmente honrar a Deos; mas não vingalo; porque o mesmo Deos não quer. E o zelo da sua honra nos crimes religiosos só admitte penas ecclesiasticas e espirituaes, que igreja tem

---

[113] Veja-se a moderna *Traducção* de Tacito com o *texto latino em frente Ann. liv. 1. cap:* 73. e a *Annotação* a pag. 340. do tom. *1. Nota do editor.*

126 • Direito Processual Penal

determinado como interprete da sua divina vontade. As temporaes devem ser á medida do escandalo e perturbação pública, que he todo o fundamento do poder do imperante: e só por esta causa, e em pena de transgressão da lei politica se póde dizer a blasfemia crime civil, e castigar-se como tal; e neste sentido parecerão-me bastantes as penas, que vão declaradas no titulo.

Mas como podem haver blasfémias enormissimas, que peção maior demonstração e castigo, se manda no §. ult. ao juiz dar parte a Sua Magestade, para a aggravação das penas, no caso de parecer necessario: e desta fórma se salvão todos os inconvenientes, que se podem considerar, assim a respeito da humanidade e suavidade da pena, como do seu rigor.

Todos entendem facilmente que a palavra = blasfemia = he equivoca, e que uma póde ser muito mais atroz, feia e enorme do que outra; mas esta enormidade se deve de necessidade deixar ao arbitrio do juiz, o qual, para a sua qualificação, se pôde muito bem regular pelo que se diz neste titulo e nos antecedentes, preparatorios de todos.

E aqui se adverte no §. 4. que as pragas não são blasfemias, e se manda que os juizes as castiguem, segundo as circunstancias, com mais suavidade; porque este vicio pouco ou nada perturba o interesse commum ou particular; e como nasce da falta de educação, cessa de necessidade em se melhorando de costumes.

O mesmo digo das imprecações, devendo-se advertir que muitas são permittidas entre nós e em todas as nações modernas, como frases e termos proprios das conversações familiares, com o fim de as fazer mais agradaveis, e de ornar o discurso: entre os Hebreos o *Selah,* e *Vah,* e entre os Latinos o *Pol, Aedepol* e *Dii immortales,* erão rigorosas imprecações ou juras.

AO TITULO VII.

O PREJURIO he um crime religioso pela offensa, que se faz a Deos de se chamar para testemunha de uma falsidade; e he um crime civil pelo damno, que delle se segue ao público, e aos particulares.

No primeiro sentido parece que não deveria ter pena alguma o que = *Solum Deum ultorem habet* = e com effeito assim o entenderão os Romanos: no segundo certamente deve ter pena e grave, e os mesmos Romanos lha derão: e por este modo se concordão muitas das suas leis que se julgão oppostas.

Eu porem entendo, que este crime em todo o caso e em todo o sentido deve ser castigado mais ou menos, como se manda no titulo, pelas razões, que logo veremos.

Em quanto á pena dos perjurios, que he o meu assumpto, seria eu infinito, se intentasse referir as que se achão impostas pelas leis das nações antigas e modernas; sobre o que são seis centos *os* escriptos, e todos vulgares.

Cingindo-me a Portugal, os perjuros tem soffrido diversas penas. O senhor rei *D.* Dinis por lei feita em Coimbra aos 11 de Janeiro da era de 1340. mandava matar, decepar as mãos e os pés, e tirar os olhos aos que dessem testemunho falso, ou o fizessem dar.

Esta pena pareceo aspera ao senhor rei D, Affonso V, e na sua ord, do L. 5. tit. 37. a modificou mandando açoutar os perjuros, e que lhe cortassem a lingua junto ao pelourinho, pois que com ella havião peccado.

A ord. actual do titulo 54, e a do senhor rei D. Manoel no tit. 8. em todo o caso civil ou crime põe pena de morte ao que jurou falso, e de perdimento dos bens. E a respeito dos que induzem, sobornão ou corrompem as testemunhas, faz differença entre as causas civís e criminaes, capitáes e não capitáes, para absolver, e para condemnar, como se póde ver da dita Ord. a que me remetto.

Posta esta breve prefação e falando especialmente do titulo, eu não trago nelle nem a definição, nem a divisão, nem a remissão do juramento, nem os casos, em que ella obriga ou não. Esta materia rege-se pelas regras e principios geraes das obrigações. O meu objecto he só tratar da pena do perjuro.

Ainda assim no principio do titulo se declara sómente por criminosa a violação dolosa ou culpavel do juramento licito. E esta nota só por si basta para governo do juiz, e para lhe fazer vêr que só o juramento justo se deve observar, e que só se deve castigar a falta da sua observancia por malicia ou culpa.

No *Direito Público* no §. 9. do tit. 18: Do *fôro da causa,* a que me remetto, se declara que o juramento he um acto subsidiario, e que de balde se ajunta aos actos reprovados pelas mesmas leis civis e positivas.

No §. 1. do presente tit. se põe a regra de que a pena do perjurio he maior ou menor segundo a gravidade da causa e do prejuizo, que delle póde resultar. Por esta regra, de que não he necessario dar a razão, se faz diferença nos §§ seguintes entre os perjurios judiciaes e extrajudiciaes, e entre as causas; e se mandão castigar os mesmos extrajudiciaes, postoque delles se não siga prejuizo: e se vem por consequencia a castigar este crime em quanto religioso, contra o parecer dos Romanos e de muitos sabios modernos. A razão he porque assim mesmo considerando e abstrahindo de todo o prejuiso, sempre este crime offende e escandaliza os homens bons e as leis públicas, que mandão observar todas as convenções e promessas, e com especialidade as juradas: deve porem a pena neste caso ser moderada, e tal he a que se declara no §. 2. e 3.

Nos perjurios judiciaes deve ser maior a pena por ser maior o prejuizo, e pela ofensa feita á santidade das juizos; e se deve tãobem fazer a diferença entre as causas civis e criminaes, capitáes e não capitáes.

A pena de morte da Ord. he muito rigorosa nas causas civis e nas não capitáes; e pareceo-me que em seu lugar se devia substituir nas civis a pecuniaria da reparação do damno em dobro, de prisão e outras; e nas criminaes não capitáes a que for propria do delitto, e de galés de dois até dez annos: aggravando-se em todo o caso a pena segundo o gráo da malícia, e mais aos relapsos e aos que jurão falso por dinheiro e peita, do que aos perjuros por outra causa e motivo menos torpe, na fórma das regras para o augmento ou diminuição das penas ja indicadas no seu competente lugar.

Nas capitáes porem deve ser capital a pena, ou o perjurio seja a favor do réo ou da republica; porque em um e outro caso eu o considero verdadeiro homicida, segundo o seu proposito e vontade; e já por esta razão importa pouco para este fim que o seu juramento tivesse ou não efeito; e assim o pede a segurança pública da sociedade e a particular do réo.

Os que induzem testemunhas falsas, se mandão castigar no titulo com as mesmas penas dos perjuros: não deve parecer grave esta pena, supposta a gravidade e frequencia do delicto. Della porem se relevão os réos de graves crimes no fôro externo, pela causa tão escusante do amor da sua vida e conservação. Não adoptei a diferença da Ord. entre induzir para absolver e para condemnar, por dever a sua origem aos costumes guerreiros, e aos princípios mal entendidos da honra e da humanidade.

128 • Direito Processual Penal

Não se tirão neste tit. aos prelados ecclesiasticos as penas canonicas, que estiverem em uso, antes se mandão praticar. Declara-se porém no §. ultimo que não são juramentos os que se fazem pelas creaturas, e as asseverações debaixo da palavra de honra e outras semelhantes.

E por esta decisão generica se podem decidir muitas questões miúdas e curiosas, que não devendo vir no texto pela gravidade delle, e por não serem frequentes, tãobem não devem vir aqui. Póde-se ver: Everardo Otto *De perjurio per genium principis*, e Harsenio no L.º intitulado *De jure jurando veterum* cap. 18, aonde vem as formulas dos juramentos civis, para assim me explicar, dos antigos e modernos, e a força, que os homens costumavão e costumão dar a semelhantes asseverações e promessas.

AO TITULO VIII.

Eu já toquei esta especie de crimes na *Introducção*. O senhor rei D. João I. os mandava castigar com pena de açoutes e de prisão até sua mercê, por uma sua lei feita em Santarem aos 19 de Março da era de 1441. O senhor rei D. Affonso V. na sua Ordenação do L.º 5. tit. 42 deixou a pena de açoutes aos simples embusteiros, e impoz a de morte natural aos magicos, feiticeiros e encantadores.

O mesmo determinão em substancia a Ord. actual no tit. 9., e a do senhor rei D. Manoel no §. 33; mas estes dois codigos tem de peior que o *Affonsino* a individual noticia de todos os modos e generos de superstições e abusões. He hoje uma verdade demonstrada que não ha; nem houve em tempo algum esta arte, a que chamão *Magica*. São vulgares os escriptos nesta materia, e as razões, que com grande apparato e erudição juntou o marquez Matfei na sua obra da *Magica Aniquilada,* Christiano Thomasio *De Crimine Magiae*, e muitos outros. As penas antigas e modernas se podem ver principalmente em Gothofredo nos commentarios ao *Codigo Theodos*. L.º 9. tit. 16. *De Maleficis et Mathematicis*. O verdadeiro he desprezar e ridiculizar semelhantes delictos, e assim se faz no titulo. Quem diria que neste seculo em 1748 no Bispado de Wurtzbourg se queimou uma pobre velha por feiticeira. Não falo do que tem succedido entre nós, principalmente na Ásia. He bem sabido o caso de Urbano Grandier queimado em Paris por magico no anno de 1634.[114]

AO TITULO IX

A palavra sacrilegio geralmente significa toda a violação das leis Divinas, e assim se toma no L. 1. cod. *De crim. sacrileg;* mas propriamente se entende pelo furto da coisa sagrada, e assim se toma no Can. 3. 5. e 10. Caus. 12. quest. 2., e no Can. 4. 5. e 18. Caus. 17. 9. 4., e em direito romano no tit. do Digesto *Ad leg. Jul. peculat.*

Ha porém entre um e outro direito a differença de que o romano só considera sacrilegio o furto *rei sacrae,* e simples furto a contrectação da coisa alheia do mesmo lugar sagrado, L. 5..*Ad. leg. Jul. peculat.*

---

[114] *Foi em Angers que se cometeo esta barbaridade atroz a 18 de Abril, e uma das mais baixas vinganças do Cardeal Richelieu.* Nota do editor.

Neste tit. se toma por toda, e qualquer profanação da pessoa, coisa, ou lugar sagrado ou religioso: e esta he a mesma accepção de direito canonico; e nella se comprehende e dá a entender a definição do sacrilegio e a sua divisão; e por esta ordem se dispõe o titulo.

Sobre a gravidade deste crime, e suas penas em um e outro direito, podem-se vêr o tit. *Dig. Ad. leg. Jul. peculat., o* tit. *Cod. De crim. sacrileg., a Nov.* 123. c. 31, e o *L. 5. Cod. De his, qui ad Eccles. confug.,* e quasi todos os can. da Caus. 17. q. 4.

As leis das outras nações, assim antigas como modernas, a cada passo se encontrão nos autores criminalistas: e pelo que toca a Portugal, eu não sei que hajão ordenações especiaes sobre a violação das pessoas e lugares sagrados, e muito menos dos religiosos. A Ord. Sobre os noveados do senhor rei D. Affonso IV., feita em Côrtes na villa de Santarem a pedimento dos povos, he a mais celebre sobre furtos; mas nella nem uma só palavra se encontra sobre sacrilegio.

Na *Ord. Affons.* no tit. 65 = Dos *furtos que hão-de ser anoveados, e por quaes deve o ladrão morrer,* e no tit. 110 = Do *que he ferido e roubado de noite e ás deshoras* = que são as que podem ter alguma semelhança com a materia, que tratamos, tãobem se não fala de genero algum de sacrilegio, e só do simples furto, e do entendimento da pena de *noveado* declarada e definida mais pelos foraes, do que pelas leis públicas.

Na Ord. do senhor rei D. Manoel tit. 38., e no actual tit. 60 §. 4. fala-se do sacrilegio propriamente, isto he, da violação e contrectação das coisas sagradas, mas das outras especiaes, que fiz entrar neste tit., nem palavra.

Em ambos estes codigos se dá ao sacrilegio real, isto he, ao furto de coisa sagrada a pena de morte, postoque não chegue á valia de marco de prata; e ao furto das coisas profanas feito na igreja a pena de açoutes, e de quatro annos de galés. Donde se vê que a Ord. reputou este furto por menor, porque o castigou com menor pena, e que nesta parte seguio antes o direito romano da dita L. 5. *Ad. leg. Jul. peculat,*do que o canonico.

Supposto pois o silencio das nossas Ordenações, pareceo-me necessario declarar no tit. as ditas tres especies de sacrilegio, pessoal, local e real, comprehendendo debaixo da segunda o religioso; e definir e taxar a cadaum as suas correspondentes penas; e parecerão-me bastante as que vem no titulo pelas razões, que facilmente se descobrem.

Tãobem julguei necessario declarar o que he lugar religioso, e as penas contra os violadores. O que sobre este assumpto dizem as leis romanas; he gentilismo; e as penas do tit. = De *sepulcro violato* = não são applicaveis. Da mesma sorte cheira a gentilismo, e não tem applicação alguma a divisão das coisas santas e sagradas, no sentido das mesmas leis.

As profanações, de que se fala no §. 5., como são de outra ordem, ficão muito bem castigadas com a pena, que ahi se declara. No *Direito Público* tit. 16. §. 20. 21. e 22. se impõem incidentemente penas aos que não santificão os dias santos, aos que desattendem os parochos, e aos que não vão, nem mandão seus filhos a igreja a ouvir o cathecismo.

Declara-se finalmente neste tit. o sacrilegio *rei sacrae,* ou de *loco sacro* na fórma de direito canonico por furto qualificado, e se manda como tal castigar: as penas hão-de vir no tit. geral do furto: A razão e analogia do resto, que nem no tit. he clara, e se vê do mesmo contexto dos §§., e seria reprehensivel se me demorasse mais.

130 • Direito Processual Penal

AO TITULO X.

A USURA não só he delicto civil, mas religioso, e por esta causa trato delle neste lugar. A materia he amplissima e pertencente á jurisprudencia convencional, depositada em melhores mãos, e porisso se fala della na actual Ord. do L.º 4. tit. 67, a que correspondem os tit. 14. e 19. das ordenações antigas do mesmo livro.

São immensos, como todos sabem os escriptores sobre as usuras; mas se heide dizer a verdade, os canonistas não são os melhores. A Dissert. de Van-Esp. neste ponto he miseravel, e entre todos eu preferiria a Paulo Rieg. nas suas *Instituições*. Mas eu nada tenho com os escriptores sobre usuras, nem com a sua moralidade e justiça, e outras questões semelhantes; porque só me toca a parte criminal.

No principio do titulo se declara, que só he usurario aquelle lucro, que for reprovado pelas nossas leis; e esta he a regra geral, por onde se devem regular os juizes para a imposição das penas. As nossas Ordenações em todos os codigos são trasladadas dos capitulos das Decretaes, e mandão positivamente observar nesta materia, por conter peccado, o direito canonico; mas já se vê que esta não deve ser a regra.

Em quanto ás penas deste crime, deixadas as canonicas e as romanas, a nossa Ordenação lhe impõe a de perdimento do dobro da sorte e lucro para a coroa, e de dois annos de degredo para Africa. A mim pareceo-me melhor e mais analogo reputar os usurarios por ladrões, como na verdade são, e impor-lhes pela primeira vez a pena do furto simples, e pela segunda a de qualificado. As leis romanas seguem pouco mais ou menos este mesmo principio.

He pelas leis nullo o contrato usurario, mas tãobem me pareceo que se devia annullar, sómente na parte, em que o fosse, pela regra vulgar = *utile per inutile etc.,* e que senão devia, tãobem punir o affecto e vontade; mas só o effeito, isto he, o que de facto levasse a usura, ou a pedisse judicialmente, e não o que simplesmente a convencionasse: e esta he a mesma doutrina de *Bohemero Sect. 2. c.* 39, e de muitos outros.

Desta fórma, dou por concluido o capitulo dos crimes religiozos, e não faço menção da simonia, ou porque sendo tantos os réos deste delicto na doutrina dos bons canonistas, seria impossivel e causaria uma grande revolução, se todos se castigassem, ou porque na pratica e no fôro externo não póde ter uso a sua doutrina, ou porque no seu castigo pouco ou nada interessa o Estado, ou porque em um codigo civil não devem vir materias e miudezas puramente canonicas, ou finalmente porque semelhante crime, supposta a corrupção dos costumes, se deve considerar da mesma sorte que a hypocrisia, ambição, avareza e ingratidão, que as leis públicas por grandes razões deixão de punir.

AO TITULO XI.

SEGUE-SE o tratado dos crimes moraes, e princípío pelo adulterio. Deixo o que sobre elle dizem as leis das nações antigas e modernas, e o direito romano e canonico; e falando só das nossas e dos nossos costumes, lembro em primeiro lugar que o adulterio com mulher solteira não era punido como tal, o que se mostra da Ordenação, de que usamos no tit. 25, e da outra semelhante dos senhores reis D. Manoel, tit. l5. e Affonso V. tit. 7. e 12, e se mostra tãobem do tit. 28, da mesma Ordenação actual, e 25. e 20 das antigas, aonde os barregueiros casados se castigão com penas pecuniarias, e não com as dos adulteros: e nesta parte, assim como em outras muitas, seguirão as nossas Ordenações o direito romano, que contra o canonico reputa adulterio não a violação da fé, mas do thóro conjugal. Sendo esta a legislação actual, ja se vê que peccão os juizes, que castigão os que dormem com mulheres solteiras, com as penas dos adulteros, o que muitas vezes tem acontecido.

Em segundo lugar, que os adulterios com as mesmas mulheres casadas erão impunidos tãobem, sendo por sua vontade, todas as vezes que se não levassem de casa dos maridos, ou de outro lugar, aonde estivessem por sua ordem; e assim consta de uma lei do snr. rei D. Diniz dada em Lisboa aos 9 de Dezembro da era de 1340. Havendo porem força, a pena era Capital ou o adultero fosse fidalgo ou villão, segundo a mesma lei.

Do snr. rei D. Affonso IV. por diante se principiarão a castigar os adulteros voluntarios; e a pena no fidalgo: era de tudo o que houvesse d'el-Rei, e nos outros de morte; e era sempre capital, sendo commettido com a mulher de outro fidalgo. A Ord. actual no tit. 25. põe a mesma pena geralmente, mas, sendo o adultero de maior condição, manda que se não execute sem primeiro se dar parte a el-Rei. Quem souber a historia particular da educação civil dos nossos maiores, o seu modo de pensar e os seus costumes, não se hade admirar de semelhantes ordenações.

Segundo as actuaes foi disposto todo este titulo nas pequenas alterações, que nelle se encontrão. Logo no principio vem definido e declarado este crime, não segundo o direito civil, ao qual seguirão as nossas Ordenações, como fica dito, mas segundo o direito canonico, por ser este o que geralmente se observa nesta materia, e ahi mesmo vem as circunstancias concomitantes e inseparaveis do crimes como são o dólo ou culpa, a violação não do thóro mas da fé conjugal. que eu explico pela palavra dormir, por mais decente e por ser ja adoptada pelas nossas Ordenações.

Donde se segue, que a respeito dos esposos, não pode haver verdadeiro adulterio, porque não são verdadeiros conjuges, como se diz no §. 1., sem embargo da Constituição do imperador Antonino na Lei 13. *§. 3. Ad. leg. Jul. de adult.;* e que nem toda a communicação illicita se póde chamar adulterio, como se declara no §. 2, contra a opinião de alguns escrupulosos.

Na opinião, porem vulgar he fundado o §. 3., segundo o qual não he tido por adultero o que dorme com uma mulher casada, sendo meretriz. Eu a entendo sómente do homem solteiro, porque o casado offende a sua propria mulher, e aquelle não.

Nos §§. 4. 5. 6. e 7. vemos penas do adulterio simples e dobrado. A pena de morte he injusta, porque este crime, sem embargo de sua gravidade, tem causa escusante. A mulher fica muito bem castigada com a perda dos seus bens, da sua fama, de reclusão perpetua em um convento ou casa de correcção, segundo a sua qualidade, dando-se-lhe somente os alimentos naturaes precisos para viver; e o marido com a mesma perda de bens, prohibição de viver na mesma comarca aonde estiver a mulher; e desta fórma se conserva toda a igualdade, que póde ser, entre um e outro: a pena porem de infamia na pessoa do marido he maior e de mais consequencia, do que na mulher, porque he privar-se o estado daquelle cidadão, que aliás o póde servir bem, e não tem portanto proporção alguma; e este he o modo geral de pensar da Nação.

O §. 8. he tirado do §. 8. da actual Ord. no tit. 25, e do §. 9. do tit. 26, a que corresponde o 17 e 23 das Ordenações antigas *Do que dorme com mulher casada de feito, e não de direito.*

No §. 10. se impõe aos bigamos a pena de perdimento dos bens para a parte offendida, e de cinco annos de galés. Por lei d'el-rei D. Diniz feita era 11 de Agosto da era de 1340, era de morte: o snr. rei D. Duarte mandou, que se não executasse a pena, sem lho fazerem saber: e estas leis forão o fundo da actual Ordenação, tit. 19, da do snr. D. Manoel no mesmo tit., e de Affonso V. no tit. 14; parecem porem bastantes as penas referidas.

132 • Direito Processual Penal

Nos §§. 11., 12., 13., e 14., se trata especificamente da pena, que devem soffrer os que com enganos e fingimentos se fizerão casados, sem o serem; e dos direitos dos seus filhos; e o que nos ditos §§, se dispõe parece conforme á justiça e á razão.

Os §§. 15., 16., 17. e 18. são no seu fundo tirados da Ordenação no tit. 25 §. 2., 3., 4. e 5., e da Lei novissima de 26 de Setembro de 1769. Nos ditos §§. não se faz a differença, que se acha no fim do §. 2 e no 5 da dita Ordenação; porque me parece que deve cessar toda a accusação da mulher casada, não a intentando o marido, aindaque o adulterio seja incestuoso, ou commettido com Judeo, Mouro, ou christão; e que deve cessar pelo seu perdão, ou pela sua morte, esteja ou não a demanda contestada. O direito do herdeiro, e a novação ou quasi contrato, que se julga haver no juizo pela contestação, não póde dar acção para a vingança de uma semelhante injuria.

Prohibe-se no §. 19. ao marido accusar a sua mulher como adultera, sendo consentidor, em pena do seu delicto.

O §. 20., he tirado do §. ult. da Ord. no tit. 25. Os dois seguintes declarão a pena dos que matão á mulher por causa de adulterio, com a differença de ser achada em fragante ou não. E aqui se vem a reformar a Ordenação actual no tit. 38, e 16 e 18 nas antigas, aonde se dá ao marido a liberdade de matar a mulher e o adultero em todo o tempo, não sendo fidalgo, nem desembargador. As razões da reforma são claras, e já em outro lugar se apontarão.

AO TITULO XII.

DEPOIS de falar especificamente do adulterio, me pareceo comprehender em um só titulo os outros delictos moraes. Aqui se castigão muitos, de que a Ordenação não fala, como são o concubinato de solteiro com solteira, o concubinato vago, e trato meretricio, a ebriedade &.

Não lembro o que a estes respeitos dizem as nossas leis antigas, e as das outras nações; porque praticamente de nada servem pela diversidade dos costumes.

À margem do texto cito a Ordenação actual; e as antigas se podem ver nos titulos correspondentes, que não he preciso cotejar.

As penas, que se declarão neste titulo, parecerão-me bastantes, e mais proprias destes crimes, do que as que vem na Ordenação, pela sua causa escusante.

Conto neste numero a do rapto verdadeiro e por sedução, de que se fala nos §§. 19., 20. e 21.; porque a da Ordenação no titulo 18 não tem proporção alguma.

A lei novissima de 19 de J.º de 1775, que ampliou a dita Ordenação, não póde hoje ter lugar depois do Alvará posterior da rainha N. snr.ª E a mesma lei he desnecessaria á vista do que se dispõe aqui no §. 10, fundado no dito Alvará novissimo; no qual se tira á mulher todo o direito e acção, deixando-se voluntariamente corromper; no que occorrem melhor as leis ao decoro e honestidade das mulheres, do que concedendo-lhes muitas acções e querelas civis ou criminaes.

Nos §§. 12, 13, 14 e 15. se considera justamente razão, e malicia particular para se castigarem os que voluntariamente dormirem com certas mulheres.

A mesma se considera nos termos dos §§. 16. e 17. nem póde parecer excessiva a pena imposta nelles á vista da que se impõe no titulo 24 da Ordenação. E ainda assim se facilita no §. 18 a remissão ou diminuição dos annos do degredo aos que não forem fidalgos, pelo facil recurso, que se lhes concede na mesa do Desembargo do Paço.

Desta fórma fica bem e suavemente castigado este delicto familiar, com relação ao público. O que commettem os filhos ou filhas familias, casando sem consentimento de seus pais, e os parochos, que os receberem sem elle ou dos juizes, no caso de lhes ser injustamente denegado, se castiga no *Codigo do Direito Público* tit. 18, *Do foro da causa* §. 27., e seguintes.

O resto do titulo he evidente por si mesmo, e não necessita de alguma illustração. As leis concordantes antigas e novas são sabidas, e não he necessario referi-las, nem fazer juizo dellas; pois que todas forão concebidas no mesmo espirito da Ordenação.

AO TITULO XIII.

Seguem-se os crime públicos e entre elles devem em primeiro lugar contar-se os de alta traição e de lesa magestade, de que falo neste titulo e no seguinte.

Neste titulo se decidem principalmente os, artigos seguintes. 1.º Dá-se a differença e noção certa deste crime, e a nota entre elle e o de lesa magestade. 2.º Declarão-se as pessoas, que o pódem commetter. 3.º Declarão-se e expecificão-se os mesmos crimes, prohibindo o seu augmento ou diminuição. 4.º Declara-se a sua pena a respeito dos culpados. 5.º O procedimento, que póde ter lugar com os seus filhos, e ultimamente a sua prova. Sobre cada um destes artigos direi sómente o que me parecer indispensavel e necessario.

A principal obrigação do subdito he a fidelidade; e por isso o maior crime, que elle póde commetter, he a traição, e lhe chamo alta em differença dos crimes particulares; porque o amigo infiel ao seu amigo e bemfeitor, o criado ao amo, o clerigo ao seu bispo, e o subdito ao superior, não he tão criminoso e infiel, como aquelle que o he á sua Patria.

Verifica-se o crime de alta traição todas as vezes que directamente se ataca o estado, o imperante ou o seu poder. Disse directamente, porque por modos indirectos e por consequencia remotos, se póde dizer que todo o criminoso offende o estado. Não he porém esta offensa que aqui se castiga; mas só a proxima e immidiata feita á sociedade, á pessoa do imperante, e ao seu real, supremo e executorial poder, da fórma, que no titulo e abaixo se dirá.

Este crime chama-se de traição, de estado e de lesa-magestade, pelas razões, que não he necessario dizer, porque todos as conhecem, mas nem todo o crime de lesa-magestade se póde chamar de estado. Por quanto a palavra = *Magestade* = ou se toma pelo summo imperio e direito de governar e dirigir a sociedade, ou pelos direitos e prerogativas reaes, ou pelo respeito e veneração devida á pessoa do imperante. No primeiro sentido, réo de estado e de lesa-magestade, he o mesmo: nos outros differem criminosos de estado e de 1esa-magestade, e nesta accepção se toma no titulo seguinte.

A nossa Ordenação tirada das leis romanas, não distingue, como eu julgo ser necessario, um e outro crime, e chama a um e outro geralmente de lesa-magestade com a diferença de 1.º e 2.º cabeça, na forma das mesmas leis. Eu não quiz adoptar este Romanismo; porque desejo simplificar o mais que for possivel a nossa legislação e livra-la de palavras facultativas; e por isso tratei em diversos titulos, destes crimes; e desta forma se concebem e entendem melhor.

Faço cahir este delicto sobre todos os vassallos seculares e ecclesiasticos, e sobre os mesmos estrangeiros: e este he o segundo artigo, de que se fala nos §§. 2. e 3. Já hoje ninguem duvida que os ecclesiasticos são tão vassallos como os leigos, o que em outro tempo se julgava heresia: e sendo vassallos podem ser criminosos de estado: o modo, que se deve ter no seu

134 • Direito Processual Penal

castigo, se diz nos ditos §§., e principalmente no *Direito Público ecclesiastico* no titulo Do *foro do clerigo, a* que me remetto.

Os estrangeiros são tãobem vassallos temporaes, locaes e momentaneos, e devem ser fieis ao estado, em quanto nelle estiverem, em paga da protecção, que nelle gozão.

No 3.º artigo se individúao os crimes do estado, e se contem desde o §. 4. até 16.

No principio se põe a regra de que só se devem ter e castigar por crimes de estado os que vem declarados no titulo. Creio que ninguem poderá duvidar da justiça da regra, supposta a numeração, que no titulo se faz dos mesmos crimes. A razão, e a historia antiga e moderna de todas as nações nos ensina, que he muito necessario que sejão certos e definidos os crimes de lesamagestade e de alta traição.

Como taes se devem certamente ter e castigar os que vem no §. 5. e nos seguintes; porque sobre todos cahe a sua nota caracteristica acima dita, que he a immediata e directa offensa á sociedade, ao Imperante e ao seu governo e poder.

Os ditos crimes vem numerados em summa no dito §. 5: e em quanto ao de perduellião, de que se fala no §. 6. e 7., e de traição no, sentido, especifico, de que se fala no §. 8., 9. e 10. não se póde duvidar, da sua malicia, e de que são na verdade os principaes crimes de estado: e taobem creio que se não póde duvidar da intelligencia ou excepção, que vem nos mesmos §§.; porque forão tirados da natureza e indole particular destes crimes acima indicada.

No §. 10. e seguintes se capitula por crime de alta-traição a conjuração, confederação, sedição e tumulto; e ahi nos mesmos §§. se dá a conhecer a significação dos termos.

A conjuração he uma convenção de mais de tres pessoas, occulta e jurada, contra o estado: a comfederação he a mesma convenção secreta e meditada sem juramento. Sedição he um ajuntamento de homens levantados em prejuizo da sociedade, de repente e por occasião, no que difere da conjuração: e tumulto he um ajuntamento da plebe tumultuario e sem cabeça.

Castiga-se portanto no §. 10. a conjuração e confederação, ainda no caso de não haver effeito, como crime de estado; a sedição porém e o tumulto só se castiga como tal nos principaes autores, como se vê nos §§. 11. e 12.

A resistencia porém aos magistrados, ainda que seja armada, ou aos governadores, não se castiga como crime de estado no §. 13., senão no caso de ruina de alguma cidade, lugar, igrejas, searas, &c. A razão he porque só então se segue e procura immediatamente a ruina do estado: em seu lugar se dirá a pena desta resistencia. A Constituição de Arcadio e de Honorio, na parte em que faz aos ministros conselheiros do principe, partes e membros do seu corpo, para o efeito de serem criminosos de estado todos aquelles, que os ofenderem, não se póde bem sustentar.

No §.14 se declara crime de estado a traição contra a pessoa do imperante, de sua mulher ou marido, pela intima união e communicação dos privilegios e da magestade de Augusto para Augusta, e pelo contrario, sobre o que temos muitos e galantes escriptos; e tãobem contra a pessoa de seus filhos e filhas legitimos na forma do §. 1. da Ordenação L.º 5. tit. 6; a que acrescentei os netos do principe, porque como taes não devem ter menor representação, que os filhos.

No §. 16., na conformidade da Ordenação, se declarão réos deste crime igualmente não só os seus autores, mas os que os não descobrem, e os que lhes dão ajuda e favor.

No §. 17. e seguintes, vem as penas deste crime a respeito dos culpados, o procedimento com os filhos e a sua prova; e estes são os ultimos e principaes artigos do titulo. Em quanto ás penas, as que se achão na actual Ordenação do L.º 5. tit. 6, e na do senhor rei D. Manoel tit. 3, são tiradas da Ord. Affons. no mesmo L., tit. 2., á excepção de que no codigo de Afonso V. vem a ofensa aos ministros capitulada por crime de estado da mesma sorte que ao imperante, o que não vem nos outros codigos. Já se sabe que a Constituição de Arcadis e de Honorio he a fonte das citadas Ordenações, e de todas as leis na Europa semelhantes, que he escusado referir.

A pena da Ordenação he a de morte cruel; mas ella não designa a especie de crueldade, o que he defeito. Eu ja disse na Introducção que a lei e o principe não deve ser cruel, mas justiceiro; e que as penas de fôgo em vida, laceração e cortamento de membro são deste genero: por tanto não quiz fazer uso dellas, e parecerão-me bastantes as que vem no titulo, e proporcionadas á gravidade do delicto; quando porém pareça que se devem aggravar, a emenda he facil, e eu neste ponto, mais do que em todos os outros, me sujeito ao juizo da Junta.

E em quanto aos filhos, digo no titulo que devem perder os bens paternos; e que perdem logo, e pelo mesmo facto os bens da Corôa e das Ordens, e mais direitos reaes, estejão ou não já verificados na sua pessoa, e ainda que sejão de juro e herdade; que perdem os mesmos morgados instituidos em bens da Corôa; que perdem todos os officios e cargos de justiça, da fazenda ou da milicia, que tiverem; que não devem ser admittidos a pedir outros, nem graças algumas e mercês, que se lhes não consinta a communicação com os seus parentes; e que até possão ser presos e degradados por prevenção; porque entendo que todo o referido, supposta a gravidade do crime, póde ser compativel com a justiça; mas não entendo que devem ficar infames e inhabeis para adquirir por contrato, ou por testamento; que se lhes pódem tomar os seus proprios bens, e impor-se-lhes alguma verdadeira, e rigorosa pena, não sendo elles delinquentes.

Porquanto a privação dos bens paternos não reputo eu como pena, mas como uma consequencia e efeito necessario do crime do pai: nem tãobem como tal reputo a privação das mercês dos bens da Corôa e Ordens, postoque estejão já verificadas na sua pessoa; porque estes bens, ainda depois de doados, são da coroa e pertencem ao seu patrimonio; e he consequentemente e em rigor, livre ao rei dar e tirar os mesmos bens quando, e pela causa e motivo, que quizer. O mesmo digo de todos os officios e cargos públicos civis ou militares, porque está na sua mão servir-se tãobem com quem quizer e pelo tempo que quizer. Se fosse necessario, eu daria muitas provas desta verdade historicas e juridicas.

Tãobem não he neste caso verdadeira pena a prisão e o degredo, mas uma mera e necessaria prevenção, de que o principe usa e se serve, não como juiz, mas como pai de familias, e por effeito do poder economico, sobre o que me remetto ao que disse em um titulo especial no *Direito Público*. A infamia porem, a inhabilidade para succeder e para adquirir, e o perdimento dos proprios bens he verdadeira pena, e de necessidade suppõe delicto.

E ultimamente a respeito das provas, sendo a regra de que ninguem deve ser castigado sem prova legal e legitima, parece que os crimes maiores com maior razão devem entrar nella, e não na sua excepção, e que testemunhas inimigas e defeituosas, e indicios leves nunca pódem bastar para a pena ordinaria e judicial.

Eu bem sei que as nossas Ordenações e as leis estrangeiras, e a maior parte dos doutores dizem o contrario; mas este negocio não se leva pela autoridade, mas pela razão. A segurança pública póde bem conseguir-se neste caso pelo meio do poder economico, de que já falei; porque o judicial de sua natureza pede uma prova, legal e perfeita; e esta he a mesma opinião de muitos e grandes politicos.

A materia das provas, que he tão importante e tão incerta, ha-de ser tratada ao diante, e determinar-se por principios certos e fixos assim neste, como nos outros crimes. E torno a dizer, que no caso de não agradar no todo, ou em parte nem o que se diz neste titulo, nem o que nos outros se disser, he facil a emenda e correcção, a que muito de boa vontade me sujeito. O mais,

136 • Direito Processual Penal

que vem no titulo, não necessita de illustração, e foi disposto na conformidade das Ordenações actuaes.

AO TITULO XIV.

ESTE titulo faz parte do antecedente e he como um seu appendix. Nelle se dá logo no principio a nota deste crime em differença do de estado ou de alta traição, da fórma que fica dito.

No §. 1. se prohibe a extenção deste crime alem dos casos referidos no titulo, pelas razões tãobem já ditas; e dahi por diante se principião a individuar estes casos.

Tal se reputa no §. 2. tratar a morte de todo e qualquer descendente, ascendente ou parente do imperante no segundo gráo. Este §. funda-se na actual Ordenação no L.º 5. tit. 6. §. 21.

Por tal tãobem se julga no §. 3. a morte ou ferimento na sua presença ou do principe, sem embargo da Ordenação em contrario no §. 7, que o declara de alta traição. A razão he porque se não ataca immediatamente a sociedade, nem a pessoa do imperante, nem o seu poder, mas só o seu respeito e venereção; e por isso semelhante crime só póde ser de lesa-magestade, e não de traição.

O mesmo crime commette, como se diz no §. 4., o que quebra a segurança ou salvoconduto dado pelo rei, e o que offende os embaixadores. Na 1.ª parte concorda o §. com o §. 21. ja citado da referida Ordenação, e na 2.ª a respeito dos embaixadores, se prova pela razão da representação de magestade, que elles fazem.

Estes crimes são verdadeiramente contra o direito das gentes; porque offende a lei das nações o que falta á fé pública da segurança, e salvoconduto, o que offender os embaixadores de todo o genero e caracter, e o que roubar e infestar os mares, que he o caso especial do §. 5; e debaixo deste capitulo são tratados os dois crimes por Blackstone; a mim porem parece-me melhor, referi-los debaixo do titulo dos crimes de lesa-magestade.

Os §§. 6., 7. e 8., são tirados dos §§. 22., 23., 26. e 27. da citada Ordenação.

No §. 9. se põe a regra geral de que he réo de lesa-magestade o que desobedecer ás ordens, que o imperante lhe der immediatamente, ou pelos seus ministros de estado, para isso deputados: e nos dois §§. seguintes se põe a sua intelligencia, e vem a ser, de que he crime de estado a sobredita desobediencia, sendo feita com o fim e animo de offender a sociedade ou o imperante; e que he crime de lesa-magestade, sendo feita com outro fim. A razão he clara. A desobediencia feita aos ministros de outra ordem não pertence para aqui.

No §. 12. vem as penas deste crime, e são na pessoa do réo quasi as mesmas dos traidores, porque todos se mandão morrer de morte vil e affrontosa. Differem porem em muitos accidentes; porque se não proscreve a sua memoria, não vão descalços e nús para o patibulo; não se manda mais repetir a execução; não se privão os filhos das mercês da corôa já neles verificadas, nem dos officios, que servirem, &c. Este crime, sendo tão grande, he infinitamente menor, do que o de alta traição; o uso desta expressão para mostrar a sua gravidade.

O crime de quebrar as armas do rei não se castiga no §. penultimo deste titulo, nem como de alta traição, sem embargo da Ordenação em contrario do tit. 6. §. 8, porque aqui não ha offensa nem á pessoa do rei, nem á sociedade immediatamente; nem como de lesa-magestade, porque se lhe não impõe a pena de morte, mas de galés até mercê real. A razão he não só porque verdadeiramente nenhum direito magestatico se offende, mas porque os principes philosophos costumão fazer pouco caso de semelhantes delictos, e ou os desprezão, ou castigão extraordinariamente e a seu arbitrio; e por isso a dita pena se manda impor sómente até sua mercê.

No §. ultimo se mandão pela mesma razão castigar a arbitrio do rei as injurias verbaes, ou libellos menos aggravantes: sobre o que se póde vêr a Ordenação actual no tit: 7, e as antigas no titulo 3. e 4, não falando no titulo do Codigo = *Si quis Imperatori maledixerit*.

A simples resistencia á justiça, o quebrantamento ou arrombamento da cadeia, a morte ou ferimento do inimigo na mesma cadeia, ou do ministro e official de justiça, não he crime de lesa-magestade, posto que a Ordenação por tal o tenha no dito titulo pertence portanto a outra classe, e delle se hade tratar nos titulos 18 e 19.

AO TITULO XV.

CONTINUÃO os crimes públicos, e tal he o de moeda falsa, e como tal aqui se trata; mas não se póde chamar verdadeiramente nem de traição, nem dá lesa-magestade, salvo no caso, que se declara no §. 4. deste titulo:

Este crime he grave; e por todas as leis foi severamente castigado; e principiando pelas romanas, delle se fala nas leis 8. e 9. D. *De leg. Corn. de fals.* no tit. 25. do L.º 5, *das Sentenças* de Paullo, no titulo de *falsâ monetâ*, no tit. *De Murilegulis et Gynaeciariis et Monetariis*, no tit. *De Veteris numismatis potestate* no Cod. de Justiniano, e no tit. *si quis pecuniam conflaverit*, e no no tit. *si quis solidum circuli exterioris circumciderit,* no *Cod. Theodosiano*.

Do mesmo crime falão as leis antigas Alemanicas, as dos Longobardos e dos Wisigodos, as leis de Affonso Sabìo na *Part. 7.* do tit. 7., a *Nova Recopil.* L.º 18. tit. 17, e o art. 3. da Constituição Carolina e outras muitas. As leis e ordenanças de França se podem vêr em Mr. de Vouglans tom. 1. das suas leis criminaes L.º 3. tit. 2, §. 2. e seguintes. Os escriptores são infinitos; os mais celebres são Gronovio, Budéo, Spanheim; Lock *de moneta,* Covarruvias *de veterum numismatum collatiome* e Montesq. *Esprit des Lois L.º* 22, aonde vem muitas questões juridicas e politicas.

As leis de Portugal, que são as que mais nos importão, se achão na Ord. actual do L.º 5. tit. 12, na do senhor rei D. Manoel tit. 6, e na *Affons.* tit 5. e 82 do mesmo 1.º, aonde se referem, na fórma do costume, as leis anteriores. As novas vem na nova collecção á Ord; e de umas e outras abaixo se falará. Destas leis todas foi tirado o titulo presente, mas muito alterado pelas razões, que logo veremos.

O principio do tit., em que se põem as notas deste crime, he tirado da actual Ord., e he claro em si mesmo.

No §. 1. vem as penas deste crime. A pena pela Ord. era de fogo em vida: Alfonso IV. mandava mais talhar os pés e as mãos. Neste rigor são concebidas as leis romanas e todas as da Europa, que eu tenho por barbaras pelas razões já dadas na *Introducção.* Pareceo-me que este crime, ou por não ser frequente, ou por ser proprio de pessoas miseraveis, fortes, endurecidas e ambiciosas, ficava bem castigado com a pena de confisco, de infamia, de escravidão, e trabalhar para sempre nas obras públicas mais penosas; estas penas, parecem ter muita proporção e analogia com o delicto.

No § 2. mandão-se soffrer a mesma pena os socios do delicto, os agentes e os complices, os mandantes e os mandatarios, e os verdadeiros consentidores. No tit. 2 se disse que os complices devião ser menos castigados, do que os agentes, no caso de se não declarar o contrario, como ahi

138 • Direito Processual Penal

mesmo se notou: a qualidade e gravidade do crime pede, que a respeito de uns e outros se não faça differença, e a nossa Ordenação no principio do tit. 12 a todos impõe a mesma pena. Porém o sabedor do crime, não o denunciando, he castigado com degredo na fórma do §. 3. porque na realidade commette muito menor crime, do que o falso monetario: he certo que a Ordenação no lugar citado castiga um e outro com a pena de fogo; mas quem não vê que aqui não ha igualdade. Se a moeda falsa se faz não por interesses particulares, mas em odio do público, e com o fim de usurpar a jurisdicção real, temos então outra especie de crime, isto he, de traição e lesa-magestade, como se declara no §. 4.

No §. 5. se revoga ou altera o §. 1 da actual Ordenação, aonde se diz que a casa, em que se fabricou a moeda falsa, se confisca, ainda que não seja do culpado, todas as vezes que seu dono estiver perto della, excepto sendo de mulher ou orfão de quatorze annos. Esta Ordenação se acha em todos os tres codigos, e foi tírada do L. *1 Cod. de falsâ monetâ;* e a sua razão he a suspeita que hade ser elle sabedor do delicto, por ser vizinho: mas esta razão não milita na viuva nem no orfão, nem por outra parte a razão de ser vizinho he capaz de produzir a presumpção *juris et de jure;* e ultimamente por que uma conjectura que póde falhar, não basta para o senhor perder a propriedade da sua coisa, como se dirá no seu lugar. Portanto, ou se prova que o vizinho foi consentidor ou sabedor do delicto, ou não: no 1.º caso deve ser castigado como manda o §., e no 2.º, não, sem embargo da vizinhança.

No §. 6. trata-se dos que fazem moeda falsa com o cunho de outro reino; e o castigo he prisão á ordem e arbitrio do imperante. Não se póde negar que este facto seja criminoso, ou contra o direito das gentes; ou contra o decoro, que as nações devem guardar entre si; e por isso á ordem do imperante se manda prender o réo, e que se lhe dê parte: porque as circunstancias e os Tratados públicos pódem pedir, ou que o réo se entregue, ou que se mande soltar, ou que se castigue por outro modo. A Ord. não fala deste crime. Em França pela declaração de 5. de Outubro 1715 se castiga do mesmo modo assim o réo de moeda falsa nacional, como estrangeira. Mas a punição deste crime deve ser consultada, no gabinete do principe, e no Codigo basta que se mande prender o réo á sua ordem; nem aqui ha verdadeiramente prejuizo do público, nem dos particulares, supposta principalmente a sua raridade.

Os que usão de moeda falsa negociando com ella, e os que a cerceião, diminuem ou corrompem por qualquer modo, como são verdadeiros e grandes ladrões, e qualificados, mandão-se castigar nos §§. 7. e 8. com as suas penas, que se hão de declarar no tit. do furto, a que me remetto; e não se cita o N.º do tit, nem do §., o que era necessario por não estar ainda feito. Os sobreditos são não só ladrões, e ladrões públicos, mas falsarios, e por taes em Roma erão castigados pelas Leis Nummarias, e pela lei Cornelia *de fals. L. 8. D. de Leg. Corn. de fals, L. 1. D. ad leg. Jul. peculat.* Na L. unic. do *Cod. Theod. Si quis auri circulum* se lhe impõe a pena capital ou de fogo. A nossa Ord. no §. 3. e 4., só lha impõe no caso de valerem mil réis as cerceaduras ou diminuição, que se faz na moeda, ou o damno, que com o seu uso se causou. O *Alv.* de 17 de Outubro de 1685, e de 9 de Agosto do anno seguinte e de 20 de Maio de 1688., que vem na Coll. 1. á Ord. do L.º 5 tit. 12. §. 5., accrescentarão a pena da Ordenação.

No §. 9. que se impõe a pena de trinta dias de cadeia no que retiver moeda falsa em seu poder, sabendo-o, sem a denunciar. Este §. he novo, e basta a referida pena; porque reter moeda falsa, que sem o saber me veio ter á mão, e de que eu o não uso, não he crime verdadeiro; mas pelo perigo de usar della se impõe a dita pena não tanto para castigar o delicto, como para o evitar e precaver.

A mesma pena se impõe no §. 10. aos que desfazem as nossas moedas, ou as estrangeiras, ou sejão novas ou antigas. Deste crime se faz menção no §. 5. da actual Ord., e se lhe impõe a pena de degredo por dez annos para Africa, e de perdimento de metade dos bens, que he excessiva. Fiz menção das moedas antigas no dito §. em obsequio dos curiosos deste genero de erudição: he digno de ler-se a este respeito o *Alv.* do senhor rei D. João V. de 20 de Agosto de 1721, pedido pelo director e censores da Academia Real da Historia Portugueza, que vem na dita Coll. 1 N.º 5.

Os §§. 11. e 12. sobre os que engeitão a moeda e qualidade de dinheiro, em que se hão de fazer os pagamentos, são tirados no seu fundo da Ord. do L.º 4. tit. 21 e 22 e do A*lv.* de 17 de Fevereiro de 1699, que vem na *Coll.* 1. N.º 1 á dita Ord. do tit. 21.

O §. ultimo dos que levão dinheiro, oiro ou prata para fóra do reino, ou para as conquistas, he tirado da Ord. do L.º 5. tit 113. e do *Alv.* de 20 de Abril de 1644, *Decreto* de 11. de Março de 1652 na Coll. 1. e 2. á dita Ord. N.º 1. A dita Ord. põe pena de morte. As leis antigas são mais benignas, pois que Affonso IV. põe só a pena do simplo, Affonso V. a de confisco na Ord. do L.º 5, tit. 47, e a mesma a Ord. do senhor rei D. Manoel no tit. 88, a pena de tresdobro, que vem no §., he mais analoga ao crime, por ser um rigoroso contrabando; no mesmo §. se salvão as mais penas e cautelas para se evitarem, que devem vir nos Regimentos da Fazenda e das Alfandegas.

D. Antonio Caetano de Sousa no L.º 4 de sua *Historia* traz tudo quanto ha de antiguidade, e erudição sobre moedas portuguezas; e no cap. 6. refere por ordem chronologica todas as leis sobre esta materia.

AO TITULO XVI.

ESTE titulo he como um appendix, ou explicação e additamento dos antecedentes: he novo neste Codigo, e não vem nas Ordenações Antigas, nem nas actuaes em titulo separado, nem incidentemente; mas pareceo-me necessario em beneficio dos réos, dos juizes e da república.

A lei Julia *De Vi publ.* attribuida a Julio Cesar, punia entre os Romanos com pena capital ou da interdicção da agoa e do fogo toda a força e violencia pública, e tal se dizia não só o rapto e estupro violento, e toda a força feita com armas e sem ellas á pessoa pública, mas o mero e simples facto de ter armas na casa da propria habitação, assim na cidade como no campo.

Não adoptarão justamente as nações modernas esta lei, porque a dizer a verdade, os diversos crimes, que nella se comprehendem, sendo tão diversos e designaes, não podião ser castigados com a mesma pena. Por quanto ter armas em casa sem usar dellas, ou estar armado na rua sem fazer mal, só póde ser crime politico, mas não tem comparação com o crime de estupro, de rapto, de furto na occasião de incendio, e de excitar um tomulto ou sedição, e outros, que a dita Lei Julia castiga do mesmo modo. Todos hoje reconhecem que as leis criminaes dos Romanos pouco valem.

As mesmas nações não especificarão, nem distinguirão, como era necessario, os diversos crimes, que nascem e se commettem por violencia, e que vinhão entre os Romanos de baixo do nome de *Vis pública;* porque nem tratarão delles em titulos separados, nem os ingerirão de outro modo, e com formalidade nos seus primeiros codigos, mas sim nos edictos extravagantes e ordenações posteriores, formadas segundo as doutrinas e genio do seculo, nas quaes eu não vejo nem a ordem e simplicidade devida, nem a proporção, que deve haver entre a pena e o delicto.

140 • Direito Processual Penal

Mas deixadas estas e outras prefações, passo já a dizer a maneira, porque pretendo tratar neste titulo e seguintes o crime público de força e violencia, segundo os seus differentes ramos.

A força (o mesmo digo de todo o ajuntamento illicito) ou póde ser commettida por uma, ou duas pessoas, ou por muitas mais; e ou he contra o rei e estado, ou contra os seus ministros oficiaes em odio e prejuizo da ordem pública, ou contra os particulares por motivos e interesses particulares.

A força commettida por um ou dois particulares contra outro vem debaixo do nome especifico de desafio, briga ou rixa particular ou do geral de violencia. Se he commettida por uma ou outra pessoa contra a justiça, vem debaixo do nome e crime especifico de resistencia.

Se a força se commette por muitas pessoas, a que eu chamo ajuntamento, quando não tem fim algum e he tumultuario, chama-se, *motim* ou *tumulto popular: rebellião* ou *traição,* quando se propõe offender o imperante, ou o estado: *sedição* quando se ofendem os magistrados, e se perturba a ordem pública: e *assuada*, quando a multidão se une e ajunta por motivos e razões particulares contra outros particulares. As uniões e associações clandestinas vem debaixo do nome geral de ajuntamentos illicitos.

Definidos e separados assim os crimes neste titulo e nos seguintes, procurei dar a todos as competentes penas, averiguando para este fim a causa e o motivo da força e do ajuntamento, a occasião, que houve para elle, a sua qualidade e as pessoas offendidas, e principalmente os effeitos e successos da mesma força ou ajuntamento. O que supposto, vejamos em poucas palavras as razões do que se dispõe no titulo.

No principio e nos dois primeiros §§. vem a significação grammatical e juridica das palavras *sedição, tumulto, motim, rixa e assuada,* necessario para a intelligencia deste titulo e dos seguintes, a que se remette o §. 2.

Sedição, em quanto ao effeito da pena, se diz todo o ajuntamento de dez pessoas do povo armadas todas ou quasi todas com o fim de perturbar a ordem pública. Por povo se entendem os nobres e plebeos, e nisto he que differe principalmente a sedição do tumulto, em que só entrão as pessoas da plebe: mas a respeito do castigo e da pena, havendo o dito numero de pessoas congregadas com o referido fim, não differem, supposta a gravidade do crime.

O preciso numero de dez pessoas para constituir sedição ou tumulto tirei eu de Labeão, famoso jurisconsulto e grammatico, e escrupuloso até não mais do rigor e propriedade das palavras. Como o pretor no seu Edicto falava dos delictos commettidos em turba ou multidão; querendo Labeão e Ulpiano definir as pessoas, que são necessarias para haver *turba, tumultus, turbatio, mullitudo, coetus,* dizem que não bastão dois, tres nem quatro, porque esses *rixam faciunt, non turbam,* e que se requerem dez ou quinze, L. 4. §. 3. D. *de Vi bonor raptor.*

O animo de perturbar a ordem pública he tãobem, e principalmente necessario para haver sedição ou tumulto, e nisto he que differe da assuada, cujo fim he a utilidade e offensa particular, e do motim popular, que he um ajuntamento de gente sem motivo nem fim.

Sei eu que os nossos escriptores confundem estes termos, tomando-os promiscuamente; mas a sua significação acima dita não he contraria nem estranha á lingua; e isto he o que basta para poder ser adoptada pelas leis, que tem mais autoridade, do que o uso = Quem penes arbitrium est, et jus, et norma loquendi[115] = Passemos das palavras ás coisas.

---

[115] Horac. *Epist.* aos *Pis.* v. 72. Nota do editor.

No §. 3. se fala da sedição contra o estado e pessoas do imperante, e se capitula crime de alta-traição pela mesma ou maior razão, com que no titulo respectivo se declarou crime da mesma ordem a conjuração ou confederação de tres ou mais pessoas. As penas ficão já declaradas no dito titulo.

Nesta sedição como podem entrar pessoas, que ignorem o seu fim e destinos, no §. 4. deste tituto se declarão as penas, que se devem impor a estes homens; e me parecerão bastantes as que ahi se especificão, e necessarias em razão do delicto principal, a que elles de algum modo accedêrão.

Poderá reparar-se como se castigão os que entrão nesta sedição, não tendo elles culpa, nem sabendo o seu destino? Mas primeiramente sempre he culpa aggregar-se o homem a toda e qualquer multidão sem procurar averiguar a sua causa e motivo. Esta ommissão he culpavel, e della sempre nasce alguma suspeita, a qual, postoque não baste para pena ordinaria, nem extraordinaria excessiva, basta para a perda dos officios e bens da Corôa, de que el-rei he senhor, e para as outras, que se declarão no mesmo §., havendo alguma presumpção mais ou suspeita, segundo as provas e circunstancias. E basta em fim que a mesma associação por si só seja, ou possa ser delicto ou occasião delle para poder ser de algum modo castigada, e com algum rigor, supposta principalmente a gravidade do crime ou delicto principal.

Nos §§. 5., 6. e 7. se castiga o ajuntamento sedicioso contra os ministros da justiça, mais ou menos pelos seus effeitos, e segundo o gráo de malícia dos delinquentes. A simples resistencia á justiça, feita sem multidão e ajuntamento de gente por um ou outro particular, se castigará no tit. 18.

Neste castigão-se os autores da sedição com pena capital nos tres casos de arrombamento de porta, ferimento e de se obrigar o juiz a usar do seu officio e jurisdicção contra sua vontade; e-os outros delinquentes nestes mesmos tres casos com as penas impostas aos que resistem á justiça, declaradas no dito titulo.

Fóra delles não se impõe a pena de morte, mas outras gravissimas, proximas e immediatas. Remetto-me sobre este artigo ao que se diz no mesmo titulo, aonde falo da justiça ou injustiça das leis do reino nesta materia.

Toda a sublevação e levantamento contra os officiaes públicos nasce regularmente das vexações, que elles fazem: mas ainda assim, como nunca póde ser licito fazer-lhes violencia, nem a força tolerar-se em uma cidade bem ordenada, manda-se no §. 8 que os juizes em todo o caso declarem sempre contra os sediciosos as penas legaes: como porém neste caso temos alguma causa escusante, postoque não pareça justo deixar ao arbitrio do juiz a diminuição da pena em um tal crime, parece comtudo justo e necessario dar lugar a S. Magestade para a poder alterar, como lhe parecer, e pedirem as circunstancias; e por isso se manda no §. que se lhe dê parte da sentença antes da sua execução.

No §. 9., trata-se da sedição de uma cidade. Já fica dito no tit. 4. deste Codigo que a multidão dos delinquentes não he bastante causa para a diminuição das penas; que ellas se devem aggravar aos cabeças, que os factos criminosos dos ministros e pessoas do governo da cidade não se dizem approvados pela mesma cidade; que no seu castigo só devem entrar os delinquentes, e que nunca se deve recorrer ao juizo das sortes ou outro semelhante, como iniquo, por podêr cahir no innocente.

O que supposto, estamos agora no caso, em que toda a cidade ou quasi toda he culpada; e esta he a questão do §. 9., e se decide que se castiguem os cabeças e mais delinquentes, como manda a lei; e que se castigue tãobem a cidade, não com pena de morte de todos os seus

142 • Direito Processual Penal

habitantes, nem com se mandar salgar ou arrazar, mas com a perda dos seus privilegios e su- jeição a outra cidade. E esta he a pena, que lembrão hoje os politicos mais philosophos.

A pena, que se impõe no §. 10. aos ministros ecclesiasticos, que pregão ou ensinão pro- posições sediciosas, he necessaria pelos tristes effeitos, que daqui pódem nascer, de que estão cheias as historias; e he infinitamente mais branda e humana em comparação da que declarou em França Henrique IV., e Carlos IX. nos Edictos de 1561, 1563 e 1599.

Mandão-se tãobem castigar no §. 11. os ajuntamentos illicitos e clandestinos, parecendo verdadeiramente prejudiciaes. A L. 2. *De Colleg, et corporib.* e a L. 1. §. 1. *Ad leg. Jul.* Ma- jest. castigão estes ajuntamentos como crimes de lesa magetade. Em França o Edicto ou decla- ração de 18 de Julho de 1724, não falando nas anteriores, ainda he mais forte. Entre nós não ha Ordenação particular sobre este artigo, que foi em todos os tempos o pretexto, porque se commetterão as maiores tyrannias, e de que se servirão sempre nos seus governos os máos princi- pes e ministros.

He verdade que a casa do cidadão deve ser sagrada; mas tãobem he certo que elle pecca contra o seu officio dando nella, e consentindo ajuntamentos, ou assembléas illicitas e prejudiciaes: mas o ponto he que o sejão na realidade e não imaginarias, e esta he toda a difficuldade; e por isso he que eu accrescentei ao §. a palavra *verdadeiramente prejudiciaes.* Não devia porém este crime ser omittido no Codigo pelas suas consequencias; e a pena que se lhe impõe, não foi certamente tirada das leis dos governos despoticos e tyrannos, mas das leis, e do Codigo da humanidade, combinadas e entendidas com a utilidade e segurança pública.

Os ultimos §§. não necessitão de illustração alguma.

AO TITULO XVII.

A FORÇA commettida por uma, duas ou mais pessoas, e em multidão ou ajuntamento, com animo de fazer mal não ao público e ás pessoas públicas, mas aos particulares, chama-se assuada ou força simples na phrase das nossas leis e da fórma, que temos já dito no tit. antecedente. As Ordenações actuaes e as antigas, nem castigão bem este crime, nem o explicão como deve ser, segundo os seus gráus e circunstancias.

Affonso III. por uma lei feita em Lisboa aos 7 de Fevereiro da era de 1310, mandou que o rico – homem e infanção, que se assuasse ou fosse em ajuda da assuada de outrem, pagasse a el- rei mil libras, perdesse a terra, que delle tinha e sahisse do reino: os escudeiros e demais homens pagavão quinze ou trinta libras, e a todos se lhes tolhia a terra.

Esta lei parece estar muito bem feita, e com a devida porporção, pelo que respeita á pena; mas devia augmenta-la ou diminui-la pelos effeitos e successos da mesma assuada, e explicar em que ella consistia.

Affonso V. na sua Ord. L.º 5. tit. 45, não faz mais que referir a L. de Affonso III, accrescentando no fim sómente que se observe em tudo o que respeita á pena de dinheiro, mas que a perda da terra e o degredo ficasse ao seu arbitrio.

Na Ord. do senhor rei D. Manoel tit. 51, e na actual tit. 45. se castiga a assuada, entrando- se em casa de outrem e havendo ferimento, com pena de morte, e não o havendo, com açoutes e degredo, segundo a qualidade das pessoas: nos outros casos com a pena de degredo e multa de dinheiro. Deverião porem explicar-se mais os effeitos e successos da assuada, e castigar-se mais ou menos segundo os mesmos effeitos; e deverião tãobem distinguir-se os principaes autores dos outros delinquentes. Estes e outros defeitos procurei remediar no titulo.

Porque em primeiro lugar no principio e §. l. disse, que a assuada era um ajuntamento de dez pessoas estranhas ou domesticas, armadas a maior parte para fazer mal a outrem. E aqui suppri e alterei a Ordenação: suppri declarando o numero certo de pessoas necessarias para haver assuada, e que devião ser armadas, o que a Ordenação não declarava; e alterei fazendo entrar neste numero assim os de fóra, como os de casa. As razões são claras, e ficão já em grande parte indicadas nas provas do titulo antecedente.

No §. 2. se diz o que he motim ou tumulto popular: remetto-me ao que fica dito. No §. 3. e seguintes se castiga a assuada mais ou menos pelos seus effeitos e pelos seus autores. O facto simples de apparecer em público se castiga com 60 dias do cadeia, e 60 cruzados, pena que se impõe em dobro aos cabeças: o facto de se postar o ajuntamento á porta de outrem, como mais aggravante, com as mesmas penas dobradas, diminuindo-se aos criados e filhos a de cadeia, por terem menos culpa, mas não a de dinheiro, que por elles são mandados pagar os pais e os amos.

O facto de arrombamento de porta, e de se entrar por força na casa alheia, como muito mais aggravante, se castiga com maiores penas no §. 5; e a pena capital só se impõe ao autor da assuada, no caso de ferimento; e a quem o fez com as penas do §. 6. Eu tenho por um grande crime o facto de se entrar com gente armada em casa de outrem; e as leis devem procurar que a casa de cadaum seja o seu tutissimo refugio: por isso me pareceo justo exacerbar as penas, e digno da capital, no caso de ferimento, o autor delle, e o do tumulto ou assuada. A Ordenação actual não faz esta, e outras differenças.

Declara-se no §. 8. não ser assuada, nem delicto o ajuntamento dos filhos ou parentes, feito logo por occasião da noticia da morte ou perigo de vida de seu pai, com animo de o soccorrer, ou de prender o malfeitor. A razão he clara, e tirada da mesma definição da assuada e do delicto.

A união de familias para vingarem mutuamente as suas injurias, se manda castigar no §. 9. com a pena de 30 dias de cadeia, ou degredo para fóra da comarca pelo mesmo tempo. Hoje que os homens são mansos, he bastante, e mais que bastante esta pena: em outros tempos, como eram outros os costumes, e frequentes estas uniões, forão castigados com pena de morte por lei do snr. D. Diniz, dada em Coimbra no anno de 1314. Sobre os costumes deste seculo podem-se ver as excellentes *Considerações* de Mr. Duclos, e o que eu disse *na Introducção* sobre o direito da vindicta particular.

No §. 10. se castiga a força e a violencia feita por uma ou duas pessoas, que violentamente, mas sem assuada ou ajuntamento de gente, entrarão em casa de outrem. Este crime tãobem he grande; porque para mim, e creio que para todos, a violencia sempre foi um delicto muito grave, e delicto público, que as leis devem severamente castigar: por esta razão no §. 10. se lhe impõe graves penas, mas não tão graves, como no caso de assuada, pelo não ser tanto. A nossa Ordenação, contra o seu costume, não he muito rigorosa; porque no §. 4., do tit. 45 sómente lhe impõe a pena de degredo perpetuo para o Brasil.

A pena dos que tomão por força a sua coisa ou a alheia, ou por força se mettem de posse da sua fazenda, he a mesma da Ordenação do L.° 4, tit. 58, e ella foi tirada para o §. 11. deste tit., e o mesmo se manda impor no §. seguinte, ainda no caso de se recuperar logo a mesma coisa, ou a posse depois de uma vez tomada e perdida. A Ord. no dito lugar dá esta liberdade ao forçado, usando della logo que se commetter a força; porem prescindindo da difficuldade da intelligencia da palavra *Logo,* que a Ordenação reconhece, eu creio que a dita Ordenação querendo procurar, por aquelle meio, segurar o soberano direito da propriedade, o confundio mais e perturbou,

144 • Direito Processual Penal

dando com esta liberdade occasião a brigas e tumultos, como mostra a experiencia. Quanto mais que no estado civil deve-se fazer sempre differença entre a defesa necessaria assim da minha pessoa, como das minhas coisas, e entre a sua recuperação depois de tomadas: aquella he sempre permittida ou desculpada; esta nunca o deve ser havendo juiz, a quem se recorra. Da força, em quanto roubo, se falará no seu proprio titulo.

Prohibe-se no §. 13. trazer pela cidade ou caminhos homens armados ou escudados, com a pena de dez ou vinte dias de prisão, dez ou vinte cruzados. A Ordenação actual do titulo 47 e as antigas mandão o mesmo com pouca diferença, e todas forão tiradas de uma lei do senhor D. João I que refere Manoel Barbosa á Ordenação.

No §. 14. se impõe a pena de quatro ou dois dias de trabalho de graça nas obras públicas aos que derão causa a algum motim, ou nelle se ingerirão. Como este ajuntamento não tem fim nem motivo, he escusado maior pena; porque commettendo-se outro delicto, tem então lugar a pena ordinaria e particular, como se diz no §. 15.

A pena de cadeia para os homens do povo trabalhadores e de dinheiro, não havendo delicto, que o peça, he desummana; porque como são pobres, tira-lhes toda a subsistencia e modo de vida; e por isso se aconselha, que nestes casos e outros semelhantes, como por ex., quando faltão a trabalhar naquelle dia, para que forão notificados, se não prendão, mas que se obriguem a trabalhar dois dias por aquelle, em que faltarão: nesta philosophia, se assim se lhe póde chamar, se funda a decisão do §, 14.

No §. 16. se fala das penas judiciaes, que em certos casos se devem deixar ao juiz, principalmente naquelles, de que se fala no §. como se disse no *Direito Público*. No §. 17. se mandão castigar com suspensão do oficio por um anno os ministros, e officiaes de justiça e Militares que podendo, não acudirem a todo e qualquer ajuntamento, força, motim ou briga.

No §. 11. do titulo 3 deste *Codigo Criminal* fica dito, que os officiaes de justiça e de guerra, não acudindo ás brigas e motins são complices da mesma acção do delicto; e por isso aqui se lhes declara a pena. Os particulares, aindaque no dito lugar se digão tãobem complices, não são rigorosos delinquentes, porque a omissão destas e de outras obrigações que vem da lei e systema geral da caridade, ou do pacto e lei social he mais delicto philosophico, do que civil e politico, e apenas deve ser castigado.

O §. ultimo, em quanto prohibe chamar outra ajuda nas voltas e brigas, nem outro appellido, senão o de sua Magestade, deve a sua origem a uma lei do senhor D. João I, referida na Ordenação Affonsina tit. 71, de que foi tirada a actual no tit. 41 e a Man. tit. 61. E na parte, em que prohibe acudir ás bulhas, ou seja para ajudar, ou para estremar, tem originariamente por seu autor o senhor Rei D. Diniz da sua Lei de 13 de Julho da era de 1359. Esta parte, aindaque pareça contradictoria com a primeira, e com a obrigação geral e officio de todo o homem e cidadão, que he acudir ao seu semelhante comtudo como desta ajuda se seguem regularmente effeitos contrarios, augmentando-se por ella mais e mais o tumulto e a desordem, por isso em todo o caso foi prohibida com pena de morte pela Lei Dionisiana, e de degredo por um anno para Ceuta pela Affonsina. Já se sabe que uma e outra pena he excessiva, e que basta a do §., e a addição ou supplemento, que nelle vem ás Ordenações antigas, faz cessar o medo e prudente receio do augmento da desordem e do motim, que era toda a razão da sua geral prohibição, que hoje não he de esperar da nossa educação e costumes, tão diversos dos antigos.

O §. ultimo, que manda castigar igualmente a força, e todo e qualquer ajuntamento, ou seja feito com armas ou sem ellas, era necessario para se não dizer impunido este delicto, visto neste titulo e no antecedente falar-se só dos excessos commetidos pela multidão de gente armada. Para o effeito da pena já fica dito que se deve olhar mais para o successo e consequencias do crime, do que para o modo porque se commetteo; e sendo certo que a força compulsiva, turbativa, ou ablativa, se commette sem armas, parece que se deve castigar do mesmo modo que a armada, no caso de se seguirem os mesmos effeitos; e esta he a doutrina de Jacob Gothofredo á L. 152 *De reg. jur,* e de Everardo Côtto ao §. 6. *Inst. de interdictis,* e ao 8. *De publ. judic.*

AO TITULO XVIII.

TRATA-SE neste titulo do crime de resistencia, e da desobediencia simples feita á justiça, e da offensa aos seus ministros e officiaes, distinguindo-se e separando-se entre si estes crimes por serem diversos, e dando-se a cada um a sua diversa pena: distincção, que não faz a Ordenação actual e as antigas, nem a lei novissima, como logo veremos.

Eu entendo que este crime he mais ou menos grave segundo a qualidade, e representação das pessoas, que se offendem, e principalmente pelos seus effeitos, consequencias e successos; e nesta intelligencia procurei ajustar e proporcionar a pena ao delicto.

O fundo do titulo he a Ordenação do L.º 5. tit. 49, 50 e 51, a que correspondem as antigas citadas á margem, e a extravagante de 24 de Outubro de 1764, que alterei em grande parte pelas razões, que vou já dizer.

Primeiramente como este, e todos os delictos differem pelo animo e successo, e pela representação da pessoa offendida, no principio do titulo e no §. 1. faço crime de Estado a resistencia feita com o fim de arruinar a sociedade, e negar ou duvidar do poder do rei, e de lesa-magestade a resistencia ás ordens del-rei dadas por elle immediatamente ou pelos seus ministros do Conselho de Estado e gabinete: as razões são claras e me remetto ao que disse no titulo respectivo.

Neste artigo não faço differença entre a resistencia, e simples, desobediencia, a qual faço no resto do titulo, nem entre a qualidade das ordens, e sua importancia; porque me parece que a não admitte a segurança pública, e porque he perigoso, e não se deve deixar ao subdito o juizo da importancia das ordens regias; por quanto muitas vezes de uma ordem, que nada parece significar, podem pender grandes coisas. Por esta razão se manda que se não execute a sentença sem se dar parte, com o fim de a poder o principe alterar pelos seus effeitos, e segundo a importancia das ordens dadas, cujo juizo sómente a elle pertence. O titulo 96 *dos que sendo apercebidos para servirem por carta d'el-rei, o não fazem,* pertence a outro caso.

No §. 2. se fala da resistencia feita aos julgadores distinguindo-se da que se faz aos officiaes; e se fala della nos dois casos de ferimento ou de se impedir a diligencia da justiça, que são os mais graves. As penas são, a degradação dos graus da nobreza, a perda dos bens da Corôa e ordens, e da administração dos vinculados, e de prizão, degredo, ou trabalho perpetuo nas obras públicas: e não me parecem excessivas, supposta a gravidade do delicto.

A Ordenação faz differença entre a resistencia feita com ferimento com armas e sem armas e entre os desembargadores, e corregedores da côrte, e da cidade de Lisboa, e do Porto, meirinho e alcaides da mesma côrte e das cidades, e entre os corregedores das comarcas, e entre estes e outros juizes e officiaes. A resistencia com ferimento aos desembargadores, e officiaes da côrte e da cidade de Lisboa ou do Porto, tem pena de morte; sem ferimento e com armas, degredo perpetuo para o Brasil; e sem armas por dez annos. E aos outros ministros e officiaes a resistencia com ferimento tem pena de mão cortada, que aos fidalgos e cavalheiros se manda comutar por

146 • Direito Processual Penal

outra, que parecer: sem ferimento com armas ou sem ellas, tem degredo por 10, 6, 4 ou 2 annos para o Brasil, ou para Africa, segundo a graduação dos juizes e officiaes, e modo da resistencia. Não me parece boa esta legislação em todas as suas partes. Porque primeiramente para o caso não approvo a differença tirada da differença dos lugares, e da graduação dos ministros e seus officiaes; porque a lei não deve descer a muitas miudezas sem necessidade; e posto que uns e outros sejão mais ou menos graduados, e maiores os crimes em razão do lugar, esta não deve ser sempre a regra, e muito menos no caso presente mas a qualidade e officio geral do julgador, e a razão geral de official; e por ella he que eu entendo se deve medir a offensa e a pena, e pelos sucessos e effeitos principalmente. E por outra parte, a subdivisão dos ministros e officiaes, exacta e excrupulosa para o effeito da pena, causaria bastante embaraço para o seu calculo, e graduação da pena; por tanto pareceo-me melhor e mais simples adoptar só a distinção dos ministros entre si e dos officiaes.

Depois disto postoque este crime seja grave, a pena ordinaria de morte no caso de simples ferimento, não tem proporção, e a de degredo he diminuta. A de mão cortada he barbara pelas razões dadas na *Introducção*, e como a Ordenação não impõe, alem desta, mais do que a de degredo temporal, que não he bastante, não fica este delicto bastantemente castigado; e a de mão cortada, como não tem lugar nos fidalgos e cavalleiros, mas só a de degredo, vem elles a ser mais alliviados, quando o não devião ser por terem mais obrigação de obedecer á justiça. As penas impostas no §. 2. deste titulo são proprias a toda a sorte e ordem de pessoas.

E em quanto á Lei novissima de 24 de Outubro de 1764, que faz a resistencia a todo e qualquer juiz e official, havendo ferimento, ou impedindo-se a diligencia, crime de lesa-magestade de segunda cabeça, e o manda castigar com a pena de morte e de confisco, parece-me esta lei ainda mais defeituosa do que a Ordenação; porque em primeiro lugar não declara a pena dos que resistem e commettem força contra a justiça nos casos de não haver ferimento, e de se não impedir a diligencia, o que era necessario; depois disto não distingue os officiaes dos ministros, sendo diversa a representação de uns e outros; e porque ultimamente capitula este crime por de lesa-magestade, não o sendo, porque não se offende por uma simples resistencia, feita por motivos particulares, o Estado, nem a pessoa, governo e poder do imperante.

Passemos ao §. 3: nelle se mandão tratar do mesmo modo e castigar as agentes e complices no caso de ferimento, e de se impedir a diligencia, contra a regra geral dada no titulo 3 deste Codigo. A razão he a gravidade do crime.

No §. 4. se fala da resistência sem ferimento, e que não impedio a diligencia; e se lhe impõe menor pena, por ser menor o delicto, attendido o seu effeito, que he o que se deve principalmente considerar para a sua aggravação. Ainda assim supposta a sua gravidade, se lhe impõe a pena de perdimento dos officios e bens da Côroa, e de prisão, degredo ou trabalho nas obras públicas por dez annos. Não fiz para o effeito do augmento, ou diminuição da pena a differença da Ordenação entre resistencia, com armas, e sem ellas; porque me pareceo melhor olhar para os successos e consequencias do crime, do que para o modo porque se commetteo.

No §. 5. se impõe esta mesma pena mais branda aos que resistem aos officiaes de justiça, ferindo-os ou impedindo por força a execução da diligencia. Este §. em quanto não faz differença de officiaes, he contra a Ordenação, e em quanto a faz delles aos ministros, he contra a dita lei novíssima: mas já fica dito que os officiaes representão menos, do que os juizes, e que a differença, por não descermos a miudezas, se deve fazer, pelo que respeita ao castigo, pela differenta do poder e direito de julgar ou não julgar em geral, isto he, do juiz ao official, e não pela differença da qualidade dos juizes e dos officiaes entre si.

A mesma pena se impõe no §. 6. aos que por força impedem, ainda que sem effeito, aos officiaes entrarem em sua casa em diligencia da justiça: e no §. 7. aos que acolhem na côrte os criminosos de resistencia. No seu titulo particular hãode vir as penas dos que encobrem os malfeitores: por ora, e no dito §. incidentemente só vem a pena dos que dão acolhimento aos culpados de resistencia. A que lhe impõe a Ordenação no tit. 49. §. ultimo de 30 cruzados, he muito diminuta.

No §. 8. se declara a pena dos que resistem aos officiaes de justiça, não os ferindo, nem lhes impedindo a diligencia, e se lhes impõe a de cadeia ou de dinheiro, segundo a qualidade do excesso ou resistência. Pareceo-me necessario especificar todos estes casos, e moderar nestes muito e muito a pena de resistencia; e a razão he porque não teve effeito nem consequencia, que foi o princípio geral, que tomei, e o principal para o seu augmento ou diminuição.

O §. 9. serve como de uma explicação ou separação deste titulo e dos antecedentes; porque diz que aqui só se trata da resistência por um ou outro particular, e não daquella, que se fez em tumulto, e por uma multidão de gente ou assuada, de que se falou nos ditos titulos, a que me remetto.

O §. 10. fala da simples desobediencia á justiça, sem resistencia; e se manda castigar com pena de alguns dias de cadeia, ou multa de dinheiro. He claro que he menos e muito menos desobedecer á justiça, do que resistir-lhe. A Ordenação confunde resistencia com desobediencia no principio do titulo 49 e em outras partes, e castiga uma e outra do mesmo modo. A Lei novissima tãobem se não explica, e no §. 3. parece tomar por resistencia toda a offença á justiça, e consequentemente toda a desobediencia, o que não he assim, se olhamos ao gráo de maldade de cada uma.

No §. 11. declara que não resiste á justiça, nem desobedece o que resiste ou desobedece ao juiz nas coisas, que não são do seu officio. A razão he clara; porque obra como particular, e não como pessoa pública ou em nome e por autoridade do imperante; pareceo-me porém necessario o dito §. para conter muitos juizes, que ou não sabem esta grande differença, ou não querem que a haja.

No §. 12. e seguintes até o 18 se fala especialmente das offensas, ou injurias feitas aos julgadores e officiaes de justiça, e modo de as proseguir, de que trata a Ordenação no titulo 49, e particularmente no titulo 50, e as antecedentes nos titulos 66 e 91, e a dita Lei novissima de 21 de Outubro no §. 3., ahi se distinguem as públicas das particulares, isto he, as que se fazem ao officio e ao lugar, ou á pessoa particular dos ministros e dos officiaes, e o modo de proceder em umas e outras.

No dito §. 12. se declara que a injuria feita aos juizes e officiaes em juizo e fóra delle sobre coisas pertencentes ao seu oficio, se deve castigar com a pena ordinaria do delicto em dobro. A differença e distincção de injuria judicial e extrajudicial, e de ser precisamente sobre o officio do julgador ou do seu official; he da Ordenação, mas não he da Lei novisima no dito §. 3. aonde fala das injurias e affrontas feitas á justiça; a mim porém pareceo-me melhor a Ordenação, do que a generalidade da Lei, e por isso a adoptei antes.

Tãobem declarei no mesmo §. a pena da injuria, o que não faz a Ordenação, supprindoa nesta parte, porque ella só manda que o juiz castigue o culpado como por direito merecer. A pena de prisão de um mez até um anno na cadeia da comarca, que he o que impõe a dita Lei novíssima, não póde adoptar-se havendo-se por bom o plano e os principios, que pretendo seguir no castigo dos delictos particulares das injurias, de que se falará no seu lugar competente.

148 • Direito Processual Penal

No §. 13. e seguintes declara-se o modo, porque o juiz e official poderá proseguir a sua injuria; e se diz no §., em quanto ao juiz, que a injuria estranha ao official só póde o juiz demanda-la como qualquer do povo, mas que não póde conhecer della, e sim e tão sómente o seu superior; e por consequencia a pena desta injuria he a mesma ordinaria do delicto; e só se permitte ao juiz, que a seu requerimento se prenda o injuriante por 24 horas, não por elle, mas pelo seu superior. Combinando-se, e unindo-se este §. com a Ordenação correspondente, he facil de vêr a alteração entre uma e outra legislação, e tãobem a razão della.

No §. 14. se manda que o juiz faça auto da resistencia e offensa, que se lhe fez, pena da suspensão e inhabilidade: no §. 15., que o remetta para o seu superior, sem o julgar: no 16, que os officiaes tãobem o devem fazer debaixo da mesma pena, entregando-o ao seu proprio ministro para o julgar. Concorda substancialmente a Ordenação no titulo 50, só com a differença que ella dá poder ao juiz para perguntar as testemunhas, o que me não pareceo bem; porque he certo que o juiz sempre tem afeição á causa; e se a Ordenação, lhe não permitte julga-la, para que lhe hade permittir que tire as testemunhas, de que depende a sentença e o julgado?

O auto, que faz o juiz ou o official, ou certidão, que elle passa, he uma especie de corpo do delicto, e não prova delle, como se dirá na segunda parte deste Codigo quando falarmos das provas; por ora basta dizer que a formalidade de proceder, que dá a dita Lei novíssima nos §§. 5 e 6, não me parece boa pelas razões, que ahi se dirão.

Dá-se no §. 17. autoridade ao juiz para castigar a simples desobediencia, postoque a não tenha para conhecer, e castigar a resistencia: a razão he porque não ha que temer a sua affeição por serem neste caso leves as penas, e porque a todo o juiz he permittido sustentar a sua autoridade e jurisdicção. O §. 18. he tirado da Ordenação titulo 50. no principio.

Os §§. 19 e 120 aonde se castigão com alguns dias de cadeia os que levantão a voz em juizo perturbando a administração da justiça, ou injuriando toda e qualquer pessoa na presença da justiça, tem por fundamento a Ordenação actual no titulo 51, e as antigas citadas á margem, que não he necessario referir, e muito menos as leis estrangeiras sobre o assumpto deste titulo, de que já se fez a devida menção nos antecedentes. A razão da alteração dos ditos §§. com a Ordenação no dito titulo 51. *Do que levanta volta em juizo pertencente á justiça* he clara. Em seu lugar se falará, das injurias em geral, e das que se fazem ás pessoas, com quem se trazem demandas, de que se trata na Ordenação do L.º 5. titulo. 42

AO TITULO XIX.

Este crime da tirada do preso da mão do official ou da cadeia, he de resistencia verdadeiramente; mas para melhor clareza, e a exemplo da Ordenação, pareceo-me melhor trata-lo em differente titulo. Em prova deste offereço as do titulo antecedente, e de novo só darei a razão precisa de cadaum dos paragrafos.

No principio declara-se crime de lesa-magestado a tirada, por força, do preso do lugar do supplicio, ou do caminho quando vai para se justiçar. A razão he porque por este facto se offende e ataca directa e immediatamente o poder, governo e autoridade do imperante, e porque contem maior malicia e maldade, do que a tirada da mão do official, ou da cadeia.

A L. 4. D. *Ad. leg. Jul. mogest.* faz réo deste crime ao que tira o preso da cadeia depois de confesso, nas palavras *Item, qui confessum in judicio reum, et propter hoc in vincula conjectum, emiserit.* Mas esta lei nesta parte, assim como em outras muitas, cheira ao despotismo, e só póde ser adoptada no caso proposto da tirada do lugar do supplicio.

Impõe-se no §. 1. deste titulo ao que tirar o preso do poder do official a mesma pena dos que resistem á justiça no caso de ferimento, ou de se impedir a diligencia; poisque na verdade se impede pelo facto da tirada do preso. Esta mesma regra seguio a Ordenação actual no titulo 48. no principio.

Menor pena tem o que tirar o preso da mão de qualquer pessoa do povo, que o prendeo, como se diz no §. 2: a razão he porque esta pessoa do povo, postoque seja autorizada pela lei para a prisão, não he tão chegada á justiça como o official público. A nossa Ordenação no lugar citado põe tãobem menor pena neste caso.

No §. 3. se fala da tirada do preso não da mão do official, mas da cadeia, que he a outra parte do titulo, e se declara este crime mais grave, porque depois de recolhido o preso á cadeia pública, se reputa mais na guarda e poder da justiça, do que estando na mão do official e por isso além das penas dos que resistem á justiça no caso de ferimento, e de se impedir a diligencia, se lhe impõe a de perdimento de metade dos bens, seguindo-se com effeito a tirada do preso e havendo arrombamento ou ferimento.

Os bens mandão-se no dito §. e em outros lugares deste Codigo applicar para obras pias, e não para o juizo, e aqui lembro o que na Introducção, e no titulo 4.° disse sobre penas fiscaes. Não taxei porém a qualidade das obras pias; porque devendo-se por ellas entender não só as que se declarão na Ordenação L.° 1. tit. 62. §. 41, mas todas as públicas, por ser esta causa a mais pia, e sendo tantos os ramos e repartições, que ella comprehende, como por ex. a educação natural e civil dos menores, o sustento e paga dos condemnados ao serviço público e infinitos outros, e podendo ser um mais pobre e necessitado, que outro, pareceo-me melhor deixar a designação dos bens ao arbitrio dos juizes segundo as necessidades, que occorrerem, do que á lei, que as não póde adivinhar.

O que supposto, a Ordenação actual no titulo, 48. §. 1., e a do senhor rei D. Manoel no titulo 35. põe pena de morte no caso de arrombamento, ainda que se não siga a tirada do preso. Pareceo-me excessiva esta pena, posto que o delicto seja muito grave; e parece-me tãobem que se deve fazer a differença, que a Ordenação não faz, entre o arrombamento sem effeito, e com elle; porque como fica dito nos titulos antecedentes, estes crimes, e quasi todos são mais ou menos graves pelos seus effeitos, successos e consequencias. Sobre as penas impostas pelas leis romanas, e outras estrangeiras no crime *De effracto carcere,* remetto-me ao titulo 18, De *effractoribus do* 1.° 47. das Pandectas, e aos seus commentadores.

Declara-se portanto no §. 4. menor crime o arrombamento da cadeia, no caso de se não seguir ferimento, nem tirada de preso; e muito menor no §. 5. o arrombamento e tirada do preso de uma casa particular, em que se metteo, do que da cadeia pública. As razões são claras.

No §. 6. se põe a pena de prisão até mercê de S. Magestade aos que sem força, mas por arte, engano ou outro modo tirão o preso da mão do official ou da cadeia. Este homem he criminoso, porque com este facto offende e se oppõe á ordem pública; mas não tão criminoso como aquelle, que usa da violencia; e porisso deve ser castigado. As nossas Ordenações não falão, nem castigão este crime.

Nos §§. 7. e 8. se declarão as mesma penas aos agente e complices, e ainda no caso de ser injusta a prisão; porque esse juizo não pertence aos particulares, mas á justiça. A Gloss. e com ella alguns DD., á Clementina *Pastoralis* na palavra *per violentiam De sent. et re judic.,* seguem o contrario.

150 • Direito Processual Penal

No §. 9. se manda diminuir a pena aos conjuges, pais, e filhos, que tirarem uns a outros do poder da justiça. Já no titulo 4. deste Codigo fica dito que o amor em geral, e com mais razão o paterno e marital, he uma das causas escusantes do delicto. Os exemplos das mulheres, que livrarão seus maridos vestindo os seus trages, ou usando de outros artificios, podem-se vêr em Plutarcho no L.º *Illustrium mulierum*, em António Gomes L.º 3. *Var. C. 9.*, e em outros muitos. Eu só me lembro da mulher de Hugo Grocio, Maria de Reygersbergia, que o tirou da cadeia mettido em um cesto. Estes e outros exemplos de amor e heroicidade não são dignos de castigo, antes de premio, considerados por um lado; mas a lei nunca os deve deixar absolutamente impunidos.

A mudança do preso de uma para outra prisão, sem outra circunstancia, não he verdadeira tirada de preso, mas sempre he delicto, postoque muito mais leve; e porisso se manda castigar com a pena de 15 ou 30 dias de cadeia no §. 10. He applicavel a este caso a L. 7. D. *Depositi* aonde Ulpiano não escusou aquelle, que por compaixão e misericordia soltou o preso para o livrar da tortura, *quia intempestive misericordiam exercuit.*

Nos §§. 11., 12. e 13. se fala especificamente dos presos, que fogem da cadeia, e se diz, que fugindo por acharem a porta aberta, ou por industria ou engano, não commettem delicto; mas só quando fogem resistindo ao carcereiro, ou arrombando a cadeia: a razão he porque fugir não he crime, nem o preso he obrigado a estar permanentemente na cadeia, e muito menos a sujeitar-se á pena, podendo livrar-se della, como já em outro lugar se advertio, e por consequencia não deve ser castigado por um facto, a que a lei civil o não obrigou, nem podia obrigar. Mas se fugindo resistir ou arrombar a cadeia, he delinquente pela resistencia e arrombamento, que fez, porque violou um lugar público, mas delinquente, que tem por si uma causa tão escusante como o amor da liberdade; e por isso para seu castigo basta um mez mais de prisão rigorosa, alem da pena ordinaria do delicto: e esta he em substancia a mesma opinião de Antonio Peres no titulo *De custod. reor.* N.º 16.

E a differença, que elle e outros fazem entre os crimes capitaes e os que o não são, e entre a prisão perpetua e temporal, não me parece razoada. Porque *si ignoscendum est ei, qui sanguinem suum qualiter qualiter redemptum voluerit,* tãobem se deve perdoar áquelles, *qui libertatem suam redimere voluerint.* No §. 14. se diz que se não deve ter por confesso o preso, que fugio da cadeia, nem julgar-se por isso o delicto por provado. A razão he, não só porque não he delicto, como acima se disse, mas porque o preso podia fugir não por se achar inteiramente culpado, *et ob conscientiam sceleris,* mas por amor da liberdade, e por se livrar das molestias e incomodos inseparaveis das melhores prisões. A nossa Ordenação no livro 5. tit. 48. §. 2. e 3. faz crime a fugida do preso sem ajuda de fora, e tem por provado o delicto no caso de arrombamento da cadeia, o que me não pareceo seguir pelas razões, que ficão ditas.

O §. ultimo dos que lanção por terra os instrumentos destinados pela justiça para castigos dos malfeitores, he novo, nem eu sei que venha nas Ordenações do reino: mas o facto em si he criminoso, deve ser castigado, e me pareceo proporcionada a pena, que vem no §.

Não falei neste titulo da fugida e tirada do preso por culpa dos carcereiros, como parecia pedir a boa ordem, porque reservo tratar deste, e outros delictos privilegiados de prevaricação dos proprios officios em seu lugar competente, isto he, depois de absorvidos os delictos communs.

I - Projecto Mello Freire • 151

AO TITULO XX.

Continuão os crimes de força pública ou privada, e taes são os de carcere privado. Os Romanos os reputavão de lesa-magestade, e lhes impunhão a pena capital e de falsario, a que Justiniano substituio a de prisão por outros tantos dias, e de perdimento da causa, na L. *2, Cod. De priv. carcer. inhibendis.*

A nossa Ordenação no titulo 95 impõe a pena, de degredo por cinco annos, e de açoutes ao peão, que no fidalgo ou escudeiro commuta por tres mil reis. As Ordenaçoes antigas citadas á margem no principio do titulo, em substancia dizem o mesmo, e só devo lembrar para o casos a significação da palavra *peão*, sobre que já aqui se falou muitas vezes, que nas ditas Ordenações antigas não vem esta palavra, mas a de *villão*, ou *pequena condição*, que os compiladores da *Philipp.* explicarão por *peão*: se bem ou mal, e em todo o rigor e propriedade da lingoa, ou no sentido de direito, não he necessario averiguar.

E voltando ao titulo, nelle vem e se declara o que he crime de carcere privado, e em que casos se commette ou não, e a sua pena; fala-se das cadeias dos bispos e das religiões, e prisões secretas, do poder dos pais, dos senhores e amos sobre os seus filhos, criados e escravos; do juizo domestico dos parentes, e da tortura privada. Tudo o que se diz no titulo he claro; mas como nem tudo he conforme ao que manda a Ordenação, direi sempre em pouco a razão da mudança.

Os primeiros §§. declarão e dão a conhecer este crime, e o fundo he a mesma Ordenação actual; a pena porem he a de Justiniano, que me pareceo mais humana, e analoga com o delicto, do que a da Ordenação.

No §. 5. declaro maior crime, e maior pena ao carcere público do que ao privado; e a palavra *público*, já se sabe que não se torna por público em differença do privado, mas por notorio e sabido de todos, em contraposição do occulto e particular. E na verdade he mais ter uma cadeia pública, que todos vêm sem licença do imperante, e nella prender alguem, do que em sua casa, ou em outro lugar, de que nem todos sabem. Não he de temer hoje este crime, mas como já aconteceo, e em Portugal mesmo, e poderá acontecer, não parece improprio que a lei o previna e castigue.

Nos §§. 6. 7. 8. 9. e 10. se manda que os bispos sem embargo de se lhes haver permitido no direito público o uso do aljube e cadeia pública, peção de tres em tres annos licença para o terem; que os ministros de sua Magestade possão nellas metter presos, que quizerem: que os corregedores das comarcas não consintão nellas instrumentos proprios para atormentarem os presos: que os possão mudar e soltar, sendo presos injustamente, e que as visitem todos os annos, e os carceres das Religiões. Todas estas posições são novas, mas necessarias, e desejadas ha muito tempo pelos homens bons e amigos da humanidade.

Nos §§. 11. 12. 13. 14. e 15. se fala das prisões secretas, e se prohibem. Na segunda parte deste Codigo Criminal, quando tratarmos das provas, e da acusação e defesa do réo, se hade dizer tudo o que for pertencente a este importantissimo objecto: por ora basta prohibir neste titulo o uso de segredo por mais de tres dias a arbitrio de um só juiz, e ordenar-se que sendo o delicto tal, que peça reclusão por mais tempo para elle se averiguar, se consulte o governador da Relação, ou o corregedor da comarca, como se manda no titulo; desta fórma, sem offensa da humanidade, se satizfaz á justiça não se deixando ao juizo de um só homem, que póde ser suspeito, a reclusão do seu semelhante por muitos dias. Estamos ainda no caso de não estar o réo convencido do seu delicto, e por consequencia não he justo que soffra uma tal pena, ou que esteja mettido em um carcere escuro e doentio, e privado da communicação das gentes por tempo consideravel.

152 • Direito Processual Penal

E a respeito dos religiosos presos pelos seus prelados, o que se diz no §. 12., parece santo, justo e necessario porque sabemos que elles abusão muitas vezes o seu poder economico e rectorio, tratando indignamente os seus irmãos, a que o rei deve acudir porque não deixárão, pela profissão, de ser seus vassalos; nem ha razão para que antes da sentença, e em quanto se lhes prepara a culpa, sejão privados da communicação dos outros religiosos e parentes.

Mandão-se no §. 16. visitar as mesmas casas de correcção para evitar toda a occasião de despotismo aos intendentes da policia; porque importa à justiça, e aos particulares que se saiba quem está preso.

A communicação porem com todas ou certas pessoas se deve de necessidade deixar aos mesmos intendentes, e esta he a natuteza de semelhantes prisões.

No §. 17. e seguintes se diz, que não he réo deste crime o que prende o furioso, ou a seus filhos menores por tres dias, A razão he clara: veja-se a L. 13 §. I *De Offic. praes.,* a L. 16. §. 2. *De Poen.,* e a L. 1. *Cod. de Mandat propinquor.* Approva-se neste lugar o juizo da familia, e dos mais velhos no castigo dos delictos dos parentes, com tanto que não abusem deste poder, de que não abusárão os Romanos, em quanto se não corromperão. Veja-se a obra intitulada *Meios de adoçar o rigor das leis penaes em França,* ou *Discursos premiados pela academia de Chalons,* em Paris 1781. 3. p. titulo 11. pag. 207. Póde ser, que em Portugal se trate dos delictos familiares, e ahi se falará mais largamente do juiso familiar.

Pelo contrario não se permitte aos senhores ou amos prender os seus criados ou servos pela razão, que se dá no §. 21. A lei de Constantino que vem no Codigo de Justiniano debaixo do titulo *de Emendat Servor.,* aonde se diz que morrendo o servo por occasião da prisão ou açoutes, que o senhor lhe deo, *nullum criminis metum, servo mortuo, dominus sustineat,* parece ser mais de Nero, do que de Constantino, e bem mostra a dureza do direito romano sobre os seus escravos.

O §. 22., em quanto prohibe a prisão do devedor fugitivo, he contra a Ordenação do livro 4.º tit 76. §. 3. e 1.º 5. tit 95. §. 3., fundadas no rigor do direito romano, que hoje não soffrem os nossos costumes.

Na mesma razão de suavidade se funda o §. 23: as Ordenações do 1.º l. tit. 24. §. 43., e 1.º 5. tit. 140, que permittem reter o preso por custa dos officiaes, e o mandão para a India, não as pagando dentro de certo tempo da cadeia, para ahi ganhar com que pague são deshumanas e incivis.

Manda-se no §. 24. que se possa commutar a dias de trabalho de graça nas obras públicas a multa de dinheiro, mas nunca por prisão, por ser notoriamente injusta não havendo com que se pague. Esta decisão he necessaria, porque nem com todo o cidadão he rico, nem a lei pode estar sempre fazendo uma semelhante distincção, e fica servindo esta decisão de regar geral para todos os casos.

O §. 25., que prohibe ao pai e marido prender alguem pelo achar com sua filha ou mulher, he contra a Ordenação do livro 5. §. 2., e contra a L. 25. D. *ad leg. Jul. de Adult;* mas a mim pareceo-me perigoso deixar esta liberdade a um homem naturalmente apaixonado, e que era da prudencia do legislador tirar esta occasião de desordem.

Este perigo e occasião não me pareceo igual, suppostos os nossos costumes e educação, a respeito do matador, ladrão e outros, na forma do §. 26 que he em tudo conforme á Ordenação do l. 5. tit. 60 §. 7. e ao Alv. de 20 de Outubro de 1763. no §. 8. Por esta razão não se póde dizer contraditorio este §., em que se permitte a prisão do malfeitor achado em fragante, ao §. antecedente, em que se nega ao pai e ao marido, como nelle se diz.

Por ocasião de carcere privado se fala no §. 27. da tortura privada, e as penas, que ahi se declarão, correspondem á gravidade do delicto.

Finalmente os ministros e officiaes, que prendem contra a forma da lei e sem as provas, que ella requer, se declarão réos deste crime no §. ultimo, porque procedem de facto. Neste artigo ha muita facilidade e inconsideração; pois vemos que por qualquer causa, ou sem nenhuma, se tira a liberdade ao cidadão. Em seu lugar se hade tratar este assumpto, e em titulo separado.

AO TITULO XXI.

OS que se fingem ministros e officiaes de justiça, e os mesmos ministros e officiaes, que fingem ordens para diligencias, que não tiverão, e que mettem medo e terror com a sua occupação; e os particulares, que incutem o mesmo terror com o poder público alheio, que não reside na sua pessoa, ou com a sua autoridade particular, qualidade e condição, são verdadeiros delinquentes e perturbadores da ordem e socego público, e commettem uma especie de força e violencia contra a justiça; e por isso tratei delles neste titulo; e esta he a razão do seu nexo com os antecedentes.

As nossas leis não falão destes delictos: as romanas os comprehendem no livro 47. e 48. do Digesto; debaixo dos titulos: *De lege. Jul. repetund.,* e *De concussione.* No sentido das mesmas leis ninguem explicou melhor o crime de concusão, do que Hugo Doneau *(Donellus)*[116] *no* 1.° 15. dos seus *Commentarios* C. 40; e pela sua doutrina, he réo deste delicto o que obrou algum facto illicito fiado na autoridade pública, ou esta resida na sua pessoa ou na alheia.

No titulo eu não me sirvo da palavra *concussão* em todo o seu rigor, e propriedade de direito; porque fiz cahir este crime sobre os ministros e particulares, que se valessem da autoridade pública ou da sua, para delinquirem; e procurando fugir neste titulo e em todos, quanto me foi possivel, dos termos facultativos, tomei a sobredita palavra no sentido obvio e natural, e não no juridico, como se vê da serie e continencia dos §§., que no mesmo titulo se comprehendem.

Castigão-se no principio, e nos tres primeiros §§. os que fingindo-se ministros da justiça, na casa alheia, ou em outra parte fazem alguma diligencia da justiça, ou trazem as suas insignas, ou mettem terror com o poder público dos seus parentes, amigos e senhores: e a pena, que por estas circunstancias e degráos ahi vai taxada, he mais proporcionada ao delicto, do que a do direito romano.

No §. 4. e 5. se castiga o terror incutido pela autoridade particular, e o medo. Este terror não he concussão no sentido de direito romano; porque se não incute em razão do poder público proprio, ou alheio. As nossas leis, e as romanas não impõe neste caso pena alguma corporal; porque o titulo do Codigo *Ne liceat potentiori,* e a Ordenação do 1.° 3. tit. 39. só falão do perdimento do direito, de que só tãobem se fala, neste Codigo no titulo 17. *Dos que fazem assuada* §. 11: e do medo se fala aqui, no §. 5. por occasião de se tratar nos antecedentes do terror, que se mette pela autoridade pública, ou particular da pessoa de cadaum; e por esta razão não se póde dizer o sobredito §. absolutamente fugitivo, e fóra do seu lugar.

---

[116] Morto em 1591, N. do editor.

154 • Direito Processual Penal

Ja se sabe que falando propriamente, uma coisa he força, outra medo, e outra terror. Ulp. na Lei 1. D. *quod met. caus.* explica a differença, que os nossos escriptores nem sempre observão. No texto *terror* toma-se pelas ameaças, e demasiado respeito em razão da autoridade pública ou particular da pessoa, e medo por outras quaesquer ameaças de certo e determinado perigo ou damno grave, que se promette e receia: Não se declara no §. quaes sejão as ameaças graves; porque de necessidade se devem deixar ao arbitrio do juiz, segundo as circunstancias e qualidade das pessoas.

Castigão-se nos §§. 6. e 7. os ministros e officiaes, que fingem ordens, que não tiverão, e que incutem medo e terror injusto com os seus lugares; e a pena de perdimento do officio na fórma, que ahi se diz, he a mais analoga com o delicto. Dos outros crimes proprios dos ministros e officiaes de justiça, se falará em seu lugar proprio e competente, e dos sobreditos só se falou por occasião.

Declara-se finalmente que se não entendem neste titulo tiradas nem as penas ordinarias dos delictos, que pelas referidas causas se commetterem, nem as acções civis, ou sejão para a reparação do damno, ou para a nulidade do acto, o que pertence á jurisprudencia convencional. E esta he a decisão do §. ultimo, de que não he necessario dar razão.

AO TITULO XXII.

ESTE titulo ainda pertence aos crimes públicos da força e violencia, de que são réos, não só os que usurpão, e perturbão os direitos do rei, mas os donatarios, que levam mais do que se lhes deve fazendo a si mesmos justiça.

Os direitos do rei, como não são todos da mesma ordem, não podem ser do mesmo modo castigados os seus usurpadores e perturbadores: e porisso no titulo os que usurpão os direitos magestaticos maiores, e inabdicaveis da soberania, se mandão prender até mercê real, e se lhes confiscão os bens da Corôa e ordens; e os outros se mandão só prender por trinta dias, e que se dê parte, sendo necessario. E isto he o que basta para se acautelar o socego, e decoro público, deixando-se em todo o caso salva a pena ordinaria do delicto.

A jurisdicção do rei por muitos modos se usurpa e perturba; o que succede, por exemplo, se o vassalo quizer fazer paz ou guerra, leis, regulamentos, e ministro públicos, impor novos tributos, resistir, ou desobedecer ás justiças reaes, e por outros muitos modos e maneiras já tratadas no *Codigo do direito público civil.* De semelhantes factos nascem delictos particulares, que acima ficão já notados e castigados pela sua ordem, e na classe, a que pertencem; e aqui sómente em geral se lhes accrescenta a pena de prisão, e de perdimento dos bens da fórma que no titulo se declara.

A pena que se impõe aos donatarios, que excedem a sua jurisdicção, he analoga ao delicto, e conforme a Ordenação do 1.º 2. tit. 45. §. 10. e a muitas outras, e ao que já fica determinado no *Código de direito público tit. 55. §. 27.*

Póde ser questão, se he culpa levar direitos contra a doação, que o donatario tem em seu poder; e se decide que sim no §. ultimo. A razão he porque não póde, nem deve allegar ignorancia neste caso, e muito menos de Ordenação, sendo clara e expressa.

AO TITULO XXIII.

SEGUEM-SE os crimes politicos, que supposto sejão menos graves do que muitos dos particulares; comtudo como offendem a ordem pública, pareceo-me que devia tratar delles primeiro, e por isso forão primeiro nomeados no §. 7. do titulo 1.º deste Código, aonde vem a divisão dos crimes.

Por policia se entende a economia, direcção e governo interior da sociedade, de que tratei particularmente no titulo 43. *do Codigo de direito público*, a que me remetto: e por crimes politicos os que perturbão esta mesma ordem pública, e economia.

Principío o seu tratado pelo crime das armas prohibidas, por ser o que mais póde perturbar a segurança do cidadão, que he o primeiro objecto da policia; os outros ficão para os titulos seguintes.

Não se duvida que o imperante tem direito de permitir ou prohibir certas armas; e para prova basta o titulo do Codigo de Justiniano *Ut armorum usus, nescio principe, interdictus sit*, e a nossa Ordenação no 1.º 2. tit. 26 §. 2., de que já se falou neste lugar nas provas ao titulo 45. do Direito militar no *Codigo do direito público*. Duvida-se porem se he ou não conveniente prohibir o uso das armas. Porque dizem muitos que he desarmar os cidadãos honrados e observantes das leis, e expor a sua vida aos ataques e insultos dos máos, que sempre hade haver, e em maior número; e muitos reputão absolutamente por coisa incivil, e estranha o uso de todas e quasquer armas no tempo de paz, e no meio dos amigos.

A verdade he que, a pezar dos mais especiosos discursos, como a occasião faz o ladrão, não haverião tantas mortes e ferimentos, se os homens rixosos e turbulentos não tivessem á mão com que os fazer, e evitando muitos destes a prohibição das armas, não se póde duvidar que he de prudencia legislatoria o prohibilas.

A duvida só póde entrar na qualidade da pena: a mim parece-me excessiva a de açoutes e galés por dez annos, e a multa pecuniaria de cem mil reis, que he a que impõe a Lei 29 de Março de 1719; por quanto os crimes politicos só se podem dizer taes, suposta a prohibição da lei positiva, e por isso de sua natureza não soffrem grandes penas, e muito menos as infamantes de açoutes e galés; pois que trazer armas ou não trazer, não contem em si torpeza, nem maldade alguma, antes he um acto bem indifferente. Além disto a gravidade da pena não tem evitado o uso da faca e mais armas curtas, como tristemente se tem verificado pela experiencia nas muitas mortes, que com ella se fazem.

E não sendo o rigor e a gravidade da pena capaz de prevenir e evitar o delicto, que he o principal fim da policia, assento que se não deve usar della principalmente na certeza, em que estou, de que este e outros semelhantes delictos mais se previnem e evitão melhorando os homens de costumes por meio de uma boa educação, do que com castigos fortes e rigorosos: mas esta mudança e melhoramento não he obra de um dia.

Portanto no titulo se impõe a este crime a pena propria, que he a multa, de mil reis até doze, e de cadeia de quinze até trinta dias; castigando-se mais o uso das armas curtas, do que das outras, por ser mais prejudicial e perigoso. E por esta razão se castigarão tãobem mais os delictos feitos com aquellas, do que com estas, como se verá nos seus lugares.

Permitte-se no titulo o uso das espadas a todos, á excepção de certas pessoas na conformidade das leis novissimas, segundo as quaes, com pouca differença se dispõe o resto do mesmo titulo.

156 • Direito Processual Penal

Autoriza-se o intendente da policia para o augmento das penas dentro da sua alçada, e para todas as providencias, que julgar necessarias sobre este e os mais artigos da sua repartição. Esta autoridade he inseparavel do seu lugar, e porisso a declarei no §. ultimo do titulo, como fundamento delle e dos mais, que se seguem, e em consequencia do que fica dito e disposto no titulo 43. *Da policia* no *Codigo do Direito Público,* a que outra vez me remetto.

A leis do reino sobre as armas defesas são sabidas, e porisso as não refiro. Podem-se vêr na Coll. 1.ª e 2.ª á Ordenação do 1.ª 5. titulo 30. e no Appendix numeros 4, 6 e 7.

AO TITULO XXIV.

Sobre este titulo, que sem duvida pertence á policia, póde-se vêr principalmente Samuel Strikio na *Prefação ao Corpo Venatorio romano-germanico*; e eu já falei neste particular no titulo 29. *Das Coitadas* no *Codigo do Direito Público,* e nas *Provas* ao mesmo titulo, e ahi refiro as leis, que tem havido em Portugal nesta materia.

As penas de açoutes e galés impostas nas extravagantes de 19 de Março de 1612, e de 26 de Fevereiro de 1624. aos que atirão á caça no ar, ou com munição, ou desfazem os ninhos das perdizes, não tem proporção alguma.

A prohibição da caça aos homens do povo na Estremadura, declarada não digo já pelas leis antigas, mas pelo Alvará novissimo do 1 de Julho de 1776, no §. ultimo, cheira aos costumes antigos, que fazião este exercicio só proprio dos nobres.

Entendo portanto que são tiradas da natureza do delicto as penas, que vem no titulo, e que se deve deixar ás Camaras a declaração dos mezes defesos, conforme se diz no §. 3., por não serem os mesmos em toda a parte. A Ordenação no titulo 88. § 1 e 2. os declara segundo as provincias; mas a verdade he que este tempo não se póde fixar.

A mesma Ordenação no §. 3., em quanto manda que havendo tanta caça, que faça mal, as Camaras escrevão a el-rei, enviando com as suas cartas informação do corregedor da comarca, pedindo providencia, parece desnecessaria, e que não he o caso para tanto.

Remetto-me no que falta ao citado titulo 29. ao *Codigo do Direito Público.*

AO TITULO XXV.

A ociosidade he um crime politico, que em todo o sabio governo se deve prevenir e castigar. Os meios da prevenção não são do meu officio; e em quanto ao seu castigo e pena, que he o que me toca, digo que não deve ser muito rigorosa, e tal he a de açoutes, degredo e galés da Ordenação. As que vem no titulo são, no meu entender, mais analogas ao delicto, e bastantes para o conter e castigar.

No principio, e nos primeiros §§. se declarão as especies de vadíos, e taes se dizem ou em razão dos seu máos costumes, ou por não terem officio algum, ou por não terem officio honesto e util á sociedade ao mesmo tempo. E a esta classe se referem não só os que vivem de artes, traças, enganos, tramoias e trapaças, mas os que se empregão em officio, que nada serve ao público: alguns exemplos vem no §. 4., e muitos mais se podem tirar deste principio.

Aos vadios viciosos, alem da pena especifica segundo a qualidade do seu máo procedimento, de que se falou no titulo 12, se impõe aqui no §. 5. a de prisão por dois dias e outras, como em pena e castigo de o serem com esta circunstancia. E porque tãobem o são ou parecem os que dão musicas de noite, por isso falei delles no §. 6., e a pena he mais suave, do que a da Ordenação no titulo 81.

Igualmente são, ou parecem vadíos os que trazem habitos religiosos sem o serem, os que pedem esmolas sem necessidade, e sem licença, de que falo nos §§. 7. e 8.

As leis sobre mendigos e pobres são infinitas e sabidas de todos: não ha porém alguma, que prohiba o uso dos habitos religiosos aos que o não são na realidade, antes a Ordenção do 1.º 2. tit. 2. os permitte aos donatos da Ordem de S. João do Hospital hoje de Malta, e de S. Francisco. Pareceo-me conveniente abolir este uso e liberdade pelas desordens, que são de temer.

O §. 9. he retirado da Ordenação do 1.º 5. tit. 101, e da antiga no mesmo titulo, e se funda na razão de que, sendo os homens necessarios para a guerra, agricultura, e para outros empregos, que não pódem servir mulheres, se não devem occupar nos officios, que ellas pódem servir.

O §. 10. no seu fundo he tirado das leis actuaes da policia, e o que se diz no fim delle dos Ciganos e Armenios, da Ordenação do livro 5. titulo 69. Estes estrangeiros chamados Egypcios ou Armenios, que se espalharão por toda a Europa, e nella apparecerão pela primeira vez no anno de 1524 pouco mais ou menos, forão objecto de muitas leis em todos os reinos e em Portugal, como são alem da dita Ordenação, as extravagantes de 7 de Janeiro de 1606, de 10 de Novembro de 1708, e de 20 de Setembro de 1760. Em toda a parte forão tratados com mais rigor, do que era necessario, por se reputarem magicos e embusteiros. O que se diz na citada Ordenação sobre Judeos, Mouros e Mouriscos de Granada, não tem hoje uso.

O que se subtrahe e esconde por não servir os officios e cargos públicos, pecca contra o officio de cidadão, e se manda castigar com prisão por 24 horas, e esta pena he bastante, não havendo circunstancias aggravantes. Este homem he vadío e ocioso, porque foge de servir a sua patria, e por isso delle se trata neste lugar.

Assim se devem de algum modo reputar os que se ausentão para os reinos estrangeiros sem licença, e os que servem nas armadas estrangeiras de que se fala nos §§. 12 e 13, porque não são uteis á sua patria. As penas são tiradas substancialmente das leis e Ordenações citadas á margem.

As leis extravagantes sobre vadíos são sabidas, e se podem ver na *Collecção segunda* á Ordenação do 1.º 5. titulo 68, e no tomo 2.º *da Collecção das leis* do senhor D. José de 1760.

Das leis antigas anteriores ás Ordenações só lembro a do senhor rei D. Fernando de 26 de Junho de 1375, que se póde ver na *Monarchia Lusitana* L.º 22 cap. 19. Por fim sobre este mesmo assumpto remetto-me ao que disse no titulo 43 do *Código* do *Direito Público*.

AO TITULO XXVI.

O JOGO não he vicio nem crime, senão pelo excesso e pelos males, que delle se seguem, que em todas as sociedades se tem procurado evitar, mas debalde; ou porque não he possivel ao Governo, nem por outra parte convem espiar tudo o que se passa na casa de cadaum, ou porque o ponto da honra e exacção, quem se tem introduzido no jogo, o tem posto, para assim me explicar, fóra do poder das leis. E parece que o Governo não póde reformar este ponto de honra e opinião geral, que reina a respeito do jogo, porque nasce não só da liberdade natural, que cada um tem de dispor do que he seu, mas do principio verdadeiramente honesto, que manda suster a palavra.

158 • Direito Processual Penal

A experiencia mostra que as penas fortes, que se lêm nos codigos modernos da Europa, não tem bastado para diminuir este vicio, e que o remedio consiste ou em outra educação, ou no estabelecimento de exercicios e divertimentos públicos, em que os homens se entretenhão com proveito da sua saude, e sem perda consideravel da sua fazenda, o que principalmente tem lugar, e parece ser de absoluta necessidade nas cidades grandes e populosas.

As leis do reino sobre os jogos vem na Ordenação do livro 5. titulo 82, a que corresponde o titulo 48. da Ordenação Manoelina, e 40 e 45 da Affons., as quaes em grande parte forão tiradas dos costumes e leis antigas, e das romanas no titulo do Digesto e Codigo, *De Aleatoribus*. Neste titulo comprehendo os jogos, e os theatros públicos; e eis aqui em summa a razão do que nelle se diz.

No principio tratão-se os jogadores de profissão como vadios, e esta he a razão do nexo como titulo antecedente. E a razão porque o jogador se diz vadío, he porque não tem officio, e emprego honesto e util á sociedade.

No §. 1. se prohibem os jogos chamados de fortuna, e no 2.º se permittem os de industria, e se mandão haver divertimentos e exercicios publicos, por ser este um dos meios de evitar os males do jogo, como acima se disse. Deixa-se á policia a declaração de uns e de outros, pela razão, que se dá no §., e porque seria fastidiosa a sua enumeração, nem eu os poderia referir, ainda que quizesse, por não saber verdadeiramente os seus nomes. Os Romanos prohibindo o *Alea*, permittirão sempre *virtutis caussa* os jogos industriosos, e de exercicio de corpo referidos na Lei 2.º §. 1. *de Aleator*, e na Lei. 1.º Cod. do mesmo tit., sobre o que se tem escripto muito e bem; mas que sirva, e utilmente para o nosso ponto, nada.

No §. 3. se mandão advertir os jogadores antes de se lhes impor a pena de prisão e outras, que vem no §. proprias, ao meu parecer, para o seu castigo. A razão he porque nos vicios e delictos contra os costumes deve sempre preceder correcção.

No §. 4. nega-se a acção para se pedir o que se ganhou no jogo, e concede-se a repetição; e esta he a disposição do direito, romano na L. *fin.* §. 1. *de Aleator.,* e na L. 1. *Cod. eod.,* e da Ordenação do l.º 5. tit 82. *princ.* nas palavras: *E mais perca todo o dinheiro, que ganhou no* jogo, e no §. 9. *E quanto...* Por direito natural o jogador he senhor do que ganhou, e em boa consciencia o póde reter em quanto judicialmente não for obrigado a restitui-lo, pela moral do B.º Covarruv. ao cap. *Peccatum 2.* p. §. 4. n. 8, e de outros: mas prescindindo da certeza deste direito e moral, verdade he que o imperante pode negar a acção e petição civil aos jogadores. O que mais vem no §. 5. e seguintes contra os jogadores, e contra os que dão tabolagem, he claro.

As sortes e loterias se prohibem no §. 11. e 12., a exemplo dos jogos. Prohibe-se o uso das cartas estrangeiras no §. 13. na conformidade da Ordenação, e do Alv. noviss. citado á margem.

Prohibem-se no §. 14. os mesmos jogos permettidos nos domingos e dias santos antes da missa conventual, sobre o que se póde ver o Alv. de 8. de Julho de 1521. *apcud. Leon.* P. 4. tit. 4. L. 1., de que foi tirada a Ordenação do 1.º 5. tit. 82. §. 10.

O tempo de um anno, porque se mandão prescrever no §. 15. as acções contra os jogadores, he quasi o mesmo, que dá a Ord. no §. 8: a L. 1. e ult. *Cod. De Aleator.* dão mais tempo: a L. 2.ª. do tit. 2. 1.º 8. da *Nov. Recopil.* dá oitos dias. Semelhantes prescrições, como são extraordinarias, ficão fóra da geral.

Permittem-se no §. 16. as apostas, e assim he de direito romano pela lei 17 §. ult. *De praescript. verbis;* por quanto se devem regular pela regra geral das outras convenções. Os escrupulosos podem ver o bispo Covarruv. acima citado, e o nosso Navarro C. 20. n.º 8.

O que se diz dos theatros, corridas de toiros, e da approvoção dos actos, que nelles se representarem, no §. 17 e seguintes, não necessita de prova. Sobre esta materia he digna de ler-se a Carta que Mr. Rousseau escreveo a Mr d'Alembert. *Sobre o projecto de estabelecer um theatro em Genebra,* publicada em 1757[117] aonde se acha impugnada por aquelle, e defendida por este a moralidade do theatro.

Por esta occasião se prohibe nos §§. 21. e 22. o uso das mascaras, e dos habitos das Ordens religiosas e militares na conformidade da Ordenação. Em outro lugar e no capitulo, em que se tratrou dos crimes moraes, se prohibio que os homens se vestissem em trages de mulher. &c.

Pela mesma occasião se prohibe aqui no §. ult. o uso de armas, appellidos e tratamentos alheios, com penas proporcionadas, o que tudo pertence á policia civil do Estado. Escuso referir leis nesta materia, porque ninguem as ignora. No Codigo basta que venha a regra da prohibição, que em todo o tempo hade ser a mesma: o resto pende do gosto, e não admitte uma legislação fixa.

AO TITULO XXVII.

Sobre o luxo ha muitos tratados admiraveis antigos e modernos. Todos convem que se não deve banir inteiramente, e que, he necessario nas monarchias; porque como pela sua constituição se compôe de vassallos pobres e ricos, aquelles não poderiáo viver, se estes não fizessem despesas supérfluas; nem de outra sorte floreceria o commercio, as artes e a industria; e os mesmos gastadores são uteis, sem o saberem, em quanto sustentão tantos artistas e officiaes, que não haverião, se todos os homens fossem frugaes e sensatos.

O luxo porém sempre he respectivo ás riquezas do Estado, e de cadaum; poisque para o pobre he luxo e superfluo o que para o rico he necessario. Daqui vem a difficuldade das leis sumptuarias nos vestidos, nos criados, na mesa, nas casas, nos jardins, nos museus e outras curiosidades; porque em tudo póde haver luxo: e regular as despesas necessarias pela condição e qualidade na pessoa, pelos seus empregos e officios, e pelas suas riquezas, tem seus inconvenientes politicos.

Quanto mais que estes regulamentos nunca podem ser fixos: o tempo, a moda e o gosto do seculo he superior ás leis desta natureza; e porisso no titulo se deixa á policia o particular governo e economia sobre este artigo segundo as circunstancias; o que he de necessidade, porque as leis muito miudas neste ponto, e individuaes, se fazem risiveis. Taes são as leis do senhor rei D. Sebastião de 5 de Junho de 1560, de 22 de Novembro de 1566; e de 28 de Abril de 1570, em que se prohibe aos homens o uso de perfumes, e se taxão os pratos da mesa; e as leis do senhor D. Pedro II de 5 de Agosto de 1688, e de 14 de Novembro de 1698, que prohibem toda a variedade de modas e feitios nos vestidos, prohibição, que renovou seu filho o senhor rei D. João V, no principio do seu reinado pela lei de 6 de Maio de 1708. A mesma Pragmatica de 24 de Maio de 1749, e a sua declaração de 21 de Abril de 1751, não póde hoje executar-se em toda a sua extensão a respeito dos vestidos, criados, carruagens e trastes de casa. Os Alvarás de S. Magestade, que Deos haja, de 17 de Agosto de 1761 e de 2 de Abril de 1762, são mais

---

[117] *Aliás em* 1758 a 30 *de Março.* Nota do editor.

160 • Direito Processual Penal

accommodados aos nossos tempos. O titulo 100 da Ordenação, e as leis antigas dos senhores reis D. João I., D. Manoel e D. João III. não podem ter uso.

Do que venho a concluir que no Codigo só devem vir os principios sobre os principaes ramos do luxo, e que a sua applicação se deve deixar á policia; e nesta intelligencia ordenei este titulo.

AO TITULO XXVIII.

CONTRABANDO he uma palavra da meia idade, pela qual se entende em geral todo o delicto commettido contra as leis pacificas do commercio, e em particular as fazendas, sobre que as mesmas leis prohibem a todos ou a certas pessoas contratar. Veja-se Du Cange no seu *Glossario da media e infima Latinidade* p. 1. pag. 454.

Postoque Grocio, Escacia e outros, ou por capricho e interesses particulares, ou por assim o entenderem, tenhão sustentado a liberdade absoluta do commercio, e a sua isenção das leis e do poder dos principes, hoje todos entendem o contrario, e com Aristot. L.º 8. *Polit.* c. 6. assentão que o imperante tem direito *legibus definire quibuscumque communicare cives oporteat, cum quitus non oporteat.* Assim o pede a razão e a naturesa do summo imperio, e a utilidade pública; e esta he a pratica de todas as nações.

Tem portanto o principe direito de prohibir a importação e exportação de certas mercadorias assim nacionaes como estrangeiras, ou em beneficio das manufacturas e artistas do reino, ou para evitar o luxo tão ruinoso á sociedade, ou por outras razões politicas.

Na certeza deste direito só póde haver duvida sobre as penas proporcionadas e sobre as fazendas, que se devem prohibir.

Emquanto ás penas, a experiencia continuada nos ensina que a sua gravidade não tem podido evitar os contrabandos, que elles nascem mais da culpa e malicia dos guardas, do que dos contrabandistas, e das mesmas leis no excessivo augmento dos direitos; e que o unico meio de se evitarem seria uma continua vigilancia sobre os guardas, e mais officiaes encarregados desta repartição, escolhendo-se bons officiaes, e incapazes de se corromperem; mas isto he mais para desejar, do que para esperar.

E sendo, como he, o contrabando um delicto meramente civil, politico e pecuniario, he injusta a pena de morte, de açoutes e outras infamantes, e ainda a de perdimento de todos os bens patrimoniaes e de degredo perpetuo, as quaes se impõem na Ordenação do livro 5. tit. 106 e 107, e em outros lugares. Em Inglaterra mesmo he crime capital o contrabando das lãs. Deste modo vem as leis a igualar o contrabandista ao matador e assassino, o que he manifesta injustiça.

A respeito das fazendas, que se devem prohibir, eu assento que a sua prohibição não póde ser certa e fixa para todos, nem para todos os tempos.

O que supposto, depois de dizer no titulo que he crime negociar em fazendas prohibidas; que o imperante póde restringir a faculdade de commerciar; que ninguem póde fazer profissão de negociante sem licença da Junta do Commercio, debaixo das penas ahi declaradas; que os mercadores de pequeno trato não podem usar delle sem licença das camaras; que ninguem póde negociar para fóra do reino e das conquistas, faço declarar no §. 5. como prohibidas as que como taes se comprehendem nos decretos e leis novissimas, ou a todo o tempo se comprehenderem nas leis de S. Magestade, ou em editaes públicos da Junta do Commercio, e da policia, que fica estabelecida no titulo 43. do *Codigo do Direito Público*; e deste modo nenhuma innovação se faz sobre este artigo, o qual como fica dito, não admitte uma legislação fixa e invariavel.

E pela razão tãobem, que fica dita, me pareceo necessario abolir nos §§. 7. e 8. as penas capitaes e infamantes, impostas aos contrabandistas, sustentanto só as pecuniarias, como nelles se declara, e abolindo igualmente a da queima das fazendas, como inutil, podendo applicar-se em beneficio dos pobres, e do público, como se ordena no §. 8.

Permitte-se, e se louva no §. 9. a applicação ao commercio a todos os vassallos. A Ordenação do livro 4. titulo 16, que prohibe semelhante applicação aos nobres, tem a sua origem nos costumes guerreiros, e he contraria ao modo geral de pensar de toda a Europa.

Prohibe-se porem nos §§. 10., 11. e 12. pelas razões sabidas, aos ministros e officiaes de justiça, e governadores das provincias negociar por si, ou por interposta pessoa, e ainda por companhias, tendo nellas officio ou administração. A razão he clara, e por ella se formou a Ordenação do L.º 4. tit. 15., e as Extravagantes, que vem na nova Colecção, ao mesmo titulo, tiradas das leis romanas.

Mas não se prohibe entrar como accionista nas companhias, não tendo nellas ingerencia, porque daqui não se segue prejuizo algum; e esta permissão, sem embargo das leis e costumes do reino, se concede aos fidalgos e cavaleiros pela Extravangante de 10 de Janeiro de 1757, que vem no *Appendix.* N. 89.

O §. ultimo he tirado em substancia da Ordenação L. 5. tit. 83, a que corresponde a do senhor rei D. Manoel no tit. 70. §. 2. do mesmo livro.

As leis dos contrabandos são vulgares: veja-se a Ord. do L.º 5. tit. 106. por diante até o tit. 115, e as Extrav. de 25 de Janeiro de 1677, de 6 de Maio de 1708, de 24 de Maio de 1749, de 11 de Agosto de 1753, de 14 de Novembro de 1757, de 20 de Dezembro de 1766, e infinitas outras.

AO TITULO XXIX.

Todos hoje convem que as leis, que prohibem comprar pão vinho e azeite na mesma terra, para nella se vender, ou para se levar para fóra, são prejudiciaes ao commercio, e oppostas diametralmente ao soberano direito da propriedade; e que tão longe estão de evitar a fome e a carestia, que antes a promovem. Eu convenho em geral neste principio, e me parece que as nossas Ordenações do L.º 1. tit. 58. §. 35., do L.º 5. tit.76. e seguintes, e as Extravagantes, que vem na nova Collecção, aos mesmos titulos, se não devem praticar em toda a sua extenção, como contrarias e oppostas ao bem commum do commercio.

Mas não posso convir no livre commercio do pão, no caso de haver verdadeiro e rigoroso monopolio na fórma, que se descreve no §. 1. deste titulo. Porque semelhante monopolista he verdadeiramente um tyranno e inimigo do público, e por tal o reputa o povo, por pretender enriquecer-se á custa da sua pobreza, miseria e necessidade. Deve portanto ser castigado com as penas do dobro ou tresdobro, que são as proporcionadas, por ser o seu delicto pecuniario.

Sei que ha quem diga, que he util a carestia por fazer os povos industriosos, e os obrigar a maior trabalho, e que não ha razão para não ser livre o commercio e monopolio do pão, assim como o do linho e mais fazendas não prohibidas. A differença he clara, e se dá no §. ultimo deste titulo. As razões, comque se prova a utilidade da carestia dos viveres, são tão frivolas, que não merecem resposta.

162 • Direito Processual Penal

No §. 10. se autoriza a justiça para dar todas as providencias, que julgar convenientes para evitar a fome e a carestia; e se lhe concede que, sendo necessario, mande abrir os celleiros, e obrigue os proprietarios a vender por preço justo e accommodado ao tempo. A razão he, porque neste caso o proprietario não se considera como tal, e como verdadeiro senhor do seu pão, mas como um simples depositario e guarda pela obrigação, que o estado tem de acudir á vida e subsistencia dos seus vassallos, obrigação de ordem superior, e que deve prevalecer ao direito da propriedade. O modo, prudencia e suavidade, com que os ministros se devem haver nestas circunstancias, pende mais delles, do que das leis.

O §. 5., que manda taxar os jornaes á proporção do preço dos viveres, e do que lhe for necessario para o seu sustento e da sua familia naquelle dia, funda-se não só na humanidade, mas justiça e rigorosa obrigação, que o Estado tem de cuidar da sua conservação e subsistencia, que de outra fórma não póde haver.

O mais, que vem no titulo, não necessita de illustração; e por este modo damos por concluido o capitulo sobre os crimes da policia. Os que aqui faltão, ou são de pouco momento, ou são tratados em geral no titulo 43 do *Codigo de Direito Público*, ou se dirão nos Regimentos dos ministros.

AO TITULO XXX.

Segue-se o tratado dos delictos privados, e principío pelo homicidio, por ser o mais grave.

Não he preciso mostrar a enormidade deste delicto, e muito menos referir as leis das nações estrangeiras assim antigas, como modernas: tudo quanto se disser a este respeito he vulgar, e não serve para o caso. As nossas leis achão-se na Ordenação actual do L.º 5. tit. 35, 36 e 37, e nas antigas nos tit. correspondentes, que são o 10. da Ord. Man., e o 32 e 33 da Affons. Por estas leis o homicidio voluntario tem pena de morte; o involuntario e casual deve ser punido segundo o caso e a culpa, na fórma de direito commum, e este he o seu primeiro defeito.

A pena de confisco não se põe por palavras expressas em todos os casos, que se manda morrer o criminoso, porque não se declara no homicidio simples; e só se impõe no aleivoso e assassinato: donde vem a questão se, confiscado o corpo, se devem julgar em consequencia confiscados os bens, questão, que parece duvidosa á vista do silencio da Ordenação em alguns casos, e da sua especifica declaração em outros; e deveria decidir-se.

A pena de mão cortada se impõe não só na morte, e ferimento feito por dinheiro, na morte feita com besta ou espingarda, mas no ferimento feito pelo preso a outro preso, e no cime de cutilada no rosto; e além da desproporção, que ha entre estes delictos a que a Ordenação impõe a mesma pena, deixando sem ella muitos homicidios qualificados, a mesma Ordenação não declara se o cortamento deve ser em vida, se depois de morto, no que vem a dar causa ou á crueldade, ou á piedade mal entendida dos juizes.

Mas isto he o menos: o que eu noto mais, nas nossas Ordenações, he a falta de especificação das differentes especies de homicidios, e das suas respectivas penas, e dos principios e regras geraes, por que se devem governar os juizes, fazendo por isso menos dependente do seu arbitrio, e da opinião nos DD. incerta e duvidosa, e muitas vezes contraditoria e errada uma materia tão seria e importante como esta, em que vai não menos ao homem que a sua proria vida.

Como todos os crimes, e este principalpente he mais ou menos grave pelas suas causas e motivos, pelo lugar, em que se commetteo, pela pessoa e qualidade do morto, e matador, pela sua crueldade, e pelas armas e instrumento, com que foi perpetrado: como o mesmo crime muitas vezes póde ser licito, e mandado fazer, outras permittido e tolerado, e outras modificado pelo que respeita á pena segundo as circunstancias, eu divido o homicidio em simples, e qualificado, e debaixo desta geral divisão comprehendo muitas subdivisões neste titulo e no seguinte; e neste no principio e §. 1. se declara isto mesmo, e ahi se vê toda a ordem e systema dos ditos dois titulos.

Chamo no §. 1., homicidio simples aquelle, que não tem circunstancias aggravantes, e deste he que se trata neste titulo, e do qualificado no seguinte. No mesmo §. se deixão ver as diversas classes do homicídio simples, qual o que a lei manda fazer, o que a lei permitte, o que se commette por mero acaso, ou por culpa, o que tem causa escusante, e o que se faz sem reflexão e premeditação, e no primeiro movimento da colera, ou por outra paixão forte e vehemente; o que se explica e exemplifica nos §§. seguintes.

He licito o homicidio necessario, que a lei manda fazer, e o exemplo se põe no §. 2. nos juizes, que condemnão á morte na conformidade das leis, e nos officiaes, que executão as suas sentenças; porque todos neste caso são executores da lei pelo seu modo, e a lei he verdadeiramente quem mata o criminoso: deve-se notar a palavra *licito*, em differença de *permittido e tolerado,* de que abaixo se falará: e só póde duvidar que seja *licito* este homicidio e necessario, o que duvidar ou do direito do imperante sobre a vida dos seus vassallos, ou da necessidade de obedecer á sua lei. Mas estes mesmos criminosos, já condemnados, nem se pódem matar por um estranho, nem pelos executores da justiça sem ordem da mesma justiça e na sua presença, como se diz no §. 3. A razão he clara. Veja-se Luiz Cremano *De Jur. criminal.* Lib. 1. p. 3. c. 4. na nota ao §. 188.

No §. 4. se prohibe matar o banido, sem embargo da Ordenação em contrario do L.º 5. tit. 127 §. 8., que já fica revogada no tit. 4 deste Codigo §. 4. pelas razões, que ahi se apontarão. Não pertence portanto, no meu juizo, este homicidio á classe dos licitos por autoridade propria. O mesmo julgo do que se commetter na pessoa dos desertores das tropas em tempo de paz, sem embargo do rigor do Alvará de 6 de Setembro de 1765, e dos inimigos do Estado; porque entendo que nunca se deve permittir por autoridade propria, mas tão sómente a detenção ou prisão; por quanto o castigo e a vingança sempre deve ser prohibida ao particular, e basta a licença de prender estes delinquentes para prevenir e castigar o delicto; e assim o entendo, sem embargo das especiosas razões, que em contrario se offerecem, e da autoridade extrínseca de muitas leis, que se pódem ver em Antonio Matheos *De Criminib.* tit. 5. c. 2.

Nos §§. 6. e 7. trata-se do homicidio feito em nossa defesa, e ahi se permitte e tolera: não se diz que he licito e necessario como aquelle, que a lei manda fazer; porque he questão se em alguns, ou todos os casos aquelle, que he accommettido, se póde deixar matar; questão, que não importa decidir-se; basta que a lei o faça impune no foro externo, que he só o da sua competencia. Segue-se que he impune matar em defesa e consideração não só da propria vida, mas da mutilação de membro, não só porque o direito mo permitte, mas por ser certo e perigoso o seu effeito: e nesta parte não póde haver duvida.

Muitos negão esta defesa contra os magistrados e pessoas públicas, e contra os principes, ainda quando obrão como particulares. No tit. não vem decidida esta questão, ou porque não convem, ou porque este caso não he facil acontecer; quanto mais que a nota da justa defesa, que he sómente a que se permitte no §. 4., basta para decidir a questão.

Sendo pois só impune o homicida no caso da necessaria e justa defesa, no §. 5. se diz que tal se julga quando o perigo he provavelmente certo, e se não póde evitar. Este principio he certo e luminoso; o ponto está em que os juizes o saibão entender e applicar, como devem.

164 • Direito Processual Penal

A inculpada defesa, como he facto, deve provar-se necessariamente pelo matador, por testemunhas ou por conjecturas e argumentos geraes e especiaes, como se diz no §. 6. Desta materia trataremos na segunda parte deste Codigo Criminal. Entre tanto póde-se ver Grot. L.º 2. c. 1. §. 5., e os seus commentadores, e a Henrique de Cocceio no tom. 2. das suas *Disputações*. O §. 9. he tirado da Ord. actual do L.º 5. tit. 35. no principio. Trata-se nelle do homicidio do ladrão nocturno e diurno. Todos sabem que he questão muito disputada entre os naturalistas e moralistas, se he licito matar em defesa dos bens; que as leis antigas dos Hebreos, de Solon e das *Doze Taboas* fazião differença entre o ladrão nocturno, e diurno, permittindo, sempre a morte, daquele, e deste nem sempre; differença esta, de que até agora se não sabe a verdadeira razão.

Eu escreveria muito papel, se pretendesse só substanciar o que sobre este artigo se tem escripto, mas debalde tomaria um trabalho, que não serve para o assumpto do titulo. Não importa ao principe, nem he do seu officio definir se he ou não licito por direito divino positivo, e em consciencia matar em defesa dos proprios bens; se a justiça desta acção pende do clamor do homicida, e da circumstancia de matar; se tem lugar geralmente, sejão ou não os bens de muito ou pouco valor; e se em todo o caso, ou só quando se não podem salvar e conservar sem a morte do ladrão. Estas, e outras questões não pertencem para a jurisprudencia legislatoria; porque o principe postoque deve sempre ter em vista o direito natural, e a moralidade da acção, comtudo a respeito da pena e do castigo no fôro externo, peloque toca á vindicta e segurança pública, que he sómente o que lhe compete, sem se embaraçar com a justiça intrinseca das acções, deve só punir aquellas, que se oppuzerem á saude pública.

Venho a dizer, que não he necessario declarar se he licito matar pela defesa dos bens; basta dizer que he impune o homicidio em defesa da pessoa e dos bens, e que não será castigado pela justiça; o que certamente he da sua jurisdicção; e importa pouco para este effeito que o ladrão seja nocturno ou diurno, comtanto que esta defesa seja justa e necessaria; e esta a nota da impunidade pública. A Lei 9. D. *ad leg. Corn. de Sicar.* só permitte matar o mesmo ladrão nocturno, *si parcere ei sine periculo non possit.* Nesta lei, ou para melhor dizer, na razão della se funda todo o §. 9. Veja-se Grot. *De jur. bell.* L.º 2. cap. 1. §. 11. e 12., Puffend. *De jur. natural.* L.º 2 cap. 5. §. 18., Noodt L.º 1. *Probabil.* c. 9. §. 15.

Pelas mesmas razões, e em consequencia de tudo o que fica dito, se não castiga no §. 10. o homicidio feito em defesa da propria pudicicia: e esta he a mesma opinião de muitos e grandes theologos e juristas; pois se he licito ou permittido matar em propria defesa da vida ou dos bens, porque o não hade ser da propria pudicicia, que os homens justamente reputão e prezão mais. E assim discorre o jurisconsulto Paullo no L.º 5. das suas Sentenças tit. 23. §. 3.

O contrario, quando o homicidio he feito em defesa da pudicicia alheia; ou porque não obriga a tanto a lei da caridade; ou porque o direito só permitte a defesa do que he meu, e não do alheio. Samuel de Cocceio, Luiz Cremano, Antonio Matheos e outros, ainda neste caso, querem que o homicidio seja impune, e assim o declara o imperador Hadriano na L. 1. §. 4. *D. ad leg. Corn. de Sicar.*

O mesmo digo no caso de ser feito o homicidio depois de attentada a pudicicia, e commettido e insulto, pela razão do §; porque então he feito mais por vingança, do que em defesa. Os exemplos, que se lêm nas historias, de homicidios feitos por semelhante causa, os quaes não só forão impunidos, mas louvados, não provão a justiça da acção, como mostra Cocceio nas *Notas a Grocio* L.º 2. c. 1. §. 7. Attendendo porém que o homicidio nos referidos casos tem sua causa escusante e nobre, que he a ideia verdadeira, ou apparente do heroismo, se lhe manda diminuir a pena no dito §. segundo as circunstancias.

No homicidio da mulher, ou filha se faz a differença no tit. 11. §. 21. e 22., a que se refere o §. 11. deste titulo, entre o caso de ser feito, achando-a o pai e o marido na mesma acção do maleficio, ou em outra occasião. Nesse lugar, e na Introducção se disserão as razões porque merecia ser reformada a Ordenação actual do L. 5 tit. 38, que dava semelhante liberdade. Achando-se a mulher em adulterio, he defficultoso ao marido, (o mesmo digo do pai a respeito da filha), temperar a sua justa dor, como elegantemente se explica Papiniano na L. 38. §. 8. *ad. leg. Jul. de adulter. coercendis:* o que não he assim fóra dessa occasião.

Duvida-se se he permittido o homicidio em defesa da honra, que se diz offendida: não falo no §. da defesa da vida, de algum membro do corpo, da pudicicia ou dos bens, que são os casos acima decididos, mas da injuria, por ex. ou descomposição de palavras ou factos, que não tocão fisicamente na pessoa, ou por outros modos semelhantes. Não falta quem diga que sim absolutamente: outros julgão desta acção pela qualidade da pessoa offendida; outros pela qualidade do lugar, se foi em público, ou em particular. A mim pareceo-me, que tendo poucos homens a ideia justa e verdadeira do que he honra, se não podia deixar impune o homicidio feito por esta causa; porque temos recurso á justiça, como se diz no §. 12: mas não se tolhe ao juiz a diminuição da pena segundo as circunstancias.

No §. 13. e seguintes trata-se do homicidio casual, e culposo; e se diz no mesmo §, que o meramente casual não se castiga: o mesmo fica já determinado no tit. 2. §. 13. deste Codigo. A razão he clara, porque se não podia impedir, nem prever; e esta he a sua nota especifica. Os exemplos são vulgares, e por isso os não referi no §., o que só faço quando assim o julgo necessario, ou para maior clareza, ou para maior instrucção dos juizes, e lhes tirar toda a dubiedade.

O homicidio culpavel se manda, no §. 14. e 15. castigar segundo o genero da culpa, imprudencia e inconsideração; e esta he uma regra para a aggravação, ou diminuição das penas, já inculcada no tit. 4. §. 25. Abaixo se diz como os juizes se devem haver neste caso, e o principio, que os deve governar. Vem no §. 16 exemplos de homicidios culpaveis, provenientes de factos, absolutamente illicitos, ou *secundum quid,* como se explicão os Escolasticos: eu os referi para maior clareza, e como em explicação do §. antecedente. Os ditos exemplos são tirados dos titulos de direito romano *Ad leg. Aquil., e De obrigat. quae ex quas. delict. nasc.* outros muitos se poderião referir. No titulo *Dos ferimentos* falaremos da acção da lei Aquilia, e se ella tem hoje ou deve ter algum uso.

A impericia e ignorancia nos que fazem profissão de qualquer arte se reputa justamente culpa no §. 17., e em consequencia se mandão castigar nos §§. 18. e 19. os medicos, boticarios e parteiras, que pela sua ignorancia e descuido matão os doentes, ou atrazão a sua cura. A pena no caso de culpa he extraordinaria segundo o seu gráo, e ordinaria havendo o dolo e malicia. Vejão-se as leis 8, 9, e 13 e seguintes do titulo *D. ad. leg. Aquil,* a Lei 6. §.7. De *offic. Praesid.,* e os seus commentadores, e especialmente Peres ao Codigo *De professorib. et medic.,* e Cujac. L.º 17. *Observat.* cap. 27.

Os juizes, que por dolo, ou por culpa condemnão os criminosos á morte, ou lha causão pelos tormentos, que lhes fazem dar, ou pelas prisões, em que os metterão, são homicidas, e como taes se mandão castigar no §. 30. com a pena ordinario do delicto no caso de dolo, e com a extraordinaria no caso de culpa e ignorancia. Em prova deste §., e da justiça da sua decisão allego as razões, que ajuntou Wolfio no seu opusculo intitulado *De judice homicidâ,* aonde traz o bom, que ha sobre este ponto.

166 • Direito Processual Penal

Os estalajadeiros e outros semelhantes se mandão responder do mesmo modo no §. 21. pelo maleficio, que na sua casa se commetter pelos seus criados ou estranhos, que nella receberem, pelas razões, que se lêm no tit. 9. do Digesto L.º 4. A nossa Ordenação do L.º 5. tit. 64. os obriga a pagar todo o furto e damno, e os suppõe em culpa, não tendo as cautelas que ahi se apontão, as quaes no dito §. se não declarão, porque basta a nota geral de culpa ou dolo para o juiz se governar, sem ser preciso descer a lei a miudezas. A nossa Ordenação no lugar, posto que na sua letra só fale do furto e damno, comtudo a sua razão estende-se para todos os crimes; e deverão semelhantes pessoas ser castigadas não só pelo furto, mas pelo homicidio, ou outro qualquer maleficio, que na sua casa se fizer, estando em culpa, como outra qualquer pessoa: antes a sua culpa, por leve que seja, se deve julgar e castigar como grave pela diligencia, que prometteo ao público, como se determina abaixo no §. 24.

Fala-se nos. §§. 22. e 23: da pena do homicidio culpavel. He certo que deve ser menos castigado que o doloso, e mais ou menos á proporção da culpa, do que ninguém duvida. Esta se costuma dividir em lata, leve e levissima; mas eu no texto me não quiz servir destes termos por serem facultativos; e mais claro he dizer culpa grave, do que lata. Tem bastante difficuldade taxar a pena do homicidio culpavel; e deixa-la ao arbitrio do juiz he perigoso. Contentei-me em dar nos ditos §§. a regra geral, porque se devem governar os juizes, taxando ao homicidio por culpa grave as penas immediatas á capital, declaradas no §. 22., e por culpa leve e ordinaria, e menos que leve, as que vem no §. 23.

Para o governo dos juizes, e a fim delles conhecerem o que he culpa grave, e ordinaria ou leve, forão dispostos os dois §§. seguintes; porque em um se diz, que devem principalmente olhar para a pessoa, conhecimentos naturaes e educação do culpado; e em outra, que aquelles, que promettem ao público a sua fé e exacção, como são mais obrigados delinquindo no seu officio, a sua culpa, leve nos outros homens, nelles se deve ter e castigar como grave. Não se referem ahi exemplos por desnecessarios, e porque todos os sabem; e tãobem todos sabem a razão, em que se fundão os ditos §§. Os escriptores do direito natural no tratado da imputação das acções poem outras regras e exemplos para se conhecer a gravidade e os gráos das culpas, que não ingeri no titulo, por me parecerem muito miudas, e alheias da gravidade, simplicidade e precisão das leis.

Nos §§. 26. e 27. se decide primeiro, que o homicida culpavel ou doloso deve resarcir o damno, porque deo causa a elle: segundo, que sendo o homicidio casual, necessario, ou permittido, o não deve resarcir, porque o não causou verdadeiramente, nem se lhe deve portanto imputar: terceiro, que a reparação do damno não he pena; porque não vem nem depende do facto do juiz nem da lei, mas do officio natural do homem, como se notou já no §. ultimo do titulo 4.º deste Codigo; e por consequencia esta reparação não entra, nem se conta nas penas, que se mandão soffrer aos criminosos.

Descreve-se no §. 28. o homicidio simples, voluntario e doloso, e se manda castigar com pena extraordinaria, no que convem os criminalistas mais rigorosos; e esta pena se taxa e fixa no §. 34., e se declara ser a mesma do homicidio culpavel, deixando-se ao juiz em alguns casos, e segundo as circunstancias, a faculdade de a moderar pelas mesmas razões, porque se lhe deixou no homicidio culpavel; porque são diversos os gráos assim da culpa, como do dolo, e não se podem bem medir.

Deve-se fazer differença entre dolo simples, e mediato, e entre dolo nos contratos, e nos delictos. Nos contratos toma-se por dolo todo o engano, e simulação boa ou má; e nos delictos chama-se dolo o animo, intenção e vontade de delinquir; se esta intenção vem de uma plena vontade, e madura cogitação, chama-se dolo *ex proposito;* se de um animo impetuoso ou perturbado, chama-se dolo *ex impetu.*

Por exemplo se traz no §. 29. o homicidio commettido em rixa repentina no primeiro movimento da colera, e sem positiva vontade de matar. Este homicidio *a priori* he voluntario, no que differe especificamente do culpavel; porque o homicida entrou na rixa, e se apaixonou por sua vontade; mas *a posteriori* parece não o ser, supposta a condição e fraqueza da natureza humana, que o legislador deve sempre ter em vista para o castigo.

Assento que não deve ter pena ordinaria o homicidio commettido em rixa repentina. Entra a questão, que tratão os criminalistas, se a deve ter o que se commetteo depois de acabada a rixa, ou em outro lugar diverso daquelle, aonde ella se principiou. Dizem uns que sim absolutamente; outros que só passadas seis ou doze horas depois de acabada a rixa. A mim pareceo-me no §. 30 que a diversidade do lugar e do tempo não importava, e que este artigo não se podendo definir, se devia de necessidade deixar ao arbitrio do juiz, o qual pelas circunstancias do caso poderia melhor averiguar, do que a lei, se estava ou não extincto o fervor e ardor da peleja, que he a regra, que deve regular para a imposição de maior ou nenor pena. Convem comigo Luiz Maria Ameno no seu *Tratado dos delictos e das penas,* Ulrico Hubero, Gerardo Noodt[118], e muitos outros.

Do homicidio commettido em rixa e briga de uma só pessoa, se passa ao que se commetteo em turba ou ajuntamento de gente, nos §§. 31. e 32. Os criminalistas geralmente poem pena ordinaria ao matador, e a todos os que derão feridas mortaes, e a mesma pena para todos, quando a morte se seguio de muitas feridas não mortaes, que todos derão.

Eu entendo, sem entrar em maiores averiguações, que o homicidio inconsiderado, commettido em turba, nunca deve ter pena ordinaria segundo os principios e systema, que adoptei, porque não he reputado doloso; e que portanto o seu verdadeiro autor só póde ser punido com a pena extraordinaria, castigando-se igualmente o homicidio commettido assim em rixa particular repentina, como em turba: os socios, que não forem homicidas, devem soffrer tãobem pena extraordinaria, mas menor. E entre elles o que se achar com armas proprias de matar, como uma faca, não só deve ser mais punido do que aquelle, que se achar com uma bengala, mas se deve em duvida ter por autor do homicidio. Não he preciso buscar razões, nem autoridades em prova desta verdade. Veja-se a Lei 1. §. 3. *D. ad leg. Corn. de Sicar., e* a Lei *Item Mela* 11. §§. 2 e 3 *D. ad. leg. Aquil.* Já se sabe que a pena do homicidio commettido em turba he alem da particular do ajuntamento, como se disse no tit. 17. §. 15. deste Codigo.

Tãobem se dá no §. 33. pena extraordinaria ao que mata, sendo provocado; mas como os homens são tão máos, que muitas vezes procurão occasião de provocar os outros, tendo já concebido dantes animo de matar, para deste modo evitarem a pena ordinaria, accrescentei no §. que isto só tinha lugar, quando a provocação fosse verdadeira, e não procurada ou affectada; e assim o pede a justiça, e a segurança pública, e assim o inculcão a cada pagina os criminalistas.

O §. ultimo he contra a L. 1. D. *ad. Leg. Corn. de Sicar.* no principio, aonde se castiga com pena ordinaria não só o que matou, mas aquelle, que *homnis occidendi causâ cum telo ambulaverit.* Esta Lei nesta parte não está em uso, como diz Samuel Strikio, e já se disse muitas vezes, que para o castigo dos delictos se deve principalmente olhar para o effeito.

---

[118] *Grande é a autoridade de Noodt, porque era não só grande jurisconsulto, mas grande litterato e filosofo. Morto em 1725. N. do editor.*

168 • Direito Processual Penal

AO TITULO XXXI.

Vem neste titulo todos ou quasi todos os homicidios qualificados, como são o premeditado, o aleivoso, o insidioso, o veneficio, o assassinio, o latrocinio, o parricidio, &c. E em todos se declarão as penas correspondentes dos agentes e complices.

O homicidio premeditado sem outra nota especial, que o faça mais aggravante, castiga-se com a pena capital no §. 1., no que differe do voluntario simples e culpavel, em que a pena não he capital, como fica dito no titulo antecedente. Eu entendo que esta pena he necessaria para conter os homens, e salvar a sociedade, e que he justa e cabe no poder do imperante; o que supponho como certo, sem a necessidade de o provar, porque me parece que não terei contraditor.

A esta pena se ajunta a de confisco, de açoutes e de infamia, á medida da malícia e das circunstancias, que aggravão o homicidio; e não fiz uso de outras penas, de que se lembrão as nossas leis e as da Europa toda, por serem crueis, e pelas razões já dadas muitas vezes e repetidas.

Porisso no §. 4. á pena capital se ajunta a de confisco, no caso de se commetter o homicidio com armas curtas, na igreja, ou no Paço, ou aonde estiver a casa da Supplicação. O instrumento e o lugar faz mais graves os delictos.

A morte ou ferimento na presença do principe he crime, não de alta traição, mas de lesa-magestade, como fica dito no §. 3. do tit. 14.; mas no Paço he sim crime mais circunstanciado, e porisso se castiga mais do que em outro lugar, mas não se póde dizer inteiramente, lesa-magestade.

O Veneficio, como he crime mais grave pela sua intrinseca torpeza, e facilidade de se commetter e encobrir, se castiga mais gravemente, e á pena capital se ajunta a de confisco, de açoutes, e de infamia em todo o caso, em que se der veneno, aindaque se não siga a morte: concorda nesta parte a nossa Ord. no tit. 35. §. 2. A Lei Cornelia *de Sicar* em um de seus capitulos tratou especialmente de veneficios. Veja-se Gothofr. a este tit. no *Cod. Theodosiano.*

A mesma pena se mandão soffrer os que envenenão os pastos e fontes, com a differença, que se faz no §. 7. e 8. tirada do effeito e successo do maleficio, ao que principalmente attendem as leis para a imposição e graduação da pena. Deste crime tratão os criminalistas, e paratitlarios[119] ao referido titulo.

Nos §§. seguintes, e por todo o titulo se fala dos mandantes, e outros complices e concelheiros neste crime, e outros semelhantes; e postoque sobre esta materia se tenhão já dado alguns principios geraes, como ella he importante e delicada, não parecerá desnecessaria toda a explicação.

Declara-se primeiramente no titulo, que só tem lugar a pena capital quando houver dolo *ex proposito,* como se explicão os doutores em diferença de dolo *ex impetu,* isto he, animo e meditação de matar. Já fica dito que dolo no titulo dos crimes se entende pelo animo e vontade de delinquir, no que differe substancialmente da culpa.

Tendo-se assentado no tit. 3, *Dos Agentes, e complices* que o autor do delicto deve ser mais castigado por via de regra, do que o mandante, á excepção de ser maior a sua culpa, e de a lei assim o determinar especialmente em algum caso em attenção á sua gravidade, pelas razões, que

---

[119] *Expositores summarios dos titulos.* N. do editor.

ficão já ditas, declara-se segundo, que os mandantes, e mais complices, que cooperarão para o veneficio, e geralmente para todo e qualquer homicidio qualificado, devem morrer, mas não se lhes impõe a pena de confisco, de infamia e de açoutes, excepto no caso de assassinio pela sua particular torpeza, aqual se impõe nos agentes e mandatarios.

Declara-se terceiro, que deixando de se commetter o homicidio por propria vontade e movimento do criminoso, a pena deve ser moderada de um mez de cadeia e vinte cruzados; mas muito maior quando deixou de o commetter porque não pôde, e por impedimento estranho; e então se impoem açoutes, degredo ou galés por três annos. Esta he uma regra, que trazem os naturalistas no artigo da imputação; e já, fica notada no tit. 4. §. 20. *Das Penas*.

Declara-se 4.º que se não livra da pena ordinaria dos cumplices o que mandou fazer o homicidio, postoque se arrependesse e revogasse o mandado, não o revogando em tempo, que aproveitasse, e antes de se commetter. A razão he porque o animo e successo he quem deve medir a pena; e porque sempre a morte, teve a origem no mandado, e a sua revogação, foi inutil.

Declara-se 5.º que revogando-se o mandado a tempo, ou não se acceitando a principio, o homicidio, que se executar, se deve punir com pena extraordinaria no mandante, e não com a ordinaria, como no caso acima; porque não tem tanta culpa. Luiz Cremano ainda neste caso põe pena ordinaria.

Declara-se 6.º que aquelle, que louvou o homicidio e o approvou, não concorrendo para elle, não se deve castigar. A razão he porque na materia criminal a ratihabição não se equipara ao mandado; porque no foro, e para a justiça humana não he crime approvar e regozijar-se do mal, depois de feito, mas só faze-lo, e concorrer para elle.

Declara-se ultimamente, que o conselho simples e persuasão não he crime, excepto cahindo em homem bom e sincero, e facil de se corromper, e em outros casos, que se individuão no titulo, segundo os quaes se entendem e concilião as leis 1. §. 6: *D. Mandati;* a Lei 3.ª *De Servor. corrupt.* a L. 8. *De Dolo malo*, e o §. *Interdum in fin. De Obligat. quae ex dilict. nasc.* Verificados estes casos, e havendo conselho, que se possa dizer qualificado, deve então o que o deo ser castigado com pena extraordinaria, segundo as forças e qualidade da persuasão e conselho.

Outra especie de homicidio qualificado he o proditorio ou aleivoso, e o insidioso ou atraiçoado: aquelle se castiga como o veneficio, e este só com a pena de morte e de infamia; como se vê nos §§. 17. e 18. Chamo homicidio proditorio o que se commette sob mostrança de amizade, como se explica a nossa Ordenação no tit. 37., e o que commettem os criados e subditos matando seus amos e superiores; e atraiçoado ou insidioso o que se commette por ex. á falsa fé, e por traição, como quando o criminoso se esconde para matar outro por detraz e á sua vontade, e sem elle o presentir nem suspeitar. A sobredita Ord., e muitos criminalistas não fazem differença entre homicidio proditorio, e insidioso; mas ella deve fazer-se, e aquelle, quanto a mim, he crime maior do que este.

Do assassinio se fala no §. 19, e do latrocinio no §. 24.; e ambos estes crimes são castigados igualmente, e mais gravemente do que o homicidio por vingança ou satisfação da injuria, pelo motivo, vileza e baixeza da sua causa; e este principio para a aggravação da pena já fica notado no §. 22. do tit. 4.

No assassinio não fiz differença para a pena entre o mandante, e mandatario, como já acima adverti, supposta a gravidade do delicto. A nossa Ord. no tit. 35. §. 3. tãobem a não faz. Nem tãobem a fiz entre o mandado para matar e para ferir, na conformidade da mesma Ordenação, ou porque um e outro he sanguinario, e contem a mesma tropeza e malignidade, ou porque no mandado para ferir parece comprehender-se o de matar, por ser perigoso e difficultoso conter

170 • Direito Processual Penal

e medir o golpe. O contrario segue Voet, e Fachineo. O Latrocinio só differe do assassinio no ajuste; mas como contem a mesma torpeza, malicia e indignidade, e provem da mesma causa da ambição, e da propria conveniencia, esta pequena differença não basta para se lhe diminuir a pena.

No §. 25. e seguintes se fala do parricidio, e por este respeito e occasião se trata do infanticidio, aborto, exposição do parto e esterilidade procurada. O crime de parto supposto pertence ao tit. *De Falsis*. No dito §. se põe a regra, que deve ser castigado como aleivoso, e por consequencia com as penas de morte, de confisco, de açoutes e infamia, o que por malignidade e interesse matar os seus ascendentes ou descendentes, naturaes ou legitimos juntamente, em qualquer gráo ou idade.

A pena de ser o parricida mettido e cosido em um coiro na companhia de certos animaes[120], he barbara e risivel, não digo já para Philosophos, mas para os mesmos criminalistas Ludovico Frederico, Boehmero e outros.

Da sobredita regra vem 1.º, que para ter lugar a pena particular deste crime, he necessario que se commetta por malignidade ou interesse: 2.º que se commetta na pessoa dos descendentes ou ascendentes, naturaes e legitimos, ou naturaes sómente: 3.º e ultimamemte, que elle tem lugar em todos os filhos, maiores ou menores, em toda e qualquer idade, e se accrescentou de proposito no texto esta palavra para comprehender o infanticidio. O que ha em direito romano sobre este assumpto não serve para o intento, e pouco passa de uma erudição esteril, alheia absolutamente deste lugar.

O mesmo crime de infanticidio commette o que matar o féto, que existir no ventre, depois de animado. Não declarei o tempo, que he preciso para se dizer animado, porque pende mais da opinião dos Philosophos, do que da autoridade das leis, que nenhum poder tem sobre as sciencias e juizo dos homens. Nesta materia são tres as opiniões, que não he preciso referir nem refutar. Vejão-se Puffend. *De Jur. nat.* L.º 1. c. 1 §. 7., e Barbeyrac ao mesmo not. 4. e 5., e Friderico Teimmeyer nas suas *Instituições Medico-legaes.* C. 8. *quaest.* 2. E porque nestas mesmas opiniões se podia fundar o reo para fugir ao castigo, se lhe assignou certo no caso de duvida no §. 26., para nunca o poder evitar correspondente á sua malignidade.

O que se diz sobre o aborto casual e culpavel neste titulo he conforme ao que fica dito no antecedente. He questão entre os theologos e canonistas, se he licito matar o féto, que está no ventre, para salvar a vida da mãi; e se a mãi póde procurar este aborto; e muito mais se os estranhos podem concorrer para elle. A justiça intrinseca da acção não nos importa, ou porque não he da competencia do principe, ou porque não convem declara-lo: porem como este infanticidio tem a seu favor uma causa, que ou he na realidade necessaria, ou apparente, qual a salvação da vida da mãi, isto he o que basta para não ser castigado pela justiça; e por isso se declarou impune no §. 28.

A mulher, que expoz o infante em lugar aspero, e desabrido, aonde morreo ou que o matou na mesma occasião, em que o deo á luz, não por malignidade de coração, mas para encobrir o seu delicto, e sanar a sua fama, se manda recolher para sempre nas casas de correcção nos §§. 30 e 31; e esta he substancialmente a mesma opinião de Antonio Matheos, contestada frivolamente por muitos criminalistas pela razão frivola de não poder um delicto escusar outro: mas quem

---

[120] *Veja-se Cicero na Oração a favor de Sexto Roscio Amerino cap. XXV.* N. dos editores.

assim discorre não conhece nem a fraqueza da natureza humana, nem a força e impressão, que faz no sexo fragil a opinião vulgar, e que he capaz de levar a mulher quasi involuntariamente não só ao infanticido, e á exposição inconsiderada e perigosa do seu filho, mas ao mesmo suicidio. Este crime deve-se prevenir mais do que castigar, no que tanto interessa o público: os meios são sabidos, e alguns farão notados no titulo. *Da Policia,* no Cod. *do Direito Público.*

No §. 32. e 33. declara-se impune a exposição do parto em lugar povoado quando alguem tomou conta delle, e o mesmo infanticidio, que aconteceo por occasião do parto clandestino e solitario, a que a mãi se vio obrigada contra as suas intenções. Bem vejo que em ambos estes casos se póde considerar na mâi alguma culpa; mas suposta a referida opinião, não a reputo bastante para o castigo público da justiça.

Nos tres §§. seguintes se prohibe o uso e praticados termos, que muitos juizes costumão mandar fazer ás mulheres pejadas, porque sendo ellas honestas e recolhidas, as infamão, e não o sendo, são escusados por não ser de temer o infanticidio; se prohibe e castiga a deshumanidade de lançar fóra de casa a mulher, que nella se vai refugiar para parir; e se prohibem e castigão os parentes, que por esta causa a offendem e tratão mal.

Concedem-se premios nos §§. 37. e 38. aos que recolherem, e criarem os expostos, e que possão repetir as despesas, que fizerão com a sua criação, tendo o pai com que pagar, ou não sendo feitas por piedade, o que em duvida se manda presumir: Veja-se a Lei 1. *Cod. De Infantib. exposit.,* e Cujacio ao mesmo titulo. A declaração da legitimidade e habilidade dos expostos para todos os cargos públicos, que vem no §. 39, funda-se no favor, que elles merecem, no prejuizo, que do contrario teria a república se elles fossem inuteis, e noutras razões, exemplos e autoridades vulgares. Não falei de proposito nos cargos ecclesiasticos.

O crime de desamparar os filhos he diverso do infanticido, e da exposição do parto, ou do aborto procurado, e por cocasião se falou delle no §. 40.; e ahi se castiga com a perda do patrio poder, e da esperança de lhe succederem, penas que parecem analogas ao delicto. O que o direito romano determina a respeito dos senhores, que desamparão os seus escravos, póde-se applicar para este caso. Veja-se Cujac á L. ult. *Cod. De Infantib. exposit.*

A esterilidade procurada, e por consequencia a castração, se castiga no §. 41. com açoutes, e inhabilidade para os cargos públicos: a pena parece proporcionada á baixeza do crime, e não posso entender a razão, comque se tolera. Veja-se a L. 4, 5 e 6. *Ad. leg. Corn. De Sicar.,* e a Schultingio na *Jurisprudencia Antiga,* e as *Sentenças* de Paullo L.º 5. tit. 23. §. 13.

Sobre o suicidio tem-se dito muito, que eu não devo repetir: basta ler a obra intitulada *Istoria del Suicidio* em Italiano, attribuida ao celebre Buonasede, e a Febrotto no *Tract. De morte voluntaria,* que vem no 3. tom. do *Thesouro* de Ever. Otto. Eu não sei como se possa castigar o suicida, ou que poder tenhão os principes nos mortos, e como nelles possa cahir alguma pena.

A nossa Ordenação do L.º 2. tit. 26. §. 32. não castiga o suicidio por ira, sanha, nojo ou tedio da vida, não porque o approve e tenha por licito, mas porque nestas circunstancias lhe pareceo, devia ficar impune considerada bem a sua causa. A Ordenação de Affonso V. no tit. 70. *Do que se enforca e cahe da arvore, e morre,* impõe pena de confisco no que se mata por crime capital, e sendo outra a causa, só manda ficar para el-rei ou para o mordomo a corda, baraço ou armação.

O que supposto, sendo certo que o suicidio feito por doidice, ira ou sanha, não se deve castigar, por ser involuntario, tenho para mim que todos assim se devem julgar, e como nascidos de uma paixão forte e vehemente, que torna o homem louco.

172 • Direito Processual Penal

Pareceo-me portanto que só se devião castigar os que se matão por consciencia do crime, como se manda no L.º 3. princ. e §. 1., e na L. 1. *D. et Cod. De. Bon. cor. qui ante sent. mort. sibi consciv.;* e ainda estes se castigão não como suicidas, mas como complices do delicto, mostrando-se que o commetterão: o que comtudo só me pareceu ter lugar nos crimes de lesa-magestade, porque nos outros por mais graves que sejão, não parece bem falar em quem morreo. Nas penas ecclesiasticas de privação de sepultura, e das preces e orações dos fieis, não quiz falar: mas he facil de vêr, que declarando-se o suicidio involuntario, não podem ter lugar as ditas penas.

As que se impõem no §. ult. aos homicidas crueis, que com crueldade desusada matão os seus semelhantes, não hão-de parecer excessivas aos amantes da humanidade: e semelhante homicidio se chama neste titulo, e se trata como qualificado em razão da sua eximia crueldade, e da maneira, com que foi commettido e perpetrado.

AO TITULO XXXII.

O INCENDIO, porque ás vezes he junto com a morte, se conta entre os homicidios qualificados; mas he certo que elle em si he crime separado. Delle fala a actual Ordenação do 1.º 5. tit. 86, que foi trasladada da Man. tit. 83. No codigo Affonsino não sei que haja titulo correspondente.

Ambas as ditas Ordenações no mesmo §. ultimo mandão castigar os que puzerem fogo acintemente, segundo o direito commum, isto he, na fórma do direito romano; e este he o primeiro defeito, que nellas encontro.

As mesmas Ordenações nos citados titulos fazem menção da acção noxal, e dizem que no incendio commettido pelo escravo ficará no arbitrio do senhor ou pagar o damno, ou dar o mesmo escravo. Mas eu não posso persuadir-me que haja razão para castigar o homem pelo delicto, que outro fez pelo seu proprio movimento. Talvez que desta materia se fale ainda em outro logar; interinamente se podem vêr. Puffend. *De. Jur. nat.* L.º 3. c. 1, §. 6., e *De Offic. hom. et civ.* L.º 1. c. 6. §. 11., e Menchenio *De Aequit. leg. rom. circa noxal. delict.*[121]

A pena do homicidio culpavel nas mesmas Ordenações, não se impõe segundo os gráos e qualidades da culpa, mas da pessoa, o que he outro defeito; e no doloso não se define a pena, e se remettem ao direito commum, como fica dito.

A lei Cornelia *De Sicar.* no cap. 3. castiga os incendiarios; e a pena por esta Lei e outras posteriores, era a de fogo em vida ou outra capital, deportação, relegação e outras mais brandas, segundo a qualidade da pessoa, e da casa ou lugar incendiado. Vejão-se a Lei 10. D. *Ad leg. Corn. De Sic.,* a Lei 9. e 11 D. *De Incendio, ruinâ et naufr.,* a Lei 28. §. 12. D. *De Poen.* e a Lei 3. §. 1. D. *De Offic. Praefect. vigil.*

No titulo fiz eu differença do fogo posto com dolo ou culpa, ou sem ella; e de fogo posto com animo simples de fazer mal, ou de furtar e matar, no caso de se seguir ou não a morte, ou o roubo premeditado; do fogo posto na cidade, ou no campo, nas casas solitarias, ou contiguas a outras, nas proprias, ou nas alheias; porque todas estas circunstancias se devem considerar para a imposição das penas; e me parecerão proporcionadas, e justas as que vem no tit.

---

[121] *Luiz Othão Mencke morto em Leipsic em 1707, e pai do celebre A.* De Charlataneria eruditorum. N. do editor.

Declarei no §. 12. que o incendio na casa póde acontecer sem culpa dos habitadores, mas que elles sempre são obrigados a provar a sua diligencia; o que he questão entre os criminalistas. Veja-se a Lei 3. no §. 1. D. *De Offic. Praefect. vigil.,* e a Lei 11. D. *De Peric. et. commod. rei vend.* O mais, que vem no tit. sobre o modo de prevenir os fogos, he claro, e já fica notado no tit. 43. da Policia no *Cod. do Direito Público.*

AO TITULO XXXIII.

O DUELLO, porque muitas vezes he junto com a morte, se conta tãobem entre os homicidios qualificados; mas he certo que elle em si he crime separado, assim como o incendio.

Se eu referisse as leis e canones, que tem havido nesta materia, não teria fim, ou falasse dos duellos como prova nas causas duvidosas, ou como meio de despicar e reparar a honra, que se julga offendida.

O certo he que a nossa Ordenação do L.º 5. tit. 43. prohibe e castiga os desafios; mas a mesma Ordenação no L.º 2. tit. 26 parece que os permite, como já se advertio no *Cod. de Direito Público* nas Provas ao titulo 45. A mesma Ordenação do titulo 43. prohibe e castiga do mesmo modo os desafios entre os mesmos officiaes de armas, quando as leis militares os castigão não os acceitando.

As leis antigas de Affonso IV dadas em Coimbra aos 17 de Março éra de 1363, e aos 11 de Abril da éra de 1385, e outras muitas prohibião todo o desafio, ou acoimamento por deshonra, e mandavão matar ao que acoimasse outrem por esta causa: Acoimar e acoimamento nestas leis tomava-se por castigo particular, e esta era uma das significações desta palavra, como se vê da seguinte passagem de Damião de Goes na vida del-rei D. Manoel, *Senhor, não me acoimeis hoje os meus peccados.* Mas como se podião compadecer estas leis com outras, que autorizavão as cartas de inimizade, e permittião a vindicta, como já se disse muitas vezes neste lugar? E muito menos se podião compadecer com a opinião vulgar, que as mesmas leis favorecião, de que os desafios são necessarios em certos casos para a reparação da honra ou do brio: não sei se ainda hoje reina esta opinião; mas se reina, pouco adiantada está a nossa philosophia.

Em França, aonde todo o desafio, ainda casual e desculpavel, se castiga com pena de morte, não se obtendo carta de perdão do rei, podendo a morte acontecida no duello ser commettida em rixa nova e no primeiro movimento, e por consequencia desculpavel e quasi imprevista, não sei como se póde sustentar o Edicto de 1679, no qual o rei empenha a sua palavra, e jura não perdoar em caso algum este crime.

A razão, independente de toda a autoridade extrinseca, nos ensina que para o seu castigo, deve haver differença entre o que provoca e desafia de proposito, ou por incidente, e entre o acceitante; e que se devem tãobem considerar os effeitos e consequencias do desafio: todas estas circunstancias se considerão no tit, e por ellas se regularão as penas; e he claro tudo quanto se diz a este respeito no principio do mesmo titulo até o §. 8.

Os Politicos ensinão que o rei deve prevenir mais os desafios, do que castiga-los. O verdadeiro remedio era illuminar a Nação, promover e adiantar a Philosophia, e educar os homens de modo, que conhecessem os verdadeiros principios da honra; mas isto não he obra de um dia.

O celebre Hobbes aconselha aos principes que obriguem os nobres a jurar de não desafiar, nem acceitar desafios: bom remedio seria este; mas o rei não o deve procurar na pessoa do

174 • Direito Processual Penal

cidadão, tendo toda a força e autoridade na sua mão: O marquez de Beccaria dá outro que he castigar só o que desafia, e deixar sem pena alguma o que acceitar o dasafio; mas sendo este tãobem culpado, aindaque menos, não se póde deixar impune absolutamente; e a opinião vulgar he sim bastante para se lhe minorar a pena, como se faz no §. 4. deste titulo, mas não he para o deixar sem alguma.

Rousseau, e outros lembrão um tribunal de honra, composto de homens honrados e virtuosos, que julguem do caso, que se entender ser de desafio, e o castiguem com penas proporcionadas. Este o remedio, que me pareceo melhor e mais proprio para prevenir os duellos, e porisso o adoptei nos §§. ultimos dos titulos accommodando-o, quanto pude, aos nossos costumes. Não falo das penas canonicas, porque não são da competencia do imperante.

AO TITULO XXXIV.

DEBAIXO do crime de violencia commettido contra a pessoa do cidadão se entendem principalmente os ferimentos, de que não ha titulo especial nas Ordenações do Reino, postoque delles se fale em muitos lugares, como são por exemplo, a Ord. do L.º 1. tit. 65. §. 31. 33. 37. e 38, o Regimento do Desembargo do Paço §. 18, a Ord. do L.º 5. tit. 35. §. 3. 4. 5. 6. e 7., e nos titulos 36, 39, 40, 41, 42 e 117. §. 1. do mesmo livro. Deixo as leis extravagantes, que vem na nova collecção.

As sobreditas Ordenações fazem differença entre os ferimentos feitos de dia, ou de noite, com nodoas e pisaduras, e feridas abertas e sanguentas, ou sem ellas, e isto para o caso de poder haver lugar a querela ou devassa, de que não falei no titulo, por ter reservado esta materia para a segunda parte deste Codigo Criminal, e ahi se dirá o uso, que se póde e deve fazer destas nossas querelas, denunciações e devassas.

A respeito das penas e sua proporção com os delictos, que he só porora o que pretendo averiguar, me desviei quasi sempre das Ordenações pelas razões já apontadas muitas vezes e por outras, que facilmente se descobrem. Fiz uso da differença das feridas mortaes, perigosas, e simples, de que se lembrão os medicos e as leis; e das mortaes especialmente fala a Ordenação do L.º 1. tit. 65. §. 38.

Pareceo-me que os medicos devião ser chamados para o seu exame, sem embargo de a julgar inutil Leyser De *frustrancâ cadaver. inspect. in homicidio,* e em seu lugar se dirá como se deve fazer.

He muito difficultoso conhecer se a ferida foi ou não mortal. Em Paris no anno de 1778, defendeo um medico esta these: *A primariâ vulnerum conditione ipsorum letalitas apud judices repetenda,* e vem a dizer que o estado da ferida no tempo, que se fez, he quem deve determinar o medico, e o juiz para decidirem se foi ou não mortal no seu principio; porque depois ou pela ignorancia do medico, ou pela estação do tempo e intemperança do ar, ou pela idade e máos humores do ferido, póde fazer-se mortal a ferida, que o não era na sua origem.

A doutrina vulgar, que reina no foro, de que morrendo o ferido quarenta dias depois de o ser, se julga a ferida mortal, não tem razão medica. Veja-se Jorge Ernesto na Dissert. *De Letalitate vuluerem,* Bacher na sua *Medicina Forense,* Baumer, não só na obra assim intitulada, mas na outra com o titulo de *Fundamenta politicae medicinae.*[122]

Lembro neste lugar que a mesma opinião dos jurisconsultos romanos sobre pontos medicos, e o que sobre elles diz Zachias nas suas *Questões medico-legaes,* que he regularmente o livro, que os juizes tem á mão, e pelo qual se determinão, e o que particularmente sobre a materia sujeita das feridas notão os escritores á Lei 8. D. *De injur. et famos, libell.,* não he geralmente hoje abraçado pelos bons medicos e philosophos. E tomo as leis se não podem dar ao entendimento dos homens, e seja livre de todo o imperio e legislação a sua opinião, e modo de pensar nas sciencias humanas, não quiz muito de proposito ingcrir no tit. decisão alguma medico-legal, que pudesse ser neste tempo, ou para o futuro contestada. Fiz porém a sobredita differença de feridas mortaes, perigosas, e simples, em que todo o mundo convem, e hade convir sempre; e por ella, e seus effeitos se dispõe todo o titulo.

Ordena-se que o juiz as faça ver e examinar por medicos peritos, e que esteja pelo seu maior numero; e declara-se que o seu juizo he reformavel, e admitte prova em contrario pelas razões, que se podem ver em Carpzovio na sua *Pratica Criminal,* e em Samuel Strikio ao tit. D. *ad leg. Cornel. De Sicar.* §. 3. e 4.

Castiga-se por tanto a ferida de sua natureza mortal, e á qual se seguio a morte, com pena ordinaria: a perigosa menos, ainda no caso de se seguir a morte, e muito menos quando ella aconteceu por outro incidente, como se vê dos §§. 1., 6. e 7.

O simples ferimento se castiga com pena de cadeia por mais ou menos tempo, segundo a qualidade da rixa e das feridas, na fórma dos §§. 15. e 16. O qualificado, qual he o que se commette com armas curtas, ou na igreja, na presença do principe, ou no Paço, ou na cadeia, ou contra os pais, senhores, amos e superiores, e geralmente aquelle, de que se seguio aleijão, cortamento de membro, ou deformidade, se castiga mais severamente, como se declara nos §§ 8., 9., 10., 11., 12., 13. e 14.

Neste crime não fiz uso de penas pecuniarias, mas só das corporaes, por não querer renovar exemplo daquelle antigo e improbo Romano Lucio Neracio ou Veracio, de que fala Gellio *Noct. Attic.* Livro 20. c. 1.

Brissot, e outros philosophos deste tempo, nas violencias feitas ao homem, de que se não segue damno á sua saude, e que são por tanto mais insultantes que perigosas, como bofetadas, murros, pauladas &c. aconselhão a pena de talião, e que se entregue o criminoso ao offendido para delle fazer justiça. Não me pareceo bem adoptar este conselho, porque prescindindo das difficuldades, que se encontrão no uso da pena de talião, entendo que na sociedade nunca se deve approvar a vindicta e castigo particular.[123]

Os §§. 19. e 20. forão ordenados com o fim de desterrar a opinião commum. Entre nós, e quasi por toda a Europa, reina o erro de que independentemente da intenção do homem, e mesmo contra ella, certas acções, como por exemplo, bofetadas e pauladas são signaes certos não só de injuria e desprezo, mas que deshonrão e infamão. He bem facil de ver que isto he um prejuizo, o qual seria conveniente arrancar pela raiz, como fonte e origem da maior parte das brigas e desafios.

Nas Memorias apresentadas á sociedade economica de Berne para a reforma da legislação criminal, se assigna como verdadeiro e unico meio de o evitar, uma lei geral, que o desminta, e que declare semelhantes acções como indifferentes, mandando usar dellas em todas as ceremonias honorificas de Cavallaria e n´outros actos, em que se recebem honras públicas.

---

[122] *E Foderé na sua Medicina Legale, hoje em 5 vol. de 8.º, talvez melhor que todas.* N. do editor.

[123] *Alem disso a pena de talião é mais dos esdados despoticos. Montesq. L. VI. cap. 19.* Nota do editor.

176 • Direito Processual Penal

Eu não me attrevi a tanto; contentei-me com a simples declaração, que vem no dito §., e com deixar salvo ao offendido o recurso ou á justiça, ou ao particular juizo, a que Rousseau chama *tribunal da honra,* de que no fim do titulo antecedente fiz aquelle uso, que permittem os nossos costumes.

AO TITULO XXXV.

Não temos titulo especial de injurias na Ordenação actual, nem nas antigas; porque o titulo 50. do L.º 5. he sobre as injurias feitas aos julgadores, ou a seus officiaes, de que já se falou. Temos porém algumas Ordenações extravagantes e avulsas sobre injurias, como são a do L.º 1. tit 65. §. 25. e seguintes, do L.º 4. tit. 63. §. 1, tit. 88. §. 5., e do L.º 5. tit. 42: mas todas ellas falão de injurias sómente para o effeito de declararem quem hade ser o juiz, e se por ellas póde o doador revogar a doação, ou o pai desherdar seu filho.

Não vemos pois em lugar algum das nossas Ordenações definido o verdadeiro conceito e ideia do que he injuria, e suas differentes especies; e muito menos penas fixas e certas contra os injuriantes. A mesma Lei novissima de 15 de Março de 1751 sobre o delicto dos cornos á porta dos homens casados, se diz que he caso de devassa, mas sobre a sua pena guarda segredo.

Querendo supprir este e outros defeitos, disse no titulo o que era injuria em geral e suas especies, com differença da pura e simples maledicencia: falei da injuria verbal, e real, á qual se reduz a que se faz por escripto ou pintura: da simples e qualificada em presença, ou em ausencia, assignando a cada uma a sua competente pena, procurando que fosse fixa, e dando aos juizes as regras, porque se podem governar na sua imposição. Falei tãobem dos modos, porque se extingue a acção de injuria, como são a prescripção annal, o perdão, a dissimulação e outros; e tudo o que disse a este respeito he claro, e se entende sem necessidade de maiores razões.

Pareceo-me bem o uso da Saxonia e outros paizes, aonde se julga extincta a injuria pela voluntaria confissão do réo, e declaração de que não teve animo de injuriar, e de que o autor he homem honrado; e porisso o adoptei no §. 21. E pelo contrario muito mal, o uso e pratica da acção chamada de *palinodia,* não só por não haver lei, que approve, e por se não poder deduzir dos principios geraes das obrigações; mas porque o facto de desdizer-se o homem em público tem uma certa baixeza, que a lei não deve approvar, havendo outros meios para o castigo. Além de que a acção de injuria, como compete contra o injuriante, ainda no caso de ser verdadeira, como poderá a lei obriga-lo a desdizer-se, e a retractar-se, dizendo o que não he e mentindo?

Pareceo-me tãobem que se devia negar esta acção no caso do §. 19., sendo mutuas as injurias, postoque seja certo em boa moral, que a compensação das injurias he illicita; porque no meu entender esta acção como odiosa, deve dificultar-se.

Não venho nisto a dizer, que he contraria aos principios do Christianismo, como dizem Bacovio, e Hubero, postoque certamente seria mais perfeito, e de desejar que os homens, nem ainda por autoridade de justiça vingassem e proseguissem as suas injurias. Mas como a utilidade pública pede, que se lhes não tire esta especie de desafogo, como meio talvez mais efficaz de evitar brigas, contendas e desafios, deve sim conceder-se por via de regra, mas não prodigalizar-se sem medida em todos os casos.

Faltão neste titulo as penas dos que injurião os principes por palavras, ou por escripto; dos que injurião os ministros do altar, principalmente na occasião, em que celebrão os Officios Divinos; dos que injurião ou deshonestão os mortos, e os lugares religiosos, e dos que por factos attentão contra a honestidade das mulheres; porque delles se falou no titulo 9. §§. 2. 3. 5. 6. e 7., no tit. 12, e no tit. 14. §. ult. deste Codigo.

Refiro-me, e offereço o que disse nas Provas dos titulos antecedentes.

AO TITULO XXXVI.

No titulo, que acabei de lêr, disse que o furto consistia não só na ablação da coisa alheia, mas na contrectação; e por consequencia que furtavão os mesmos depositarios, thesoureiros, &c. usando e dispondo da coisa alheia, que ao principio se lhes confiou por vontade de seus donos, contra ou além da sua vontade. Que este abuso, ou contrectação posterior não devia ser tão punido como o furto por ablação, e que principiou logo como tal. Que devia haver differença no castigo entre os depositarios particulares, lares, e públicos, e entre estes. Que o furto não era delicto capital por sua natureza, e que esta pena sómente poderia ter lugar no chefe ou capitão de alguma quadrilha. E que finalmente para o seu castigo se devia fazer differença entre o furto simples e qualificado, grande e pequeno, primeiro, segundo e terceiro, violento e não violento, com armas e fracção, ou sem ellas, &c. São estes os principaes artigos do titulo, explicados e applicados em muitos §§. com alguma tal ou qual ordem, de que tudo he necessario dar a sua razão.

Commette-se o furto não só pela ablação, mas pela contrectação; e esta he a mesma doutrina de direito romano, a que se oppõe Blackstone, Cremano e outros, que dizem que só he furto tirar a coisa alheia, e não dete-la ou usar della contra vontade de seu dono, não lha tomando. Mas he certo que introduzidos os dominios, he ladrão não só aquelle, *qui aufert,* mas *qui contrectat.*

No fôro porém, e a respeito do castigo, assento que deve ser mais punida a ablação, do que a contrectação, por duas razões: primeira porque tem menos culpa aquelle, que tendo a coisa na sua mão, usa della, do que aquelle, que a tira e vai tomar, pela occasião, em que o primeiro está, a que he mais difficultoso resistir. Segundo porque alguma culpa se póde imputar ao senhor da coisa pela facilidade de a entregar a pessoa, de quem não tinha toda a segurança. E esta he a mesma opinião da Ordenação actual no L.º 5. tit. 6. §. 8.

Estando neste principio, parece-me que não devia haver differença substancial entre os depositarios particulares, e os públicos, e que se não devião para estes estabelecer penas de outra ordem, mas só aggravarem-se dentro da mesma ordem; porque em regra o rei não deve olhar mais para a guarda e conservação dos seus bens, do que dos de seus vassallos; e por isso umas e outras ofensas contra o direito da propriedade devem ser castigadas sem desigualdade notavel, como logo se dirá, e assim o entenderão sempre os nossos principes em todos os tempos, como se póde ver das leis de Affonso II. e III. referidas no codigo de Affonso V. L.º 2. tit. 42., da actual Ordenação no mesmo l.º tit. 51., e das Extravagantes ahi citadas na nova Collecção, e da Ordenação do L.º 5. tit. 60. §. 8. He verdade, que a Ord. do L.º 5. tit. 74. parece dizer o contrario, e ser contraditoria ao L.º 2. tit. 51; mas eu de proposito não me quero metter agora na sua conciliação, por saber que foi muito disputada, e porque não he necessaria para o nosso assumpto.

Os thesoureiros porem, que não tiverem os dinheiros públicos e fazendas na sua mão mas debaixo de chaves, falsando-as, abrindo, ou arrombando as portas, os cofres ou arcas públicas como não tem a mesma occasião, antes a procurão, devem ser tidos e castigados como ladrões, e mais severamente, como se ordena no titulo. Deste modo seguindo a razão e a equidade, e as

178 • Direito Processual Penal

nossas mesmas leis, me pareceo distinguir, e castigar estas especies de delictos da fórma que se vê nos §§. 20., 21., 22. e 23.

Não fiz uso da pena de morte em caso algum, á excepção do latrocinio,[124] e do capitão da quadrilha de dez pessoas, e dahi para cima; porque não acho proporção entre a vida e os bens: esta he hoje a opinião dos philosophos, e dos mesmos criminalistas e juristas Luiz Cremano, Bachovio, Vissembachio, Antonio Matheos, Alberto de Simoni no L.° intitulado *Del furto, e su pena,* desde o §. 2 até o 18. Deste modo tãobem se evitão os latrocinios, sabendo o ladrão que tem muito maior pena matando, do que furtando, e ainda roubando. E esta he uma das razões, de que se valem os sobreditos, para mostrarem que, ainda politicamente falando, não convem matar o ladrão.

As penas, que vem no titulo, forão dispostas e proporcionadas á quantidade e numero dos furtos, e ás coisas furtadas, e a outras circunstancias,

O Cavalleiro Caetano Filangieri na sua *Scienza della legislazione* tom 4. c. 56. só faz diferença entre furto violento, e não violento; e tendo para si que esta he a unica circunstancia, que o aggrava, diz que todo o furto violento geralmente deve ser punido com penas pecuniarias, e privação de liberdade, e o não violento com pecuniarias sómente. Mas as leis das nações antigas, e modernas sempre tirarão a gravidade do furto da sua quantidade, qualidade e frequencia, e de outras circunstancias mais, que nós aqui consideramos. O mesmo se vê nas nossas Ordenações nos tres differentes codigos.

Fiz portanto no titulo diferença entre furto grande e pequeno, primeiro, segundo, e terceiro. Pequeno o que não chega a doze mil reis, e se manda castigar com um ou dois mezes de cadeia: grande o que passa, e se manda castigar pela sua quantidade e numero. As penas são a de prisão, e de trabalho nas obras públicas. A de morte já disse que não tinha proporção.

Outra, que lembrão as leis estrangeiras e as nossas, he a marca, de que fala a Lei chamada da *Reformação da justiça* de 6 de Dezembro de 1612 no §. 20., que vem na Coll. 1. n. 1. a Ord. do L° 5. tit. 130, e o Alv. de 31 de Março de 1742, que vem na Coll. 1. n. 1., a Ord. do L.° 1. tit. 1; mas esta pena parece-me offensiva da dignidade do homem, e mais propria e analoga do delicto a do trabalho nas obras públicas, e a de prisão.

Alem destas penas aflictivas e corporeas, se determina no §. 7. que a coisa furtada se dê não ao fisco, nem ao juiz, como muitos querem, mas a seu dono; e que não sendo a sua restituição pena, deve pagar o ladrão o dobro do seu valor. Esta pena civil deve ainda hoje ter uso, e praticar-se juntamente com a corporal, como justamente se persuadem Schiltero e outros.

O furto mais qualificado he o violento, isto he, o roubo ou rapina. A força e violencia ou he ablativa; compulsiva, ou turbativa, como se explicão os juristas; e de todas fiz menção no titulo nos §§. 10., 11., 12. e 13., sem me servir destes termos; e reputei com Boehmero, e Strikio ao tit. D. *De vi bonor rapt.* por furto violento o que se commetteo com força compulsiva, declarando sempre maior pena no caso de se tirar a coisa com violencia, do que não se tirando, porque muitas vezes se tem dito que os delictos se devem castigar mais pelos seus effeitos.

A simples persuasão e medo não se deve reputar por violencia capaz de constituir roubo ou rapina; mas basta para o crime de concussão. Por esta palavra, como diz Paullo nos seus Commentarios L.° 13. c. 4, se entende aquelle genero de maleficio, pelo qual com medo do poder

---

[124] *Para a intelligencia deste lugar reléva saber que latrocinio é matar para roubar, como tem o nosso A.* Inst. Jur. Crimin. *tit. X.* §. 12.

e autoridade pública ou particular, minha ou alheia, *aliquid extorquetur ab alio.* Este crime cabe particularmente nos ministros; e delle falaremos no tit. ultimo desta primeira parte; aqui no dito §. 13. fala-se da concussão particular, isto he, do medo simples, que se accrescentou ao furto, e se castiga com a pena de dez ou vinte dias de cadeia, e com a multa de dez ou vinte cruzados.

Como o furto consiste na ablação, ou na contrectação, não furta o que impede ao senhor o uso da sua coisa, nem o que o expulsa della, como se diz no §. 14. A expulsão já se sabe, que só cahe nas coisas immoveis; e esta he a propria significação da palavra na nossa lingua, e na latina, e sem razão chamão ao contrario subtileza os autores das *Considerações sobre a legislação criminal.* Porisso no dito §. se castiga menos o impedimento, que se põe ao senhor no uso da sua coisa, e a expulsão della, do que o furto. Em outros lugares fica já dito como se deve castigar a injuria e a força, que se faz á pessoa do cidadão.

Reputa-se por violencia pessoal no §. 15 e seguintes, e como tal se castiga a força, e violencia feita com effracção, e arrombamento; porque aindaque na verdade seja menor, comtudo como he igualmente perigosa e qualificada, quasi todas as leis a castigão do mesmo modo, ou porque pouco differe, ou porque della se passa logo á violencia pessoal. A entrada de noite em casa alheia se castiga no §. 17. deste titulo, e no 10. do tit. 17; com a differença de se entrar por força, ou sem ella.

O que fórça o homem livre, e com elle se serve; e o que o tira por força de casa de seu pai, tutor, &c. ou por enganos e afagos, se castiga no §. 18. com as penas do rapto verdadeiro, e por seducção. Veja-se o §. 19. e 21. do tit. 12, e sobre o crime de plagio em geral e suas penas, a Gothofredo ao titulo do *Cod. Theod. De lege Fabia de plagiariis.*

Os furtos feitos em quadrilha, que conste de dez pessoas, e dahi para cima, se castigão no §. 19. como furtos violentos, e o seu chefe com pena capital. A razão consiste na gravidade deste crime, e nos effeitos, que são de temer de semelhante associação.

Estabelecidas no §. 20. e seguintes as penas dos furtos dos thesoureiros particulares, e públicos a respeito das coisas, que lhes forão confiadas, se fala no §. 24. e seguintes do peculato, do sacrilegio, e de outros furtos circunstanciados em razão do lugar, ou da coisa furtada. Manda-se castigar o peculato como furto particular, á excepção de se reputar e castigar sempre o primeiro furto como segundo. Este crime, e o de *Residuis,* que he o dos thesoureiros, e o sacrilegio, era castigado pela lei Julia *peculatûs, et de sacrilegiis, et de residuis;* mas todos reconhecem que as penas desta lei hoje não tem uso.

Eu já acima disse que o rei deve vigiar, igualmente sobre a guarda dos seus bens, e dos de seus vassallos; e acho não sei que indignidade e injustiça na lei, que castigar com penas pecuniarias o furto particular, e o público com pena afflictiva, ou capital: e me parece muito bastante para differença de um e outro castigar sempre o primeiro com as penas do segundo furto.

O mesmo digo do furto das coisas sagradas ou sacrilegio, entendendo-se pelo §. 25. deste tit. o §. 8. do tit. 9. deste Codigo; e parecendo necessaria alguma declaração, a seu tempo se lhe póde pôr, quando se der a ultima mão a este trabalho. E mesmo do furto commettido no Paço, nos navios, nos lugares públicos, na ruina, e naufragio, &c. A sobredita pena basta para os differençar do furto simples puramente. O mesmo do furto domestico, pelo qual entendo o que commettem os amigos, e os criados: o dos filhos se castiga no §. 35. O mesmo entendo das usuras, sobre o que me refiro ao que disse no titulo 10, e o mesmo finalmente daquelles, que despenderem, cercearem, ou usarem de moeda falsa; sobre o que tãobem me refiro ao que disse nos §§. 7. e 8. do tit. 15. e suas provas.

180 • Direito Processual Penal

A retenção das coisas perdidas, que se achárão, de que se fala nos §§. 33. e 34., não he delicto por direito natural, não se sabendo o dono, nem ha obrigação de o procurar. Mas justamente no Estado, em conservação do direito de propriedade, se introduzio o uso da denunciação das coisas perdidas, e se fixou ao denunciante e ao senhor o tempo para a perda, e acquisição do seu dominio. A razão em substancia he a mesma das acquisições: os sobreditos §§. forão formados por estes principios, e segundo o espirito das Ordenações citadas á margem.

O §. 35. nega a acção criminal de furto aos conjuges, e aos pais e filhos-famílias entre si. A razão he a honra do matrimonio, e a reverencia, e amor paterno. O direito romano dá neste caso a acção chamada *rerum amotarum,* que he persecutoria da coisa; mas não tendo esta acção hoje uso em todo o seu vigor, e tendo para mim que a infinidade, e diversidade de acções conhecidas pelo mesmo direito são escusadas e inuteis, e que só servem para implicar a jurisprudencia, e embrulhar a justiça e o direito das partes, não quiz fazer uso della, e nem ainda nomea-la, por não parecer que a approvava.

O mesmo silencio observei no §. 36. a respeito do crime, e acção chamada *Expilatae hereditatis,* negando a accusação criminal do furto aos herdeiros entre si, ou contra elles, mas não contra os estranhos, que expilarem a herança. E este he o uso, que do referido titulo fazem Brunnemano, Schilter, e Strikio. A materia e crime dos sonegados, de que se fala na Ord. do L.° 1. tit. 87. ou 88. §. 9., não pertence para aqui, mas para o titulo do inventario, e das partilhas.

No §. ultimo se manda castigar segundo o excesso, o furto commettido por necessidade. Cicero não o escusa, aindaque a necessidade seja extrema: Grocio, e Puffendorfio o justificão neste caso; mas se he permittido, ou tolerado matar em defesa da vida, e dos bens, como o não será furtar para a sua conservação? A lei, e o juiz só deve averiguar a qualidade e o gráo de necessidade e a sua causa, e se procede da culpa do ladrão, e da sua ociosidade: e porisso no dito §. attendendo a estas, e a outras circunstancias, se manda castigar o excesso. E já fica no §. 26. do tit. 4. declarada a necessidade como causa legitima para a diminuição da pena.

AO TITULO XXXVII.

HE este titulo um como appendix do antecedente. Nelle se castigão os daninhos, e taes se dizem os que ácinte mettem os gados nos campos e searas, os que arrancão os marcos e limites públicos, e os que furtão os frutos dos campos. Tudo o que a este respeito se diz he tirado em summa das Ordenações actuaes citadas á margem, e suas concordantes, e accommodado ao systema do titulo geral dos furtos. Castiga-se tãobem no titulo o damno dado (injuria) isto he, *non jure,* ou seja feito pelo homem livre, ou pelos servos e filhos, ou pelos animaes. Distingo primeiramente neste titulo, e no antecedente o damno simples do furto, declarando a pena daquelle, e castigando mais este como effeito de uma paixão vil e baixa, o que já em outro lugar se notou. Castiga-se porem como furto no §. 8. o damno commettido por pura malignidade.

Todos sabem que a lei Aquilia castigava o damno dado pelo homem livre com a maior estimação, e valor da coisa dentro do anno, ou mez antecedente: mas esta pena nem hoje tem uso, como confessão os mesmos adoradores do direito romano, nem he propria e proporcionada ao delicto. Veja-se Christiano Thomasio na *Dissert. De larvâ legis Aquiliae detractâ,* e o titulo *Dos Ferimentos* neste Codigo.

Portanto a pena de simplo, dobro, ou tresdobro, e a prisão por oito, ou quinze dias, que se impõe nos §§. 9. 10. e 11, he mais analoga com o delicto, com a razão e fundamento geral, donde devem ser tiradas as penas, e com a Ordenação actual do L.º 5. tit. 78. §. 1, do que a da Lei Aquilia. Nos ditos §§. se faz a devida e necessaria differença entre o dolo, e culpa, e se diz tãobem que a dita pena não tira a particular do delicto.

O damno dado pelos animaes chama-se em direito romano *pauperies;* e o que o soffreo tem acção contra o dono e possuidor do animal, ou para lho entregar, e dar á noxa, ou para lhe pagar o damno, e isto ainda no caso de não ter culpa, em reverencia da lei das XII. Taboas; que assim o mandavão, em cuja defesa se tem inventado muitas razões. Vejão-se os escriptores ao titulo no Digesto, e *Instit. si quadrupes paup. fec. dicat.* Eu porem não posso convir que o dono do animal seja obrigado a pagar o damno, que elle fez, quando se lhe não póde imputar; e a razão, que se costuma allegar de que aquelle, que sente o commodo deve sentir o incommodo, he mais civil, do que natural, e não póde considerar-se como um verdadeiro principio da imputação das acções.

Não tendo por tanto o dono culpa, nem negligencia na guarda do seu animal, não deve ser obrigado a pagar o damno, que ello fez, e sómente no caso de dolo ou culpa, como se diz no §. 10. Grot. *De Jur. Bell et Pac.* Lib. 2. c. 17. §. 21. Puffend. *De Jur. nat. et Gent.* lib. 3. c. 1. §. 6. Barbeyrac nas notas.

Ainda me parece peior, e mais inconsequente a determinação do direito romano, que declara o dono livre de toda a pena e satisfação, entregando a noxa, ou o animal, postoque não chegue ao valor do damno; porque se está obrigado a repara-lo, não satisfaz dando o animal, que não val a sua estimação; e se não está não se deve obrigar em caso nenhum á sua entrega.

Ainda me parece peior a acção chamada *noxal* contra o pai, e senhor pelos damnos causados pelo filho, ou servo, porque elles são homens como os outros, e capazes de delinquir, e devem só ser punidos pelo mal, que fizerem, e não o pai ou senhor, não tendo culpa; e esta he a razão do decidir do §. ult. Veja-se Menhenio *De Aequit. leg. rom. circa noxae deditionem.*

Falo do damno, a que deo causa o delicto; porque vindo, e tendo por fundamento algum contrato ou quasi contrato, póde o pai, &c. ser obrigado, como succede nos termos das acções *Quod Jussu, De Peculio,* &c. de cujo uso e applicação não he necessario falar, porque não vem para aqui. O mesmo digo das acções *Institoria, Exercitoria, Recepticia,* e outras, que tem por fundamento o mesmo contrato ou quasi contrato dos exercitores estalajadeiro, mordomos, feitores, &c. cujo tratado pertence á materia das obrigações em geral ou das acções; e pelo que toca aos seus delictos por dolo ou malicia, fição dadas as regras no tit. 30. §. 21. e em outros lugares.

AO TITULO XXXVIII.

O FALSÁRIO, que pretende enganar os homens, os juizes e a sociedade inteira, commette um grave crime, e deve ser severamente castigado; mas custa determinar o genero do castigo.

Por a Lei Cornelia *De falsis* a pena era capital nos servos, e de confiscação e deportação nos homens livres: hoje em toda a parte he arbitraria segundo as circunstancias.

Eu tirei a differença do castigo da differença da falsidade, e da pessoa; e em regra reputei este crime como um furto qualificado, porque, como diz o autor da obra intitulada *Ensaio sobre a jurisprudencia criminal,* a falsidade, que se dirige a tirar para mim o que pertence a outro, he na realidade tanto furto, como he homicidio o que tem por fim tirar a vida a outrem.

182 • Direito Processual Penal

Portanto no titulo se faz a differença da falsidade pelo prejuizo, que della se segue, pelas coisas, sobre que recahe, e pelas pessoas, que a commettem; e este he o mesmo systema do titulo *Dos furtos*.

O que falsifica os papeis, que tem fé pública, se castiga com as penas do segundo furto, e com as do primeiro o que falsifica os papeis e actos particulares; e com as penas dos roubadores o que falsifica o signal do rei e dos seus ministros d'Estado. Com as mesmas se castigão os officiaes falsarios nas materias, que respeitão aos seus officios, fazendo-se a devida differença entre as coisas substanciaes, e as que o não são: e esta he a summa de todo o titulo.

Neste crime he preciso que concorrão as tres circunstancias, que se dizem no principio do titulo, que são mudança ou alteração da verdade, dolo, e prejuizo de terceiro. Os DD. fazem differença do crime de falso, da simples falsidade, do falsiloquio, do dolo, simulação e dissimulação, e da mentira; e sobre este assumpto explicão, e excitão infinitas questões.

Não se duvida que falso se póde verdadeiramente applicar a todo o dito ou facto, que in *veritate non est, sed pro vero asseveratur,* como diz o jurisconsulto Paullo no L.º 5. das suas *Sentenças* tit. 25. §. 3. Mas eu não devo explicar estas miudezas, abusando da dignidade deste lugar, ou porque ellas só servem para o foro interno, ou porque pertencem mais á sciencia da ethica, e do direito natural, do que á politica e jurisprudencia legislatoria. No fôro externo nem a mentira, nem a falsidade, nem o dolo he delicto, que mereça castigo, todas as vezes que não houver prejuizo de 3.º Veja-se Grocio, e os seus commentadores no L.º 3. *De Jur Bell ac. Pac.* c. 1. §. 11. e seguintes.

Em prova do §. ultimo dou, entre outras, *a Constituição* de Constantino referida, na Lei 2. cod. Theod. *Ad. leg. Cornel. De Fals.* Por direito antigo valião estas duas regras; 1.ª que se devia conhecer primeiro da causa criminal por ser maior, do que da civil: 2.ª que a accusação de falso em todo o tempo não só se podia intentar, mas proseguir-se depois de intentada. Estas duas regras em beneficio dos credores, que tem o seu direito fundado no seu titulo, revogou Constantino na sobredita *Constituição* pelas razões, que nella se vêm, e que expõe maravilhosamente Gothofredo no commentario á mesma *Constituição,* a que me remetto, e as offereço em prova do dito §. ultimo; no qual se não declara o tempo, em que se prescreve esta acção, de que em seu lugar se tratará, mas só o tempo, em que se deve acabar depois de principiada.

O falso, que se commette nas mercadorias, e no uso dos pesos e medidas falsas, vai castigado no tit: 36. §. 28; e o que se commette por palavras, e pelo uso do juramento falso, no titulo 7. deste Codigo Criminal.

AO TITULO XXXIX.

O CRIME de falso tãobem recahe sobre as pessoas, quando se finge, subtrahe e suppõe uma por outra; o que se faz por muitos modos, e se verifica primeiramente na supposição do parto, que he a rubrica e assumpto principal do titulo. O crime da exposição do parto já fica tratado no tit. 31. Deste crime de parto supposto fala a Ord. actual do L.º 5. tit. 55, que he singular neste codigo, pois não sei que tenha concordante nas antigas; e o que sobre elle se diz, he tirado em substancia da mesma Ordenação.

Este crime era capital entre os Romanos como se vê da L. 1. Cod. *De leg. Corn. De Fals.* e de outros lugares; mas sem embargo da sua gravidade, a pena de morte he excessiva, e não tem proporção; e tenho para mim que os Romanos a exacerbarão em attenção á sua frequencia, como se vê de muitos exemplos, que refere Val. Maximo lib. 9. c. 16., e Pedro Gregorio *De Republica* lib. 14 c. 1 c. 6. O exemplo de Milesio vem na Oração de Cicero *pro Cluentio Avito*; e delle o tomou Tryphonino referido na L. 39. D. *De poen.* Entre nós como o crime não he frequente, a Ord. só impõe a pena de degredo perpetuo para o Brasil, e de perdimento dos bens para a corôa, a que substitui a de prisão na cadeia pública, ou casa da correcção, e a diversa applicação dos bens.

O direito romano permittia não só ao marido, mas aos parentes accusar a mãi, e que a sentença dada a seu favor ou contra, aproveitasse, ou prejudicasse ao filho menor; porque presumia que sendo a causa capital, a mãi havia fazer toda a diligencia para remir o seu filho, como se diz na L. 1. §. 8. D. *De Carb. edict.* A Ordenação, com a qual me conformei, segue o contrario, e manda justamente deferir e suspender a causa da successão, pelo que respeita ao filho até o tempo da sua puberdade, pela razão *de se presumir que elle se saberá defender do tal delicto, como coisa, que importa a vida:* mas esta razão, que he a que dá o direito romano, não podia applicar-se ao direito constituido pela Ordenação a um crime, que a mesma Ordenação não faz capital.

O que se diz nos §§. 6. e 7. sobre aquelles, que se suppõem maridos, pais, tutores, ou curadores, não tem apoio nas nossas leis, e foi em parte tirado dos edictos, e arestos de França. Veja-se a obra intitulada *Causas Celebres.* O §. ultimo foi tirado da Lei ultima Cod. *De Mutat. nomiu.*

A questão sobre o credito, que se deve dar á mãi, que affirmar não ser seu o filho, nem de seu marido, não pertence para este lugar. Veja-se o bispo Covarruvias no cap. *Peccatum* 1. p, Guthierres no L.º l. das *suas Questões Canonicas* c. 38, Menochio L.º 6. *Praesumpt.* 56., Antonio Peres ao Codigo tit. *De leg. Corn. De Fals.* n.º 27.

AO TITULO XL.

Por bulrão, e illiçador ou illiciador entendo eu neste titulo tudo o que as leis romanas entendem debaixo do crime chamado *Stellianatus,* de que ha titulo especial do Dig. e Codigo. O mesmo entendimento e significação tem estas palavras na Ord. actual do L.º 5. tit. 65, e nas antigas citadas á margem. As palavras *bulra,* donde vem *bulrão,* e *alliciar,* donde vem alliciador, convem a significação, que a Ordenação lhes dá, e com propriedade se applica uma e outra áquelles, que bulrão, se rim, zombão e enganão os outros.

Estes bulrões podem-se bem chamar falsarios e ladrões, porque usão de falsidades e tramoias, para prejudicarem os outros, e por isso tratei delles neste lugar; mas por outra parte, como não falsão letras ou signaes, não fazem violencias, e directamente não furtão, mas contratão; e como nem todas as fraudes sejão prohibidas no fôro, nem se possão evitar pelo amor, que os homens tem ao seu interesse, não devem semelhantes impostores ser castigados com as penas dos falsarios e ladrões, principalmente porque alguma facilidade e culpa se póde imputar áquelles, que se deixárão enganar.

Já disse que todas as tramoias, fraudes, imposturas, falsidades, mentiras, fingimentos, simulações e dolo, de que se não seguir prejuizo a terceiro, não são crimes, que mereção castigo, nem a consideração das leis. Quanto á pena dos bulrões, o senhor rei D. Diniz a semelhantes impostores não põe outra mais, do que a do pagamento da cadeia, querendo o crédor. Affonso V. foi o primeiro, que na sua Ordenação do L.º 5. tit. 89. augmentou as penas deste crime, accrescentando o perdimento da terça parte do valor para el-rei e para a parte damnificada,

184 • Direito Processual Penal

degredo para Africa, e outras até morte exclusivamente, fazendo outras differenças mais, que ao depois adoptárão as Ordenações posteriores.

A pena do dôbro, como pecuniaria, e a de inhabilidade temporal para os cargos públicos que he a que se estabelece no §. 4., he certamente mais analoga e proporcionada ao delicto, do que a da Ordenação.

Os exemplos, que se apontão nos §§. 1., 2. e 3., são os mesmos da Ordenação, a que se accrescentão outros tirados das leis romanas.

O §. 5. he uma regra geral, que explica a nota especifica deste crime, e ensina ao juiz o modo, com que se deve haver nos casos semelhantes, aqui não especificados. O §. ultimo funda-se na L. 1. Cod. *De Crim. Stellionat.*, e a sua razão he clara.

AO TITULO XLI.

O CRIME de banca rôta (fallimento) ou dos mercadores, que quebrão, como se explica a nossa Ordenação, he gravissimo, sendo a sua quebra dolosa e fraudulenta. A Ordenação actual fala delle no titulo 66. do L.º 5, que não foi tirado dos codigos antigos, em que não tem concordante, mas sim o L.º 5. tit. 19. da *Nova Recopilação*.

A pena da Ordenação he a dos ladrões públicos e roubadores, e por consequencia capital. A mesma se impõe nas Ordenações do commercio de França do anno de 1673.

No titulo eu reputei os réos deste crime, assim como a citada Ordenação, por falsarios, e roubadores; e nesta intelligencia a pena de necessidade devia ser a mesma dos officiaes, que commettem falsidades nos seus officios; porque elles fraudando os crédores, commettem tãobem sua falsidade no officio e occupação pública de negociante.

Os complices são castigados do mesmo modo no §. 4; e neste mesmo § e no, 1.º se dão as notas de fraude assim dos mesmos complices, como dos pripcipaes autores deste crime.

Não pertence a este lugar tratar dos fallidos sem culpa e por fatalidade, por não serem criminosos. No *Codigo Mercantil*, a que me refiro no §. 5, hãode vir declaradas as formalidades, com que os negociantes se devem apresentar na Junta do Commercio; e entretanto se podem vêr as leis da creação da mesma Junta c. 17. §. 20. e 21., e os Alv. de 13 de Novembro de 1756, do 1. de Setembro de 1757, de 12 de Março de 1760 e outros.

No §. ultimo se castigão como bulrões os que se levantão com as fazendas ou dinheiros alheios, não sendo mercadores, nem feitores. As Ordenações citadas á margem os tratão como ladrões; mas eu creio que se devem antes tratar como impostores e illiçadores, pelas razões dadas no titulo antecedente.

Devo porfim lembrar que o marquez de Beccaria he demasiadamente rigoroso neste crime, contra o seu costume; porque faz servos dos crédores os mesmos fallidos de boa fé.

AO TITULO XLII.

ESTE crime pertence ao artigo geral dos falsarios, e porisso tratei delle este lugar. Tudo o que se diz no titulo he claro, e em prova póde-se vêr *Menochio De Arbitris* L.º 2. *cent.* 6. caso 538, Harpech. ao §. 7. *Inst. De Public. Judic.* n. 8., o cap. *Cum olim magister* 33 de *offic. el pot.*

jud. deleg., e os seus commentadores, e a nossa Ord. actual no L.º 5. tit 8.º e a do senhor rei D. Manoel no tit. 8. do mesmo livro.

AO TITULO XLIII.

Este titulo poderá parecer desnecessario, ou por ficar tratado no titulo geral dos *Agentes e complices,* a que se póde referir, ou por se falar delle ou do seu assumpto em muitas partes: mas eu segui o exemplo da Ordenação, do direito romano, e de outros codigos, aonde sem embargo disto se trata a materia separadamente.

Receptador he uma palavra juridica tirada do titulo De *Receptatoribus* no Digesto; e não me pareceo improprio, visto repugnar á nossa lingua, servir-me della em um codigo de leis. Neste sentido receptador se diz o que recebe, esconde e occulta os malfeitores ou as suas malfeitorias por lucro, ambição, ou outra paixão semelhante, e deve ser castigado como o autor do delicto, e assim o manda a Ordenação do titulo 105.

Menos castigo merecem os que os recebem por outros princípios, v.g. por misericordia, a que as leis chamão intempestiva, por uma especie de honra ou humanidade, mal entendida, &c. Neste caso a pena de necessidade hade ser arbitraria, segundo as circunstancias e relações do sangue, parentesco e outras; a que já se advertio neste Codigo no titulo Das penas.

A pena de privação de toda a jurisdicção e officio público, alem de outras, he determinada na Ordenação do tit. 104.

Tãobem não he novo o que se determina a respeito da prisão dos malfeitores, porque o mesmo se manda na citada Ordenação e em outras muitas.

A decisão do §. ultimo funda-se na sua razão intrinseca, que he facil de vêr, e na autoridade da L. 48. §. 1. D. *De Furt.*

Em fim todo este pequeno titulo foi tirado não só do direito romano no titulo do D. *De Receptat.,* e no tit. *De his, qui latrones, vel aliis criminib. reos occultaverint.,* e das Ordenações do L.º 5. tit. 104 e 105; e suas concordantes; mas das mesmas leis antigas de D. Diniz, e Affonso IV. referidas no codigo Affonsino tit. 100, que pouco ou nada differem.

AO TITULO XLIV.

Com este titulo dou por acabada a primeira parte deste *Codigo Criminal;* que he o tratado dos delictos, e suas penas correspondentes. No §. 7. do 1. titulo, aonde vem a divisão dos crimes, se diz que uns são communs, outros privilegiados; e taes ahi se dizem os que são proprios de certa ordem de pessoas e officios:

Destes crimes proprios e privilegiados, assim ditos em differença dos communs a todo o cidadão, se trata especificamente neste titulo, e eu os comprehendo debaixo do nome de prevaricação, e a semelhantes criminosos chamo prevaricadores: concorda a significação natural e juridica da palavra. Portanto no titulo vem os principaes crimes dos ministros e officiaes de justiça; dos procuradores, advogados e mais pessoas, que prevaricão nos seus officios e cargos públicos.

Do crime *De Ambitu* se trata no §. 2., e a pena he a mesma da lei Julia, de que temos um titulo especial no Digesto e nos dois Codigos, Theodosiano, e Justiniano; e me remetto aos seis

186 • Direito Processual Penal

commentadores, que são bem sabidos, e só cito ao canonista Van Espen na *Dissertação* canonica *De lege Jul. de ambitu, seu de vetita officiorum venalitate.*

O juramento, que se manda dar no §. 3. aos juizes e officiaes antes de tomarem posse, foi inventado por Theodosio e Valentiniano Lei 6. Cod. *Ad Leg. Jul. repetund,* com o fim de evitar o crime do ambito, e com o mesmo se adoptou em Castella por Edicto do anno de 1627 e em Portugal; e esta he a pratica.

Os principaes crimes dos juizes são a prevenção ou accepção de pessoas, a corrupção, a dureza e deshumanidade, e a concussão.

Primeiramente, sendo todos os homens iguais aos olhos da justiça, como se diz no §. 4, prevarica o juiz, e pecca contra o seu officio administrando justiça com desigualdade, tendo prevenção ou fazendo differença desta ou aquella pessoa. A pena em regra he o dobro do prejuizo, o qual se augmenta e diminue no §. 5. e seguintes pela sua causa e motivo, e segundo o dolo, culpa, ou soborno na fórma, dos mesmos §§.

O crime de vender a justiça foi castigada em todos os tempos com muita severidade. Cambises fez por elle esfolar um juiz, e com a sua pelle cobriu a cadeira da justiça, em que obrigou seu filho a assentar-se. As leis das XII. Taboas, e as Julias e outras, que refere Gravina *De Legib.* C. 93 e 94, e Sigonio *De Jud.* livro 2.º cap. 27, tãobem forão muito rigorosas. Veja-se o titulo *ad Leg. Jul. repetund.* no Digesto, e em um e outro Codigo.

No mesmo espirito forão concebidas neste reino as leis antigas dos senhores reis D. Diniz, D. Affonso III, D. Affonso IV e D. Fernando, que vem no tom. 2. da sua Collec.; e se referem a Ord. de Affonso V, no L.º 3 tit. 126; as actuaes vem na actual Ord. do L. 5. tit. 71, a que corresponde a do senhor rei D. Manoel no tit, 56. do mesmo L.º.

No titulo vai castigado o crime com a restituição simples do prejuízo, ou em dobro com infamia, privação perpetua, ou temporal do officio, segundo a sua causa e motivo. Não he o rigor do castigo o que evita este crime, mas sim a boa escolha dos juizes. Tãobem os juizes, a que não ha accesso, e que trarão mal as partes, se mandão castigar no §. 12. segundo o seu excesso. A affabilidade he a primeira virtude do homem, e do cidadão, e nos homens públicos parece ser de justiça.

Mais se oppõe ao officio do juiz a deshumanidade, e um certo espirito de dureza, que muitos confundem, e não sabem separar da inteireza e constancia, que lhes he propria; e muito mais se oppõe a mentira, o engano e o fingimento, que muitos juizes praticão ou por ignorancia, ou por malignidade. Na segunda parte deste Codigo a que se remette o §. 13. deste titulo, quando se falar das perguntas dos reos, se hade tratar a materia. Entre tanto pôde-se ver o admiravel *Discurso sobre a humanidade dos juizes na administração da justiça criminal,* que vem no tomo 4.º da *Bibliolh.* de Brissot. A sentença do rei de Prussia dada em 11 de Dezembro de 1779, contra tres conselheiros de justiça a favor de Moleiro Arnold descreve bem as obrigações do juiz na materia sujeita, e em menos palavras Callistrato na Lei *Observandum* 19. D. De *Offic. Praesid.*

Do crime de concussão pública ou particular, commettida pelos juizes, ou pelos particulares, não se fala neste titulo, porque delle se falou quanto basta no titulo 21, a que me remetto.

No §. 17. se castigão os parentes, familiares, e estranhos, que sendo, ou fingindo-se va-lidos dos ministros e pessoas públicas, vivem e comem por este titulo. Estes homens são vende-dores de fumo, e o imperador Alexandre[125] a Vetronio Turino, seu favorecido, por abusar da sua familiaridade mandou morrer afogado em fumo, clamando o porteiro: *Fumo puniatur qui vendit fumum.* A pena do §. he trabalhar nas obras públicas por tres annos, alem da restituição em dobro de todo o recebido. Veja-se o livro 5. das *Sentenças* de Paullo ao tit. 25. *Ad leg. Cornel.*

de Testam. §. 13.., a Lei l5. §. 30., D. *De Injuriis,* e Duareno *Disput,* lib. 1. c. 25. e Cujac. lib. 20. *Observat.* c. 9.

Tudo o que se diz a respeito dos crimes proprios dos juizes, se applica á proporção aos vereadores, almotacés, e mais officiaes públicos e da governança, aos assessores dos juizes leigos, aos procuradores, advogados, e conselheiros, &c. Prohibem-se as avenças entre os almoxarifes, e thesoureiros regios, e os seus subalternos, e entre os procuradores particulares e seus constituintes, sobre o vencimento da demanda, arrecadação das heranças ultramarinas, ou sobre os despachos de negocios de graça; e tudo tem differença notavel das leis actuaes citadas á margem dos respectivos §§.

Os procuradores regios, que prevaricão no seu officio entregando a causa, se mandão castigar como os particulares pela differença de dolo, ou culpa, porque o rei no que lhe pertence não deve querer um direito para si, e outro para os seus vassallos, como já se notou em outro lugar. A Ord. do 1.° 2.° tit. 26. põe pena de confisco ao procurador d'el-rei, que prevarica, e se não deve praticar pela razão dada.

A sua prevaricação, e tergiversação em causa crime se castiga nos §§. 28. e 31. com a pena ordinaria do delicto, ou extraordinaria segundo o seu dolo, ou culpa. Veja-se a Lei 6. De *Praevaricatione* e o tit. D. *Ad Senatusc. Turpill.* O mesmo fica determinado a respeito das testemunhas, que jurão falso nas causas criminaes, no tit. 7.

Castigão-se tãobem os denunciantes dolosos e calumniadores no §. 29; porque supposto não tenhamos accusações públicas, as querelas particulares não estão tiradas; o que se diz no dito §. he tirado da razão e lei natural das penas, e da Ordenação do L.° 5. tit. 117. §. 4., da Lei ult. Cod. *De Accusat.,* e da lei ult. Cod. *De calumniatorib.* A differença, que se faz entre os denunciantes, e calumniadores no §. 30. para o effeito da pena, he nova e justa, e se funda na doutrina de Antonio Peres ao Codigo no tit. De *Calumniatorib.* n. 9.

O resto do tit. he claro, e por si se defende.

AO TITULO XLV.

A MATERIA das provas, que faz a segunda parte do Codigo Criminal he mais difficultosa e importante do que a primeira, e segue-se naturalmente depois do tratado dos delictos. Eu já falei della em geral na Introducção, e prometti trata-la mais a fundo; mas como não ha tempo, nem necessidade, para fazer grandes discursos, direi só o que julgar absolutamente preciso, nos seus lugares correspondentes.

A materia he vasta, e tratada amplissimamente pelos jurisconsultos, pelos philosophos e oradores, e principalmente pelos criminalistas modernos; de todos tirei o que me pareceo bem, ou melhor; e para nada dissimular, Paulo Rizzi foi o autor, de quem mais particularmente me servi na sua obra intitulada *Animadversiones ad criminalem jurisprudentiam pertinentes.*

Aqui no tit. princípío pela regra de que ninguem deve ser condemnado sem prova perfeita e legal; e tal he aquella, que a lei admitte e approva. E daqui vem que as provas chamadas semiplenas e imperfeitas não bastão, como se dirá no tit. Das Presumpções.

---

[125] *Alexandre Severo, imperador romano em 222,* Nota do editor.

188 • Direito Processual Penal

No. §. 1. se dá a nota da prova perfeita e legal, que he a certeza moral do delicto, havida por aquelle modo que a lei quer; e aqui se tira a autoridade daquella certeza, e conhecimento meramente arbitrario e cerebrino, que o juiz póde haver do delicto por outros modos.

Nos delictos, isto he, sobre o conhecimento e demonstração do seu autor, não póde haver certeza metafisica, nem ainda fisica pelo meio dos sentidos do juiz, mas só moral por testemunho alheio e estranho, sobre que não póde cahir evidencia.

Approva-se como prova legal no §. 2. a certeza, que se ha do delicto por confissão do réo, pelo testemunho de pessoas fidedignas, ou por escriptura, da fórma que se hade declarar nos titulos seguintes.

Mas não se approva no §. 3. que o juiz julgue pela sua propria sciencia. He verdade que elle mais se persuade e convence da culpa, ou innocencia do réo, vendo e presenciando o delicto; mas não se lhe deve deixar a liberdade de julgar por ella; porque poderá abusar. Obriga-lo porém a que julgue contra o que sabe, he barbaro nas causas criminaes, de que só falo; mas ordenar-lhe que não julgue a causa, e que a remetta ao imperante, contado-lhe todo o caso, não tem nada contra si. A questão em si he vulgar, e tratada por muita gente, e não he necessario demorar-me nella. A Ord. do L.º 3. tit. 66. e as antigas, falão especialmente das causas civis.

O §. 4. contém duas regras para o governo do juiz: primeira que não deve ter o réo por criminoso só por ser accusado, em quanto não tiver prova para isso. Esta regra, sendo tão simples e natural, não cabe na cabeça da maior parte dos juizes do crime, que logo se persuadem que o réo commetteo o delicto, sem mais razão, do que ser accusado por elle: e esta prevenção produz effeitos terríveis no progresso da causa; porque o juiz deve ser imparcial, e estando prevenido e preoccupado, não póde achar a verdade.

A segunda regra declara que genero de certeza deve ter o juiz para a condemnação do réo, e diz, que a mesma, que deve ter todo o homem prudente para se determinar a obrar uma acção importante da sua vida. Esta regra serve de muito para o acerto do juiz, porque o obriga a meditar, e combinar as provas.

Mais util he a que se propõe no §. seguinte, que manda que o juiz se supponha réo, e que veja se elle aquiesceria á sua propria condemnação por aquellas provas. Estas tres regras são umas verdades, que todo o homem facilmente descobre por si mesmo, e eu as vejo altamente inculcadas por todos os philosofos humanistas, e não posso atinar a razão porque são tão desconhecidas; e porisso me pareceo necessario declara-las no texto.

Do mesmo genero he a decisão, que se propõe no §. 6, em todas as suas partes; por quanto ahi se conhece a debilidade das leis humanas para fixar a certeza das provas: ahi se diz que ella pende muito do coração, e recta razão dos juizes; que elles se não devem mover com as lagrimas dos réos, nem excandecer-se contra elles; que devem ser imparciaes, e procurar averiguar a verdade de maneira, que nem padeça a innocencia, nem se deixe de castigar o culpado.

Todos estes principios são evidentes, mas desconhecidos; e porisso foi necessario inculcalos. Veja-se a Lei 19. *De Offic. Praesid.,* e a Lei 3. §. 2. *De Testib.*

No §. 7. destampa-se com a doutrina das provas privilegiadas. O axioma de que nos crimes graves bastão quaesquer provas, indicios e conjecturas, he barbaro, exterminador, e injurioso á natureza humana.

O §. 8. contém um axioma de Beccaria em ponto de provas, o qual reconhecem e illustrão os seus comentadores; e delle fazemos aqui uso, e o faremos tãobem no titulo Das Presumpções.

Os §§. seguintes contém doutrina, e princípios certos, que andão por todos os criminalistas, bons e máos.

AO TITULO XLVI.

PARA prova deste titulo, e de toda esta segunda parte do Codigo me valho de um Capitular de Carlos Magno, digno de ser recitado neste lugar, e na maior assembléa do mundo. Eis-aqui as suas palavras: *Nullus quemquam ante justum judicium damnet, nullum suspicionis arbitrio judicet. Non enim qui accusatur, sed qui convincitur reus est: pessimum namque, et periculosum est quemquam de suspicione damnare. In ambiguis Dei judicio reservatur sententia. Quod certo cognoscunt, suo, quod nesciunt, divino reservetur arbitrio.*[126]

Val mais este Capitular, do que tudo quanto escreverão sobre provas em grandes volumes Menochio, Mantica, Mascardo, e outros doutores desta ordem.

Por indicios tomo eu todos e quaesquer signaes apparentes, e provaveis do crime, e por presumpções, o juizo, que se fórma dos mesmos indicios. Outros se explicão de outro modo; mas todos vem a dizer o mesmo, e muitos confundem e tomão promiscuamente indicios e presumpções; o que nada influe na materia das provas, em que estamos.

Ninguem ignora a doutrina dos jurisconsultos sobre este assumpto. Elles distinguem os indicios em proximos, e remotos, e as presumpções do mesmo modo; e dizem que umas são do homem, outras do direito; umas necessarias simplesmente, a que chamão *juris*, e outras necessarias *secundum quid,* a que chamão *juris, et de jure.* Das presumpções chamadas de homem ou de juiz, tãobem ha muitas differenças. Os effeitos são diversos segundo a diversidade das presumpções, como todos sabem.

Nas Ordenações do reino temos tãobem presumpções necessarias, ou *juris, et de jure,* e os exemplos se apontão na Ord. 1.º 5 tit 25. § fin., na Man. Tit. 17. § ult., na Ord. Actual do mesmo livro tit. 48. §. 2., Man. tit. 35. §. penultimo, Ord. Tit. 135., Man. tit. 76., Affons. 110; mas todas estas Ordenações, e os exemplos nellas citados, e outros tirados do direito romano, ou fingidos pelos doutores, são falliveis, e quasi sempre claudicão. A materia he vasta, e delicada; eu direi só o preciso, na fórma do meu costume, governando-me pela razão; e pelo citado Capitular, depois de ter lido o melhor, que se tem escripto neste genero.

A minha primeira regra he que por indicios, por mais violentos que sejão, não se póde impor a pena ordinaria: a razão he clara, porque são falliveis, e assim se manda no art. 42. §. 6. da Constituiçao criminal austriaca. Outra regra, que não ha presumpção necessaria nem indicios indubitaveis; porque isto repugna á natureza dos indicios. Outra, que a presumpcão chamada *juris, et de jure*, que dá o crime por certo sem admittir prova em contrario, he um monstro juridico, e moral, porque a certeza he contra a natureza da presumpção; pois quem presume admitte supposição em contrario. Estas presumpções e fingimentos de direito muito embora se admittão nas materias civís, mas nas criminaes não ha fingimento, nem presumpção contra a verdade.

Outra, que a probabilidade das presumpções, e o seu valor intrinseco he indefinivel, e que de necessidade se hade deixar ao arbitrio do juiz; e ao legislador só toca dar as regras muito geraes, porque elle se deve governar. Isto he o mesmo, que escreveo o imperador Hadriano, a Valerio Nero, referido por Callistrato na lei 3. D De Testib., nas palavras: *Non utique ad unam*

---

[126] *Estes Capitulares são uma collecção das Ordenanças dos antigos reis de França, e não de Canones, que tãobem ha.* Nota do editor.

190 • Direito Processual Penal

probationis speciem cognitionem statim alligari debere: sed ex sententiâ animi tui te aestimare oportere, quid aut credas, aut parum provatum tibi opinaris.

Outra, que todos os indicios, por mais fortes que sejão, são falliveis, e se podem desmentir, e tomar como favoraveis, ou como contrarios ao reo. A razão he porque os indicios de sua natureza excluem toda a certeza moral, e porque he impossivel dar uma taboa da sua maior, ou menor probabilidade. E quem seria capaz de fazer todas as combinações necessarias? Esta he a pedra philosophal da jurisprudencia criminal. Mr. Jouse pretendeo dar um methodo de estimar, e pesar as presumpções; pretenção impraticavel, de que Brissot, e outros homens desta ordem tem mostrado a impossibilidade e a falsidade, discorrendo em particular por todas, e cada uma das preseumpções por elle apontadas.

Fundado nestas regras, e principios geraes, que fiz ingerir substancialmente no titulo, disse primeiro que não ha presumpções *juris,* ou *juris et de jure* no sentido, em que a tomão os juristas: segundo que as presumpções se podem desfazer por provas especificas em contrario: terceiro que tãobem se póde desfazer a presumpção mais forte que póde haver do homicidio, e do adulterio, que resulta de se achar o homem na camara da mulher casada, ou com a espada na mão e ensanguentada ao pé do morto; quarto que não basta uma nem outra presumpção para a pena ordinaria, sem o apoio de alguma especie de prova legal, como o dito de uma testemunha sem excepção, a confissão do reo extrajudicial, ou outra semelhante defeituosa, que se aproxime a ser legal: e esta he a regra, e principio geral, que se dá o titulo para o governo dos juizes, sendo postos quasi todos os §§. do mesmo titulo para sua explicação, illustração e intelligencia.

Não me demoro em procurar razões de todo o referido e do mais, que vem no titulo; porque para mim tudo he claro e evidente. Quem quizer póde ver o Paulo Rizzi nas suas *Animadversões Criminaes*, a Brissot no tom. 2. da sua Theoria, a Mr. Dumont no seu *Plano de legislação criminal*, a Mr. Bernardi nos seus *Discursos coroados sobre os meios de adoçar as leis penaes*, Leibnitz no seu *Ensaio sobre o entendimento humano*, Voltaire no seu *Ensaio sobre as probabilidades*. Deixo outros.

Postoque neste Codigo se não admittão provas privilegiadas em crime algum, com tudo nos §§. 12. e seguinte deste titulo, nos crimes, em que periga a sociedade, uma familia, ou vida de um só homem, e nos que vem de pura malignidade de coração, permitte-se o seu castigo por presumpções fortes, e bem fundadas, ou por outra prova, que não chegue a ser legal, com aquella pena extraordinaria, que parecer bastante para fazer cessar o perigo. Em prova destes §§. offereço o que disse no Codigo do Direito Público no titulo Do Poder Economico; e aqui só accrescento a autoridade de Cicero na Oração I. cap. 7. *in Catilin.*, em que o objecto era provar o necessario desterro de Catilina; porque dizia: *Discede, atque hunc mihi timorem eripe; si verus, ne opprimar; sin falsus, ut tandem aliquando timere desinam.*

AO TITULO XLVII.

A confissão sem duvida he a melhor prova do mundo; mas para ser perfeita e legal, he necessario que concorrão as circunstancias, que se declarão no principio deste titulo. He axioma de direito romano, que *Non auditur perire volens,* e que *Nemo est dominus membrorum suorum.* O mesmo se mostra pela razão natural, e de outra sorte seria licito o suicidio.

As sobreditas circunstancias e requisitos para a legalidade da confissão forão tiradas das mesmas leis romanas, dos tristissimos exemplos, que constão dos autores nesta materia, e das cautelas e precauções, que elles apontão. Podem-se ver a L. 1. §§. 17. e 27 De quaestionibus, Paulo Rizzi nas suas *Observ. Criminaes,* e a bem conhecida Dissert. de Hein. De *Religione jud. circa reor. confess.* Na falta dos ditos requisitos, a confissão por si só não faz prova, mas ajuda e augmenta a que estiver feita; e della se falou no titulo Dos Indicios, e presumpções.

Postoque se não deva dar juramento ao réo, quando o juiz o pergunta, pelas razões, que logo se dirão; comtudo aqui no § 6. se manda dar, quando elle voluntariamente se vem offerecer, não só porque não he tanto para temer o perjurio, como porque serve para o réo considerar mais e mais no que disser sobre o seu crime.

O §. 7. funda-se no direito civil, e canonico, a que se remette o Pontifice no cap. 1: *De Con fess.* Tudo o mais he claro.

AO TITULO XLVIII.

Depois de se falar da força da confissão voluntaria do réo para o effeito da prova, era consequente que logo se falasse do modo porque se devia perguntar.

No principio do titulo se diz, que as perguntas são necessarias não só a bem da justiça, mas do réo; o que assim se disse para desabusar os juizes, que entendem que o fim dellas he onerar o mesmo réo.

O que se diz no resto do titulo sobre o modo de perguntar os réos, e sobre a humanidade, e imparcialidade do juiz, he claro por si mesmo.

A respeito das formalidades não se approva nem a sua inquirição pública, nem a secreta e particular absolutamente. A presença de dois juizes, de dois officiaes e duas testemunhas, tirão toda a suspeita.

Prohibe-se ao juiz, á excepção dos crimes de Estado, perguntar o réo pelos socios do crime, pelas razões do §. e outras, que lembrão os autores ao cap. 1. *De Confess.,* e deferir, ou receber o juramento ao mesmo réo pelas razões e argumentos, de que se servio Mr. Lamoignon, presidente das famosas conferencias, que se tiverão em França sobre varios artigos criminaes por Ordenança do anno de 1670.

AO TITULO XLIX.

A necessidade da prova testimonial he clara, porque não se admittindo, e pondo-se o réo em uma negativa, não se poderia castigar, e ficarião assim impunidos quasi sempre os delictos. Todos conhecem que ha pouco que fiar nas testemunhas, e que são necessarias muitas circunstancias para o juiz por ellas ter uma certeza moral do delicto: mas a segurança pública pede de necessidade o uso deste meio, e que o legislador dê as providencias para se não abusar delle.

Muitos criminalistas portanto querem que não baste a prova por testemunhas sem a confissão do réo, assim como esta só por si não basta para a sua condemnação; mas na minha opinião he bastante, sendo as testemunhas taes, quaes se pintão no titulo; e de outra fórma poucos criminosos se poderião castigar. No titulo se ordena que o juiz julgue do credito da testemunha pela qualidade da sua pessoa, e pela qualidade, circunstancias e modo do seu juramento.

192 • Direito Processual Penal

A regra geral, que se propõe no §. 1. he que duas ou tres testemunhas maiores de vinte annos, imparciaes, e intelligentes do caso, jurando de facto proprio, fazem prova: nos §§. seguintes se põem os exemplos e explicação desta mesma regra; e tudo o que nelles se diz, he fundado não só na razão natural, mas na autoridade extrinseca das leis. Porque a Lei 20. *De Testib.* exclue os menores de vinte annos; a Lei. 3 do mesmo titulo os infames de facto e de direito; a Lei 3. no Codigo os servos; a Lei 5. os parentes; a lei 11. os socios do crime; o cap. 19. *De Accusat.*, e os artigos 63. 64. 66. e 68. da *Constit. Carolina* os surdos e mudos, ignotos, e denunciantes: e que semelhantes testemunhas não fação fé nem nos mesmos crimes occultos, he expresso na Ordenação criminal prussica C. 5. §. 4, e doutrina do mesmo Carpzovio, e Boehmero.

O mesmo se ordena na Ordenação actual do livro 3. tit. 56., a que corresponde a do senhor rei D. Manoel no tit. 45. §. 12., e a Affons. tit. 42. do mesmo livro. A rubríca da Ord. he, *que pessoas não podem ser testemunhas?* O §. 6. desta Ord., em quanto admitte os menores de quatorze annos a testemunhas nos crimes graves, não deve ser admittido.

Os outros §§. deste titulo são sobre a fórma, modo e qualidade do juramento; que o juiz obrigue as testemunhas a jurar; porque se não considera aqui o mesmo perigo, que no réo, por não ser a causa sua; que escrevão o seu testemunho nas causas graves pela sua mão e penna; e que o seu testemunho seja uniforme e conteste no facto, e nas circunstancias: adverte-se ao juiz que uma uniformidade total ás vezes póde nascer de conluio e suborno, e que deve olhar bem para a vida do accusado para fazer, á vista de tudo, um juizo serio e prudencial da fé, e credito das testemunhas contra elle &c. Estas são as providencias, que podem dar os legisladores; porque a verdade do caso, e certeza fisica, e metafisica do delicto he impossivel.

Dá-se á testemunha a liberdade de declarar, ou retractar o seu juramento. He barbara e injusta a lei, que a tem por perjura só por este facto, sem prova do seu dolo; e este he um dos principaes vicios da legislação criminal, que notão altamente os philosophos criminalistas: no titulo se permitte portanto esta liberdade á testemunha sem prejuizo do accusado, nem da republica.

Tira-se tãobem ao juiz a liberdade de perguntar os parentes do accusado em certo gráo, não só pela sua affeição, mas porque he deshumano obrigar o homem a lutar com a natureza, e a jurar no crime de pessoas tão conjunctas. As leis civis não devem obrigar, nem ensinar os vassallos a violar, e quebrantar as leis e vinculos da natureza. Concorda a citada Ordenação do livro 3. tit. 56. nos §§. 1. 2. e 3.

AO TITULO L.

Debaixo do nome de testemunhas judiciaes, que he a phrase das nossas leis, entendo eu substancialmente o mesmo, que entendem, e dizem os criminalistas da repergunta das testemunhas. He certo que as testemunhas perguntadas ás escondidas, e sem citação da parte, pouco ou nada provão para a sua condemnação, postoque provem para a pronuncia, como se dirá adiante. Devem portanto ser reperguntadas na presença do réo, e assim o manda especificamente a Ord. do 1.º 3. tit. 62. §. 1., a qual se entende não as fazendo a parte judiciaes na fórma do §. 18. da lei chamada *Reformação da justiça.*

Aqui se manda aos juizes que de seu officio as reperguntem na presença dos réos nos crimes graves, e em todos a seu requerimento, e que elles lhes possão fazer as perguntas, que lhes convierem; e esta he a summa do titulo. A razão he a mesma porque se impugnão as inquirições secretas, do que ao diante falaremos.

A necessidade da pergunta á testemunha sobre a certeza da pessoa do réo he para evitar enganos. Por este modo se desvanece a impostura de uma mulher, que accusava Santo Athanasio de estupro, mostrando-lhe outro em seu lugar.

AO TITULO LI.

ESTE titulo não necessita de razões extrinsecas e apparentes.

AO TITULO LII.

HE esta outra especie de prova legal. A escriptura deve-se ter como uma confissão do crime por escripto, e por tanto tem a mesma força, que a confissão vocal. Esta he a regra geral, que reconhecem todos os escriptores; de que se segue que tudo o que fica dito a respeito dos reos confessos em juizo, e fóra delle, se deve applicar ás suas escripturas particulares.

A *Constituição Criminal* austriaca reputa a prova por escriptura por confissão extrajudicial, e por consequencia por sufficiente sem outra prova.

A que vem da comparação das letras ainda he menor, porque he mais fallivel. Veja-se Strikio na sua Dissertação *De semiplenâ provat.*

Escuso advertir que tudo o que se diz neste titulo, e nos outros semelhantes, procede nas causas criminaes sómente; porque nas civís as provas tem outros principios.

AO TITULO LIII.

ESTE titulo parecerá desnecessario á vista dos antecedentes; mas não o he, supposta a doutrina de Barbosa e outros, em cuja contraposição foi feito. Pedro Barbosa foi na verdade o maior letrado do seu tempo, e não merece as accusações, que muitos lhe fazem. Elle segue a regra, que não bastão indicios e presumpções, quaesquer que ellas sejão, para prova do delicto. Mas desta regra exceptua os crimes occultos, e difficultosos de provar; e diz que se pódem castigar com pena ordinaria por indicios certos e indubitaveis, e por uma presumpção tal e tão violenta, que de tal sorte aperta o animo do juiz, que o não deixa persuadir do contrario. Esta opinião de Barbosa he seguida na pratica, e exaltada por ministros nossos muito respeitaveis.

Eu não entendo, nem conheco indicios indubitavies; assim he que os conhecem as leis romanas, mas desconhece-os a razão: porque todos os indicios, quaesquer que elles sejão, admittem necessariamente supposição em contrario, e não a admittindo, já passão de indicios a certeza. O mesmo digo da presumpção, que convence o juiz, e que o não deixa duvidar da verdade do caso, porque uma tal presumpção não se deve chamar presumpção, mas sim prova legal, e perfeita; porque por ella tem o juiz, como se suppõe, toda a probabilidade e convencimento, que se póde haver do delicto; e isto em boa logica he o mesmo que certeza. Veja-se Mr. d'Alembert no *Discurso preliminar da Encyclopedia* no artigo *Certitude.*

194 • Direito Processual Penal

Affonso IV. approvou como provas legaes as conjecturas, que se tirão do facto de brádar a parte de noite, e de mostrar e seguir o accusado: mas Affonso V. no livro 5 da. sua Ord. tit. 110, de que foi tirada a Man. tit. 76, e a actual tit. 135, não tem por legaes as ditas conjecturas, e admittem contra ellas defesa, e prova em contrario.

Por esta Ordenação forão dispostos os §§. 1., e 2., deste titulo, que me pareceo melhor, e mais conforme ao systema, que tenho adoptado sobre as provas dos crimes, do que a opinião de Pedro Barbosa. Mas não me parece bem a Ord. do 1.º 5. tit. 13, que por indicios e presumpções castiga o peccado de sodomia, de bestialidade e outros, pelas razões deste titulo, e do antecedente.

Toda a differença destes crimes aos outros he bastarem só duas testemunhas fidedignas, apoiadas com indicios fortes e vehementes, para a prova ordinaria, aindaque sejão de differentes actos; e nos crimes commettidos de noite, uma só sem excepção, alem dos mesmos indicios.

AO TITULO LIV.

Postoque as denuncias sejão aborrecidas pelos humanistas, eu entendo que se devem não só permittir, mas mandar fazer, porque o público não póde ver tudo, e he util que haja quem o instrua. Plutarcho diz que todo o cidadão se deve ter como um magistrado nato, e perpetuo, e que he obrigado a ajudar os ministros públicos com o que souber a bem da sociedade.

Em consequencia desta obrigação do cidadão se impõe no §. 1. a pena correspondente ao que faltar a ella. Mas as denuncias, que se permittem, são só aquellas, que se fazem em boa fé, e com zelo da justiça; e se manda ao juiz, que advirta o denunciante que hade ser visto o seu depoimento, e elle outra vez perguntado pelo juiz, e pelo denunciado.

Desta sorte se evitão todos os medos e injustiças, que são de temer das denuncias secretas, e desta sorte as admitte Mr. Vermeil no capitulo, em que faz menção, e parallelo entre a instrucção ingleza, e franceza segundo a Ordenança de 1670, onde mostra os defeitos de ambas, daquella porque favorece muito e demasiadamente ao accusado, e desta porque lhe tira a liberdade, que lhe he necessaria para a sua defesa.

AO TITULO LV.

Proseguem-se os crimes por denuncias, de que já falámos, por querela e accusação, de que se fala neste titulo, e por devassa, de que se falará no seguinte.

Querela he uma especie de queixa ou accusação feita no juiz, de certos crimes em tempo certo, que a parte logo jura, nomeando testemunhas, no que differe da accusação em geral, que nem tem tempo tão curto, nem he sobre crime certo, nem pede logo juramento, e nomeação de testemunhas. Esta differença he tirada da Ord. livro 5. tit. 117.

Admitte-se a querela nos crimes públicos dada por qualquer pessoa sem suspeita, e nos particulares só pelos interessados, sem differença de serem, ou não suspeitos; porquanto os homens, aindaque sejão máos, sendo offendidos não se lhes pode tirar o seu direito, nem permittir-se a alguem que os offenda impunemente.

Manda-se aqui que a justiça prosiga os mesmos crimes particulares, posta a querela da parte: a razão he porque a parte pode ser pobre, e não poder seguir a sua justiça, e porque o público tem obrigação de defender a pessoa, vida e bens do cidadão, que para isso o serve, e lhe paga os seus tributos.

O que se diz a respeito da accusação dos clerigos e leigos entre si, postoque não seja conforme ao cap. 14. *De Testam.,* e 10 *De Accusat.,* concorda com o Can. 24. do conc. Espaonense, e com muitos Capitulares: e a razão de inimizade entre os leigos e clerigos, que dá o cap. 3. e 21. *De Accusat.,* he miseravel.

Permitte-se a accusação por procurador, tanto ao accusador, como ao accusado, pela identidade de razão e igualdade de direito, deixando-se sempre ao juiz a liberdade de os perguntar de seu officio, ou a requerimento da parte, em obsequio e beneficio da verdade. He muito disputada a questão de procurador nas causas criminaes, por direito romano, e canonico; e daqui nasce a incerteza e variedade deste direito na pratica, o que ninguem explicou melhor que Boehmero no seu Direito Ecclesiastico no titulo *De Accusationibus.*

Neste Codigo no tit. 44. §. 29. e 30. se castigão os querelantes, e denunciantes com dolo, ou sem elle, com alguma differença da Ord. do livro 5. tit. 113; e por isso não falei aqui do seu castigo, nem do das testemunhas falsas, pela mesma razão.

AO TITULO LVI.

As nossas leis chamão devassa a inquirição, que faz o juiz, de seu officio, sobre certos e determinados crimes: a sua origem vem do direito das Decretaes. Innoc. III. foi o autor do processo inquisitorio, como se vê dos cap. 14, 17, e 21. *De Accusat.,* e do cap. unic. *Ut eccles. benef. sine diminut. confer.* Boehmero ao titulo *De Accusat.* no seu Direito Eccles., e Christiano Thomasio em uma particular Dissert. accusão de injustas, e incivís as inquirições, ou devassas por officio do juiz; e esta he a voz geral de quasi todos os modernos, que escreverão sobre a fórma das leis crimiaes. Porem eu acho que estas mesmas devassas são necessarias, e uteis para o castigo dos malfeitores, e que sem ellas muitos ficarião impunidos; e por outra parte não vejo coisa, que se opponha ao seu uso, deixando-se aos réos a necessaria, e legitima defesa.

Com tanto porem que nas devassas se não pergunte por pessoa certa e determinada, á excepção de ser publicamente infamada do delicto: e estes são os mesmos termos, em que sómente póde ter lugar o processo inquisitorio, segundo a mente do seu autor; o mais foi invento, e refinamento dos criminalistas.

As Ordenações e Leis Extravagantes sobre devassas, e os casos, em que se devem tirar, são sabidas, e por isso as não refiro; aqui se especificão os crimes, em que tem lugar, e se parecer que se devem tirar, ou accrescentar alguns, pódem-se declarar nos Regimentos dos ministros.

AO TITULO LVII.

Neste titulo se ensina o juiz, e se instrue sobre a pronuncia dos réos. E se lhe dá a regra de que não deve pronunciar o réo sem prova, que baste para a sua condemnação afinal, pelas razões dadas: a qual se limita nos crimes graves e sociaes, em que bastão indicios fortes, e principalmente a respeito dos vagabundos e suspeitos de fuga, em beneficio da segurança pública.

196 • Direito Processual Penal

Que a prisão só póde pronunciar os réos, a que for imposta pena corporal. A razão he clara; e daqui se segue que por multas ninguem deve ser preso, tendo com que pagar, ou dando caução pignoraticia, ou fidejussoria.

Que os réos sejão sim presos em prisões seguras; que se lhes prohiba a communicação em quanto não forem perguntados, ou ainda depois por algum tempo, sendo necessario; mas que se não mettão em prisões doentias, que se não ponhão a ferros, e que se lhes não prohiba a sua cama e comida, por muitas razões: primeira porque estes procedimentos não são necessarios para a averiguação da verdade: segunda porque o réo poderá mostrar-se innocente, e nesta possibilidade não he justo que antes se castigue: terceira porque pelas penas secretas não se consegue o seu fim, que he o terror e exemplo dos outros. Platão no Liv. 10. *De Legib.* mandava que houvessem tres castas de prisões, de segurança, de correcção, e outra para os verdadeiros culpados.

Prohibe-se o uso das cartas do seguro, e das fianças, não só porque a sua pratica he muito implicada, e arbitraria pelas Ordenações, e Extravagantes, mas principalmente porque impede o prompto castigo dos malfeitores, e quasi que os convida, e facilita a obrar mal.

Em Roma, Athenas os reos gozavão de inteira liberdade em todo o tempo do processo, e elles podião subtrahir-se a toda a pena pelo exilio voluntario. Depois puzerão em pratica a guarda e segurança da pessoa do culpado, entregando-o a uma cohorte militar, ou a um simples soldado, e muitas vezes o deixavão debaixo da sua simples promessa, ou da caução juratoria, pignoraticia, ou fidejussoria. Destas leis e costume, ou do uso, e direito da vindicta particular veio a celebre lei *Habeas corpus* dos Inglezes, e vierão as nossas fianças e seguros, de que se não deve já mais usar pelas razões ditas, e em seu lugar se substitue nos crimes leves, que aqui se específicão, a guarda de corpo. Pelas mesmas razões se prohibe a pratica da homenagem nos crimes leves, porque nos graves e infamantes a não há; e desta fórma se vem substancialmente a seguir a jusrisprudencia actual, evitando-se sómente os seus abusos.

Os §§. ultimos contrapôem-se ao direito, ou costume do effeito da pronuncia sobre o arresto, e sequestro dos bens dos reos, e sua suspensão dos cargos públicos. A sua razão he clara; porque como o reo ainda se não tem por verdadeiro culpado, porque poderá a final apparecer innocente, não se lhe póde pôr a pena de privação da administração dos seus bens, e da suspenção dos seus cargos e officios. A prisão he necessaria, porque poderá fugir; mas estes procedimentos não o são, e por isso se não devem praticar; e por esta razão os condemna e reprova altamente Mr. Vermeil, e outros muitos. Nâo se deve por tanto fazer caso da Ordenação do L.º 5. tit. 126. §. 11. em contrario.

A pronuncia do juiz póde ser não só de prisão e livramento, mas de chamamento; porque o juiz póde não ter prova, e para a encher, ou para outra diligencia a bem da justiça póde ser necessario e conveniente ouvir o réo; e porisso póde pronunciar que compareça perante elle debaixo da pena cominada no §. 5.

AO TITULO LVIII.

Corpo do delicto he a averiguação do crime, e sem se provar que o houve, não se póde passar á averiguação do criminoso. A necessidade desta prova he clara, assim como tudo o que vem no titulo. As nossas Ordenações são mancas neste artigo: eu suppri a sua falta pela pratica, com a qual se conforma substancialmente o titulo. Veja-se o tit. 34 Dos Ferimentos, e as suas provas na primeira Parte.

I - Projecto Mello Freire • 197

AO TITULO LIX[127]

AO TITULO LX.

PROCESSO judicial em differença da informação, ou instrucção da justiça, se chama todo o acto, que se faz depois do réo ser chamado a juizo; e eu o divido em summario ou verbal, e ordinario ou regular.

As Ordenações do Reino admittindo processo summario nas causas civis nos titulos 25 e 48 do livro 3., parecem exclui-lo das criminaes, como bem se infere da Ordenação 1.º 1. tit. 1 §. 16., e da rubrica geral do titulo 124 do 1.º 5. Por occasião dos crimes, que se seguirão á calamidade do Terramoto, se mandarão processar os réos verbalmente por dois Decretos dados ambos no dia 4 de Novembro de 1755., a que se seguio o Alv. de 27 de Janeiro de 1757, e a Lei de 25 de Junho 1760 no §. 5., e o Alv. de 20 de Outubro de 1763.

Algumas Leis Extravagantes antigas fazem menção de summarios criminaes, e entre outras me lembro da Lei de 7 de Junho de 1605 no §. 9, e da Lei de 31 de Março de 1742 no §. 7: mas nenhuma dellas explica bem a natureza destes processos.

Brissot, Dumont e outros muitos tem, e tomão o processo verbal ou summario pela informação extrajudicial, e formação do corpo do delicto. Não he assim: processo verbal he judicial, e como tal differente da informação da justiça: requer que o réo seja chamado a juizo; que ahi se oiça e pergunte na fórma, que se tem dito no seu lugar; e que se lhe diga e mostre a culpa, que ha contra elle; que se reperguntem as testemunhas extrajudiciaes, e que se examinem e confrontem, sendo necessario. Este exame como se faz pelo ministerio da palavra, que ao depois se reduz a escripto, chama-se verbal; e he o que basta para a condemnação do réo, no caso de se convencer por este modo; porque de outra fórma se manda recorrer ao processo ordinario.

Os criminalistas modernos, segundo o systema de cada um, querem que o processo criminal seja ou muito lento e vagarozo, ou muito precipitado: uma e outra coisas he defeito; e parece-me que neste artigo, assim como em todos, se deve seguir a mediania; e que se attende á justiça e á humanidade, na ordem estabelecida no titulo.

AO TITULO LXI.

AS leis do reino, e as de toda a Europa, á excepção das inglezas, peccão pelo demasiado rigor, com que mandão tratar os ausentes e contumazes; e os chamados reformadores das leis criminaes, pelo demasiado favor.

A Ord. do L.º 5. tit. 126 e 128 manda julgar, e processar os ausentes e contumazes á sua revelia, e executar o julgado: approvão e consentem a execução em effigie, o sequestro e execução dos bens, e que todo o homem possa matar os condemnados e banidos.

Eu não posso deixar de dizer que semelhantes Ordenações são injustas, e para mim basta-me só o principio de que ninguem deve ser condemnado sem ser ouvido; e como o negocio

---

[127] *Nada existe do autor sobre este titulo, ou porque não julgou necessario prova-lo, ou porque alguma coisa se propunha dizer nas conferencias da Revisão.* Nota do editor.

me parece claro, são escusadas maiores razões. Nas causas civís, em que não deve haver tanto escrupulo, as leis do reino certamente não tem tanta dureza, como nas criminaes, como se vê da Ord. do 1.º 3.º tit. 15., e das antigas, que se referem nos tit. 27 e 48 da Ord. Affons.

Os ditos reformadores não querem processo algum contra os ausentes, a exemplo dos Romanos, que no principio não costumavão condemnar aquelles, que se escondião ás perseguições da justiça.

Eu segui uma via media; porque no titulo se admitte processo contra os ausentes depois de julgados por taes, com tanto que se lhes dê advogado, que os defenda: e assim se concilião ambos os systemas. Faz-se diferença entre a ausencia por causa legitima, e por consciencia do crime, para o effeito de se julgar nullo o processo, ou de o tomar o ausente, que vier a juizo, no mesmo ponto, em que o achar; e entre a sua vinda antes ou depois da sentença final, para o mesmo effeito. E tãobem entre o ausente, que fugio antes ou depois de instruido o processo; e a este se nega o advogado, que áquele se concede em todo o caso, pela particular injuria, que faz á justiça com a sua fugida.

E se declara que a negação de advogado, e o procedimento á revelia só tem lugar nos crimes, que tem pena pecuniaria e perdimento de bens, e não naquelles, em que a pena he capital ou afflictiva do corpo: e esta he uma regra, que se manda observar a respeito dos ausentes e contumazes, e de todos em geral. A razão tira-se da differença destas penas, as pecuniarias do principio que *non auditur perire volens*, e da obrigação e interesse, que tem a sociedade de vigiar sobre a vida e membros do cidadão.

O mesmo direito se manda observar a respeito dos contumazes assim *in non comparendo*, como *in non respondendo*, pelas mesmas razões. Boehmero na Exercil. 24 ás *Pandectas* trata de uns, e outros contumazes; mas o que elle diz serve mais para as causas civis, do que para as criminaes.

Declara-se que a fugida, ausencia e contumacia não he prova do crime, e só quando muito indicio. Do que se segue que semelhante facto nem basta para a sua condemnação, nem para o sequestro e annotação dos seus bens, sem embargo da ordenação em contrario; o que já em outro lugar se notou, e se funda no principio de que não deve haver pena, nem genero algum de castigo sem convencimento judicial do delicto, que não ha antes da sentença condemnatoria.

Prohibe-se o processo contra os mortos. Todos os criminalistas conhecem esta regra em geral, mas exceptúão certos crimes, como são os de lesa-magestade divina e humana, o duello e outros: mas eu cuido que não deve haver excepção alguma, porque a razão, em que a regra se funda, se verifica em todos os casos exceptuados. Por quanto, prescindindo da justiça do procedimento, a averiguação do delicto e do delinquente, pelo que toca ao morto, parece não poder ter outro objecto mais, do que a utilidade do fisco pela confiscação dos bens; e quando estas penas fiscaes tenhão lugar nos delictos, o público deve sempre mostrar que os não castiga por semelhante causa.

A execução em effigie ou he barbara, ou risivel. Nem a lei, nem o costume approva que as penas corporaes, á excepção da capital, se executem em effigie; e se he ridiculo dar açoutes em uma estatua, como as leis reconhecem, porque o não será igualmente cortar-lhe a cabeça, queima-la e reduzi-la a cinzas?

O que se diz sobre o processo dos menores, dos mudos e surdos, e das cidades, he claro; e foi disposto como em supplemento da Ordenação, que não fala em tal.

AO TITULO LXII.

Huma das difficuldades, que embarração os processos criminaes, e retardão o castigo prompto dos delinquentes, he a competencia dos juizes. Por tanto aqui se declarão todos os ministros competentes, porque todos são como vigias do público, e devem cuidar na sua segurança; e deste modo se tirão tantos embaraços; o que mais particularmente se hade ordenar a cada um no seu respectivo Regimento. Porem como o juiz do lugar aonde se commette o delicto he quem póde melhor averigua-lo, a elle he que toca mais o seu conhecimento; e por isso se lhe ordena, que havendo outro conhecido delle, avoque os autos.

Tirão-se todos os privilegios, e juizes privativos nas causas crimes, em beneficio do público; e assim se removem outras tantas difficuldades; e se deixão só os que se concedem aos clerigos e pessoas das ordens, no Codigo do Direito Público, aonde vem limitados. Pela mesma razão se nega o fôro militar nos crimes communs; e esta he a mesma pratica de França; e assim se manda no Codigo do Direito Público titulo 45, *Do Direito Militar* no § 15.

O §. ultimo foi contraposto á ambição dos juizes, que para ganharem dinheiro culpão todo o mundo: e eu ouvi de um corregedor, que na primeira correição culpára tres mil e tantas pessoas, e na segunda o dobro.

AO TITULO LXIII.

O que se diz neste titulo sobre a assistencia do réo e proposição do seu feito, he tirado de uma Ordenação do senhor rei D. Manoel[128]; e sobre a reducção dos votos, na Ordenação actual l.º 1. tit. 1. §. 8., e da Extravagante do senhor rei D. João III. que vem na Collecção de Duarte Nunes 1. p. tit. 5. L. 19, dos Assentos, que vem na Collecç. 3 á Ord. do I.º 1., tit. 1., do que a este respeito notão os nossos escriptores Cabedo, Costa e Manoel Alves Pegas, e da Disput. 36. de Henrique de Cocceio, *De eo quod justum est circa numerum suffragiorum*.

AO TITULO LXIV.

Este titulo em todas as partes, que nelle se conten, he claro, e pouco ou nada differe da jurisprudencia actual; mas he novo em quanto tira a differença dos aggravos entre si, e destes á appellação; do que he necessario dar alguma razão; e eu não tenho outra, senão o amor á simplicidade.

As nossas Ordenações fazem differença de aggravos ordinarios, de petição, de instrumento, e no acto do processo, e de appellação: e este he direito nosso particular, cuja origem attribuo eu ao direito romano, e canonico, e aos glossadores, que não concordando nos effeitos da appellação, os nossos antigos jurisconsultos, e legisladores querendo unir uma e outra jurisprudencia, vierão a formar, e introduzir novos nomes e significados, como são as diversas especies de gravames,

---

[128] *Ord. Man. L.º* 1. *tit.* 1. §. 23.

200 • Direito Processual Penal

ou aggravos entre si, e a differença entre gravame ou aggravo, e appellação; parecendo-lhes que deste modo compunhão, e combinavão os sobreditos direitos.

Não se póde conhecer bem o fundo a nossa jurisprudencia nesta parte sem saber o direito romano antigo e novo sobre appellações, e sobre supplicações, a que muito se assemelhão os nossos aggravos ordinarios; sem saber o direito canonico sobre o mesmo assumpto, e em que diversifica do romano; e sem ultimamente saber o que a estes direitos tirarão ou accrescentarão os glossadores. Ainda isto não basta, he preciso combinar, e cotejar as nossas leis antigas de Affonso III. por diante, até á ordem judiciaria d'elrei D. João III. e D. Sebastião com aquelles direitos: e só então se poderá formar um juizo serio da nossa jusrisprudencia dos aggravos.

Se fosse necessario era facil fazer todas estras combinações; mas nem o lugar, nem a materia o pede; o certo he que ella he de si mesmo intrincada, e que pouca gente sabe a theoria do processo portuguez, assim civil, como criminal na primeira e segunda instancia, como deve ser, e pela sua origem segundo os diversos periodos da antiga, e da nova e novissima jurisprudencia.

A pratica sabe muita gente pela rotina do fôro, de que eu confesso saber muito pouco; e ainda essa mesma pratica he inconstante e incerta; porque eu tenho ouvido disputar sobre ella a ministros egregios, e da maior reputação entre nós.

Venho a concluir que he embaraçada a jurisprudencia dos aggravos, pois que he tão disputada; que a jurisprudencia deve ser simples, e capaz de ser ententida pelo cidadão mais rustico; que se devem desterrar todas as formulas e termos facultativos, podendo-se substituir por outros; e que por consequencia he muito bem tirada a differença dos aggravos entre si, e da appellação nas causas criminaes, de que sómente falo.

AO TITULO LXV.

Neste titulo trata-se do modo da execução da pena de morte ou afflictiva do corpo, da pena de degredo, e da pecuniaria; e foi digerido substancialmente pela Ordenação do 1.º 5. tit. 138, 141, 143 e 144.

São porem novos os dois §§. ultimos, porque o primeiro he contra a Ordenação do L.º 4. tit. 81. §. 6., que faz os condemnados á morte servos da pena, e se funda na constituição de Valentiniano referida na Lei 3. Cod. Theod. *De Poenis*, na Nov. 22, cap. 8. de Justiniano, de quem foi dirada a Auth. *Sed. hodie Cod. De Donat. inter vir. et uxor.*, que abolirão semelhante servidão: e não devião portanto os compiladores da Ordenação resuscitar um direito romano já antiquado e abolido. E o §. ultimo, que manda que no confisco não entre a legitima dos filhos, he conforme ao systema geral deste Codigo, á humanidade, e ás leis civís do reino, a que se não devem oppor, nem contrariar as criminaes.

AO TITULO LXVI.

Dos delictos, assim como dos contratos, nascem certas obrigações; e umas e outras se extinguem por certos modos.

A morte tudo acaba; e este he o primeiro modo; e não exceptúo crime algum, o que já em outro lugar se notou. Que as acções civis, e prosecutorias da coisas passem para os herdeiros, postoque originariamente venhão do delicto, funda-se na razão, e autoridade do §. 1. *Inst. De Perpet. et. tempor. action.*

A prescripção he outro: e postoque por direito romano sejão necessarios vinte annos para os crimes públicos; e para os outros, e os carnaes, cinco, pareceo-me antes adoptar nestes a prescripção de anno e dia, por ser mais analoga á razão, e ás nossas leis e costumes. Veja-se Antonio Matheos ao livro 48 do Digesto tit. 19. cap. 4, e Christiano Thomasio *De Praescript. bigamiae* §. 8.

Admitte-se a transacção nos crimes, da fórma que se diz no §. 2. e 3. Esta materia he muito difficultosa, e controvertida entre os interpretes do direito romano, e deo occasião de variar a Cujacio, que escreveo uma coisa no livro 6. das suas Observações cap. 11., e outra no livro 19. cap. 36. O que se diz nos §§. passa sem disputa. Veja-se Vinnio no tratado *De Transactionibus*, e Gerardo Noodt. no livro, que tem por titulo *Diocletianus et Maximinianus, sive de practione, et transactione criminum.*

No §. 4. fala-se do rescripto do pincipe, que prohibe conhecer do crime, e do perdão ou aggraciação da pena. Um e outro direito he magestatico, e compete ao principe, postoque os Stoicos, e outros philosophos antigos, e modernos lho contestem. Veja-se Grot. *De Jur. Bel. et Pac.* L.º 2. cap. 20. §. 21., e segg. Thomasio, e Boemero nas Dissertações particulares, que escreverão sobre este artigo.

A abolição do crime legitima ou pública he conhecida no Digesto no tit. *Ad Senatusc. Turpill.*, e *De abolitione criminum.* Na nossa lingua abolição não significa o mesmo, que em direito romano; mas he certo que os seus effeitos se tem muitas vezes praticado entre nós no presente feliz reinado, e no passado; e parece que della fala a Ord., do L.º 3. tit. 18. §. 1.

O §. 5. funda-se na regra de que ninguem pelo mesmo crime póde ser castigado duas vezes; e o §. 6. na Ord. do citado L.º 3. tit. 18. §. 14.

F I M

202 • Direito Processual Penal

Taboada dos Titulos, e das provas correspondentes

ÍNDICE

Prefação do Editor	....	17
Introducçao ao Ensaio de Codigo Criminal	....	21
TITULO I.	*Dos Delictos*	29
TITULO II.	*Das pessoas capazes de delinquir.*	29
TITULO III.	*Dos agentes, e cumplices.*	31
TITULO IV.	*Das penas.*	32
TITULO V.	*Dos hereges, e apostatas.*	34
TITULO VI.	*Dos blasfemos.*	35
TITULO VII.	*Dos perjuros.*	37
TITULO VIII.	*Dos impostores.*	37
TITULO IX.	*Dos sacrilegos.*	38
TITULO X.	*Dos usurarios.*	39
TITULO XI.	*Dos adulteros.*	39
TITULO XII.	*Dos crimes moraes.*	41
TITULO XIII.	*Do crime de alta traição.*	44
TITULO XIV.	*Do crime de lesa magestade.*	47
TITULO XV.	*Dos que fazem moeda falsa.*	48
TITULO XVI.	*Das sedições, tumultos e outros ajuntamentos.*	49
TITULO XVII.	*Dos que fazem assuada.*	50
TITULO XVIII.	*Dos que resistem ou desobedecem aos julgadores ou a seus officiaes, ou lhes dizem injurias.*	52
TITULO XIX.	*Dos que tirão os presos do poder da justiça ou das prisdes, e dos prezos que fogem da cadêa.*	54
TITULO XX.	*Dos que fazem carcere privado.*	56
TITULO XXI.	*Dos que se fingem ministros e officiaes de justiça.* ...	58
TITULO XXII.	*Dos que tomão ou perturbão a nossa jurisdicção, e dos que levão direitos que lhes não pertencem.*	59
TITULO XXIII.	*Das armas que são defezas.*	59
TITULO XXIV.	*Das Caças, e pescarias defesas.*	60
TITULO XXV.	*Dos vadios.*	61
TITULO XXVI.	*Dos Jogos, e theatros.*	62
TITULO XXVII.	*Do Luxo.*	64
TITULO XXVIII.	*Dos Contrabandos.*	65
TITULO XXIX.	*Dos que comprão pão, vinho, ou azeite para revender*	67
TITULO XXX.	*Do Homicidio simples.*	68
TITULO XXXI.	*Do homicidio qualificado.*	71
TITULO XXXII.	*Dos Incendiarios.*	74
TITULO XXXIII.	*Dos que fazem ou acceitão desafio.*	75

I - Projecto Mello Freire • 203

TITULO XXXIV.	*Dos Ferimentos.*	76
TITULO XXXV.	*Das Injurias.*	78
TITULO. XXXVI.	*Dos Furtos.*	79
TITULO XXXVII.	*Dos Daninhos.*	83
TITULO XXXVIII.	*Dos Falsarios.*	84
TITULO. XXXIX.	*Dos Partos suppostos.*	86
TITULO. XL.	*Dos Bulrões, e illiçadores.*	86
TITULO XLI	*Dos Mercadores, que quebrão.*	87
TITULO XLII.	*Dos que abrem as cartas alheias ou papeis.*	88
TITULO XLIII.	*Dos Receptadores.*	88
TITULO XLIV.	*Dos que prevaricão nos seus officios.*	89
TITULO XLV.	*Das Provas.*	92
TITULO XLVI.	*Dos Indicios, e presumpções.*	93
TITULO XLVII.	*Dos Confessos.*	95
TITULO XLVIII.	*Como se perguntarão os réos.*	95
TITULO XLIX.	*Da Prova por testemunhas.*	97
TITULO L.	*Das Testemunhas judiciaes.*	98
TITULO LI.	*Da Confrontação do réo e testemunhas.*	99
TITULO LII.	*Da Prova por escriptura.*	100
TITULO LIII.	*Dos Delictos occultos, e de difficil prova.*	100
TITULO LIV.	*Das Denuncias.*	101
TITULO LV.	*Das Querelas e accusações.*	102
TITULO LVI.	*Das Devassas.*	103
TITULO LVII.	*Da Pronuncia.*	103
TITULO LVIII.	*Do Corpo do delicto.*	104
TITULO LIX.	*Da Informação da Justiça.*	105
TITULO LX.	*Do Processo judicial.*	105
TITULO LXI.	*Como se procederá contra os ausentes e outros.*	107
TITULO LXII.	*Do Juiz competente.*	109
TITULO LXIII.	*Da Sentença final.*	110
TITULO LXIV.	*Das Appellações.*	111
TITULO LXV.	*Da Execução da sentença.*	111
TITULO LXVI.	*Dos Modos porque se extinguem as obrigações criminaes.*	112

Provas, em que o Autor fundou as Doutrinas desta Obra	113
AO TITULO I.	113
AO TITULO II.	114
AO TITULO III.	116
AO TITULO IV.	117
AO TITULO V.	120
AO TITULO VI.	125
AO TITULO VII.	126
AO TITULO VIII.	128
AO TITULO IX	128
AO TITULO X.	130

204 • Direito Processual Penal

AO TITULO XI.	....	130
AO TITULO XII.	....	132
AO TITULO XIII.	....	133
AO TITULO XIV.	....	136
AO TITULO XV.	....	137
AO TITULO XVI.	....	139
AO TITULO XVII.	....	142
AO TITULO XVIII.	....	145
AO TITULO XIX.	....	148
AO TITULO XX.	....	151
AO TITULO XXI.	....	153
AO TITULO XXII.	....	154
AO TITULO XXIII.	....	155
AO TITULO XXIV.	....	156
AO TITULO XXV.	....	156
AO TITULO XXVI.	....	157
AO TITULO XXVII.	....	159
AO TITULO XXVIII.	....	160
AO TITULO XXIX.	....	161
AO TITULO XXX.	....	162
AO TITULO XXXI.	....	168
AO TITULO XXXII.	....	172
AO TITULO XXXIII.	....	173
AO TITULO XXXIV.	....	174
AO TITULO XXXV.	....	176
AO TITULO XXXVI.	....	177
AO TITULO XXXVII.	....	180
AO TITULO XXXVIII.	....	181
AO TITULO XXXIX.	....	182
AO TITULO XL.	....	183
AO TITULO XLI.	....	184
AO TITULO XLII.	....	184
AO TITULO XLIII.	....	185
AO TITULO XLIV.	....	185
AO TITULO XLV.	....	187
AO TITULO XLVI.	....	189
AO TITULO XLVII.	....	190
AO TITULO XLVIII.	....	191
AO TITULO XLIX.	....	191
AO TITULO L.	....	192
AO TITULO LI.	....	193
AO TITULO LII.	....	193
AO TITULO LIII.	....	193

AO TITULO LIV.	....	194
AO TITULO LV.	....	194
AO TITULO LVI.	....	195
AO TITULO LVII.	....	195
AO TITULO LVIII.	....	196
AO TITULO LIX	....	197
AO TITULO LX.	....	197
AO TITULO LXI.	....	197
AO TITULO LXII.	....	199
AO TITULO LXIII.	....	199
AO TITULO LXIV.	....	199
AO TITULO LXV.	....	200
AO TITULO LXVI.	....	200

II - Projecto Forjaz Sampaio

EXTRACTO

DE

PROJECTO DE CODIGO
DE DELICTOS E PENAS,

E

DA ORDEM DO PROCESSO CRIMINAL,

OFFERECIDO
Á CENSURA DA OPINIÃO PUBLICA

PARA EMENDA E REDACÇÃO DO ORIGINAL,
E EM PARTICULAR Á DE SEUS COMPANHEIROS
NA COMMISSÃO ESPECIAL DO PROJECTO COMMUM,

POR

JOSÉ MARIA PEREIRA FORJAZ DE SAMPAIO.

COIMBRA,
NA IMPRENSA DA UNIVERSIDADE.
1823.

PREFAÇÃO.

Logo que o Auctor se vio nomeado para a Junta, ou Commissão, encarregada de formar o Projecto do Codigo dos Delictos e Penas, e outro da Ordem do Processo, reconheceo a obrigação, em que se achava, de trabalhar assidua e zelosamente nesta tarefa, assim por corresponder, quanto em suas forças coubesse, a tão honrosa commissão, como por não desfructar ociosamente o seu ordenado de Desembargador do Porto. Alem de não ter os talentos, que requer tão ardua empreza, falta-lhe tambem saude, principal causa de ter pedido escusa do serviço da Relação, como já referio n'um Manifesto impresso a 15 de Outubro de 1822, e que publicou por causa da sua antiguidade, contestada por ter cumprido uma Lei, e pendente no Governo, aonde o Auctor offereceo, o Manifesto em sua unica defeza; mas assim mesmo devia, como tem, sacrificado o resto e todo o tempo, de que podia dispor, a este serviço.

Se por uma parte devia acompanhar a Junta nos seus trabalhos (que o não estarem completos deve-se á grande difficuldade do objecto, e ás notorias ocupações de seus Collegas n'outros serviços publicos, posto que muito laboriosos nos da Commissão); não deixou todavia de ir aproveitando alguns pedaços de tempo, em que formou a traça de um outro Projecto dos dous Codigos, para assim adiantar obra, e ver melhor a correspondência de suas materias. Esta traça abbreviada em poucas paginas he que vai expor ao publico: não porque confie na bondade, e muito menos na perfeição do seu trabalho, antes porque conhece a insufficiencia, he que dezeja, e deste modo procura a censura dos Sabios; e com as suas advertencias, ou lhe sejão communicadas em particular, ou por via dos papeis publicos, quer supprir as faltas, e emendar os erros. O Auctor tambem por esta maneira concorre para os trabalhos proprios da Junta, nos quaes respeita o acerto e circumspecção dos seus Collegas; apezar do que, confessa estar dissidente por força invencivel de seu entendimento em alguns pontos de doutrina e methodo: e até com esta amostra das suas vigilias poderá ser que se despertem outros engenhos para tentarem a empreza, que a todos está offerecida; e quantos mais JCtos nisto trabalharem, mais terão os Legisladores em que escolher. Elle omitte a pena de morte natural, já por lhe parecer que não satisfaz a um dos principaes fins das penas, que he a emenda do culpado; já porque muitos escapados á pena por Graça do Monarcha, ou por algum outro meio, chegaráõ a mudar de vida, e fazer-se bons Cidadãos (e a isso deveráõ encaminhar-se, quanto ser possa, as nossas instituições); e já porque se não póde convencer de que os homens, quando entrão em pacto social, transmittão a outro o direito sobre a sua vida, que elles mesmos não tem. Pelo contrario não póde deixar de tratar por delictos varios crimes, que procedem de fragilidade, os quaes ficando impunes, muito estragarião os bons costumes (base capital da felicidade publica), e farião grande perturbação nas familias. E com mais forte razão se devia fazer cargo de delictos religiosos, que offendem a sociedade civil, por darem azo a abandonar-se a Santa Religião, que jurámos manter, pelo escandalo, que causão entre os Cidadãos, e pelo que dispoem os animos para dissensões e guerras civís. O Auctor tem visto em varios Codigos Criminaes, e divisado ser da opinião de alguns Sabios classificar em delictos muitas acções, que supposto sejão reguladas por penas entre nós, nunca forão processadas criminalmente, v. g., a pena, que se impoem ao Auctor, que pede mais do que se lhe deve, ou o que já em si tem; mas elle dista tanto desta opinião e systema, que até dos delictos, especificados pelo egregio Pereira e Sousa, bem quizera omittir alguns por falta do animo offensivo (principal qualidade delinquente), e talvez nisso fosse mais coherente com as idêas do tempo. Todavia o systema, que segue, de concertar procurando melhorar, e nunca concorrer para grandes e arriscadas innovações, o obriga a qualificar delictos todos aquelles factos, que nossos Pais nos bons tempos da Monarchia por taes tiverão e castigárão, e não endurecer a condição dos Cidadãos, augmentando a lista dos delictos com acções punidas com penas meramente civis. Ao Codigo Civil toca nomear esses objectos, em que deve haver pena independente de processo criminal: mas por outra parte como ha muitas acções, que notavelmente perturbão a ordem publica, sem chegar a constituir verdadeiro delicto, e naturalmente não serão tratadas no Codigo Civil, o Auctor as considerou como objectos correccionaes, e lhes deo lugar no seu Projecto. Trata os delictos pela ordem alfabetica, preferindo a commodidade dos que hão de usar do Codigo, ao apparatoso sistema de generos, classes e especies, que abona o talento de seus Auctores. Os erros da presente obra talvez sejão dignos de alguma indulgencia pela sinceridade, com que o Auctor patentêa o que entende; pelo dezejo, que tem, de acertar, procurando a opinião publica, e sujeitando-se á correcção dos mais intelligentes; e como aquelle, que muito antes do incentivo do premio para os Sabios emprehendedores, a quem o Projecto do Auctor não fará sombra, se entregou ás espinhosas fadigas, em que continúa, para offerecer á Patria quanto seu escasso engenho em obra, que tanto o excede, possa alcançar. Coimbra 27 de Fevereiro de 1823.

DIVISÃO DO PROJECTO.

CONTÉM CINCO PARTES.

1.ª Bases do Codigo.
2.ª Delictos publicos e suas penas.
3.ª Delictos particulares e penas.
4.ª Processo Criminal ordinario.
5.ª Processo verbal correccional.

PARTE I.
Divide-se em sete Titulos.

1.º Dos delictos e Leis penaes. 2.º Dos delinquentes. 3.º Da imputação. 4.º Das penas. 5.º Da proporção. 6.º Dos modos, por que se extingue o procedimento Criminal. 7.º Da indemnização dos innocentes.

PARTE II.

Debaixo da denominação de publicos descrevem-se singularmente e por ordem alfabetica, com applicação de penas segundo as differentes circumstancias, que constituem regras, ou especies do mesmo delicto, aquelles, que principalmente offendem a propriedade publica; no presente Extracto nota-se o delicto, e em, summario as penas, que se lhe applicão no Codigo, e apontão-se as especies como exemplo dos dous primeiros para melhor conhecimento do methodo.

PARTE III.

Descrevem-se com a denominação de particulares, como na Parte II., os delictos, que principalmente offendem a propriedade individual.

PARTE IV.
Comprehende cinco Títulos.

1.º Do processo preparatorio. 2.º Do accusatorio. 3.º Das Sentenças. 4.º Dos recursos. 5.º Da execução das Sentenças.

TITULO I.
Divide-se em seis Capitulos.

1.º Da noticia do delicto. 2.º Do corpo de delicto. 3.º Da indagação dos delinquentes. 4.º Da pronuncia. 5.º Da prisão como segurança. 6.º Das cartas de seguro e fiança.

TITULO II.
Divide-se em três Capítulos.

1.º Da audiência das partes. 2.º Dos termos do processo. 3.º Da allegação de facto, direito, provas, e julgado no Jury.

TITULO III.
Divide-se em três Capítulos.

1.º Das Sentenças em geral, e do Juiz Letrado de primeira instancia. 2.º Das do Jury. 3.º Dos Acórdãos em Relação com força definitiva.

TITULO IV.
Divide-se em tres Capitulos.

1.º Dos aggravos. 2.º Das appellações. 3.º Da aggraciação e revista.

214 • Direito Processual Penal

TITULO V.
Divide-se em tres Capítulos.

1.º Da execução das Sentenças por aggravo de instrumento e appellação. 2.º Dita das Sentenças condemnatorias, que extinguem o processo criminal. 3.º Da execução das Resoluções por aggraciação e revista.

PARTE V.
Divide-se em tres Titulos.

1.º Dos objectos, que competem ao processo verbal correccional. 2.º Das pessoas, que entrão neste processo. 3.º Do Juizo Correccional.

PRIMEIRA PARTE.
BASES.

TITULO I.
Delictos e Leis penaes.

O uso da razão em liberdade, empregado com animo offensivo, constitue delicto: Os delictos tem por fonte os máos hábitos e paixões: O fim das Leis penaes he evitar os delictos, reparar seu damno, e emendar os Delinquentes: A pena propria de cada delicto não se commuta, porém se o delicto for principiado e não acabado, modifica-se, e até se remitte inteiramente, se o Reo antes de perseguido se arrepende e repara o damno. Os Co-reos são responsaveis em solido: O damno póde ser exigido dos mais bem parados, quando a Sentença não distingue: Todos os delictos contém offensa publica; a differença de publicos a particulares tira-se da natureza da propriedade mais offendida, e influe na ordem do processo: Ficão em pé os Regulamentos criminaes especiaes naquillo, que não encontrarem as disposições do Codigo: Os delictos, concorrentes no mesmo facto, tem cada um delles particular applicação das penas, que lhes são proprias.

TITULO II.
Delinquentes.

He capaz de delinquir quem tem liberdade e senso commum: Antes dos 21 annos de idade não he o Delinquente obrigado ao rigor da pena do delicto: A incapacidade de delinquir não exclue a obrigação de reparar o damno: A Corporação he capaz de delinquir pelos seus Representantes; mas são isentos de culpa aquelles Membros, que ou não concorrêrão, ou votárão em contrario, para o que, e nos casos que tiver lugar, a todos he permittido fazer lançar seu voto por escripto: Os Delinquentes são Auctores, ou Cumplices; dos Auctores depende o delicto, do delicto dependem os Cumplices; mas podem occorrer imputações, que fação Cumplices dignos de maior pena, que alguns Auctores.

TITULO III.
Imputação.

A imputação he a base da pena; ella caracteriza o Delinquente e o conduz á necessidade de defeza, verifica-se por flagrante, por documentos, por testemunhas, por conjecturas vehementes, que inculcão ser o facto criminoso de pessoa certa. Para haver pronuncia he preciso, que algum dos referidos generos de prova seja por si bastante para se impôr ao menos o minimo da pena do delicto, independente da esperança de maior prova no processo accusatorio: A confissão só por si não basta para a imputação: A negação obstinada contra provas reforça a imputação, especialmente em quanto á indole em geral do Reo.

TITULO IV.
Penas.

As penas criminaes são o instrumento, de que as Leis desta qualidade se servem para alcançar o seu privativo fim de cortar os delictos, emendar os Delinquentes, e reparar o damno.

Na sua systematica latitude, ou divisão, admittem a proporção: Adoptão-se penas moraes = Desnaturalização, morte civil: Inhabilidade, privação de adquirir e possuir prerogativas civicas: Degradação, perda das adquiridas: Suspensão, interrupção do uso das prerogativas possuidas. Corporaes = Trabalhos publicos: Reclusão: Degredo: Prisão. A reclusão em Casa de força, Castello, Arsenaes, ou Fabricas do publico, he immediata á de trabalhos publicos; mas tem differente natureza entre si mesmo; ella desce até Collegios de Educação e Casas de Moral, aonde toma o caracter de pena correccional. Pecuniarias = A reparação pecuniaria acompanha todos os delictos, em que houver damno, que a admitta: A suspensão, havendo prerogativa, aonde recaia, acompanha todas as penas corporaes, quando outra maior das moraes não for imposta pela Lei especial do delicto. Penas correccionaes = Reclusão moderada: Prisão limitada: Serviços do Concelho: Multa, taxado o máximo, Retractação judicial. Nos delictos qualificados no Código he o Julgador obrigado a condemnar na pena propria da espécie, em que o Reo for comprehendido: Nos objectos correccionaes póde usar de qualquer das penas desta natureza, não excedendo os limites, que lhe são marcados: O processo verbal correccional declara o que he objecto correccional.

TITULO V.

Proporção.

A proporção consiste na igualdade da gravidade da pena com a do delicto: Marcão-se no Codigo regras practicas, que segundo os costumes augmentão, ou diminuem a gravidade, e servem para ajuizar do animo offensivo.

TITULO VI.

Modos, por que se extingue o procedimento criminal.

Acabão os procedimentos criminaes contra os culpados pela aggraciação e pela revista; pelo perdão; por transacção; por prescripção; pela inteira expiação da pena; pela Sentença, que absolve; pela morte do Delinquente; e por subsequente matrimonio; e alguns destes modos são communs a todos os delictos, outros restrictos e particulares; como se explica no original do presente Extracto.

TITULO VII.

Indemnização dos innocentes.

A indemnização publica restringe-se a favor do julgado innocente; e em primeiro lugar procura-se aonde estiver a causa de sua injusta perseguição: São responsáveis os Juizes, que postergarem seu dever em damno do innocente: Os Accusadores voluntarios; as testemunhas perjuras: Na falta de particular responsabilidade, ou de meios, satisfaz-se o damno sujeito a valor de contado por um Cofre, para o qual são applicadas as multas pecuniarias: Se no caso não couber reparação pecuniaria, dá-se ao innocente um titulo, que o recommende á benevolencia publica, e ao cuidado do Governo.

SEGUNDA PARTE.
DELICTOS E SUAS PENAS.

LETRA A.

ACOUTAR MALFEITORES.

Quem acoutar malfeitores, não sendo Esposos, Pais, Filhos, ou Irmãos, incorre até metade da pena do Delinquente, se isto fizer pelo subtrahir aos procedimentos de justiça. – Se do couto fizerem sortidas a delinquir, servindo-lhe de asylo no progresso de suas malfeitorias, quem assim acoutar, incorre na mesma pena do Auctor Delinquente acoutado. – Acoutando pessoas suspeitas de malfazer, sem qualidade mais aggravante, incorre nas penas correccionaes.

Alta Traição.

Todo aquelle, que for convencido em disposições de attentar contra a independencia externa da Nação, ou contra o livre exercicio interior da Soberania, porém ainda não concertadas, ou concordes, incorre na pena de reclusão em Casa de força por dois até tres annos. No estado de concerto, acordo, ou plano tomado de delinquir, incorre na mesma pena por dez a quinze annos, e na pena de degradação: Pondo em practica a alta traição, incorre na pena de trabalhos publicos por quinze a vinte annos, e na de desnaturalização.

(N. B. Esta he a marcha seguida no Projecto, e especificada mais amplamente em todos os delictos, que a admittem).

Ambito, ou compra de votos.

Penas. Inhabilidade: Pecuniaria.

Andar e traficar de noite suspeitamente.

—— Prisão: Pecuniaria.

Apostasia.

—— As de alta traição. Verificada a ultima especie contra os dogmatistas.

Armas defezas.

—— Degredo: Pecuniaria: Prisão.

Arruido.

—— Correccionaes.

B.

Blasfemia.

—— Reclusão: Correccionaes.

C.

Caças defezas.

—— Pecuniaria: Correccionaes.

Carcere privado.

—— Degredo: Prisão: Degradação.

COMPRAR E VENDER DESEMBARGOS.

Penas. Pecuniaria: Degradação.

CONCUBINATO.

—— Reclusão: Pecuniaria: Degradação.

CONCUSSÃO, ABUSO DO PODER PUBLICO.

—— Degredo: Pecuniaria: Inhabilidade: Degradação. Suspensão.

CONTRABANDO.

—— Pecuniaria.

D.

DESAFIO.

—— Trabalhos publicos: Reclusão: Degradação.

DESERÇÃO DO REINO.

—— As de alta traição, sendo para o inimigo: Pecuniaria: Degradação.

E.

EBRIEDADE.

—— Correccionaes: Degradação: Suspensão.

ENGEITAR MOEDA NACIONAL.

—— Prisão: Pecuniaria.

F.

FALSIFICAÇÃO DE SELLOS E PAPEIS PUBLICOS

—— Degredo; Inhabilidade: Degradação

FOGOS DE ARTIFICIOS.

Penas. Prisão: Pecuniaria.

G .

GAZUAS, INSTRUMENTOS SUSPEITOSOS.

—— Reclusão: Prisão.

H .

HERESIA.

—— Como na apostasia.

I .

INCESTO.

—— Reclusão: Degredo: Inhabilidade.

INCONFIDENCIA, ABUSO DE DIZER E IMPRIMIR.

—— Reclusão: Prisão: Inhabilidade.

L .

LENOCINIO.

—— Degredo: Trabalhos publicos: Inhabilidade.

LUXO.

—— Suspensão: Degradação. (Neste a suspensão abrange a administração dos bens; deixão-se circumstancias mutaveis ás Leis pragmaticas.)

M .

MASCARAS SEM ESPECIAL PERMISSÃO, REBUÇOS.

Penas. Prisão: Pecuniaria.

MEDIDAS FALSAS.

—— Degredo: Prisão: Pecuniaria.

MENDIGOS, QUE PODEM TRABALHAR, VAGAMUNDOS, VADIOS.

—— Reclusão: Occupados em serviço publico, ou particular.

MENTIR A AUCTORIDADE PUBLICA.

—— Prisão: Pecuniaria: Suspensão.

MOEDA FALSA.

—— Trabalhos publicos: Degredo: Pecuniaria: Degradação.,

P.

PECULATO.

—— Reclusão: Pecuniaria: Inhabilidade: Degradação.

PEITAS.

—— Pecuniaria: Degradação.

PERJURIO.

—— Reclusão: Inhabilidade.

PROMETTER DESPACHOS NA CORTE.

—— Degredo: Pecuniária

R.

RESISTENCIA.

Penas. Reclusão: Degredo: Correccionaes.

S.

SACRILEGIO.

—— Correccionaes: Um terço pela qualidade sobre a pena do delicto, que perpetrar com sacrilegio.

SEDIÇÃO, REBELLIÃO.

—— Trabalhos publicos: Degredo: Prisão: Pecuniária.

SIMONIA.

—— Pecuniaria.

SODOMIA.

—— Trabalhos publicos e Inhabilidade, na da espécie: Reclusão: Correccionaes.

SORTILEGIO, SUPERSTIÇÃO.

—— Reclusão: Correccionaes.

T .
TABOLAGEM.

—— Pecuniaria: Correccionaes.

TITULOS, INSIGNIAS INDEVIDAS.

—— Inhabilidade: Pecuniaria,

TRAVESSIA, MONOPOLIO.

—— Prisão: Pecuniaria.

TERCEIRA PARTE.
DELICTOS PARTICULARES E PENAS.

LETRA A .
ABRIR CARTAS, ROMPER SEGREDO DEVIDO.

Penas. Reclusão: Degradação: Correccionaes.

ADULTERIO.

—— Reclusão: Degredo: Pecuniaria: Degradação.

ARMAR, ARRANCAR D'ARMAS.

—— Reclusão: Prisão.

ARRANCAMENTO DE MARCOS.

—— Prisão: Pecuniaria.

ARROMBAMENTO.

—— Degredo: Prisão.

Direito Processual Penal

ASSOADA.

—— Degredo: Prisão.

B.

BIGAMIA.

—— Reclusão: Degredo: Inhabilidade.

C.

CORRUPÇÃO DE MULHERES, QUE SERVEM NO PAÇO.

Penas. Seis mezes a um anno de trabalhos publicos, sobre a pena propria do delicto.

CORTAR CARNE FORA DOS AÇOUGUES PUBLICOS CONTRA AS POSTURAS.

—— Prisão: Pecuniaria.

CORTE DE ARVORES CONTRA VONTADE DE SEU DONO.

—— Pecuniaria: Correcccionaes.

D.

DAMNO EM GERAL.

—— Pecuniaria: Correccionaes.

E.

ESTELLIONATO, BULRA, ILLIÇAMENTO.

—— Degredo: Prisão: Pecuniária.

ESTUPRO.

—— Trabalhos publicos: Degredo: Pecuniária: Degradação.

F.

FALSIDADE.

—— Inhabilidade: Degradação: Pecuniária.

FERIMENTO, CONTUSÕES, NODOAS.

Penas. Degredo: Pecuniária.

Furto, roubo

—— Trabalhos publicos: Degredo: Pecuniaria.

H.

Homicidio nas suas differentes especies juridicas,

—— Trabalhos publicos: Reclusão: Inhabilidade: Pecuniaria.

I.

Incendio, fogo posto.

—— Degredo: Reclusão: Pecuniaria.

Injurias.

—— Degredo: Correccionaes.

M

Mercadorias corruptas.

—— As de medidas falsas.

Mexericos.

—— As das injurias.

P.

Parto supposto.

—— Degredo: Pecuniaria: Degradação.

Q.

Quebra dolorosa.

Penas. Reclusão: Pecuniaria: Inhabilidade.

R.

Rapto.

—— As do Estupro simples.

T.
Tiro.

—— As da tentativa do homicidio: Correccionaes.

U.
Usura.

—— Pecuniaria.

QUARTA PARTE
PROCESSO ORDINARIO

TITULO I.
Processo preparatorio.

CAPITULO I.
Noticia do delicto.

Dá-se a noticia accusatoria por querela, e por denuncia; a primeira compete nos delictos particulares, e póde dar-se por legitima procuração, e no absoluto impedimento dos offendidos podem querelar pessoalmente os Esposos, Pais, Filhos e Irmãos. A segunda compete nos delictos publicos, e aos encarregados de denunciar; taes são os Juizes da Vintena, dos Bairros, Meirinhos e Alcaides dos Corpos Municipaes, os quaes denunção por escripto, relacionando o facto, e sómente são responsaveis pelo dolo; e ás pessoas do Povo: As pessoas do povo prestão caução, e são responsaveis pela innocencia do seu accusado: Os funcionarios encarregados denuncião debaixo do juramento de seu officio, e não são obrigados a seguir a accusação; o Juiz poem a noticia em processo, e dá-lhe um Promotor dos Advogados do Auditorio, e na falta de homem da Lei no Concelho, outro dos mais intelligentes e probos. A noticia tanto por querela, como por constituição, preferindo o Juiz electivo, de quem falla a Constituição, preferindo o Juiz Letrado, quando ambos estiveram no Concelho do delicto, no qual se deve accusar a perpetração: O Juiz electivo, que recebe a noticia, procede até o corpo de delicto, e remette com o seu exame ao Juiz Letrado do destricto: A noticia he circumstanciada de tempo, lugar, modo, damno do delicto, e até da pessoa certa, suspeita, ou ignorada, em quanto á sua perpetração: Autua-se, tomando-se por escripto, ou de viva voz; e o noticiador póde nomear seis testemunhas, até que se faça o exame corpo de delicto; e quando não nomear, póde o Juiz interrogar até este numero as que forem necessarias para o exame, se esta tiver cabimento por testemunhas: Os Querelantes tambem são responsaveis pela innocencia dos seus Accusados; estes e os Denunciantes do povo noticião debaixo de juramento especial.

CAPITULO II.

Corpo de delicto.

A base do corpo, ou exame do facto delinquente he a querela, ou denuncia: O exame he feito pelo Juiz, Escrivão e peritos ajuramentados; e se do delicto não restão vestigios oculares, faz-se o exame por documentos, ou por testemunhas das nomeadas, ou chamadas por mandado do Juiz: O corpo deve ser formado nos primeiros oito dias contados da autuação da noticia, e quanto antes, e o Juiz responsavel pela sua demora, e logo concluso; se não prova a existencia do delicto, declara o Juiz improcedente a querela, ou denuncia, porem desta Sentença ha recurso para a Relação.

CAPITULO III.

Indagação dos Delinquentes.

No auto da indagação lança o Escrivão quesitos dados pelo Juiz, extrahidos com a materia essencial do auto da noticia e corpo de delicto: O Juiz he responsável pelos defeitos dos quesitos; por elles são indagados os Delinquentes, e póde inquirir neste acto até dez testemunhas, preferindo os visinhos, donde acontecer o delicto, e os que razão tiverem de saber do caso; e neste numero póde comprehender os nomeados pela Parte, ainda quando tenhão jurado no corpo do delicto: Do auto da noticia, até que a pronuncia final seja entregue ao Escrivão para sua execução, tem o Juiz trinta dias, e he responsavel pela demora, quando não houver legitimo impedimento, e bem assim por todos os termos, que demorar, podendo expedir antes do ultimo espaço: No caso de ter lugar a prisão de segurança nos termos prescriptos no Projecto, deve pronunciar interinamente, logo que achar prova, ainda antes de entrar na indagação do Delinquente, como póde acontecer por occasião do exame corpo de delicto, e fazer capturar; mas se pela subsequente prova até a final pronuncia for desfeita a provada pronuncia interina, reforma, e manda soltar, ou suspender as ordens de captura.

CAPITULO IV.

Pronuncia.

Ao Juiz Letrado de primeira instancia compete exclusivamente a pronuncia; e quando obriga, declara o Delinquente, o delicto, e os motivos de seu juizo; a pronuncia obriga a livramento simples ou com prisão, a qual tem lugar nos delictos, que em quanto á noticia prescrevem em dois annos e meio, e em maior espaço: Quando obrigar por indicios de vehemente conjectura, os quaes devem conter gravidade, por onde o Reo mereça ao menos ser condemnado no minimo da pena do delicto, não obriga a prisão, ainda que o delicto esteja na classe de obrigar: O suspeito em flagrante he preso sem pronuncia; isto he, no acto de delinquir, ou seguido de factos não interrompidos, que o vão accusando, e tambem póde ser preso sem pronuncia nos casos da Constituição Tit. 5.º Cap. 2.º Art. 204; mas não será retido por mais de oito dias, se dentro delles não for obrigado a prisão e livramento, e neste prazo o Juiz fará as diligencias necessarias, ex officio, se o delicto for publico, ou a requerimento de Parte, sendo particular: Nos delictos, em que a prisão tem lugar, ha segredo Judicial até principiar o processo accusatorio; porém

226 • Direito Processual Penal

se alguem, receando ser pronunciado, requerer durante o processo preparatorio, admittem-se seus documentos, os quaes lhe serão appensos e attendidos ao tempo da pronuncia, quanto for de justiça: Se o Juiz não obriga, extingue-se o procedimento, salva a competencia do recurso como no Capitulo 2.º, e em ambos os casos póde o Escrivão expedir executivo pelas custas, se o Querelante, ou Denunciante do povo não paga ao primeiro aviso: O Juiz em nenhum caso recebe emolumentos antes de vencidos e contados.

CAPITULO V.
Prisão.

O Reo, obrigado a prisão, he recolhido á Cadeia publica do districto da culpa: Na Cadeia póde receber todos os commodos compatíveis com a segurança de preso: Tambem póde ser removido a seu commodo; mas isto a arbitrio do Juiz da culpa, o qual fica responsavel pela segurança, permittindo que mude de Cadeia: O Escrivão abre termo de prisão, no qual declara a culpa, e faz os outros de remoção, soltura, fugida, morte, remessa do Reo para o cumprimento de sua pena: No termo, ou espaço de 24 horas, contadas do momento, em que o preso entra na Cadeia, he o Juiz, que o manda recolher, obrigado a dar-lhe por escripto a causa de sua prisão,

CAPITULO VI.
Cartas de Seguro e Fiança.

Não se concedem por inuteis nos delictos, em que a prisão não tem lugar: Se ha lugar a prisão, concedem-se em certas classes declaradas no Projecto, em razão de estabelecimento em bens, familia, empregos, que diminuem a presumpção da fuga, e farião mais dura e prejudicial ao publico esta condição: Aos que não estão em classe de seguro admitte-se Fiador abonado; ao Fiador, no caso do Reo ser condemnado e fugir, dá-se tempo no Projecto para o fazer prender, e não o appresentando, paga a condemnação da Sentença por uma reducção a dinheiro, e o Reo sempre sujeito, quando appareça, á propria pena da Sentença, a qual, se for possivel, executa-se mesmo na sua ausencia: Os Seguros e Fianças são concedidos pelos Juizes Letrados de primeira instancia, e pelas Relações dos respectivos districtos, aonde os delictos forem commettidos, e por tempo d'um anno, para se livrarem soltos; não se quebrão; o processo não depende da sua appresentação; se o Reo, chamado pela citação para o accusatorio, não comparece, ou falta aos termos do processo, elle continúa á sua revelia; o Seguro e Fiança sómente servem para evitar a prisão; e uma e outra Carta concedem-se tanto ao que está solto, como ao preso antes de condemnado; exceptuão-se no Projecto alguns delictos por sua singular graveza.

TITULO II.

Processo accusatorio.

CAPITULO I.

Audiencia das Partes.

No decendio, e quanto antes lhe for possível, deve o Escrivão da culpa citar o Querelante, Denunciante pessoa do povo, ou Promotor, no caso de denuncia *ex officio,* e os Reos, que pronunciados forem no delicto, estando residentes no destricto para seguimento do processo; esta citação he para todos os termos, até que o processo entre no Jury a sentenciar; para este acto há nova e especial citação; ella he pessoal, porém se alguma das Partes for ausente do destricto, ou não apparecer, faz-se por Editos, com o prazo de vinte dias; he accusada na primeira Audiencia, e a Parte esperada até á seguinte para constituir Procurador, do qual he lançada, faltando; o referido decendio conta-se da data da pronuncia.

CAPITULO II.

Termos em geral.

Tem o Juiz Letrado de primeira instancia duas Audiencias criminaes por semana, a que elle preside e regula o acto; assistem os Escrivães, Porteiro do Juizo, Partes, ou seus Procuradores, e são publicas; se a Parte requer, o Juiz lhe nomeia para Procurador um Advogado do Auditorio, a quem na falta de impedimento legitimo, verificado até á Audiencia immediata, obriga a acceitar com penas correccionaes; na falta de Advogados admittem-se Fieis abonados, que levem o Feito a despachar fôra: Cada um dos Escrivães por sua antiguidade dá conta em Audiencia do expediente relativo a cada um dos processos, que pendem em seu Cartório: Se o Reo não tiver Procurador, e for preso, he o Juiz obrigado a nomear-lhe um Promotor, que o defenda: Sendo muitos os Accusantes, ou Accusados no mesmo processo, uns e outros tem um só Procurador, e se discordão na eleição, nomeia o Juiz o que achar mais probo: O processo continuado com vista ao Procurador, Promotor, ou Fiel, cobra-se, findo o seu termo, á custa do omisso, e com prisão, passadas vinte e quatro horas: Os presos tem Audiencia pessoal, e fica ao arbitrio do Juiz fazêl-os conduzir a Audiencia publica em decente segurança, ou ír-lhes fazer Audiencia á Cadeia: As Partes, ainda que tenhão Procuradores, podem requerer verbalmente em Audiencia: Todos os termos de Audiencia são tomados nos protocolos e passados aos processos immediatamente: Quem extraviar processo criminal, pelo qual for responsavel, alem da despeza da sua reforma; incorre na pena de prisão, até que o processo seja inteiramente restituido ao competente Cartorio.

CAPITULO III.

Allegação e provas.

Para dizer de facto, vai o processo com vista por dez dias continuos ao Accusante, e depois ao Accusado: O Escrivão moroso no expediente, ou na cobrança do processo, ou defeituoso, in-

228 • Direito Processual Penal

corre em penas correccionaes; a Parte offendida póde-o acusar em processo verbal correccional, e igualmente ao Procurador, que for imputavel em seu officio, e podem ser punidos com penas correccionaes pelos Juizes Letrados, e nas Relações, pela verdade patente dos autos, que contiver materia criminosa; os defeitos criminosos dos Juizes Letrados e dos Electivos podem igualmente ser punidos nas Relações; e os das Relações, em quanto aos Juizes e Desembargadores, pelo Supremo Tribunal de justiça, salva a accusação ordinaria, se commetterem delicto especial; os defeitos correccionaes dos Escrivães, mais Officiaes e Procuradores nas Relações, serão punidos pela verdade sabida dos autos por Acordão no mesmo processo: Com a allegação de facto pede-se a imposição da pena do delicto, e a reparação do damno determinadamente, e por parte do Accusado confessa-se, ou contraria-se o allegado e pedido: Cada um appresenta com o seu allegado os documentos, que tiver a favor, e póde nomear até dez testemunhas para prova: Requerendo-se com legitimo impedimento verificado reforma de dilação, concede-se ao muito outro decendio, sendo requerido durante o primeiro: Appresentadas as allegações de facto, assigna-se logo outro decendio para prova, se houver testemunhas a inquirir; neste descontão-se os feriados, que houver de permeio, e he commum a todas as partes no processo, porém determinão-se dias especiaes para testemunhas do Auctor e do Reo, e umas e outras são publicas, e admittem-se-lhes contraditas verbaes: Na mesma Audiencia, em que se assigna a dilação do plenario, admitte-se Carta d'Inquirição para fóra do destricto, se a Parte requerer, e pelo menos tempo possivel, o qual nunca excederá outro decendio: As testemunhas são sempre ajuramentadas, e graduado o credito de seus depoimentos como por direito civil, e neste conceito os documentos, que as Partes juntarem; as testemunhas são, inquiridas pelo Juiz: Finda a dilação da prova, na mesma Audiencia, em que o Escrivão accusa e faz apregoar o seu expediente, continua-se vista ao Accusante por oito dias continuos, e logo depois, e por igual espaço, ao Accusado, para dizerem de direito: Com seus arrazoados faz o Escrivão os autos conclusos ao Juiz, e no termo da conclusão póde apontar qualquer erro do processo, que escapasse, para o Juiz fazer supprir: Serão com effeito suppridos quaesquer erros, ou sejão lembrados pelas partes em suas razões, ou pelo dito Escrivão, ou descubertos pelo Juiz no exame final, que deve fazer em todo o processo desde a autuação da noticia; e nisso se procederá em forma de processo verbal na presença das Partes e seus Procuradores e Promotores, quando os houver, ou á sua revelia; fazendo-se de tudo auto assignado pelas pessoas, que figurarem nesta diligencia: Se o Juiz achar contradicção nas testemunhas, ou documentos, ou algum ponto, assim da accusação, como da defeza, pouco claro, sendo substancial, e que para indagação da verdade, necessite de acareações, exames, ou vistorias, mandará logo proceder ás averiguações convinentes na presença das Partes no mesmo auto de processo verbal, e em continuação do mesmo feito: Nesta diligencia verbal admittirá os documentos, que as Partes appresentarem de novo a bem de sua justiça, e as testemunhas para prova de alguma circumstancia importante, que não podessem allegar, ou provar no plenário, e com esta diligencia, ou por sua causa, quando muito, demorará o expediente do processo, ou Feito, oito dias, contados da data da conclusão: Finalmente, sobre termo de nova conclusão, quando tiver effeito a referida diligencia verbal, manda o Juiz Letrado de primeira instancia, que tem conhecido e formado o processo, remettêl-o ao Jury na primeira estação de sua reunião, para ser sentenciado de facto.

TITULO III.
Sentenças.

CAPITULO I.
Sentenças em geral, e de Juiz Letrado em primeira instancia.

Toda a Sentença criminal será conforme á prova dos autos e direito; do allegado e pedido deve separar-se o julgador, seguindo a verdade sabida pelos autos, feito, ou processo, quando o pedido e allegado não estiver de harmonia com este; o Julgador singular escreve, data e assigna a Sentença de próprio punho; sendo de jurisdicção collegial, toca o dever de escrever e datar a Sentença ao Presidente, ou Relator no julgado, e todos os Membros assignão: He definitiva a Sentença do Juiz de primeira instancia, quando declara que se não prova o delicto pelo exame, e quando na pronuncia não obriga: Toda a Sentença, que não pozer fim ao processo, he interlocutória: As Sentenças do processo preparatório são intimadas ás Partes Querelante, ou Accusante, e ao Reo, quando he chamado pela citação para se defender; as do processo accusatorio, as do Jury, e por appellação, publicão-se no Auditorio, e são nessa occasião intimadas ás Partes, seus Procuradores, ou á sua revelia; as de condemnação intimão-se aos Reos, quando vão cumprir a pena corporal: Toda a Sentença definitiva tem condemnação de custas, á excepção de ser absolvido o denunciado *ex officio*; neste caso o Juiz não recebe emolumentos: O Juiz Letrado de primeira instancia julga de direito, applicando a Lei ao facto julgado pelo Jury; para isto reveste, o processo, que foi ao Jury, com a sua Sentença; he concluso ao Juiz Letrado, o qual diz na sua Sentença qual he a pena do delicto, ou sua especie, em que o Jury tiver julgado o Reo incurso, ao qual condemna no gráo de sua pena, que por direito dever proporcionar á sua imputação; absolve, se o Jury tem julgado não haver prova de facto; o Jury, quando julga não haver prova de facto contra o Reo pronunciado, deve declarar se de facto julga o Reo innocente, por se provar esta qualidade, a fim de ter lugar a indemnização: O damno do delicto tambem he julgado de facto pelo Jury, e executa-se na quantidade de valor, que elle determina: O Juiz Letrado tambem condenaria nas custas os succumbidos como for de direito: A Sentença em quanto ao facto convalesce; mas pelo que respeita ao direito tem recurso para a Relação; a qual póde mandar reformar o julgado do Juiz Letrado, por ser de direito: Também tem lugar o recurso de facto; mas sómente para a se proceder a segundo Jury, na forma da Constituição: A Sentença proferida em processo ordinario, que contiver condemnação de pena corporal, não se publica antes do Reo ser preso; passão-se logo as ordens de captura, e executão-se, ainda que o Reo esteja seguro, ou afiançado; remette-se certidão da Sentença ao Governo, para a fazer entrar no cumprimento da pena, e procede-se contra o Fiador, se o tiver.

CAPITULO II.
Sentenças do Jury.

O Juiz julga pelo merecimento dos autos reparados no Juizo de primeira instancia; e achando necessidade de mais algumas averiguações, procede a ellas em fórma de processo verbal; o Presidente do Conselho he quem regula o auto; o Secretario quem escreve os seus termos, registos no livro do Jury, e os Officios de requisição necessaria ao Juiz Letrado, para comparecerem

230 • Direito Processual Penal

testemunhas e mais funcções tocantes a seu exercicio: O Jury está reunido na cabeça do descricto, aonde reside o Juiz Letrado de primeira instancia, nos mezes de Janeiro, Maio e Setembro, e são-lhe appresentados todos os processos pronunciados, em que o Juiz Letrado obriga, de uma a outra estação, e os que se concluirem no mez da sua reunião até o dia 20: O Jury declara na Sentença qual he o delicto, que se prova, quem o commetteo, e quem nelle estiver complicado e a espécie do delicto, a que pertencer cada um dos Reos; também declara a quantidade do damno, que se provar, tudo affirmando, ou negativamente á face do pedido, allegado e provado de facto no processo, e assim condemna, ou o absolve: O Jury deve relacionar os fundamentos de seu julgado, mostrando as provas do facto, ou que não existem as suppostas na pronuncia: Os Membros vencidos no Conselho podem fazer notar pelo Secretario junto do registo da Sentença, que forão vencidos; os concordes no julgados são responsaveis pelo abuso, que perpetrarem, e suas consequências; verificando-se por occasião de revista de Sentença da Relação, em que entre julgado do Jury, ou por conhecimento extraordinário, sobre certidão do processo do Supremo Tribunal de Justiça: Sentenciado o processo, volta pelo mesmo Cartório da culpa ao Juiz de primeira instancia, para lhe applicar o direito; porém se a Parte que se sentir offendida, appellar do facto, vai á Relação, e se por Acórdão for julgado, que se tome novo conhecimento e decisão, volta ao Jury; e da segunda decisão de facto não há mais recurso: A Sentença do direito, applicado pelo Juiz Letrado, póde também ser appellada, e por occasião desta torna a subir o julgado de facto á Relação, a qual sómente conhece da applicação do direito e não do facto, porque este passou em julgado, tendo-se recorrido uma vez, ou não se appellando na primeira Audiencia, depois do processo voltar sentenciado do Jury á primeira instancia.

CAPITULO III.
Acordãos.

Appresentada na distribuição da Relação a appellação da Sentença do Jury, ou do Juiz Letrado ácerca da applicação do direito, vai a cinco Juizes, todos votão por tenções, e três concordes decidem; não concordando os tres, chamão-se Adjuntos, os quaes votão em mesa; e querendo votar por tenção, vai-lhe o processo; de seu Acórdão não há outro recurso alem do extraordinario da revista, nem soffre embargos: Se a Relação não acha bem julgada a Sentença do Juiz Letrado, applica o direito ao facto, conforme estiver julgado pelo Jury: Se também não acha bem julgado o facto pelo Jury, quando desta se appella, ordena que se tome no Conselho do Jury nova decisão, declarando a razão de seu mal julgado: Os Acordãos sobre appellação de qualquer outra Sentença definitva são proferidas por dois Juizes concordes, distribuída a tres, e com os Adjuntos necessários: Nas duas Sentenças do processo preparatório, não achando bom o julgado, tanto a respeito do corpo de delicto, como da pronuncia, de que se recorrer, emenda, e com o Acórdão por Sentença, extrahido da appellação, continúa o Juiz de primeira instancia os termos do processo contra o seu julgado, que por esta maneira effectivamente reforma: Dos Acórdãos por aggravo de instrumento diz-se no Capitulo, que se segue.

TITULO IV.

Recursos.

CAPITULO I.

Aggravos.

Aggravos não suspendem; sendo de matéria em autos, ou termos de Audiencia tomão-se no processo, em Audiencia, e ahi mesmo se fundamentão verbalmente; se o Juiz não repara, escrevem-se as suas razões; o Jury conhece destes recursos, quanto respeitarem ao conhecimento de facto; a Relação tambem conhece, quando o processo subir por appellação e na extensão da sua competencia de direito, e por correcção: Se a materia do aggravo não pertence a processo, aonde tinha competente intrancia, aggrava-se por instrumento para a Relação do destricto; são interpostos e fundamentados em Audiência pela maneira indicada, porém autuão-se com os documentos, que se appresentão, e expedem-se com citação das partes interessadas; o Escrivão tem doze dias continuos para appresentar estes aggravos na distribuição da Relação; remette o proprio auto, e deixa no Cartorio o seu instrumento: O Distribuidor e Escrivão na Relação seguem nestes processos a ordem do processo civil; são julgados por tres Desembargadores; dois concordes decidem, e o Acordão he definitivo, nem admitte embargos.

CAPITULO II.

Appellações.

As appellações suspendem: O Escrivão do processo tem vinte dias para pôr os autos na distribuição da Relação; e no mais que lhe he applicavel, como nos aggravos de instrumento, Cap. antecedente, e Tit. III. Cap. III.

CAPITULO III.

Aggraciação.

Este recurso não suspende a execução da pena, aproveita ao condemnado, quando obtem, quanto permitte o estado do cumprimento da pena, e he concedido por ElRei pelo Supremo Tribunal de Justiça; concede-se por causa de nova materia de evidente innocencia; extraordinario prestimo e urgente necessidade de empregar o Reo no serviço publico; concludente emenda anticipada ao final cumprimento da pena; e por relevantes serviços feitos á Nação durante o exercicio da pena: Sóbe o proprio processo, aonde o Reo for condemnado, e fica o instrumento: O Tribunal consulta, e o Monarcha decide, confirmando o parecer da Consulta, ou sustentando a Sentença: Sendo a consulta de absolvição por innocencia, e todos os Juizes conformes, he necessaria a confirmação do Monarcha, e se alguns divergirem, fica salvo o Regio arbitrio: Pelo mesmo Tribunal se póde impetrar revista da Sentença da Relação; compete á Parte, que se sentir offendida pela Sentença definitiva, que condemnar, ou absolver de pena por causa de injustiça notoria, ou nullidade patente dos autos, a que não prevaleça a verdade sabida pelos mesmos autos; deve impetrar-se dentro de dois mezes, contados da publicação da Sentença; o Tribunal

232 • Direito Processual Penal

informa-se da competencia da materia, e defere na presença dos autos, que manda subir; se confere revista, descem os autos á mesma Relação, para novamente serem julgados por outros Juizes, os quaes declarão a injustiça, ou nullidade, que achão; e se procede, reformão a Sentença, e dizem quem he responsavel; porém quando houver injustiça, ou nullidade, que provenha da Sentença do Jury, não reformão, porque a Constituição lhe denega esta faculdade; neste caso expoem ao Tribunal o que achão, e a responsabilidade do Jury: Se a injustiça, ou nullidade estiver na Sentença da Relação, ou ella recáia sobre a applicação do direito ao facto, feita pelo Juiz de primeira instancia no julgado do Jury, ou seja de outra natureza, em que não entre Sentença de Juizes de Facto, reformão a Sentença, como fica dito: O Tribunal instruido pela reformação da Sentença por via de revista, ou informado da injustiça, ou nullidade por causa da Sentença de facto, remette o negocio a outra Relação, para processar e applicar as penas competentes aos incursos na responsabilidade, com audiencia dos interessados; e se o Reo estiver injustamente condemnado por causa do facto mal julgado, seu gravame será sanado por via da aggraciação, a qual em tal caso será *ex officio* consultada.

TITULO V.
Execução das Sentenças.

CAPITULO I.
Por aggravo de instrumento e appellação.

O Juiz da instancia inferior, quando a de superior instancia reforma, procede na conformidade dita, quanto o andamento do processo, no caso de ter progredido legalmente, permitte: Em todo o caso de reforma junta-se ao processo, e da-se-lhe a maior extensão possivel a seu cumprimento, sem retrogradação da ordem do processo, continuada nos casos de aggravo, porque não suspendem: A execução das custas, damnos julgados nestas Sentenças, ou multas correccionaes, que forem impostas, faz-se como nas causas civis, á excepção de ser julgado, por caso, em que a Lei o permitta, que se paguem da Cadeia.

CAPITULO II.
Das Sentenças condemnatorias, que extinguem o processo.

Quando passar em julgado Sentença, que condemne em pena moral, ou corporal, o Juiz remetterá Certidão com o teor do julgado e com officio á Secretaria das Justiças: Ao Governo toca a sua execução, fazendo que o Reo cumpra sua pena corporal, nos termos da Sentença, aonde mais conveniente for ao serviço da Nação; ou mais adequados estabelecimentos tiver, fazendo-lhe igualmente soffrer as moraes, em que forem condemnados: tomão-se registos, que mostrem a sua execução até final cumprimento da Sentença; e de alteração por aggracação, revista, morte, fuga e regresso á pena: Em quanto ás custas, reparação de damno, e multa, ou pena pecuniaria, procede-se na sua execução, na forma do Capitulo antecedente: O Juiz da Sentença he obrigado a entrar no Cofre dos Innocentes com as penas pecuniarias, que lhe são applicadas: O mesmo Juiz dá á execução as penas correccionaes, em que condemna; destas não se remette Certidão ao Governo.

CAPITULO III.
Execução das Resoluções por aggraciação e revista.

Resolvida a Consulta, expede-se pelo Tribunal Portaria á Secretaria das Justiças, para fazer relaxar a pena do Reo, que for aggraciado, e tomar de tudo os competentes registos nas Estações, aonde dever constar o final destino do mesmo aggraciado, e suas causas: As Sentenças de revista, e da sua responsabilidade, tem execução commum de Sentença, Cap. II.: Advirta-se, que a revista, impetrada no bimestre, suspende a execução da pena até final decisão da mesma revista.

QUINTA PARTE.
PROCESSO VERBAL CORRECCIONAL.

TITULO I.
Objectos.

He objecto verbal correccional a causa de justo receio criminoso, pela qual o publico, ou o particular temer ser offendido; pertencem a esta, regra os factos de prostituição e corrupção simples, tanto religiosa, como civil; os desacatos dos menores e subditos; os excessos dos Superiores contra os menores e subditos, como por seus máos tratamentos, que não chegão a constituir perfeitos delictos especiaes; as discordias interiores das familias, se implorão o auxilio da Auctoridade publica; o escandalo e má visinhança; os factos de negligencia culpavel, proprios e os alheios, como os insultos do cão arremettedor, que seu dono deixa em liberdade nas estradas ou ruas publicas: He permittido ás Partes accusar neste processo, ou no ordinario, os delictos commettidos pelos menores de 21 e maiores de 14 annos, e tambem alguns perpetrados por pessoas capazes de delinquir, comprehendidos na II. e III. Parte, que pela sua frequencia, urgencia de repentino remedido, e inferior gravidade, são nominalmente exceptuados no corpo do Projecto do Codigo, para poder entrar neste processo.

TITULO II.
Pessoas.

Toda a pessoa justamente receosa, ou offendida, por objecto sujeito ao presente processo, póde nelle accusar a quem for causa de receio, ou offender: Para accusar, basta noticiar o facto circumstanciadamente por escripto, ou de viva voz; requerendo processo verbal a Juiz competente: São Juizes competentes no Concelho, aonde existir o objecto de receio, ou for perpetrado o delicto, que póde entrar neste processo, os Juizes Electivos, creados na Constituição, e os Juizes Letrados de primeira instancia, ordenados na mesma Constituição: Dos objectos de justo receio conhecem definitivamente os Electivos, a quem for requerido processo verbal, ou accusada a causa de justo receio publico, pelos Funccionários, encarregados de denunciar os delictos publicos no processo ordinario; e tambem conhece o Juiz Letrado no Concelho do destricto, em que estiver, qual dos dois, o primeiro, a quem for requerido processo: Em quanto ao referido justo receio, he, como fica dito, definitiva a decisão do Electivo; e dá-se á sua competencia especial, v. g., para evitar um jogo de bola na estrada publica; que se obstrua a fonte publica; que se venda o pão corrupto; e obriga á emenda, sob pena correccional, por termo, com caução de damno; dá-se, v. g., a, respeito do particular, que ameaça ferir a outro; do que allicia menores, desviando-os da obediencia de seus Superiores; dos que maldizem, fomentando a intriga entre individuos de boa intelligencia e probidade; e obriga por termo comminatorio correccional a emendar: Na reincidencia impoem a pena comminada, e se a causa do receio o merecer por sua gravidade, ou má conducta do accusado, impoem-lhe antes do termo alguma das penas correccionaes: As decisões do Juiz Letrado neste processo tambem são definitivas; porém havendo delicto publico, que possa entrar na competencia deste processo, e chegando ao conhecimento do Juiz Electivo, elle remetterá o processo, depois de formado, ao Juiz Letrado para o sentenciar, e bem assim dos delictos particulares dos menores admittidos a este processo, por attenção á imperfeita capacidade de delinquir de seus auctores, e não pela natureza e especie do delicto: A alçada dos Juizes Electivos não excede a trinta dias de prisão na Cadeia publica; a dez mil reis para o Cofre dos Innocentes; a oito dias de serviço do Concelho; a suspensão de licença de porta aberta, venda, ou casa de jogo publica por oito dias; e a seis mezes de remoção para fóra do Concelho; podem rebaixar, e nunca accumular duas penas.

Na falta de Escrivão, a quem pertença o processo em devida distribuição, nomeia o Juiz um Cidadão probo e intelligente, a quem defere o juramento: Admittem-se Procuradores Letrados com assistencia das proprias Partes, as quaes jurão sua queixa.

TITULO III.
Juizo Correccional.

O Juiz assigna dia e hora de processo ao Accusante, e pelo Escrivão faz notificar o Accusado para comparecer em Juizo, e lhe declara o motivo 24 horas antes do dia e hora, que igualmente lhe notifica: Se o objecto, ou delicto, que for a entrar em processo, contiver aggravo permanente e actual, tambem lhe faz notificar, que o suspenda, e se não obedece em continente, faz prender o Accusado na Cadeia publica até final decisão do processo: No dia assignado principia a diligencia por auto; se o Accusante falta, ou muda de tenção, paga as custas e dissolve-se o Juizo: Se o Accusante da noticia for Funccionario, procede com Promotor Letrado, que lhe nomeia, e na falta de Letrado, outro homem probo e intelligente: Se o Queixoso for menor, ou o Accusado, ou mulher, e não tiver em Juizo quem allegue a bem de sua justiça, nomeia-lhe Letrado, ou outro intelligente e probo: O Juiz regula o acto, e obriga a ír a Juizo, com prisão, as pessoas necessarias, que fraudulosamente se retirarem: O processo he publico nas Casas do Concelho, e não havendo, na residencia do Juiz: O Juiz interroga em primeiro lugar o Accusante, e o Escrivão lança em seguimento do auto sua exposição ordenadamente, restringindo-se ao objecto, pena e reparação, que requerer: Em segundo lugar interroga o Accusado, e faz lançar pelo modo referido a sua confissão, ou contrariedade: Sobre as indicadas allegações orão de facto e direito seus Patronos, Advogados no processo, tendo-os; e o Promotor, havendo-o; e podem dar seu arrazoado por escripto no mesmo acto, e neste caso, ou das Partes appresentarem documentos, juntão-se ao processo: Uma e outra Parte póde produzir ahi mesmo até quatro testemunhas cada uma: O Juiz resume o facto e a imputação do Accusado, ou sua defeza de absolver, ou innocencia absoluta; e achando culpa, declara a Lei, em que he comprehendido, a pena e a reparação de damno, que lhe competir, tudo de viva voz e publicamente, e admitte as reflexões, que as Partes por si, ou por seus Procuradores fizerem, a fim do mesmo Juiz reformar, e não fazer effectivo o Juizo, que tiver exposto; e podem ao mesmo tempo allegar quanto convier á justiça, de que se considerarem assistidas: Com o referido conhecimento de causa firma o Juiz definitivamente a sua Sentença, não se devendo envergonhar de mudar de conceito, quando houver causa justa; e a Sentença proferida he lançada em seguimento do auto pelo Escrivão, o qual immediatamente encerra o processo depois de assignado por todas as pessoas do Juizo, inclusivamente as testemunhas que tiverem deposto: Convem que este processo seja concluido n'um só dia; mas se for indispensavel, continúa por termos nos dois immediatos, que não forem feriados em honra de Deos, e não tem o Juiz maior espaço para concluir cada um processo verbal, e he responsavel pela falta, que nisto houver: A Parte, que sentir offensa de Justiça, póde appellar para a Relação do destricto: e o Promotor, no caso do Funccionario ter requerido o processo, appella *ex officio*; são applicaveis a este processo as disposições do processo ordinario, que forem compativeis com a sua ordem especial.

Fim do Extracto.

ÍNDICE

PREFAÇÃO.	....	211
PARTE I.	*Divide-se em sete Capitulos.*	212
PARTE II.	. ...	212
PARTE III.	. ...	213
PARTE IV.	*Compreende cinco Títulos.*	213
PARTE V.	*Divide-se em tres Títulos.*	214

PRIMEIRA PARTE.		
BASES	....	214
TITULO I.	*Delictos e Leis penaes.*	214
TITULO II.	*Delinquentes.*	214
TITULO III.	*Imputação.*	215
TITULO IV.	*Penas.*	215
TITULO V.	*Proporção.*	216
TITULO VI.	*Modos, por que se extingue o procedimento criminal.*	216
TITULO VII.	*Indemnização dos innocentes.*	216

SEGUNDA PARTE.	
DELICTOS E SUAS PENAS.	216

TERCEIRA PARTE.	
DELICTOS PARTICULARES E PENAS.	221

QUARTA PARTE		
PROCESSO ORDINARIO		224
TITULO I.	*Processo preparatorio.*	224
CAPITULO I.	*Noticia do delicto.*	224
CAPITULO II.	*Corpo de delicto.*	225
CAPITULO III.	*Indagação dos Delinquentes.*	225
CAPITULO IV.	*Pronuncia.*	225
CAPITULO V.	*Prisão.*	226
CAPITULO VI.	*Cartas de Seguro e Fiança.*	226
TITULO II.	*Processo accusatorio.*	227
CAPITULO I.	*Audiencia das Partes.*	227
CAPITULO II.	*Termos em geral.*	227
CAPITULO III.	*Allegação e provas.*	227
TITULO III.	*Sentenças.*	229
CAPITULO I.	*Sentenças em geral, e de Juiz Letrado em primeira instancia.*	229
CAPITULO II.	*Sentenças do Jury.*	229
CAPITULO III.	*Acordãos.*	230
TITULO IV.	*Recursos.*	231
CAPITULO I.	*Aggravos.*	231
CAPITULO II.	*Appellações.*	231

CAPITULO III.	*Aggraciação.*	231
TITULO V.	*Execução das Sentenças.*	232
CAPITULO I.	*Por aggravo de instrumento e appellação.*	232
CAPITULO II.	*Das Sentenças condemnatorias, que extinguem o processo.*	232
CAPITULO III.	*Execução das Resoluções por aggraciação e revista.*	233

QUINTA PARTE.
PROCESSO VERBAL CORRECCIONAL. 233

TITULO I.	*Objectos.*	233
TITULO II.	*Pessoas.*	233
TITULO III.	*Juizo Correccional.*	234

III - Projecto Giovanni Carmignani

CODICE

DI PROCEDURA CRIMINALE[1]

POR

GIOVANNI CARMIGNANI

---

[1] Si è sostituito il termine di Procedura a quello *d'Istruzione,* che trovasi nel frontespizio del manoscritto, perchè l'autore adopra quello e non questo tutte le volte che ha luogo di rammentarlo. In quanto poi ai richiami alle altre opere dell'autore che abbiamo praticato nell'altro Codice, ne cessiamo l'uso in questo, perchè *il saggio teorico-pratico sulla fede giuridica* che occupa la maggior parte del seguente volume sviluppa largamente i principi del giudizio criminale applicati nel presente progetto. Solo abbiamo creduto opportuno aggiungere le poche note dell'autore che ci fu dato di rinvenire, e alle quali accennammo nell'anotazione alla pag. 183.

LIBRO I.

DISPOSIZIONI GENERALI[2]

TITOLO I.
Dell'amministrazione della giustizia penale

1. L'amministrazione della giustizia si compone di due atti:
1.º Della pronunzia che applica la legge generale al caso particolare
2.º Della esecuzione della legge al caso applicata.

2. La pronunzia che applica la legge è un atto meramente *declarativo,* nel quale repugna alla indole delle cose che o il potere legislativo, o il potere esecutivo abbia parte.

3. Le sentenze si proferiscono in nome, e per l'autorità della legge: si eseguiscono in nome, e per autorità del re[3].

4. La facoltà di applicare la legge generale ai casi particolari, o di rendere la legge parlante, è inerente al magistrato dal momento della sua elezione.

5. Il re elegge, e nomina alla magistratura, scegliendo da liste di candidati, che i magistrati in carica presentano al consiglio di stato, e il consiglio di stato presenta al re, ne'modi, e nelle forme dalla legge indicate.

6. I magistrati come legge parlante sono indipendenti da ogni influenza del potere legislativo, e del potere esecutivo.

7. I magistrati una volta nominati dal re sono irrevocabili. Essi perdono il loro uffizio
1.º Per condanna a pena repressiva, a pena correzionale, o a pena di polizia preservativa.

---

[2] Tutta la forza, tutta la importanza di un sistema penale sta nei metodi di verificazione del delitto e del delinquente. Il Codice penale è un corpo, e il Codice di procedura ne è l'anima che li diè vita e movimento. La procedura può avere ispirazioni diverse. Quelle che più tra loro distinguonsi sono quella che procede per l'uffizio di *giureconsulti e di tribunali permanenti,* e quella che procede per l'uffizio di *giurati* o *giudici popolari* eligibili a sorte a ogni nuova causa. L'Inghilterra e le provincie unite di America hanno il Iury. La Francia, il Belgio, la Prussia Renana credendo di averlo, hanno un *nome,* e non una *cosa,* un *trastullo,* e non una *istituzione giudiciaria.* Quando il più intemperante e il più ardito scrittore in materia legislativa, Geremia Bentham, ha apostatato il *Iury,* convien per credere che esso sia una pessima istituzione venutaci da tempi d'ignoranza e barbarie: Del resto la cosa è stata più completamente discussa in Italia nella *Teoria delle leggi della sicurezza sociale Vol. 4.* Il *Iury* è una eccellente guarentigia di tutte le soperchierie del potere. L'oggetto delle disposizioni fondamentali è quello di sostituire alle guarentigie del *Iury* altre non meno efficaci guarentigie compatibili però colla *dottrina* e colla *esperienza* che è necessaria a rettamente conescere, e rettamente decidere nelle materie penali. L'egregio giureconsulto Le Graverend *Traité de la legislation en France. Vol. 2. pag.6.* ha enche esso un titolo di *disposizioni fondamentali* che si possono confrontar con queste - (Nota dell'autore).

[3] È giusta, ma non bene espressa, la teoria colla quale il Benthan nega potersi dire che la giustizia si rende in nome del re *De l'organisation Iudiciaire chap. 3.* Un glossatore del secolo XII (Azone) ebbe più senno di tutti i publicisti dell'età nostra allorché sostenne che il mero impero o giurisdizione penale apparteneva non tanto a Cesare quanto ai presidi delle provincia *Gravina de ortu et progres jur. civ. cap. 151.* Si crede e s'insegna che il poter giudiciario come una parte del potere esecutivo competa al principe. Ma perché si dice ohe il principe non può giudicare da se stesso, e dee giudicare per delegazione? Non è questo un controsenso? Sono dotte, ingegnose bensì, ma poco coerenti, le cose a questo proposito scritte dall'insegne Henrion de Pansey *Du povoir judiciaire dans les gouvernements monarchiques.* Egli scriveva e publicava sotto Napoleone, e ciascuno può congetturare con qual grado di libertà lo facesse. (Nota dell'autore).

244 • Direito Processual Penal

2.º Per animadversione pubblica espressa ne'sindacati, ai quali di tre in tre anni gli assoggetta la legge.

8. I sindacati consistono in certificati di stima, e di sodisfazione pubblica, che loro sono o rilasciati, o. negati dalle autorità, che a quest'oggetto a ogni gerarchia di magistrati la legge designa.

9. Pendente il sindacato il giudice continua nell'esercizio delle proprie funzioni. L'esito del sindacato ad esso contrario decide della sua istantanea destituzione[4].

10. Niuno può esser magistrato se non ha venticinque anni compiti. Non possono risiedere insieme come giudici i parenti tra loro o per consanguineità, o per affinità, fino in quarto grado di computazione civile.

11. I magistrati entrando in carica giurano fedeltà alla giustizia, alle costituzioni del regno, ed al re.

12. É interdetto ai magistrati dell'ordine giudiciario
1.º Di negare esecuzione alle leggi esistenti.
2.º Di far leggi o regolamenti.
3.º Di negare di sentenziare sotto pretesto di oscurità della legge.
4.º D'ingerirsi in materie di competenza del potere amministrativo.

13. La magistratura espone al re per farne soggetto di progetto di legge alle cortes
1.º I casi, i quali richiedessero per l'avvenire interpetrazione autentica del legislatore.
2.º I difetti che la esperienza può avere scoperti nelle leggi penali esistenti.
3.º I bisogni di nuove leggi, che la esperienza avesse fatti sentire.

TITOLO II.

Caratteri organici dell'amministrazione della giustizia penale

14. La legge non abbandona la sorte dell'accusato al privato criterio del proprio concittadino, comunque retta ne possa essere la coscienza. Ella sola intende disporre della sua sorte.

15. Come la legge ha carattere di regola generale, così dee averlo la sua applicazione al caso particolare.

16. La legge prefigge al giudice regole generali per la qualificazione del fatto preteso delittuoso, per la valutazione della prova del fatto, e per il giusto grado della sua punizione. Ove la indole o de'fatti, o della lor prova, non ammette regola precedentemente prescritta, la legge fissa i limiti, oltre i quali il privato ragionamento del giudice non può trascorrere.

17. Essendo in questo sistema la cognizione, e la decisione della sorte dell'accusato, meramente giurisprudenziale, la legge rigetta i giudici popolari tratti a sorte a ogni nuova causa penale, ed esige i giudici giureconsulti riuniti in tribunal permanente.

18. I magistrati incaricati dell'amministrazione della giustizia penale debbono esser nominati dal ceto che ha studio, pratica, e titolo d'esercizio del dritto.

---

[4] La istituzione dei sindacati fu per un tempo lunghissimo mantenuta in Toscana come remora alla indipendenza di cui i giudici debbon godere ove giustizia si apprezza. La conservò il granduca Pietro Leopoldo I con tutto il carattere di popolarità che deve avere investendo del diritto di sindacare le magistrature municipali. Sono da riscontrarsi le sue leggi *del 22 settembre 1773, del 7 luglio 1776, dell' 11 aprile 1778, e dei 12 giugno e 7 settembre 1784*. Il sistema dei sindacati è stato da me adattato alla indole di un governo eminentemente rappresentativo. (Nota dell'autore).

III - Projeto Giovanni Carmignani • 245

19. Essendo tutti gli elementi della causa penale altrettanti oggetti giurisprudenziali, ed essendo la pena la formula generale, che nella sentenza deve esprimere il grado di malvagità, colla quale il delitto è stato commesso e il grado della prova che ne concorre nel caso, la legge riunisce insieme le due questioni del *fatto*, e del *dritto,* onde siano nella stessa sentenza decise.

20. La legge rigetta la istruzione *orale* della causa, ed adottata la *scritta*, come più confacente allo studio, che è necessario al giudice per conoscerla, e per deciderla colle regole giurisprudenziali, che ella gli assegna per guida onde limitarne l'arbitrio.

21. La legge non ammette la popolare pubblicità nella discussione, e nella decisione delle cause penali, come incompatibile colla istruzione scritta, che ella vi esige, ma ne bandisce il segreto. Tutti gli aventi relazioni di parentela, o di amicizia coll'accusato: quelli de'quali l'accusato reclama la presenza: tutti gli avvocati, o causidici: tutte le persone che chiedono assistervi per propria istruzione vi sono ammessi. La semplice curiosità non dà titolo di ammissione[5].

TITOLO III.

Principi fondamentali dell'amministrazione della giustizia penale

22. Niun cittadino portoghese può esser privato del dritto d'esser giudicato dai magistrati del proprio paese, secondo le regole di competenza dalla legge prescritte[6].

23. Niuno accusato di delitto ingerente pena afflittiva, o infamante, può rinunziare, ancorchè confesso, alla propria difesa. Se l'accusato si ostini a non volersi difendere, o non abbia mezzi per farlo, la legge impone ai giudici che debbono decidere della sua sorte l'obbligo di nominargli un difensore d'uffizio scelto nel ceto degli avvocati, o de'causidici dipendenti dalla loro giurisdizione.

24. È libera all'accusato la scelta del suo difensore quando appartenga al ceto de'giurecousulti in qualunque parte del regno dimorino, o ancorchè appartenessero ad estero stato, purchè in questo caso il difensore faccia costare del suo requisito di giureconsulto, e si uniformi ai regolamenti disciplinari, ai quali la legge sottopone i causidici. Questa facoltà nell'accusato è subordinata all'obbligo di sodisfare il difensore che egli ha scelto degli onorari, ai quali gli danno dritto le leggi del regno.

25. La legge dichiara indegno della santità, e della nobiltà dell'uffizio della difesa, che un avvocato o un causidico si ricusi al patrocinio, che un accusato gli chiede ( ).

26. La legge garantisce la presunzione d'innocenza ad ogni uomo di precedente irreprensibile vita[7].

27. Sebbene la legge abbia posto ogni cura perchè l'innocente non soggiaccia a non meritata condanna, pure essendo l'errore il patrimonio degli uomini, se mai tale sventura avvenisse,

---

[5] I pretesi vantaggi della popolaresca pubblicità sono stati ridotti al loro vero nella *Teoria delle leggi detta sicurezza sociale Vol. 4. pag. 327.* È singolare che il Bentham riprovando il Iury, e decidendosi per i giudici giureconsulti, e per i tribunali permanenti, non abbia capita la connessione intima che è tra il Iury e la discussione orale, e la popolaresca pubblicità, e la connessione parimente intima che vi ha tra i giudici giureconsulti, i tribunai permanenti, e la discussione e decisione non segreta sì, ma non pubblica di popolaresca pubblicità. (Nota dell'autore).

[6] Disposizioni dell'assemblea costituente di Francia *Leg.* del 24 Agosto 1790 Tit. 2. Art. 17. (Nota dell'autore).

[7] Gli Art. 26-29 sono cautele dirette ad impedire la influenza che di sua natura tende la polizia ad esercitare sulla giustizia. Un quadro dei pericoli in questa ingiusta influenza è stato con verità delineato da Berenger *De la Justice Criminelle en France.* (Nota dell'autore).

246 • Direito Processual Penal

ella proclama l'impegno che l'onor portoghese contrae d'indennizzar l'innocente ingiustamente accusato, quando o non vi sia responsabile del danno, o essendovi non abbia da ripararlo, essendo questo il più sacro debito che pesi sopra una politica società.

28. Niuna giurisdizione criminale o con titolo di *privilegiata*, o con titolo di *straordinaria*, o di *eccezione*, può esser creata in deroga, alle stabilite nel presente codice, nè possono adottarsi modi, e forme di giudicare diverse da quelle che esso prescrive.

29. Sono eccettuati dalla disposizione del precedente articolo.

1.º I casi, ne' quali a forma delle costituzioni del regno fosse temporariamente, o in alcuna delle sue parti, sospesa per motivi di salvezza pubblica l'azione della presente legge.

2.º I regolamenti particolari per giudicare de'delitti propri de'grandi funzionari, de'ministri e degli agenti amministrativi.

3.º I tribunali militari.

4.º Le curie episcopali nei delitti propri degli ecclesiastici trattandosi di pene, semplicemente spirituali, e non coattive della persona, o da avere effetto sul suo onore, e sopra i suoi beni.

30. Niuna evocazione di causa penale da un tribunale all'altro può essere a titolo di grazia o domandata, o concessa: nè per titolo di sospetto di disordine grave ordinata.

31. Niuna autorità o legislativa, o governativa, o amministrativa, o giudiciaria che sia, ha diritto di giudicare dei delitti contro essa commessi da se medesima. Le autorità pubbliche non hanno altro potere coercitivo che il necessario a contenere in rispetto chi ad esse o ricorre, o si presenta, o di ordinar l'arresto del perturbatore dell'ordine, perchè sia giudicato e punito dall'autorità a ciò competente[8].

32. In niuna causa penale la decisione può essere rimessa in arbitri. È interdetto l'uso di adibire come supplenti de'giudici individui scelti dal ceto degli avvocati e dei causidici.

33. Niuno può ne'giudizi penali, o accusatore, o reo, presentarsi per mezzo di procuratore, salve le eccezioni che la legge abbia fatte a questo principio[9].

34. Le sentenze penali di stato estero non possono, neppure agli effetti civili delle condanne, ottenere esecuzione nel regno se non sia stato riconosciuto il loro buon dritto, e siano state rese esecutorie dall'autorità giudiciaria, nella giurisdizione della quale ne è chiesta la esecuzione. Il solo offeso ha persona legittima a domandarla a forma dell'art. 212 n. 9. del presente codice.

35. Niun magistrato, niuno agente della forza pubblica, ha dritto all'oggetto di arrestare un facinoroso di violare il territorio di stato estero. L'arresto del facinoroso non può ottenersi che per mezzo di estradizione ne'modi, e nelle forme che la legge prescrive.

36. Niuna autorità politica, governativa, o amministrativa che sia, può o preoccupare, o supplire l'ufficio della giustizia penale.

---

[8] I pratici distinsero tra la ingiuria fatta al giudice in uffizio e la inferitagli fuori d' uffizio: ammesero che potesse giudicare in quella come notoria, non in questa perchè niuno può farsi ragione da se stesso. *De Angelis De Delictis Part. 1. cap. 79. n. 14.* La questione è semplicissima a sciogliersi. La ingiuria al giudice civile, che non ha giurisdizione criminale, può ella essere da lui dichiarata e punita? Niuno può dirlo. Che può fare il giudice? Ordinare l' arresto del colpevole e rimandarlo al giudice criminale. Or perchè il giudice criminale non dee far lo stesso rimandando ad altro giudice criminale il reo d' ingiuria grave? (Nota dell' autore)

[9] Regola desunta dalla Indole delle cose, e insegnata dai giureconsulti romani. (Nota dell'autore).

37. Niun cittadino può essere privato della sua libertà se non in forza di un ordine della giustizia penale. Sono eccettuati dalla disposizione del presente articolo

1.º Gli ordini di arresto de'presidenti delle cortes, ai quali sono essi autorizzati dalla legge nell'esercizio delle loro funzioni.

2.º Le condanne all'arresto personale per debito pronunziate dai tribunali di commercio.

3.º Gli ordini di arresto emessi dall'autorità governativa per misura di polizia generale.

38. Possono essere arrestati per ordine della polizia a forma del n. 3 del precedente articolo

1.º I forestieri, i quali non abbiano acquistato nè naturalizzazione, nè domicilio nel Regno.

2.º I sottoposti alla vigilanza della polizia in vigor di sentenza della giustizia penale.

3.º Coloro, i quali viaggiano senza passaporto in regola, o soggiornano senza carta di sicurezza, ove i regolamenti di polizia la prescrivono.

4.º I vagabondi, o non aventi stabile e cognito domicilio.

5.º Qualunque individuo trovato di notte in luogo, ed in ora insolita, che non sappia dar discarico del suo modo di agire.

6.º Qualunque individuo, il quale sia stato denunziato aver concepito e preparato il progetto di commettere un delitto di pena repressiva nell'atto che s'incammina a commetterlo.

7.º I sorpresi in fragrante delitto avente pena maggiore della relegazione, o in caso equiparato dal presente codice al fragrante delitto.

39. Ne'casi contemplati ne'numeri 6, 7 del precedente articolo, o si tratti di cittadino, o si tratti di forestiero, dovrà la polizia nelle ventiquattro ore dall'effettuato arresto renderne conto alla giustizia penale, e porre l'arrestato a sua disposizione.

40. Le prove che la polizia possa aver raccolte del delitto debbono essere verificate, ed autenticate dalla giustizia penale, non conoscendo la legge attribuzioni di *polizia giudiciaria* ( ).

41. La polizia, e la giustizia, comunicano vicendevolmente tra loro ne'soli casi e ne'soli modi dalla presente legge indicati.

42. Le attribuzioni di giudice sono incompatibili con quelle di magistrato politico ( ).

43. La legge per la cognizione, e per la punizione dei delitti stabilisce

1.º Il numero, la residenza, e le attribuzioni de'magistrati incaricati dell'autorità giudiciaria.

2.º I titoli, e il carattere degli atti giudiciari.

3.º La forma, e l'ordine della procedura.

LIBRO II.

DELLE AUTORITÀ GIUDICIARIE

TITOLO I.

Dele corti, e de'tribunali

44. La giustizia penale è amministrata nel regno
1.º Da una Corte suprema regolatrice residente nella capitale
2.º Dalle Corti di giustizia criminali residenti ne'capi luoghi de'dipartamenti, o provincie.
3.º Dai Tribunali di giustizia, e di polizia preservativa residenti ne'capi luoghi de'distretti.
4.º Dai Tribunali di sempice polizia residenti ne'capi luoghi di ciascuna comune, o cantone.
45. Sono ammessi avanti le Corti, ed i Tribunali, come ausiliari della giustizia a difesa de'rei.
1.º Gli Avvocati.
2.º I Causidici.
46. È obbligo inerente al loro ministero di assumere la difesa degli accusati o poveri, o miserabili, che venga loro ingiunta o dalla Corte, o dal Tribunale d'uffizio.
47. La disciplina del collegio degli avvocati, e de'causidici, forma l'oggetto di regolamenti particolari.
48. Il Re invigila la retta e pronta amministrazione della giustizia per mezzo di un procuratore presso la Corte regolatrice, e per mezzo di commissari presso le Corti criminali.

TITOLO II.

Della Corte suprema regolatrice

49. Essa si compone,
1.º D'un numero impari di giudici, i quali assumono il nome di *consiglieri di grazia, e giustizia,* uno de'quali ha titolo, e attribuzioni di presidente.
2.º D'un segretario *generale, e* d'un numero di sottosegretari.
3.º D'un numero di commessi, e copisti.
4.º Di uscieri d'udienza; e di apparitori.
50. I giudici che la compongono sono nominati dal Re scegliendo in una lista di candidati, che le cortes gl'inviano. Le liste si formano per scrutinio segreto.
51. Il segretario generale, e i sotto-segretari, i commessi, i copisti, sono parimente nominati dal Re, il quale sceglie da una lista di candidati formata dai giudici-consiglieri a pluralità di suffragi. Il Re nomina di proprio moto gli uscieri, e gli apparitori.
52. I giudici-consiglieri subiscono il lor sindacato dalle cortes. Gli altri impiegati dalla giunta elettorale della capitale del regno.

250 • Direito Processual Penal

53. La interna organizzazione della Corte, e il modo con cui ella regola il proprio servizio, sono soggetto d'un regolamento che essa stessa redige, e presenta all'approvazione del governo.

54. La Corte regolatrice rappresenta il poter giudiciario nella università del suo titolo, e nella pienezza delle attribuzioni che lo compongono[10].

55. Nelle materie penali la Corte regolatrice, come depositaria delle leggi

1.º Provvede al miglioramento delle leggi penali.

2.º Suggerisce i provvedimenti utili a prevenire i delitti.

3.º Veglia alla uniformità della massima di giudicare.

4.º Riceve, e decide i ricorsi contro i giudicati inappellabili

N.º 1.º O per violazione, o per erronea applicazione di legge.

2.º O per manifesta ingiustizia.

56. Come Corte suprema, ella

I. Determina se occorre la Corte, o il Tribunale che deve giudicare dell'accusa contro qualunque giudice per delitti commessi o fuori o nell'esercizio delle sue funzioni[11].

II. Giudica

1.º De'regolamenti di competenza.

2.º Delle ricuse de'giudici.

3.º Della querela del litigatore contro il giudice, che fece propria la lite.

57. Come conservatrice di tutte le guerentigie della libertà civile, come le cortes lo sono di quelle della libertà politica, ella

1.º Riceve e giudica i reclami contro gli ordini, e risoluzioni della polizia dalle quali i cittadini si reputano ingiustamente aggravati, senza che però il ricorso ne sospenda la esecuzione.

2.º Dà il proprio parere sulle suppliche presentate al re per grazia, diminuzione, o commutazione di pena.

58. Come costituita nella sommità della gerarchia giudiciaria ella ha prerogativa *censoria, e disciplinaria,* su tutti i magistrati, e su tutti i causidici che la compongono, ad esclusione del procuratore del Re, e de'commissari presso le Corti che ne dipendono.

59. Al termine di ogni decennio la Corte propone al Re le correzioni, le modificazioni, gli schiarimenti, le aggiunte, che crede meritar la legislazione penale. Se un caso presentasse nel decorso dell'anno questa necessità, la Corte ne porge notizia sollecita al Re.

60. Al termine d'ogni anno la Corte

1.º Presenta al Re un prospetto delle accuse, delle assoluzioni, e delle condanne.

2.º Un quadro statistico del numero, e de'titoli de'delitti, che sono stati commessi, indicando i luoghi ove avvennero.

---

[10] Vedi la nota sottoposta all' art. 9.

[11] Le preventive permissioni pressochè tutte di razza francese sono dettate da una smaccata predilezione per il principio politico, e dirette a far valere da prerogativa del governo, la quale nelle cose spettanti all' amministrazione della giustizia è di grave pericolo alla sicurezza individuale.Le autorizzazioni per accusare il funzionario pubblico, per delitti commessi nell' esercizio delle proprie funzioni, sono deroghe al gius comune e alla giustizia messe avanti dall' indole sospettosa ed altiera che caratterizza qualunque si sia potere. (Nota dell' autore).

3.º Una serie di osservazioni sulle cause che gli produssero, in quanto poterono derivare o da circostanze locali, o da qualche vizio di amministrazione pubblica, o da pervertimento della opinione, e della morale pubblica,

4.º I suggerimenti opportuni a far cessare le cause dei segnalati disordini.

61. L'azione disciplinaria, e di vigilanza, sulle persone addette all'ordine giudiciario si esercita gerarchicamente

1.º Dai Tribunali di giustizia, e di polizia preservativa su Tribunali di semplice polizia quanto ai soli cancellieri.

2.º Dalle Corti su i Tribunali di giustizia, e di polizia preservativa.

3.º Dalla Corte regolatrice sulle Corti di giustizia penale.

62. Le coercizioni disciplinarie ai giudici o cancellieri sono

1.º La censura semplice dopo avvertimento.

2.º La censura con reprimenda, la quale importa di pieno diritto la privazione dell'onorario per un mese.

3.º La sospensione provvisoria, la quale trae seco la privazione dell'onorario finchè ella dura ( ).

63. Le Corti criminali possono avvertire, e censurare i giudici de'Tribunali senza preventiva partecipazione alla Corte regolatrice: non possono senza questa partecipazione censurare con reprimenda, e provvisoriamente sospendere.

64. Niun giudice può incorrere la censura con reprimenda, o la sospensione provvisoria, senza che gli siano contestati i fatti che danno titolo all'espediente disciplinario, e senza udire le sue discolpe.

65. Queste coercizioni sono decretate a pluralità di suffragi de'giudici: in caso, di parità tra i giudici delle Corti, il presidente ha due voti.

66. Il Consiglio di stato conosce degli espedienti disciplinari relativamente ai giudici--consiglieri della Corte regolatrice, e determina qual Corte o qual Tribunale debba conoscere e decidere sull'accusa contro alcuno de'suoi membri per delitto commesso.

67. La Corte suprema regolatrice può a pluralità di suffragi ordinare informazioni di uffizio alle Corti criminali per tutti i delitti sovversivi della sirurezza della società indicati nel codice penale.

TITOLO III.

Del Procuratore del Re presso la Corte suprema regolatrice

68. Il Procuratore del Re rappresenta tutta l'azione che il potere esecutivo può esercitare sull'amministrazione della giustizia, onde contribuire alla rettitudine, e alla sollecitudine sua senza dominarla, ed avere influenza sulle pronunzie de'magistrati.

69. Egli dipende dal Ministero, e ne partecipa la responsabilità.

70. Il Procuratore del Re

1.º O difende la legge.

2.º O vigila sulla condotta di tutti i membri dell'ordine giudiciario,

3.º O perseguita.

71. Il Procuratore del Re come difensor della legge ha dritto

252 • Direito Processual Penal

1.º Di concorrere col proprio parere al perfezionamento della legislazione penale: alle proposizioni dirette a diminuire, e prevenire i delitti, e di provocare le decisioni della corte su questi due oggetti.

2.º Di chiedere, nel solo interesse della legge però, in caso di assolutorie sentenze, la cassazione de'giudicati.

72. Come incaricato della vigilanza su tutte le parti dell'ordine giudiciario ha voto consultivo in tutte le risoluzioni e deliberazioni della Corte concernenti coercizioni disciplinarie, autorizzazioni per le accuse de'giudici a ragion di delitti commessi nell'esercizio delle loro funzioni, destinazione di Corti e di Tribunali per la cognizione di delitti da essi commessi fuori dell'esercizio delle loro funzioni. Questo voto consultivo gli è tolto tutte le volte che egli si faccia provocatore delle risoluzioni coercitive mentovate nel presente articolo.

73. Nella formazione delle liste di candidati per impieghi vacanti da presentarsi al Consiglio di stato egli ha dritto a conoscerle: a fornire tutti gli schiarimenti per la lor retta compilazione, e ad aggiungervi le osservazioni che crede necessario di farvi.

74. Come carica che perseguita, il Procuratore del Re

1.º Si oppone quando lo creda giusto ai ricorsi in cassazione, in revisione e in ritrattazione de'giudicati condennatorii: alle ricuse de'giudici: ai reclami contro gli ordini, e coercizioni della polizia.

2.º Esercita le parti di accusatore pubblico ne'delitti contro la interna, e l'esterna sicurezza dello stato.

3.º Ordina agli accusatori pubblici di perseguitare i delitti, l'accusa de'quali è di lor competenza.

75. Quando il Procuratore del Re agisce come accusatore pubblico, o ordina agli accusatori pubblici d'accusare, si sottopone a tutte le conseguenze che la legge pone a carico dell'accusatore a favore degl'ingiustamente accusati.

76. Dal Procuratore del Re dipendono i commissari del governo presso le Corti criminali. Egli ha dritto di delegare o temporariamente, o permanentemente, sostituti-commissari presso i Tribunali di polizia preservativa.

77. Il Procuratore del Re ha la sua residenza nel locale ove la Corte risiede. Un regolamento particolare indica il modo col quale si compone il suo uffizio, e come egli sodisfi alle ingerenze della sua carica.

TITOLO IV.

Delle Corti criminali

78. Le Corti conoscono, e giudicano

1.º Di tutti i delitti dichiarati pubblici dalla legge.

2.º Degli appelli dalle sentenze de'Tribunali di polizia preservativa del circondario della loro giurisdizione

79. Esse si compongono

1.º D'un presidente.

2.º Di giudici cognitori.

3.º Di giudici istruttori.

4.º Di un primo cancelliere, e di sotto-cancellieri.

5.º Di accusatori pubblici.

6.º Di uscieri, ed apparitori.

7.º Di esecutori di giustizia.

8.º Di carcerieri.

80. Il Re nomina alle prime quattro delle indicate cariche, scegliendo da una lista di candidati, che al Consiglio di stato presenta la Corte suprema regolatrice: nomina di proprio moto alle altre quattro cariche.

81. I cancellieri per essere eletti debbono avere i requisiti, e la età voluta dalla legge ne'giudici, a forma degli articoli 10, 18. Essi eletti una volta sono come i giudici inamovibili a forma dell'art. 5.

82. La Corte regolatrice per la formazione delle liste di che all'art. 80 chiede prima di decretarle informazione alla Corte criminale, o al Tribunale che crede meglio informato, del carattere, e de'requisiti de'candidati, che intende proporre.

83. I sindicati degl'individui investiti delle prime quattro cariche si rilasciano dalla giunta elettorale di provincia nel di cui capoluogo la Corte risiede.

84. Le Corti giudicano inapellabilmente di tutti i delitti di lor competenza.

85. Esse giudicano sugli appelli dalle sentenze penali dei Tribunali di polizia preservativa del lor circondario.

86. Presso ogni Corte criminale risiede un commissario del governo il quale è nella dipendenza immediata del Procuratore del Re presso la Corte regolatrice.

87. Ogni Corte ha una biblioteca di dritto.

CAPITOLO I.

De'giudici cognitori, e del Presidente

§. 1.

Del Presidente

88. Il Presidente come giudice non ha voto, preponderante su quello degli altri sebbene abbia su di loro la precedenza.

89. Egli esercita autorità *direttiva, e disciplinaria.*

90. Come investito di autorità direttiva

1.º Riceve settimanalmente dai giudici-istruttori la nota de'processi, che essi iniziano, colla indicazione del nome dell'accusato, del titolo di delitto, del luogo ove è stato commesso, della presenza, o contumacia dell'accusato, se egli è libero, o in forze.

2.º Veglia alla spedizione sollecita de'processi, specialmente di quelli contro individui carcerati.

3.º Riceve le doglianze, e i reclami, che chiunque avente interesse ha facoltà d'inviargli contro i guidici-istruttori, accusatori pubblici, uscieri, apparitori, carcerieri, e vi fa dritto.

4.º Raccoglie i pareri de'giudici sullo stato della legislazione, e della giurisprudenza penale, e insieme col proprio gli trasmette d'anno in anno al Presidente della Corte regolatrice.

5.º Somministra alla Corte regolatrice le informazioni per la compilazione delle liste de'candidati per gl'impieghi dell'ordine giudiciario da conferirsi.

254 • Direito Processual Penal

6.º Esamina i processi, che alla cancelleria vengono trasmessi dai giudici-istruttori compilati che sieno, ed ha dritto di rinviarli loro, onde suppliscano a quanto crede mancare alla loro completa compilazione.

7.º Denunzia alla Corte regolatrice tutte le irregolarità, tutte le infrazioni alle regole stabilite dalla legge nella formazione de'processi, nelle quali i giudici-istruttori o per imperizia, o per oscitanza, fossero incorsi.

8.º Corrisponde col Presidente della Corte regolatrice in tutto ciò che concerne il retto andamento dell'ordine giudiciario, e l'amministrazione della giustizia.

91. Come investito d'autorità disciplinaria

1.º Regola la polizia delle udienze.

2.º Veglia alla puntuale osservanza de'termini, che la legge ai diversi atti della procedura prescrive.

3.º Visita le carceri, e i carcerati, e s'informa se abbiano reclami o doglianze contro de'carcerieri.

4.º Invigila sulla condotta de'giudici, de'cancellieri, e degli altri addetti all'ordine giudiciario nella periferia della giurisdizione della Corte, alla quale presiede.

5.º Ha potere discrezionario per condannare fino a tre giorni di arresto qualunque esecutor di giustizia per mancanze, e trascorsi dalla legge non preveduti.

§. 2.

De'giudici cognitori

92. I giudici cognitori conoscono, e decidono le cause penali di competenza della Corte tanto nel merito quanto negl'incidenti.

93. La Corte non può esser composta di un numero minore di sei giudici, compreso il Presidente.

94. I giudici decidono in numero di sei tutte le cause, nelle quali il titolo del delitto importa pena capitale, o di pubblici lavori a vita, o di deportazione perpetua, o di esilio perpetuo: in numero di quattro quando si tratti di delitti aventi pena minore: in numero di tre sugli appelli.

95. In tutti gli affari il processo trasmesso già compilato alla Corte è comunicato ai giudici cognitori che debbon deciderlo: essi lo esaminano l'uno dopo l'altro nell'ordine d'anzianità della loro nomina, progredendo dal meno al più anziano in carica ( ).

96. Essi esaminano separatamente gli uni dagli altri il processo, e separatamente emettono il loro voto motivato in scritto, concludendo col proporre la risoluzione che credono di giustizia.

97. Ogni giudice cognitore ha nel locale di residenza della Corte il suo uffizio a parte, nel quale riceve le informazioni orali, ed in scritto del commissario del governo, e de'difensori de'rei.

98. Sono ai giudici interdette le udienze nella lor casa.

99. I giudici cognitori si adunano collegialmente ne'soli casi, e pe'soli oggetti dalla legge determinati ( ).

CAPITOLO II.

De'giudici istruttori

100. I giudici-istruttori sono destinati a iniziare, e condurre al lor termine, i processi, col mezzo de'quali la legge reputa provati, o smentiti i delitti di competenza delle Corti criminali, de'quali è giunta loro notizia.

101. In ogni circondario di provincia, il quale circoscrive il foro competente della corte, risiede un giudice istruttore: ve ne ha più d'uno se la molteplicità degli affari lo esige.

102. Il giudice-istruttore non può iniziare alcun processo di proprio moto ( ). Se ciò fà si espone a condanna di spese, provocabili contro di lui dall'individuo indebitamente processato. Egli è autorizzato a iniziare il processo

1.° Per uffizio comunicatogli o dalla Corte regolatrice, o dalla Corte criminale.

2.° per uffizio eccitato in lui dalla sua carica.

3.° Per accusa del pubblico, o del privato accusatore.

103. Non può il giudice-istruttore procedere per eccitazione d'uffizio della sua carica se non ne'casi

1.° Di notizia in qualsiasi modo a lui pervenuta della esistenza d'un materiale di delitto, le visibili tracce del quale, interposto indugio, potrebbero cancellarsi e disperdersi: nel qual caso il giudice-istruttore è tenuto a trasferirsi sul luogo ove il delitto è stato commesso o verificarne legalmente le tracce.

2.° Di sorpresa del reo in flagrante delitto, o in cso dichiarato dalla legge simile al flagrante delitto.

3.° Di volontaria comparsa del reo avanti di lui, come tale annunziandosi.

104. Nel caso di accesso su i luoghi, o di verificazione di materiale di delitto, il giudice--istruttore è autorizzato a intraprender d'uffizio tutte le informazioni che crede, o necessarie, o utili alla scoperta del delinquente. In questo caso le informazioni prese dal giudice-istruttore contro certa e determinata persona, ancorchè non portino a risultato, non lo espongono ad alcuna responsabilità ( ).

105. Qualora, verificato il materiale del delitto, e fatte tutte le diligenze per la scoperta del delinquente, sieno riescite inutili, il giudice-istruttore ordina che gli atti di verificazione del materiale siano depositati nella cancelleria, e trasmette agli uffiziali di polizia la notizia, dell'avvenuto delitto, insieme con tutte le circostanze verificate, sollecitando la loro vigilanza a somministrare alla giustizia nuovi e migliori mezzi per andar sulle tracce del delinquente ( ).

106. Sono vietati i monitorii, o altri pubblici eccitamenti al popolo per aver notizie o palesi o segrete dell'autor del delitto ( ).

107. È vietato ai giudici-istruttori, sotto pena di abuso di autorità, d'iniziar processi sul solo fondamento di diffamazione nata contro di alcuno, a meno che non si tratti di mendicanti validi, di ragabondi, genti senza mestiere, o altra utile occupazione, di sottoposti alla vigilanza della polizia, e di persone non aventi cognito e stabile domicilio: come neppure sul fondamento di lettere cieche: cartelli anonimi, e altre simili tenebrose opere della viltà ( ).

108. Ne'delitti di competenza delle Corti criminali può il giudice-istruttore d'uffizio, supplire ai mezzi di prova forniti dai denunzianti, dai dolenti, o da pubblici accusatori ( ).

109. Il giudice-istruttore è autorizzato

256 • Direito Processual Penal

1.º Al rilascio di citazione ai testimoni o nominati nella denunzia, doglianza, o accusa, o se si tratta d'informazione d'uffizio, con dati di probabilità che essi sieno informati del fatto del quale debbono deporre.

2.º Ad esaminarli nel modo, e co'metodi dalla legge indicati.

3.º All'accesso su i luoghi per verificare i corpi di delitto, o a qualunque altro oggetto reputato utile alla scoperta del vero, a perquisizione, e visite domiciliarie ne'casi ne'quali la legge le autorizza, ad adibire periti, e far compilare perizie, ed assistervi.

4.º Al rilascio di mandati di *comparsa,* di *accompagnamento,* e di *custodia* contro gli accusati.

5.º A sottoporli ad esame, osservando quanto è stato qui sopra detto su quello de'testimoni.

6.º Al lor rilascio dalla carcere con mallevadore ne'casi, e ne'modi dalla legge prescritti.

110. Il giudice-istruttore pone le interrogazioni al testimone o al reo, e ne riceve le risposte facendo le une e le altre litteralmente, e colla maggior possibile precisione, trascrive al cancelliere, che a questo effetto lo assiste.

111. Gli è vietato di scrivere, o fare scrivere le interrogazioni, e le risposte in fogli a parte per suo personale uso ( ). Tutto deve essere scritto in fogli preventivamente a quest'oggetto visti, e pagina per pagina paragrafati, dall'autorità municipale del luogo di sua residenza. Sono eccettuati da questa regola i fogli ne'quali vengon redatti gli atti di accesso, e le verificazioni de'corpi di delitto.

112. Ogni foglio contenente l'esame del testimone, o del reo, deve essere respettivamente, o dall'uno, o dall'altro firmato. Se la persona sottoposta ad esame è illitterata, all'ultimo dell'esame ne deve esser fatta espressa menzione. L'intero esame deve esser letto o al testimone, o al reo, prima di farci apporre o all'uno, o all'altro in piè d'esso la firma: alla quale deve aggiungersi quella del giudice interrogante, e del cancelliere scrivente.

113. Il giudice-istruttore ha l'obbligo

1.º Di trasmettere al Presidente della Corte la nota di che all'art. 90.

2.º Di visitare settimanalmente le carceri, ed i carcerati: informarsi del modo col quale sono tenuti, e ricevere i loro reclami.

3.º Di ammetterli in esame ogni volta che per mezzo del carceriere gliene facciano istanza.

4.º Di far fare menzione ne'processi del giorno nel quale son cominciati, e di tutti gli atti o giudiciali, o stragiudiciali che avvengano.

114. Il giudice-istruttore ha dritto d'intimare l'accusator pubblico a fornir notizie, e mezzi di prova ne'processi, che egli inizia d'uffizio.

115. Ne'processi iniziati per accusa pubblica il giudice-istruttore non può chiudere il processo senza avere assegnato uno, o più termini all'accusator pubblico ad aver fornito nuovi mezzi di prova se ne abbia.

116. I giudici-istruttori cambiano a turno ogni tre anni di circondario.

117. Sono incompatibili le funzioni di giudice-istruttore, e di giudice cognitore nella medesima causa.

CAPITOLO III.

Del primo cancelliere, e de'sotto-cancellieri

118. Il primo cancelliere presiede e dirige la cancelleria della Corte criminale nel luogo della sua residenza.

119. 1 sotto-cancellieri son destinati alla compilazione de'processi, i quali si fabbricano dal giudice-istruttore, o da più se ve ne siano.

120. Il primo cancelliere è sedentario. I sotto-cancellieri sono soggetti alla rotazione, alla quale la legge sottopone i giudici-istruttori a forma dell'art. 116.

121. Il primo cancelliere riceve dai giudici-istruttori i processi compilati che siano, e ne trasmette al Presidente della Corte l'avviso.

122. I sotto-cancellieri sopra i processi concernenti individui carcerati debbono effigiare a penna una graticola per avvertire della carcerazione chi gli riceve.

123. Sono sempre nella spedizione preferiti i processi de'carcerati a quelli de'non carcerati.

124. Il primo cancelliere assiste alle udienze collegiali della Corte: legge le sentenze che ella pubblica, e veglia alla loro notificazione.

125. Le citazioni, e ordini della Corte, si trasmettono per l'ufficio del primo cancelliere.

126. Egli veglia al deposito, e alla custodia delle sentenze, e de'motivi che l'accompagnano. Rilascia le copie, e i certificati, che dagli aventi interesse possono essere domandati.

127. Una tariffa generale a tutte le Corti del regno compilata dalla Corte regolatrice, e sottoposta all'approvazione del Re, determina i dritti, che il cancelliere per le copie, e certificati che rilascia ha la facoltà di percipere.

128. Egli ha la direzione della cancelleria della Corte, e invigila al retto e sollecito disimpegno del servizio de'sotto-cancellieri.

129. Il primo cancelliere, e i sotto-cancellieri, hanno carattere di ufficiali ministeriali, e sono investiti della pubblica fede. Gli atti di accesso, gli atti d'istruzione, i processi verbali redatti da loro, fanno fede sino a querela di falsità.

130. I sotto-cancellieri nella redazione de'processi hanno l'obbligo

1.º Di scrivere senza interlinee, abbreviature, o cancellature, le interrogazioni, e le risposte.

2.º Di far la lettura o al testimone o al reo di tutto l'esame, esaurito che sia, e domandargli se vi persiste.

3.º Di farlo parafare a ogni pagina, e farlo firmare alla sua chiusura dall'esaminato, e dal giudice-istruttore, e firmarlo essi stessi.

4.º Di far menzione se il testimone, o il reo esaminato, o non sappia, o non voglia firmarlo.

5.º Di fare egualmente firmare le postille, che fosse necessario di aggiungervi.

6.º Di non lasciare incustodito, e di non comunicare il processo a chi si sia, neppure al commissario del governo, finchè il giudice-istruttore non gliene abbia data la facoltà.

131. Sono incompatibili le funzioni di cancelliere, e di giudice.

258 • Direito Processual Penal

CAPITOLO IV.

Degli accusatori pubblici

132. In ogni luogo di residenza di giudice-istruttore è un accusatore pubblico. Questa carica si esercita dal capo degli esecutori di giustizia addetti a quel luogo.

133. Prescindendo dai casi d'informazione d'ufficio di che all'art. 102 tutte le cause criminali di competenza delle Corti debbono iniziarsi ad istanza del pubblico accusatore. La legge determina la forma, e la solennità di questo atto, il quale rende responsabile chi lo presentò delle conseguenze della calunnia, salvo, quanto è stato prescritto nell'art. 350 del codice penale.

134. L'accusator pubblico riceve le *denunzie*, e le *doglianze,* delle quali è obbligato a tenere un giornaliero registro ostensibile al giudice-istruttore, quando lo richieda, ed all'accusato, quando resti definitivamente assoluto.

135. Egli si espone a favore dell'accusato assoluto alla refezione delle spese e danni

1.º Se accusi senza denunziatore, o senza dolente, qualora non esista un materiale di delitto.

2.º Se riceve per denunziatore una persona notoriamente insolvente, o diffamata.

3.º Se non tiene regolarmente il registro di che al precedente articolo ( ).

136. Ne'processi, i quali s'iniziano, o per pubblica accusa, o per informazione d'uffizio, non è ammessa *l'accusa privata*, salvo quanto è stato prescritto all'art. 102.

137. Ciò non ostante l'accusatore pubblico è tenuto a ricevere le denunzie e le doglianze che gli vengono presentate, e a fornire al processo tutti i mezzi di prova che il denunziante o il dolente gli suggerisce.

138. L'accusatore pubblico non è soggetto

1.º A ricusa.

2.º A intimazione come a parte.

139. Egli non può esercitare influenza veruna sulla istruzione del processo, nè può averne vista o comunicazione finchè per ordine del giudice-istruttore non sia pubblicato.

140. Egli può comparire in atti tanto di proprio moto, quanto sulle intimazioni del giudice--istruttore di che all'art. 114, con querele addizionali o in schiarimento, o in aumento della querela già presentata da lui.

141. L'accusatore pubblico serve alla giustizia, e serve alla polizia colla quale liberamente comunica.

142. Tutti gli apparitori, ed esecutori di giustizia esistenti nella periferia della giurisdizione della Corte, dipendono dalle sue istruzioni, dalle sue commissioni, e dai suoi ordini.

143. Egli non può intervenire nè direttamente, nè indirettamente nelle procedure iniziate per delitti privati.

CAPITOLO V.

Degli uscieri, degli apparitori, e degli esecutori di giustizia

144. Gli uscieri, gli apparitori, gli esecutori di giustizia,debbono saper leggere e scrivere.

145. L'uffizio degli uscieri si circoscrive ne'limiti del locale della residenza della Corte, de'giudici-cognitori ché la compongono, e de'giudici-istruttori, che ad essa appartengono.

146. Gli uscieri obbediscono ali'ordine del Presidente in tutto ciò che concerne la polizia delle udienze collegiali della Corte: obbediscono ai giudici per la polizia delle udienze che essi danno separatamente a forma dell'art. 97: obbediscono agli ordini de' giudici-istruttori in tutto ciò che concerne le attribuzioni, che ad essi ha conferite la legge.

147. Gli uscieri sono incaricati di tutto ciò che concerne il servizio interno, delle Corti criminali, dei giudici che le compongono, e delle cancellerie che ne dipendono.

148. Gli apparitori sono incaricati del notificazione della *citazione* ai testimoni, e de'mandati di *comparsa* ai rei. Essi sono pure incaricati di tutte le esecuzioni *reali* che a diligenza de'commissari del governo si accendono su i beni mobili de'condannati per titolo di multa, e di refezione di spese.

149. Sono compatibili le funzioni di apparitore di giustizia criminale, e di apparitore di giustizia civile.

150. Gli esecutori di giustizia sono incaricati della notificazione, e della esecuzione de'mandati di *accompagnamento,* e de'mandati di *custodia* rilasciati contro gli accusati dai giudici-istruttori.

151. Gli apparitori, e gli esecutori, hanno comune il dovere d'arrestare, e tradurre in giustizia gl'individui sorpresi in flagrante delitto, o in caso simile al flagrante delitto.

152. Gli esecutori di giustizia eseguendo i mandati di accompagnamento, o sorprendendo in flagrante delitto siccome gli apparitori, in questo secondo caso hanno il dovere

1.º Di condurre senza dilazione gli individui arrestati avanti il giudice-istruttore, senza facoltà di ritenerli in case private, ad eccezione de'bisogni cagionati, 1. dalle distanze, 2. da imminenti pericoli, 3. da timore di esimizione.

2.º Di fare un inventario esatto degli effetti, ed oggetti trovati indosso all'individuo arrestato nel modo, e nelle forme dalle leggi prescritte, e depositare gli effetti, gli oggetti, e l'inventario, nella cancelleria del giudice-istruttore.

153. Gli apparitori, e gli esecutori di giustizia, accompagnano il giudice-istruttore in tutti gli atti stragiudiciali, ai quali il suo uffizio lo chiama, ed accede a guida d'un d'essi ai luoghi su i quali dee trasferirsi.

154. Gli apparitori e gli esecutori formano parte della milizia civica della quale la polizia, e la giustizia egualmente dispongono.

155. Gli esecutori di giustizia compiscono colla forza le esecuzioni reali intraprese dagli apparitori, a forma dell'art. 148. quando non sia riuscito loro di aver la consegna de'beni mobili sopra i quali la esecuzione reale doveva effettuarsi.

156. Le funzioni di usciere, apparitore, ed esecutor di giustizia sono incompatibili con quelle di carceriere.

157. Gli apparitori ed esecutori di giustizia non hanno dritto di esigere mercede, o retribuzione di sorta alcuna, per le esecuzioni delle quali la legge gl'incarica, dagl'individui contro i quali le esecuzioni sono ordinate.

158. È loro vietato d'avere interesse in traffici, comerci, compre e vendite di commestibili, o qualsisia oggetto mobile alla pena contravvenendo di dieci giorni di carcere e d'una multa da . . . . a . .

159. I giudici-istruttori hanno autorità coercitiva sopra gli apparitori, e gli esecutori di giustizia, e possono per misura disciplinaria condannarli all'arresto, da non eccedere la durata d'un giorno, salvo a partecipare la loro risoluzione al Presidente della Corte, alla quale sono addetti.

CAPITOLO VI.

De'carcerieri

160. I carcerieri debbono essere istruiti nel leggere, e nello scrivere.

161. Essi hanno la custodia delle carceri, e de'carcerati.

162. Essi non possono ricevere alcuno da carcerarsi se gli apparitori, o esecutori di giustizia, che glielo consegnano noti sono latori d'un mandato di custodia firmato dal giudice-istruttore del luogo ove esercitano il loro uffizio.

163. La disposizione del precedente articolo dovrà osservarsi anco nel caso di rei sorpresi in flagrante delitto, i quali prima di esser consegnati alle carceri debbono essere presentati al giudice-istruttore a forma dell'art. 39.

164. Il carceriere in capo non può aver carcerieri commessi, senza esservi autorizzato dal governo, e senza fornir loro una mercede proporzionata al servizio che prestano.

165. È vietato ai carcerieri, e loro commessi, di prendere roba, o denaro dai prigionieri, neppure a titolo di anticipato pagamento di spese di vitto, o d'emolumenti, che loro concede la legge, o dalle persone che vengono a visitarli a qualunque si sia titolo, sottoponendosi altrimenti facendo alle pene della concussione a forma dell'art. 329. del codice penale.

166. Il carceriere in capo è obbligato a tenere due registri ad ogni pagina contrassegnati dal giudice-istruttore, l'uno de'quali deve contener l'inventario degli effetti, ed oggetti trovati in dosso dell'arrestato, e nell'altro il nome, cognome del prigioniero, il giorno dell'arresto, il numero della carcere, ove l'arrestato è rinchiuso, la sua custodia o segreta, o con facoltà di comunicare con altri, il rilascio con mallevadore, il rilascio definitivo per assoluzione, e la consegna per subizione di pena, colla menzione de'decreti dai quali questi diversi atti sono stati ordinati.

167. Non possono essere lasciati spazi in bianco in veruno de'due registri, nè il carceriere può supplirvi con fogli volanti.

168. È obbligo del carceriere

1.° Di visitare due volte al giorno i carcerati, e di dare avviso al giudice-istruttore di quelli che fossero sorpresi da malattia, onde trasferirli altrove se il bisogno lo esige.

2.° D'impedire ai sottoposti a custodia segreta qualunque comunicazione o in voce, o in scritto, con qualsivoglia persona: a meno che non si tratti di persone a ciò autorizzate con ordine scritto del giudice-istruttore.

3.° Di non render più dura la condizione de'prigionieri o con vincoli, o con denegazione di cibo, o con altro qualsisia trattamento, che ecceda l'oggetto della custodia.

4.° Di non opporsi sotto pretesto di pagamento di emolumenti, e di dritti, alla loro scarcerazione.

5.° Di invigilare, che i carcerati per delitti capitali non abbiano a loro disposizione mezzi da attentare alla loro vita.

6.° Di assicurarsi ogni giorno sull'imbrunir della sera della integrità de'muri, porte, e finestre, che muniscon le carceri.

7.° A riferire senza dilazione al giudice-istruttore le domande di esame de'carcerati.

169. I carcerieri sono tenuti a spedire settimanalmente un estratto del secondo registro di che all'art. 166. al Presidente della Corte, e al commissario di governo che vi risiede.

170. Qualunque contravvenzione per la parte de'carcerieri a ciò che è lor prescritto ne'quattro precedenti articoli gli sottopone a coercizione disciplinaria determinabile dalla Corte

sulle conclusioni del commissario del governo, la quale può estendersi alla carcere e alla sospensione dello stipendio, salvo pene più gravi in caso di delitti preveduti dal codice penale.

171. Un regolamento particolare provvede alla polizia delle carceri, alla loro salubrità, agli uffizi di morale, e di religione, ai quali i carcerati debbono sodisfare: o alla coercizione de'disordini ai quali potessero abbandonarsi, ed al loro alimento.

172. Il vitto ai carcerati, quando non venga loro somministrato da incaricati, o da obbligati a fornirlo, è somministrato dallo stato, salvo regresso per il rimborso contro i condannati solventi, e salvo il privilegio sopra oggetti di valore che avesse indosso il carcerato al momento del suo arresto, fermo stante però il disposto dell'art. 26. del codice penale.

TITOLO V.

De'Commissari del governo

173. I commissari del governo esercitano presso le Corti criminali, e presso i Tribunali di polizia le funzioni, che esercita il Procuratore del Re presso la Corte regolatrice.

174. Essi sono sotto la sua dipendenza: corrispondono con esso, e seguono le istruzioni, che da lui vengono loro comunicate.

175. Presso ogni Corte criminale risiede un commissario del governo. Egli può avere de'sostituti, che lo aiutino nel disimpegno delle sue attribuzioni, e che egli può inviare, qualora lo creda opportuno, ai Tribunali di polizia di distretto, e di comune, per esercitarvi le funzioni, che egli esercita presso la Corte.

176. Il commissario del governo oltre le attribuzioni proprie del Procuratore del Re presso la Corte regolatrice

1.º Riceve dai giudici-istruttori de'circondari la nota de'processi pendenti.

2.º Riceve dai carcerieri il registro di che all'art. 166.

3.º Riceve dagli accusatori pubblici l'estratto del registro di che all'art. 134.

4.º Ha dritto di sollecitare la spedizione de'processi contro individui carcerati, e generalmente, a far rimostranze per la sollecita amministrazione della giustizia.

5.º Ha facoltà di visitare le carceri, ed informarsi dello stato de'carcerati

177. Il commissario del governo invigila gli accusatori pubblici, onde impedire qualunque o prevaricazione, o tergiversazione, o collusione possibile per la lor parte.

178. Egli provoca tutte le misure, e coercizioni disciplinari stabilite dalla legge contro gl'individui dell'ordine giudiciario, quando manchino nel loro ufficio. Qualora creda meno giuste le risoluzioni della Corte in questa materia, ne fa parte al Procuratore del Re presso la Corte regolatrice, la quale, prese le informazioni opportune, le rivede, e se vi è luogo le corregge.

179. Il commissario del governo può dare all'accusatore pubblico le istruzioni che crede al miglior esito dell'accusa, ma quanto ai mezzi di prova non puo astringere l'accusatore a proporli, se non assume la responsabilità, che a forma dell'art. 135. gl'impone la legge.

180. Tutti i processi, esaminati che siano dai difensori de'rei, debbono essere comunicati insieme co'loro scritti a difesa al commissario del governo, il quale gli restituisce alla cancelleria col suo parere in scritto sulla risoluzione che ne crede più giusta, e coerente alla legge.

181. Il commissario del governo non può presentarsi ai giudici in contradittorio de'difensori del reo.

182. Egli può fare al giudice-istruttore qualunque requisitorio che creda o necessario, o utile alla scoperta del vero e ai retti e pronti procedimenti della investigazione. Il giudice-

262 • Direito Processual Penal

-istruttore però non è tenuto a deferirvi se non in quanto lo creda regolare, e coerente alla procedura, della quale la legge esclusivamente lo incarica.

183. Egli ha dritto alla comunicazione delle liste dei candidati per gl'impieghi vacanti nell'ordine giudiciario, e le accompagna colle osservazioni che crede, onde venga tra i candidati nominato alla carica quello, che egli reputa il più degno.

184. Egli ha dritto di presentarsi alle giunte elettorali incaricate de'sindacati de'funzionari dell'ordine giudiciario, e far loro sulla condotta, sul carattere, e su i meriti personali del sindacabile, le osservazioni che crede.

185. È a sua cura e diligenza la esecuzione delle sentenze, sia che assolvano, sia che condannino, e sono pure a di lui cura gl'incassi delle multe, e delle spese di giustizia, nelle quali i delinquenti furono condannati.

186. Invigila tutte le parti dell'ordine pubblico, e denunzia al Procuratore del Re presso la Corte regolatrice qualunque difetto scorga o nell'amministrazione, o negli amministratori, per la influenza che possono avere in far nascere cause e fomiti di delitti o di trasgressioni.

TITOLO VI.

De'Tribunal di giustizia, e di polizia preservativa

187. Questi Tribunali conoscono, e giudicano

    1.° Di tutti i delitti che la legge dichiara privati.

    2.° Di tutte le trasgressioni che non abbiano titolo di semplice polizia.

188. Essi si compongono

    1.° Di tre giudici cognitori.

    2.° D'un giudice-istruttore.

    3.° D'uno, o più cancellieri.

    4.° D'un accusator pubblico.

    5.° Di uscieri, apparitori, ed esecutori di giustizia, e di un carceriere.

189. Il Tribunale civile del luogo può esercitare le attribuzioni di Tribunale di giustizia penale privata, e di polizia preservativa.

190. Il giudice-istruttore del Tribunale ha le attribuzioni medesime di quello della Corte, salva la differenza del modo di procedura.

191. Se il Tribunale riunisce le attribuzioni civili, e le attribuzioni penali, il cancelliere per quelle, non lo può esser per queste. Gli atti di questi Tribunali debbono avere una cancelleria separata e distinta da quella destinata agli atti civili.

192. Le funzioni di accusator pubblico nelle trasgressioni di competenza del Tribunale sono esercitate dallo stesso esecutor di giustizia a cui è confidata l'accusa ne'delitti pubblici, ove il Tribunale risieda nel luogo dove risiede la Corte: se risiede in luogo diverso, da un suo delegato fra gli esecutori di giustizia addetti al distretto. Gli uscieri, gli apparitori, gli esecutori di giustizia, il carceriere, soggiacciono alle medesime regole stabilite per gli addetti alle Corti.

193. La legge stabilisce ed indica le eccezioni che gli atti e la procedura per le Corti subiscon ne'Tribunali. Ove la eccezione non sia stata in lettera dalla legge prescritta, le regole sono le stesse.

194. Le sentenze di questi Tribunali sono appellabili alla Corte, nella giurisdizione della quale essi hanno la lor residenza.

195. La nomina de'giudici componenti questi Tribunali, se in essi sono riunite le attribuzioni penali, e le attribuzioni civili, si fa nel modo prescritto all'art. 5. osservando che le informazioni per la redazione delle liste dei candidati debbono essere somministrate dalla Corte criminale, o dalla Corte civile d'appello della provincia.

196. I sindacati di questi giudici, e degli altri addetti a questi Tribunali, si fanno dalla giunta elettorale di distretto della lor residenza.

TITOLO VII.

De'Tribunali di semplice polizia

197. Questi Tribunali conoscono, e giudicano di tutte le trasgressioni dichiarate dalla legge contrarie alla polizia edilizia nelle città, terre e castelli, e alla polizia rurale nelle campagne.

198. Essi alle attribuzioni di polizia punitiva uniscono quelle di polizia preventiva, applicando gli espedienti che la legge prescrive onde prevenire senza punizione i delitti, e quelle di Tribunali domestici

1.º Per sedare, e comporre tutti i dissidi dell'interno delle famiglie.

2.º Per reprimere con leggiere coercizioni le insubordinazioni de'figli di famiglia verso i loro genitori, o delle mogli verso i mariti.

3.º Per reprimere in egual modo i cattivi trattamenti de'padri verso i lor figli, e de'mariti verso le lor mogli.

199. Essi si compongono

1.º Del sindaco, gonfaloniere, o maire del comune, che giudica solo.

2.º D'un cancelliere.

3.º D'un accusator pubblico.

4.º Di uscieri, apparitori, esecutori di giustizia.

200. La carica di giudice è di pieno diritto inerente a quella di capo della municipalità; e l'una cambia di individuo coll'altra.

201. Il cancelliere è permanente, ed è di nomina del Re sopra una lista che trasmette al consiglio di stato il corpo municipale.

202. Accusatori pubblici sono di pieno diritto il più anziano di servizio tra le guardie comunitative urbane, e il più anziano fra le campestri, uscieri, apparitori ed esecutori di giustizia. Per i casi ne'quali a questo Tribunale è attribuito il diritto d'incarcerare, servono le carceri del Tribunale di distretto, al quale la comunità appartiene.

203. Le guardie campestri hanno comune l'uffizio cogli apparitori, ed esecutori di giustizia, e come essi corrispondono colla polizia, e ne eseguiscono gli ordini.

204. Il giudice non è soggetto a querela del litigatore per aver fatta propria la lite, nè a ricusa, se non per i primi due titoli di che all'art. 756.

205. Esso non è soggetto a sindacato. Lo sono gli altri addetti al Tribunale. Il sindacato si fa dal corpo municipale del luogo.

206. La legge indica le eccezioni che le regole prescritte agli atti e alla procedura subiscono in questi Tribunali.

207. I commissari del governo non hanno dritto d'intervenire negli affari che vi si trattano.

208. Le sentenze di questi Tribunali sono inappellabili. I soli straordinari rimedi possono essere contro di esse proposti. Niun reclamo è contro le risoluzioni concernenti i mezzi diretti a prevenire i delitti, o a provvedere all'interno ordine delle famiglie.

209. Le multe derivanti da condanne formano parte del patrimonio comunitativo.

LIBRO III.

DEGLI ATTI GIUDICIARI

TITOLO I.

Delle azioni giudiciarie penali

210. In tutti i delitti, e in tutte le trasgressioni, l'azione penale contro il delinquente o trasgressore é pubblica: onde si procede contro di lui o per pubblica accusa, o per informazione di uffzio.

211. Sono eccettuati dalla disposizione del precedente articolo i seguenti delitti:

1.º Le ingiurie verbali, escluse quelle proferite contro i giudici, o altri funzionari pubblici nell'esercizio delle loro funzioni.

2.º Le ingiurie scritte, ad eccezione del libello famoso.

3.º Le leggiere percosse arrecate in rissa.

4.º Le truffe, gli stellionati, gli abusi di fiducia, e la fraudata amministrazione.

5.º Lo stupro non commesso con violenza.

6.º L'adulterio parimente senza violenza commesso.

7.º I danni dati in campagna, o in città, con asportazione, o senza eccettuata la rovina, l'incendio, e la incisione furtiva degli alberi fruttiferi.

8.º L'ingresso, e la caccia nel fondo altrui, senza il consenso del proprietario: le turbative, e la remozione dei confini.

9.º Il plagio civile, eccettuato il commesso con scopo di prava libidine.

10.º Il plagio letterario.

11.º Il delitto contro la sicurezza privata, o contro l'ordine delle famiglie, commesso da portoghese contro portoghese essendo amendue in estero stato, o da un portoghese in estero stato contro il proprio concittadino esistente in Portogallo, quando si tratti di delitto di effetto meramente morale, come la ingiuria scritta, o di effetto giuridico, come l'adulterio, la bigamia ( ).

12.º I danni arrecati dagli agenti non imputabili per semplice colpa di chi avea l'obbligo d'impedirli.

212. In questi delitti, che la legge considera come privati, l'azione si propone, e si esercita

1.º Nelle ingiurie dall'ingiuriato, e se è figlio di famiglia dal padre sotto la potestà del quale si trova: dal marito se si tratta d'ingiuria fatta alla moglie. L'azione del padre può concorrere con quella del figlio: del marito con quella della moglie, senza che l'una azione pregiudichi all'altra, dovendosi però applicare all'ingiuriante una unica punizione ( ).

2.º Nelle percosse dagli offesi.

3.º Nelle truffe, stellionati, abusi di fiducia, e fraudata amministrazione, dai derubati: ne'quali delitti però, onde intentare l'azione criminale è necessaria una intimazione al reo per mezzo del giudizio civile a pagar la somma, o a restituir la roba pretesa involata, colla protesta che non effettuata entro un termine da indicarsi nella intimazione, sarà proceduto criminalmente.

266 • Direito Processual Penal

4.º Nello stupro non violento dalla stuprata, o da' suoi ascendenti, o da'suoi tutori, e generalmente da qualunque obbligato alla sua dotazione.

5.º Nell'adulterio volontario dal solo marito.

6.º Per il plagio civile dalla sottratta persona e da coloro sotto la potestà de'quali si trova.

7.º Per il plagio letterario dall'autore dannificato.

8.º Per l'ingresso, o caccia nel fondo altrui, turbative, remozione di termini, danni dati, dal proprietario del fondo, o da chi lo possedeva.

9.º Ne'delitti commessi in stato estero dall'offeso, o lui defunto di vita, da'suoi successori ed eredi: se il delitto privato è connesso o concorrente col pubblico si osserva la regola stabilita all'art. 210.

213. Ne'delitti pubblici l'esperimento dell'azione criminale o per pubblica accusa, o per informazione di uffizio, rende inutile quello dell'azione civile per la parte del leso, a favore del quale i giudici nel condannare l'accusato alla pena debbono d'uffizio condannarlo alla refezione del danno, ad eccezione della palinodia o ritrattazione d'ingiuria, per la quale l'ingiuriato deve fare ai giudici istanza speciale ( ).

214. Qualora l'accusato sia stato assoluto per insufficienza di prova il leso può esperimentare l'azione civile alla sodisfazione del danno avanti i Tribunali civili.

215. Nel caso di condanna a pena minore dell'ordinaria e legittima per imperfezione di prova, i giudici debbono esprimere, o la condanna alla refezione del danno, o l'assoluzione, o il riservo esperibile dall'offeso in via civile. La condanna, o l'assoluzione, è, a favore di chi si senta aggravato, appellabile al Tribunale civile di appello, che ha giurisdizionè nel luogo di residenza de'giudici criminali ( ).

216. Nei delitti pubblici l'azione criminale non è pregiudicata nè dalla transazione, nè dal patto, nè dalla remissione, nè dalla escolpazione dell'offeso a favore dell'offensore. Questi atti altro effetto non operano se non quellodi esimere il giudice dal condannare il delinquente alla refezione del danno all'offeso ( ).

217. Nè delitti pubblici, nè la questione civile che possa presentarsi nella loro verificazione, nè l'esperimento dell'azione civile nel civile giudizio, pregiudica alla criminale.

218. Nel caso di questione civile, o concernente lo stato di persone, o concernente il dominio di cose, o in qualsisia modo dipendente dalle regole del dritto privato onde esser decisa, i giudici criminali sono competenti a conoscerla in quanto ella influisce sull'assoluzione e sulla condanna ( ). La questione civile così implicitamente decisa coll'assoluzione, o colla condanna, non può essere più promossa nel giudizio civile. Può bensì l'avente interesse per il capo d'una men retta valutazione della questione civile proporre contro il giudicato il ricorso o in cassazione, o in revisione.

219. L'esperimento dell'azione civile ne'delitti pubblici non può farsi dal leso per altro modo, che colla doglianza. Se l'azione è proposta avanti i Tribunali civili, essi debbono di uffizio rimetter l'affare alla Corte criminale, che ha giurisdizione sul luogo di residenza del Tribunale civile.

220. Ne'delitti privati qualunque questione civile forma pregiudizio all'azione criminale, e deve essere preliminarmente decisa dai Tribunali civili.

221. In questi delitti l'esperimento dell'azione civile rende improponibile perentoriamente l'azione criminale.

222. L'azione criminale, defunto l'offeso, non passa agli eredi: ma vi passa l'azione civile soltanto, gli effetti della quale si estendono anco alle ammende pecuniarie che l'offeso avrebbe potuto reclamare contro l'offensore ( ).

223. Ne'delitti pubblici, e ne'delitti privati, l'assoluzione, o la condanna, rende improponibile o l'azione civile, o la eccezione che se le potrebbe opporre in via civile, a meno che non si tratti di eccezioni desunte dai modi co'quali per dritto privato le obbligazioni si estinguono.

TITOLO II.

Delle accuse, delle denunzie, e delle doglianze

224. L'accusa sia pubblica, sia privata, non è ammissibile se a chi la presenta non competa l'azione criminale a forma degli art. 210. 212.

225. L'accusator pubblico agisce per necessità d'uffizio, ed ha l'obbligo rigoroso di perseguitare i delitti pubblici de'quali gli perviene o notizia o denunzia o doglianza.

226. Egli ha dritto di far comparire al suo uffizio, ed interrogare qualunque siasi persona, che egli possa verisimilmente credere informata del delitto, o della trasgressione, osservato però quanto prescrive la legge relativamente a'testimoni *scusati,* o agli *eccettuati.*

227. Non può l'accusatore pubblico, sotto pena di abuso di autorità, deferire, o far deferire alle persone che interroga il giuramento di dire la verità.

228. L'accusa o pubblica, o privata

1.º Deve essere scritta, o sottoscritta dall'accusatore. Se trattandosi di accusatore privato non sa scrivere, l'atto contenente l'accusa deve essere da lui presentato al giudice-istruttore, il quale redige processo verbale della sua presentazione.

2.º Deve esprimere il nome e cognome dell'accusato: il titolo del delitto: il luogo, ed il tempo nel quale è stato commesso, o le ragioni per le quali non è dato d'indicarne nè il tempo, nè il luogo preciso: il dolo, o la colpa colla quale si dice commesso.

3.º Deve articolare i mezzi di prova dell'accusato delitto.

4.º Deve implorare dal giudice la verificazione delle prove e la punizione dell'accusato ai termini della legge.

229. L'accusatore pubblico non può accusare, nè il giudice-istruttore può assumere informazione d'uffizio per delitti privati.

230. Non è proponibile l'accusa pubblica, nè la informazione d'uffizio, se non nel caso di sorpresa in flagrante, in tutti i delitti e in tutte le trasgressioni, nelle quali la legge esige questo mezzo di prova all'effetto di procedere contro chi se ne rese l'autore.

231. L'accusa, o pubblica o privata che sia, debbe essere ratificata dall'accusatore in giudizio avanti al giudice incaricato della istruzione. La responsabilità dell'accusatore non incomincia se non dal momento in cui egli ha ratificata l'accusa. Se l'accusa privata è stata presentata, e non ratificata, l'accusato può agire per la ingiuria scritta, non per la calunnia.

232. All'accusatore non si deve nell'atto della ratifica deferire il giuramento.

233. L'accusatore privato se non ha domicilio nella giurisdizione del Tribunale al quale ha presentata l'accusa, ve lo deve eleggere: deve obbligarsi a perseverare nel promosso giudizio fino al suo esito, anco nel caso d'appello dalla sentenza definitiva, e di ricorso contro la sentenza inappellabile.

234. La anticategoria o contro-accusa non è ammessa contro l'accusa pubblica. Ella è ammessa ne'delitti privati ( ).

268 • Direito Processual Penal

235. Niuno è tenuto a denunziare i delitti, o le trasgressioni delle quali ha notizia, eccettuati i casi ne'quali la non rivelazione è punita. Tutti possono denunziare, esclusi coloro che lo facessero con speranza di premio o mercede, i notoriamente insolventi, ed i diffamati.

236. Hanno l'obbligo della denunzia de'delitti, e delle trasgressioni a loro notizia

1.º Tutti i funzionari pubblici relativamente a 'delitti commessi o nell'esercizio delle loro funzioni, o a ragione delle loro funzioni, e del loro impiego.

2.º Tutti gli agenti della forza pubblica.

3.º Gli uscieri, appariori, esecutori di giustizia, carcerieri, loro commessi, e guardie comunitative, campestri, e de'boschi.

4.º Tutti gli agenti della polizia, come tali dall'autorità pubblica riconosciuti.

5.º Gl'individui idicati dall'art. 256 del codice penale relativamente ai delitti che da esso si nominano.

237. La denunzia non obbliga come l'accusa a perseguitare il denunziato delitto in giustizia. Questo atto obbliga l'accusatore pubblico sotto pena di prevaricazione a tutte le diligenze, e a tutti gli atti necessari alla persecuzione de'denunziati delitti.

238. La denunzia sia di persona pubblica, sia di persona privata

1.º Deve essere scritta, e sottoscritta dal denunziatore. Se il denunziante è illitterato ne deve esser fatta menzione nell'atto di recezione.

2.º Deve indicare il nome e cognome del delinquente, e se esso è ignoto al denunziante, egli deve darne i connotati onde possa essere riconosciuto.

3.º Deve indicare il delitto, il luogo, il tempo nel quale fu commesso: gl'individui presenti se ve ne furono.

239. La denunzia sottopone il denunziante privato alla pena della calunnia nel caso di assoluzione definitiva del denunziato. La sola presentazione dell'atto opera questo effetto.

240. Le denunzie debbono essere presentate

1.º Dai funzionari pubblici al commissario del governo, che le comunica all'accusatore pubblico.

2.º Da qualunque altro individuo al pubblico accusatore.

241. Le denunzie non possono essere presentate per mezzo di procuratore, ancorché a questo effetto specialmente nominato.

242. Non si ammette la denunzia del correo, e del complice contro il suo compagno di delitto, se non per modo d'esame, costituito che egli si sia in potere della giustizia.

243. Le denunzie di delitti di fatto permanente che esigono verificazione di corpo di delitto, devono essere consegnate al giudice-istruttore. Se siano consegnate o al commissario del governo, o all'accusator pubblico, l'uno e l'altro sono in dovere di trasmetterle ad esso senza dilazione.

244. La stessa regola ha luogo quanto ai referti di uccisioni, ferite con pericolo, attentati violenti al pudore, che i medici e chirurghi sono in dovere di trasmettere alla giustizia.

245. La *doglianza* non può essere nè articolata, nè presentata, se non da chi fu dal delitto o nella persona, o nel patrimonio, o nelle relazioni di famiglia, o nell'onore, dannificato.

246. Ne'delitti privati non si ammette doglianza: il dannificato è obbligato a presentare l'accusa, come unico mezzo giuridico per proporre l'azione criminale in giudizio.

247. Ne'delitti pubblici la doglianza

1.º Deve avere la forma, e i caratteri della denunzia.

2.º Se si tratta di delitto contro l'onore deve contenere la istanza per la condanna del reo alla pubblica ritrattazione, qualora l'offeso lo esiga. Questa istanza dopo intervallo non è ammissibile.

3.º Deve il dolente, presentata che abbia al pubblico accusatore la sua doglianza, ratificarla avanti al giudice-istruttore con suo giuramento.

4.º Il giudice-istruttore interroga il dolente, come se si trattasse di esaminare un testimone.

5.º Milita per le doglianze la regola di che all'art. 241.

248. Può essere ammessa la contro-doglianza per la parte di chi creda aver ricevuta, anziché inferita offesa. La contro-doglianza è *reale* quando è presentata a ragione del fatto narrato nella doglianza, o di fatti con esso connessi. È personale quando concernendo fatti diversi è rivolta contro il primo dolente.

249. Nel caso di contro-doglianza o reale o personale l'accusatore pubblico non deve presentare accusa nè contro il primo, nè contro il secondo dolente, ma deve passare al giudice-istruttore le due doglianze perchè informi d'uflizio. Nella contro-doglianza reale il giudice forma un solo processo: nella personale ne forma due, uno sul delitto deferito dal dolente, l'altro su quello deferito dal contro-dolente ( ).

TITOLO III.

Delle persone che non possono accusare, e di quelle che non possono essere accusate

250. Non può presentarsi come accusatore privato

1.º Il figlio di famiglia senza il consenso del padre: il pupillo senza il consenso del suo tutore: il minore senza il consenso del suo curatore, ad eccezione dell'accusa di adulterio, nella quale tutte le indicate persone possono senza i divisati consensi accusare.

2.º La moglie senza il consenso del marito.

3.º Il chierico senza il consenso del suo superiore ecclesiastico.

4.º Il militare senza il consenso del suo superiore.

5.º Coloro, i quali abbiano ceduto il lor dritto, e i lor cessionari.

251. Ne'delitti pubblici le persone mentovate nel precedente articolo sono inabilitate alla denunzia e alla doglianza, nel modo stesso con cui sono inabilitate all'accusa privata.

252. Non possono essere assolutamente nè accusati dal privato, nè dal pubblico accusatore, nè perseguitati con informazione d'uffizio

1.º Gl'individui dalla legge dichiarati in modo assoluto non imputabili a forma dell'art. 99 del codice penale.

2.º Coloro, a favore de'quali milita alcuno de'modi pei quali le azioni giudiciarie penali si estinguono.

253. Non possono per delitti privati essere accusati

1.º Gli ascendenti dai loro discendenti, contro i quali è proponibile unicamente, attesa la reverenza loro dovuta, l'azione civile.

2.º Il marito dalla moglie, nè questa da quello, eccettuato l'adulterio.

254. Non possono essere accusati nè divenire oggetto d'informazione d'uffizio

1.º Coloro, i quali sono fuori del regno per missione avutane dal governo finchè non ritornino in patria.

270 • Direito Processual Penal

2.º Gli ambasciatori delle nazioni estere presso il Re, gl'individui del loro seguito, e del loro servizio, senza autorizzazione del governo.

3.º Gli agenti amministrativi di qualunque grado si siano per delitti commessi nell'esercizio delle loro funzioni, senza l'autorizzazione del consiglio di stato.

4.º I funzionari dell'ordine giudiciario per delitti commessi nell'esercizio delle loro funzioni senza l'autorizzazione della Corte suprema regolatrice.

255. Relativamente alle persone indicate ne'nn. 2, 3, 4, del precedente articolo, cessa il lor privilegio

1.º Nel caso di sorpresa in flagrante delitto, o in caso simile al flagrante delitto, o flagrante trasgressione.

2.º Nel caso di sorpresa in flagrante attentato di delitto pubblico, il quale non si sarebbe potuto senza l'arresto dell'attentante impedire.

TITOLO IV.

Del luogo nel quale possono essere esercitate le azioni giudiciarie penali

256. Ne'delitti dichiarati pubblici dalla legge tutte le Corti criminali del regno sono competenti a conoscerne, e giudicarne, in qualunque luogo, e da qualunque persona siano stati commessi.

257. Se due, o più giudici-istruttori, abbiano trasmessi *mandati* contro il medesimo reo, quello è competente a proseguire la istruzione, sull'ordine del quale il reo è stato dagli esecutori di giustizia arrestato.

258. Non è vietato al reo di opporre la incompetenza della Corte, presso la quale si trova o citato, o arrestato

1.º O perchè ella non è il suo giudice naturale a ragione del suo domicilio

2.º O perchè egli a ragion del suo stato è soggetto a foro d'eccezione; ma in questo caso se la declinatoria è fondata, gli atti precedentemente compilati non sono nulli, ma sono rimessi nello stato, e ne'termini ne'quali si trovano, o alla Corte la quale a ragione del domicilio del reo sarebbe competente, o al foro sebbene privilegiato che l'accusato giustamente reclama.

259. Questa regola nel caso d'incompetenza opposta per ragione di domicilio non procede

1.º Se si tratti di delitto, il quale, essendo stato commesso nel luogo ov'è la Corte avanti alla quale è stato tradotto il reo, sia più facile rintracciarne le prove.

2º. Se si tratti di vagabondi, di mendicanti validi, di sottoposti alla vigilanza della polizia, e diffamati individui.

260. Nelle trasgressioni è competente a conoscerne, e giudicarne, il Tribunale nella giurisdizione del quale la trasgressione è stata commessa.

261. Ne'delitti privati è competente il Tribunale del domicilio dell'accusato.

262. Ciò non ostante, se l'accusatore ha adito un Tribunale diverso, ed il reo non abbia opposta avanti ogni altra difesa la eccezione d'incompetenza, il Tribunale per prorogazione di giurisdizione divien competente.

263. Il Giudice non può mai far valere la propria incompetenza se non per ragione di materia, allorchè avendo giurisdizione a conoscere de'delitti pubblici, venga richiamato a conoscere de'privati, e delle trasgressioni.

264. Nelle cause di fuga di condannati a qualunque siasi luogo di detenzione, d'inosservanza di deportazione, di esilio o confino, è competente a conoscerne la Corte, dalla quale emanò la condanna.

265. La stessa regola ha luogo ne'giudizi promossi per riabilitazione di condannati a infamia temporaria.

266. Il militare può essere accusato avanti le Corti per delitto pubblico

1.º Se lo ha commesso o essendo disertato, o essendo in congedo.

2.º Se si tratti di delitto contro la sicurezza interna, o esterna dello stato.

3.º Se il militare si sia reso o correo, o complice con indivuo, il quale non ha privilegio di foro militare.

267. Una Corte criminale investita della cognizione d'una azione denunziata come delitto pubblico, se questa nel corso della procedura si verifica essere una trasgressione, è competente a deciderne. Se si verifica essere un delitto privato, qualora vi sia doglianza dell'offeso, è pur competente a deciderne.

268. Le disposizioni del presente titolo non si applicano ai casi, ne'quali la Corte regolatrice o determina quali Corti criminali, o Tribunali, devon conoscere di delitti di funzionari pubblici, o provvede a regolamento di giudice.

TITOLO V.

De'modi per i quali le azioni giudiciarie penali si estinguono

269. Non è lecito sotto qualunque pretesto, e per qualunque veduta di pubblica utilità, e in qualsisia titolo di delitto, ammettere istanze, e domande d'impunità, per la parte di correi o di complici, i quali si esibiscano a questa condizione di svelare i compagni del loro delitto.

270. La legge finge, e vuole cancellata la idea del commesso delitto, e quindi estinta l'azione alla pena sia ella pubblica, o sia privata

1.º Per la morte naturale del reo.

2.º Per la consumazione della pena, alla quale fu condannato, e che egli abbia subìta.

3.º Per l'assoluzione una volta a suo favor pronunziata.

4.º Per la grazia a lui dal Re compartita.

5.º Per la prescrizione.

6.º Ne'delitti privati, per la transazione, remissione, quietanza, o patto liberatorio intervenuto tra l'offensore, e l'offeso.

271. È vietato far processi alla memoria de'trapassati, infierire contro i loro cadaveri, avvilire, e render ridicola la legge colle esecuzioni in effigie.

272. La subizione della pena estingue il delitto, ancorchè da'Giudici o per errore di dritto, o per errore di fatto, o per imperfezione di prova, sia stata decretata una pena minore della dovuta al delitto, e si siano dopo la proferita sentenza scoperti mezzi atti a renderla più perfetta.

273. Ne'delitti pubblici la sola assoluzione definitiva per la provata innocenza del reo estingue il delitto. Ne'delitti privati, e nelle trasgressioni, qualunque formula assolutoria anco per mancanza, o imperfezione di prova, opera questo effetto. La sentenza assolutoria produce a favore del reo la eccezione di lite finita

1.º Ancorché dopo l'assoluzione, o l'assoluto abbia confessato d'aver commesso il delitto, o sopraggiungano prove che egli l'abbia commesso.

272 • Direito Processual Penal

2.º Ancorchè trattandosi di delitto commesso da più correi, o più complici, uno sia stato assoluto, e gli altri poi condannati.

3.º Ancorchè l'assoluzione sia stata pronunziata sul delitto *semplice,* il quale si sia verificato in seguito *qualificato.*

4.º Ancorchè il processo fosse annullato per mancanza di autorizzazione a istituirlo relativamente a persona per processar la quale un'autorizzazione fosse stata necessaria ( ).

274. In tutti i casi di prevaricazione, tergiversazione, o collusione del pubblico accusatore col reo, la sentenza condennatoria a una pena minore, o l'assolutoria, non può essere ritrattata. Si può soltanto procedere contro l'accusator pubblico per il delitto da lui commesso.

275. Il perdono del Re è compartito

1.º O per amnistia per motivi politici.

2.º O per indulto generale in occasione di allegrezza pubblica.

3.º O per indulto particolare alle preci del condannato.

276. L'amnistia opera l'estinzione del delitto o siano nate, o non siano nate condanne.

277. L'indulto generale opera la estinzione del delitto, se prima della sua pubblicazione non son nate condanne, ed è pendente, o ancor non iniziato in processo. Opera la estinzione della pena, se è nata condanna.

278. L'indulto speciale non può esser chiesto se non da chi è stato già condannato con sentenza per il delitto commesso.

279. L'indulto speciale opera la estinzione della pena, non l'estinzione del delitto.

280. L'indulto generale non si concede che per i seguenti trascorsi:

1.º Omicidio, e ferite prodotte in rissa, e per colpa.

2.º Offese leggiere, ingiurie verbali, o scritte, escluso il libello famoso.

3.º Danni dati senza asportazione.

4.º Stupri non violenti.

5.º Trasgressioni di qualunque siasi specie.

281. L'indulto speciale può estendersi a qualunque delitto, dipendendo esso da vedute di convenienza morale, e politica, che il solo sovrano è in grado di bene apprezzare.

282. Qualora l'indulto particolare sia concesso per delitto ingerente infamia, l'aggraziato non può ristabilirsi nella opinione de'propri concittadini, se non per mezzo della riabilitazione, per ottener la quale il tempo dalla legge prescritto si misura dal giorno dell'accettazione della grazia ( ). In questo caso i giudici possono abbreviare i termini, ne'quali l'abilitazione deve essere domandata.

283. O si tratti d'indulto generale, o si tratti d'indulto particolare, se l'individuo aggraziato non ha sodisfatta la condanna d'indennità all'offeso, egli resta in carcere finchè non le abbia sodisfatte, o non le abbia scontate col carcere a forma dell'art. 79 del codice penale. Se si tratta di condanne proferite contro individuo ammesso alla difesa libera, o di esilio, o di relegazione, la grazia non opera il suo effetto, se l'aggraziato non si presenti ad accettarla avanti la Corte, o Tribunale, che proferì la condanna, e non sodisfi a quanto è stato prescritto nel precedente articolo.

284. Ciò non ostante, se il danneggiato pretendesse a titolo di danno somma esorbitante, e indoverosa, è nella facoltà della Corte, o del Tribunale, che conobbe del delitto di determinar la somma per la quale il danneggiato deve acquietarsi.

285. Non sono ammissibili a chieder grazia, e ottenerla, i rei contumaci o per non comparsa alle citazioni, o per fuga.

286. La grazia Sovrana non ha effetto retroattivo, nè dà diritto a ripetere le ammende che dal condannato fossero state o in tutto o in parte pagate prima della sua pubblicazione: non dà diritto, qualora fosse stata incorsa la morte civile, a ripetere le successioni ad altri devolute nell'intervallo tra la condanna e la grazia, la quale non si estende mai ad esimere dal rimborsare le spese di procedura.

287. Si prescrivono

1.º Nel termine di anni dieci tutti i delitti pubblici.

2.º Nel termine di anni cinque tra i delitti privati lo stupro, l'adulterio, gli stellionati, le truffe, gli abusi di fiducia, le fraudate amministrazioni.

3.º Nel termine di un anno le ingiurie reali, verbali, e scritte, gli insulti semplici, i danni dati, l'ingresso nel fondo altrui, le turbative, le remozioni di confini.

4.º Nel termine di mesi sei tutte le trasgressioni relative alla sicurezza pubblica, e alla sicurezza privata.

5.º Nel termine d'un mese le trasgressioni relative alla prosperità, o di semplice polizia.

288. Il tempo abile a prescrivere si misura dal momento in cui l'accusato cessò d'essere in colpa: ne'delitti reiterati e ne'concorrenti ogni delitto ha la sua particolar prescrizione: nella bigamia dalla morte della moglie vera, e legittima. Il computo si fa a giorni, contando a favore dell'accusato come completo quello nel quale cessò d'essere in colpa ( ).

289. Interrompe la prescrizione, e la rende improponibile non l'accusa, ma la sentenza ( ) o contradittoria, o contumaciale, nulla, o valida che ella siasi, condennatoria o assolutoria non definitiva di che all'art. 274. La sentenza contumaciale opera l'effetto, che la prescrizione a favore del condannato non corra altrimenti: quanto alla sentenza nulla la prescrizione, non valutato il tempo anteriormente decorso, incomincia di nuovo a decorrere dal dì della proferita sentenza.

290. La pena pronunziata una volta non si prescrive giammai.

291. Il termine alla prescrizione resta sospeso pendente

1.º Regolamento di giudici.

2.º Ricorso per ricusa di giudici.

3.º Accusa di dolo, frode, concussione contro i giudici.

In questi casi il termine incomincia di nuovo a decorrere dal primo atto con cui riprende vita la causa.

292. La prescrizione dell'azione alla pena non è allegabile contro l'azione alla riparazione del danno patrimoniale dovuto dall'offensore all'offeso, la prescrizione della quale è regolata dal codice civile.

293. Per i delitti commessi prima della pubblicazione del presente codice si adotterà la seguente regola. Se le prescrizioni stabilite dalle leggi abrogate erano più lunghe di quelle stabilite dal presente codice, esse saranno ristrette al tempo di queste, computando il tempo decorso prima della sua pubblicazione: se erano più brevi si starà alla loro misura.

274 • Direito Processual Penal

TITOLO VI.

Della sorpresa in flagrante: delle perquisizioni, e delle visite domiciliarie

294. Si reputano casi di flagrante delitto, o trasgressione, tutti quelli ne'quali agli uscieri, apparitori, esecutori di giustizia, guardie de'campi, o de'boschi, e generalmente a qualunque agente della forza pubblica in giro per il disimpegno delle loro funzioni si offre la vista

    1.º D'individuo nell'atto stesso nel quale commette il delitto, o la trasgressione.

    2.º D'individuo avente in dosso, e presso di se, un corpo di delitto, o di trasgressione, o un oggetto qualunque che abbia carattere di mezzo servito a commettere un delitto in luogo, ed in tempo prossimo a quello nel quale si annunzia essere stato commesso il delitto.

    3.º D'un oggetto, sebbene non indosso, o presso ad alcuno individuo, il quale venga annunziato o come corpo di delitto, o di trasgressione, o come mezzo servito a commetterne.

    4.º D'un individuo inseguito dal popolo col grido, che egli fugge scoperto nel commettere un certo e determinato delitto: o abbia presso di se un corpo di delitto o mezzo servito a commetterlo ( ).

295. In tutti questi casi la legge obbliga gli agenti della forza pubblica ad assicurare per mezzo di arresto o l'individuo, o l'oggetto appartenente al flagrante delitto, o alla trasgressione flagrante.

296. In caso d'insufficienza di forze al bisogno, gli agenti della forza pubblica sono autorizzati a chieder l'aiuto di quella de'privati in grado di fornirla, i quali se ricusano incorrono nelle pene stabilite dall'art. 398 del codice penale.

297. Gli agenti della forza pubblica ne'casi di flagrante, o simili al flagrante delitto, o flagrante trasgressione, non hanno altra facoltà che quella

    1.º Di tradurre senza bisogno di precedente mandato di accompagnamento l'individuo arrestato in giustizia, se si tratta di delitto pubblico, la pena del quale ecceda la relegazione. È sempre soggetto all'arresto, se si tratti di delitto pubblico soggetto alla pena della relegazione o anche minore, il vagabondo, il mendicante valido, il sottoposto alla vigilanza della polizia, il diffamato. È parimente in ogni caso soggetto all'arresto l'individuo incognito, che non sia in grado di dar contezza di se: il forestiero, se non dà mallevadore per il pagamento del giudicato.

    2.º Di accertare la esistenza presso di lui o del corpo di delitto, o di trasgressione, o d'oggetti serviti di mezzi a commetterli.

298. A questo oggetto gli agenti della forza pubblica debbono tra gl'individui trovatisi presenti alla sorpresa in flagrante, o tra i primi che incontrano effettuato l'arresto, adibire due testimoni e sappiano scrivere se ciò può ottenersi, o anco illitterati se altrimenti non può praticarsi, i quali col nome *d'istrumentali* debbono certificare

    1.º Della sorpresa in flagrante.

    2.º Della identità dell'arrestato individuo.

    3.º Dell'identità dell'oggetto venuto in potere della giustizia.

299. L'oggetto veduto dai testimoni dee essere involtato, e legato: indi sigillato con cera di spagna e con sigillo che agli agenti della forza pubblica non appartenga. Il sigillo deve essere consegnato ad uno de'testimoni. L'involto deve essere così suggellato consegnato al giudice-istruttore del luogo ove è avvenuto l'arresto.

III - Projecto Giovanni Carmignani • 275

300. Deve essere dagli agenti della forza pubblica redatto processo verbale della operazione: l'individuo su cui è stato eseguito l'arresto dee firmarlo: i testimoni *istrumentali* debbono pure firmarlo: se quegli non sa, o nega sottoscrivere: sc questi non sanno scrivere, ne dee esser fatta espressa menzione. Gli agenti della forza pubblica debbon pure firmarlo nel chiuderlo. Se l'arrestato, e i testimoni, non hanno firmato, o un solo de'testimoni l'abbia firmato, gli agenti della forza pubblica debbono farlo firmare dall'autorità municipale più prossima al luogo dell'avvenuto arresto alla presenza de'testimoni illitterati, che essi adibirono. La firma dell'autorità municipale, in caso di distanza grande tra il luogo della sorpresa a quello della sua residenza, può esser supplita da quella di due cittadini domiciliati o in quel luogo, o in prossimità d'esso ( ).

301. O l'individuo arrestato sia stato, o non sia stato tradotto avanti al giudice-istruttore, questi, ricevuto l'involto, dee citare i testimoni istrumentali: interrogarli nel modo dalla legge prescritto sulla operazione alla quale assisterono: far loro riconoscere l'involto sigillato per quel medesimo, che essi conobbero: farsi rappresentare il sigillo: confrontarlo colla impronta dell'involto, dissigillarlo alla presenza de'due testimoni, e far loro riconoscere gli oggetti che vi eran racchiusi.

302. Osservato questo sistema, la legge reputa gli oggetti così pervenuti in potere della giustizia, come se il loro arresto fosse avvenuto sotto gli occhi del giudice.

303. In ogni caso di arresto d'individuo inseguito dal clamor popolare, ancorchè non avesse indosso, nè d'appresso, material di delitto, o di mezzo col quale il delitto è stato commesso, gli agenti della forza pubblica debbono redigere processo verbale dell'eseguito arresto ne'modi, e nelle forme qui sopra indicate.

304. I testimoni chiamati alla redazione del processo verbale debbono riconoscerlo, e ratificarlo in giustizia.

305. Lo stesso sistema deve essere dagli agenti della forza pubblica praticato in ogni caso di perquisizione o visita domicialiaria diretta a impossessarsi in nome, e per conto della giustizia, o d'un individuo, o d'un oggetto relativo a delitto.

306. Le perquisizioni, o visite domiciliarie, saranno reputate violazioni dell'asilo domestico, od abusi di autorità per parte degli agenti della forza pubblica, che le eseguiscono

1.º Se trattandosi di arresto di oggetti, non son fatte dal cancelliere del giudice-istruttore accompagnato dagli esecutori di giustizia, il quale adibendo due testimoni dee redigere processo verbale della perquisizione e del suo risultato, esattamente descrivendo l'oggetto perquisito ed indicando il luogo nel quale avvenne trovarlo.

2.º Se trattandosi di arresto d'individui non siano eseguite dagli esecutori di giustizia autorizzati da commissione del giudice-istruttore, eccettuato il caso di acclamazione del proprietario, o inquilino della casa, dall'interno della casa medesima, nel qual caso qualunque agente della forza pubblica anco senza ordine di giudice potrà penetrarvi, ed eseguirvi arresti d'individui, e di oggetti, come il caso richiede.

3.º Se non ne sia stata prevenuta l'autorità municipale del luogo: lo che però in caso di urgenza può omettersi, salvo a ragguagliarla dell'accaduto.

4.º Se non si effettui dal levare al tramontare del sole: dovendo gli agenti della forza pubblica in caso d'arresto d'individui in tempo di notte limitarsi a circondare la casa, onde impedire che alcuno n'esca, o v'entri, o ne siano asportati oggetti qualunque.

307. Nel solo caso in cui si tratti di necessità dell'arresto dell'individuo, e di carte, e altri oggetti facili ad essere da un momento all'altro distrutti, la visita domiciliaria, la perquisizione,

276 • Direito Processual Penal

e con essa l'arresto, potrà farsi in qualunque ora; ma in questo caso ne dovrà essere prevenuta l'autgorità municipale del luogo, la quale manderà un suo delegato ad assistervi.

308. Se si tratta di perquisizioni in luoghi reputati pubblici, come osterie, locande, vendite di vini, e liquori, caffè, le perquisizioni potranno a qualunque ora, e in qualunque tempo esservi eseguite.

309. Le perquisizioni e visite domiciliarie non potranno essere mai ordinate per titolo di trasgressioni, o di delitti, la pena de'quali non eccede la relegazione.

310. Anco ne'gravi delitti la perquisizione dee essere ordinata con difficoltà, se non esiste negli atti la prova del fatto delittuoso, indipendentemente da quella di chi lo abbia commesso ( ).

TITOLO VII.

Degli accessi, e delle verificazioni del materiale de'delitti

311. Gli accessi su i luoghi, ne'quali o dai referti, o dalle doglianze, o anco dalla sola pubblica voce, è stato annunziato essere stato commesso un delitto pubblico, il di cui materiale visibile agli occhi del corpo trovasi in detti luoghi, e le osservazioni necessarie a verificarlo, e descriverlo, sono dalla legge esclusivamente commesse al giudice-istruttore accompagnato, e assistito dal suo cancelliere ( ).

312. Questi accessi, e queste verificazioni, hanno carattere di atti giudiciali, sebbene fatte fuori del luogo ove è resa giustizia.

313. Il giudice, e il cancelliere, accedono al luogo ove è stato annunziato esistere il materiale del delitto a guida d'un apparitore, e accompagnati dagli esecutori di giustizia, per tutti i casi ne'quali nella verificazione fosse necessaria la pubblica forza.

314. Giunto sulla faccia del luogo il giudice dee aprire il processo narrando come, e donde, ebbe notizia del commesso delitto, a guida di chi, e accompagnato da chi accedè al luogo ove il materiale ne esiste: deve descrivere l'aspetto esteriore del luogo, e l'aspetto esteriore di ciò che dicesi essere material di delitto, siccome di tutti gli oggetti che al delitto referibili vi possono essere attorno, o con esso connessi.

315. Se si tratta di cadavere, il giudice dee farlo denudare: indicarne il sesso, e descriverne tutti i connotati: deve stabilirne la identità adibendo, ed interrogando ne'modi dalla legge indicati, due testimoni a indicazione dell'apparitore, come aventi cognizione dell'individuo mentre viveva: interrogarli se vivente, e in epoca prossima alla sua morte, fosse sano, o malato.

316. Stabilita la esistenza, e la identità del cadavere, deve il giudice esaminarlo su tutta la superficie anteriore, e posteriore del corpo, onde vedere se vi son tracce di violenza, e scorgendole, esattamente descriverle per il loro aspetto esteriore, e per la loro località.

317. All'effetto di assicurarsi della vera causa di morte dell'individuo, senza abbandonare il luogo, deve adibire due medici, o due chirurghi, ai quali, sia o non sia avvenuta la morte immediatamente dopo la inferita violenza, deve commettere la sezione del cadavere.

318. Le operazioni anatomiche necessarie alla sezione debbono esser fatte alla presenza del giudice, e del cancelliere, e debbono essere nel processo fedelmente descritte.

319. Effettuata la sezione, il giudice deve commettere ai due medici, o chirurghi, di far la loro relazione in scritto su quanto hanno osservato, e di stabilire secondo le regole della loro arte la vera causa della morte dell'individuo.

320. I medici presentano nel luogo di residenza del giudice la loro scritta relazione, e previo giuramento da deferirsi all'uno, e all'altro separatamente, la ratificano. La relazione è inserita negli atti come parte integrale dell'istituito processo.

321. Quando si tratti di ferita grave sulla quale esista l'apparecchio medico, il giudice si limiterà a descriverla nello stato nel quale apparisce. Se il ferito sopravvive, la visiterà e la descriverà remosso l'apparecchio, quando possa rinnuovarsi. Il medico che ne ha fatto referto sarà citato a ratificarlo, e spiegarlo con suo giuramento in giudizio. Se il ferito soccombe, si procederà come è prescritto agli art. 317. e segg.

322. Se si tratta d'infanticidio, o di procurato aborto, si dee procedere colle medesime regole. Le mediche osservazioni di fatto debbono eseguirsi sotto gli occhi del giudice, e tutte nel processo descriversi. Nel caso d'infanticidio i medici debbono stabilire

1.º Se l'individuo venne alla luce vivo, e vitale, o diversamente.

2.º Quali violenze congetturano essere state causa di morte.

Nel caso di aborto debbono riferire se la materia, che si asserisce esserne il materiale, fosse, o non fosse animata. In questo secondo delitto se non esiste la materia denunziata come abortiva, non è ammissibile nè accusa, nè informazione di uffizio.

323. Nel caso di denunzia, o accusa di veneficio, osservate dal giudice-istruttore le cautele prescritte all'art. 315, e ordinata ai medici la sezione del cadavere ingiungerà loro

1.º Di esaminarne esattamente tutte le cavità per determinare se esistano tracce di causa di morte fuor del veleno.

2.º Di determinare la località, e i caratteri dell'azione della materia venefica.

3.º Di rintracciare questa materia, e raccoglierla nella parte sulla quale ella ha agito.

4.º D'indicare se la materia appartenga al regno minerale.

5.º E se essa sia tale da non poter avere agito sulla economia vitale del defunto che per essergli stata fraudolentemente o nel cibo o nella bevanda apprestata.

324. La materia pretesa venefica, e propinata, sarà assicurata dal giudice-istruttore in un involto, che egli da se medesimo sigillerà, e trasporterà da se al luogo della sua residenza, usandovi premurosa custodia.

325. La materia pretesa venefica deve essere dal giudice-istruttore consegnata per mezzo di processo verbale da redigersi a due periti chimici, i quali co'metodi della loro scienza debbono determinare, e con loro relazione riferire in giudizio, se ella sia quale vien denunziata.

326. Nel caso di falsità di monete, il giudice-istruttore sceglierà due periti chimici ai quali farà esaminare il metallo di cui la moneta denunziata come falsa è composta. Gli preverrà dell'accesso che egli è per fare alla casa di uno di essi per assistere al saggio da far colle regole della loro scienza del metallo del quale si tratta. Vi si trasferirà nel giorno destinato alla perizia insieme col cancelliere. Assisterà alla operazione chimica, ingiungerà ai periti di far la lor relazione, redigendo di tutto processo verbale, ed uniformandosi a quanto è stato prescritto all'art. 320.

327. Se si tratterà di furti qualificati da scasso, o da chiave adulterina, o da grimaldello, il giudice, descritto lo stato esteriore del luogo violentato, adibirà due periti o muratori, o legnaioli, o fabbri, secondo la natura della violenza, i quali, esaminatolo, referiranno non per via di relazione scritta, ma in esame a guisa di testimoni, se l'apertura sia in realtà effetto di violenza, o di cattiva struttura, o manutenzione del luogo ove esiste. Se si tratterà di furto qualificato da insalizione, il giudice farà sperimentare per mezzo d'individuo a ciò dall'apparitore chiamato, se un uomo senza appoggio di scala ha potuto superare nelle località, e nelle circostanze verificate,

278 • Direito Processual Penal

o descritte in processo, l'altezza dalla quale è stato il furto commesso. Egli assisterà all'esperimento, lo descriverà, e ne registrerà i resultati.

328. Nel caso d'incendi, rovine, rotture di argini di fiumi, incisioni di alberi fruttiferi, danni e guasti ne'campi, remozione di confini, guasti ai monumenti, e alle produzioni delle arti, il giudice adibirà periti ingegneri, idraulici, scultori, pittori, agronomi, secondo che la natura del danno lo esige, osservate le regole nel presente titolostabilite.

329. In tutti i casi di accessi, e di verificazioni di materiali di delitto, qualora l'autore ne sia ignoto, può il giudice prendere su i luoghi le informazioni che reputa o necessarie o utili per rintracciarlo. Egli ha la facoltà di citar testimoni, ed esaminarli nel luogo dell'accesso, e se alcun si ricusi di comparire, o vi sia verisimil sospetto che alcuno mediti colla fuga sottrarsi a fare testimonianza, di farlo anco con ordine verbale arrestare, e tradurre avanti di lui.

330. Potendo avvenire che, o il giudice informante d'uffizio, o l'accusatore, o il reo, creda necessario l'accesso sui luoghi, onde resti o inclusa, o esclusa, la impossibilità fisica, o la inverisimiglianza somma d'un atto, o la vista, o l'udito del testimone che ne depone; bene apprezzate le località, l'accesso, e la visita sono dalla legge prescritti ( ).

331. A quest'oggetto il giudice, ancorchè informante d'uffizio, dee destinare il giorno dell'accesso : deve notificarlo all'accusatore, e al reo, onde vi assistano, e se il reo è in forze, onde nomini un procuratore speciale che vi assista per lui, del che dee risultare scrupolosamente dagli atti.

332. Per eseguire l'esperimento, il giudice dee scegliere gl'individui destinati a farlo: si dee fare sotto i suoi occhi, e gli individui che lo fecero debbono deporre come i periti a norma dell'art. 327. L'atto d'accesso dee contenere la narrazione d'ogni più minuta sua circostanza, e dee formar parte degli atti.

TITOLO VIII.

Delle verificazioni del materiale de'delitti, o di qualità fisiche o morali di accusati senza accesso su i luoghi

333. Le ferite senza pericolo non obbligano il giudice a trasferirsi a visitare il ferito. Deve questi comparire in giustizia, ed essere esaminato come testimone. La sola ispezione oculare, e la descrizione della ferita che il giudice ne fa nel processo, ne verificano il materiale.

334. Ne'delitti di falso in scritture, o in qualunque altro si sia oggetto, il giudice appena è venuto in potere della cosa su cui è caduta la falsità, è tenuto a ben descriverla, ed identificarla ne'suoi più minuti connotati, commettendone al cancelliere la custodia, come documento degli atti.

335. Nel caso di falsità in scritture, il giudice dee apporre in tutti i fogli che le compongono la propria firma, e dee apporvela il cancelliere. Se il reo impugna che siano di suo carattere, e in mancanza di altri mezzi di prova sia necessario ricorrere al mezzo sussidiario della comparazione de'caratteri

1.º Procurerà di fare scrivere al reo di proprio carattere quel più lungo periodo che gli sarà possibile.

2.º Adibirà due periti calligrafi: gli preverrà dell'oggetto del loro richiamo in giustizia: deferirà loro il giuramento di procedere agli esami di lor competenza secondo la loro perizia, e la coscienza loro: consegnerà ad essi il documento redarguito di falso, e il foglio scritto dall'accusato; ingiungendo loro di esaminare, e riferire, se credano i due caratteri o identici, o diversi tra loro.

3.º I periti si ritireranno in stanza a parte, dove soli esamineranno i due documenti.

4.º Esaurito l'esame, compariranno l'un dopo l'altro avanti al giudice, e previo nuovo giuramento riferiranno se sembra loro che i due caratteri siano identici, ossivvero diversi, esponendo le ragioni del loro parere.

336. I periti in questa materia non debbono esprimersi in tuono assertivo, ma per modo di parere.

337. Nel furto semplice il materiale del delitto, o fatto della sottrazione, deve essere provato

1.º Facendo il derubato costare della preesistenza presso di lui delle cose, che asserisce essergli state rubate.

2.º Della deficienza delle cose medesime.

338. La prova della preesistenza dee reputarsi conclusa

1.º Se il derubato l'abbia asserita con suo giuramento.

2.º Se provi che egli era idoneo ad avere la roba, o somma sottratta.

3.º Se sia uomo di riconosciuta onestà.

339. La prova della successiva deficienza dee reputarsi conclusa se costi de'lamenti, o conquestioni del derubato in tempo immediatamente consecutivo alla sottrazione.

340. In causa di stupro non violento è vietata ogni ricerca di precedente fisica verginità. Questo fatto è supplito dalla prova della onestà della dolente per mezzo di testimoni. Sono vietate le ispezioni delle parti vergognose del corpo. Il materiale resterà verificato colla verificazione del ventre pregnante dei quale due medici deporranno in giudizio.

341. Nel caso di stupro, adulterio, o altro delitto di carne denunziato commesso con violenza, il giudice, previo esame della offesa persona, la farà ritirare in stanza a parte, e incaricherà due medici, o chirurghi, di esaminare le tracce di violenza, delle quali la persona offesa ha recata doglianza in giudizio: di compilarne la lor relazione in scritto, e di presentarla. I medici, compilata la relazione, la presentano al giudice-istruttore, e con giuramento la ratificano, sodisfacendo alle domande che il giudice-istruttore creda dover loro proporre a miglior schiarimento del vero.

342. Debbono esser fatti avanti il giudice-istruttore assistito dal Cancelliere, e alla presenza di due testimoni chiamati d'uffizio, gli esperimenti necessari a verificare la realtà o della non sana mente, o della sordità originaria o acquisita dell'accusato.

343. Questi esperimenti debbono essere proposti, e eseguiti da due medici parimente chiamati di uffizio, con facoltà al giudice di richiamarli alle osservazioni, e agli esperimenti che crede.

344. I medici, fatto l'esperimento, debbono essere incaricati di redigere la lor relazione nella forma indicata all'art. 320. I testimoni debbono firmare il processo verbale dell'eseguito esperimento.

345. Sono vietati gli esperimenti diretti a determinare se e quanto negl'individui minori di anni diciotto la malizia abbia supplita la età ( ), dovendo sciò risultare dalle verificate circostanze nelle quali è stato commesso il delitto, dal modo col quale è stato commesso, dal contegno anteriore, contemporaneo, e posteriore dell'accusato.

346. Quando si tratta di determinare la qualità d'una arme bianca dalla legge vietata, il giudice farà citare due periti fabbricatori d'armi e coltelli, ai quali renderà ostensibile l'arme, e riceverà la lor relazione interrogandoli, come è stato detto all'art. 327.

347. Nel caso di riconoscere e stabilire la identità d'un individuo, o fuggito dopo condanna dalle carceri o altro luogo di detenzione, o inosservante di deportazione, esilio, o relegazione, il giudice-istruttore presentatogli il reo ne descriverà i connotati personali prima d'interrogarlo del suo nome, cognome ec. Lo interrogherà in seguito se egli sia lo stesso di cui parla la sentenza alla quale si è reso inosservante. Se il reo ha cambiato nome, o sostiene che altri col suo nome esistano, sicchè impugni la sua identità col condannato, il giudice-istruttore adibirà due testimoni che abbiano cognizione dell'individuo, e procederà col metodo della recognizione personale stabilita dall'art. 519.

348. I periti adibiti dal giudice-istruttore nelle verificazioni del materiale del delitto, siano tali in arti liberali, o in meccaniche, referiscano in scritto, o in voce, debbono esprimere le ragioni del loro parere, ciascuno secondo le regole dell'arte che professano.

349. Il reo può escipere della inesattezza, o delle omissioni, nelle descrizioni del materiale quali resultano dal processo, e delle inesattezze, delle omissioni, e delle erroneità delle ragioni, nelle relazioni de'periti.

350. I periti adibiti dal giudice-istruttore vanno soggetti per la parte dell'accusato a tutte le eccezioni, alle quali per disposto della legge soggiacciono i testimoni.

TITOLO IX.

Delle prove: disposizioni fondamentali.

351. Essendo la prova nell'animo di chi giudica la vera forza determinatrice della sorte dell'accusato: costando dalla esperienza, che per le inevitabili imperfezioni della natura umana spesso negli umani giudizi co'calcoli dell'intelletto si mischiano, o moto di passioni, o influenza d'errori, de'quali le più rette coscienze non sono a se medesime consapevoli: la legge dopo aver tracciate al giudice le regole colle quali i materiali de'delitti debbono esser raccolti, e divenire atti legittimi della istruzione processale, o stabilisce quelle dalle quali il giudice nel determinare l'autor del delitto non può dipartirsi, o fissa i limiti entro i quali il privato ragionamento del giudice può decidere della sua sorte.

352. La legge designa le circostanze di fatto, nel concorso delle quali può il giudice dichiarare giuridicamente *certa* o la innocenza dell'accusato, sicchè ritorni interamente libero in seno della società; o la reità sua, sicchè soggiaccia all'intero rigore che ella ha decretato al delitto.

353. Quando le circostanze di fatto, dalle quali la legge fa dipendere la propria certezza, non concorrono nelle specie precise che ella ha designate, ella non intende di distruggere la morale certezza che nel giudice può fermarsi nelle circostanze che lo inducono a credere o innocente, o reo l'accusato. Ella vieta alla moral certezza del giudice di produrre l'effetto giuridico di sottoporre il reo all'intero rigor della legge, e dà a quella moral certezza unicamente il valore di una grande *probabilità.*

354. Comecchè per la indole dell'animo umano la certezza nelle cose morali si formi d'un cumulo o maggiore, o minore di probabilità, secondo le predisposizioni di animo di chi giudica, la legge, designate le circostanze di fatto abili a stabilire la propria *certezza,* traccia al giudice nel modo il più generale che le è possibile le regole, per le quali il fatto di cui è questione nel giudizio possa reputarsi: 1.º più o meno *probabile;* 2.º semplicemente v*erisimile;* 3.º *sospetto;*

4.º *dubbioso:* onde su questi gradi di probabilità il giudice prenda nell'interesse della sicurezza sociale contro la persona sospetta gli espedienti ai quali lo autorizza la legge, 1.º o di semplicemente citarlo, onde dia di se discarico; 2.º o d'arrestarlo, ed incarcerarlo onde le probabilità che esistono contro di lui o si dileguino, o assuman carattere di certezza; 3.º o di punirlo nella sola proporzione delle probabilità che lo aggravano, all'effetto di calmare conciliabilmente colla equità e colla giustizia l'allarme pubblico che ha risvegliato il delitto; 4.º o di dimetterlo in modo da cautelare la società da un individuo gravemente sospetto di averla offesa; 5.º o di lasciare aperta la via a nuove, e migliori verificazioni.

355. La legge esige dal giudice, che ove per la incalcolabile varietà delle circostanze di fatto le quali possono divenire elementi di probabilità, ella non abbia ad esse assegnato un preciso valore, questo valore sia da lui quanto è possibile determinato colle regole critiche da essa adottate, o colle adottate dalla esperienza de'Tribunali, presso ai quali il valor della prova è stato stabilito col voto della legge, non col privato arbitrio dell'uomo.

356. La legge traccia al giudice

1.º Le regole generali sulla credibilità della prova.

2.º Le regole particolari proprie a ciascun mezzo di prova che ella ammette in giudizio.

TITOLO X.

Regole generali sulla credibilità giuridica della prova

357. La prova è necessaria a chi asserisce, non a chi nega. L'accusa pubblica, la informazione d'uffizio, l'accusa privata, hanno implicito l'onere imprescindibile della prova.

358. L'accusato che nega il delitto allora è tenuto a provare la sua negativa generica.

1.º Quando per sostenerla allega un fatto talmente circoscritto di persona, di luogo e di tempo, che non sia con esso logicamente compatibile il fatto che l'accusatore gli obietta.

2.º Quando ammettendo il fatto nella sua materialità ne impugna la qualità delittuosa, allegando o di avere agito con dritto, e d'avere agito in modo degno di scusa.

3.º Quando concorre contro di lui, ed a favore del fatto dall'accusatore asserito, una circostanza la quale o per disposizione litterale di legge, o per i dati della esperienza, lo rende o probabile, o anche semplicemente verisimile.

359. La legge esige nella prova un carattere eminentemente logico, ed un'origine eminentemente storica. Ella bandisce tutto ciò che potrebbe nella prova apparire effetto o di vizio logico di suggestione, o di vizio morale di estorsione in chi la fornisce.

360. La lege rigetta, e condanna alla esecrazione pubblica, le prove che la ignoranza, e la barbarie delle trascorse età, chiamò *privilegiate.* Il valore logico d'un mezzo di prova è assoluto, nè cresce o per l'atrocità del delitto al quale si referisce, o per il luogo remoto, o per le tenebre della notte nelle quali venne commesso.

361. Non vi ha per la legge fatto *notorio,* del quale il giudice possa di proprio arbitrio prendere stragiudiciale verificazione. Qualunque si sia fatto deve aver la prova, per otener la quale la legge ha stabilite le regole. La coscienza d'un giudice non può avere, per decidere della sorte dell'accusato, altro titolo che quello della sua scienza, vale a dire ciò che risulta dagli atti compilati nel modo che la legge prescrive: se la coscienza del giudice si trova in opposizione colla sua scienza giuridica, egli deve chiedere, ed ottenere dalla Corte regolatrice la facoltà di astenersi dal

282 • Direito Processual Penal

giudicare. La corrispondenza su questo proposito deve tenersi segreta, finchè non sia stata definitivamente decisa la sorte dell'accusato.

362. La presunzione d'innocenza che la legge guarentisce a forma dell'art. 26. ad ogni cittadino di onesta vita, non è allegabile

1.º Dal mendicante valido.

2.º Dal vagabondo.

3.º Dal sottoposto alla vigilanza della polizia.

4.º Dal condannato a infamia temporaria non ancora riabilitato.

Queste qualità in un'accusato operano l'effetto che se egli non ha purgato ogni sospetto colla prova della propria innocenza, debba essere rilasciato dalla sentenza all'arbitrio della polizia.

363. Questa presunzione d'innocenza nell'uomo di onesta vita cresce in proporzione della gravità del delitto che gli viene obiettato, ed opera l'effetto che il giudice o per arrestarlo, o per condannarlo sopra semplici probabilità, debba usare una circospezione maggiore.

364. Non è riconosciuta verisimiglianza, o probabilità di delitto, la quale non possa esser distrutta da una verisimiglianza, o da una probabilità d'innocenza.

365. È interdetto al giudice di rintracciar prove di proprio moto. Egli non può rintracciarne se non sulla indicazione dell'accusatore, o del reo; o se si tratta d'informazione d'uffizio, su i dati di verisimiglianza che l'esistenza possibile d'una prova ha negli atti.

366. Sebbene la grande probabilità non basti alla condanna plenaria, ella è sufliciente alla plenaria assoluzione dell'accusato.

367. Ove la legge non stabilisce il valore critico dei mezzi di prova per la verisimiglianza, o per la probabilità, il giudice dee stabilirlo

1.º Colla scorta de'precedenti giudicati.

2.º Con quella del dritto romano, e de'suoi interpetri o glossatori.

3.º Con quello de'pratici, preferendo sempre i trattatisti ai consulenti, non esclusi i più moderni scrittori, i quali scrissero sulle probabilità giudiciarie.

4.º In difetto di questi appoggi col privato suo raziocinio.

368. La credibilità della prova nel giudizio civile vale nel criminale agli effetti della indennizzazione dovuta all'offeso, non vale all'effetto della condanna alla pena. Ciò che in materia di prova non è ammesso nel giudizio civile, non lo è neppure nel criminale; ma ciò che è ammesso in quello non può non essere ammesso in questo.

TITOLO XI.

Delle diverse specie di prova

369. La legge riconosce, ed ammette due specie di prova

I. La *fisica* per mezzo della ispezione oculare, quanto al materiale di delitti di fatto permanente.

II. La *morale,* quanto ai delitti che non lasciano tracce visibili dietro di se; e quanto all'autor del delitto, per mezzo

1 .º Del deposto de'testimoni.

2.º Della confessione de'rei.

3.º Delle scritture che loro vengono attribuite.

4.º Delle circostanze di fatto criticamente referibili al delitto del quale si disputa.

TITOLO XII.

Della prova fisica per evidenza di fatto

370. Si hanno come certi, e si reputano provati per evidenza di fatto, gli oggetti descritti dal giudice nella verificazione de'materiali di delitto
1.° Quando siano state osservate le forme, e le regole stabilite agli art. 313, 314, 315, 316, 317, 318, 319.
2.° Quando non sia addotta prova costituente certezza in contrario.

371. Si hanno come certe le *qualità* in detti oggetti determinate dai periti dell'arte
1.° Quando nelle perizie siano state osservate le forme, e le regole stabilite dagli art. 322, 323, 324, 325, 326, 327, 328, 331, 332, 335.
2.° Quando i periti non soffrano come testimoni eccezioni
3.° Quando il reo, o l'accusatore, non provi manifestamente l'errore del giudizio, e del parere de'periti.

372. L'errore della perizia non può provarsi, che per mezzo di contro-perizie. A quest'oggetto chi oppone alla perizia l'errore
1.° Dee produrre una perizia stragiudiciale firmata da perito nell'arte della quale si tratta, e giurata da lui in giustizia.
2.° Il giudice-istruttore nomina due periti d'uffizio, ai quali commette l'esame della perizia stragiudiciale, e della giudiciale.
3.° Il parere di questo perito d'uffizio emesso o in scritto, o in voce, a norma di quanto è stato indicato agli articoli 320 329, e da lui confermato con giuramento in giudizio, stabilisce la verità, senza che ulteriori eccezioni siano proponibili.

373. Quando si tratta di delitti di fatto permanente, la mancanza della loro fisica verificazione toglie fede alle verisimiglianze, e alle probabilità, che stessero contro l'accusato. La prova alla quale la legge dà forza di operar la certezza, diviene una semplice probabilità.

374. Questa regola soffre eccezione
1.° Quando il materiale del delitto sia stato distrutto da forza maggiore.
2.° Quando costi che sia stato soppresso dalla malizia dell'accusato.

375. In questi due casi la prova fisica può esser supplita dalla morale. Nel primo caso per dirla supplita è necessario che concorra una prova morale a cui la legge dà forza di operar la certezza. Nel secondo caso le probabilità bastano. Ciò non ostante in questo secondo caso, se non esistono contro il reo che probabilità semplici della sua reità, non potrà ad esso applicarsi l'intera pena dalla legge decretata al delitto.

TITOLO XIII.

Della prova per mezzo di testimoni

376. Si tiene per certo, e concludentemente provato, qualunque fatto, o qualunque circostanza, della quale depongono due individui adibiti come testimoni in giustizia: *maschi* di sesso: maggiori della età di anni ventuno compiti: nati e domiciliati nel regno, o se esteri, ammessivi, e ritenutivi al pari de'nati e domiciliati, per lo scopo cognito della loro permanenza: non parenti, nè affini o del giudice, o dell'accusatore, o del reo, o di qualunque addetto alla Corte o Tribunale avanti al quale pende il giudizio: ineccezionabili per la loro morale, e per la opinione pubblica

284 • Direito Processual Penal

della quale godono: stati presenti al fatto del quale depongono, e deponendone in modo contestuale nella sostanza del fatto: ed in un modo schiettamente storico: citati, ed esaminati ne'modi e nelle forme dalla legge prescritte.

377. Se alcuno di questi requisiti o nell'uno testimone, o nell'altro, o in amendue viene a mancare: se dal modo col quale depongono nasce argomento che eglino o si siano ingannati, o abbian voluto ingannare, il loro deposto rende il fatto più o meno probabile, ma non lo rende certo.

378. Il numero de'testimoni non supplisce il difetto che essi possano presentare nella persona. Il numero supplisce il difetto del detto all'effetto di autorizzare il giudice a dichiarare la somma probabilità del fatto.

379. L'accusatore può concordare la piena credibilità del testimone, non ostante i difetti che egli soffre nella persona: non lo può il reo, ad eccezione del caso nel quale si tratti di pena semplicemente pecuniaria.

380. Se alcuni testimoni dandosi per presenti al fatto lo negano, mentre altri lo asseriscono, il deposto de'primi non è credibile se non in quanto circostanzino talmente la negativa, da rendere moralmente impossibile ciò che i secondi asseriscono ( ).

381. Se un testimone ritratta il proprio deposto, deve attendersi la sua seconda deposizione, non la prima; quando non costi che egli l'abbia ritrattata per una causa o di errore, o di falsità ( ).

382. Il deposto stragiudiciale del testimone, sebbene concludentemente provato, se egli non lo conferma in giudizio non è valutabile come probabilità: lo può essere come semplice verisimiglianza.

TITOLO XIV.

Della prova per la confessione de'rei

383. La confessione del reo nei delitti privati, e nelle trasgressioni, aventi pene semplicemente pecuniarie, esonera l'accusatore da ogni e qualunque mezzo di prova. Il giudice sul solo dato di quella confessione emessa dall'accusato in giudizio, e senza bisogno che l'accusatore l'accetti, pronunzia contro dell'accusato stesso la condanna a forma della legge ( ).

384. Ne'delitti pubblici, e nelle trasgressioni punite con pena afflittiva dell'interesse dello stato, si reputa certo, e concludentemente provato il fatto, o la circostanza concordata per vera dal reo con la sua confessione, quando essa sia puramente e semplicemente emessa nel giudizio penale nel quale del fatto confessato si disputa: sulla interrogazione fattagli dal giudice ne'modi, e nelle forme dalla legge prescritte: ossivvero ultroneamente, senza però che gli sia stata suggerita, o estorta: parlando principalmente dei fatto a cui la confessione si riferisce, non incidentemente, o il reo seco stesso parlando: bene intesa da lui: bene, e chiaramente espressa in parole, circostanziata, e nelle circostanze tutte che l'accompagnano verificata.

385. Quando alla confessione del reo manchi alcuno dei requisiti indicati nel precedente articolo, ella rende il fatto più o meno probabile, ma non certo.

386. Se il reo confessando il fatto nega la sua delittuosa qualità, la sua confessione deve essere come ella giace accettata, se il fatto, sebbene provato nella sua materialità, non abbia prova di sorta alcuna che l'accusato ne sia il fisico autore. Se una probabilità qualunque ne esiste, l'accusato deve provar la qualità colla quale ha accompagnata la sua confessione; ma a questo effetto debbono i giudici ponderare i riguardi che possono meritare

1.º Il morale carattere, e la vita passata dell'accusato,

2.º Le difficoltà che nelle circostanze del caso gli resero se non moralmente impossibile, almeno sommamente difficile di aver mezzi di prova da concludere la verità della propria asserzione.

3.º Le semplici verisimiglianze che egli adduca per stabilirla, nel qual caso gli è dovuta un'assoluzione plenaria.

387. Se, essendo certo che l'accusato è debitore del fatto delittuoso da lui confessato con qualità, ancorchè egli non abbia fornita della qualità prova di sorta veruna, quando non è provato che egli abbia agito malvagiamente, i giudici diminuiranno di due gradi la pena, che a tenor della prova, e considerato il titolo del delitto, avrebbe meritata nel caso.

388. Quando la confessione del reo abbia i requisiti enunciati all'art. 384, egli non può ritrattarla, a meno che non ne dimostri l'errore. La confessione circostanziata può essere ritrattata dal reo immediatamente dopo di averla emessa, nel qual caso il giudice, non ostante la ritrattazione, deve indagare se le circostanze dall'accusato narrate sussistano o non sussistano, e se la lor sussistenza ha appoggio di probabilità, la ritrattazione non è valutata: se la confessione è nuda, e il delitto non abbia altro mezzo di prova, ella può essere dal reo ritrattata in qualunque stato degli atti. Nell'un caso, e nell'altro, la confessione costituisce una semplice verisimiglianza, non una probabilità.

389. La confessione emessa dal reo fuor di giudizio, ancorché in giudizio impugnata, se sia concludentemente provata per mezzo di testimoni, e accompagnata da circostanze, comunque non sia stato possibile verificarle, costituisce a carico del reo una semplice probabilità ( ).

390. La dichiarazione colla quale il reo mentre confessa il proprio delitto incolpa altri come correi, o come complici, se è accompagnata da circostanze, e le circostanze siano altronde verificate, aggiunge peso al valore critico che queste circostanze hanno per se medesime, operando l'effetto, che le verisimiglianze semplici acquistino forza di probabilità, e le probabilità divengan maggiori; ma non rende certa la incolpazione. Che se le circostanze accennate dal confitente non si verificano, la sua incolpazione non può costituire nemmeno una verisimiglianza qualunque per la giustizia.

TITOLO XV.

Della prova per mezzo delle scritture attribuite al reo

391. Lo scritto attribuito al reo allora rende certo contro di lui il suo contenuto, o si tratti di scritto autentico, o si tratti di privato interamente vergato da lui, o semplipemente da lui sottoscritto, quando egli come suo lo riconosca per mezzo di confessione in giudizio.

392. Ciò non ostante, comecchè la confessione del reo debba esser sempre verificata, se si tratta di scritto autentico è necessario interrogare l'ufficiale ministeriale avanti al quale fu celebrato: se ha la firma di testimoni, o pubblico, o privato che sia lo scritto, interrogarli: se è scritto privato senza firma di testimoni, adibire il mezzo della perizia nel modo indicato all'art. 335.

393. Se si tratti di delitto nascente da contratto, come avviene nello stellionato commesso negl'immobili, o nella usura dalla legge vietata, la connessione intima che esiste tra il contratto, e il delitto, non ammette che l'uno abbia un diritto diverso dall'altro. Se lo scritto è autentico fa contro l'accusato prova perfetta fino a querela di falsità. Se lo scritto è privato, ed abbia la firma di due testimoni, essi riconoscendolo come scritto dell'accusato ne rendon certa la prova.

286 • Direito Processual Penal

394. Rendono egualmente certo lo scritto due testimoni, ancorchè meno abili, i quali riconoscano in giudizio come loro la firma all'atto privato, e giurino che esso è stato scritto, o firmato dall'accusato, quando però apparisca dall'atto che essi poteron concorrervi colla lor firma senza complicità al delitto che esso contiene, e senza conoscerlo. Se i testimoni firmati all'atto privato appariscono consapevoli del delitto al quale esso ha relazione, per renderlo concludentemente provante, è necessaria la comparazione delle lettere per mezzo de'periti, come è stato indicato all'art. 335.

395. Rende certo lo scritto il concorde deposto di due testimoni aventi i requisiti dalla legge voluti, i quali ne depongano come d'un fatto al quale si son trovati presenti, e riconoscano co'metodi egualmente dalla legge prescritti lo scritto, come quello di cui hanno inteso deporre.

396. Il solo mezzo di prova che nasce dalla comparazione delle lettere, ancorchè concorrano altre verisimiglianze, o probabilità, che lo scritto fu vergato dall'accusato, può costituire una grande probabilità, ma una certezza non mai.

397. Questa probabilità è al suo massimo grado, quando lo scritto costituendo il delitto, il delitto era tale, che senza lo scritto non poteva commettersi, come il falso in scritture, il libello famoso, la lettera anonima. La probabilità diminuisce, quando lo scritto costituisce un delitto al quale la scrittura non era necessaria, sebbene fosse possibile, come nel mandato delittuoso. La probabilità perde ancora della sua forza, se lo scritto, anzichè contenere il delitto, l'accusatore pretende che ne contiene la confessione o l'indizio.

TITOLO XVI.

Della prova circostanziale o per mezzo d'indizi

398. Qualunque oggetto materiale, qualunque fatto, sebbene nella sua specie isolato e non costituente il flagrante delitto, qualunque moto dell'accusato, qualunque suo detto o pronunziato, o scritto, sebbene non costituente una sua confessione, i quali siano criticamente referibili al delitto sul quale pende o l'accusa, o la informazione di uffizio, è un mezzo di prova circostanziale o indiziaria.

399. La legge non individua, e non specifica, gli oggetti, i fatti, i moti, ed i detti, i quali possono divenire elemento e titolo di prova circostanziale, o indiziaria, attesa la loro incalcolabile varietà. Ella rilascia questa valutazione al raziocinio del giudice, tutto fidando

1.º Nella sua esperienza come giureconsulto nel calcolo delle probabilità giudiciarie.

2.º Nel suo obbligo di deferire alle regole stabilite nell'art. 354.

3.º Nelle regole particolari che ella determina per la valutazione di questo mezzo di prova.

400. Non vi ha elemento di prova circostanziale: non vi ha cumulo o coacervato di questi elementi di prova, che possa darle carattere d'indubitata, non potendo un cumulo di cose di loro natura dubbiose stabilire cosa indubitata: salvo quanto è stato prescritto in favore dell'assoluzione all'art. 366.

401. La prova circostanziale si eleva al grado di render certa la legge, quando in un delitto di fatto permanente essendo certo il luogo nel quale è stato commesso: essendo questo luogo in una sola parte accessibile, e inaccessibile in tutte le altre: trovandosi in esso il recente material del delitto, due testimoni idonei contestualmente depongono che il solo accusato vi entrò, e ne escì, nell'intervallo di tempo nel quale è certo che il delitto è stato commesso.

402. Non sono elementi di prova circostanziale i moti dell'accusato, che per la loro indole possono essere appresi in modo diverso dalle diverse simpatie umane, come il colore del volto, il volger degli occhi, i cambiamenti di fisonomia la sua buona o trista apparenza, ed altre simili vanità, alle quali corrono dietro le passioni, e le prevenzioni, non il retto ed imparziale giudizio.

403. Non é allegabile in linea di prova circostanziale contro l'accusato il non conoscersi l'autor del delitto.

404. L'elemento della prova circostanziale non può raccogliersi, che da un fatto il quale di sua natura sia tale da aver carattere di fatto storico, e non ricevere esistenza dalla fantasia più o meno pregiudicata d'un uomo.

405. Se essendo certo il materiale del delitto gli elementi della prova circostanziale si traggono da oggetti, o da fatti, che ne formarono parte di guisachè o ciò che è del materiale si trovi presso dell'accusato, o ciò che è dell'accusato si trovi presso al materiale delittuoso, o nel luogo ove è certo che il delitto sia stato commesso, il giudice, non dando l'accusato adeguato discarico delle circostanze contro di lui verificate, è autorizzato a credere, che l'oggetto, ed il fatto, costituiscono parte del delitto, come lo costituirebbero se l'accusato fosse stato sorpreso nell'atto di commetterlo; e potrà a tali fatti ed oggetti, se siano più di numero, dare il valore del grado massimo di probabilità. Il grado medesimo, ancorchè non concorrano o tutte, o le identifiche circostanze enumerate qui sopra, è reputato dalla legge concorrere tutte le volte che il giudice secondo il suo privato ragionamento si sentisse convinto della reità dell'accusato.

406. Tutti i fatti, tutti i detti dell'accusato, i quali non hanno una connessione diretta col materiale del delitto che gli viene obiettato, comunque in genere svelino in lui delittuosa coscienza, non eccedono il grado di semplici verisimiglianze. Queste verisimiglianze possono bensì aumentar la forza degli elementi di probabilità, ma per se medesime, comunque molte di numero, non possono formarla.

407. É semplice verisimiglianza il non volere o non saper l'accusato dar discarico dei luogo ove egli trovavasi nel tempo del commesso delitto.

408. Quando si tratta di provare il fatto abile a costituire elemento di prova circostanziale, non è necessario che si abbia di ciascun fatto la prova testimoniale, o la confessione dell'accusato, come la legge esige per costituir la certezza. I testimoni singolari i meno idonei: la confessione stragiudiciale, o la giudiciale sebbene imperfetta, purchè non suggerita ed estorta: la prova scritturaria identificata per mezzo della comparazione della lettera, sebbene semplici probabilità, sono ammissibili come mezzi di prova delle circostanze criticamente referibili all'autor del delitto.

409. Gli elementi della prova circostanziale o indiziaria accumulati o dall'accusatore, o dall'informazione d'uffizio contro dell'accusato, acquistano forza contro di lui in ragione composta

>1.º Del suo personale carattere, della sua vita passata, e della opinione che riscuote nel pubblico.
>
>2.º Della indole, e del numero delle circostanze inerenti alla impresa delittuosa a forma dell'art. 355.
>
>3.º Dell'inverisimile, o falso, o niuno discarico, che l'accusatore ne dà.
>
>4.º Della prova che gli elementi della circostanziale hanno dal carattere, e dal numero de'testimoni, che ne depongono.

288 • Direito Processual Penal

5.º Del concorso colla prova circostanziale di altri mezzi di prova o testimoniale, o per la confessione del reo, o per scritture non aventi i requisiti di prove piene e perfette percuotenti direttamente il delitto, e il suo autore.

TITOLO XVII.

De'mandati di comparsa, di accompagnamento, e di custodia non libera, ed esecutivi

410. I mandati sono ordini de'giudici-istruttori diretti ad avere in giustizia il reo presente o di sua volontà, o per mezzo della forza pubblica, e quando abbisogni, per trattenervelo.

411. I mandati debbono esser rilasciati in forza d'un decreto, del quale deve costare negli atti della procedura. Debbono essere redatti in scritto dal cancelliere: intitolati nel nome della legge, e del Re: con menzione del decreto del giudice-istruttore: con indicazione del nome, cognome, professione, e domicilio del reo: e colla firma originale del giudice, e del cancelliere.

412. Di tutti i mandati si dee rilasciar copia a coloro, contro i quali son rilasciati, ancorchè esistenti in potere della giustizia.

413. I mandati sono esecutorii in tutte le parti dei regno, senza bisogno di *visa,* o di *pareatis* ( ).

414. Il mandato di comparsa, se si tratta di delitto pubblico, o di trasgressione alla polizia preservativa, deve contenere la ingiunzione a comparire avanti al giudice-istruttore in giorno, ed ora certa, senza espressione di causa, e colla sola formula - *per cause ad esso spettanti -*. Se si tratta di delitto privato, debbono trasmettersi con espressione di causa desunta dall'accusa presentata contro l'individuo che si cita a comparire. Il mandato in questi delitti deve esprimere il nome dell'accusatore.

415. Il mandato di comparsa deve essere dall'apparitore consegnato al reo, o lasciato al suo domicilio. L'apparitore in un registro a ciò destinato nella cancelleria dee di proprio carattere scrivere il referto della consegna a persona o del rilascio a domicilio, in persona di chi, colla menzione del giorno, e dell'ora nella quale fu fatto il rilascio.

416. Se il reo non comparisce al primo mandato, se ne rilascia a lui un nuovo con comminazione che non obbedendo sarà tradotto avanti al giudice-istruttore dalla forza pubblica a proprie spese. Questo nuovo mandato non ha bisogno di nuovo decreto.

417. Se il reo non obbedisce al nuovo mandato, vien rilasciato contro di lui mandato di accompagnatura.

418. Il mandato di accompagnatura è un ordine del giudice-istruttore agli esecutori di giustizia, il quale ingiunge loro di rintracciare il reo ovunque si trovi, impadronirsene, ed arrestato condurlo in giustizia.

419. I mandati di accompagnamento si eseguiscono in qualunque si sia luogo, in qualunque si sia tempo, in qualunque circostanza, ancorchè solenne, osservando quanto al tempo ciò che per le perquisizioni è stato prescritto all'art. 306. n.º 4

420. Qualora l'individuo siasi ritirato in luogo sacro ed immune, gli esecutori di giustizia si accerteranno se esso realmente vi sia: preverranno l'ecclesiastico, che presiede al luogo, di quanto vanno a operare, ed eseguiranno l'arresto, osservando però che esso non accada in tempo di sacre funzioni pubbliche, ed aspettando che esse sieno terminate ( ). È però lecito agli esecutori di circondare il luogo sacro ed immune per impedire la evasione dell'individuo, contro il quale veglia il mandato.

421. Il giudice-istruttore è obbligato a interrogare senza dilazione il reo, appena dagli esecutori di giustizia gli è presentato, se non altro all'oggetto di udire se egli abbia pronta, e chiara discolpa da allegare per il suo immediato rilascio. A quest'unico oggetto, se il giudice--istruttore è distratto da altre occupazioni, può il cancelliere interrogare il reo, rendendo ad esso conto dell'interrogatorio. La dilazione per la regolare interrogazione del reo non può essere maggiore d'un intero giorno, o d'una intera notte naturale. Il giudice, e il cancelliere, che vi contravvengono possono essere querelati, e puniti come rei di arresto arbitrario, a forma dell'art. 321. del codice penale ( ).

422. Gli esecutori di giustizia, se non hanno potuto eseguire il mandato di accompagnatura, ne debbono referire in scritto al giudice-istruttore; e questo loro referto prima di essergli presentato deve essere dagli esecutori medesimi esibito al visto dell'autorità municipale del luogo, ove il mandato dovea avere la sua esecuzione ( ).

423. Non essendosi potuto contro un individuo eseguire il mandato di accompagnatura, e trattandosi di delitto atroce, l'accusatore pubblico è tenuto a spedirne copia autenticata dalla firma del cancelliere a tutti i pubblici accusatori del regno, invitandoli a vegliare sulle tracce del reo di cui dovranno somministrarsi i connotati personali, onde venga in potere della giustizia.

424. Il mandato di accompaguatura non può essere rilasciato che ne'delitti pubblici, la pena de'quali ecceda la relegazione, ed è anco a ciò necessario
Ne'delitti di fatto permanente
1.º Che sia stata fatta prima la verificazione del lor materiale.
2.º Che esista accusa, o denunzia, o doglianza, contro l'individuo contro al quale il mandato si dee rilasciare.
3.º Che trattandosi d'informazione d'uffizio concorra, se non una probabilità, almeno una verisimiglianza, che l'individuo da arrestarsi sia l'autor del delitto.
4.º Che il valore della verisimiglianza sia dal giudice calcolato avuto riguardo alla condizione dell'individuo, alla opinione che vi è di lui presso i suoi concittadini, al suo domicilio nel regno, alle fortune che vi possiede; di modo che se si tratta di vagabondi non aventi cognito domicilio, persone sottoposte alla vigilanza della polizia, la sola diffamazione sia titolo ad assicurarsi di loro.
Ne'delitti di fatto transeunte
1.º Che vi sia o ordine superiore per informazione d'uffizio, o accusa, o doglianza, o denunzia.
2.º Che esista non una verisimiglianza, ma una probabilità, che l'individuo contro il quale dee rilasciarsi il mandato, abbia commesso il delitto.

425. Mentre questa materia, è rilasciata pressoché tutta al savio e prudente arbitrio dei giudici-istruttori, si consigliano però di condursi in essa con la massima circospezione. Essi debbono riflettere che trattandosi di cittadini domiciliati, aventi uno stato sociale, di onesta fama e di precedente innocente vita, non sempre la verisimiglianza o la probabilità del loro reato può autorizzare la prudenza del giudice a rilasciare contro di essi il mandato di accompagnatura piuttosto che quello di semplice comparsa. In fatti limitandosi nella maggior parte dei casi a quest'ultimo mezzo di citazione, si giova piuttosto che nuocere alla scoperta della verità senza offendere i riguardi dovuti alla presunzione d'innocenza, in quanto che I. o il citato comparisce e si purga dal sospetto che le circostanze del fatto avevano fatto nascere contro di lui, e risparmia così il rammarico di avere senza necessità preferito di assumere a suo riguardo una misura rigorosa e umiliante II. o non si purga da questo sospetto per quanto comparso, ed egli stesso avvalora il

290 • Direito Processual Penal

rilascio a suo carico di un mandato di custodia *segreta,* il quale fornisce cautela bastante alla società III. o finalmente non comparisce e la verisimiglianza e la probabilità restano avvalorate dalla sua non comparsa, la quale dà titolo al rilascio contro di lui del mandato d'accompagnatura a forma degli art. 416, 417

426. Il mandato di custodia *segreta* è un ordine che su motivato decreto il giudice-istruttore emette per il carceriere, ingiungendogli di chiudere, e ritenere in carcere a disposizione della giustizia, l'individuo in detto ordine nominato ( ).

427. Questo mandato si rilascia tanto contro il tradotto quanto contro il semplice citato in giustizia, qualunque sia la pena che ingerisce il delitto, purchè esso sia pubblico.

428. 1 mandati di custodia non debbono rilasciarsi se non nel caso in cui o il tradotto, o il semplicemente citato non abbia potuto purgarsi indizi di reità che hanno dato titolo o al mandato di comparsa, o al mandato di accompagnamento.

429. Questi mandati di custodia producono sempre l'effetto di vietare al carcerato qualunque comunicazione con chi si sia senza ordine espresso del giudice.

430. Perché gli effetti di questi mandati cessino, e il carcerato possa, sebben privo della sua libertà, aver comunicazione con chiunque gli piaccia, è necessario un decreto del giudice--istruttore notificato al carceriere, ed al carcerato, col quale si converta la custodia di secreta in pubblica.

431. I luoghi di custodia non possono esser luoghi di pena.

432. Non si rilasciano mandati di custodia ne'delitti privati.

433. I mandati esecutivi sono ordini di commissari del governo per condanne in vigor di sentenze inappellabili, o di sentenze contumaciali, o per costringere a nuovamente comparire in giudizio i rei rilasciati dal carcere sotto custodia libera.

434. Questi mandati d'impadronirsi del reo vengono trasmessi a tutti gli esecutori della forza pubblica.

TITOLO XVIII.

De'mandati di custodia libera

435. I mandati di custodia libera sono emessi dal giudice-istruttore, non che sulla istanza del carcerato, anco d'uffizio. Essi però prima di essere eseguiti debbono essere notificati all'accusator pubblico, il quale ha sole ventiquattro ore di tempo ad opporvisi.

436. Essi non si rilasciano se non quando gli atti informativi della procedura sono esauriti, e ne è stata fatta la pubblicazione all'accusato, onde esso provveda alla propria difesa.

437. La custodia libera dell'accusato consiste nella sua scarcerazione, data cauzione.

438. La cauzione puo esser nuda

1.º Allorché consiste nella semplice promessa che l'accusato emette di rappresentarsi in giustizia ad ogni nuovo ordine del giudice-istruttore.

2.º Quando gli viene assegnata in luogo di carcere la propria casa.

439. La cauzione è accompagnata da satisdazione, quando l'accusato è obbligato a dare alla giustizia o un *pegno,* o un mallevadore, per il pagamento delle conseguenze pecuniarie del giudicato, tanto a favor dello stato, quanto a favor dell'offeso.

440. La custodia libera con semplice promessa di ricomparire in giustizia si concede, allorché, comunque si tratti di delitto ingerente pena correzionale, si può rilevare dagli atti, che o

per il grado del delitto, o per il modulo della prova, la punizione riuscirà modica, ed abbia l'accusato già sodisfatto l'offeso.

441. La custodia libera, sostituendo la casa alla carcere, si concede anco ne'delitti gravissimi, quando si può congetturare, che per mancanza di prova la pena è per riuscir modica, e si tratta di persona di amplissime facoltà.

442. La custodia libera con dazione di pegno si ammette in tutti i casi di sorpresa in flagrante trasgresssione contro l'erario pubblico.

443.La custodia libera con dazione di mallevadore si concede in tutti i casi ne'quali, ancorchè per ciò che resulta dagli atti possa credersi certa la punizione, si tratta di delitto, la pena del quale non può eccedere la relegazione.

444. Il mallevadore offerto dal carcerato deve essere dimostrato idoneo con certificato dell'autorità municipale del luogo di residenza del giudice-istruttore.

445. Egli deve obbligarsi alla prestazione del fatto che il reo a cui vien concessa la custodia libera si rappresenterà ad ogni citazione della giustizia, e in mancanza della prestazione del fatto, al pagamento di tutte le conseguenze pecuniarie delle condanne a favor dello stato, e a favor dell'offeso. Il giudice-istruttore deve fissar la somma per la quale il mallevadore si deve obbligare. Qualunque sia la somma determinata dal giudice non è ammesso reclamo.

446. Il mallevadore è astretto, anco con arresto personale, al pagamento della somma per la quale si è obbligato, qualora il reo alla seconda citazione fattagli a comparire non si sia presentato in giustizia, non essendo necessario che le due citazioni vengano al mallevadore notificate.

447. Il mallevadore è obbligato a pagar la somma, ancorchè il reo venga in potere della giustizia in forza di mandato di accompagnamento rilasciato contro di lui, nel qual caso o la somma gli verrà restituita se il reo viene assoluto, e se è condannato avrà contro esso la propria rivalsa.

448. Il mallevadore resta liberato se il reo è presente alla sentenza che dà fine al giudizio, sia che ella assolva, sia che ella condanni, limitandosi la sua obbligazione a far sì che il reo al momento della sentenza sia sotto la mano della giustizia pendente il giudizio, a ragion del quale fu carcerato.

449. Il mallevadore resta pur liberato se il reo muore avanti la prima citazione a comparire in giustizia: ossivvero nel termine nel quale a forma della prima citazione dovrebbe comparire.

450. Se la mallevadoria è prestata in un giudizio con sentenza appellabile, essa non si estende al giudizio d'appello, se per questo secondo giudizio non è confermata, o se nell'atto di essere assunta non vi fu estesa.

LIBRO IV.

DELLA PROCEDURA GIUDICIARIA

451. La procedura giudiciaria è *ordinaria* ne'delitti di competenza delle Corti di giustizia criminale.

452. Ella è *sommaria* per i delitti e per le trasgressioni di competenza de'Tribunali di giustizia, e di polizia preservativa, siccome per le trasgressioni di competenza dei Tribunali di semplice polizia.

PARTE I.

DELLA PROCEDURA ORDINARIA

TITOLO I.

Degli atti informativi

453. Gli atti informativi hanno l'oggetto di acquistare, o d'escludere, la prova del delitto o denunziato, o accusato in giustizia, e dell'individuo, o individui, ai quali è il delitto attribuito.

454. Le compilazioni di questi atti è affidata interamente al giudice-istruttore.

455. Se il giudice-istruttore ha dubbi sull'ammissione dell'accusa, sul titolo del delitto, sulla sufficienza giuridica della prova alla trasmissione del reato, egli propone il dubbio alla Corte alla quale è addetto per mezzo del suo presidente, e ne aspetta la risoluzione.

456. Se per qualunque motivo la Corte opina che non sia luogo a procedere ulteriormente, essa ordina che gli atti informativi già compilati siano riposti in cancelleria per riassumersi se vi sarà luogo. Di quegli atti non si può dare nè vista, nè copia ad alcuno. Questa risoluzione non può essere censurata nè dall'accusator pubblico, nè dall'offeso, nè dall'accusato. Può il commissario di governo, presa cognizione dell'affare, informarne il Procuratore del Re presso la Corte regolatrice. Se il Procuratore del Re crede doversi proseguire la procedura, egli ne trasmette la istanza da lui firmata al giudice-istruttore, rendendosi pero responsabile de'danni e spese verso l'accusato, ancorchè sia assoluto per insufficienza di prova. Se la procedura è riposta in cancelleria, l'offeso può rivolgersi all'esperimento delle sue ragioni contro il preteso offensore nel giudizio civile, senza però poter far menzione di ciò che avvenne nel giudizio criminale. La sentenza assolutoria che emani a favor dell'offeso non pregiudica alla riassunzione degli atti informativi contro di lui nel caso che sopravvengano nuove prove della sua reità.

457. Può l'accusator pubblico ricorrere alla Corte dalle risoluzioni del giudice-istruttore

1.º Se egli ricusi ammettere un mezzo di prova offerto da lui.

2.º Se ricusi di rilasciare o un mandato di accompagnamento, o un mandato di custodia.

3.º Se voglia ammettere contro le sue opposizioni un carcerato alla custodia libera.

458. La stessa facoltà ha l'accusato, se ne'tre divisati oggetti la risoluzione del giudice-istruttore è ad esso contraria.

459. I reclami alla Corte contro il giudice-istruttore sono spediti, esaminati e decisi, senza formalità di atti, e senza solennità di procedura. Il Presidente comunica le resoluzioni al giudice istruttore con lettera, che unitamente al reclamo viene a far parte degli atti informativi.

294 • Direito Processual Penal

460. Questi atti debbono essere compilati dal giudice-istruttore nel luogo della sua giudicial residenza, salvo quanto è stato prescritto all'art. 268.

461. Gli atti informativi, o si tratti di esami di testimoni, o si tratti di esami di rei, debbono essere compilati senza che altri, che il cancelliere redattore e la persona che dee essere interrogata, vi assista.

462. Il cancelliere depositario degli atti informativi, che ne viola il segreto prima della loro pubblicazione, è punito come reo di prevaricazione a forma dell'art. 361. n. 6. del codice penale.

463. Il cancelliere è dichiarato responsabile criminalmente del fatto de'suoi sottoposti a forma dell'art. 342 del codice penale.

TITOLO II.

Della citazione, e dell'esame de'testimoni

464. La legge non ammette attestati: ella vuole il testimone in persona, e il suo detto emesso nelle forme che essa stessa prescrive.

465. I testimoni sono citati in forza d'ordinanza del giudice-istruttore in nome della legge, e del Re, con cedola scritta, e firmata dal cancelliere.

466. Il processo dee aver la menzione del rilascio delle citazioni, e del motivo per il quale il testimone è citato.

467. La cedola di citazione deve indicare il nome, cognome, professione, e domicilio del testimone, il giorno, e l'ora della comparsa, senza espressione di causa, e colla sola formula – *Per cause alla giustizia spettanti –*.

468. La cedola deve essere dall'apparitore consegnata al testimone in persona, o lasciata al suo domicilio.

469. L'apparitore nell'originale della citazione che lascia deve far menzione in scritto e di proprio pugno che egli (nominandosi) ha lasciata la citazione se al testimone in persona, o a chi del suo domicilio: dee scrivere in un registro a tale effetto esistente nella cancelleria del Tribunale il referto dell'eseguito rilascio.

470. Se il testimone alla prima citazione non comparisce senza allegare impedimento legittimo, si deve citare con nuova cedola, aggiungendo la comminazione di una multa determinabile dal giudice-istruttore in caso di nuova non comparsa. Se il testimone non si presenta neppure alla citazione seconda, il giudice-istruttore ordina all'apparitore di prendere informazione del suo stato, e della sua dimora: e se apparisce che la non comparsa del testimone è volontaria, rilascia contro di lui un mandato di accompagnamento, da avere effetto senza pregiudizio del pagamento della multa che gli fu comminata.

471. Del rilascio di questo mandato deve dal giudice-istruttore esser data comunicazione al commissario del governo, facendone menzione negli atti.

472. Se il testimone si nasconde, o si sottrae colla fuga, s'inizia di uffizio contro di lui la procedura per delitto contro la giustizia pubblica a forma dell'art. 357 del codice penale; il qual delitto si ha per provato sulla semplice esistenza delle citazioni, de'referti di rilascio, e delle menzioni di non comparsa, che il cancelliere è tenuto a far nel processo.

473. Il testimone che allega una falsa scusa, o un falso impedimento, e coloro che ne testificassero, e ne accertassero, verificata dal giudice-istruttore la falsità, e contestato l'addebito agl'incolpati, rimette gli atti alla Corte, e al Tribunale, e i giudici condannano alla pena di carcere,

III - Projecto Giovanni Carmignani • 295

secondo il maggiore o minor grado di malizia della falsità, e della maggiore o minore importanza della causa. Queste condanne ancorché sieno de'Tribunali inferiori sono inappellabili.

474. I testimoni si citano

1.º O per nomina fattane dall'accusatore pubblico,

2.º O per nomina del denunziante, e del dolente.

3.º O per informazione d'uffizio.

4.º O per nomina del reo.

5.º O per nomina che altri testimoni ne abbiano fatta.

475. Comparso il testimone in giudizio, deve esibire al giudice-istruttore la citazione trasmessagli. Il cancelliere assistente al giudice-istruttore dee far menzione della sua comparsa, del suo nome, cognome, età, professione, domicilio, se è libero, o coniugato, se con figli, o senza figli ( ), e della consegna dell'atto di citazione.

476. Se il testimone comparisce ultroneo, e senza preventiva citazione, il cancelliere ne deve far menzione nel processo.

477. Deve essere dal cancelliere deferito al testimone, se è cattolico, il giuramento di dire la verità sopra imagine di Gesù Crocifisso in rilievo: se il testimone professa altro rito, religione, o culto, deve deferirsegli il giuramento secondo il rito della religione che professa. Se la sua religione gl'interdice di giurare, deve promettere sulla sua anima e coscienza di dire la verità ( ).

478. La prima interrogazione da farsi al testimone è, se sappia, o si immagini la causa del suo richiamo in giustizia. Se il testimone dice che no, è da domandarseli se conosca l'accusato, e se abbia con esso relazioni di parentela, o d'interesse, o quali. Questa interrogazione deve essergli fatta ancorchè il testimone dica conoscere cosa si vuol sapere da lui, nel qual caso gli deve essere ingiunto di dir cosa sappia.

479. Se il testimone non narra da se medesimo il fatto del quale si suppone informato, è vietato di suggerirglielo, interrogarlo suggestivamente col dirli se sappia, che il reo abbia fatto tale, o tale altra cosa. Le interrogazioni debbono procedere con ordine analitico dal semplice al composto, dal noto all'ignoto, ed essere di generalità specificativa, e non di assoluta specialità ( ). Poichè è certo, che il testimone quando fu commesso il delitto in qualche luogo trovavasi, convien domandargli ove si trovasse nel giorno, e nell'ora nella quale resulta dagli atti essere stato commesso il delitto: se il testimone dice essersi trovato in quell'ora presente in quel luogo, se gli dee domandare se cosa alcuna di straordinario, o funesto, in quel luogo, e in quell'ora accadesse. Se il testimone dice esserc stato nell'ora del delitto in luogo diverso da quello nel quale fu commesso, deve esser troncato l'esame, e lui licenziato ( ).

480. Il testimone dee essere interrogato sulla causa di scienza di ciò che depone.

481. È vietato di fare al testimone più domande nella interrogazione medesima ( ).

482. Le interrogazioni debbono farsi prima sul delitto in genere, in seguito sull'autor del delitto ( ).

483. Se il testimone nel rispondere apparisce inverisimile, affettato, animoso, vacillante, vario, o contradittorio con se medesimo, il giudice ne lo deve ammonire, e con interrogazioni dalla propria sagacità suggeritegli, indagare se il testimone è sulla via del vero, o su quella del falso.

484. Se si tratta di testimone per la sua condizione idiota, il giudice istruttore dee aver cura di proporzionarsi nell'interrogare alla sua intelligenza, e il cancelliere deve trascrivere le risposte del testimone tali quali, ancorchè rozzamente le esprima ( ).

485. Se il testimone o dicesse cose distruttive delle già provate in processo, o le negasse, o impugnasse di sapere ciò che è provato che egli sa, il giudice dee benignamente avvertirlo, constare alla giustizia diversamente da quel che egli depone. Se il testimone persiste nel proprio detto, dee domandargli se conosce le persone che diversamente hanno deposto negli atti, senza però manifestargli il deposto: se le reputi capaci di dire la verità: dopo di che gli contesterà i deposti che stanno a smentirlo.

486. Se il testimone persiste nelle sue asserzioni, o nelle sue negative, il giudice gli contesterà il sospetto di falsità che concorre contro di lui, le ragioni che gli sono d'appoggio, e la necessità in cui la legge lo pone di sperimentare la sua veracità colla carcere[12]. Persistendo il testimone nel suo sistema, il giudice-istruttore rilascerà contro di lui mandato di custodia segreta.

487. Questa custodia, nel caso di pertinacia del testimone, e ne'delitti più gravi, non può eccedere il termine di giorni quindici ( ), dovendo il giudice in questo intervallo chiamare il testimone in esame, e interrogarlo se il sofferto rigore lo abbia determinato a dire la verità.

488. Se il testimone si ritratta, il suo deposto diviene e per il reo, e per l'accusatore, e per il giudice, ineccezionabile.

489. Se il testimone persiste nel suo sistema, egli è dimesso ( ), e si tiene sospeso contro di lui un mandato di accompagnamento, da eseguirsi a giudizio ultimato, se la sentenza emana in un senso contrario a ciò che egli depose, come atto iniziale del processo di falsa testimonianza contro di lui.

490. Se il deposto del testimone che asserisce, o che nega, per quanto risulta dagli atti, contro la verità, non apparisce o necessario o utile alla prova, dopo le prime ammonizioni egli deve essere licenziato, e non è lecito assoggettarlo ad alcuna specie di rigore ( ).

491. Ogni rigore è parimente contro al testimone vietato, se della verità di ciò che egli nega, o della falsità di ciò che egli asserisce, non esiste negli atti una prova la quale superi il peso d'un testimone idoneo: non essendo da valutare nè l'asserzione dell'accusatore, nè quella del denunziante.

492. Il rigore di che all'art. 487 non può praticarsi contro il testimone se non nel caso, che il suo deposto riguardi la prova diretta dell'autor del delitto. Se il deposto concerne un indizio, il rigore è vietato ( ).

493. Se il testimone comparso in giudizio nega di rispondere, o maliziosamente non risponde a proposito, il giudice-istruttore, previa ammonizione benigna sulla necessità di rispondere alle interrogazioni della giustizia, e sulle pene ai violatori, rilascia contro esso un mandato di custodia. L'affare in questo stato è rimesso alla Corte, o al Tribunale, il quale condanna il testimone alla pena prescritta dall'art. 357 del codice penale.

494. I testimoni debbono essere interrogati, se abbiano da nominare altri presenti al fatto, o consapevoli del fatto del quale depongono.

495. Il giudice-istruttore ha l'obbligo di citare, e interrogare i testimoni nominati dal reo a propria discolpa, ed esaminarli colla medesima imparzialità, col medesimo amore del vero, coi quale esamina i testimoni nominati dall'accusatore. Quest'obbligo gl'incombe, ancorchè i fatti o a discolpa, o a scusa del reo, vengano da altri testimoni indicati ( ).

---

[12] Un segno di reprobazione che si riscontra nel manoscritto dimostra che l' autore, per quanto avesse in questo luogo seguita la pratica antica dei Tribunali toscani, era risoluto di sopprimere o modificare le presenti disposizioni.

496. Qualunque suggestiva interrogazione vizia la risposta, e le toglie ogni forza provante ( ).

497. Esaurito l'esame, il giudice-istruttore domanda al testimone, il quale per deporre abbia dovuto trasferirsi da una comune all'altra, se abbia indennità da reclamare, e se la reclami. Reclamandola il testimone, il giudice-istruttore la tassa, avvertendo che le funzioni di testimone sono gratuite, e che non vi è altra indennità da abbuonargli che il rimborso delle spese di viaggio e traslocazione che ha sofferte. La tassazione d'indennità è dal testimone presentata al commissario del governo che ne ordina il pagamento.

TITOLO III.

De'testimoni esclusi, eccettuati, e scusati

498. Sono esclusi dal far testimonianza in giudizio
> 1.º Gl'impuberi minori di anni dodici compiti.
> 2.º I condannati per delitto ingerente infamia perpetua, o infamia temporaria, prima della loro riabilitazione.
> 3.º Gli accusatori, o i denunziatori, del delitto di cui è questione.
> 4.º Gli appauritori, ed esecutori di giustizia, che ebbero parte nel processo, a meno che non si trattasse di resistenze, ed esimizioni contro essi commesse.

499. Sono eccettuati dal far testimonianza il padre contro il figlio, il figlio contro il padre, i coniugi l'un contro l'altro, i fratelli e le sorelle contro i loro fratelli e le loro sorelle.

500. Se si tratta di delitto atroce commesso nel recinto delle mura domestiche, o altro chiuso luogo, entro il quale non abbiano avuto possibile accesso se non i parenti, il giudice--istruttore, reso conto alla Corte suprema regolatrice dello stato degli atti, e della mancanza di altro mezzo di prova che quello che dal detto de'parenti può trarsi, aspetterà d'essere autorizzato a chiamarli in esame.

501. Nel caso che il delitto non abbia che questo mezzo di prova, la condanna del delinquente sarà l'esilio dal regno per un tempo non minore di anni dieci, nè maggiore di anni quindici, dovendo il delinquente al suo ritorno in patria restare sotto la vigilanza perpetua della polizia.

502. I testimoni indicati nell'art. 499 possono esser citati ad istanza dell'accusato, ma se nel deporre articolassero cosa in di lui aggravio, l'esame deve essere interrotto, ed essi licenziati.

503. Sono scusati dal comparire in giudizio per testimoni con citazione,
> 1.º I membri delle cortes.
> 2.º I grandi dignitari del regno, e i grandi ufficiali della corona,
> 3.º I ministri.
> 4.º I consiglieri di stato.
> 5.º Gli agenti diplomatici.
> 6.º I membri della Corte regolatrice.

504. Non è necessaria per l'esame degl'indicati individui alcuna autorizzazione superiore, ma è necessario, che il presidente della Corte, o del Tribunale, indirizzi loro avviso contenente la indicazione de'fatti sopra i quali debbon deporre, e chieda loro quando vogliano essere interrogati.

298 • Direito Processual Penal

505. Se alcuno degl'indicati individui risponde non aver notizie su i fatti, non gli è fatta ulteriore premura. Se indica il giorno, e l'ora nella quale intende d'essere esaminato, il giudice--istruttore non accompagnato dal cancelliere si trasferisce alla loro abitazione, e ne riceve i deposti trascrivendogli egli medesimo.

506. Questi deposti sono contestati al reo, il quale non ha dritto di pretendere, che alcuno degl'indicati individui comparisca in giustizia per sostenerlo al suo cospetto e combatterlo.

507. Sono egualmente scusati,

1.º I malati.

2.º I settuagenari.

3.º Le zittelle oneste: dovendo per l'esame di questi testimoni il giudice-istruttore, ed il cancelliere, previo avviso, trasferirsi al loro domicilio, a guida dell'apparitore.

508. Se il reo a forma dell'art. 474 esige la comparsa di questi testimoni in giustizia per redarguirli, essi debbono comparirvi.

509. Possono esser citati, ma non possono essere astretti a deporre svelando segreti confidati loro per ragione della lor professione

1.º I medici, chirurghi, farmacisti, ufficiali di sanità, guarda-malati, ostetrici, nutrici, ad eccezione delle denunzie alle quali tali persone sono obbligate per litterale disposizione della legge

2.º I ministri del culto.

3.º Gli avvocati, causidici, e notari ( ).

510. Citato in giudizio alcuno degl'individui appartenenti alle tre indicate categorie, e domandatoli se s'immagini la causa della sua citazione in giustizia, se dice ignorarla, il giudice--istruttore dee immediatamente manifestargli la persona, a ragion della quale l'individuo citato deve essere interrogato.

511. Se il testimone allega la religione del segreto, il giudice-istruttore dee far nuovamente giurare, che l'accusato è ricorso a lui per ragione della sua professione: prestato il qual giuramento, il testimone deve essere licenziato.

TITOLO IV.

Dell'esame per mezzo d'interpetre

512. Qualora il testimone non parli il linguaggio nel quale per la legge, e per l'uso del paese, deve essere. interrogato, i giudici-istruttori hanno l'obbligo di praticar l'esame per mezzo d'interpetre.

513. L'interpetre deve aver la età che la legge richiede ne'testimoni a forma dell'art. 376. Egli è nominato d'uffizio dal giudice che istruisce il processo nel quale deve essere adibito.

514. L'interpetre può essere ricusato dal reo se è presente, e dall'accusatore se è privato. Se l'interpetre è nominato, non essendo il reo in potere della giustizia, egli può ricusarlo sempre, sebbene avvenuto l'esame, e chiederne un nuovo.

515. Le cause della ricusa possono desumersi dalle eccezioni che il testimone soffre nella persona a forma dell'art. 498 e dai fatti che danno titolo alla ricusa del giudice. Se la ricusa è proposta, ella dee essere giudicata dai giudici della Corte, o del Tribunale, ai quali l'affare è rimesso ( )..

516. L'interpetre, neppur di consenso delle parti, può essere scelto tra i testimoni o nominati dall'accusatore, o nominati dal reo ( ).

517. Nè il giudice-istruttore, nè il cancelliere, nè i suoi commessi, possono essere interpetri. Le donne non lo possono essere ( ).

518. L'interpetre nominato dee prestar giuramento nelle forme indicate all'art. 477, di tradurre fedelmente le interrogazioni del giudice ( ), e le risposte del testimone, siccome di avvertire il testimone del giuramento che deve assumere, di quello del suo deposto, e delle pene alle quali si sottopone ( ).

TITOLO V.

Delle recognizioni reali e personali

519. Quando si tratti d'oggetto apartenente al delitto, e veduto fuori di giudizio dai testimoni, il quale sia pervenuto in potere della giustizia, la recognizione di un tale oggetto per la parte, o dell'offeso se gli appartenga, o de'testimoni, onde non sia suggestiva, non deve farsi offrendolo agli occhi loro solo isolato, e senza preventive cautele.

520. L'oggetto esistente in potere della giustizia e giuntovi per altro modo che per l'arresto fattone dagli esecutori a forma degli art. 298 e 299, si reputa dalla legge concludentemente identificato coll'oggetto appartenuto al delitto

1.º Se l'offeso, o il testimone che lo dee riconoscere, non lo avrà precedentemente veduto in potere della giustizia,

2.º Se prima di vederlo, lo abbia per le sue qualità esattamente descritto.

3.º Se dichiara poterlo senza timore di errore riconoscerlo.

4.º Se dal giudice-istruttore gli sarà posto sott'occhio insieme a due altri oggetti della natura, della specie, e della maggior somiglianza possibile coll'oggetto da riconoscersi.

5.º Se l'offeso o il testimone lo avrà, riconoscendolo, scelto e separato, con la sua mano.

521. Questa cautela è inutile quando si tratti di specie, o oggetti non identificabili.

522. Quando si tratti di reo non conosciuto o dall'offeso, o dai testimoni, ma semplicemente veduto da loro o mentre commetteva il delitto, o in tempo, o in luogo, o in atto abile a formare indizio contro di lui, all'effetto che sia legalmente stabilita la identità dell'individuo arrestato, e in potere della giustizia, coll'individuo designato dall'offeso e dai testimoni, la legge esige

1.º Che l'offeso, o il testimone, descriva l'individuo di cui intende deporre pe'suoi connotati d'età apparente, statura, pelame, complessione, abito ec.

2.º Che affermi poter bene riconoscerlo rivedendolo.

3.º Che lo veda non visto da lui, e ciò per mezzo di graticola alla porta della stanza, ove l'individuo da riconoscersi vien collocato.

4.º Che lo veda in mezzo a due persone, quanto è più possibile simili al reo collocate presso di lui nella situazione, che ad esso piace di scegliere in quella stanza.

5.º Che riconoscendolo, dichiari aver veduto tra le tre persone della stanza l'individuo di cui ha inteso deporre.

6.º Che introdotto nella stanza, di propria mano lo tocchi.

TITOLO VI.

Delle lettere rogatorie, o sussidiarie, e delle reversali, o responsive

523. Non può la legge obbligare i testimoni a lungo cammino ( ). Quando occorra di esaminare un testimone, il quale ha il suo domicilio, o la sua dimora, in un circondario di giurisdizione che non è quello d'un giudiceistruttore, il giudice che dovrebbe interrogarlo in giudizio non lo cita, avanti di sé, ma scrive lettera rogatoria al giudice-istruttore del circondario di giurisdizione del luogo nel quale il testimone risiede, invitandolo a citarlo, ed esaminarlo in sussidio di giustizia.

524. La lettera rogatoria deve essere datata, e firmata dal giudice-istruttore che la spedisce: deve esporre con chiarezza ciò che o l'accusatore, o il reo, o altro testimone, ha deposto come cosa di cui il testimone da citarsi si reputa consapevole, e le istruzioni opportune per aver da lui un circostanziato ed imparziale deposto: se la lettera ha relazione a un carcerato, ella dee avere sulla sua sopraccarta il segno indicato all'art. 122.

525. Il giudice cha spedisce la lettera rogatoria deve far menzione negli atti che egli istruisce, della sua spedizione, esprimendone la data e la direzione, e trascrivendone esattamente il tenore.

526. Il giudice a cui è stata diretta la rogatoria, citato il testimone a comparire, deve interrogarlo, e ricevere il suo deposto in un atto separato, da potersi rimettere nel suo originale al giudice-istruttore che ne fece richiesta. Esaurito l'esame a norma di quanto la procedura prescrive, deve tenerlo segreto: deve scriver lettera responsiva o reversale al giudice-istruttore, da cui venne la lettera rogatoria, annunziandogli di avere esaurite il sussidio di giustizia richiestogli coll'esame scritto che gli trasmette: compiegarlo, e cautelando la lettera sigillata con cera di spagna, coll'impronta del suo sigillo d'uffizio: e valendosi per il recapito del corso ordinario di comunicazione da un luogo all'altro, del quale l'amministrazione pubblica si vale nelle proprie corrispondenze. Nel di sopra della lettera reversale deve farsi il segno, che aveva la rogatoria, trattandosi di affare concernente un carcerato.

527. Il giudice-istruttore che riceve il sussidio di giustizia, appena lo ha ricevuto, deve farne menzione negli atti d'istruzione pendente contro l'accusato, al quale il sussidio si riferisce.

528. Lo stesso dee praticarsi quando occorre di avere il deposto di testimone addetto alla milizia di terra, o di mare, sebbene abiti nella giurisdizione del giudice-istruttore che dovrebbe interrogarlo. La lettera rogatoria è spedita in questo caso al giudice militare.

529. Se il testimone da esaminarsi abita in stato estero, la lettera rogatoria al giudice del suo domicilio dee essere spedita per mezzo del commissario del governo al Procuratore del Re presso la Corte regolatrice, il quale procura l'invio, e il ritorno del sussidio, per mezzo dell'uffizio degli affari esteri.

TITOLO VII.

Della comparsa in giudizio, e dell'interrogatorio del reo

530. Allorchè il reo è esibito dagli esecutori di giustizia avanti il giudice-istruttore in forza di mandato di accompagnamento per titolo di delitto avente pena maggiore della relegazione, il giudice prima di procedere ad interrogarlo sul suo nome, cognome, professione, e domicilio, e

facendo menzione della sua comparsa in forza di detto mandato, dee esattamente farlo descriver negli atti per i personali suoi connotati di età apparente, di corporatura, di statura, pelame, forme del volto, segni particolari e distintivi che egli abbia, abito: dopo di che dee ad esso domandare

1.º Del suo nome, cognome, professione, domicilio, età, se libero, o coniugato, con figli, o senza figli

2.º Del luogo, e del tempo del suo arresto.

3.º Della causa per la quale crede d'essere stato arrestato, e tradotto in giustizia.

531. In caso di comparsa del reo per mandato a comparire in causa di delitto avente pena minore della relegazione, queste cautele non son necessarie, e può il giudice aprire l'interrogatorio come se si trattasse di testimone in conformità dell'art. 478.

532. Qualunque sia il titolo del delitto, e il mandato, in forza del quale il reo si è presentato in giustizia, è vietato di deferirgli il giuramento. In luogo di questa solennità dee essere dal giudice dignamente e paternamente avvertito a dire il vero.

533. Se il reo o nel principio dell'interrogatorio, o nel suo progresso tacesse, vi si ostinasse, o desse risposte elusorie, e non a proposito, previa ammonizione ad obbedire alla domanda della giustizia e delle conseguenze della sua ostinazione a tacere, il giudice dee rilasciare contro di lui mandato di custodia segreta.

534. Il giudice, nel caso di silenzio dell'accusato, dee assicurarsi per mezzo di periti nell'arte, che egli non ha impedimento della loquela: ed accertatosene, dopo due consecutive ammonizioni a rispondere con intervallo l'una dall'altra, dee procedere contro di lui come contro reo contumace.

535. Nel sistema d'istruzione dalla legge addottato dee il giudice che vi presiede, e la conduce, considerare il reo non altrimenti che un testimone di fatto proprio, il quale deve essere interrogato co'metodi indagativi del vero, sia egli inclinato a manifestarlo, o nasconderlo. Se lo manifesta, egli non dà vinta all'accusatore la lite come in causa di delitto privato, ma emette una testimonianza della quale al pari d'ogni altra il giudice deve indagare, e confermare negli atti la credibilità: se lo nasconde, le prove che d'altro lato possono raccogliersi del fatto del quale si cerca, rendono inutili i suoi tentativi di nascondiglio: ne sono anzi una nuova conferma: se queste prove mancano, il reo negando ha esercitato il dritto legittimo della propria difesa.

536. Non è quindi lecito al giudice di fare al reo domande di proprio conto, e non aventi il loro critico e ragionevole motivo negli atti, suggestive, capziose, saltuarie, improvvise, dirette o a estorcere, o a sollecitare la confessione del delitto, a guisa d'uomo che voglia assalire un nemico nel nascondiglio, ove a propria difesa si è trinccrato.

537. Le interrogazioni che il giudice dee fare al reo per il loro morale carattere debbono essere umane, benigne, di consigliere, non di superiore che impera: per il loro carattere logico debbono essere poste, e condotte nel modo indicato in proposito dell'esame de'testimoni all'art. 479.

538. Se il reo comparso in giudizio confessa ultroneamente il delitto, il giudice non dee credere che tutto è fatto. Egli dee aver presenti i caratteri di credibilità, che la legge esige; nella confessione de'rei : deve interrogar l'accusato confesso nel senso della prova di questi caratteri, ed avuto da lui il conveniente discarico su questo proposito, deve rilasciare contro di esso mandato di custodia, e dar mano alla verificazione de'fatti e delle circostanze che stanno ad avvalorare la credibilità della confessione.

539. Se il reo nega, e si mantiene nella sua negativa, il giudice non deve spiegare in un tratto, e subitamente contro di lui le prove acquiste della sua reità.

302 • Direito Processual Penal

540. Siccome è sperabile, che il reo dall'ordine logico col quale gli sono pazientemente accennate tutte le circostanze della sua condotta nel tempo anteriore, contemporaneo, e successivo al delitto, scorga da se stesso insostenibile, e temeraria la sua negativa, e l'abbandoni; così le interrogazioni che a lui dee fare il giudice debbono incominciare dalle circostanze le più semplici, e meno all'atto del delitto vicine, e gradatamente progredire alle più importanti, e più vicine a quell'atto: senza pur far sembiante, che le circostanze sulle quali il reo viene interrogato siano altrettanti indizi contro di lui.

541. Se all'oggetto di ordire così l'interrogatorio del reo è necessario costituirlo, più volte in esame, il giudice è tenuto a farlo. Niente vi ha che esiga pazienza quanto la ricerca del vero.

542. Se il reo, nel domandargli discarico delle singole circostanze relative al delitto, le dà per modo da escluderlo, e allega i mezzi onde provarlo, siano essi accessi, visite specialmente da farsi, testimoni da esaminarsi, il giudice prima di sottoporlo a nuovo esame, deve procedere alla verificazioue de'fatti da esso indicati, e qualora non si verifichino, il primo soggetto del suo nuovo esame deve esser quello di contestargli, che il discarico dato da lui non è coerente alla verità.

543. Non è lecito al giudice di far supporre al reo come vere le circostanze, le quali non abbiano appoggio alcuno di verità negli atti.

544. Se la circostanza ha l'appoggio del deposto d'uno, o più testimoni, il giudice nell'interrogare su quella circostanza il reo, ed esso negandola, dee domandargli se conosce l'individuo che ne depone: se lo reputi uomo capace di dire la verità, o deve infine contestargli che questo individuo sentito come testimone in giustizia depose con giuramento della verità della circostanza che egli impugna.

545. Se il reo oppone al testimone qualche fatto che ne possa indebolire la fede, e adduce i mezzi di prova, il giudice dee prontamente verificarla, e procedere come è stato detto all'art. 542.

546. Esaurito col reo l'interrogatorio *piano* sulle circostanze tutte relative al delitto, considerate come separate e distinte tra loro, e persistendo il reo nella negativa, il giudice dee procedere all'interrogatorio *obiettivo*.

547. Questo interrogatorio dee farsi per modo che le circostanze verificate, siano al reo esposte, e contestate nella loro riunione logica, e nel loro critico valore d'indizio: avendole il giudice prima disposte in categorie, in quanto più circostanze per la loro reciproca analogia e connessione possono formare unite un indizio, mentre separate non lo potrebbero: e procedendo con ordine dalla semplice verisimiglianza, alla probabilità, e finendo colla obiezione della prova, quale dal complesso degli atti, secondo il suo raziocinio, risulta.

548. Esaurito l'interrogatorio obiettivo, se il titolo del delitto lo ammette, o non ammettendolo il titolo, se il giudice crede che la prova risultante dagli atti non possa esser titolo a condanna maggiore della relegazione, ammette il reo alla custodia libera a forma di quanto è prescritto al tit. XVIII. del lib. II.

TITOLO VIII.

Della consegna dei rei per estradizione fattane da stato estero

549. Quando i giudici-istruttori hanno notizia che l'autore di grave delitto pubblico commesso nel circondario della loro giurisdizione, sia esso portoghese, o sia forestiero, è fuori del regno, e in uno stato col quale pozza credersi, che il regno abbia trattato di estradizione, ne

debbon far parte al commissario del governo presso la Corte alla quale appartengono, dandogli le notizie necessarie per dar titolo alla domanda di estradizione del reo.

550. Il commissario del governo dee partecipare queste notizie, e la domanda di estradizione, al Procuratore del Re presso la Corte regolatrice, il quale ne riferisce al Ministro della giustizia, e questi al Ministro degli affari esteri, onde ordini agli agenti diplomatici portoghesi presso l'estero di domandare la estradizione dell'individuo.

551. L'uffizio che a quest'oggetto dee fare il giudice istruttore dee contenere

1.º La enunciazione del titolo del delitto, e del luogo dove è stato commesso.

2.º La indicazione del nome, cognome dell'individuo, di cui è domandata la estradizione, e de'connotati personali che lo identificano.

552. Giunto al Procuratore del Re l'avviso della ottenuta estradizione, egli dee concertare col Presidente della Corte regolatrice il luogo nel quale la giustizia ne deve ricevere la consegna. Il Presidente destina il giudice-istruttore più prossimo al luogo di confine, nel quale la consegna deve essere effettuata, onde nei giorno a quest'atto prefisso vi si trasporti.

553. Deve essere dal giudice-istruttore redatto processo verbale dell'atto di consegna del prigioniero, vedendolo, e descrivendolo pe'suoi connotati personali: dee quindi interrogarlo del suo nome, cognome, professione ec., come è detto all'art. 53.

554. Il prigioniero, e il processo verbale di consegna, sono spediti al giudice istruttore incaricato della procedura per il delitto del quale il prigioniero è accusato.

555. Giunto che il prigioniero vi sia, il giudice-istruttore lo interroga, e se vi è luogo, rilascia contro di lui manndato di custodia come è detto all'art. 533.

556. È vietato ai giudici-istruttori di rivolgersi direttamente alle autorità, ancorchè giudiciarie, degli stati esteri per la estradizione degli accusati, o di eseguire le richieste che ad essi fossero fatte per estradizioni di refugiati nei circondari delle loro giurisdizioni.

557. L'individuo consegnato alla giustizia per estradizione, non può essere processato, che per il delitto per il quale fu consegnato.

558. Se l'individuo di cui è domandata la estradizione è implicato in una procedura nella quale siano altri accusati implicati, e la estradizione presenti de'ritardi a cagione d'essere l'individuo ritenuto dallo stato estero per delitti da lui commessi, la procedura diverrà contumaciale contro di lui, e sarà spedita relativamente agl'individui in potere della giustizia. Gli atti contro i carcerati presenti allora soltanto possono esser tenuti sospesi, quando concorrano probabilità gravi della lor reità, e che la presenza dell'individuo di cui è stata chiesta la estradizione possa somministrar nuovi lumi sulle circostanze del delitto, e sulle specialità degl'individui che lo commessero.

TITOLO IX.

De'sordo-muti, allenati di mente, ed impuberi

559. Allorché avanti un giudice-istruttore o in causa di delitto pubblico, o in causa di delitto privato, o in forza di mandato di comparsa, o in forza di mandato di accompagnatura, si presenta un accusato, nel quale o si dica o apparisca essere la sordità d'impedimento alla loquela, il giudice fatta menzione della comparsa, e se si tratta di delitto pubblico osservato quanto è prescritto all'art. 530, deve senza allontanar l'accusato udire, previa citazione d'ufffizio, due testimoni verisimilmente informati dello stato dell'accusato presente.

304 • Direito Processual Penal

560. Se i testimoni depongono della sua surdità, il giudice-istruttore chiama due medici ai quali, previa delazione di giuramento, commette di far le operazioni e gli esperimenti necessari a render certa la malattia organica dell'accusato.

561. Se gli esperimenti stabiliscono la malattia organica in tutta la sua intensità, il giudice pronunzia, e fa registrare negli atti un decreto, col quale ordina che dello'stato dell'accusato sia data parte al commissario del governo, onde provveda al caso, coerentemente al disposto dell'articolo 101 del codice penale.

562. La legge rigetta qualunque interrogatorio dei sordo-muto, o coll'assistenza d'un curatore, o coll'assistenza di parenti, e di amici, o per mezzo d'interpetre del linguaggio di azione ( ): cose tutte che avviliscono, e cuoprono di ridicolo la prerogativa della legge, anzichè sostenerla.

563. Nel decreto medesimo, il giudice-istruttore, abolendo la procedura, riserva all'offeso le ragioni tali quali gli posson competere o per il titolo della colpa, o per il titolo della responsabilità civile contro le persone che avessero avuto in custodia l'accusato, da sperimentarsi avanti il Tribunal competente.

564. Nel solo caso in cui la istruzione desse traccia dell'applicabilità al caso dell'art. III del codice penale, il giudice ne dà parte all'accusatore pubblico, perchè proceda come di giustizia.

565. Qualora il sordo-muto sia stato istruito, il giudice-istruttore prima di ogni altra cosa deve accertare negli atti per mezzo di due testimoni verisimilmente informati il fatto della istruzione, in quale istituto il sordo-modo fu istruito, ed il fatto del profitto che ne ha ricavato.

566. L'esame del sordo-muto istruito si dee fare in scritto: dovendosi così porre le interrogazioni, e ricevere di originale carattere del sordo-muto le congrue risposte.

567. Nel caso che l'accusato negasse sapere scrivere, o ricusasse le scritte risposte, o le scrivesse non congrue alle interrogazioni, si dee procedere contro di lui a forma degli art. 533. 534.

568. Le regole stabilite in proposito del sordo-muto dalla nascita non istruito agli art. 559. 560. 561. sono applicabili, colla differenza dai testimoni ai medici, all'individuo denunziato come di mente non sana.

569. Qualora i medici riferiscano, che l'individuo è attaccato di alienazione di mente interrotta da intervalli lucidi, o che egli vada soggetto a imbecillità, o stupidità, che non gli ha affatto tolto l'uso della ragione, il giudice-istruttore si asterrà anco in questo caso dall'interrogarlo. L'individuo, contro il quale è stato rilasciato mandato di custodia, sarà in questi casi specialmente al carceriere raccomandato, e potrà anco secondo le circostanze o essere ammesso alla custodia libera a forma dell'art. 443, o consegnato a uno spedale, o altro stabilimento di pubblica beneficenza per esservi custodito. In questi casi la istruzione verrà continuata quanto alle prove, che indipendentemente dalle risposte del reo si possono avere del commesso delitto, eccettuato il caso nel quale l'accusato reclami d'essere interrogato e sentito, dovendosi allora costituire in esame. La istruzione, compilata che sia, verrà comunicata al difensore che i parenti o gli amici dell'accusato nomineranno, o in mancanza, gli verrà nominato d'uffizio. Da questo punto in poi la procedura seguirà il corso che la legge prescrive.

570. I giudici nel decidere processi di questa natura avranno riguardo, non tanto al non perfetto stato di mente dell'accusato, quanto alla circostanza del non aver egli subito interrogatorio, e date da sè medesimo risposte a propria discolpa.

571. La legge raccomanda alla giustizia, alla umanità, alla equità, alla generosità, e alla prudenza de'giudici-istruttori, l'interrogatorio degli accusati minori di anni diciotto compiti, e specialmente i prossimi alla età di anni dodici di fresco oltrepassata.

572. Con un'età, che rende l'individuo soggetto alle più leggiere impressioni, e nella quale la legge dee avere il pensiero più di correggere, che di punire, chi interroga gl'individui che vi si trovano, dee guardarsi dal far loro con troppo severe maniere concepire una sinistra idea della società, e degli uomini in carica, pregiudizio funesto che conduce l'individuo al quale si attacca a divenire abituale nemico d'ogni ordine, e di ogni giustizia.

TITOLO X.

De'correi, e de'complici

573. Niuno dei modi indicati dalla legge come estintivi dell'azione giudiciaria penale che si verifichi o relativamente a un correo, o a un principal delinquente, ad eccezione della prescrizione, impedisce di procedere ed istruire contro gli altri correi, e contro gli altri complici, per i quali non milita la estinzione del delitto e della sua pena.

574. La sola assolutoria sentenza allora forma eccezione perentoria all'azione, e alla procedura, a favore di tutti gl'implicati nel delitto

1.° Quando essa stabilisce, che il fatto non ha titolo di delitto, salvo quanto è preveduto dall'art. 165 del codice penale.

2.° Quando ha stabilito, che il fatto costituisce il delitto semplice, non il qualificato; nel qual caso non si potrà procedere contro il correo, o contro il complice per la qualificazione, salvo quanto è stato preveduto all'art. 166 del codice penale.

3.° Quando ha stabilito non costare del fatto delittuoso in genere.

575. La prescrizione non è allegabile dal correo, e dal complice, se non nel caso nel quale la sentenza contro il correo, o il principal delinquente, non contenga condanna contro di lui in contumacia.

576. La presenza del correo non è necessaria per procedere ed istruire contro il suo correo, nè quella del principal delinquente per procedere, e istruire contro i complici.

577. Si applicano all'interrogatorio de'correi, e de'complici, le regole stabilite dalla legge per l'interrogatorio de'rei.

578. Gli uni, e gli altri, debbono essere separatamente interrogati.

579. È in facoltà del giudice-istruttore di costituire in esame un correo insieme con un altro correo, il principal delinquente, con un complice, quando l'uno incolpi l'altro, o quando trattandosi d'un fatto, o d'una circostanza comune, uno la impugna, l'altro la nega: o l'uno la nara in un modo, l'altro in un modo sostanzialmente diverso.

580. Non può il giudice-istruttore ammettere in esame più di due tra correi e principal delinquente e complici. La collazione tra loro si dee fare tra l'asserente e i neganti, l'un dopo l'altro chiamati.

581. Se tra gl'implicati nella istruzione per il medesimo delitto alcuni non contumaci, s'istruisce contro di essi come se fosser presenti; e quanto ad essi, prima di passare il processo ai giudici cognitori, si adempie agli atti che la legge prescrive per stabilire la contumacia.

582. La istruzione contro i correi, il principal delinquente, ed i complici, deve essere una e individua.

583. Se pendente la istruzione contro i presenti, il contumace comparisce o ultroneo, o arrestato, si sospende la procedura istituita contro i primi al punto nel quale si trova finchè non vi sia condotta cogl'interrogatorii all'individuo comparso.   .

306 • Direito Processual Penal

584. Nel caso di contumacia d'alcuno degl'implicati nella procedura, i giudici, nel decidere sugli accusati presenti, decidono anco sul contumace: comparendo il quale a sentenza pubblicata, e eseguita, non può contro essa opporre se non eccezioni che egli abbia personalmente proponibili, senza potere attaccare la sostanza delle cose decise.

TITOLO XI.

Dalla pubblicazione degli atti, e della trasmissione del reato

585. Esaurita la istruzione degli atti informativi, comunque ne sembri al giudice-istruttore, egli deve prima di chiuderla sodisfare a quanto prescrive l'art.115. Se la istruzione è incominciata per informazione d'uffizio, la intimazione di che in detto articolo deve esser dal giudice trasmessa al commissario del governo.

586. Non venendo o dall'uno o dall'altro somministrati nuovi mezzi di prova, si dee procedere alla pubblicazione degli atti informativi, comunicandoli al reo, ed al suo difensore.

587. Se gli atti a parere del giudice-istruttore o stabilissero la prova della innocenza dell'accusato, o non somministrassero prova sufficiente a una sua condanna qualunque, egli nel termine di giorni sei dal dì dell'ultimo esame dell'accusato deve emettere in scritto il suo parere, e deve comunicare il parere, e gli atti, al commissario del governo onde emetta il proprio.

588. Il commissario del governo nel termine di altri sei giorni dal dì del ricevimento degli atti deve averli esaminati, emesso il suo parere, e rinviati gli atti al giudice-istruttore, il quale immantinente gl'invia co'due pareri al Presidente della Corte.

589. Il Presidente cola maggior possibile sollecitudine nomina i giudici, e tra essi un relatore, il quale in camera di consiglio renda conto agli altri delle risultanze degli atti. Se alcuno de'giudici chiede di farne il riscontro, ciò deve esser fatto nella seduta, la quale non si dee sciogliere se non è deciso

1.° Doversi il reo dimettere per il capo della innocenza.

2.° Doversi il reo dimettere nel presente stato degli atti.

3.° Doversi richiamare il giudice-istruttore a meglio chiarire, o a meglio sviluppare qualche parte della istruzione.

590. Ne'due primi casi il Presidente, raccolti i suffragi de'giudici, e facendone stendere processo verbale dal cancelliere in capo, che tutti i giudici firmano, emette una ordinanza che egli partecipa al giudice, in vigor della quale l'accusato, nel primo caso, è messo in libertà puramente e semplicemente: nel secondo caso, con promessa di comparir di nuovo ad ogni nuova citazione della giustizia.

591. Questa ordinanza del Presidente ha forza di sentenza all'effetto d'interrompere la prescrizione.

592. Questa ordinanza non ammette veruno straordinario rimedio per la parte del reo, o del pubblico accusatore. Ella non onera in verun modo la buona estimazione del primo, nè lo sottopone ad alcuna vigilanza della polizia.

593. Gli atti d'istruzione ritornati al giudice d'istruzione sono insieme colla ordinanza colla quale sono rimessi depositati nella cancelleria della Corte, osservate le cautele di che all'art. 456.

594. Nel terzo caso, e se i giudici hanno creduti necessari migliori schiarimenti negli atti, con nuove prove, e nuovi riscontri, senza che sia necessario processo verbale della seduta, il Presidente richiama con lettera il giudice-istruttore o a rettificare o a completare il processo.

595. Se il giudice-istruttore è di parere, risultar dagli atti titolo sufficiente a decretare all'accusato una penna qualunque siasi, egli deve stabilire, e redigere in scritto sulle resultanze degli atti le conclusioni di mero fatto, per le quali la giustizia reputa l'accusato debitore del delitto del quale si tratta.

596. Le conclusioni debbono convergere alla trasmissione del reato, colla quale in forma di dispositiva dee esser chiuso l'atto che le contiene.

597. Questo atto s'intitola d'uffizio, se il processo fu istruito per sola informazione d'uffizio: s'intitolano d'uffizio, e a querela dal pubblico accusatore, se è in atti l'accusa.

598. Le conclusioni debbono contenere un succinto estratto degli atti della istruzione, in quanto somministrano alcuno de'mezzi di prova ammessi dalla legge. La trasmissione del reato deve esprimere il titolo del delitto, al quale fanno capo le prove: deve esprimere se il delitto sia stato commesso o con dolo di proposito, o con dolo d'impeto o alcuno de'suoi gradi, o con colpa o alcuni de'suoi gradi, che possono differenziarla: debbono esprimere il nome, cognome, patria, domicilio dell'accusato.

599. L'accusato o sia in custodia non libera, o sia in custodia libera, è notificato dal giudice-istruttore del giorno, e dell'ora della sua nuova comparsa in giudizio, con facoltà di nominare, per esser presenti all'atto per il quale egli è richiamato, due testimoni di propria fiducia, purchè siano scelti tra gli abitanti del capo luogo, ove il giudice-istruttore risiede.

600. Il carcerato fa la nomina de'due testimoni avanti al giudice-istruttore, che ne redige processo verbale nelle solite legali forme. Il non carcerato citato per mandato di comparsa, può condurli seco in giustizia senza nomina preventiva.

601. Presentatosi l'accusato, il giudice dee prevenirlo, che la giustizia è per notificargli il rimprovero del delitto da lui commesso.

602. Se il carcerato non ha nominati testimoni, o il non carcerato non gli ha condotti, il giudice istruttore gli nomina d'uffizio facendogli citar verbalmente dall'apparitore.

603. Il giudice legge all'accusato in presenza de'testimoni l'atto contenente la motivata trasmissione del reato, interrogandolo

1.° Cosa abbia da opporre alla obiezione del delitto.

2.° Se abbia doglianza da fare al contegno tenuto verso di lui dal giudice-istruttore, dal cancelliere, dal carceriere, dagli apparitori, e dagli esecutori di giustizia, in tempo degli atti informativi compilati contro di lui.

604. Avute le risposte dal reo, il giudice consegna copia autenticata dalla sua firma, e da quella del cancelliere, dell'atto contenente la trasmissione del reato, e lo avverte che la legge gli dà la facoltà

1.° Di eleggere un difensore.

2.° Di opporre col suo consiglio le eccezioni, che più gli sembrano opportune agli atti informativi compilati contro di lui, e di articolare le prove, se ne ha, della propria innocenza.

3.° Di aver vista degli atti contro di lui compilati.

4.° Di poter liberamente commumicare, sebben carcerato, con chi più gli piaccia, salve le cautele per impedir la sua fuga.

605. Se il reo ha negli atti confessato il delitto, il giudice lo dee cerziorare, che la legge lo ammette a dire quanto crede del proprio interesse contro la propria confessione.

606. Di tutto è redatto processo verbale, che, il reo se sa scrivere, i testimoni, il giudice, e il cancelliere, previa lettura alla presenza di tutti, firmano.

308 • Direito Processual Penal

607. Redatto il processo verbale, il giudice spedice al carceriere mandato di custodia pubblica a forma dell'articolo 430.

TITOLO XII.

Degli atti di difesa

608. Il giudice-istruttore assegna al difensor nominato dall'accusato un termine proporzionato al tempo necessario all'esame degli atti ad aver dichiarato che niente ha da opporre alla istruzione scritta, o quali accessi ha da proporre, articolandoli con precisione.

609. Questa dichiarazione deve essere dal difensore redatta in scritto, e registrata nel suo originale negli atti.

610. Se il difensore dichiara opporsi alla verificazione del materiale, e intende a tale effetto valersi di testimoni, o di documenti, deve indicare i primi insieme co'fatti su i quali debbon deporre, e produrre i secondi. Se intende di opporsi alle perizie, si dee procedere col sistema indicato agli art. 372, 373.

611. I reclami del difensore, i documenti prodotti, i testimoni indotti, e i fatti articolati per il loro esame, tutto è dal cancelliere notificato all'accusator pubblico, se vi è accusa; al commissario del governo se vi è informazione d'uffizio.

612. Se il difensore in nome dell'accusato, e per mezzo d'istanza firmata da lui, chiede che i testimoni esaminati nella istruzione debbano comparire al di lui cospetto, e ripetere il tenore del loro deposto per redarguirli direttamente da sè, egli deve dar la nota scritta de'testimoni che l'accusato, o vuole che semplicemente ripetano il loro deposto avanti di lui, o vuole redarguirli; come pure la nota de'testimoni che vuole indurre per smentir quelli, che hanno deposto contro di lui. In questi due casi il difensore deve articolare i fatti, a ragione de'quali o intende redarguir i testimoni esaminati in processo,o chiede che siano esaminati de'nuovi.

613. Questa nota prodotta negli atti deve essere pure notificata, come è prescritto all'art. 611.

614. L'accusato può chiedere che alla nuova comparsa de'testimoni siano presenti, oltre al difensore, gli amici, o parenti, che egli designerà.

615. Su queste istanze il giudice-istruttore

1.º Assegna un termine o all'accusatore pubblico, o al commissario del governo, all'effetto che alleghino contro dette istanze le loro eccezioni, o nominino i testimoni, che in linea di contro prova, o in linea di conferma del deposto de'testimoni esaminati nella istruzione, credono nominare.

2.º Destina il giorno per la comparsa dei testimoni o nominati a difesa, o richiesti per ripetersi dall'accusato e de'testimoni che può aver nominati o il commissario del governo, o l'accusator pubblico.

616. Non può l'accusatore indurre nuovi testimoni, se non all'effetto di smentire i fatti che non allegati dal reo negli atti informativi a propria discolpa, siano stati da lui articolati dopo la trasmissione del reato.

617. Il giudice-istruttore ha dritto di esaminare i fatti articolati o dal difensore, o dall'accusator pubblico, sopra i quali debbono essere esaminati i testimoni, che o dall'uno, o dall'altro, s'inducono; e con motivato decreto resecare i non pertinenti alla causa, i capziosi, quelli d'oggetto puramente intenzionale, e di dichiarare inammissibili i testimoni nominati a deporre.

618. Egli ha pure il dritto di interpellare il reo, se avesse, o non avesse, prima della sua carcerazione notizia de'fatti che allega a propria defesa, e de'testimoni che ne debbon deporre. Può l'accusator pubblico provare, esser tali i fatti articolati dal reo a propria difesa, che dovesse averne notizia prima della sua carcerazione, e che il non averli nominati negli atti informativi somministra riscontro della falsità de'detti fatti, e della subornazione de'testimoni nominati a deporne.

619. Il giudice-istruttore deve decidere con un solo e medesimo decreto su tutte le contestazioni che nascono sull'ammissibilità delle domande del reo, e dell'accusatore, relativamente ai testimoni da ripetersi, da redarguirsi o da indursi di nuovo. Il reclamo dell'una, o dell'altra parte, da questo decreto debbe essere deciso nel modo, e nella forma di che all'art. 515.

620. L'esame de'testimoni in questa parte della procedura non si fa nel luogo ove il giudice istruisce gli atti informativi, ma in un locale di sufficiente ampiezza e capacità nel palazzo di sua residenza.

621. Il giudice siede a guisa di Tribunale con gli ornamenti di giudice della Corte: avendo il cancelliere alla sua destra, e a tavolino separato dal suo.

Hanno accesso ali'udienza tutte le persone indicate all'art. 21.

622. L'accusato comparisce libero e sciolto, e semplicemente guardato dagli agenti della forza pubblica all'effetto d'impedire o la sua fuga, o le sue violenze possibili: siede allato a lui, e dal destro lato del giudice, il suo difensore. Siede al sinistro l'accusator pubblico ( ).

623. I testimoni preventivamente citati dal giudice stanno in stanza a parte, di dove a indicazione del cancelliere che proclama il lor nome, sono l'uno dopo l'altro chiamati.

624. Sono separati di stanza

1.º I testimoni de'quali il reo ha chiesta la ripetizione.

2.º I testimoni da lui nominati a difesa.

3.º I testimoni che può avere indotti l'accusatore.

625. I primi ad essere esaminati sono i testimoni della classe prima.

626. Se il reo ne fa istanza, il testimone comparso in udienza deve ripetere il giuramento di dire la verità.

627. Il giudice domanda al testimone se conosce il reo, e se è la persona della quale altra volta ha deposto: domanda al reo se conosca il testimone. Ambi debbon rispondere.

628. Il processo verbale d'udienza, che il cancelliere è obbligato a redigere, può non far menzione di questa formalità, se non vi è controversia tra il testimone, ed il reo, sulla loro conoscenza reciproca.

629. Il giudice interroga il testimone se si sovviene d'essere stato sentito in esame, e sulla risposta affermativa, se sentendoselo leggere lo potesse riconoscere come il fatto da lui.

630. Ottenuta dal testimone affermativa risposta, il giudice domanda al difensore qual parte d'esame vuole che al testimone sia letta. Il cancelliere ne fa lettura.

631. Prima che il testimone emetta la ratifica del deposto, può il reo, e può il suo difensore, fare al testimone le interpellazioni che vuole, purchè non siano, nè animose nè non pertinenti. Questa facoltà è comune al pubblico accusatore.

632. Il cancelliere prende nota sommaria di tutto, e fa menzione o della ratifica che il testimone emette del suo deposto, o de'cambiamenti sostanziali che vi fa.

Questo sistema è tenuto con tutti ti tesumoni da ripetersi, e da esaminarsi.

633. I testimoni della classe seconda, ammessi l'un dopo l'altro che siano,

1.º Debbono giurare di dire la verità.

310 • Direito Processual Penal

2.° Debbono esser loro lette, una alla volta, le interrogazioni scritte e proposte dall'accusator pubblico.

3.° Debbono esser loro letti in seguito, uno alla volta, i fatti articolati dal reo a propria difesa.

4.° Debbono sopra ogni interrogazione e sopra ogni fatto, dar separata e distinta risposta.

Lo stesso sistema è praticato nell'esame de'testimoni di nuovo indotti dall'accusatore, la chiamata de'quali si fa nell'ordine de'fatti articolati dal reo, che l'accusatore co'testimoni indotti da lui si propone combattere.

634. Il reo, e l'accusatore, hanno il diritto d'interpellare direttamente i testimoni, e di stabilire con chiunque siasi di essi il contradittorio che credono, per stabilire col loro deposto la lor rispettiva intenzione. Il giudice può pure interrogare il testimone, il reo, o l'accusatore, come la sua prudenza gli suggerisce.

635. Se un testimone esaminato negli atti informativi, e ripetuto ad istanza del reo, o ritrattasse, o sostanzialmente variasse il suo esame, non dando adeguato discarico della sua variazione, è ammonito dal giudice delle pene che la legge ha stabilite contro i falsi testimoni, e della condanna alle dette pene alla quale si espone. Lo stesso dee praticare il giudice relativamente al testimone di nuovo indotto dal reo, il quale deponga di fatti direttamente contrari ai verificati negli atti informativi. I giudici nel decider la causa debbono pronunciare sulla credibilità di tali testimonianze, e stabilire gli espedienti che la giustizia dee prendere contro de'testimoni.

636. Esaurito l'esame, il giudice notifica verbalmente al reo, che gli atti del processo saranno spediti alla Corte di giustizia criminale, la quale dovrà decidere della sua sorte ( ). Il processo verbale della seduta compilato dal cancelliere, colle note sommane de'deposti de'testimoni, è firmato dall'accusato, dal suo difensore, dall'accusator pubblico, da due testimoni, la presenza de'quali è stata richiesta dal reo, dal giudice, e dal cancelliere.

TITOLO XIII.

Della procedura avanti alla Corte

637. L'invio degli atti si fa dal cancelliere del giudice istruttore al cancelliere in capo della cancelleria della Corte. Gli atti debbono essere cartolati con numero progressivo, e con indici separati e distinti

1.° De'documenti, lettere rogatorie, lettere responsive, atti di accesso, perizie, ac.

2.° De'nomi de'testimoni, colla indicazione de'numeri delle carte contenenti i loro deposti.

3.° Dagli interrogatorii fatti al reo, con indicazione delle carte ove possono riscontrarsi.

4.° Delle ordinanze della Corte, se ve ne sono, de'decreti del giudice, e delle sue conclusioni.

Il cancelliere in capo prende registro dell'arrivo della procedura, e ne partecipa la notizia al Presidente.

638. Il Presidente stabilisce un termine entro il quale il difensore o nominato dal reo, o nominato d'uffizio, deve aver compito l'esame della procedura. Può il difensore ordinar la copia che vuole, anticipandone le spese.

È lecito al reo di nominare un nuovo difensore nel luogo ove risiede la Corte, se egli sia stato carcerato, e processato, avanti un giudice-istruttore che non vi abbia la sua residenza.

639. Decorso il termine assegnato al difensore, il cancelliere in capo d'uffizio trasmette la procedura al commissario del governo, onde l'esamini. Il commissario del governo la rinvia colle osservazioni scritte che crede opportune per l'applicazione della pena.

640. Restituita la procedura alla cancelleria, il Presidente fissa il termine entro il quale il difensore deve aver presentata negli atti da lui firmata la difesa scritta dell'accusato.

641. Esaurito il termine stabilito dal precedente articolo, o la difesa scritta sia stata presentata, o non lo sia stata, il proccesso dal cancelliere in capo è rimesso al'esame de'giudici per ordine d'anzianità d'impiego a forma dell'art. 95.

642. La difesa scritta può essere ammessa anchorchè presentata fuori del termine, ma non rende necessario il nuovo esame del processo al giudice che lo abbia già compito.

643. Il difensore, e il commissario del governo, hanno dritto di conoscere dalla cancelleria avanti qual giudice progressivamente si trovi il processo. Il giudice deve ammettere tanto l'uno quanto l'altro a spiegare in voce presso di lui le ragioni che crede potere addurre o contro, o a favore del reo: salvo il disposto dell'art. 98.

Ogni giudice ha l'obbligo di comunicare i dubbi che egli ha o sul sistema d'offesa del commissario del governo, o sul sistema di difesa del difensore.

Possono alle informazioni del commissario del governo e del difensore ai giudici intervenire le persone che il reo designa. Il giudice determina il numero delle persone che possono essere ammesse.

644. Quando il processo sia stato esaminato dai giudici, e sia stato dato loro tempo per emettere il proprio suffragio a forma di quanto prescrive la legge, il Presidente fissa il giorno della pubblicazione della sentenza, ed ordina notificarsi al commissario del governo, e al difensore del reo.

645. Se pendente il termine alla pubblicazione dellla sentenza o per la parte del commissario del governo, o per la parte del reo, si allegassero nuovi fatti, o s'inducessero nuovi testimoni, i giudici nel modo indicato all'art. 315 decidono della loro ammissibilità. Qualora la verificazione de'nuovi fatti, e l'esame de'nuovi testimoni, vengano ammessi, la istruzione torna al giudice-istruttore, ove tutto si compie col metodo stabilito nel Tit. XI. di questo libro.

TITOLO XIV.

Della sentenza

646. Le legge provvede

    1.° Ai motivi del giudicato.

    2.° Al modo di computare i suffragi de'giudici.

    3.° Alla dispositiva della sentenza.

    4.° Alla sua pubblicazione, e alla sua esecuzione.

312 • Direito Processual Penal

CAPITOLO I.

De'motivi del giudicato

647. I motivi sono le ragioni che il giudice espone in scritto, come quelle che determinarono il suo suffragio o per l'assoluzione, o per la condanna del reo. Niuna sentenza penale è valida, ed eseguibile, se non è motivata nel modo, e nelle forme, che la legge prescrive.

648. I giudici cognitori, osservato quanto prescrivono gli art. 95, 96, debbono datare e firmar ciascuno il separato lor voto. Così il voto del giudice che è primo ad emetterlo passa al secondo: quelli del secondo, e del primo, al terzo; e così progressivamene fino ao presidente che è l'ultimo a darlo.

649. I voti debbono concludere colla proposione della precisa formula colla quale i giudici opinano dover esser decisa la causa.

650. Dovendo i giudici a forma dell'art. 352 valutar la prova del fatto, e la sua qualità, colle regole del dritto, è loro ingiunto di osservare nell'esame degli atti, e nella loro motivata risoluzione, il seguente metodo:

I. Debbono prima considerare il fatto obiettato dall'accusatore al reo, per la qualità che in esso può aver punita la legge, e così determinare il *titolo* del delitto, ossivvero escluderlo, o rettificarlo.

II. Determinato il *titolo* del delitto, debbono ponderare se esso presenti in tutti i suoi elementi la pienezza d'intenzione, o d'esecuzione, che la legge. richiede a forma dell'art. 10 del codice penale: o se ne concorra un *grado* soltanto, sia per il lato della intenzione, sia per il lato della esecuzione.

III. Sia che concorra nel caso il *titolo*, sia che concorra il *grado* del delitto, debbono stabilire la pena colla quale lo colpirebbe la legge, se fosse perfettamente provato.

IV. I tre precedenti esami debbono essere istituiti dai giudici colla scorta, 1.º della legge, e della combinazione delle sue parti tra loro, 2.º delle cose giudicate, 3.º delle regole di universale giurisprudenza.

V. Se dagli atti resulta, che il delitto abbia a carico del reo un mezzo idoneo alla certezza morale della legge, i giudici lo condannano alla pena che per i precedenti tre esami è stata o al titolo, o al grado, dalla legge medesima decretata.

VI. Se il fatto, delittuoso, applicando ai resultati degli atti le regole stabilite dalla legge per la valutazione della prova, è creduto avere, non la certezza della legge, ma la massima probabilità a forma dell'att. 353, i giudici debbono diminuire d'un grado la pena di che nel numero precedente.

VII. È rimesso al giudice il diminuire di altri gradi la pena quando apparisca che stiano per la reità dell'accusato minori, e men forti probabilità. La degradazione della pena può discendere fino alla semplice sottoposizione alla vigilanza della polizia.

VIII. Se il reo è aggravato da semplici verisimilhanze i giudici debbono decretare l'ampliazione della causa, ingiungendo che siano tenuti sospesi gli atti, finchè non sopraggiungano prove migliori, ordinando frattanto, che l'accusato sia posto in libertà, e che della risoluzione sia fatta parte alla polizia.

IX. Ne'delitti di fatto permanente, quando il materiale è concludentemente provato, la cautela della società esige che se il reo non ha provato la propria innocenza ne'modi indicati agli art. 473, 476 si pronunzi sempre l'ampliazione della causa; salvo che, non concorrendo verisimiglianze contro il reo, non ha luogo la partecipazione alla polizia.

X. Trattandosi di vagabondi, genti senza stabilimento o professione, sottoposti alla vigilanza della polizia, condannati alla infamia non riabilitati, l'ampliazione della causa è sempre titolo per partecipare alla polizia la risoluzione.

XI. Se trattandosi di delitto di fatto permanente, il materiale non sia neppur per congetture provato, o sia smentito, o abbia il reo conclusa la prova della propria innocenza, deve essere pronunziata la sua assoluzione plenaria.

XII. I motivi debbono ragionare tutte le altre disposizioni, che la legge o nella sentenza condannatoria, o nell'assolutoria richiede.

651. Debbono i giudici nell'elaborare i loro motivi astenersi dal discutere cose non necessarie alla risoluzione della causa, esigendo la retta e severa amministrazione della giustizia la dottrina sì, ma non la sua ostentazione.

652. I motivi formano atto separato e distinto dalla dispositiva della sentenza. Compilati e redatti che siano, sono riposti in serie nell'archivio della cancelleria della Corte per servir di norma ai successivi giudicati, quando non abbiano subìta dalla Corte regolatrice correzione o riforma.

CAPITOLO II

Del computo de'suffragi de'giudici

653. Essendo la pena proposta dal giudice il risultato del suo raziocinio
    1.° Sul titolo del delitto.
    2.° Sul suo grado.
    3.° Sul modulo della prova,
e potendo da più giudici esser proposta una pena medesima per motivi diversi, il computo de'suffragi non si fa esaminando i motivi, ma le pene che essi respettivamente proposero.

654. Formano sentenza i voti, che per il numero gli uni agli altri preponderano. In parità di voti prevale il favore della libertà, e la opinione la più favorevole all'accusato forma sentenza.

655. Formano maggioranza, o parità, i voti i quali hanno nella risoluzione che propongono maggiore affinità tra loro, e maggior repugnanza cogli altri: o in altri termini: fra le opinioni emesse mediante la votazione si computano insieme quelle che vicendevolmente contengonsi, l'altre escludendo[13].

656. Il Presidente alla presenza degli altri giudici numera e valuta i suffragi colle regole del precedente articolo: stabilisce quali fanno sentenza, e fa redigere processo verbale della operazione, il quale è firmato da lui, dai giudici e dal cancelliere.

CAPITOLO III.

Della dispositiva della sentenza

657. La sentenza deve intitolarsi in nome della legge, deve o assolvere, o condannare: o assolva, o condanni, deve nella sua dispositiva esprimere

---

[13] Serve mirabilmente a schiarire il senso di questa disposizione quanto l'autore, citando il presente articolo, dice nella dichiarazione che precede questi progetti di Legislazione criminale, pag. 5. 4. §. III. del presente volume.

314 • Direito Processual Penal

1.º Il numero de'suffragi che la formarono.

2.º La menzione de'motivi co'quali i giudici ragionarono.

3.º La sua esatta conformità agli atti, e ai motivi.

4.º Se la istruzione fu incominciata, o a querela del pubblico accusatore, o per informazione di uffizio: il titolo del delitto, e il nome, cognome, professione, e patria dell'individuo contro il quale fu intrapresa.

5.º Che la istruzione scritta è stata comunicata al commissario del governo.

6.º Che l'accusato ebbe libera la difesa.

658. La sentenza assolutoria deve esprimere

1.º O l'assoluzione plenaria per il capo della innocenza, o l'assoluzione per ampliazione di causa a forma dell'art. 589.

2.º Nel primo caso, se è luogo, o non è luogo, a procedere in nuovo giudizio contro l'accusatore per la calunnia a forma dell'art. 350, o contro l'offeso che ha portato doglianza in giudizio a forma dell'art. 351 del codice penale, o se debbono esser riservati all'assoluto i suoi dritti esperibili ove, come, e contro chi di ragione, per la refusione delle spese, e danni sofferti.

3.º Nel secondo caso, che dell'assoluzione decretoria dell'accusato deve esser fatta parte all'polizia.

4.º In questo secondo caso, il riservo a favor dell'offeso per agire contro l'assoluto in via civile pe'suoi danni, e interessi.

5.º Nell'uno, e nell'altro caso, l'ordine dell'immediato rilascio dell'accusato, se è in forze.

659. La sentenza condennatoria deve esprimere

1.º La pena che l'accusato deve subire.

2.º Gli articoli o del codice penale, o del codice di procedura, a norma de'quali è stata dai giudici decretata la pena o per il titolo, o per il grado, o per il modulo della prova del delitto.

3.º La condanna del reo a rifondere all'offeso i danni ad esso col delitto arrecati, se son di facile liquidazione, esprimendo la somma nella quale debbono esser rifusi, altrimenti secondo la liquidazione da farsene nel giudizio civile.

4.º La condanna del reo alla ritrattazione a favor dell'offeso, se si tratta d'ingiurie, e se questi ne abbia presentata la istanza.

5.º La condanna dell'accusato alla refusione delle spese processali allo stato nella somma che la sentenza dee liquidare.

6.º Se la condanna è a pena repressiva contro individuo ecclesiastico, militare, o insignito d'un ordine, la ingiunzione della degradazione prima della esecuzione della sentenza.

7.º L'ordine di restituire all'offeso gli oggetti di sua proprietà, se alcuni sono in potere della giustizia come materiali di delitto: o ai terzi, quelli di lor proprietà: o di distrarne, o di distruggerne quelli che a seconda delle leggi non possono stare in commercio per le loro prave,o pericolose qualità, a forma dell'art. 20 del codice penale.

8.º Se il condannato è un individuo venuto in potere della giustizia per estradizione, e consegnato dallo stato estero, alla condizione di volerlo esso punire, l'ordine che l'individuo sia rimesso in forze allo stato estero che lo consegnò, salva indennizzazione all'offeso, e refusione delle spese allo stato, al quale effetto l'individuo dee restare in carcere finchè non vi abbia soddisfatto.

9.º La facoltà che ha il condannato di provvedersi contro la sentenza con alcuno de'rimedi, che ad esso comparte la legge, e nel termine dalla legge medesima stabilito.

CAPITOLO IV.

Della pubblicazione e della esecuzione della sentenza

660. O l'accusato sia soggetto a custodia non libera, o abbia ottenuta libera custodia, gli deve essere notificato il giorno della pubblicazione della sentenza fissato a norma dell'art. 644. La notificazione medesima deve esser fatta al suo difensore o da lui scelto,o a lui nominato d'uffizio.

661. L'accusato ha la facoltà di assistere alla pubblicazione, a meno che non si tratti di condanna a pena di morte, volendo la legge impedire l'effetto delle simpatie, che ne'circostanti può eccitare il contegno del condannato all'annunzio della sua capitale condanna. In questo caso la notificazione della sentenza deve essere a lui fatta in carcere dal cancelliere ventiquattro ore prima della esecuzione. Ha luogo la regola stessa se si tratti di donna incinta, quando la pena a cui ella è condannata non sia men grave della casa di forza. La notificazione della sentenza le deve essere sospesa finchè non sia uscita dal puerperio, e non sia stato provisto al nutrimento dell'infante.

662. O assista, o non assista l'accusato alla pubblicazione, vi deve intervenire il suo difensore. Se una malattia ne lo impedisce, deve munir di mandato speciale altro causidico che lo rappresenti. Se non interviene, o non manda persona munita di mandato speciale a rappresentarlo, incorre in una multa di... e ne'rigori disciplinari, che alla Corte sembrerà d'irrogargli. La pubblicazione della sentenza è differita a altro giorno, prendendo il Presidente gli espedienti discrezionari che crede necessari ad assicurarsi che il difensore intervenga.

663. La pubblicazione si fa nella sala delle funzioni pubbliche della Corte. Vi sono ammessi gl'individui indicati nell'art. 21. Il Presidente nomina tre individi presenti, onde siano testimoni alla pubblicazione. Essi prendono posto al banco del cancelliere a sinistra dei giudici. Assiste alla pubblicazione il commissario del governo alla destra de'giudici.

664. I giudici compariscono col loro costume d'uffizio. L'apparitore annunzia, che la Corte si è adunata per sentenziare nel processo dell'accusato che nomina.

665. Il Presidente in nome della legge e del Re interroga l'accusato se è presente e il suo difensore, o se l'accusato non è presente, il suo difensore

1.º Se gli siano stati communicati gli atti informativi compilati contro l'accusato.

2.º Se sia stata concessa pienissima libertà all'uno, ed all'altro, di conferire insieme per provvedere alla difesa, e se si tratta di carcerato, se l'abbia avuta per conferire con chi più gli piacesse.

3.º Se sia stata loro concessa tutta la libertà di redarguire i testimoni esaminati negli atti informativi, e di addurne de'nuovi a difesa dell'accusato.

4.º Se al difensore sia stato concesso tempo sufficiente a meditar la difesa, ed a scriverla, e facoltà d'informare in voce i giudici presenti alla promulgazione della sentenza.

316 • Direito Processual Penal

5.º Se ciascun giudice abbia al difensore comunicati i dubbi contro il suo sistema di difesa, e se sia stata data all'accusato la facoltà di fare intervenire alle sedute le persone da lui nominate.

666. Sulle risposte affermative del difensore a tutte le sopraespresse interrogazioni, il Presidente o pronunzia, o legge una relazione la più compendiosa possibile, contenente la storia della causa, senza indicare però cosa alcuna, la quale dia cenno della maniera colla quale la sentenza l'ha risoluta.

667. Il difensore non può asserir gravami o ad esso, o all'accusato inferiti sul proposito delle cose sulle quali è stato interrogato, senza esporsi in caso di falsità alla pena della calunnia, nella quale egli incorre anco per insufficienza di prova. I gravami, qualora il difensore ne opponga, non ritardano la pubblicazione della sentenza, ma divengon titolo per interporre contro di essa il rimedio che la legge determina.

668. La dispositiva è letta ad alta voce dal cancelliere. Egli redige processo verbale della seduta, e di tutto ciò che in essa fu fatto. Ne fa lettura, e il Presidente, il comissario del governo, i testimoni, ed egli stesso, lo firmano.

669. Qualunque omissione delle solennità, o delle forme prescritte dalla legge, o nella sentenza, o nella pubblicazione, è punita nel cancelliere con un'ammenda di... senza pregiudizio della refusione de' danni, e degl'interesse, a favore di chi restasse dalla omissione pregiudicato.

670. La esecuzione della sentenza che assolve non soffre nè ostacolo, nè ritardo. Il Presidente ordina l'immediato rilascio del reo, se egli è arrestato.

671. Qualunque ritardo frapposto alla scarcerazione dell'assoluto è punito a sua doglianza come uso di carcere privato a forma dell'art. 407 del codice penale.

672. L' esecuzione della sentenza condennatoria si fa a diligenza del commissario del governo.

673. Se l'accusato non è presente alla sua pubblicazione, il cancelliere è tenuto a notificargliela in estratto, con la indicazione del termine a ricorrere in revisione, o in cassazione.

674. Non può esser frapposto indugio alla esecuzione della sentenza condennatoria, quando decorsi i termini ella ha fatto passaggio allo stato di esecuzione legittima: deve eseguirsi nel modo preciso, che la legge indica nella costituzione della pena. Ogni di più di rigore sottopone chi lo esercita alla pena d'abuso d'autorità: ogni di meno, a quella della prevaricazione. La esecuzione delle sentenze di condanne a pena afflittiva non può farsi in giorno festivo.

675. In caso di condanne pecuniarie o per titolo del delitto, o per titolo delle spese a favor dello stato, esse sono eseguite a richiesta de' commissari del governo, ma le ulteriori diligenze per la esazione sono fatte direttamente dal' amministraziane del demanio pubblico.

676. Sospendono la esecuzione della sentenza

1.º I ricorsi in revisione, ed in cassazione,fino alla notificazione al condennato dell'esito.

2.º Le domande di grazia, fino alla notificazione della risoluzione del Re, ne'casi di condanne capitali. In ogni altro caso, quando i Ministri del Re abbiano dato ordine di soprassedere.

3.º In quanto alla condanna di morte tutto quel tempo che la prudenza, l'umanità e la religione possono persuadere essere nella particolarità dei casi indispensabile al condannato per sodisfare ai suoi doveri di conscienza, riconciliarsi con Dio, e provvedere alla salute dell' anima sua; e in quanto alla donna incinta o puerpera, tutto il tempo della duràta della gravidanza, e quello che è necessario per provvedere all'allattamento del figlio.

4.º La malattia del condannato finchè ella duri, quando la pena a giudizio de' medici la possa render più grave.

5.º Lo stato di alienazione di mente in cui il condannato possa esser caduto.

6.º Nel caso di capitale condanna, la giusta apprensione di disordini pubblici a giudizio del governo, il quale può prescrivere che la pena sia eseguita in luogo a tale effetto da lui destinato.

7.º Nel caso medesimo, la speranza di ottenere dal condannato a pena capitale o di morte, o di deportazione, rivelazioni importanti su i correi, e su i complici nel qual caso il Procuratore del Re presso la Corte regolatrice è autorizzato a sospendere la esecuzione, e chiedere a detta Corte, che stabilisca il modo col quale si debbono al condannato fare nuove interrogazioni, e ricevere i suoi deposti.

TITOLO XV

De'rimedi contro le sentenze delle Corti

677. Può essere contro le sentenze inappellabili delle Corti domandata
   1.º La revisione.
   2.º La cassazione,
   3.º La ritrattazione.

678. I Commissari del governo non possono intentare alcuno di questi rimedi contro la sentenze che assolvono, nè contro le sentenze che credono aver decretata una pena minore del giusto, se non nell'interesse della legge, e della rettitudine delle massima di giudicare.

CAPITOLO I.

Della revisione

679. È titolo di ricorso in revisione contro le sentenze condennatorie inapellabili delle Corti, la loro manifesta ingiustizia.

680. Vi ha in una sentenza condennatoria manifesta ingiustizia, quando
   1.º Sia stato proceduto contro alcuno per informazione d'uffizio, senza alcuno de' titoli dalla legge a ciò destinati.
   2.º Non sia stato fatto dritto ad alcuna delle eccezioni perentorie impedienti o la istruzione, o la sentenza, e derivanti dai modi co'quali i delitti si hanno dalla legge come estinti a forma del Tit. V. del Lib. III. del presente codice.
   3.º Sia stato ammesso come provato ne'delitti di fatto permanente il materiale, senza la oculare ispezione, eccettuati i casi ne'quali la legge ammette l'equipollente della prova morale, o quando ne'delitti di fatto transeunte la prova del delitto in genere non sia stata fatta col metodo dalla legge prescritto.
   4.º Non sia stata verificata una scusa allegata dall'accusato, o una prova offerta da lui, per concludere la propria innocenza.
   5.º Non siano state adempite le regole dalla legge prescritte nell'esame de'testimoni, nell'adibizione de'periti, e nel ricevere le confessioni de'rei, purché la violazione di

318 • Direito Processual Penal

queste regole apparisca essersi verificata in cose, le quali hanno avuto una influenza sostanziale, e diretta, nella condanna.

6.° Non sia stato sodisfatto ad alcuno de'dritti dell' accusato enunciati nell' art. 665.

681. Il ricorso in revisione dalla sentenza condennatoria deve esser presentato dal condannato nel termine di giorni otto dal dì della notificazione della sentenza alla segreteria della Corte regolatrice, entro i tre giorni dal dì della notificazione ad esso della sentenza, salva l'aggiunta di tempo che può essere necessaria per ragione delle distanze.

682. Il ricorso deve esprimere

1.° Il giorno, mese, ed anno, della sentenza contro la quale è interposto.

2.° Il giorno della sua notificazione.

3.° Il mezzo, o mezzi creduti idonei a sostenerlo.

4.° La nomina del difensore presso la Corte regolatrice.

684. Il Ricorso può dal solo Presidente essere rigettato, quando il mezzo proposto per sostenerlo non appartenga alla classe de'mentovati all'art. 680.

685. Quando il mezzo abbia il carattere nominale, ed estrinseco, di pertinente al ricorso, il Presidente assegna un termine al difensore ad avere esaminato il processo, e ad aver presentata una memoria scritta a sostegno dell' interposto ricorso.

686. Questa memoria è comunicata al Procuratore del Re, il quale la rimette alla segreteria della Corte, colle sue osservazioni.

687. Il Presidente nomina un giudice relatore, al quale commette di far la sua relazione scritta sopra l'affare. Se si trata di causa capitale, i giudici conoscono e decidono in numero di sei: se d' ingerente pena minore, in numero di quattro, a pluralità di suffragi, nella parità de'quali prevale la risoluzione favorevole all' accusato.

688. Il difensore del ricorrente è ammesso dai giudici riuniti in camera di consiglio a propore e sviluppare in voce le proprie razoni.

689. Il Procuratore del Re è tenuto a redigere in scritto le sue motivate conclusioni o per l'ammissione, o per la reiezione del ricorso.

690. La sentenza d'ammissione, o di reiezione, è redatta in modo, che i motivi a guisa di considerazioni precedano la dispositiva, sicché gli uni, e l'altra, costituiscano e formino un solo atto.

691. Questa sentenza è il resultato de'suffragi de' giudici riuniti dal Presidente in camera di consiglio. La sentenza nel suo originale è firmata da tutti, anco dai dissenzienti, senza esprimere il loro dissenso. Il segretario pure deve firmarla, e deve redigere e firmare il processo verbale della seduta, al quale parimente i giudici i dovranno apporre la loro firma.

692. La sentenza della Corte regolatrice non ha bisogno nè di preventiva citazione, nè di pubblicazione solenne in udienza. Ella è semplicemente notificata al ricorrente, ed al suo difensore.

693. Se la sentenza ammette il ricorso, ella designa la Corte che deve conoscere e sentenziare di nuovo sopra la causa, e condanna tanto il giudice-instruttore degli atti, che i giudici cognitori, i quali proferirono la sentenza, a un' ammenda di . . . per ciascheduno, senza pregiudizio de dani e interessi a favor dell'accusato.

694. Non è lecito ai nuovi giudici

1.° Di recedere dal giudizio proferito dalla Corte regolatrice sul carattere d'illegittimità degli atti che hanno formato titolo per la revisione.

2.º Di restaurare tali atti, dovendo novamente decider la causa nello stato nel qual si trova, a meno che l'accusato non offrisse nuovi mezzi di prova da verificare a proprio discarico.

695. La sentenza proferita sul ricorso in revisione non ammette nuovo ricorso per questo titolo. Il solo ricorso in cassazione contro sentenza simile è proponibile.

696. La Corte regolatrice, alla quale fuor di ricorso vengano denunziate irregolarità nelle istruzioni, e nelle sentenze, può in via disciplinaria chiamare a sè tal giudice-istruttore, o tal Corte di giustizia, che se ne sia resa debitrice, per sottoporla a reprimenda severa.

CAPITOLO II.

Della cassazione

697. Il ricorso in cassazione può essere interposto contro le sentenze inappellabili delle Corti

1.º O per violazione di legge.

2.º O perr erronea interpetrazione di legge.

3.º O per applicazione erronea della legge al fatto

4.º O per erronea qualificazione del fatto, in quanto dipende dalla legge.

5.º O per provvedere alla uniformità della massima di giudicare.

Per i condannati dalle sentenze inappellabili i termini a ricorrere in cassazione sono i medesimi, e la procedura da osservarsi è la stessa che pe'ricorsi in revisione.

698. Il Procuratore del Re, i commissari del governo, possono interporre il ricorso in qualsisia tempo.

699. Le decisioni della Corte regolatrice sono normali per i casi futuri da giudicarsi, nè è lecito alle Corti di giustizia criminale o ai Tribunali di avere o negli stessi affari, o in affari identici, opinione diversa. Le assoluzioni, le diminuzioni di pena, come materie connesse colla garantia della prerogativa della legge, sono pronunziate dalla Corte regolatrice, senza bisogno d'inviare la cognizione dell'affare ad altra Corte di giustizia criminale ( ).

700. Le decisioni che provvedono alla uniformità della massima sono emesse dalla Corte regolatrice per mezzo d'istruzioni alle Corti criminali per l'organo del segretario generale. Non è lecito al condannato di ricorrere in cassazione per questo ultimo titolo.

CAPITOLO III.

Della ritrattazione

701. Possono essere ritrattate le sentenze condenatorie, se da un documento non conosciuto prima della sentenza, e scoperto accidentalmente di poi, venga a risultare o la condanna dell'innocente, o una condanna più grave di quella che l'accusato avrebbe meritata.

702. Si reputano documenti nuovi

1.º Le condanne per falsità de testimoni che deposero a carico dell'accusato, quando la dichiarazione di falsità investa il deposto che i testimoni fecero nella causa mossa contro di lui, e quando il deposto fu tale, che senza di esso la condanna non si sarebbe potuta in forza di altre prove ontro di lui pronunziare.

2.º La comparsa di testimoni, della esistenza e della dimora de'quali non si aveva notizia al tempo della condanna, la forma de'quali a un chirografo redarguito contro

320 • Direito Processual Penal

l'accusato di falsità, sia stata dichiarata dai periti falsa, ed essi la riconnoscano come vera, e da essi al chirografo apposta ( ).

3.º La sopravvivenza d'un individuo, la di cui non riperizione abbia fatto credere che egli è stato ucciso, essendo stata ammessa la prova del materiale dell'omicidio per equipollenti della ispezione oculare del cadavere a forma dell'art 375.

703. In tutti questi casi, ancorché interposto dal condannato o il rimedio dela revisione, o quello della cassazione, e l'uno, o l'altro, sia stato rigettato: ancorchè implorata da lui la grazia, gli sia stata negata, egli, in qualunque tempo il nuovo documento venga a scuoprirsi, può fare istanza per la ritrattazione della sentenza condennatoria, facendo valere il documento nuovo onde ottenerla.

704. La istanza deve essere dal condannato presentata alla cancelleria della Corte che proferì la sentenza condennatoria.

705. Questa istanza, se la condanna fu proferita per informazione d'uffizio, deve essere notificata al commissario del governo: se per pubblica accusa, al pubblico accusatore.

La istanza deve contenere

1.º La indicazione del mezzo idoneo ala ritrattazione.

2.º La indicazione delle prove che se ne possono addurre.

3.º La nomina del difensore, che il condannato ha prescelto a rappresentarlo in giustizia.

706. Il commissario del governo, o l'accusatore pubblico, fanno in scritto le loro osservazioni, e le presentano alla cancelleria della Corte.

707. Il Presidente riunisce i giudice in camera di consiglio: propone l'esame della istanza del condannato, e le osservazioni o del commissari del governo, o del pubblico accusatore. I giudici nel numero indicato dall'art 687 collegialmente decidono se la istanza sia ammissibile, non tanto per la rilevanza del mezzo di ritrattazione, quanto per quella della prova che il condannato ne ha offerta.

708. Sulla negativa, o affermativa risoluzione de'giudici, il cancelliere redige processo verbale della seduta, al quale i qiudice appongono la loro firma, ed egli la sua.

709. In seguito di questo processo verbale il Presidente emette un'ordinanza, colla quale o rigetta la istanza, o l'ammette, ingiungendo al giudice-istruttore di verificare i mezzi di prova offerti dal condannato.

710. Il condannato dalla ordinanza che rigetta la istanza può ricorrere per il solo caso della manifesta ingiustizia alla Corte regolatrice.

711. Istruita la causa, gli atti d'istruzione sono notificati

1.º Al commissario del governo.

2.º Al difensore del ricorrente.

Ha luogo in seguito la procedura tracciata dall'art. 637 e seguenti. Da questo punto la causa prende il corso delle ordinarie, ed è decisa ne'modi, e nelle forme, nel presente codice stabilite.

712. Se la ritrattazione è proponibile contro sentenza di morte già eseguita, i parenti del defunto, i suoi eredi, i suoi amici, chiunque s'interessi per lui, possono chiedere la ritrattazione agli effetti della riabilitazione della memoria del condannato, e quanto agli eredi, de'dritti, ed azioni, all'esperimento delle quali può la ritrattazione dar luogo.

TITOLO XVI.

Della procedura contumaciale

713. La contumacia de'rei, correi, o complici, si stabilisce

1.° Col rilascio del mandato d'accompagnatura, qualora il titolo del delitto l'ammetta, o qualora il mandato a comparire no sia stato obbedito.

2.° Col referto dell'esecutor di giustizia, dal quale resulti la irreperibilità del catturando.

3.° Da tre citazioni a comparire, che d'ordine del giudice-istruttore si emmettono, e si affiggono con firma originale del giudice, e del cancelliere: una alla porta del luogo di sua residenza: una alla porta del domicilio, o di ultima dimora del reo: una alla porta del palazzo della comune, con intervallo di giorni otto tra l'una e l'altra citazione.

714. Se il reo è evaso, o dalle mani degli esecutori di giustizia che lo avessero già arrestato, o dalle carceri, questo solo fatto prova senza altre citazioni la sua contumacia.

715. Se il reo nel termine della ultima citazione non comparisce, il giudice-istruttore ne dà notizia al commissario del governo, il quale, se il citato abbia beni o mobili o immobili, procede a farne fare inventario nelle solite legali forme, e provoca al Tribunale civile la nomina di un curatore che gli custodisca, e gli amministri.

Lo stesso si pratica relativamente ai beni che possa vere l'accusato che, comunque in potere della giustizia, ha ricusato rispondere al giudice a forma dell'art. 533.

716. Può il Tribunale civile ordinare che dalle rendite de'beni sequestrati siano prelevate le somme necessarie agli alimenti per gl'individui, a favor de'quali a questo titolo fosse il costumace obbligato.

717. I beni posti sotto sequestro non sono restituiti al reo, se non dopo sentenza lui presente emanata; salva in caso di condanna la sodisfazione su detti beni de'dritti enunciati nell'art. 26 del codice penale.

718. Non comparso il reo alle citazioni della giustizia, si procede contro di lui come se egli fosse presente, ad accezione della nomina, o dell'ammisione di un difensore. Le conclusioni del giudice-istruttore, di che agli articoli 595, 596, 597, 598, sono comunicate ai soli giudice cognitori, i quali collegialmente riuniti dal Presidente nella camera di consiglio, e coll'assistenza del cancelliere, presa cognizione sommaria degli atti istruti contro il contumace, lo condannano, se vi è luogo, alla pena decretata dalla legge al delitto. Qualora il reo siasi sottratto o dagli esecutori, o dal carcere con violenza, se ciò avvenne prima che egli fosse condannato a una pena, i giudici nella condanna avranno riguardo anco a questo delitto, uniformandosi a quanto prescrive l'art. 378 del codice penale; e se la violenza avvenne dopo condanna alla pena, si uniformeranno a quanto prescrivono gli art. 367 e segg.

719. Se la contumacia deriva dalla ostinazione del reo a non rispondere alle interrogazioni del giudice, compilati gli atti informativi, gli è nominato un difensore d'uffizio; dopo la qual nomina la causa si reputa contradittoria, e si conduce nel modo della legge prescritto fino alla sentenza inclusive.

Il reo è ammesso a parlare a propria discolpa finchè la sentenza non sia pubblicata; al quale effetto il giudice-istruttore è tenuto a chiamarlo avanti di se per notiziarlo

1.° Della trasmissione del reato e della nomina del difensore di uffizio.

2.° Della sentenza che sta per proferirsi e degli effetti che essa è per produrre.

322 • Direito Processual Penal

720. La sentenza contumaciale condennatoria contro l'assente non deve esser proceduta da motivi scritti. I giudici debbono limitarsi a far menzione dell'esame da essi assunto degli atti, e d'una prova sufficiente alla condanna dal contumace, che dagli atti risulta. Possono i giudice per lo stato degli atti assolvere l'accusato, ancorchè contumace.

721. La condanna contumaciale deve assegnare un nuovo termine di giorni quindici condannato a presentarsi in giustizia. Ella é in copia certificata conforme dal cancelliere affisa nei luoghi indicati dall'art. 713.

722. Non si ammettono nel processo contumaciale altre difese per parte di chi si presenta come procuratore del reo, se non che

1.º La scusa dell'assenza, e la domanda di salvacondotto per presentarsi senza essere dagli esecutori di giustizia accompagnato.

2.º La prova incontinente liquida della innocenza.

3.º La indicazione d'un modo estintivo di delitto, il quale impedisca che venga istituita la procedura.

723. Se sia scusata l'assenza, il giudice-istruttore, udito il commissario del governo, stabilirà secondo le circostanze il termine nel quale il reo dee comparire.

Nella pendenza del termine resta sospeso qualunque mandato di accompagnatura trasmesso contro di lui.

La sospensione del mandato di accompagnamento può ottenersi tutte le volte che in qualunque tempo, anco a sentenza contumaciale proferita, il reo farà dichiarare che munito di salvo-condotto comparirà. Ma in questo caso il salvo-condotto deve esser chiesto

1.º Al Presidente della Corte.

2.º Con previa comunicazione al commissario del governo, che avrà dritto di opporvisi.

3.º Dando il contumace idoneo mallevadore per l'adempimento della sua promessa di comparire.

724. La istruzione della procedura contumaciale, e gli atti che la compongono, sono depositati nella cancelleria del giudice-istruttore, nè alcuno può averne o vista, o copia.

725. Se il reo spontaneo comparisce nel termine assegnatogli dalla sentenza, egli purga la sua contumacia, la quale non gli può essere opposta neppure come titolo d'indizio di reità. La sentenza dalla sua comparsa rimane circoscritta, e si reputa come se non fosse stata mai proferita, ed egli è ammesso a dire e dedurre in propria discolpa quanto crede del proprio interesse, dovendosi la procedura continuare contro di lui come se egli fosse alla prima citazione comparso.

726. La condanna a pena afflittiva, ancorchè abbia conessa la pecuniaria, resta in sospeso per il solo fatto dell'assenza del condannato. In qualunque tempo egli comparisca, la condanna rimane circoscritta, e la procedura è riassunta nel modo indicato all'art. 725, ad eccezione che la contumacia può esser dal giudice valutata come indizio, sebben semplicemente verisimile, di reità.

727. Se decorso il termine di che all'art. 723, e non comparso il contumace, qualche testimone esaminato nella istruzione sia mancato di vita, il suo deposto si considera come concordato per vero dal contumace, senza che contro esso possa egli opporre eccezione di sorta veruna.

728. Spirati tre mesi dal dì della notificazione della sentenza contumaciale, l'offeso può chiedere al giudice civile coll'appoggio di detta sentenza la liquidazione delle indennità ad esso dovute, e chiedere sopra i beni, e nella loro insufficienza, contro la persona del condannato ovunque si trovi, il suo pagamento, senza che la sucessiva comparsa del reo possa sospendere

la esecuzione, o possa essere, relativamente al dritto dell'offeso, ottenuto contro la sentenza condennatoria qualunque siasi rimedio.

729. Spirato il termine di che nel precedente articolo, quanto agli oggetti di altrui proprietà esistenti in potere della giustizia, serà osservata la regola stabilita nell'art. 659.

730. La contumacia d'uno reo principale, o d'un correo, non impedisce la condanna contraddittoria del complice e del correo.

TITOLO XVII.

Di alcune particolari procedure

CAPITOLO I.

Della procedura per delitti commessi dai funzionari pubblici dell'ordine giudiciario, o fuori dell'esercizio, o nell'esercizio delle loro funzioni; e per delitti commessi contro detti pubblici funzionari nell'esercizio delle loro funzioni.

731. I delitti siano pubblici, o siano privati, e le trasgressioni commesse dai giudici de'Tribunali, o di giustizia, e polizia punitiva, o di polizia semplice, cancellieri, o facienti funzioni di cancellieri, accusatori, appariatori, esecutori di giustizia, agenti della forza pubblica, qualunque si sieno, addetti a que'Tribunali, sono deferiti alla cognizione, e alla decisione inappellabile della Corte di giustizia criminale, nel circondario della giurisdizione della quale detti tribunali son situati.

732. Gli offesi dai delitti privati non possono nel caso contemplato dal precedente articolo procedere per mezzo di accusa. Essi debbono procedere per via di doglianza, da essi firmata contenente tuto ciò che ha relazione al fatto preteso delittuoso, e da presentarsi al Presidente della Corte, il quale ha dritto, comunicato il reclamo al commissario del governo, di prendere le informazioni che crede sullo stato de'fatti nel reclamo enunciati.

733. O si tratti di delitti privati, o di trasgressioni, la procedura contro gl'individui indicati nell'art. 731 deve essere istituita d'uffizio dalla Corte che è investita del dritto di conoscerne, e giudicarne.

734. Questa procedura d'uffizio può essere iniziata

1.º O per la querela del pubblico accusatore.

2.º O per la doglianza del leso, se si tratta di delitto privato, nel qual caso egli deve ratificarla con giuramento in giustizia.

3.º O per denunzia nelle forme dalla legge prescritte.

4.º O per sorpresa in flagrante.

5.º O anco per pubblica voce a fama giudicialmente verificabile, senza che però sul solo suo fondamento si possa procedere a citar l'incolpato in giustizia.

La procedura è istituita dal giudice-istruttore che il Presidente designa in uno de'giudici cognitori.

735. Quando vi sia luogo a citare l'incolpato in giustizia, e che citato, non dia sufficiente discarico de'fatti dedotti e verificati in prova della sua reità, la sola citazione opera l'effetto, che gli resti di pieno dritto sospeso l'esercizio delle proprie funzioni.

736. Dopo la comparsa dell'incolpato in giudizio sulla trasmessagli citazione, o si tratti di delitto pubblico, o si tratti di delitto privato, o di trasgressione avente pena afflittiva, è rilasciato

324 • Direito Processual Penal

contro di lui mandato di custodia, e la procedura è continuata fino alla sentenza inclusive nel modo che la legge prescrive.

737. Qualora i delitti, e le trasgressioni, formino debito a'giudici d'una Corte di giustizia criminale, o di un funzionario qualunque dell'ordine giudiciario addetto a detta Corte, il reclamo o dell'offeso, o del denunziatore, o dell'accusator pubblico, serà inviato al Presidente della Corte regolatrice, il quale, esaurite le facoltà di che all'art. 56, designerà la Corte, la quale deve conoscere o del delitto, o della trasgressione, dovendosi per ogni restante della procedura osservare le regole prescritte dall'art. 734.

738. Il metodo stesso deve essere praticato qualora il delitto, o la trasgressione, venga imputata a un giudice, o altro addetto alla Corte regolatrice. In questo caso il Procuratore del Re dee formar l'atto d'accusa, senza del quale non è lecito iniziare da procedura.

739. Quando si tratta di delitti propri del giudice, e perciò commessi da lui nell'esercizio delle proprie funzioni, il reclamo deve esser diretto dall'offeso al Presidente della Corte regolatrice, osservate per il resto le regole negli articoli precedenti ordinate, salvo a osservare

1.º Che il reclamo non ha forza di sospendere il corso alla procedura contro il reclamante per titolo di delitto istituita: nè gli dà dritto di allegarlo contro il giudice per esimersi dagli atti di sua giurisdizione.

2.º Che nel caso che il reclamo sussista, se il delitto proprio del giudice ha una influenza sostanziale sugli atti necessari alla risoluzione della causa, l'esame ne è rimesso alla Corte regolatrice.

3.º Che la Corte regolatrice può d'uffizio sospendere per espediente disciplinario il giudice denunziato.

740. Allorchè nell'atto in cui o una Corte, o un tribunale, o un giudice, o un collegio amministrativo, riuniti per conoscere e deliberare, siano da uno, o più individui, in lora presenza, e contro esse inalzate voci di disapprovazione, oltraggio, o invettiva: suscitati tumulti: commessi atti di dispregio, o di resistenza a quanto dicono, ed ordinano: o commesse vie di fatto, se il disordine ond'esser represso eccede il bisogno del potere coercitivo di cui all'art. 31, e si tratti di delitto proveduto dal codice penale, il Presidente potrà ordinare nell'atto, e instantaneamente, l'arresto del pertubatore, o perturbatori, e ordinerà al cancelliere o altro assistente per la deliberazione del corpo deliberante, che rediga processo verbale dell'accaduto, il quale dovrà esser firmato dai giudici, dai testimoni che si saranno trovati presenti, e che non avranno preso parte al disordine, e dal cancelliere, o altro assistente.

741. Questo processo verbale, se si tratterà di offesa contro a un Tribunale, serà rimesso al Presidente dellla Coprte, al circondario della quale appartiene: se contro a una Corte, al Presidente della Corte regolatrice. La Corte di giustizia nel primo caso ordinerà d'uffizio la istruzione della procedura contro il perturbatore, o perturbatori: saranno citati e co'metodi dalla legge prescritti esaminati i testimoni stati presenti al disordine: i giudici verranno pure esaminati per mezzo di lettere togatorie, e la istruzione serà condotta al suo termine como la legge prescrive. La Corte regolatrice nel secondo caso destina la Corte di giustizia, la quale dee connoscere e decidere del disordine, in conformità della procedura qui sobra indicata.

742. Se il disordine è stato commesso contro un giudice-istruttore, o contro qualsisia altro giudice nell'esercizio d'una funzione che egli disimpegnava solo, la Corte che ha giurisdizione nel luogo nel quale è stato commesso, salvo sempre l'ordine dell'arresto del corpevole, conoscerà e deciderà del delitto, osservando che la istruzione sia commessa a altro giudice, e che il giudice offeso non intervenga nel giudizio.

743. Se il disordine è stato commesso contro un agente del governo, osservato da lui quanto la legge prescrive per il titolo del flagrante, il processo verbale sarà da lui rimesso al Presidente della Corte che ha giurisdizione nel luogo, il quale procederà a forma di quanto è prescritto all'art. 741.

744. Se si tratti di resistenze, esimizioni, violenze commesse contro gli apparitori, esecutori di giustizia, agenti della pubblica forza, nell'atto che essi eseguiscono o gli ordini della legge, o quelli del giudice, essi, o riesca loro, o non riesca, di arrestare l'autore, o gli autori della violenza, debbono redigere sul luogo stesso ov'ella avvenne o nel luogo più promisso a quello, se altro messo di redazione non siavi, processo verbale dell'accaduto, adibendo o i testimoni presenti al fatto o i primi che loro si son presentati, e uniformandosi in tutto il resto a quanto è ordinato dall'art. 741.

745. L'autore, o autori del disordine, se arrestati, sarano tradotti avanti il giudice-istruttore del luogo dell'avvenuto disordine, il quale rilascerà contro essi mandato di custodia. Se non sono arrestati, il giudice-istruttore sul semplice visto del processo verbale rilascerà contro essi mandato di accompagnatura.

La Corte avente giursidizione nel luogo conoscerà e deciderà del delitto.

CAPITOLO II.

Dell'avocazione della causa da una Corte all'altra, da un Tribunale all'altro

746. Quando più Corti criminali sitroverano investite della cognizione, o dello stesso delitto, o di delitti connessi, o di delitti concorrenti, o di correi, o di complici d'un delitto, la Corte suprema regolatrice determinerà quale tra loro debba conoscere e decidere del delitto del qualle si tratta.

747. La stessa regola procederà, se il conflitto di competenza si verificherà tra più Tribunali di polizia, relativamente alle trasgressioni.

748. La regola stessa procederà pure nel caso in cui il conflitto di competenza si elevasse tra un Tribunale militare, o marittimo, e una Corte criminale, e un Tribunale di polizia.

749. O si tratti di delitti pubblici, o si tratti di delitti provati, il ricorso per regolamento di competenza è nelle attribuzioni esclusive del Procuratore del Re, al quale le parti interessate si debbon rivolgere. È però in loro facoltà di presentare le memorie che credono del loro interesse o al Procuratore del Re, o alla Corte, avanti la quale il regolamento di competenza deve esser discusso e deciso.

I commissari del governo presso le Corti, o Tribunale in conflitto, debbono concertarsi tra loro per farlo cessare. Se il concerto non sorte l'effeto, il ricorso è inviato alla Corte regolatrice.

750. Al Procuratore del Re presso la Corte regolatrice sono inviate le notizie di conflitto, e le ossoervazioni colle quali i commissari del governo reputano utile di accompagnarle; lo che praticano anco relativamente ai Tribunali di polizia compresi nel circondario giurisdizionale della Corte, presso la quale risiedono.

751. La Corte suprema regolatrice, se trova il ricorso sufficientemente fondato, indica quale delle due Corti, o Tribunali in conflitto, debba continuare la istruzione dell'affare, fino alla definitiva pronunzia esclusivamente, aspettando che il regolamento de'giudici sia stato esaurito, e deciso. Quando il suo definitivo giudizio sia per una Corte, o Tribunale diverso da quello che ha istruito, gli atti d'istruzione sono inviati nello stato, e ne'termini ne'quali si trovano, alla Corte, o Tribunale, che deve decider la causa.

326 • Direito Processual Penal

752. Se il ricorso è motivato dall'accusato, esso non è recevibile, a meno che egli non si costituica in carcere presso la Corte che crede competente.

753. Quando il conflitto di giurisdizione sia deciso a favore d'una Corte criminale contro un Tribunale militare, o marittimo, la Corte instruirà il processo senza aver riguardo agli atti compilati dal Tribunale di eccezione.

754. Le spese che o l'accusatore privato, o l'accusato, potessero aver fatte per sostenere la incompetenza opposta o dall'uno o dall'altro non saranno refettibili a favore di alcuno.

CAPITOLO III.

De'ricorsi per ricusa di giudici delle Corti, e de'Tribunali

755. Non possono senza motivo essere ricusati i giudici magistrali nominati dal re.

756. Ciò non pertanto la ricusa può essere o dall'accusatore privato, nella causa da lui promossa, o dall'accusato in qualinque causa vegliante contro di lui, implorata con ricorso straordinario avantei la Corte suprema regolatrice.

757. Può essere la ricusa implorata per i seguenti motivi:

1.º La inimicizia grave nascente da causa speciale tra i congiunti del giudice, ascendenti, o descendenti, o collaterali fino al terzo grado, o affini in secondo di computazione civile, e il recusante, o suoi congiunti ed affini nei gradi indicati.

2.º Le minacce fatte dal giudice all'accusato o dopo introdotta la istanza, o nei sei mesi precedenti.

3.º La consaguineità, o affinità del giudice coll'accusatore, o coll'accusato, fino al quarto grado di computazione civile, o con alcuno de'difensori dell'una o dell'altra parte.

4.º Se il giudice porta il cognome, e le armi dell'accusatore.

5.º Se il giudice, o algun suo stretto congiunto, abbia fatta testimonianza nella causa.

6.º Se il giudice, introdotta la causa, siasi mostrato spesso convitato alla mensa in casa dia alguna delle due parti.

7.º Se abbia ricevuto a titolo di donativo alcuna cosa dall'una delle due parti.

8.º Se abbia interesse nel litigio.

9.º Se abbia manifestato pendente la causa il suo voto.

10.º Se abbia come difensore prima della mossa lite dato parere a favore di alcuna delle due parti.

La prova de'fatti formanti titolo di ricusa può esser fornita per mezzo di testimoni, ad eccezione del fatto d'avere il giudice consultato nella causa, che dee essere provato in scritto.

La ricusa può dall'accusato esser proposta in qualunque periodo del giudizio, prima della pubblicazione della sentenza.

758. Proposta una volta la ricusa, le parti interessate nel giudizio non possono concordare il giudice ricusato, a meno che non si tratti di privati delittti.

759. Deve in ogni caso di ricusa per delicatezza d'animo astenersi il giudice dal giudicare: ma se non lo faccia, può l'avente interesse far ricorso alla Corte regolatrice, onde ottenere l'ordine che si astenga dal farlo.

760. L'atto di ricusa deve essere redatto in forma d'inchiesta al Re dal ricusante scritto, formato, prodoto e ratificato in giudizio, nel modo medesimo delle denuncie.

761. Insieme coll'atto di ricusa deve il ricusante depositare con mandato del commissario del governo nella cassa del ricevitore delle rendite pubbliche la somma di....

762. L'atto di ricusa deve essere dal canceliere notificato al giudice ricusato, il quale, se crede i motivi mal fondati, può opporvisi.

763. Il Presidente della Corte del Tribunale la rimette alla Corte suprema, la quale commete al giudice-istrittore o di una Corte o d'un Tribunale a sua scelta la verificazione del ricorso.

764. Se si tratta di motivo anteriore alla mossa lite, l'atto deve esser presentato prima d'ogni altro dal ricusante, qualora egli non faccia costare d'averlo ignorato.

765. Questo atto opera l'effetto, che il giudice ricusato non possa ulteriormente intervenire nel giudizio, il quale resta sospeso.

766. Se il ricorso è trovato mal fondato ed è rigettato, il ricusante incorre nella perdita del deposito da lui fatto.

CAPITULO IV.

Della querela del litigatore contro il giudice, che abbia fatta propria la lite

767. Può l'accusato in qualunque causa mossa contro di lui, e può l'accusatore in causa di delitto privato, querelare il giudice come parte

1.º Se egli si è comportato nella causa con frode a suo danno, quando però non si tratti o di abusi di autorità, o di baratterie, o di prevaricazioni dalla legge in lettere contemplate; nel qual caso dee procedersi colla regola stabilita all'art. 731 a di lui danno.

2.º Se ricusato, e ammessa come legittima la ricusa, siasi ostinato a giudicar nella causa.

3.º Se intimato a porre in spedizione la causa, non l'abbia fato, e si sia reso debitore di *denegata giustizia.*

768. La denegazione di giustizia è stabilita, quando dopo due intimazioni trasmesse dall'avente interesse di otto in otto giorni al giudice o al suo domicilio, o alla cancelleria della Corte, o Tribunale, per mezzo degli uscieri che vi sono addetti, il giudice non proceda all'atto, alquale è intimato di devenire.

769. Gli uscieri si rendono debitori di prevaricazione, se richiesti non si prestano alle intimazioni, di che nel precedente articolo.

770. Non è lecito intimar lite al giudice come parte, senza licenza della Corte alla quale il giudice appartiene, o dalla quale dipende il Tribunale a cui esso appartiene.

771. La intimazione è fatta per atto della cancelleria o dall'intimante, o dal suo procuratore speciale, e notificata al giudice nel privato suo nome, e al suo domicilio.

772. Trasmessa la intimazione, il giudice è di pieno diritto sospeso dall'esercizio delle proprie funzioni, ed è obbligato a comparire come privato alla discussione della causa contro di lui promossa.

773. La causa è conosciuta e decisa dalla Corte, o Tribunale, a cui appartiene il giudice. I testimoni sono uditi in pubblica udienza: il cancelliere prende appunto sommario de'loro deposti: i difensori dell'intimante, e del giudice, discutono oralmente la causa: il commissario del governo prende le sue conclusioni. I giudici si ritirano e in camera di consiglio deliberano, e ricomparendo pubblicano la loro sentenza. Essi possono però aggiornar la decisione, ma con dilazione non maggior di tre giorni.

328 • Direito Processual Penal

774. Se la querela è diretta contro il giudice, il quale forma solo il Tribunale di semplice polizia, l'atto è presentato al Tribunale di giustizia e polizia preservativa, nella giurisdizione del quale risiede.

775. Se le mancanze del giudice consistono in delitti preveduti dal codice penale, esso è condannato a un'ammenda di . . . . ed è proceduto contro di lui a forma dell'art. 731. e segg.

776. Se le mancanze consistono in quelle notate nei numeri 1. 2. 3. dell'art. 767, è pronunziata l'ammenda, e ingiunto al giudice di astenersi dal giudicar nella causa.

777. Se i fatti articolati dall'intimante non si verificano, ed egli soccombe, è condannato all'ammenda nella somma qui sopra indicata, senza pregiudizio delle condanne per titolo di calunnia.

778. Se la intimazione della lite è proposta contro una intera Corte, contro un intero Tribunale collegiale, o contro la maggioranza de'giudici che l'una e l'altro compongono, l'autorizzazione di che all'art. 732 verrà chiesta alla Corte suprema regolatrice con istanza al suo Presidente.

779. La Corte in questo caso, se la intimazione di lite è ammessa, destinerà la Corte che dee giudicarne.

780. Nel caso che la intimazione sia dalla Corte a ciò destinata trovata fondata sul vero, ella destinerà la Corte che deve decidere la causa nella quale l'intimazione è stata proposta.

781. In questo caso tutti i giudici che compongono la Corte intimata saranno solidalmente obbligati al pagamento dell'ammenda, l'importar della quale designato all'articolo 775 verrà moltiplicato pel numero de'giudici che la compongono.

782. Se la intimazione colpisce tanti giudici, che formino la maggioranza della Corte, si provvede ne'modi indicati ali'art. 775, e l'ammenda diminuisce nella proporzione del minor numero de'giudici intimati.

783. Nel caso di succombenza, l'intimante è condannato a un'ammenda eguale a quella a cui sarebbero stati condannati i giudici intimati da lui.

CAPITOLO V.

Del giudizio per domanda di riabilitazione

784. Niun condannato a infamia temporaria della durata della pena afflittiva alla quale andò connessa può chiedere di essere riabilitato nella opinione de'propri concittadini, se non dopo tanto spazio di tempo dal dì della esaurita consumazione della pena afflittiva, quanto equivalga alla metà della durata, per cui fu la pena afflittiva decretata, e subita

785. La domanda in riabilitazione deve essere da chi la propone presentata alla Corte che proferì la sentenza condennatoria. Deve essere alla domanda unito

I. Certificato della municipalità (autorità comunale) del luogo ove è domiciliato, o ha avuta dimora il reclamante, legalizzato dal capo politico del distretto, dal quale apparisca

    1.° Che egli vi ha dimorato per tutto il tempo che è trascorso dalla sua liberazione dalla pena al giorno prossimamente precedente alla domanda di riabilitazione.

    2.° Che egli da quell'epoca in poi colla propria condotta ha ben meritato della opinione de'propri concittadini, e a sè favorevole la riscuote.

II. Certificato dell'autorità governativa del luogo ove il reclamante ha subita la sua condanna, dal quale apparisca che egli la consumò, indicando l'ultimo giorno della consumazione della sua pena.

786. La domanda di riabilitazione deve esser notificata al commissario del governo presso la Corte, il quale ha dritto di assumere nuove informazioni sulla condotta del reclamante, e sulla opinione che egli riscuote nel pubblico.

Egli presenta alla Corte le sue conclusioni o per la reiezione, o per l'ammissione della domanda.

787. Il Presidente aduna in Camera di consiglio i giudici in numero eguale a quello che proferì la sentenza. L'affare è esaminato e discusso. I giudici o rigettano la domanda o l'ammettono. O l'ammettano o la rigettino, debbono esporre i motivi dell'ammissione, o della reiezione. Di tutto è redatto processo verbale dal cancelliere nelle solite forme.

788. Se la domanda è rigettata, è al reclamante con ordinanza del Presidente notificata la reiezione. Il reclamante non può presentarsi di nuovo a chiedere la riabilitazione, se non decorso nuovamente il termine indicato alt'art. 784.

789. Se la domanda è ammessa, il Presidente ordina che il cancelliere consegni al reclamante un estratto del processo verbale di che all'art. 787 contenente i motivi, e la dichiarazione della riabilitazione decretata dai giudici, da lui autenticato, e firmato.

790. Il riabilitato e reintegrato nel pieno esercizio de' dritti, che per l'effetto della infamia gli era stato sospeso.

791. Nel giudizio di riabilitazione non è ammesso uffizio di difensore.

PARTE II.

DELLA PROCEDURA SOMMARIA

792. La procedura sommaria compendia ed abbrevia, onde provvedere a una più sollecita amministrazione della giustizia, ma non distrugge gli atti che di loro natura sono necessari a rettamente amministrarla.

793. La procedura sommaria obbedisce alla diversa indole degli oggetti di verificazione, ai quali ella è dalla legge applicata.

Quindi ella differisce

    1.° Ne'delitti privati.

    2.° Nelle trasgressioni alla polizia preservativa.

    3.° Nelle trasgressioni alla semplice polizia.

TITOLO I.

Della procedura ne'delitti privati

794. Tutto in questa procedura è a diligenza e cura del privato individuo, a cui a forma dell'art. 212 compete l'azione giudiciaria per accusare. Non v'interviene l'accusator pubblico: non vi ha parte il commissario del governo. L'uffizio informativo del giudice non influisce nella ricerca della prova o a favor deli attore, o a favore del reo. Il giudice siede, e si comporta imparziale tra amendue.

795. L'offeso che ha dritto di accusa, prima di presentarla, è tenuto ad adire il Presidente del Tribunale competente a giudicar del delitto, e verbalmente esporgli il soggetto della sua doglianza contro l'offensore.

796. Il Presidente deve esortare l'offeso a conciliare amicabilmente coll'offensore la vertenza insorta tra loro. Se l'offeso si piega al consiglio, il Presidente prevenutone l'offeso

330 • Direito Processual Penal

destina il giorno nel quale chiama avanti di sè l'offensore con invito verbale per mezzo di apparitore, e si fa conciliatore tra le due parti.

797. Se la conciliazione non ha luogo, l'accusatore presenta l'accusa a forma degli art. 228, 231 in tanti originali, quante sono le persone che egli si propone accusare, e la ratifica, niente potendo aggiungere al suo contenuto. Gli atti fanno menzione della sua comparsa, della presentazione, della ratifica dell'accusa, e dell'ordine che il giudice dà a uno degli apparitori, nominalmente designandolo, di notificare agli accusati ne'loro originali i duplicati dell'accusa, e della lor citazione per giorno ed ora certa in giustizia a rispondere, ed a difendersi. È ammessa per parte dell'accusato la contro accusa.

798. Se l'accusatore non possiede beni nel circondario della giurisdizione del Tribunale, dee dar mallevadore per la sua perseveranza nel giudizio in una somma dal Tribunale determinabile.

799. Se l'accusa è presentata da mendicante valido, vagabondo, diffamato, punito d'infamia non riabilitato, sottoposto alla vigilanza della polizia, non può essere ricevuta se non è accompagnata da un certificato dell'autorità municipale del luogo del commesso delitto, dal quale apparisca che l'accusatore è realmente offeso, ed ha ragione di querelare.

800. Nel giorno, e nell'ora destinata dal giudice, l'accusatore, e l'accusato debbono comparire co'loro testimoni, periti, e qualunque altro mezzo di prova abbiano, e co'loro difensori a loro libera scelta, avanti i giudici componenti il Tribunale nella sala delle sue pubbliche udienze; salvo il disposto dell'art. 21.

801. Il cancelliere del Tribunale, iniziando gli atti concernenti questi giudizi fa menzione della comparsa delle parti, de'testimoni, e de'difensori. La seduta è aperta colla lettura che il cancelliere ad alta voce fa dell'atto di accusa.

802. Il Presidente domanda al reo se abbia commesso il delitto che l'accusatore gli obietta. Se il reo confessa, i giudici danno atto all'accusatore ella concessione, e pronunziano sul solo suo appoggio la sentenza condennatoria. Se i reo nega il fatto, e sostiene averlo commesso con dritto, si ha tra lui e l'accusatore contestata la lite, e si ascoltano i testimoni, prima gl'indotti dall'accusatore, quindi quelli indotti dal reo.

803. Il Presidente domanda al reo se voglia che i testimoni dell'accusatore prestino giuramento, e all'accusatore se quelli del reo. Se il giuramento è voluto, esso è prestato dai testimoni, e dai periti se ve ne sono, nel modo indicato dall'art. 477.

804. Il Presidente, deferito al testimone il giuramento, se fu domandato, interroga il reo quali cose siano a sua notizia sul soggetto dell'atto di accusa invitandolo a esporle. Il testimone fa la sua deposizione. Può il Presidente, e può ciascuno de' giudici, proporre al testimone le interrogazioni che vuole per lo schiarimento del fatto del quale ha deposto. Il reo ha facoltà d'interpellarlo direttamente. La stessa facoltà ha l' accusatore, relativamente ai testimoni indotti dal reo.

805. Se la causa è tale che ammetta l' uffizio de' periti, essi sono interrogati come i testimoni. Se la causa è tale che per verificare il materiale del delitto abbia bisogno di accessi o perizie su i luoghi, il Tribunale sulla istanza dell' una o dell'altra parte l' ordina, destinando il giorno in cui l' accesso o la perizia deve essere effettuata. Le parti v'intervengono. E redatto processo verbale di tutto, e su quest'atto è nuovamente discussa la causa come al precedente articolo.

806. Il cancelliere prende nota sommaria di tutto.

807. Esaurito l' esame delle prove, l' accusatore, o il suo difensore, parla a sostegno dell' atto di accusa. Parla quindi l' accusato, o il suo difensore, a sua discolpa. L' accusato ha l' ultimo la parola.

808. Il Presidente ha dritto di richiamare o l' uno, o l' altro, a esprimersi con moderazione: con rispetto per il locale ove parlano: a farlo nel solo bisogno della causa, e non abbandonarsi a inutili declamazioni.

809. Esaurite le arringhe, il Presidente domanda all'accusatore ed all'accusato se abbiano altro da aggiungere: sulla lor negativa risposta si reputa che abbiano concluso in causa, nè altro mezzo di prova o a favor dell'uno, o a favor dell' altro, può essere ulteriormente ammesso. Possono bensì l' uno, e l' altro, presentare nell' atto al Presidente le osservazioni in scritto che hanno creduto opportuno di fare o prima della seduta, o nel tempo della seduta.

810. Il Presidente annunzia alle parti il giorno della pubblicazione della sentenza, il quale non può essere più di otto giorni distante da quello della discussione della causa. Nell' intervallo nè l' accusatore, nè il reo, può chiedere accesso ai giudici per parlar loro nel senso delle respettive ragioni.

811. I giudici conferiscono collegialmente insieme in camera di consiglio per sentenziar sull' accusa. Motivano la sentenza nel modo indicato all'art. 648. La sentenza deve o definitivamente assolvere, o definitivamente condannare a forma dell' art. 657, e su i fondamenti di che all' art. 650. L' assoluzione deve sempre contenere un riservo a favore dell' assoluto o per la calunnia, o per i danni e interessi, esperibile contro l'accusatore. La sentenza è pubblicata comparendo i giudici nel locale della seduta, ed essendo letta ad alta voce dal cancelliere. Il Presidente osserva al succumbente avere egli dalla legge dieci giorni di tempo ad appellare alla Corte criminale della provincia.

812. Se da sentenza condanna a pena afflittiva o pecuniaria a favor dello stato, allorchè ella è in stato di esecuzione legittima si eseguisce a diligenza del commissario del governo senza bisogno di preventiva notificazione al condannato. Se contiene condanne semplicemente pecuniarie a favore dell' offeso, la esecuzione è a diligenza di questo.

Proferita la sentenza condennatoria, la quietanza dell'offeso a favore dell'offensore non ne abolisce la esecuzione. È necessario a questo effetto che il condannato, facendo valere la quietanza dell' offeso, porga supplica al Re per la remissione della pena.

813. Se l'accusato non è comparso a forma dell'art. 718 sono dal Tribunale esaminate le prove offerte dall'accusatore, e se esse sembrano sufficienti a concludere la sua intenzione, i giudici si ritirano in camera di consiglio, e sentenziano. La sentenza dichiara la contumacia del reo, e pronunzia la condanna. La sentenza contumaciale è ad esso notificata. Egli ha il termine di giorni otto a farvi opposizione con atto esibito personalmente da lui nella cancellaria in doppio originale.

814. La opposizione non è ricevuta se l'opponente non deposita l'importare delle spese da rifondersi all'accusatore rese inutili dalla sua contumacia, che il cancelliere del Tribunale a questo effeto tassa, e se non dà mallevadore idoneo per la sua nuova comparsa, e della sua perseveranza in giudizio a forma dell'art. 723.

815. Dato ed accettato il mallevadore, il Presidente destina il giorno della nuova seduta, e ordina che l'atto di opposizione sia all'accusatore notificato colla indicazione del giorno della seduta.

816. Nella nuova seduta il reo non ha dritto che l'accusatore riconduca in udienza i suoi testimoni. Letto l'atto di accusa, vengono lette le note sommarie, prese al cancelliere, della

332 • Direito Processual Penal

precedente seduta. Il reo può in questo stato degli atti fare interrogare i testimoni, e esaminare qualunque mezzo dia prova offra a propria discolpa: se egli manca di nuovo, il Presidente colla viva voce ordina che la sentenza contumanciale si eseguisca nella sua forma e tenore.

817. Se la non comparsa senza scusa legittima si verifica quanto all'accusatore, l'accusato abbia, o non abbia addotte prove a propria discolpa, sulla sua semplice negativa del delitto, il Tribunale condanna l'accusatore alla pena alla quale avrebbe dovuto soccombere l'accusato, e ai danni e interessi a di lui favore, secondo la liquidazione da farsene, senza che la sentenza ammetta opposizione, o appello.

TITOLO II.

Della procedura nelle trasgressioni contro la polizia della sicurezza

818. La procedura è iniziata sopra semplice referto anco verbale dell'accusatore pubblico di cui il giudice-istruttore fa prender nota al cancelliere, facendolo dall'accusatore firmare. L'uffizio del giudice, come ne'delitti pubblici, supplisce quando ocorra a quanto può per parte dell'accusatore mancare.

819. Se la trasgressione ha processo verbale di verificazione a forma dell'art. 291 l'accusatore lo esibisce negli atti, e non ha bisogno d'altro mezzo di prova; salvo al reo è provarne per mezzo di testimoni o altre prove o la falsità o l'errore. Se la prova è per testimoni, l'accusatore gl'indica: il giudice-istruttore gli fa citare, e sommariamente gl'interroga sul fatto che l'accusatore ha esposto.

820. È citato l'accusato: gli viene contestato il fatto della trasgressine: obiettato il processo verbale o nominati i testimoni che ne depongono, e gli si assegnano otto giorni di tempo a proporre la propria difesa. L'accusato in questi otto giorni di tempo deve scegliere, e nominare il difensore, o essergli nominato di uffizio, prender cognizione della procedura, indicare i testimoni a difesa, far citare a redarguire avanti il giudice-istruttore nel locale ove egli istrusce coll'assistenza del suo difensore i testimoni indotti dall'accusatore; prendendo di tutto il cancelliere nota sommaria.

821. É passata la procedura scritta al Presidente: esaminata da lui, e dagli altri giudice: fissato il giorno della pubblicazione della sentenza, e notificato al reo, potendo nell'intervallo il difensore informar verbalmente i giudici, senza facoltà di presentare memorie scritte.

822. Nel giorno destinato alla pubblicazione della sentenza nel locale delle sedute pubbliche del Tribunale a forma dell'art. 621, il cancelliere legge o il referto o l'accusa dell'accusator pubblico, e i processi verbali se ve ne sono. Il Presidente legge un succinto ragguaglio degli atti. Il difensore del reo deve dichiarare se ha niente da opporre alla lealtà e alla regolarità della procedura a forma dell'art. 665, ma non può niente aggiungere a ciò che ha detto o scritto per informazione de'giudici.

823. La sentenza è concepita, e pubblicata nel modo indicato all'art. 668. Nel caso di contumacia del reo è proceduto com è indicato all'art. 718.

TITOLO III.

Degli appelli dalle sentenze de'Tribunali alle Corti

824. Ne'delitti privati e nell trasgressioni, l'appello è comune all'accusato e all'accusatore. L'atto di appello nel termine indicato all'art. 681 deve essere presentato alla cancelleria della Corte. Esso deve contenere

1.° La indicazione della sentenza contro la quale è appello, della sua data, del Tribunale che la pronunziò.

2.° I gravami che si allegano contro la sua pretesa ingiustizia.

3.° I mezzi di prova che l'appellante volesse nuovamente proporre.

4.° Se l'appellante è il privato, il difensore che deve assisterlo.

Il tutto a pena di decadenza dall'appello.

825. L'atto d'appello è dal cancelliere della Corte presentato al Presidente, il quale con ordinanza inibisce al Tribunale che sentenziò di nulla innovare nella causa della quale si tratta, e determina il giorno della cognizione, e della decisione della causa.

826. Il cancelliere notifica alla cancelleria del Tribunale la ordinanza del Presidente

1.° Prescrivendo che sia all'appellato notificato, colla citazione a comparire nel giorno destinato alla cognizione, e alla decisione della causa.

2.° Richiedendo gli atti che ne furono compilati, e la sentenza che fu proferita.

827. Giunti gli atti alla cancelleria della Corte, il cancelliere gli comunica al Presidente che gli esamina, e gli passa all'esame de'giudici, nominando un relatore tra loro.

828. Nel giorno destinato dal Presidente compariscono in udienza pubblica l'appellante e l'appellato, o i loro difensori.

1.° Si fa lettura della sentenza appellata.

2.° Il giudice relatore legge il suo regguaglio sullo stato degli atti.

3.° Si esaminano le nuove prove che láppellante ha indicate nell'atto di appello, e che egli, se son testimoni, ha fatti preventivamente citare per mezzo del Tribunale del loro domicilio.

4.° Si esaminano le prove che in contrario può aver dedotte l'appellato.

5.° Parlano i difensori di amendue.

6.° Il cancelliere prende nota sommaria di tutto.

829. La non comparsa dell'appellato, in caso di privato dellitto, non altera l'andamento degli atti, e non dà luogo a dichiarazioni in contumacia. Nel caso di trasgressioni, la procedura di prima istanza è preventivamente comunicata al commissario del governo, che la ritorna ai giudici accompagnata dalle sue osservazioni.

830. La sentenza è revocata, o confermata, e pubblicata nei modi indicati agli art. 663, 664, 665, 666, 667, 668, 669.

TITOLO IV.

Della procedura avanti i Tribunali di semplice polizia

831. Questa procedura si riferisce

1.° Alle trasgressioni.

2.° Ai mezzi di prevenire i delitti.

3.° Ai provvedimenti per dissidi e reclami nelle famiglie.

Direito Processual Penal

CAPITOLO I.

Della procedura nelle trasgressioni.

832. La procedura per trasgressioni è la stessa che la indicata agli art. 818 e seg. ad eccezione che.

1.º Si ammette ad accusare anco l'offeso.

2.º L'accusato può comparire per mezzo di procuratore speciale.

3.º La citazine al trasgressore è fatta colla viva voce del faciente funzioni di appari-tore.

5.º Le sentenze del capo della municipalità sono inappellabili, e soggette unicamente alla revisione, alla cassazione, e alla ritrattazione.

833. In questa procedura non si ammettono note sommarie di ciò che si esamina, si discute, e si decide alla udienza. Il cancelliere prende semplici appunti, i quali servono per redigere le *narrative* che debbono precedere i motivi, e la dispositiva della sentenza.

834. La esecuzione de'giudicati di semplice polizia spetta ai Tribunali di giustizia, e si fa a diligenza dei commissari del governo che preso di essi risiedono.

CAPITOLO II.

Della procedura per espedienti diretti a prevenire i delitti

835. Il giudice del Tribunale di semplice polizia è per obbligo del proprio uffizio tenuto a conoscere

1.º Gl'individui di cattiva reputazione.

2.º I frequentatori di luoghi di prostituzione, di dissipazione, d'ozio, e di vizio.

3.º I turbolenti sussurratori dediti agl'insulti, alle risse, e alle vie di fatto.

4.º Coloro che abitualmente tengono discorsi ingiuriosi contro il governo, e l'ammi-nistrazione pubblica.

5.º Coloro, i quali abitualmente vanno vagando di notte senza scopo cognito di questa loro maniera di agire.

6.º Coloro, i quali hanno relazioni con società sospette, o hanno reputazione di truf-fatori, stellioni, mariuoli.

7.º I frequentatori delle osterie, e i dediti alle ubriachezze.

8.º I mendicanti validi, e vagabondi.

9.º I sottoposti alla vigilanza della polizia, e i condannati alla infamia non riabilitati.

836. Il giudice prese informazioni esatte della qualità sospette dell'individuo, e redatto processo verbale della prese informazioni, lo cita per mezzo di avviso verbale: gli contesta la mala sua qualità ed i motivi che egli in tale o tale altra circostanza ha dati alla società di temer disordini da lui: sente quali discarichi o discolpe allega. Se i discarichi, e le discolpe non sembrano soddisfacenti, previene l'indivuo citato che la legge l'obbliga a dar cauzione di non offendere i costumi, la pace pubblica, e la legalità a danno di chi si sia.

837. L'individuo deve fornire uno, o più mallevadori al Re per una somma che il giudice determina o maggiore e minore, secondo le circostanze, e secondo che l'indivuo è più o meno sospetto, più o meno pericoloso, della sua futura regolare condotta, fissando il tempo per il quale la cauzione deve durare, da non eccedere però la durata di anni dieci, e colla condizione che

spirato il tempo della cauzione senza che l'individuo abbia commesso alcun pubblico disordine, la obbligazione del mallevadore, o mallevadori, di pieno diritto resterà estinta.

838. La presentazione del mallevadore, o mallevadori, la loro approvazione, la obbligazione che essi assumono per la somma, per gli oggetti, e per il tempo determinato dal giudice, formano il soggetto d'un processo verbale firmato dal mallevadore, da due testimoni presenti all'atto, dal giudice, e dal cancelliere. Il processo verbale è spedito dal giudice alla cancelleria del Tribunale del distretto nel quale egli esercita la propria giurisdizione. Resta alla cancelleria del Tribunale di polizia un semplice estratto del processo verbale. In un registro a quest'oggetto tenuto sono notati tutti i processi verbali che si redigono.

839. Le disposizioni de'precedenti articoli sono applicabili al caso che alcuno minacci percosse, ferite, uccisioni, incendi, devastazioni, o altro grave danno, ad un cittadino; nel qual caso la cauzione deve esser chiesta ad istanza del minacciato, il quale deve addurre prove delle minacce, o se non ne ha, deve giurare che egli non chiede cauzione con animo di calunniare, o di vessare, e deve persona di conosciuta probità ed innocenza di vita.

840. Le informazioni prese dal giudice a forma dell'articolo 836 non sono comunicate ad alcuno.

841. In caso di delitti, o trasgressioni alla sicurezza pubblica, o alla privata, per parte dell'individuo che ha fornita cauzione, oltre al dover egli subir le pene dalla legge prescritte, il mallevadore, o mallevadori, debbon pagare allo stato la somma per la quale si sono obbligati.

842. Se l'individuo richiamato a dar cauzione non la presta, le informazioni prese dal giudice sul di lui conto sono trasmesse alla polizia, la quale è autorizzata a prendere contro di lui gli espedienti che crede i più propri a cautelarsene.

843. Sulla notorietà pubblica pervenuta al giudice, o d'una illegittima gravidanza in donna non coniugata, o della esistenza d'un individuo minore di anni diciotto non avente padre legittimo, egli, nel primo caso, richiamerà la donna, e la obbligherà a dar cauzione per la difesa del ventre pregnante, e del parto, con devore dare ad esso notizia appena è accaduto: nel secondo caso, richiamerà o il padre a cui viene attribuito, o la madre alla quale appartiene il minore, onde o all'uno, o all'altra far dar cauzione per il mantenimento, e per la retta educazione del naturale lor figlio.

CAPITOLO III.

Della procedura per provvedimenti opportuni a comporre reclami e dissidi domestici

844. I Padri, i quali hanno da dolersi della condotta, e del costume de'loro figli: i tutori, e curatori de'loro pupilli, e sottoposti: i mariti delle mogli, e viceversa: in generale gl'individui d'una stessa famiglia insiem conviventi, che hanno soggetto di doglianza o reclamo gli uni verso degli altri, ricorrono al giudice, espongono il soggeto delle loro doglianze, e reclamano la interposizione della sua autorità, perchè vi sia posto riparo.

845. Il giudice può d'uffizio chiamare a sè qualunque de'mentovati individui, quando sia giunto a sua notizia il dissidio domestico, o le inquietudini che alla pace domestica cagiona la condotta di alcuno di loro.

846. Il giudice o debba d'uffizio, o debba sopra reclamo interporre la propria autorità, si trasferisce alla parrocchia alla quale i mentovati individui appartengono: conferisce col parroco: prende da lui il miglior sistema o di far cessare il dissidio, o di dare sfogo al reclamo.

847. Prese le informazioni di che nel precedente articolo, il giudice dee prevenire gl'individui della famiglia in cui è il dissidio, o il soggetto del reclamo, che egli si porterà in persona in giorno ed ora certa nella casa che ella abita per farsi conciliator del dissidio, o per concertare gli espedienti che il reclamo può esigere.

848. Il giudice vi si trasferisce, e tenta la conciliazione, o compone il reclamo.

849. Se questo tentativo riesce inutile, il giudice cita l'individuo, o individui, che ha verificato essere gli autori del dissidio, o i meritevoli di coercizione, al suo Tribunale: fa loro una nuova esortazione: minaccia loro di obbligarli a dar cauzione di buona condotta in futuro: se occorre l'ordina, e se la cauzione non è data, stende un ragguaglio dell'accaduto, e lo invia alla polizia a forma dell'art. 642.

850. Il giudice ad istanza del padre, o lui defunto, della madre superstite, poù proporre alla polizia come coercizione del figlio o della figlia una detenzione non maggiore di mesi sei, purchè chi la reclama si obblighi di fornire al detenuto i necessari alimenti.

851. Il giudice, di uffizio, e non mai ad istanza de'figli, può proporre come coercizione del genitore o ecessivamente severo, o capriccioso, o scostumato, una detenzione non maggiore di mesi tre.

852. Le disposizioni del presente capitolo non si applicano ai delitti preveduti, e puniti del codice penale.

ÍNDICE

LIBRO I.
DISPOSIZIONI GENERALI

TITOLO I.	*Dell'amministrazione della giustizia penale*	243
TITOLO II.	*Caratteri organici dell'amministrazione della giustizia penale*	244
TITOLO III.	*Principi fondamentali dell'amministrazione della giustizia penale*......	245

LIBRO II.
DELLE AUTORITÀ GIUDICIARIE

TITOLO I.	*Dele corti, e de'tribunali*	249
TITOLO II.	*Della Corte suprema regolatrice*...	249
TITOLO III.	*Del Procuratore del Re presso la Corte suprema regolatrice*	251
TITOLO IV.	*Delle Corti criminali*	252
CAPITOLO I.	*De'giudici cognitori, e del Presidente*..	253
§. 1.	*Del Presidente*	253
§. 2.	*De'giudici cognitori*	254
CAPITOLO II.	*De'giudici istruttori*...	255
CAPITOLO III.	*Del primo cancelliere, e de'sotto-cancellieri*	257
CAPITOLO VI.	*Degli accusatori pubblici*	258
CAPITOLO V.	*Degli uscieri, degli apparitori, e degli esecutori di giustizia*...............	258
CAPITOLO VI.	*De'carcerieri*	260
TITOLO V.	*De'Commissari del governo*..	261
TITOLO VI.	*De'Tribunal di giustizia, e di polizia preservativa*............................	262
TITOLO VII.	*De'Tribunali di semplice polizia*	263

LIBRO III.
DEGLI ATTI GIUDICIARI

TITOLO I.	*Delle azioni giudiciarie penali*	265
TITOLO II.	*Delle accuse, delle denunzie, e delle doglianze*................................	267
TITOLO III.	*Delle persone che non possono accusare,*	
	e di quelle che non possono essere accusate	269
TITOLO IV.	*Del luogo nel quale possono essere esercitate*	
	le azioni giudiciarie penali	270
TITOLO V.	*De'modi per i quali le azioni giudiciarie penali si estinguono*	271
TITOLO VI.	*Della sorpresa in flagrante: delle perquisizioni,*	
	e delle visite domiciliarie...	274
TITOLO VII.	*Degli accessi, e delle verificazioni del materiale de'delitti*..................	276
TITOLO VIII.	*Delle verificazioni del materiale de'delitti,*	
	o di qualità fisiche o morali di accusati senza accesso su i luoghi.......	277
TITOLO IX.	*Delle prove: disposizioni fondamentali.*	280
TITOLO X.	*Regole generali sulla credibilità giuridica della prova*	281

338 • Direito Processual Penal

TITOLO XI.	*Delle diverse specie di prova*	282
TITOLO XII.	*Della prova fisica per evidenza di fatto*	283
TITOLO XIII.	*Della prova per mezzo di testimoni*	283
TITOLO XIV.	*Della prova per la confessione de'rei*	284
TITOLO XV.	*Della prova per mezzo delle scritture attribuite al reo*	285
TITOLO XVI.	*Della prova circostanziale o per mezzo d'indizi*	286
TITOLO XVII.	*De'mandati di comparsa, di accompagnamento, e di custodia non libera, ed esecutivi*	288
TITOLO XVIII.	*De'mandati di custodia libera*	290

LIBRO IV.
DELLA PROCEDURA GIUDICIARIA

PARTE I.	DELLA PROCEDURA ORDINARIA	293
TITOLO I.	*Degli atti informativi*	293
TITOLO II.	*Della citazione, e dell'esame de'testimoni*	294
TITOLO III.	*De'testimoni esclusi, eccettuati, e scusati*	297
TITOLO IV.	*Dell'esame per mezzo d'interpetre*	298
TITOLO V.	*Delle recognizioni reali e personali*	299
TITOLO VI.	*Delle lettere rogatorie, o sussidiarie, e delle reversali, o responsive*	300
TITOLO VII.	*Della comparsa in giudizio, e dell'interrogatorio del reo*	300
TITOLO VIII.	*Della consegna dei rei per estradizione fattane da stato estero*	302
TITOLO IX.	*De'sordo-muti, allenati di mente, ed impuberi*	303
TITOLO X.	*De'correi, e de'complici*	305
TITOLO XI.	*Dalla pubblicazione degli atti, e della trasmissione del reato*	306
TITOLO XII.	*Degli atti di difesa*	308
TITOLO XIII.	*Della procedura avanti alla Corte*	310
TITOLO XIV.	*Della sentenza*	311
CAPITOLO I.	*De'motivi del giudicato*	312
CAPITOLO II	*Del computo de'suffragi de'giudici*	313
CAPITOLO III.	*Della dispositiva della sentenza*	313
CAPITOLO IV.	*Della pubblicazione e della esecuzione della sentenza*	315
TITOLO XV	*De'rimedi contro le sentenze delle Corti*	317
CAPITOLO I.	*Della revisione*	317
CAPITOLO II.	*Della cassazione*	319
CAPITOLO III.	*Della ritrattazione*	319
TITOLO XVI.	*Della procedura contumaciale*	321
TITOLO XVII.	*Di alcune particolari procedure*	323
CAPITOLO I.	*Della procedura per delitti commessi dai funzionari pubblici dell'ordine giudiciario, o fuori dell'esercizio, o nell'esercizio delle loro funzioni; e per delitti commessi contro detti pubblici funzionari nell'esercizio delle loro funzioni.*	323
CAPITOLO II.	*Dell'avocazione della causa da una Corte all'altra, da un Tribunale all'altro*	325

CAPITOLO III.	*De'ricorsi per ricusa di giudici delle Corti, e de'Tribunali*	326
CAPITULO IV.	*Della querela del litigatore contro il giudice, che abbia fatta propria la lite*	327
CAPITOLO V.	*Del giudizio per domanda di riabilitazione*	329
PARTE II.	DELLA PROCEDURA SOMMARIA	329
TITOLO I.	*Della procedura ne'delitti privati*	329
TITOLO II.	*Della procedura nelle trasgressioni contro la polizia della sicurezza*	329
TITOLO III.	*Degli appelli dalle sentenze de'Tribunali alle Corti*	333
TITOLO IV.	*Della procedura avanti i Tribunali di semplice polizia*	333
CAPITOLO I.	*Della procedura nelle trasgressioni.*	334
CAPITOLO II.	*Della procedura per espedienti diretti a prevenire i delitti*	334
CAPITOLO III.	*Della procedura per provvedimenti opportuni a comporre reclami e dissidi domestici*	335

IV - Projecto Corrêa Telles

Projecto

de

Codigo de Processo Criminal

de

José Homem Corrêa Telles

[1]

Titulo 1.º
Dos Juizes Competentes.

§.1.º O Juiz Ordinario, ou Juiz de Direito, ou Magistrado de Policia Correcional do Julgado, onde um crime foi commetido, é o Juiz competente para investigar do mesmo crime, e para processar o culpado, ainda q' este seja domiciliado em outro Julgado. (a)

§.2.º Se o crime foi commetido nos confins de diversos Julgados, e não é claro em qual delles foi; tanto um, como outro Juiz é competente. (b)

§.3.º O mesmo é, quando o crime foi começado em um Julgado, e consumado em outro.(c)

(a) L. 1 Cod. Ubi de Crim. agi oport. Auth. Qua in provincia, Cod. e od.
(b) Ant. Math. de Crim. L 48 T. 13. Cap. 5. n. 6. Prim. Linh. do Proc. Crim. §. 10. Not.
(c) Ant. Math. ib. n. 8.

[1V]

§.4.º Nos casos dos §§ antecedentes o Juiz q' primeiro começa a conhecer, previne a jurisdição dos outros. (a)

§.5.º Pode porem intentar-se querella não só perante qualquer daquelles juizes, mas tambem perante o juiz do domicilio do réo, ou perante o Juiz do Julgado onde o réo for achado. (b)

§.6. Se quando o Quereloso quiser querelar, já houver Querella do Ministerio Publico perante o Juiz onde o crime foi commetido, só ali pode querellar, porq' a Querella do Ministerio Publico e a da parte ofendida se reputa uma só, e ambas devem ser processadas juntamente. (c)

(a) Mend. de Castro 2. p. L. 5. C. 3. n. 3. Febo 2. p. Arest. 97.
(b) A Ref. jud. 3. p. art. 33 não falla no Juiz do domicilio do réo, mas os nossos Redactores nem sempre traduzirão bem o Cod. de Inst. Crim. Franc.; q' no art. 63 assim o quer dizer. Com pouca

344 • Direito Processual Penal

razão derogárão a Ord. L. 5. T. 117 §. 9. q' permitia querellar no Juizo do quereloso. Se estiver ferido, mal poderá querellar em diverso Julgado.
(c) Ref. jud. 3. p. art. 32.

[2]

§.7.º Pela prioridade do Auto de Querella se regula a prevenção do Juiz. Assim quando muitas pessoas podem querellar do mesmissimo crime, ao Juiz q' primeiro recebeo a Querella devem ser remetidas as q' forem dadas em outros juizos, bem como todos os papeis e informações q' nestes existirem. (a)
§.8.º Mas quando o Juiz q' posteriormente recebeo Querella, conseguio primeiro a prisão do réo, tem a preferencia aos outros Juizes, ainda q' perante estes se tivessem primeiro tomado Querellas (b) daquele crime.
§.9.º Pela prisão do réo tambem se proroga a jurisdição do Juiz, de modo q' se tiver diversos crimes em outros juizos, ao q' efectuou a prisão devem ser remetidas as culpas desses Juizos para se livrar de todos os crimes. (c)

(a) Ref. jud. 3. p. art. 35.
(b) Alv. de 25 de Dez. de 1608 § 23. Prim. Linh. Crim. § 10. Not. ult.
(c) Ref. J.. 3. p. art. 170. 175 e 223.

[2V]

§.10. Mas quando um réo se livrar solto com fiança, não pode requerer Avocatorio dos diversos crimes, q' tiver em outros Juizos: deve livrar-se nos Julgados, onde lhe tiverem sido formados. (a)
§.11. Dos crimes commetidos no alto mar pode tomar conhecimento o Juiz do porto portuguez, onde o navio abordar e tiver demora. (b)
§.12. Quando o crime foi commetido pela maioria dos habitantes de um Julgado, é competente para a querella, e para o processo preparatorio até a ratificação da Pronuncia exclusivamente, o Juiz de Direito da Comarca, ou o seu substituto no seu impedimento. (c)
§.13. A ratificação de Pronuncia, e o processo da Accusação será feito pelo Juiz do Julgado da cabeça da comarca mais visinha. (d)

(a) Desideratur. Assim se praticava com os réos, q' se livravão com cartas de seguro. Pr. Linh. Crim. §. 10. Not. ult.
(b) Ref. J.. 3. p. art. 34.
(c) Ref. J.. 3. p. art. 408.
(d) Ref. ib. art. 409.

[3]

§.14. Ainda q' o crime civil fosse commetido por um Militar, e a este aproveite o Foro Militar; é competente para a Querella, e para a Pronuncia o Juiz do Julgado, onde o crime foi perpetrado. Preso porem o réo em flagrante, deve ser remetido com a culpa ao Comandante do Corpo, a q' pertence. (a)

IV - Projecto Corrêa Telles • 345

§.15 Não gozão os Militares do Foro Militar nos crimes de Lesa Magestade Divina, ou Humana; no de Resistencia; no de furto de Fazenda Nacional; no de Contrabando; no de Descaminho dos Direitos Nacionaes, nem nos crimes commetidos antes de terem praça assente. (b)

(a) Alv. de 21 d' Out. de 1763 § 6. e 8. Ref. J.. 3. p. art.171. n. 4.

(b) Lesa Magestade- Alv. 21 Out. 1763. Regulam. de 21 Fever. 1816 art. 30.=Resistencia- Alv. de 14 Fever. de 1772 §. 2.º = Furtos de Faz.ª Nac. Alv. 18 de Set. de 1784. = Contrabandos e Descaminhos Alv. de 14 de Fev. 1772 §. 3. = Crimes cometidos antes de terem praça. Alv de 14 Junho de 1642. Decr. de 17 de Julho do mesmo anno. Para a prisão deve deprecar-se aos seus Comandantes; e ficão presos no Regimento. Aviso de 31 Maio de 1777

[3V]

§.16. Ainda q' o conhecer dos delictos individuaes commetidos pelos membros da Familia Real, pelos Ministros Secretarios d' Estado, ou pelos Senadores e Deputados, seja attribuição da Camera dos Senadores (a); isto se entende do processo de accusação. A querella, e o processo preparatorio até a pronuncia inclusivamente, deve ser formado pelo Juiz do Julgado do Delicto.(b)

§.17. O mesmo é, se o delicto foi commetido por algum Juiz do Supremo Tribunal de Justiça, ou de alguma das Relações, ou Juiz do Tribunal de Commercio de 2.ª Instancia, ou pelos Magistrados do Ministerio Publico daquelles Tribunaes. O Juiz do Julgado pronuncia; mas não manda prender, remete o processo com todo o segredo ao Supremo Tribunal de Justiça, q' é o competente para o processo da Accusação. (c)

(a) Const. de 1838 art. 61. n. 1.

(b) Assim se infere da Ref. J.. 3. p. art. 148. Ainda q' o art. 171 n. 1.º diga q' aquellas personagens tem foro especial.

(c) Assim se infere da Ref. J.. 3. p. art. 149. ainda q' parece antinomico com os art. 365 e 366. Nestes Tribunaes tem a fazer-se uma especie de ratificação de Pronuncia sem Jurados.

[4]

§.18. Se o indiciado é um Juiz de Direito de 1.ª instancia; ou Juiz Ordinario, Delegado, ou Subdelegado do Procurador Regio; procede-se do mesmo modo; só com a diferença q' o processo é remetido á Relação do Districto, q' é o Tribunal competente para o processo da Accusação. (a)

§.19. Porem quando se quizer querellar contra um Juiz Ordinario designadamente por crime q' não tenha relação com o exercicio da sua jurisdição, commetido dentro da comarca; deve-se dar a Querella perante o Juiz de Direito da Comarca. E quando se quizer querellar contra o Juiz de Direito, em iguaes circunstancias, deve-se dar perante o Juiz de Direito da comarca mais visinha. (b)

(a) Ref. J.. 3. p. art. 149. Veé. a Nota (aa) ao §. 20.

(b) Ref. J.. 3. p. art. 364. O Juiz de Direito q' receber a Querella deve hir ao Julgado do lugar, em q' o delicto foi commetido tirar o summario, e proceder ás mais deligencias do processo preparatorio. cit. art. § 2.º

346 • Direito Processual Penal

[4V]

§.20. Se o crime commetido por um Juiz, ou pelo Magistrado do Ministerio, é um erro de officio, ou relativo ao exercicio de suas funcções; a Querella deve ser oferecida ao Presidente da Relação, se o culpado é Juiz ou Delegado, ou Subdelegado de 1.ª instancia; *(aa)* ou ao Presidente do Supremo Tribunal de Justiça, se o culpado é Juiz ou Magistrado de 2.ª instancia, ou do mesmo Tribunal Supremo de Justiça. (a)

§.21. As Querellas, ou accusações de erros de officio, contra Escrivães, e outros officiaes subalternos de Justiça, devem ser dadas perante o Juiz de Direito da Comarca, q' a este respeito tem toda a jurisdição q' tinhão os antigos Corregedores. (b)

(a) Ref. J.. 3. p. art. 374 e 375. O Presidente distribue a Querella a um juiz do tribunal e este é o q' recebe a Querella, e faz os mais actos de processo preparatorio; e fica sendo Relator no processo da Accusação.
(b) Assim se deduz da Ref. J.. 2. p. art. 193. e Ord. L. 1. T. 58. §. 34.
(aa) Os Juizes Ordr. os e Subdelegados nos crimes commetidos no exercicio das suas funções ou fora dellas são processados e julgados sem Jury perante os Juizes de Dir. to. L. 28 Nov. 1840. art. 8 §. 2.º

[5]

§.22. Ainda q' os estrangeiros q' tem Juizes conservadores neste Reino, como são Inglezes, Francezes, Hespanhões, Alemães, e Italianos não possão ser presos, fora de flagrante delicto, sem Mandado dos seus Conservadores, ou Cumpra-se por elles posto (a); isto não obsta a q' se possa querellar contra elles no lugar de delicto. Porem o processo da Accusação deverá depois ser formado perante o respectivo Conservador, q' deve Julgar em 1.ª instancia. (b)

§.23 Se um Portuguez em paiz estrangeiro commeter crime de alta traição, falsificação de Sellos do Estado, de Moedas Portuguezas, de Papeis de crédito publico, ou de Notas de Bancos estabelecidos por Lei, pode ser processado, julgado, e punido em Portugal, segundo as Leis deste Reino; ainda q' nelle não seja achado. (c) A Querella pode ser dada pelo Ministerio Publico perante o Juiz do domicilio q' o réo tinha antes da sua ausencia, ou perante qualquer Juiz, se o réo não tinha domicilio certo. (d)

(a) Decr.de 23 d' Agosto de 1667.
(b) Decr. de 19 d' Abril de 1699.
(c) Ref. J.. 3. p. art. 9.
(d) Assim entende Rogron o art. 5 do Cod de. Instr. Crim Fr., q' os nossos Redactores traduzirão no cit. art. 9.º

[5V]

§.24. Do mesmo modo se pode proceder contra os estrangeiros socios, ou cumplices dos crimes referidos no §. antecedente, se forem achados nos Dominios Portuguezes; ou se o Governo houver obtido a entrega delles. (a)

§.25. Um Portuguez q' em paiz estrangeiro commeteo crime contra outro Portuguez, se for achado nos Dominios Portuguezes, pode ser processado e punido, se o não tiver sido no paiz onde commeteo o delicto. O offendido pode querellar perante o Juiz do domicilio do réo, ou Juiz do Lugar onde elle for achado. (b)

§.26. Os Ordinarios, ou Vigarios Capitulares q' suas vezes fizerem, são Juizes competentes para conhecer dos crimes de heresia, sigillismo, solicitação na confissão sacramental, sacrilegio, concubinato escandaloso dos Clerigos, simonia, e outros: mas somente podem impor penas espirituaes, como excommunhão, e suspensão das Ordens. (c) Quando os réos mereção maiores penas, devem deprecar o castigo ao Governo. (d)

(a) Ref. J.. 3. p. art. 9. §. un.

(b) Ref. J.. 3. p. art. 10.

(c) Decreto de 29 Julho 1833 art. 2. º Ref. J.. 3. p. art. 172.

(d) Bem entendido, quando as Leis civis imponhão penas áquelles crimes. O Governo deve commeter o negocio ao Poder judiciario.

[6]

Secção 1.ª

Crimes excepcionaes.

§.27. Nas provincias do continente de Portugal foi commetido internamente aos Juizes de Direito o processo preparatorio dos crimes de morte; roubo; ferimento com fractura, de q' possa resultar morte ou aleiéão; fogo posto acintemente; tirada de presos; resistencia á Justiça; arrombamento de casas, ou de cadea; e ameaças ou acommetimento ás testemunhas, ou aos Jurados. (a)

§.28 Nestes crimes, fora de Lisboa e Porto, não há ratificação de Pronuncia, e são Julgados com intervenção de um Jurado especial. (b)

§.29. Os crimes e abusos de liberdade de Imprensa tambem são Julgados com um Jurado especial, e são processados perante o Juiz de Policia Correcional do Lugar da publicação do Impresso, ou perante o Juiz de Direito. (c)

(a) Lei de 17 de Março de 1838, prorogada por Lei de 17 de Julho de 1839 ate o fim da Sessão das Cortes de 1840. E ate 1842 por L. 26 Set. 1840.

(b) Cit. L. de 17 Março 1838 art. 9 e 12. L. de 10 de Abril de 1838.

(c) L. de 22 de Dezbr.º de 1834 art. 19. L. de 10. de Nov. de 1837 art. 11.

[6V]

Titulo 2. º

Dos Empregados do Ministerio.

§.30. Junto ao Supremo Tribunal de Justiça o Procurador Geral da Coroa exerce as funções do antigo Promotor de Justiça. Os Procuradores Regios e seus Ajudantes, junto ás Relações: os Delegados destes, junto aos Juizes de Direito, e Magistrados de policia Correcional. E os Subdelegados escolhidos pelos Procuradores Regios, junto aos Juizes Ordinarios. (a)

348 • Direito Processual Penal

§.31. Nos crimes cuja accusação não pertence á Camara dos Deputados, incumbe ao Procurador Geral da Coroa accusar os Ministros Secretarios d' Estado, e outras pessoas, q' devem ser processadas perante a Camara dos Senadores. (b)

§.32. Quando um Delegado, ou Subdelegado do Procurador Regio está impedido, pode o Juiz de Direito, ou Ordinario nomear interinamente pessoa idonea, q' exerça o seu ministerio. (c)

(a) Ref. J.. 1. p. art. 13 e art. 32. §. 1. Regulamento confirmado por Decr. de 15 Dez 1835. (b) Const. de 1838 art. 61. §. un.

(c) Port. do Min. da Just. de 22 de Fever. de 1838. e Port. de 17 de Set. de 1839.

[7]

§.33. Os Procuradores Regios, seus Delegados, e Subdelegados são encarregados do descobrimento, da querella, e accusação de todos os crimes publicos, pelo modo q' as Leis determinarão. (a) Dos crimes particulares só as partes offendidas podem querellar. (b)

§.34. Entende-se por crimes particulares - 1.º aquelles, em q' a pena imposta pela lei é toda ella applicada para a parte offendida (c): 2.º aquelles em q' a parte offendida receberia nova offensa, em se fazerem publicos (d): 3.º aquelles, a q' a Lei impoem pena arbitraria ou não determina pena alguma. (e)

(a) Ref. J.. 3. p. art 3 e 17.

(b) Ref. 3. p. art. 13.

(c) V. gr. O crime de cortamento de arvore frutifera. Ord. L. 5. T. 75.

(d) V. gr. O adulterio, e o estupro sem resistencia.

(e) V. gr. Os crimes de bofetada, ou açoutes em mulher. L. de 15 jan 1652. O de pôr cornos junto da porta de pessoas casadas. L. de 15 de Março 1752. O de publicar satiras, ou Libellos difamatorios. L. 2. Out. 1753. Pancadas, de q' não resulta aleijão, nem deformidade. Prim. Linh. Crim. §. 37. É grande defeito da Ref. jud. o não definir quaes os crimes publicos, quaes os particulares.

[7V]

Titulo 3.º

Da participação dos Crimes.

§.35. Se o Supremo Tribunal de Justiça, alguma das Relações, ou algum Juiz de Direito em algum Feito descobrir um crime publico, deve participa-lo ao Magistrado do Ministerio publico perante elles. Esta participação não deve ser feita na sentença. (a)

§.36. Qualquer outra Authoridade publica q' no exercicio de suas funcções descubrir algum crime publico, deve dar parte ao Delegado ou Subdelegado do Julgado, onde o crime foi cometido. (b)

§.37. Devem tambem enviar-lhe todas as noticias, e documentos, q' podem servir de corpo de delicto, ou de provas. (c)

§.38. Os juizes Eleitos, e os regedores de Parochia são obrigados a participar os crimes commetidos na sua freguezia; os Eleitos, devem remeter a participação ao Juiz de Direito, ou Ordinario do Julgado, com o Auto de Corpo de delicto, a q' devem proceder, e com os pre-

IV - Projecto Corrêa Telles • 349

zos

(a) Ref. J.. 3. p. art. 42 §. un.
(b) Ref. ib. art 42. Cod de <u>Inst Crim. Fr</u>. art 29.
(c) Ref. ib. art. 41.

[8]

zos em flagrante delicto, se os houver. Os regedores devem dirigir a sua ao administrador do Concelho, para este proceder na forma do § 36. (a)

§.39. O Administrador do Concelho, o Regedor da Parochia, o Juiz Eleito, e o Juiz Ordinario do lugar onde se commeteo algum dos crimes enumerados no § 27, deve participa-lo immediatamente ao Juiz de Direito instructor daquelles crimes, e ao Encarregado do Ministerio perante elle; sob pena de suspensão, e de mulcta de cinco ate cem mil reis. (b)

§.40. Toda a pessoa particular q' presenciar um crime publico, ou delle tiver noticia pode participa-lo ao Juiz Ordinario do Julgado, em q' foi commetido, ou ao Encarregado do Minsterio Publico do mesmo Julgado, ou ao Juiz Eleito da freguezia; indicando na participação todas as circunstancias do crime, e os nomes, mesteres, e moradas das pessoas, q' delle podem dar noticia.(c)

(a) Ref. J.. 3. art. 40. <u>Cod. Ad</u>. art. 155 § 9.
(b) L. de 17 de <u>Março</u> de 1838 art. 7.
(c) Ref. J.. 3.p. art. 38. <u>Cod. de Inst. Crim. Fran</u>. art. 30.

[8V]

§.41. Quando esta participação ou denuncia é dada ao Delegado, ou Subdelegado do Procurador Regio, deve ser dada por escrito, e a assinatura do denunciante reconhecida. E se for dada verbalmente ao Juiz Ordinario, ou Eleito; qualquer delles pelo seu Escrivão a deve reduzir a Auto de noticia, o qual deve ser assignado pelo denunciante, se souber escrever: e quando este não seja conhecido em juizo, deve ir acompanhado de uma testemunha q' o conheça, a qual assinará tambem o auto. (a)

§.42 A parte offendida com o crime publico, ainda q' não queira querellar, pode denuncia-lo pelo mesmo modo, q' fica dito no §. antecedente. (b)

§.43. O escrivão da Querella requerida por uma parte, tanto q' ella for recebida, deve comunica-la ao Delegado, ou Subdelegado do Julgado, se o crime for publico. (c)

(a) Ref. J.. 3. p. art. 39.
(b) Ref. J.. 3. p. art. 43.
(c) Ref. J.. 3. p. art. 36.

[9]

Titulo 4.º
<u>Do Corpo de Delicto</u>.

350 • Direito Processual Penal

§.44. O corpo de delicto é a base de todo o processo criminal. A falta delle annulla todo o processo; e não se suppre com a confissão do réo. (a)

§.45. O auto de corpo de Delicto pode ser feito em ferias Divinas, em dias santificados, e mesmo de noite. (b)

§.46. Para a formação daquelle auto é cumulativa a jurisdição de todas as Autoridades Judiciaes da Comarca. Se concorrem a um tempo diversas Autoridades, o Juiz de Direito prefere a todos; o Juiz Ordinario do Julgado prefere a qualquer outro Juiz Ordinario, ou Eleito; o Juiz Eleito da freguezia, a qualquer outro Juiz Eleito. (c)

§.47. Porem dentro da Cidade ou Villa onde reside o Juiz de Direito ou Ordinario,

o Ju-

(a) Ref. J. 3.p. art. 48. Prim Linh. Crim. § 48. é notavel o caso q' refere Mend. de Castr.1. p. L. 5. cap. 1. n. 89. por falta de Corpo de Delicto.

(b) Ref. J. 3. p. art. 67.

(c) Ref. ib. art. 45.

[9V]

o Juiz Eleito não pode formar o Auto de Corpo de Delicto, se o crime não admite fiança; deve ser feito perante o Juiz de Direito ou Ordinario na presença do respecivo Delegado ou Subdelegado, pena de nullidade. (a)

§.48. Da mesma sorte os Autos de Corpo de Delicto, dos crimes enumerados no §. 27 devem ser feitos pelo Juiz Instructor em presença do Delegado, ou Subdelegado q' perante elle servir. Mas se aquelle Juiz não vier em 24 horas, depois de lhe ser participado o crime, pode o Juiz Ordinario do Julgado com o seu Subdelegado formar o Auto, o qual deve remeter ao encarregado do Ministerio perante o dito Juiz Instructor. (b)

§.49. Em quanto se não ultima o Auto do Corpo de Delicto imcumbe aos Juizes, e ao Regedor da Parochia, o obstar q' se alterem os vestigios do crime, e q' se afastem os objectos delle, e as pessoas q' delle podem dar informação. Os q' alterarem os vestigios do crime incorrem na mulcta de dez até

duzen-

(a) Ref. J.. 3. p. art. 46. § un.

(b) L. de 17 de Março de 1838 art. 8.º

[10]

duzentos mil réis, segundo a gravidade do caso, e gráo de malicia. (a)

§.50. O auto de Corpo de Delicto deve fazer-se por inspecção ocular, todas as vezes q' o crime deixa vestigios permanentes, sob pena de nullidade. (b)

§.51. Neste acto se devem verificar por meio de exame todos os vestigios q' deixou o crime; o estado do lugar em q' elle foi commetido; investigão-se todas as circunstancias relativas ao modo de o commeter; recolhem-se com todo o escrupulo os indicios q' haja contra os presumidos culpados; apprehendem-se as armas, e objectos deixados pelos delinquentes, ou quaesquer outros q' possão servir para o descubrimento da verdade; e tomão-se logo declarações verbaes e summarias ou ao offendido, ou aos circunstantes, vizinhos, criados, ou pessoas quaesquer q'

IV - Projecto Corrêa Telles • 351

verosimilmente podem dar alguma noticia. Tudo isto se lança no Auto, q' é assignado pelo Juiz, Peritos, Delegado, ou Subdelegado, e pessoas declarantes; (c) e testemunhas.

(a) Ref. J.. 3. p. art 53 e 54. Cod. Adm. art. 155. § 9.
(b) Ref. 3. p. art. 47.
(c) Ref. 3. p. art. 49. e 52.

[10V]

§.52. Se para Exame do Corpo de Delicto forem necessarios conhecimentos particulares de alguma sciencia ou arte, devem intervir dous Peritos nessa sciencia ou arte. O juiz sob-pena de nullidade lhes defere juramento de examinarem escrupulosamente o objecto, q' lhes é submetido, e de declararem comverdade tudo o q' for digno de notar-se: e do juramento fará menção o Auto, aliás, presume-se q' se lhes não deferio. (a)
§.53. Se no lugar em q' se faz o Exame, e uma legoa em roda, não houver mais q' um só Perito; o Escrivão assim o declarará no Auto, e valerá com elle só. Se no lugar, e tres legoas em redor não houver Perito algum, o Juiz escolherá os dous individuos q' tiverem mais conhecimentos na materia, e estes servirão de Peritos: o Escrivão declarará a razão por q' forão nomeados. O Perito q' for notificado para o Exame, é obrigado a comparecer no dia, hora e lugar designado, sob-pena de vinte ate duzentos mil reis, segundo a gravidade do caso, e gráo de malicia. (b)

(a) Ref. J.. 3. p. art. 50
(b) Ref. cit. art. 50 §.. 2. 3. e 4.1

[11]

§.54. Nos crimes de homicidio, e ferimentos, os Peritos devem declarar o numero, e qualidade das feridas; se são mortaes, ou somente perigosas; o instrumento com q' denotão ter sido feitas: bem assim se a morte resultou necessariamente das feridas, ou de circunstancias accessorias. (a)
§.55. Nos crimes de furto ou roubo, o Auto do Corpo de Delicto sob-pena de nullidade deve fazer expressa menção do valor da cousa furtada o roubada; para o q' se deve deferir juramento ao roubado, ou a quaesquer outras pessoa, q' possão fazer esta declaração. (b)
§.56. No crime de estupro faz-se o exame por duas Parteiras, se as há, ou aliàs por duas matronas. A umas, e outras se defere juramento, e examinando ellas em caza interior a estuprada; o Escrivão no auto lança a declaração dellas, se aquella se acha ou não corrompida. (c)

(a) Ref. J.. 3. p. art. 51.
(b) Ref. ib. art. 56.
(c) Prim. Linh Crim. §. 50. Nota.

[11V]

§.57. Quando o crime é de facto transeunte, q' não deixa vestigios, o Corpo de Delicto é formado pelas declarações juradas dos circunstantes, vizinhos, criados, ou de outras quaesquer pessoas, q' verosimilmente podem saber a verdade. Estas declarantes são lançadas em um só Auto, q' é

352 • Direito Processual Penal

assignado pelo Juiz, Escrivão, e Declarantes. As testemunhas q' depois se tirão ao summario da Querella corroborão o corpo de Delicto, e supprem qualquer falha q' nele haja. (a)

§.58. Em todo o Auto de Corpo de Delicto se deve fazer declarantes dos nomes das pessoas, q' verosimilmente sabem a verdade do caso, de seus mesteres, e moradas. Cada uma das folhas do Auto deve ser rubricada pelo Juiz q' assistio a elle. (b)

§.59. Eis q' o Juiz Eleito faz um Auto de Corpo de delicto, deve remetelo em 24 horas ao Juiz Ordinario, ou de Direito do Julgado, sob-pena de cinco ate 20$000 reis de mulcta.(c)

(a) Ref. 3. p. art. 55.
(b) Ref. ib. Art. 57. e 58.
(c) Ref. ib. Art. 59.

[12]

§.60. Se o Juiz Ordinario, ou de Direito a quem o Auto for apresentado, lhe achar falta de alguma circunstancia substancial, deve manda-lo reformar. Se o não fizer, incorre na mulcta de vinte ate cem mil reis, e fica responsavel por perdas e damnos, como se fora o autor da falta. (a)

§.61. Se no Auto não houver falta alguma, e o crime for publico, deve o Juiz communica-lo ao Delegado ou Subdelegado, para este em 24 horas improrogaveis formar a Petição de Querella. (b)

§.62. Quando o Juiz Eleito da freguezia, onde foi commetido o Crime publico, não fizer o Corpo de Delicto; o Juiz Ordinario, ou de Direito, o pode hir fazer, ou mandar fazer pelo Juiz Eleito da freguezia visinha, e a requerimento do subdelegado ou da parte imporá ao juiz negligente a mulcta de dez ate cem mil reis. (c)

(a) Ref. J.. 3. p. art. 60.
(b) Ref. ib. art. 65.
(c) Ref. ib. art. 66.

[12V]

Secção 1.ª

Do Auto de busca.

§.63. Se o crime for de natureza, q' verosimilmente pareça poder obter-se a prova delle por papeis, ou por outros objectos existentes em casa do presumido delinquente, o Juiz Ordinario ou de Direito a requerimento do Delegado, ou da parte, ou ex officio hirá com o Delegado, Escrivão, e testemunhas fazer a busca e apprehensão; se o réo estiver preso, ou affiançado será tambem presente a ella per si, ou por procurador especial; e se o não nomear logo se fará á sua revelia. (a)

§.64. O auto de busca declarará o numero e qualidade de papeis, ou outros objectos apprehendidos: os papeis serão rubricados pelo réo ou por seu procurador, e se não souber, ou não quizer, rubrica-los-ha uma testemunha, declarando-se no auto a razão por q' esta os rubricou, e se o réo os reconhece, ou não por seus, e serão juntos aos autos. Os outros objectos

(a) Ref. J.. 3.. art. 61 e 64. Cod. de Inst. Crim. Fr. Art. 36.

IV - Projecto Corrêa Telles • 353

[13]

objectos q' não forem susceptiveis de ser rubricados serão recolhidos em um vaso ou saco, q' será sellado pelo Juiz, e ficará em guarda em poder do Escrivão. Tudo o q' não tiver relação com o crime, não se apprehenderá. O Auto concluido será assignado pelo Juiz - Delegado - Escrivão- duas testemunas - o Réo ou seu procurador; e se o réo não quizer assignar, se fará declaração disso, sob-pena de nullidade. (a)

§.65. Constando por alguma informação summaria de duas testemunhas pelo menos, q' os papeis ou outros objectos convincentes do crime existem em casa de outra pessoa; ali se hirá fazer a busca. E se for fora do Julgado, o Juiz passará Precatoria para o Juiz desse Julgado fazer a diligencia. (b)

§.66. Não é licito entrar em casa do réo, ou de outra pessoa fazer busca, se não de dia: de noute somente se podem tomar as cautellas exteriores, para pessoa alguma não sahir, sem se ter efectuado a diligencia. (c)

(a) Ref. 3. p. art. 64. Cod. de Inst. Cr. Fr. art. 37.
(b) Ref. ib. Art. 62 e 63. Cod. de Inst. Cr. Fr. art. 90.
(c) Ref. art. 61e 62.

[13V]

Titulo 5. º

Das Querellas.

§.67. A Querella consiste em requerer ao Juiz Ordinario, ou Juiz de Direito, ou ao Magistrado de Policia Correcional, q' inquira secretamente certas testemunhas, contra os delinquentes, q' perpetrárão certo crime; e em reduzir a Auto aquelle requerimento por mandado do Juiz.

§.68. A Petição do Querellante (quando não é o Delegado, ou Subdelegado) deve conter 1.º o nome, profissão e morada delle Querellante; e se for morador fora do Julgado, deve escolher domicilio dentro do Julgado, onde lhe possão ser feitas as notificações necessarias: 2.º a natureza, qualidade, e circunstancias do facto, lugar e tempo em q' foi perpetrado, sempre q' seja possivel: 3. º o nome do Querellado, ou Querelados contra quem se queixa. (a)

§.69. O Juiz mesmo distribui a Querella, quando há mais q' um Escrivão. (b) O Escrivão q' escrever sem lhe ser distribuida a Querella incorre na mulcta de 50 a 200$000. (c)

(a) Ref. 3. p. art. 25.
(b) Alv. 24 Janeiro 1809. L. de 17 Março 1838 art. 6.1
(c) Ref. art. 37.

[14]

§.70. No auto da Querella se copia a Petição do Querellante; e o Exame do Corpo de Delicto: nesse acto defere o Juiz juramento de calumnia ao mesmo Querellante (se não é o Delegado, ou Subdelegado); e do juramento se fará menção no Auto sob pena de nullidade. Tomão-se ao Querellante todas as mais declarações, q' elle fizer, e os nomes, mesteres, e moradas das

354 • Direito Processual Penal

testemunhas, q' elle nomea: e acabado o Auto é lido ao Querellante, e desta leitura fará menção, e finalmente é assignado pelo Juiz, Escrivão, e Querellante, pena de nullidade. (a)

§.71. Se o Querellante não sabe, ou não pode escrever, bastão as assinaturas do Juiz e Escrivão, declarando este no Auto aquella circunstancia. E se o Querellante não é conhecido em Juizo, deve levar comsigo uma testemunha *conhecida*, q' atteste a identidade da sua pessoa, a qual tambem assigna o Auto. O Escrivão q' assim o não cumprir, incorre na pena de um a seis mezes de suspensão. (b)

(a) Ref. 3. p. art. 21. e 27.
(b) Ref. ib. art. 27 e 28.

[14V]

§.72. Quando a Querella for dada por Procurador, este deve apresentar Procuração bastante, com especial poder para o juramento, e na qual se declarem todas as circunstancias particulares do facto; e a pessoa contra quem hade ser dada. (a)

§.73. Na Querella q' dá o Delegado ou Subdelegado há estas singularidades- 1.º Não é preciso q' elle declare o seu domicilio: 2. º não é obrigado a jurar de calumnia: 3. º deve na Petição citar a Lei, q' prohibe o facto denunciado: 4. º deve á Petição juntar o Auto do Corpo de Delicto. (b)

Secção 1. ª
Das Pessoas q' podem querellar.

§.74. O Delegado ou Subdelegado do Procurador Regio tem obrigação de querellar de todo e qualquer crime publico, q' for commetido no seu Julgado; ou ainda q' o crime fosse commetido fora, se o réo for achado no seu Julgado. (c)

(a) Ref. 3. p. art. 24.
(b) Ref. ib. art. 21. 25. e 65.
(c) Ref. ib. art. 17.

[15]

§.75. Se quando o Juiz enviou o Auto do Corpo de Delicto ao Delegado para querellar, este achar q' não deve dar querella; á margem do Auto do Corpo de Delicto deve expor as razões, e enviallas ao Juiz. (a)

§.76. Se o Juiz, a pezar das razões do delegado, insistir, q' este deve querellar, poderá aggravar de Petição para a Relação, executando entretanto o Mandado do Juiz. (b)

§.77. Qualquer pessoa do povo é admitida a querellar dos Juizes, Officiaes de Justiça, Jurados, e de outros quaesquer Empregados publicos por crimes de suborno, peita, peculato ou concussão. (c) Admitida a Querella de um, não se admite a de outro. (d)

(a) Ref. 3. p. art. 65.
(b) Arg. da Ref. 3. p. art. 143. Este incidente não foi decidido pela Reforma Judiciaria. Excitou a questão, e não a decidio.

(c) Ref. 3. p. art. 12 § 1. Const. Pol de 1838. art. 26. O q' é suborno, vej. a Ord. L. 5. T. 54. §. 1. Peita, vej. Ord. L. 5. T. 71. Peculato é o furto dos dinheiros publicos. Ord. L. 5. T. 74. Concussão é a extorsão do q' não é devido, com terror q' se incute a quem o dá. L. 1 L. 5. ss. de Concussione.
(d) Ref. 3. p. art. 31.

[15V]

§.78. Em todos os outros crimes publicos, somente podem querellar as Partes particularmente offendidas: mas a Querella destes não desobriga o Delegado ou Subdelegado de tambem querellar. Porem ambas as querellas se devem reunir em um só processo. (a)
§.79. No crime de morte há esta singularidade. Podem querellar tanto a viuva do morto, ou viuvo, q' não tiverem passado a outras nupcias; como tambem todos os descendentes ou ascendentes do morto. Na falta daquelles são admitidos a querellar todos os parentes colateraes ate o 4. º gráo de Direito Civil: mas os mais proximos excluem os mais remotos; e se há muitos parentes no mesmo gráo, e não querellam todos simultaneamente, depois de admitida a querela de um, não se admite a dos outros. (b)
§.80. Nos crimes particulares somente pode querellar a Parte offendida. Porem a estuprada sem violencia, se for maior de 17 annos,

não

(a) Ref. 3. p. art. 12. 17. e 32. Derogou a Ord. L. 5. T. 117.
(b) Ref. ib. art 12 ' 2. q' alterou a Ord. L. 5, T. 124. § 9. segundo a qual os gráos erão contados segundo o Direito Canonico. V. Thom. Val. Alleg. 64. n. 8.

[16]

não pode querellar do deflorador; ainda q' o podem fazer o pai ou mãe, tutor ou curador, e a falta destes os irmãos da estuprada. (a)
§.81. Se a Querella de estupro não violento foi dada por algum daquelles, ou se a de adulterio foi dada pelo marido da adultera, o Delegado ou Subdelegado deve tambem querellar. Porem logo q' as Partes querellantes perdoem * ou desistão *, cessa a Acção publica. (b)
§.82. Nos crimes do § antecedente podem as partes ofendidas requerer ao Delegado, ou Subdelegado q' querelle * e accuse * ainda q' ellas não querellem, nem accusem. (c)
§.83. Quando o marido mesmo coopera para o adulterio de sua mulher, o crime toma a qualidade de publico, e então deve o Delegado querellar não só do adultero, e adultera, mas tambem do marido. (d)

(a) Ref. 3. p. art. 13. L. de 6 de Out. de 1784. § 9.
(b) Ref. ib. art. 13 §. 2. º
(c) Ref. ib. art. 13. §. 2.
(d) Ord. L. 5. T. 25 § 9. Cod. Penal do Imp. Austr. 2. p. art. 256. Prim. Linh. Cr. § 37 Nota.

356 • Direito Processual Penal

[16V]

§.84. O pai pode querellar pelo crime commetido contra seu filho impubere, ou o crime seja publico, ou particular. Os filhos puberes devem querellar com autoridade do pai; e na falta do pai faz as vezes o Tutor ou Curador. (a)
§.85. A mulher casada não pode querellar, sem autoridade do marido. Pelo contrario, o marido pode querelar pelo crime commetido contra sua mulher. (b) O Tutor ou Curador do demente, ou furioso, pelo crime cometido contra este.(c)
§.86. Pode-se dar uma só querella contra muitos co-réos do mesmissimo crime. (d)

(a) Ref. 3. p. art. 14 e 15.
(b) Ref. cit. art. 14 e 15. Se o marido não quizer autorisar a mulher; ou se o não poder fazer por estar ausente em parte incerta, ou incapaz de manifestar a sua vontade, deverá a mulher requerer ao Juiz o supplemento da autorisação delle: arg. da Ord. L. 3 T. 47 § 5. e L. 4 T. 48. § 2.º
(c) Ref. cit. art. 14.
(d) Ref. art. 18 e 22.

[17]

§.87. Não se admite Querella á parte offendida, se pelo mesmo facto já intentou acção civil: excepto, se quando propoz esta acção, protestou querellar. (a)
§.88. O Querellante não pode dar 2.ª Querella contra o mesmo réo, pelo mesmo crime, sob-pena de nullidade. Exceptua-se o caso de ser Julgada nulla a primeira Querella. (b)
§.89. Os presos condenados a pena ultima, ou a degredo por toda a vida, em regra são excluidos do direito de querellar. (c)
§.90. Em crimes particulares não se admite Querella contra pessoa incerta e indeterminada; nem pode ser pronunciada outra pessoa mais, do q' aquella contra a qual se querellou. (d)

(a) Ref. 3. p. art. 29. Prim. Linh. Cr. §. 42. n. V.
(b) Ref. ib. art.30. Prim. Linh. Cr. § 41.
(c) Ref. ib. art. 16. Ord. L. 5. T. 117, § 14.
(d) Ref. art. 20. Pode porem o offendido protestar de querellar, tanto q' souber quem o offendeo. Ord. L. 5. T. 117. §. 1.

[17V]

§.91. Porem nos crimes publicos, a Querela pode ser dada ou contra pessoas certas e determinadas, ou contra as incertas q' se mostrarem culpadas no summario: e ainda q' se não declare q' se dá contra estas, devem ser pronunciados todos os q' se mostrarem culpados pelo summario. (a)
§.92. A Querella pode ser dada ate tres annos depois do delicto commetido, quando o crime é publico: mas somente dentro de anno e dia, se o crime é particular. (b)
§.93. Nos crimes q' constão de actos reiterados, aquelles prazos, para poder querelar, contão-se desde o ultimo acto criminoso. (c)

(a) Ref. 3. p. art. 18 e 19.
(b) Ref. 3. p. art. 345.

(c) Ref. 3. p. art. 346.

[18]

Secção 2. ^a

Das testemunhas do Summario

§.94. No summario da Querella de um crime publico sempre o Juiz deve perguntar vinte testemunhas, alem das referidas; preferindo aquellas q' forem nomeadas pelo Delegado ou Subdelegado, e pela parte Querellante. Porem em crime particular somente pode inquirir oito, se tantas foram nomeadas pelo querellante. (a)

§.95. As testemunhas da querella de um crime particular devem ser apresentadas ao Juiz dentro de vinte dias depois do Auto da Querella: de outra sorte fica a Querella sem efeito algum. (b)

§.96. Nos crimes publicos não há tempo fixo para o inquerito das testemunhas. Mas se o Querelado está preso, devem ser inquiridas a tempo; porq' se findos oito dias depois da prisão não estiver pronunciado o réo, deve infalivelmente ser solto. (c)

(a) Ref. 3. p. art. 86

(b) Ref. ib. art. 347. V. Ord. L. 5. T. 117 § 12 e 18.

(c) Ref. ib. Art. 136. Mas pode ser outra vez preso, se depois for pronunciado. Ref. ib.

[18V]

§.97. Nos crimes publicos se alem do Delegado houver parte querelante, o Juiz somente perguntará vinte testemunhas; a saber, as primeiras dez q' o Delegado nomear, e as primeiras dez q' nomear a parte. (a)

§.98. Se houver mais q' uma parte querelante; inquirirá o Juiz ate dez das nomeadas pelo Delegado, e as restantes serão das nomeadas por um e outro querelante. (b)

§.99. Se a parte offendida vier querellar depois de aberto o summario do Delegado ou Subdelegado, ou vice versa; o numero das vinte testemunhas será preenchido por aquellas q' nomear o novo querelante, comtanto q' estas não excedão a dez. E se já estiverem perguntadas todas as vinte, sempre o novo querelante poderá produzir mais cinco. (c)

§.100. Não será admitida testemunha alguma, q' venha espontaneamente, sem precedencia de intimação Judicial. A intimação será requerida pelo Delega-

do

(a) Ref. 3. p. art. 87.

(b) Ref. ib. Art. 87 §. 1.

(c) Ref. ib. Art. 87 § 2. ° e 3.°

[19]

do ou Subdelegado, ou pelo querelante; e indicar-se-ha o dia, hora, e lugar em q' as testemunhas devem comparecer. A certidão da intimação se deve juntar ao processo. (a)

§.101. Cada uma das testemunhas deve ser inquirida pelo Juiz separadamente, sem q' possa estar presente o Delegado, ou o querelante, pena de nullidade. Sob a mesma pena o Juiz lhe defere

358 • Direito Processual Penal

juramento nos Santos Evangelhos de dizer toda a verdade, e só a verdade, ácerca do q' lhe for perguntado; e do juramento se fará menção no depoimento, aliás não se presume. (b)

§.102. Em cada um depoimento se declara o nome e sobrenome, estado, officio, morada, a idade da testemunha; e se esta tem parentesco ou afinidade com alguma das partes, onde é criado ou domestico, ou tem amizade ou odio a alguma dellas. (c)

(a) Ref. 3. p. art. 88 e 89.
(b) Ref. ib. art. 91 e 92.
(c) Ref. ib. art. 93.

[19V]

§.103. Em seguida serão lidos á testemunha os Autos da Querella, e do Corpo de Delicto, e lhe será perguntado quanto sabe a respeito do crime, e suas circunstancias, tempo, lugar, e modo como foi commetido. (a)

§.104. Se disser q' sabe pelo ver, será perguntada em q' tempo e lugar vio, e se estavão ali outras pessoas q' tambem vissem e quaes erão. Se pelo ouvir, será perguntada a quem ouvio, em q' tempo, e lugar, e se outras pessoas ouvirão tambem. De tudo se fará menção no depoimento. Não se permite o dizer a testemunha, q' sabe de sciencia certa, sem dar razão do seu saber; nem o Escrivão deve escrever tal estribilho, pena de mulcta. (b)

§.105. Se a testemunha apresentar algum escrito, ou outro objecto, q' possa servir para a culpa ou defeza do inculpado; o escrito será rubricado pelo Juiz e pela testemunha se souber, e junto aos Autos; outro qualquer objecto, q' se não possa juntar, será guardado pelo Escrivão no Cartorio. (c)

(a) Ref. 3. p. art. 94.
(b) Ref. ib. art. 95. Ord. L. 1. T. 86 §. 1.
(c) Ref. ib. art. 96.

[20]

§.106. A testemunha tem a faculdade de dictar o seu depoimento: aliás o Juiz o dictará, de modo q' todas as palavras sejão bem intendidas pela Tetemunha, usando quanto possivel for das expressões della. Escrito o depoimento será lido á testemunha, e da leitura o Escrivão fará menção, pena de nullidade. Neste caso pode a testemunha augmentar ou declarar o seu depoimento; a alteração q' fizer se escreverá em seguida, sem emendar o q' estava escrito. O depoimento será assignado pelo Juiz, Escrivão, e testemunha, e se não souber escrever, assim se declarará, e valerá como se assignasse. A testemunha rubricará tambem cada uma folha do depoimento, exceto aquella em q' assigna o nome inteiro; e senão souber escrever, rubrica-la-ha o Juiz. (a)

§.107. Não se permitem entrelinhas: as emendas ou rasuras serão ressalvadas á margem, e a ressalva assignada pelo Juiz, Escrivão, e testemunha, pena de mulcta ao Escrivão de cinco a trinta mil reis. (b)

(a) Ref. 3. p. art. 99. 100. e 103.

(b) Ref. ib. art. 101. Cod. de Inst. Cr. Fr. art. 78.

[20V]

§.108. Os depoimentos devem ser escritos de modo q' possão ser fechados e copiados, sem prejuizo das outras partes do processo. (a)

§.109. Os estrangeiros prestarão juramento segundo a sua Religião. Se não souberem a lingoagem Portugueza, o Juiz lhes nomeará Interprete, ao qual defirirá juramento de exactamente traduzir, e fielmente declarar á testemunha as perguntas do Juiz, e as respostas da testemunha. O Interprete assignará juntamente com a testemunha: tudo <u>sob-pena de nullidade</u>. Não pode ser Interprete o Escrivão, nem alguma das testemunhas, debaixo da mesma <u>pena de nullidade</u>. (b)

§.110. O surdo q' souber ler, será perguntado por escrito: bem assim o surdo e mudo. Se este não souber ler e escrever, o Juiz lhe nomeará por Interprete a pessoa, q' melhor se entende com elle: a este respeito se observa o mesmo do § antecedente.

(a) Ref. 3. p. art.102.
(b) Ref. art. 92 §. un. e art. 97.
(c) Ref. art. 98.

[21]

§.111. A testemunha q' comparecendo não quer responder ás perguntas, q' lhe forem feitas, é autoada e processada, como desobediente aos mandados da Justiça. (a)

§.112. Se a testemunha não comparece no dia, hora, e lugar, tendo sido notificada; sem outra figura de Juizo, e sem recurso, será mulctada pelo Juiz, a requerimento do Delegado, ou da Parte, em doze mil reis; e se não tiver com q' os pague, em doze dias de prisão: e se passará contra ella mandado de custodia para vir depor em outro dia. (b)

§.113. Poderá ser aliviada de mulcta a testemunha, q' acudindo á segunda intimação, ou vindo debaixo de prisão, allegar legitima desculpa. (c)

§.114. Mandando a testemunha attestação de Facultativo, ou na falta delle, do Juiz Eleito da sua freguezia, de estar impossibilitada de comparecer; o Juiz da Querella

com

(a) Ref. 3. p. art. 111. Ord. L. 3. T. 55. §. 11.
(b) Ref. ib. art. 107. e 2. p. art. 179.
(c) Ref. 3. p. art. 108.

[21V]

com o Escrivão hirá a caza della tomar-lhe o depoimento. Achando o Juiz q' a testemunha não estava impossibilitado de comparecer, mandará logo fazer exame do seu estado de saude por outro Facultativo, e achando-se q' podia comparecer, o condemnará em quinze dias até dous mezes de prisão, e em dez ate cem mil reis de mulcta; e na mesma pena será condemnado o Facultativo q' passou o Attestado. Se este for falso, proceder-se-ha contra a testemunha como falsario. (a)

360 • Direito Processual Penal

§.115. Se as testemunhas da Querella forem moradoras fora do Julgado, onde a Querella foi dada, passar-se-ha Carta Precatoria para o Juiz Ordinario do domicilio, hindo nella copia do Auto da Querella, e do Corpo de Delicto, e todas as notas ou clarezas sobre os pontos, a q' as testemunhas hão de depor. Os depoimentos virão cosidos e fechados ao Juiz deprecante, ficando traslado. (b)

(a) Ref. 3. p. art. 109 e 110.
(b) Ref. 3. p. art. 104 e 105.

[22]

§.116. Não concordando as testemunhas entre si sobre circunstancias importantes do crime, o Juiz, julgando-o conveniente, procederá a confrontação de umas com outras: do resultado fará um Auto, q' se juntará ao Summario da Querella. (a)
§.117. Se houver duvida sobre a pessoa do culpado, e se a testemunha o reconhece; o reconhecimento será feito sob-pena de nullidade na presença do Juiz e Escrivão, apresentando-lhe o culpado conjuntamente com outros individuos, para q' a testemunha diga qual é. Desse reconhecimento se lavrará Auto. Se o reconhecimento houver de ser feito por diversas testemunhas, o de cada uma se fará separadamente. (b)

Seccão 3.ª
Dos q' não podem ser testemunhas
da Querella.

§.118. Não podem ser testemunhas na Querella: 1.º as pessoas particularmente offendidas

com

(a) Ref. 3. p. art. 118. Prim. Linh. Cr. §. 199.
(b) Ref. ib. art. 119. Prim. Linh. Cr. §. 201.

[22V]

com o crime; mas ser-lhes-hão tomadas sem juramento as suas declarações, quando não forem querellantes. (a)
2.º Os menores de 14 annos; aos quaes se tomarão as suas declarações sem juramento. (b)
3.º Os Confessores, Medicos, e Cirurgiões não são obrigados a depor dos segredos q' houverem obtido, em razão da sua profissão.(c)
4.º Os presos, excepto se forão nomeados antes da sua prisão; ou se o crime da querella foi commetido na cadeia. (d)
5.º Os ascendentes, descendentes, irmãos, affins no mesmo grau, e o marido ou mulher de alguma das partes. (e)
6.º Os Denunciantes do crime, e suas mulheres, ou maridos: e os inimigos capitaes do Querellado. (f)

(a) Ref. 3. p. art. 116. L. 10. Cod. de Testib.
(b) Ref. ib. art. 115. Ord. L. 3. T. 56. §. 6.

IV - Projecto Corrêa Telles • 361

(c) Ref. ib. art. 114. Cod. Pen. Fr. art 378. Bohem. ad Pand. L. 22. T. 5. n. 11.
(d) Ref. ib. art. 113. Ord. L. 3. T. 56. §. 9.
(e) Ref. ib. art. 112. Ord. L. 3. T. 56. §. 1. e 2.
(f) Ref. ib. art. 112. Ord. supr. §. 7. onde declara quem se reputa inimigo capital.

[23]

Titulo 6.º
Dos Indicios.

§.119. Para a pronuncia do culpado, não é necessaria uma prova plena de ter commetido o crime; bastão indicios vehementes bem provados, isto é, circunstancias q' fazem verosimil q' aquelle commeteo o delicto.

§.120. Tem-se por indicios directos: 1.º se o Querellado tinha manifestado antes uma violenta raiva contra o offendido, ameaçando-o com o mal q' elle sofreo.

2.º Se antes do facto elle annunciou a intenção de commeter o crime; ou se depois confessou have-lo commetido.

3.º Se no tempo ou lugar do delicto foi visto commeter uma acção, q' tinha conexão com a execução do mesmo delicto.

4.º Se se lhe acharão cartas ou outros escritos de seu punho, de cujo contexto se dá a conhecer, q' elle commeteo o crime.

5.º Se elle recorreo a intrigas para fazer recahir a suspeita sobre outro, e a remover de si.

[23V]

6.º Se elle procurou meios, ou instrumentos, q' tem uma relação directa com a execução do crime.

7.º Se lhe forão achados instrumentos q' lhe não podiam servir para outro caso, senão para commeter o crime.

8.º Se os objectos q' lhe forão achados mostrão sinaes do delicto, ou provierão do delicto mesmo.

9.º Se elle já commeteo outro delicto semelhante, ou com circunstancias analogas ás q' se encontrão no actual.

10.º Se depois do delicto, e q' a fama o fez conhecer, elle fugio, sem q' possa atribuir-se a fuga a outra causa. (a)

§.121. Nos delictos q' tem por objecto um lucro, são considerados como indicios legaes, as circunstancias seguintes;

1.ª Se uma pessoa de má reputação faz uma despesa muito superior ás suas rendas.

2.ª Se lhe virão mostrar ou trocar peças de moeda, taes como as roubadas.

(a) Cod. Pen. do Imp. Austr. 1. p. art. 262. Zanger, Tr. de Question. Cap. 2.

[24]

3.ª Se um vagabundo, ou pessoa suspeita traz comsigo, ou oferece vender cousas, cuja posse é manifestamente incompativel com a sua posição. (a)

362 • Direito Processual Penal

4.ª Se algum dos objectos roubados é achado em poder de uma pessoa tal. (b) E outros semelhantes.

§.122. O dito de uma testemunha maior de toda a excepção, q' diga ter visto commeter o crime; junto com a declaração do queixoso, é tambem sufficiente para a pronuncia do Querellado. (c)

§.123. Os indicios indirectos podem tambem ser sufficientes, se sendo muitos em numero se reunem contra o Querellado com um tal acordo q' mutuamente se apoião; caso não existão circunstancias contrarias q' enfraqueção a sua connexão (d)

(a) Cod. Pen. Aust. 1. p. art. 263. Ord. L. 5. T. 60. §. 5 e 6.
(b) Prim. Linh. Cr. §. 55 Nota.
(c) Cod. Pen. Austr. 1. p. art. 274. Gom. 3. V. Cap. 13. n. 7. Zanger, Quest. Cap. 2. n. 16.
(d) Cod. Pen. Austr. art. 269.

[24V]

§.124. Sendo tantas e tão variaveis as circunstancias, q' podem acompanhar o crime, q' é impossivel poderem ser marcadas na Lei; é deixado á prudencia do Juiz o dar aos indicios a consideração q' merecerem. (a)

Titulo 7.º
Da Pronuncia.

§.125. A Pronuncia é o despacho, q' o Juiz lança nos Autos da Querella, logo q' há suficientes indicios contra um Querellado; no qual o declara indiciado do crime, e o manda prender, e inscrever no relatorio dos culpados; declarando a Lei q' prohibe o facto, e o qualifica crime; e se este admite ou não fiança. (b)

(a) Ord. L. 5. T. 117 §. 12. no fim. Mello Fr. Proj. de Cod. Crim. T. 46. ' 8.
(b) Ref. J.. 3. p. art. 135 e 137. A declaração da Lei q' qualifica o crime conteudo no facto da Querella, é Direito novo deduzido do Cod. de Inst. Cr. Franc. art. 96. A outra declaração, se o crime admite fiança, é necessaria, para o Escrivão saber como hade passar o Mandado de Prisão, visto q' nelle se deve dizer, se a fiança é ou não admissivel. Ref. 3. p. art. 150.

[25]

§.126. Nos mesmos Autos se vão lançando novos despachos de Pronuncia, á proporção q' se vão descobrindo novos culpados, pelos depoimentos das testemunhas q' vão jurando em seguimento do summario. (a)

§.127. Se algum dos querellados está preso, a Pronuncia contra elle deve ser feita no espaço de oito dias contados daquelle em q' se fez a prisão: findos elles sem estar pronunciado, deve ser solto, e se pela continuação do summario apparecer culpado, será preso depois de pronunciado. (b)

§.128. Cada um dos Escrivães deve ter um Livro para o relatorio dos culpados, com declaração da culpa de cada um, e do tempo em q' o crime foi commetido, q' deve ser escrito por ordem alfabetica. (c)

§.129. O réo pronunciado não pode agravar da injusta pronuncia, se não em dous casos: 1.º Nos casos em q' não há ratificação de Pronuncia pelo Jury (vej. o §. 27 e 28) (d)

(a) Ref. 3. p. art. 135. § un.
(b) Ref. ib. art. 136. L. de 6 de Dez. 1612 § 14.
(c) Ref. ib. art. 146.
(d) L. de 17 de Março de 1838. art. 9. §. 2.º

[25V]

2. º quando o réo entender, q' não é criminoso por Lei o facto, pelo qual foi pronunciado. Em ambos os casos deverá interpor aggravo de Instrumento para a Relação, no prazo de tres dias, depois de lhe ser intimado o despacho da Pronuncia. (a) Fora destes casos tem o réo o recurso da ratificação da Pronuncia.

§.130 Se o Juiz julgar q' do summario não há prova, nem indicios sufficientes contra todos, ou contra algum dos Querellados, assim o pronuncia no seu despacho, e manda soltar os q' estiverem presos. Este despacho deve ser intimado ao Querellante, e ao Delegado ou Subdelegado; cada um dos quaes pode requerer q' o Processo seja apresentado ao Jury de Pronuncia, comtanto q' o requeirão dentro de tres dias depois da intimação. Este requerimento não embarga a soltura dos presos. E se o Jury deliberar, q' há motivo para os réos serem pronunciados, prevalecerá o seu voto. (b)

(a) Ref. 3. p. art. 143. A Relação somente poderá julgar, se o facto é ou não criminoso, e prohibido por Lei. cit. art. 143 § un.
(b) Ref. ib. art. 138

[26]

§.131. Se o Juiz entender q' o facto imputado não é prohibido, nem qualificado crime pela Lei assim o declara no despacho da Pronuncia, e manda soltar o querelado, se estiver preso. (a) Este despacho deve ser intimado ao Querellante, e ao Delegado ou Subdelegado; cada um dos quaes poderá appellar para a Relação dentro de tres dias depois da intimação, sem q' por isso se suspenda a soltura do preso. (b)

§.132. Porem se no despacho da Pronuncia declarar, q' nem o facto é criminoso, nem contra os querellados há sufficientes indicios, e a Relação decidir q' o facto é criminoso; pode o Querellante ou o Delegado requerer q' o Processo seja levado ao Jury da Pronuncia, para este deliberar, se há ou não motivo. (c)

§.133. A appellação interposta pelo Delegado ou Subdelegado aproveita á parte Querellante

(a) Ref. 3. p. art. 139. Melhor fora q' o Juiz logo q' lhe foi apresentada a Petição da Querella decidisse, q' não era caso della. E se o decidir então, pode logo appellar-se.
(b) Ref. cit. art. 139.
(c) Ref. ib. art. 140.

364 • Direito Processual Penal

[26V]

te, ainda q' esta não appellasse. Vice.versa a appellação da Parte aproveitará ao Delegado, (se for crime publico) para poder accusar. (a)

§.134. No despacho de Pronuncia nunca se manda proceder a sequestro nos bens dos indiciados. (b)

§.135. A alienação de bens feita pelo indiciado desde a data da Pronuncia, ou pelo preso em flagrante delicto depois da prisão, ate a sentença passar em Julgado, é nulla: e nelles se poderá fazer execução por qualquer restituição, ou indemnização, em q' o réo tiver sido sido condemnado, uma vez q' o terceiro possuidor não mostre outros bens livres e desembargados em poder do mesmo réo. (c)

§.136. O despacho de Pronuncia obrigará somente a livramento ordinario, sem obrigar a prisão, quando o delicto for tal, q' o réo possa livrar-se solto sem fiança. (d)

(a) Ref. 3. p. art. 141. Arg. da Ord. L. 3. T. 80. pr.
(b) Ref. ib. art. 144. Pode porem mandar sequestrar os objectos roubados ou furtados, q' fizerem o objecto da Querella. Decr. de 17 d' Abril 1832 art. 5.
(c) Ref. ib. art. 145. Ord. L. 5. T. 126 §. 11. no fim. Vej. L. 20. ss. de Accusat. Gomes 3 var. C. 14. n. 4.
(d) Ref. 3. p. art. 175. Ord. L. 5. T. 117 §. 19. Prim. Linh. Cr. §. 58 Not. Constit. de 1838. art. 17. §. 1.

[27]

Titulo 8.º
Da Prisão.

§.137. Logo q' houver indiciado em qualquer Processo, o Juiz mandará passar Mandados de prisão, para serem conduzidos á cadea do Julgado. (a)

§.138. Excetuão-se os casos de serem indiciadas as pessoas especificadas nos §§ 16, 17 e 18 q' então o Juiz suspenderá a prisão, e remeterá o processo com todo o segredo de Justiça aos respectivosTribunaes. (b)

§.139. Um Mandado de prisão deve conter:
1. º o nome, sobrenome, alcunha, e outras circunstancias, q' fazem distinguir o culpado;
2. º o crime, pelo qual se manda prender;
3. º se o culpado é ou não admitido a dar fiança,
4. º se se poderá ou não entrar a casa do culpado para o prender; e só se permitte a entrada nos crimes q' não admitem fiança;
5. º a data, o nome do Escrivão, e a assinatura do Juiz. O Escrivão q' de outra forma passar Mandado incorre na mulcta de dez até cem mil reis, e poderá ser suspenso de um até seis mezes. (c)

(a) Ref. 3. p. art. 147.
(b) Ref. ib. art. 148.
(c) Ref. art. 150. 155 e 156.

[27V]

§.140. O Mandado de prisão é exequivel em todas as partes do Reino: mas fora de Julgado do Juiz q' o assignou, deve ser apresentado ao Juiz Ordinario dali, para lhe pôr o =cumpra-se=, sem o q' não pode ser executado, pena de cinco ate cincoenta mil reis ao Official, q' sem isso o executar. (a)
§.141. Ao Official q' for á diligencia de Prisão devem dar-se dous Mandados; deve entregar um delles ao preso, sob pena de suspensão de tres mezes a um anno, e de dez ate cincoenta mil reis de mulcta: (b) e no dorso do outro deve o Carcereiro lançar o recibo da entrada, declarando nelle o nome, estado, profissão, naturalidade, filiação, e idade do preso, para o q' lhe fará as respectivas perguntas: este com o recibo deve ser junto aos Autos. (c)
§.142. Sendo necessaria Força Militar para auxiliar a diligencia, o Juiz a requisitará á Autoridade Militar mais proxima, q' será obrigada a prestar este auxilio. (d)

(a) Ref. 3. p. art. 152. e 153.
(b) Ref. 3. p. art. 151.
(c) Ref. ib. art. 159.
(d) Ref. ib. art. 161.

[28]

§.143. É proibido a todo o Offical usar de máo tratamento, fazer insulto ou violencia ás pessoas presas. E só no caso de resistencia lhe é licito usar da força necessaria para repellir a aggressão, e efectuar a diligencia. (a)
§.144. Declarando o Mandado q' pode haver fiança, e oferecendo-se o preso a presta-la, não será conduzido á cadea, mas á prezença do Juiz, onde será logo solto, se prestar fiança, ou depositar a quantia q' o Juiz arbitrar. Nesta diligencia se procederá continua e successivamente, salvos os intervallos necessarios para a comida e repouso. (b)
§.145. Se a prisão for feita em Julgado diverso do juizo da culpa, o Juiz q' cumprio o Mandado de Prisão pode arbitrar a fiança, e prestada ella soltar o preso. Deve porem remeter ao Juiz da culpa copia do Termo de Fiança, ou de deposito

(a) Ref. 3. p. art. 160.
(b) Ref. ib. art. 162.

[28V]

to, a certidão de intimação ao affiançado, para em certo prazo, q' elle lhe assignará a razão de quatro legoas por dia, se apresentar no Juizo da culpa. Não se apresentando naquelle prazo, quebra-se-lhe a fiança, e não se lhe admite o dar outra. (a)
Secção 1.1
Da Prisão sem culpa formada.
§.146. Em flagrante delicto todo o Official de Justiça, todo o depositario da Authoridade Publica, e mesmo toda a pessoa do povo pode prender o delinquente, conduzindo-o immediatamente á presença do respectivo Juiz Eleito, ou Ordinario. (b)

366 • Direito Processual Penal

§.147. Flagrante delicto é aquelle q' se está commetendo, ou acabou de commeter sem intervallo algum, ou se acabado de commeter o réo foge, e hé logo continua

e suc-

(a) Ref. 3. p. art. 163.
(b) Ref. ib. art. 164. Cod. de <u>Instr. Crim. Fr.</u> art. 106.

[29]

e successivamente seguido pela Justiça ou por qualquer do Povo. (a)
§.148. Para prender em flagrante, sendo o crime daquelles q' não admitem fiança, é licito entrar de dia, tanto na caza onde o delicto se está commetendo, como na caza onde o reo se acolheo, sem preceder solemnidade alguma; porem de noite somente se pode entrar na caza, havendo reclamação de dentro. (b)
§.149. É licito tambem a todas as Justiças entrarem na jurisdição alheia, hindo em seguimento do réo, ate o prenderem; e isto mesmo em Lisboa e Porto. (c)
§.150. O Juiz Ordinario, ou de Direito, a quem o preso em flagrante delicto for apresentado, o pode admitir a dar fiança, se o crime a admite, como se disse no § 144. (d)

(a) Ref. 3. p. art. 165. Alv. de 25 Setembro 1603. Cod. de Instr. Crim. Fr. art. 41.
(b) Ref. ib. art. 166.
(c) Lei de 17 Março 1838 art. 20.
(d) Ref. 3. p. art. 167. Se o crime não tiver maior pena q' a de seis mezes de prisão, ou de desterro, o Juiz o deve mandar soltar sem Fiança. Const. de 1838. art. 17 §. 1.

[29V]

§.151. Ainda mesmo fora de flagrante delicto, é licito aos Juizes mandar prender os indiciados sem culpa formada, por crime de <u>alta traição</u>; <u>furto violento, ou domestico</u>; <u>homicidio</u>; e <u>levantamento de fazenda alheia</u>. (a) Em taes casos o Official da diligencia deve hir com ordem por escrito da Authoridade competente. (b)
§.152. Não é necessario tambem q' haja culpa formada, para mandar prender os transgressores da Disciplina Militar conforme as Ordenanças do Exercito e Armada; ou para prender recrutas; ou para prender os q' desobedecem á legitima Autoridade, nos casos em q' as Leis comminão aos desobedientes a pena de prisão. (c)

(a) Ref. 3. p. art. 168.
(b) Const. de 1838 art. 17. §. 2.º
(c) Const. de 1838 art. 17. §. 3. º v. gr. Se a testemunha notificada recusa hir jurar . Ord. L. 3. T. 55 §. 11. Se o Depositario Judicial recusa entregar o deposito. Ord. L. 4. T. 49 §. 1. Se o Tutor q' acabou, recusa entregar os bens ao Tutor novamente nomeado. Ord. L. 4. T. 102 §. 9.

[30]

Secção 2.ª
<u>Dos Asilos.</u>

§.153. Depois de Sol posto, e antes do Sol nascer não se pode entrar em caza do indiciado, ou em qualquer outra, onde elle se tenha acolhido; salvo se houver reclamação de dentro a pedir socorro. Mas podem-se tomar pela parte exterior da caza as cautelas necessarias, para elle se não evadir. (a)

§.154. De dia é licito entrar a caza do indiciado para o prender, se o Mandado contiver expressa determinação da entrada da caza. O Offical da diligencia é obrigado a mostrar o Mandado aos moradores da caza, indo acompanhado de duas testemunhas; (b) se o não mostrar, incorre na mulcta de cinco ate vinte mil reis, e na suspensão de um a tres mezes. Se entrar a caza,

(a) Ref. 3. p. art. 154. Const. de 1838 art. 16. Vej. a L. 103 ss de Reg. Jur. L. 21 ss. de In jus voc. Romanisono, a q' se deo muita consideração.

(a) Ref. 3. p. art. 154 e 155.

[30V]

não o permitindo o Mandado, incorre na mulcta de cem a quinhentos mil reis, e em suspensão de um ate tres annos. (a)

§.155. O juiz somente pode determinar a entrada da caza de dia, para prisão do indiciado, nos casos em q' o crime não admite fiança: aliás incorre na pena de um ate tres annos de suspensão, e na multa de cem ate trezentos mil reis. (b)

§.156. Para o Juiz poder determinar a entrada de outra caza, q' não seja a do indiciado, ainda de dia; é necessario não só q' o crime não admita fiança, mas tambem uma informação summaria de duas testemunhas pelo menos, q' o indiciado está dentro daquella caza. Neste caso o Mandado deve mencionar os nomes das testemunhas inquiridas, e um destes Mandados deve ser dado ao dono da caza perante duas testemunhas. O Juiz q' violar esta Lei tem a pena do §. 155; e o Official, a pena da 1.ª do §. 154. (c)

(a) Ref. 3. p. art. 155.
(b) Ref. ib. art. 156.
(c) Ref. ib. art. 157.

[31]

§.157. Se o Official entrando a caza de terceira pessoa não prender o indiciado, pelo não encontrar; fará disso um Auto assignado por elle, e pelas testemunhas q' o acompanharão, q' será junto aos Autos. (a)

§.158. Nos crimes declarados no §. 27. em quanto durar a Lei de 17 de Março de 1838, os réos, fóra de Lisboa e Porto, podem ser procurados em caza de qualquer cidadão, por uma Ordem geral, e sem referencia a caza certa, passada sem previa inquirição de testemunhas; mas de dia, e ao dono da caza se deve dar uma Certidão da Ordem. (b)

§.159. Tambem se não pode entrar, nem ainda de dia, nas cazas dos Embaixadores e Encarregados de Negocios estrangeiros, residentes junto á Corte deste Reino. Os indiciados q' ali se vão acoutar, por esse mesmo facto se Julga serem réos do delicto imputado, e incorrem em pena pecuniaria, e degredo. (c)

368 • Direito Processual Penal

(a) Ref. 3. p. art. 158.
(b) L. de 17 de Março de 1838 art. 10, extensiva a Lisboa e Porto pela L. de 10 d' Abril de 1838; e prorogada ate o fim da Sessão das Cortes de 1840, por L. de 17 de Julho de 1839.
(c) L. de 11 de Dezembro de 1748.

[31V]

§.160. Finalmente não se pode entrar em qualquer Igreja, ainda q' sagrada não seja, nem no Adro della, para prender algum culpado, salvo nos casos em q' não vale a immunidade. (a)
§.161. Não aproveita a immunidade da Igreja, 1.º aos réos de crimes commetidos na Igreja; 2.º aos homicidas de proposito, ou atraiçoadamente; 3. º aos Ladrões de estrada, q' nella costumão roubar, ferir, ou matar; 4.º aos q' resistem á Justiça; 5.º aos culpados de crime commetido com proposito directo de offender, ou com a qualidade de força ou violencia, 6.º aos incendiarios; 7.º aos indiciados de crime, a q' a Lei não impoem pena de morte natural ou civil, mas somente pena de trabalhos publicos, de galés, ou de degredo. (b)

(a) Ord. L. 2. T. 5. pr. e §. 11. Esta Ord. não foi revogada pela Reforma judiciaria; e merecendo tanta atenção a caza particular de qualquer Cidadão, incoherencia fora perder todo o respeito á Caza de Deos.
(b) Vej. a Ord. L. 2. Todo o Tit. 5. Prim. Linh. Cr. §. 64. Not.

[32]

Titulo 9.º
Da Nota de prisão, e Perguntas.

§. 162. Eis q' se verifique ser recolhido á Cadea um preso, o Juiz lhe mandará pelo Escrivão entregar uma Nota por elle assignada, no espaço de vinte e quatro horas; contendo os motivos da prisão, os nomes das testemunhas, e os accusadores, havendo-os. (a)
§.163. Dentro das primeiras 48 horas da entrada do preso na Cadea, tambem o Juiz da culpa deve necessariamente hir fazer-lhe perguntas: e estas podem ser repetidas ate a ultimação do Processo preparatorio, todas as vezes q' as Partes as requererem, ou ao Juiz pareção necessarias para melhor indagação da verdade. (b)
§.164. O auto de Perguntas deve ser feito pelo Juiz em prezença de dous Escrivães, sob pena de nullidade. Se não houver prompto mais q' um Escrivão, serão feitas as perguntas na prezença de duas testemunhas, ás quaes o Juiz deferirá Juramento de vi-

giarem

(a) Ref. 3. p. art. 169 Const. de 1838 art. 17.
(b) Ref. ib. art. 120.

[32V]

vigiarem q' as perguntas e respostas sejão escritas, conforme foram feitas, e de guardar segredo até a Audiencia de Ratificação da Pronuncia. (a)
§.165. No acto de Perguntas o preso deve estar sem ferros, mas com cautella para não fugir. Será perguntado pelo seu nome, sobrenome, idade, estado, profissão, filiação, naturalidade, e ultima

morada, e se já esteve outra vez preso. Se for menor de 25 annos, o Juiz sob pena de nullidade lhe nomeará curador, q' assista ao acto, a quem deferirá juramento, e deve assignar o auto sob a mesma pena. (b)

§.166. Perguntado depois pelos factos da Querella, se negar os q' já constão dos depoimentos das testemunhas, ser-lhe-ão lidos estes depomentos, e instados sobre elles. (c)

§.167. Se negar o crime allegando algum facto q' exclua a culpabilidade, offerecendo-se logo a prova-lo por documentos, o Juiz os mandará juntar aos autos. (d)

(a) Ref. 3. p. art. 122.
(b) Ref. ib. art. 124 e 176.
(c) Ref. ib. art. 125.
(d) Ref. ib. art. 128.

[33]

§.168 Se o réo confessar o crime será especialmente perguntado pelo motivo delle, tempo, lugar, modo, e meios empregados para o seu commetimento; se é reincidencia; e se tem cumplices, admitindo-os a natureza do crime. (a)

§.169. O réo nunca será obrigado a responder precipitadamente. Sempre q' pareça q' elle não comprehendeo bem a pergunta, ser-lhe-ha repetida; e sobre as circunstancias mais particulares, ou sobre factos mais remotos dar-se-lhe-ha o tempo conveniente para se recordar. (b) O Curador, se o tiver, não pode responder pelo réo, nem suggerir-lhe as respostas q' hade dar. (c)

§.170. O réo tem a faculdade de dictar as suas respostas: não o fazendo, dictalas-ha o Juiz (d).

§.171. O Auto de perguntas, e respostas, será lido ao réo antes d' elle assignar, e da leitura q' lhe foi feita se fará menção, sob pena de nullidade. Se o réo não ratificar as respos-

tas

(a) Ref. 3. p. art. 127.
(b) Ref. ib. art. 126.
(c) Ref. ib. art. 209.
(d) Ref. ib. art. 130.

[33V]

tas, mas as alterar, augmentar, ou diminuir, não se riscarão as primeiras respostas, porem serão acrescentadas as alterações q' fizer. (a)

§.172. O Auto será sob-pena de nullidade assignado pelo Juiz, pelos Escrivães, ou pelas testemunhas, e pelo interrogado. Se este tiver Curador, assigna tambem. Se o réo não quer, ou não sabe assignar, o Escrivão fará menção disso, e valerá sem a assignatura delle. Cada uma das folhas do Auto, será rubricada pelo réo, se não souber, ou não quizer, rubricalas-ha o juiz. Não se lhe podem pôr entrelinhas, e sobre as razuras e emendas se fará resalva, na forma do §. 107. (b)

§.173. Se o réo não souber a lingoa Portugueza, ou for surdo, proceder-se-ha pelo modo q' fica dito nos §§ 109 e 110. (c)

370 • Direito Processual Penal

§.174. Se houver co-réos no crime, a cada um se farão perguntas separadamente, de modo q' um não presencie as dos outros. E se discordarem, far-se-ha Auto de Acareação de um e outros. (d)

(a) Ref. 3. p. art. 131.
(b) Ref. ib. art. 132 e 133.
(c) Ref. ib. art. 129.
(a) Ref. ib. art. 123.

[34]

§.175. É proibido ao Juiz sob-pena de responsabilidade por abuso de poder, o fazer perguntas sugestivas, ou cavilosas com persuasões dolosas, falsas promessas, ou ameaças. (a)

Titulo 10.º

Da Fiança.

§.176. Se o delicto não tem pela Lei maior pena, q' seis mezes de prisão, ou de desterro, pode o réo livrar-se solto sem fiança, e só depois de final condemnação poderá ser preso. (b)

§.177. Os crimes q' pela Lei tem pena de morte, ou de degredo por mais de cinco annos para Africa, ou Asia; ou de trabalhos publicos por mais de tres annos, não admitem fiança. Admitem-na, se for menor a pena. (c)

(a) Ref. 3. p. art. 134.
(b) Ref. ib. art. 68. Const. de 1838 art. 17. §. 1.
(c) Decreto N. 24 de 16 Maio de 1832 art. 194. §. 1. O Codigo Penal, a q' se refere a Ref. jud. art. 69, supposto q' sancionado por Decreto de 4 de janeiro de 1837, não chegou a ser publicado no Diario do Governo; com justa razão foi desautorado por um dos Ministros d' Estado, q' o referendou.

[34V]

§.178. A tarifa daquellas penas não se regula pelas da Ord. L. 5, q' há muitos annos estão em desuso. (a) Mas sim pelo prudente arbitrio dos Juizes, conformando-se aos Codigos Penaes das Nações civilisadas. (b)

§.179. O indiciado pode oferecer-se a dar fiança, ou antes, ou depois de preso, e em qualquer estado da accusação; mesmo no Juizo da Appellação, ou no gráo de Revista. Neste ultimo caso deve ser requirida á Relação q' proferio a sentença. (c)

§.180. A fiança consiste em se obrigar o réo a estar em juizo a todos os autos para q' for requerido, até a sentença final, e sua execução. (d) O Fiador obriga-se a apresentar o réo sob pena pecuniaria.

(a) Mello Freire, Ius Crim. T. 1 §. 29.
(b) Arg. da L. de 18 de Agosto de 1769 § 9. Os Codigos Penaes q' se podem consultar são o de Prussia de 1794. O do Imperio Austriaco de 1803. O de França de 1810. O das duas Sicilias de 1819. O do Imperio do Brasil de 1830. Não é para desprezar o projecto de Codigo Criminal do Sr. Mello Freire, publico em 1823.
(c) Ref. 3. p. art. 70. Cod. de Instr. Cr. Fr. art. 114.

IV - Projecto Corrêa Telles • 371

(a) Ref. ib. art. 69.

[35]

§.181. A fiança nunca deve ser menor de cincoenta mil reis. Dahi para cima será arbitrada pelo juiz, regulando-se pela gravidade do delicto, damno com elle causado, grandeza da pena pecuniaria havendo-a, e qualidade do delinquente. (a)

§.182. Do despacho q' arbitra a quantia da fiança, ou julga idoneos os fiadores, compete Aggravo de Instrumento; do Juiz Ordinario para o Juiz de Direito, e deste para a Relação do Districto. Porem dentro de cinco legoas da sede da Relação, não se pode aggravar para o Juiz de Direito. (b)

§.183. Do mesmo modo se pode aggravar do despacho, q' concede ou denega a fiança. (c)

§.184. O réo pode ser o seu proprio fiador, depositando judicialmente a quantia da fiança arbitrada pelo Juiz. (d)

§.185. Podem dar-se um ou mais fiadores abonados por duas testemunhas, uns e outros

ricos

(a) Ref. 3. p. art. 143.
(b) Ref. ib. art. 76 junto ao art. 71.
(c) Ref. ib. art. 71.
(a) Ref. ib. art. 74. Cod. de Instr. Cr. Fr. art. 118.

[35V]

ricos, chãos, e moradores na jurisdição do Juiz, q' admite a fiança. Se os fiadores depositão a quantia da fiança, é desnecessaria a abonação. (a)

§.186. O Juiz e Escrivão serão responsaveis por toda a negligencia, ou malicia, com q' se houverem na averiguação da idoneidade e identidade do fiador prestado. (b)

§.187. Cada Escrivão deve ter um Livro numerado e rubricado pelo Juiz, para nelle lançar os Termos das fianças. No Termo deve o affiançado declarar a sua morada, residindo dentro do Julgado, e residindo fora, deve escolher um domicilio dentro do mesmo Julgado. Uma certidão do Termo deve juntar-se aos Autos da culpa. (c)

§.188. Os Termos do processo a q' o Reo deve pessoalmente assistir, são- responder ás perguntas- ver jurar e depor as testemunhas- a acareação com ellas, ou com o accusador, ou com os co-réos- e

a pu-

(a) Ref. 3. p. art. 75. e 74.
(b) Ref. ib. art. 78.
(c) Ref. ib. art. 77 e 79.

[36]

a publicação da sentença final. O Accusador, havendo-o, deve pessoalmente assistir aos mesmos Termos, nos dous unicos casos, de assim ser requerido pelo Réo. Ou de ser ordenado pelo Juiz para melhor averiguação da verdade. Fora daquelles Termos, é licito accusar, ou defender-se por Procurador, seja qual for o crime. (a)

372 • Direito Processual Penal

§.189. Se pendendo a accusação o réo affiançado faltar a algum Termo do processo, a q' deva assistir, serão citados os Fiadores para o apresentarem em Juizo dentro de quatro dias peremptorios. Findos elles, sem comparecer o réo, será a Fiança sem outro processo julgada por quebrada, e applicada a sua importancia, metade para a parte accusadora, e metade para a Fazenda Publica; ou toda para a Fazenda, não havendo accusador. O réo será preso, e não lhe será admitida nova fiança. (b)

(a) Ref. 3. p. art. 85.
(b) Ref. ib. art. 80. Esta applicação da fiança antes da condemnação final do réo, é mal pensada. Pode acontecer q' o réo seja julgado innocente, e máo é q' pague sem dever. Melhor fora q' a fiança ficasse em deposito até final.

[36V]

§.190. Se a condemnação for de pena corporal antes de ser publicada a sentença se passará ordem para o réo ser preso, e preso ouvir a sentença. Se o réo não for achado, será citado o fiador para o apresentar em juizo dentro de quinze dias peremptorios; findos elles será julgada a fiança por quebrada, e applicada a sua importancia na forma do § antecedente. A sentença ficará em segredo até o réo ser preso. (a)
§.191. Se o réo tiver depositado a quantia da fiança, a intimação de q' tratão os dous §§ antecedentes será feita no seu domicilio, ou naquelle q' tiver escolhido; e não comparecendo nos termos designados, a fiança será logo havida por quebrada, e se procederá a prisão. (b)

(a) Ref. 3. p. art. 81. Ainda nesta disposição há dureza. A importancia da fiança é estimada a esmo, e quasi sempre maior q' as indemnisações, q' o réo deve pagar. Bom fora q' se não disposesse da quantia da fiança, se não depois de liquido o q' o réo deve. Os depositos das antigas fianças erão applicados para o Hospital de Lisboa. Ord. L. 5. T. 131, e L. de 30 de Março de 1613, depois de pagas as indemnisações do Accusador.
(b) Ref. ib. art. 82

[37]

§.192. Quebrada a fiança serão intimados os fiadores para no espaço de tres dias entregarem em Juizo a quantia da fiança. Findos elles, sem realizarem a entrega, serão presos até effectivo pagamento, ou até q' se completem os dias de prisão correspondentes á quantia da fiança, a razão de mil reis por cada dia. Não poderão porem estar presos, por esta causa, mais que um anno. (a)
§.193. Sendo o affiançado absoluto por sentença passada em Julgado, a quantia por elle, ou pelos fiadores depositada, lhes será entregue immediatamente, não podendo ser demorada por qualquer pretexto. (b)
§.194. Tambem se dissolve a fiança, 1.º Se o réo morre antes de ser condemnado (c) 2.º
(a) Ref. 3. p. art. 83. Vem a ser de nenhum prestimo o abono do fiador por testemunhas, se aquelle tem de pagar com o corpo na Cadea, a sua falta do dinheiro da fiança.
(b) Ref. ib. art. 84. Mas se o accusador tiver recebido a quantia, em consequencia de ter sido quebrada a fiança ? Parece q' deve repor o q' recebeo ob injustam causam.
(c) L. 4 ss. Qui satisd. cog. Silva á Ord. L. 3. T. 46. n. 12.

IV - Projecto Corrêa Telles • 373

[37V]

2.º Se o réo for preso pelo mesmo crime; ou ainda por outro diverso * se o fiador * requerer q' seja desobrigado da fiança, visto estar o reo preso. (a)

§.195. Será permitido ao fiador o requerer a prisão do réo, para se desobrigar da fiança, toda a vez que desconfie q' o réo se quer evadir antes de ser absolvido. (b)

§.196. A quantia q' o fiador pagar pelo réo, por este se não apresentar, pode ser demandada pelo mesmo fiador, sem dependencia de nova demanda contra o ré. (c)

(a) Ord. L. 5. T. 131. §. 1. Silva á Ord. L. 3. T. 46 n. 4 e 6. Prim. Linh. Cr. § 88 Not. 1.ª

(b) Desideratur. A fiança q' o fiador presta ao culpado é um favor, q' este pode revogar, eis q' deixe de ter confiança no réo. E o Juiz q' lhe denegar o Mandado de prisão, hé responsavel pelo damno q' ao fiador dahi lhe provier. Vej. Tit. ss. De eo, per quem factum est, quo minus quis in judicio sistat.

(c) Arg. da Ref. Jud. 2. p. art. 259 § 2. Voet ad Pand. L. 2. T. 8. n. 17. Merecia ser um artigo da nossa Lei, o art. 126 do Cod. de Instr. Crim. Franc., mas esqueceo aos Redactores.

[38]

Titulo 11.
Da Ratificação da Pronuncia.
Secção 1.ª Preparatorios.

§.197. Terminado o Summario da Querella, e lançados todos os Despachos de Pronuncia, manda o Juiz dar vista dos Autos ao Delegado ou Subdelegado, por tres dias improrogaveis; e á Parte querellante por outros tres. Bem intendido q' todo o processo até a ratificação da Pronuncia é secreto. (a)

§.198. Naquelle prazo podem 1.º Interpor os recursos dos §§ 130. 131. 132, se antes lhes não tiverem sido intimados os despachos de Pronuncia: 2.º podem requerer o cumprimento de alguma diligencia q' não tenha sido satisfeita: 3.º ou requerer q' sejão pronunciados outros individuos, q' o não forão: finalm. te 4.º devem apontar as testemunhas do Summario, q' hão de ser notificadas para a ratificação da Pronuncia. (b)

(a) Ref. 3. p. art. 173 e 174.
(b) Ref. ib. art. 174 e 218.

[38V]

§.199. Depois q' o Querellante tiver entregado os Autos, vão conclusos, e então o Juiz, 1.º nomea Curador ao réo, se for menor: 2.º manda q' este junte Folha Corrida: 3.º manda intimar as testemunhas apontadas, para comparecerem na Audiencia de ratificação de Pronuncia; e intimar tambem o Curador, o réo se estiver affiançado, ou solto (nos casos em q' solto se pode livrar); e as partes Querellantes: 4.º manda appensar os Autos de outros crimes, em q' o réo se achar implicado. (a)

§.200. Oito dias antes da Audiencia de Ratificação, deve o Juiz mandar entregar ao réo preso uma copia da Pauta dos Jurados sob pena de nullidade. Desta entrega passa o Escrivão uma

374 • Direito Processual Penal

Certidão assignada pelo réo, e por duas testemunhas, a qual se junta aos Autos. Se o réo se livra solto, ou com fiança, a copia deve ser deixada pelo Escrivão no domicilio do réo, em prezença de duas testemunhas

(a) Ref. 3. p. art. 175.

[39]

nhas, ou naquelle q' elle tiver escolhido no Julgado: e a Certidão se junta aos Autos. Quando porem o réo não tiver declarado nos Autos a sua habitação, nem escolhido domicilio no Julgado, e elle residir for delle, não se lhe dá copia da Pauta dos Jurados. (a)

§.201. Quando no Juizo da culpa se não fizer a Ratificação de Pronuncia, por não haver o numero de Jurados q' é necessario, mas houver de ser feita no Julgado, q' é Cabeça do Circulo; o Juiz da culpa mandará com anticipação remover o réo preso para a Cadea da Cabeça do Circulo, e remeter os Autos ao Juiz desse Lugar. A este Juiz pertence mandar fazer as diligencias enumeradas nos §§. 199. e 200. (b)

§.202. O Juiz da ratificação da Pronuncia deve tambem, oito dias antes da Audiencia de Ratificação mandar no-
tifi-

(a) Ref. 3. p. art. 187.
(b) Ref. ib. art. 170. §. 1.

[39V]

notificar os Jurados, declarando-lhes o dia em q' começa a Audiencia, com clausula de q' lhes não será feita outra intimação. Estas notificações devem ser feitas pelos Escrivães dos Juizes Eleitos; e se os Jurados não forem achados em sua caza, basta q' se notifique algum dos seus familiares, domesticos, criados, ou visinhos. (a)

Secção 2.ª
Da Audiencia de Ratificação.

§.203. A Audiencia de ratificação de Pronuncia é no dia 15 de cada mez; ainda mesmo no mez de Setembro, q' para os mais actos judiciais é feriado. Se este dia for impedido, é no dia seguinte. A Audiencia dura tantos dias successivos quantos forem necessarios para as ratificações de todos os Processos promptos. (b)

§.204. Se o dia 15 e seguintes cahirem em Ferias de Pascoa, a Audiencia começará no 1.º dia desimpedido depois das Ferias. (c)

(a) Ref. Jud. 1. p. art. 60. § un. e 3. p. art. 179 § un.
(b) Ref. 2. p. art. 515 e 3. p. art. 177
(c) Desideratur.

IV - Projecto Corrêa Telles • 375

[40]

§.205. Na Audiencia deve-se começar pelo Processo mais antigo. Devem estar presentes o réo, e seu Curador (se o tiver), e o seu Advogado (se elle o tiver nomeado); o Delegado, ou Subdelegado; e a Parte Querellante. O Réo ainda q' preso, não deve estar em ferros, tomadas as cautellas para não se evadir. (a)

§.206. Se o crime for particular, e a Parte querellante não comparecer, presume-se ter desamparado a Querella. (b)

§.207. O Escrivão faz a chamada dos Jurados da Pauta, q' devem ser 36, se o Circulo tiver 200 ou mais Jurados apurados; e vinte e sete, se o Circulo tiver menos de 200. Os nomes dos q' acudirão ao chamamento são lançados em uma urna, em tiras de papel iguaes. (c)

§.208. Por um menor de dez annos se extrahem doze nomes, quando a Pauta for de 36 nomes, nove, quando a Pauta for de 27 nomes. Estes constituem o Jury para todos os Processos deste dia. (d)

(a) Ref. 3. p. art. 176 * 180 * e 226 q' impoem a pena de nullidade, se o Curador não for prezente.
(b) Desideratur. Arg. da Ref. 3. p. art. 347.
(a) Ref. ib. art. 178 e 181.
(b) Ref. ib. art. 182

[40V]

§.209. No gráo de Pronuncia não há recusação voluntaria dos jurados: porem não podem ser Jurados sob pena de nullidade.

1.º os ascendentes, descendentes, collateraes até o 4.º gráo de Direito Civil: marido, e cunhado de algum dos Réos, ou das Partes querellantes:

2.º as Partes particularmente offendidas com o crime, ainda q' renunciassem o direito de querellar, ou de demandar perdas e damnos, e os ascendentes e descendentes, e irmãos, e cunhados, e maridos destas:

3.º os q' denunciarão em juizo o Crime:

4.º os Advogados constituidos nos Autos, ou pelos Réos, ou pelos Querellantes:

5.º os q' forão testemunhas, ou interpretes no Summario, salvo se nada deposerão, c os q' forão Peritos no Corpo de Delicto. (a)

§.210. A cada um dos Jurados é permittido dar-se por suspeito, por alguma das causas do § antecedente, provando-o logo. (b)

§.211. O Delegado, o Querellante, e o Réo tambem podem recusar os Jurados por aquellas causas, provando logo a causa da recusação

(a) Ref. 3. p. art. 184.
(b) Ref. ib. art. 186

[41]

cusação. O Juiz conhece della, e Julgando-a procedente, manda tirar da urna outros Jurados para substituir os recusados, e se os não há na urna, podem ser substituidos por alguns dos

376 • Direito Processual Penal

circunstantes, q' tenhão as qualidades legaes. Se ainda assim se não poder perfazer o numero legal dos Jurados, suspende-se a discussão do feito, e intima-se ao Presidente da Camara para mandar nova Pauta com dobrado numero dos Jurados precisos. (a)

§.212. Apurado o Jury, o Juiz em cada Processo defere o juramento aos Jurados = de examinarem com attenção e escrupelo as provas e indicios apresentados contra o réo, e de darem uma decisão com imparcialidade, segundo os dictames da sua consciencia, sem odio nem affeição, sem esperança nem temor =. Os Jurados (e todos os circunstantes) estarão em pé, e pondo as mãos nos Santos Evangelhos dirão = Assim o juro =. Tudo sob pena de nulidade. (b)

(a) Ref. 3. p. art. 185.
(b) Ref. ib. art. 188

[41V]

§.213. Prestado o juramento, o Juiz com simplicidade, clareza, e brevidade explicará aos Jurados, q' lhes não cumpre averiguar se o réo é ou não culpado; mas somente se contra elle há provas, ou indicios taes, q' possão servir de bastante fundamento á accusação. (a)

§.214. Concluido o discurso do juiz, procede-se á leitura das peças do Processo; isto é do Auto do Corpo de Delicto, e Autos de Querella. Os depoimentos das testemunhas, e interrogatorios do réo não se lêm. (b)

§ 215. As testemunhas do Summario, q' houverem de depor, são recolhidos em uma caza, d' onde hirá sahindo uma e uma, a proporção q' for chamada. Ahi se lhes não deve consintir q' conversem sobre o crime, ou sobre os réos, para cujo effeito estará um Official de Diligencias em vigia. (c)

§. 216. Será chamada cada uma das testemunhas pela ordem q' tiver sido apontada pelo Delegado, ou pelo Querellante nos crimes particulares

(a) Ref. 3. p. art. 188.
(b) Ref. ib. art. 189.
(c) Ref. ib. art. 190.

[42]

culares: a cada uma o Juiz defere juramento de dizer toda a verdade, e só a verdade sobre o caso de q' for perguntada, sob pena de nullidade. Na forma do § 101 e 102. (a)

§.217. Nos crimes publicos as testemunhas são perguntadas pelo Delegado ou Subdelegado; nos particulares, pela Parte querellante, ou pelo seu Advogado. Dos seus depoimentos somente se escrevem no Auto da Audiencia os nomes, e os mais dizeres do costume, como se contem no §. 102. (b)

§.218. Os depoimentos q' as testemunhas dérão no Summario, não se lêm, salvo depois de terem deposto, para lhes notar as contradicções em q' cahirão, ou as alterações essenciais q' fizerão.(c)

§. 219. Por estas contradições entre o depoimento do summario, e o depoimento oral, não se pode proceder contra a testemunha como perjura. Mas se for achada em perjurio por encontro, instancia, ou confrontação com outra, pode-se proceder conforme o art. 180 da 2.ª pr. te da Ref. Jud., e o seu depoimento será annulado. (d)

(a) Ref. 3. p. art. 189 a 191.
(b) Ref. ib. art. 192 e 195.
(c) Ref. ib. art. 199.
(d) Ref. ib. art. 203.

[42V]

§.220. A testemunha nunca será interrompida no seu depoimento. Findo elle, o Juiz, as Partes ou seus Procuradores, e cada um dos Jurados lhe pode fazer todas as perguntas, q' julgarem necessarias para o descobrimento da verdade, havendo primeiro venia do Juiz. (a)

§.221. O réo contra quem depozerão as testemunhas pode dizer contra ellas, e contra os seus depoimentos quanto for util á sua defeza, sem comtudo as injuriar directamente. Neste ultimo caso o Juiz lhe imporá silencio. (b)

§.222. Cada uma das testemunhas depois de depor, fica na Sala de Audiencia até os Jurados se retirarem, para dar a sua declaração. (c)

§.223 As testemunhas do Summario, q' morarem fora da Comarca, não são obrigadas a comparecer na Audiencia: os seus depoimentos são lidos aos Jurados. Mas se o Delegado, ou alguma das Partes insistir q' é necessario o depoimento oral, ou a acareação de taes testemunhas, o Juiz pro-

porá

(a) Ref. 3. p. art. 196.
(b) Ref. ib. art. 197.
(c) Ref. ib. art. 198.

[43]

proporá aos Jurados se elles se achão suficientemente habilitados para darem a sua declaração, sem ouvirem os depoimentos oraes de taes testemunhas. Os Jurados retirão-se para deliberar, vencer-se-ha a decisão por maioria absoluta de votos, e dão a sua resposta por escrito, q' se junta aos Autos. Se a resposta é afirmativa, continua o Auto de ratificação; se é negativa, ficará o Processo para a Audiencia do mez seguinte; e neste intervallo se farão as diligencias para as testemunhas virem áquella Audiencia. (a)

§. 224. Se as testemunhas do Summario, tendo sido citadas, não comparecem na Audiencia da Ratificação; procede-se contra ellas, na forma do §. 112. E devem comparecer, ainda q' sejão de fora do Julgado, uma vez q' este seja da mesma Comarca. (b)

378 • Direito Processual Penal

§. 225. Se o Delegado, ou a Parte querellante, ou o Réo, julgar absolutamente necessario

o De-

(a) Ref. 3. p. art. 206.
(b) Ref. ib. art. 201 e 204.

[43V]

o Depoimento de alguma testemunha q' falta; a seu requerimento será espaçada a decisão do Processo até o dia seguinte, e se passará ordem para a testemunha vir depor debaixo de prisão. (a)
§. 226. Se no dia seguinte ainda não comparecer a testemunha, findos os depoimentos oraes das outras, será lido o Depoimento q' deo no Summario a testemunha que falta, e o Juiz proporá aos Jurados o mesmo q' se disse no §. 223, e se procederá do mesmo modo ahi determinado. (b)
§.227. Quando as testemunhas do Summario tiverem morrido, ou estiverem em lugar fizica ou politicamente incommunicaveis, ou dellas se não souber noticias, os depoimentos q' derão no Summario são lidos perante os Jurados, e com isso se faz a Ratificação da Pronuncia. (c)
§.228. Se alguma testemunha é estrangeiro, ou sendo mudo, nomea-se-lhe interprete na forma dos §§. 109 e 110.

O in-

(a) Ref. 3. p. art. 205.
(b) Ref. ib. art. 206.
(c) Ref. ib. art. 202.

[44]

O interprete não deve ser algum dos Jurados, pena de nullidade. O Delegado, ou Querellantes, ou o Réo, podem recusar o interprete pelas mesmas causas, q' podem ser recusados os jurados (§. 209); e provando-se logo a causa da recusação, o Juiz decidirá. (a)
§.229. Todas as vezes q' um Processo é espaçado de uma para outra Audiencia, nesta se repetem novamente todos os actos, como na 1.ª. Novo sorteamento de Jurados, e nova repergunta de testemunhas. Se alguma dellas então falta, não se demóra mais a ratificação da Pronuncia. (b)

Secção 3ª

Reperguntas ao Réo.

§.230. Acabada a repergunta das testemunhas do Summario, deve sob pena de nullidade proceder-se perante os Jurados a novos interrogatorios ao Réo. (c)
§.231. Estes interrogatorios não se escrevem, e somente o Auto da audiencia menci-

ona

(a) Ref. 3. p. art. 193.
(b) Ref. ib. art. 206 §. 2.
(c) Ref. ib. art. 207.

[44V]

ona as perguntas e respostas do costume, especificadas no §. 165. (a)

§.232. Nestas reperguntas se observará o mesmo q' fica dito nos §§. 166 e seg. ate 170. Os primeiros interrogatorios não se lêm, excepto, se o réo se contradisser, ou fizer alguma alteração no q' respondeo antes. Porem se algum dos co-réos tiver falecido, ou fugido da Cadea, ou por outro qualquer modo estiver impossibilitado de comparecer na Audiencia, serão lidas em voz alta as respostas q' este deo no auto de Perguntas, quando dellas resulte culpa ao réo presente. (b)

§.233. Neste acto serão mostrados ao réo todos os Documentos juntos ao Processo; todos os Papeis, instrumentos, ou outros objectos q' lhe forão aprehendidos, para elle os reconhecer, negar ou interpretar. Desta exhibição deve tambem fazer menção o Auto da Audiencia. (c)

(a) Ref. 3. p. art. 207 §. un.
(b) Ref. ib. art. 207 e 210 §. un.
(c) Ref. ib. art. 208.

[45]

§.234. O Advogado, e o curador do réo menor estarão prezentes ás perguntas, porem não poderão responder pelo réo, nem suggerir-lhe as respostas q' hade dar. (a)

§.235. Se os réos forem muitos, as perguntas poderão ser-lhes feitas, ou na presença de uns e outros ou separados, como ao Juiz parecer mais util para descobrimento da verdade. (b)

§.236. A confrontação dos co-réos entre si, ou dos réos com as testemunhas, ou de umas com outras testemunhas, terá lugar, quando o Delegado, ou as Partes a requererem; ou quando ao Juiz, ou aos Jurados parecer necessaria. (c)

Secção 4.ª
Reflexões.

§.237. Acabada a repergunta do réo, e as acareações, (se são necessarias), o Delegado ou Subdelegado, os Advogados das Partes, e

o Cu-

(a) Ref. 3. p. art. 209.
(b) Ref. ib. art. 210.
(c) Ref. ib. art. 211.

[45V]

o Curador do réo menor, podem, se lhes parecer, fazer ao Jury breves reflexões sobre a natureza e qualidade das provas; sendo o Advogado do réo o ultimo a fallar. (a)

Secção 5.ª

Quesitos ao Jury, e sua Decisão.

§.238. Findas as arengas dos advogados é o réo retirado da Sala da Audiencia, e o Juiz propoem por escrito nos Autos o quesito seguinte:

=Há ou não motivos para q' a declaração feita neste Proceso ácerca do cidadão F... indiciado criminoso de (tal crime) possa produzir o effeito completo de Pronuncia, e proceder contra elle a Accusação?

380 • Direito Processual Penal

O processo é entregue ao Presidente do Jury, levando (sob pena de nullidade) copiados e lacrados os depoimentos das testemunhas do Summario, e os interrogatorios do réo. (b)

(a) Ref. 3. p. art. 212.
(b) Ref. ib. art. 213. Esta pena de nullidade é miseravel. O art. 341 do Cod. de Inst. Cr. Franc. não a impunha.

[46]

§.239. Havendo muitos co-réos indiciados no mesmo Processo, ácerca de cada um deles se deve fazer um quesito especial. Porq' podem os Jurados declarar procedente a accusação de uns, e improcedente a dos outros. (a)
§.240. Do mesmo modo se um só réo estiver indiciado no mesmo Summario de diversos crimes; por cada um destes se deve fazer um quesito especial ao Jury, e a accusação pode ser Julgada procedente por um crime, e improcedente pelos outros. (b)
§.241. Quando o Delegado, ou o Querellante no termo de vista da Pronuncia (§. 198) tiver requerido q' devem ser pronunciadas outras pessoas alem da que o foi. Ou q' deve ser pronunciados F. e F. ; supposto q' o Juiz a ninguem pronunciasse; em taes casos a respeito de cada uma dessas pessoas se fará ao Jury um quesito especial, q' diga= Há ou não motivo

bas-

(a) Ref. 3. p. art. 217.
(b) Ref. ib. art. 217 §. un.

[46V]

=bastante para ser pronunciado criminoso neste Processo pelo crime de ... o cidadão F..., e ter lugar contra elle a accusação ?
Este quesito, ou quesitos devem ser escritos em papel separado; e o juiz recomendará ao Presidente do Jury, q' a decisão sobre elles lhe deve ser entregue fechada e lacrada. (a)
§.242. Os Jurados vão para outra Sala deliberar; onde se lhes não permite falar com outra pessoa estranha, tomar alimentos, ou receber cartas, em quanto durar a deliberação: o q' transgredir este preceito pagará de multa vinte mil reis. (b)
§.243. Vence-se a decisão por voto unanime de dous terços dos Jurados. (c)

(a) Ref. 3. p. art. 218 e 219.
(b) Ref. 2 p. art. 184. §. 5. e 6. O Presidente do Jury é o Jurado q' primeiro sahio sorteado, salvo se entre todos escolherem outro com consentimento daquelle. ib. § 5.
(c) Ref. 3. p. art. 216. Se forem 12, são precisos oito votos unanimes. Se sete forem de um acordo, e cinco de outro; não há decisão: devem deliberar de novo, ate q' oito sejão de mesmo acordo. Se forem 9, são precisos seis votos unanimes; aliás não há decisão.

[47]

§.244. A decisão é escrita pelo Presidente, e assignada por todos os Jurados, sem declaração alguma dos q' forão de voto contrario. (a)

IV - Projecto Corrêa Telles • 381

§.245. Os Jurados voltão á Sala da Audiencia com a sua decisão, e conduzido ali o réo, o Presidente a lê, concebida nestes termos:
=Há (ou não há) motivo bastante para se completar a Pronuncia do Cidadão F... pelo crime de ..., e proceder contra elle a accusação. (b)
Nos casos do § 241. a decisão cosida e lacrada é entregue ao Juiz, o qual finda a Audiencia a lê em segredo. Se for obrigatoria, manda passar Ordem de prisão contra os pronunciados, e só depois de presos se junta ao Processo. A formula neste caso é:
=Há (ou não há) motivo bastante para ser pronunciado pelo crime de ... o Cidadão F..., e proceder contra elle a accusação. (c)

(a) Ref. 3. p. art. 215.
(b) Ref. ib. art. 214.
(c) Ref. ib. art. 218 e 219. Nestes casos verifica-se uma Pronuncia, sem a presença dos réos, e sem lhes terem sido feitos os Interogatorios; e esta Pronuncia é havida por completa. art. 219 §. un.

[47V]

§.246. Se pela decisão do Jury for Julgada improcedente a Accusação, e o réo não estiver implicado em outros crimes, o Juiz logo por despacho nos Autos o manda soltar. Deste despacho não há recurso algum, excepto o da Revista, se no Processo houver nullidades; mas sem suspensão do Mandado de soltura. (a)
§.247. Se o réo *despronunciado* estiver implicado em outros crimes, cujos Processos estiverem appensos, o Juiz procede á ratificação da Pronuncia nos Processos formados no seu Juizo. Se forão formados em outros Juizos, o Juiz os remeterá todos com o Preso áquelle Juizo onde foi formado o do crime mais grave. (b)
§.248. No caso do Jury ratificar a Pronuncia, e o réo estar culpado em outros Processos appensos; o Juiz prosegue na ratificação das Pronuncias delle, pelo mesmo modo q' no primeiro. Mas se estes Processos forão formados em diversa Comarca, as
teste-
(a) Ref. 3. p. art. 220.
(b) Ref. ib. art. 221. A razão desta remessa é, porq' o Juiz deixa de ser competente, uma vez q' o réo não tem crime no seu Julgado.

[48]

as testemunhas dos Summarios não vem depor oralmente na Audiencia, e somente são lidos os seus depoimentos perante o Juiz. (a)
§.249. Despronunciado o réo pelo Jury, pode o despronunciado requerer ao Jury, quando tenha havido Parte querellante, q' pergunte ao Jury, se houve dolo na Querella. O Querellante deve ser ouvido com a sua defeza; e o Jury decide. Se a julga dolosa; o Juiz condemna o Querellante na multa de dez ate cem mil reis, metade para o Querellado, metade para a Fazenda Publica; e deixa direito salvo ao Querellado para a Acção de perdas e damnos. Se o Jury decide q' não houve dólo, o despronunciado pode requerer novamente ao Juiz, q' pergunte ao Jury se há lugar para

382 • Direito Processual Penal

perdas e damnos, e segundo a resposta for affirmativa ou negativa, assim resalvará ou não ao Querellado o direito para ellas. (b)

(a) Ref. 3. p. art. 223. Exceptua-se o caso do art. 206. §. 1.º
(b) Ref. ib. art. 222. O Delegado ou Subdelegado não se presume ter querellado com dólo.

[48V]

§.250. O despronunciado não pode fazer os requerimentos do §. antecedente, quando elle não for designado na Querella da Parte (§. 91) E não pode intentar acção de perdas e damnos, quando o despacho de soltura lha não resalvou. (a)

§.251. Pelo contrario, ainda q' o Querellado não seja pronunciado pelo Juiz, ou ainda q' seja despronunciado pelo Jury, a Acção civil do Querellante por perdas e damnos sempre lhe fica salva. (b)

§.252. A Audiencia de ratificação de Pronuncia deve ser publica sob pena de nullidade; excepto se o crime for de natureza q' a discussão delle possa offender a decencia, ou a Moral publica. Neste caso o Juiz determina por despacho Sessão secreta, e ficão somente as Partes, seus Advogados ou Procuradores, e Curador. Assim mesmo o sorteamento dos Jurados, e as recusações, e a publicação da sua decisão, devem ser feitas publicamente. (c)

(a) Ref. 3. p. art. 222 §. un. Nisto é mais desfavorecido o réo, do q' o Querellante.
(b) Ref. ib. art. 228.
(c) Ref. ib. art. 225.

[49]

§.253. A Audiencia pode continuar pela noite adiante (a). Se os espectadores derem sinal publico de approvação ou desapprovação, ou fizerem tumulto, podem ser reprehendidos, ou castigados (b). Se a Audiencia tem de continuar nos dias seguintes; em cada um delles se faz novo sorteamento dos Jurados (c). No fim de cada Audiencia o Juiz annuncia aos Jurados o dia em q' hade começar a Sessão seguinte. (d)

§.254. Se a ratificação é feita na Cabeça do circulo; torna o réo com os Autos a ser removido para o Juizo da Querella, para ahi se lhe fazer o Processo da Accusação. (e)

(a) Ref. 3. p. art. 313 §. 2. º e 3.º
(b) Ref. ib. art. 314.
(c) Ref. ib. art. 183.
(d) Ref. ib. art. 227 onde declara q nenhum outro aviso será feito aos Jurados.
(e) Este caso não é explicito na Ref. Jud., mas infere-se do art. 170 por onde diz q' a Accusação será feita no mesmo Juizo, onde se tomou a Querella. O mesmo art. 170 §. 21 declara q' a competencia dos Magistrados de Policia Correcional em Lisboa e Porto acaba com a Ratificação da Pronuncia. Portanto feita ella devem remeter os Autos ao respectivo Juiz de Direito.

IV - Projecto Corrêa Telles • 383

[49V]

Titulo 12. º
<u>Da Accusação dos Crimes.</u>

§.255. Assim nos crimes publicos, como nos particulares somente são admittidos a accusar, aquelles q' precedentemente houverem querellado. (a)

§.256. A accusação do Delegado ou Subdelegado tem por fim a imposição da pena, e não a indemnisação do offendido: a accusação deste tem por fim a sua indemnisação, ou tambem a imposição da pena. (b)

§.257. Pode pois a Parte Querellante accumular com a Accusação a acção de perdas e damnos; q' serão julgadas na mesma sentença. Se a Parte não quizer accusar, a sua acção civil de perdas e damnos não pode ser julgada, sem q' o seja primeiro a Accusação do Delegado. (c)

§.258. Se o réo accusado falece antes da sentença da primeira instancia, a accu-

sação

(a) Ref. 3. p. art. 4. Em outro tempo podião accusar, ainda q' não tivessem querellado, nos casos de Devassa. Ord. L. 5. T. 124 pr. e §. 9

(b) Ref. ib. art. 2. § un. Veja-se o § 77.

(c) Ref. ib. art. 6.

[50]

sação cessa quanto á pena. A acção de perdas e damnos accumulada á accusação pode proseguir no mesmo processo contra os herdeiros, observando-se a forma do Processo das acções civis. (a)

§.259. Nos crimes publicos ainda q' o accusador faleça antes da sentença, os seus herdeiros podem proseguir a accusação: nos crimes particulares, os herdeiros do accusador somente podem insistir na indemnisação das perdas e damnos. (b)

§.260. Nos crimes publicos o Perdão do Querellante, ou a desistencia da sua accusação, não obsta a q' prosiga a Acusação do Delegado ou Subdelegado: pelo contrario nos crimes particulares, como nos casos do §. 81. (c)

§.261. Assim como é licito querellar por Procurador, tambem a Accusação e Defeza

pode

(a) Ref. 3. p. art. 7.

(b) Assim se infere da Ref. 3. p. art. 319 e 320 n. 2.º

(c) Ref. 3. p. art. 8 e art. 13 §. 2.

[50V]

pode ser feita por Procurador, salva a obrigação de comparecer pessoalmente nos termos do §. 188. (a)

§.262. Podem ser accusados muitos co-reos de um crime em um só Processo. Mas qualquer delles pode requerer separação do Processo, a qual só terá lugar depois da ratificação da Pronuncia. (b)

§.263. Ainda q' os co-réos de um crime se livrem em Processos separados, todos os co-réos serao julgados conjuntamente com intervenção do mesmo Jury, fazendo-se em cada Processo quesitos separados. (c)

384 • Direito Processual Penal

§.264. Quando muitos co-réos são accusados em um Processo; ou quando os Accusadores são muitos, nem uns, nem outros podem constituir mais de dous Advogados. Ambos estes devem concertar entre si o Libello e a Defeza, e ambos devem assignar o mesmo Libello, ou Defeza.(d)

(a) Ref. 3. p. art. 85. §. un. O contrario era pela Ord. L. 5. T. 124 § 15. Prim Linh. Cr. §. 99.
(b) Ref. 3 p.art. 233 e 234 e 235. Assim era tambem pela Ord. L. 1. T. 79 § 31. Prim. Linh. Cr. §. 101.
(c) Ref. 3. p. art. 236. O fim disto é para evitar sentenças contraditorias.
(d) Ref. 3. p. art. 243. Cardoso, vbo Procurator sc. 96. Stryk vs. Mod. L. 3. T. 3. § 25 e 26. Um réo só não pode constituir mais q' um Advogado Ref. art. 243.

[51]

§.265. Um réo pronunciado em muitos crimes publicos deve ser accusado pelo Delegado em um só Libello por todos elles. Porem cada um dos querellantes q' o queirão accusar, deve formar seu Libello. (a)

Secção 1.ª
Da Citação.

§.266. O réo preso não é citado antes de offerecido o Libello da Accusação. Mas depois de offerecido, deve o Escrivão no prazo de 48 horas hir entregar-lhe uma copia do Libello, ou Libellos, dos documentos com elle offerecidos, e do rol das testemunhas; entrega de q' deve passar certidão, assignada pelo Réo, se souber escrever, e por duas testemunhas, q' se junta aos autos: com pena de nullidade. Sendo os réos muitos a cada um se entrega uma copia. Nesse mesmo acto são notificados, para no prazo de quinze dias apresentarem no Cartorio a Contestação; notificação de q' fará menção a Certidão da entrega. (b)

(a) Ref. 3. p. art. 232.
(b) Ref. ib. art. 239. pr. §. 1.º e 2.º.

[51V]

§.267. Os réos soltos ou afiançados, no acto da Ratificação da Pronuncia, q' Julga procedente a Accusação, devem ser notificados, para na 1.ª Audiencia seguinte no prazo de oito dias (q' são concedidos ao Delegado e aos Querellantes para formarem seus Libellos) comparecerem por si ou por seus Procuradores, para receberem copia do Libello ou Libellos. (a)

§.268. Se a ratificação de Pronuncia for feita per ante o Magistrado de Policia Correcional, onde se não pode fazer a Accusação; ou na Cabeça de Circulo, d' onde os Autos tem de ser remetidos para o Juizo da Querella; depois q' o respectivo Delegado ou Subdelegado apresentar o seu Libello, ou o Querellante o seu, deverão ser citados os réos soltos ou afiançados, para hirem á Audiencia receber copias dos respectivos Libellos. (b)

(a) Desta notificação não faz menção a Reforma Judiciaria. Ref. 3. p. art. 239 §. 3. 1. Mas quem quer os fins, quer os meios.
(b) Estes casos tambem não foram providenciados na Reforma.

IV - Projecto Corrêa Telles • 385

[52]

§.269. Nos crimes excepcionaes (§. 27) em q' não há ratificação de Pronuncia, como o despacho de Pronuncia deve ser intimado ao réo, e ao Querellante, e ao Delegado (a), se o réo estiver affiançado deverá logo ser citado para na 1.ª Audiencia seguinte aos oito dias, q' são dados para formar os Libellos, comparecer e receber a copia delles.
§.270. Nas causas crimes criminalmente intentadas não tem lugar a conciliação. (b)

Secção 2.ª
Do Libello.

§.271. Para a formação do Libello deve o Escrivão, tanto q' for ratificada a Pronuncia, dar os Autos com vista ao Delegado ou Subdelegado nos crimes publicos, e este intimado para o offerecer no prazo de oito dias improrogaveis. No mesmo prazo deve o Querellante exhibir o seu no Cartorio, q' é junto pelo Escrivão aos Autos. (c)

(a) Lei de 17 de Março de 1838. art. 9. §. 1.
(b) Ref. 3. p. art. 321
(c) Ref. ib. art. 224. e art. 231. e 238.

[52V]

§.272. Findo o prazo dos oito dias o Escrivão cobra os autos do Delegado; e se este os não entregar, seja com q' pretexto for, incorre na multa de sinco mil reis, e na responsabilidade q' ao réo provier da demora. Na mesma pena incorre o Escrivão, se não cobrar os Autos no dia seguinte aos oito dias daquelle prazo. (a)
§.273 Nos crimes particulaes em q' não intervem o Delegado, os Autos deverão ser dados com vista á Parte Querellante; a qual os deverá entregar com o Libello accusatorio, logo q' findem os oito dias. (b)
§.274. O Libello accusatorio deve ser articulado, e deve conter
1.º o nome do accusador, e do réo, e o maior numero possivel dos signaes do accusado:
2.º a narração circunstanciada do facto ou factos criminosos, com a declaração possivel do tempo e lugar em q' forão commetidos, e das circunstancias aggravantes

ou

(a) Ref. 3. p. art. 238.
(b) Isto não diz a Reforma, mas infere-se a contrario sensu do art. 231. Se o querellante não der Libelo, deve presumir-se q' desistio da Accusação. Pela Ord. L. 5. T. 124 §. 15 o Autor lançado de Parte, se em dez dias comparecia, era admittido á Accusação.

[53]

ou atenuantes q' o acompanhárão:
3.º as circunstancias essencialmente necessarias para formar crime de tentativa, no caso em q' a tentativa em si mesma for criminosa, e esta for o objecto da Accusação; e isto sob-pena de nullidade:
4.º o facto ou factos de cumplicidade do crime, quando o réo for accusado como cumplice; sob pena de nullidade:

386 • Direito Processual Penal

5.º citação da Lei q' prohibe o facto, e lhe impoem pena:
6.º no fim do Libello serão nomeadas as testemunhas q' hão de ser dadas em prova, por seus nomes, moradas, e mesteres: podendo ser as da Querella, ou outras de novo.
Por ultimo a assignatura do Delegado, ou Subdelegado, ou da Parte, ou de seu Procurador. (a)
§.275. Se forem nomeadas algumas testemunhas de fora da comarca, deverá logo requerer Carta de Inquirição para o Juizo do domicilio dellas. (b)

(a) Ref. 3. p. art. 230. e §. 1-2-3. º
(b) Ref. ib. art. 249.

[53V]

§.276. Tanto q' o Escrivão recebe os Libellos, cuida logo em os mandar copear, para os entregar nos prazos dos §§. 266 e 267; pois se o réo estiver preso, por cada dia q' o Escrivão demorar a entrega da copia incorre na multa de sinco mil reis. (a)
§.277. Se o réo ate ao offerecimento do Libello não tiver constituido Advogado nos Autos para o defender, deve *o Escrivão* dar parte ao Juiz, para q'este officiosamente lhe nomeie um do Auditorio, e o Juiz o deve nomear <u>sob pena de nullidade</u> . Quando pois o Escrivão for fazer entrega da copia do Libello ao preso, deve declarar-lhe o nome e morada do Advogado q' o Juiz officiosamente lhe nomeou. (b)
§.278. Se o réo for menor, o mesmo Advogado q' o Juiz nomear, ou q' o réo escolher, será seu Curador; deferindo-se-lhe para este fim especial juramento. (c)

(a) Ref. 3. p. art. 239 §.1.
(b) Ref. ib. art. 240, §. 2.º.
(c) Ref. ib. art. 240, §. 1.º.

[54]

§.279. Ainda q' o Juiz tenha nomeado Advogado, q' defenda o réo; bem pode escolher outro que melhor lhe pareça, e ainda depois pode mudar para outro ate a abertura da discussão da Causa, sem q' por esta mudança se demore o andamento do Processo. (a)
§.280. Quando o réo se livra solto, ou affiançado, deve ser apregoado na Audiencia seguinte á recepção do Libello da mão do Delegado; se comparece por si ou por seu Procurador entrega-se-lhe a copia dos Libellos, e assignão-se-lhe os quinze dias para os contestar. Se não aparece, fica esperado para a Audiencia seguinte, na qual é novamente apregoado; e se ainda então não aparece, assignão-se-lhe os quinze dias á revelia, e se findos elles não apresenta sua contestação, prosegue-se sem ella. (b)

(a) Ref. 3. p. art. 240 e 241.
(b) Ref. ib. art. 239 §. 3. Como os oito dias em q' o Delegado deve dar o Libello são elasticos; se o réo não comparecer na 1.ª Audiencia, será conveniente manda-lo notificar de novo: porq' a defeza é sempre favoravel.

[54V]

§.281. Se os co-réos de um crime são muitos, e requererão separação de Processos, por terem diversas defezas (§. 262); em tal caso o Delegado, ou o Querellante deve offerecer Libellos separados contra os q' requererão a separação. (a) Autuão-se separados, e appendem-se por linha aos Autos communs do Processo preparatorio. (b)

Titulo 13. º
Da Defeza do Réo.

Secção 1. ª Das Excepções.

§.282. A primeira Excepção q' o réo pode oppor, é a suspeição do Juiz, ou do Escrivão; ainda q' tenha requerido antes ser admitido a Fiança. (c)

(a) Ref. 3. p. art. 247.

(b) Seria inconveniente tresladar todos os Autos do Processo preparatorio, para os juntar a cada um dos Libellos.

(c) O Alv. de 26 d' Abril de 1752 prohibio pôr suspeições ao Juiz da Devassa, podendo ser oppostas na Defeza. O Processo até a Ratificação da Pronuncia é secreto, no acto della os Jurados são juizes de Recurso. A petição da Fiança é um acto de necessidade, antes da qual nimguem pode requerer senão preso. Por pedir a Fiança não pode presumir-se q' o réo consintio no Juiz. Guarini Def. 1. C. 19. n. 91.

[55]

§.283. A fórma do Processo das Suspeições é a mesma q' nas Causas civeis. Os motivos da recusação são tambem os mesmos. (a)

§.284. Depois da suspeição pode o réo tambem oppor a Excepção Declinatoria do Foro, ou verbalmente ou por escrito; e será decidida pelo Juiz, ou na mesma Audiencia, ou até a seguinte, tomando-se por termo nos Autos. Desta decisão podem as Partes aggravar no Auto do Processo, ou por Instrumento para a Relação do Districto. (b)

§.285. As Excepções peremptorias de prescrição, de perdão da Parte ofendida, ou de Real Indulto, e de Caso julgado, devem ser allegadas juntamente com a Contestação, e não tem diversa forma de processo. (c)

(a) Decreto de 16 de Maio de 1832 art. 214. Este artigo esqueceo aos redactores da 3. ª Parte da Ref. Judiciaria. Em todos os tempos se admitio a recusação dos Juizes Criminaes. Guerreir. da Recus. L. 3. C. 9. e 10.

(b) Cit. Decr. art. 214. Ref. Jud. 2. p. art. 94. Os Redactores da 3. p. da Ref. tambem se esquecerão desta Excepção.

(c) Arg. da Ref. Jud. 2. p. art. 93. A Ord. L. 5. T. 124. pr. mandava oferecer as Excepções e a Contrariedade ate a 2. ª Audiencia.

388 • Direito Processual Penal

[55V]

Secção 2.ª

Da Contestação.

§.286. Alem das Excepções q' previnem a Accusação, pode o réo contestar por negação; ou deduzir em artigos os factos, ou circunstancias, q' ou o livrão da pena, ou q' atenuarem a mesma pena, e condemnação pecuniaria pedida. No fim della deve juntar o rol de testemunhas, q' ha de dar em prova, com declaração de seus nomes, moradas, e mesteres; e os documentos q' provão a sua defeza. (a)

§.287. A contestação deve ser assignada pelo Advogado q' o réo tiver escolhido, ou pelo q' o Juiz ex officio lhe tiver nomeado. Se forem dous ou mais co-réos, podem ter escolhido dous Advogados somente: ambos devem concertar entre si uma só contestação, e ambos a devem assignar. Mas se os co-réos se livrarem em processos separados, em cada processo se deve juntar uma contestação. (b)

§.288. A contestação deve ser apresentada pelo réo no Cartorio do Escrivão, dentro dos quinze dias contados daquelle em q' lhe foi dada a

copia

(a) Ref. 3. p. art. 244.
(b) Ref. ib. art. 243. 245 e 247.

[56]

copia dos Libellos. Se a não apresentar naquelle prazo, não lhe deve ser recebida. Poderá porem o réo no acto da discussão judicial da Causa allegar a sua defensa verbal, a qual será reduzida a escrito pelo Escrivão, para sobre ella se inquirirem as testemunhas. (a)

§.289. Uma copia da contestação, dos documentos com ella produzidos, e do rol das testemunhas, passada e assignada pelo Escrivão, deve ser por elle *dada* ao Delegado, e á Parte accusadora, sob pena de nullidade. Se forem muitos os Accusadores, a cada um se deve dar uma copia. Esta copia será entregue na habitação dos accusadores, ou no domicilio q' houverem escolhido no Julgado: da entrega se passará certidão nos Autos, assignada pela pessoa a quem foi feita, se souber escrever, e por duas testemunhas. Se os accusadores não houverem declarado a sua morada, ou o domicilio q' escolherão, não se lhes dá copia, e esta falta não produzirá nullidade. (b)

(a) Ref. 3. p. art. 244 e 246.
(b) Ref. ib. art. 244. §. 1º e 2.º

[56V]

§.290. As Accusações criminaes são summarias: nellas não há Replica e Treplica. (a)

Titulo 14.

Das Provas.

§.291. Ainda q' por via de regra as testemunhas da Accusação, e da Defeza são produzidas perante o Jury na Audiencia de Discussão, comtudo quando as testemunhas não podem, ou não devem hir á Audiencia, devem ser inquiridas antes della.

§.292. O Delegado, ou qualquer das Partes q' offereceo por testemunha uma pessoa impossibilitada de comparecer na Audiencia por idade, molestia, ou outra causa perpetua, deve logo q' a nomeou requerer ao Juiz com certidão de Facultativo, ou na falta delle do respectivo Juiz Eleito, q' vá ao domicilio da testemunha inquirida, se ella for do seu Julgado; ou q' passe Carta de Inquirição para o Julgado da Testemunha. O seu depoimento será escrito, e junto aos autos. (b)

(a) Pela Ord. L. 5. T. 124 §. 2. havia Replica, e Treplica. Não havia, quando somente era parte a Justiça. Prim. Linh. Cr. §.139 Not. Depois introduzio-se um processo verbal e summarissimo nos crimes mais graves, q' não tinha termos alguns. Mello, Jus Crim. T. 12 §. 10
(b) Ref. 3. p. art. 253.

[57]

§.293. Se alguma das testemunhas for moradora fora da Comarca, a Parte q' a produzir deve logo requerer Carta de Inquirição para o Juizo do domicilio da testemunha. O Juiz assignará para estas Inquirições o prazo de 15 dias ate dous mezes, conforme as distancias: prazo q' não pode ser prorogado. Espaçar-se-ha a discussão da Causa ate que finde o prazo marcado. (a)
§.294. Não se darão Cartas de Inquirição para Paizes Estrangeiros; excepto quando o crime accusado tiver sido commetido em algum desses Lugares; ou quando ao Juiz pareça necessario para prova de algum artigo essencial. A dilação nestes casos é regulada pelo prudente arbitrio do Juiz. (b)
§.295. Da concessão de grande ou pequena dilação, pode-se aggravar de Instrumento para a Relação. (c)

(a) Ref. 3. p. art. 249.
(b) Ref. ib. art. 250. Ord. L. 3. T. 54 §. 14. Bom será q' o Juiz se conforme em seu arbitrio com o q' se acha disposto na cit. Ord. §. 4.º e seg.
(c) Isto não diz a Reforma; mas era expresso na Ord. L. 1. T. 6. §. 9 L. 3. T. 20. §. 5. T. 54. §. 12. E a Ord. L. 5. T. 124 § 27 mandava guardar nos Feitos crimes a ordem do Processo dos Civeis, em tudo o q' lhes fosse applicavel.

[57V]

§.296. Na Carta de Inquirição devem hir declarados os nomes, moradas, e mesteres das testemunhas, e os artigos do Libello, ou da Contestação, a q' são dadas. (a) Para a sua remessa deve ser citada a Parte contraria, pena de nullidade. (b)
§.297. O Juiz cumprindo a carta deve perguntar as testemunhas em audiencia publica dentro de dez dias do recebimento della, em prezença das Partes, ou de seus Procuradores; e em prezença do Delegado ou Subdelegado do Julgado, se for Crime Publico. Os seus depoimentos são escritos e assignados na forma do §. 106. (c)
§.298 A parte contraria pode contraditar as testemunhas, e prova-las in continenti; estas contraditas farão parte do Instrumento da Inquirição. Pode tambem pedir Certidão das testemunhas, q' contra elle forão dadas. (d)

(a) Ref. 3. p. art. 251.

390 • Direito Processual Penal

(b) Ref. 2. p. art. 88 §. 3. Esta nullidade não declara a Reforma; mas é conforme aos principios de Direito. V. Prim. Linh. Cr. § 192 Not.
(c) Ref. 3. p. art. 252.
(d) Ref. 2. p. art. 88. § 4.

[58]

§.299. As testemunhas de dentro da comarca, ainda q' de fora do Julgado, devem vir pessoalmente á Audiencia jurar. Serão porem indemnisadas a 300 reis por dia de hida e volta, a razão de quatro legoas por dia: e deve notificar-se-lhes o dia, e Audiencia onde devem comparecer. (a)
§.300. Os membros da Familia Real, e Ministros d' Estado não podem ser citados como testemunhas, para comparecerem nas Audiencias de Ratificação, ou de sentença, sem preceder Decreto Real, q' autorize o pessoal comparecimento. (b)
§.301. Na falta de Decreto, o Juiz remeterá ao Presidente da Relação uma copia dos artigos do Libello, ou da Contestação, a q' aquellas Pessoas devem depor, e o Presidente mandará um Juiz da Relação, sendo dentro da Cidade, ou um Juiz de Direito, sendo fóra, com um Escrivão tomar-lhes os depoimentos por escrito, os quaes serão

reme-

(a) Ref. 3. p. art. 254.
(b) Ref. ib. art. 255.

[58V]

remetidos fechados e lacrados ao Juiz q' os deprecou, e serão lidos na Audiencia como as outras Cartas de inquirição. (a)
§.302 Os Membros do Poder Legislativo durante o periodo das Sessões não podem ser citados sem licença da respectiva Camara, a requisição do Ministro da Justiça. Fora daquelle periodo não é necessaria Licença; mas os depoimentos lhes serão tomados em suas cazas pelo Juiz de Direito da Comarca onde residirem. (b)
§.303. Os Administradores Geraes de Districto são obrigados a comparecer perante o Juiz da Querella, e nas Audiencias de Ratificação, e de Sentença, se o Juiz e a Audiencia for dentro da Cidade ou Villa da residencia delles. Fora deste caso um Decreto Real os poderá dispensar do pessoal comparecimento, e os seus depoimentos serão tomados por escrito pelos Juizes do Lugar em q' residirem, os quaes os farão citar para q' venhão depor no seu Juizo. (c)

(a) Ref. 3. p. art. 256.
(b) Ref. ib. art. 258.
(c) Ref. ib art. 259.

[59]

§.304. Ainda q' as testemunhas da Accusação devão ser nomeadas no fim do Libello, e as da defeza no fim da Contestação (§. 274, e 286); comtudo umas e outras podem ser substituidas por outras, e o seu numero pode ser augmentado: mas os nomes das testemunhas novas, suas moradas e mesteres, q' forem substituidas ou augmentadas pelos Accusadores, devem ser intimadas ao réo pelo menos oito dias antes da discussão da Causa: e as q' o réo substituir ou augmentar, devem ser intimadas ao Delegado, ou Accusador, pelo menos tres dias antes. (a)

§.305. Nem a Accusação, nem a Defeza tem limitado numero de testemunha. (b)

§.306. As pessoas q' não podem ser testemunhas na Querela (§. 118) tambem o não podem ser na Accusação, e Defeza. (c)

(a) Ref. 3. p. art. 248.

(b) A Reforma deixou no silencio o art. 208 do Decreto de 16 de Maio de 1832; q' limitava a oito o numero das testemunhas de cada parte. Era injusto, porq' seria iniquo q' se admitissem contra o réo 28 testemunhas, e q' elle só podesse dar oito. V. Silva à Ord. L. 3. T. 55. §. 2 n. 8.

(c) Por paridade de razão. Prim. Linh. Cr. §§ 183 e 184. Ref. 3. p. art. 268.

[59V]

Titulo 15.

Audiencia de Julgamento.

Secção 1.ª Preparatorios.

§.307. As Audiencias de Julgamento devem abrir-se duas vezes no anno em Abril e Outubro (a), antes da abertura deve o Juiz de Direito formar uma Tabella dos Processos preparados para serem julgados, a qual deve ser affixada na porta da Caza das Audiencias, designando o dia, em q' hade ser Julgada cada uma Causa. (b)

§.308. Ainda q' as Causas crimes devão ser julgadas com preferencia ás Civeis (c); comtudo nenhum crime deve ser julgado, sem q' pelo menos oito dias antes se haja entregado ao réo a Pauta dos Jurados de Sentença sob pena de nullidade: entrega de q' deve juntar certidão aos Autos, e deve ser feita pelo modo q' fica dito no §. 200 (d)

§.309 Tambem se devem notificar com alguma antecipação as partes, ou seus Procuradores, afim de poderem fazer citar as suas

teste-

(a) Ref. 2. p. art. 152.

(b) Ref. ib. art. 156.

(c) Ref. ib. art. 156.

(d) Ref. 3. pr. art. 262.

[60]

testemunhas, e avisar os seus Advogados para o dia marcado para o julgamento. (a)

§.310. Se os Accusadores, ou o réo estiverem dentro da dilação, q' lhes foi dada para deligencearem as Cartas de Inquirição, ou se algumas das testemunhas forem de fora do Julgado, q' seja necessario hir Precatoria para serem citadas; a requerimento de qualquer delles o Juiz espaçará o Julgamento pelo tempo q' for indispensavel para aquellas deligencias. (b)

§.311. Da mesma sorte quando o réo esteja alienado de juizo, ou impossibilitado por molestia de comparecer na Audiencia, o Juiz á vista de Certidões de dous Facultativos suspenderá o Julgamento ate q' aquelles impedimentos tenhão cessado. (c)

392 • Direito Processual Penal

§.312 Para julgamento dos Crimes excepcionaes do §. 27, as Audiencias Geraes de Abril e Outubro são improprias pela diversidade de Jurados: devem fazer-se quatro Audiencias no anno de tres em tres
meses
(a) Ref. 2. p. art. 157.
(b) Ref. 3. p. art. 249 e 254.
(c) Ref. 3. pr. art. 317 a 318.

[60V]

meses em cada um dos Circulos da Comarca, repartindo-se este serviço entre o Juiz de Direito, e o seu Substituto. (a)

Secção 2. ª

Formação do Jury, e Discussão da Causa.

§.313. O Jury de Sentença forma-se pelo mesmo modo q' se disse nos §§. 205 a 208; só com a differença, q' podem ser recusados, sem allegar causa, até doze Jurados por parte dos Accusadores, e outros tantos por parte do réo, nos Circulos grandes em q' a Pauta consta de 48 nomes; e até nove, nos Circulos pequenos, em q' a Pauta de Jurados de Sentença consta de 36 nomes. (b)
§.314. O Delegado ou Subdelegado pode recusar seis daquelles doze, ou sinco dos nove; os outros seis, ou quatro podem ser recusados pelos outros Accusadores, combinando entre si, quaes devem ser, ou recusando ora um, ora outro á vez. (c)
§.315. Se os co-réos são dous ou mais, devem tambem alternadamente recusar os doze q' lhes
hé
(a) Lei de 17 de Julho de 1839 art. 11 §. 2.º
(b) Ref. P. 3. art. 260.junto o art. 164 da 2. ª parte.
(c) Ref. 2. p. art. 164. §. 2.ª

[61]

hé concedido, ou de commum acordo. (a)
§.316 Com causa junta pode cada uma das Partes recusar os outros Jurados, q' forem sahindo por sorte, comtanto q' provem logo a causa, da qual o Juiz toma conhecimento, como se disse no §. 211. Os Jurados mesmos se podem dar de suspeitos com causa, provando-a logo. (b)
§.317. Alem das pessoas mencionadas no §. 209, não podem ser Jurados de Sentença <u>com pena de nullidade</u>, os q' o forão da Pronuncia do crime q'vai a julgar-se. (c)
§.318. Constituido o Jury, se o Advogado do réo não for prezente, ou aquelle q' o Juiz officiosamente lhe nomeou, o Juiz <u>sob pena de nullidade</u> lhe nomeará algum Advogado presente, e na falta deste um Procurador, ou Escrivão do Juizo, q' não seja o do Processo, para tomar a defeza do réo. E se algum dos co-réos tiver Advogado, este será o defensor officioso dos q' o não tiverem. O defensor nomeado pode requerer algum
espaço
(a) Ref. 2. p. art. 165. e 166.
(b) Assim se infere da Ref. 3. p. art. 184. 185 e 186. juntos ao art. 261 §. un. Quaes sejão as justas causas da Recusação, não diz a Lei; mas devem ser as mesmas porq' se pode recusar o Juiz.

(c) Ref. 3. p. art. 261.

[61V]

espaço de tempo para conferencear com o réo, e para examinar o Feito, o qual lhe será concedido, sem todavia suspender a Audiencia. (a)

§. 319. Se o réo for menor, o seu Curador deverá ser presente mesmo á formação do Jury; e se não aparecer, o Juiz lhe deverá nomear ou o seu Advogado, ou aquelle q' lhe nomear por Defensor, deferindo-lhe o juramento. (b)

§. 320. Segue-se o deferir o juramento ao Jury, cuja falta induz <u>nullidade</u>. Postos todos em pé, o Juiz recitará a formula seguinte

=<u>Vos jurais na prezença de Deos Todo Poderoso, e dos homens, de examinardes com a mais escrupulosa atenção a accusação q' se vos apresenta, de não trahirdes nem os interesses da Sociedade, nem os direitos da innocencia e da humanidade, de não communicardes sem rigorosa necessidade com pessoa alguma, até proferirdes a vossa decisão, na qual vos não deixareis mover por odio ou affei-</u>

ção

(a) Ref. 3. p. art. 240 §. 3. e art. 242.
(b) Isto não diz a Reforma, mas infere-se por argumento do art. 226. Se na Ratificação de Pronuncia deve estar prezente o Curador, muito mais no julgamento do crime.

[62]

=<u>affeição, antes não escutareis se não os dictames da vossa consciencia, e intima convicção, com aquella imparcialidade e firmeza de caracter, q' é propria do homem livre e honrado.</u>=
Cada um dos Jurados pondo a mão nos Santos Evangelhos, e beijando-os, dirá =<u>Assim o juro.</u>= (a)

§.321. A discussão começa lendo o Escrivão sob pena de nullidade todas as peças do Processo, q' formão o Corpo de delicto; a decisão do Jury de Pronuncia; o Libello e todos os Documentos com elle produzidos; a Contestação (havendo-a) e os Documentos com ella juntos, e o rol das testemunhas offerecidas por ambas as Partes. (b)

§.322. Recolhidas as testemunhas a outra Sala, para não ouvirem o q' cada uma depoem; começa-se pela inquirição das dos Accusadores pela ordem do rol. Mas antes de as inquirir lêm-se as Cartas de Inquirição q' os Accusadores tenhão de outros Juizos, bem como antes de inquirir as testemunhas do réo se lêm as suas. (c)

(a) Ref. 3. p. art. 263. Cod. de Instr. Cr. Fr. art. 312.
(b) Ref. ib. art. 264.
(c) Ref. ib. art. 265.

[62V]

§.323. As perguntas a cada testemunha ate o costume são feitas pelo Juiz, e são escritas com as respostas no Auto da Audiencia. O resto da inquirição é feito pelo Delegado, ou pelo Accusador ou do seu Procurador, q' as produz; os seus ditos não se escrevem. (a)

394 • Direito Processual Penal

§.324. A forma da prestação do juramento, as reflexões q' lhe podem fazer o Juiz, os Jurados, e as Partes contrarias, depois q' a testemunha tenha acabado de fallar; as contraditas q' se lhe podem oppor, e em tudo o mais se observa o q' se disse nos §§. 216. 220 e seg. (b)

§.325. Não pode ser perguntada <u>sob pena de nullidade</u> testemunha, cujo nome e morada não tenha sido notificado á Parte contraria nos termos do §. 304. (c)

§.326. Se durante a discussão sobrevier ao Réo o conhecimento de alguma nova testemunha, q' lhe convenha produzir, de cujo nome morada e mester não tenhão sido notificados os accusadores, o proporá verbalmente ao Juiz, expondo a razão do tardio conhecimento da testemunha, e o artigo da contestação a q' hade depor. O Juiz poderá con-

ceder

(a) Ref. 3. p. art. 265 e 266.

(b) Ref. ib. art. 267.

(c) Ref. ib. art. 269.

[63]

ceder vinte e quatro horas para fazer a notificação, suspendendo por aquelle espaço a Audiencia. Neste caso a testemunha pode ser inquirida 24 horas depois de notificados os Accusadores, do seu nome, morada, e mester. (a)

§.327. Quando parecer conveniente serão mostrados ás testemunhas os Documentos produzidos em prova da accusação, ou da defeza; os instrumentos do crime, ou os objectos apprehendidos, os quaes todos estarão presentes na Audiencia. Isto mesmo é applicavel ao Auto de Ratificação da Pronuncia. (b)

§.328. Nunca será interrompida a discussão da Causa por faltar alguma testemunha, q' não foi citada em tempo competente. O mesmo é tambem na Ratificação da Pronuncia. (c)

§.329. Se na Audiencia faltar alguma testemunha da Accusação, ou da defeza,

que

(a) Ref. 3. p. art. 270. Se a continuação da Audiencia suspensa hade ser com os mesmos jurados, ou se hão de sortear-se de novo, não diz a Lei. Parece q' deve sortear-se de novo, e começa tudo como no principio, na forma do art. 206. §. 2.º. Mas veja-se o q' notamos ao §. 379.

(b) Ref. ib. art. 271.

(c) Ref. ib. art. 272.

[63V]

q' tiver sido intimada com sufficiente anticipação, o Juiz, a requerimento da Parte q' a produzio sobrestará na discussão até o dia seguinte. (a) Se ainda neste a testemunha não comparecer, será lido na Audiencia o seu depoimento escrito (se o houver), e não o havendo a Parte allegará verbalmente as razões porq' julga necessario o depoimento daquella testemunha: feito isso, continuará a discussão. Porem antes de propostos os quesitos ao Jury, o Juiz lhe proporá o seguinte = <u>O depoimento oral da testemunha F... é absolutamente necessario para uma decisão justa desta Causa ?=</u>

O Jury se retirará para deliberar, a sua decisão se vencerá por maioria absoluta (b): se for negativa, progredirá a Causa; se for affirmativa, será espaçada até a outra Audiencia Geral. Nesta

IV - Projecto Corrêa Telles • 395

Audiencia se repetirão todos os Actos, porem o Feito não será mais espaçado, ainda q' falte alguma testemunha; e em tudo o mais se procederá a este respeito, como se disse no § 223. (c)

(a) Por isso convirá q' o Juiz antes de começar o Julgamento d' uma Causa, averigue se as Partes tem as suas testemunhas promptas. Para não gastar tempo com ella, e depois ficar perdido o trabalho.
(b) A maioria absoluta de doze são sete votos; e de nove, são sinco.
(c) Ref. 3. p. art. 273.

[64]

§.330 Do mesmo modo se procederá, se o Delegado ou Subdelegado, ou alguma das Partes insistir na necessidade do depoimento oral, ou da confrontação da testemunha, que foi perguntada na Carta de Inquirição, ou q' impossibilitada por molestia temporaria não pode comparecer na Audiencia. (a)
§.331. Findos os depoimentos das testemunhas procede-se (sob pena de nullidade) a novos interrogatorios aos réos. Ácerca delles se observa o q' fica dito no §. 231 e seg. (b)
§.332. Ultimados os interrogatorios o Juiz advertirá aos Advogados das Partes, q' não podem fallar contra a sua consciencia, nem contra o respeito e obediencia ás Leis. Que se devem exprimir com toda a liberdade, mas com decencia e moderação. (c)
§.333. Seguem-se as Allegações oraes. O Delegado primeiramente, depois o Advogado do Accusador, havendo-o; depois o Advo-
gado
(a) Ref. 3. p. art. 273 § un.
(b) Ref. ib. art. 274.
(c) Ref. ib. art. 275. Esta advertencia bom era q' estivesse na Lei, mas q' o Juiz não perdesse tempo com ella.

[64V]

gado dos Réos. Pode-se replicar uma só vez ás Allegações oraes, se o Juiz o permittir, porem o Advogado do réo será sempre o ultimo a fallar. (a)
§.334. Em todos os incidentes da discussão em q' fallar o Delegado, ou Advogado do Accusador, será igualmente ouvido sob pena de nullidade o réo, ou o seu Advogado. Se primeiro fallar o réo, ou o seu Advogado, serão ouvidos os outros. (b)
* §.335. Se os advogados nas suas Allegações se affastarem do respeito devido ás Leis, ou excederem os limites da decencia, o Juiz os advertirá com urbanidade. Se depois de advertidos continuarem, lhes suspenderá a palavra: e se for o Advogado do Réo, entregará a defeza a outro q' esteja presente na Audiencia. Se o excesso chegou a ser criminoso, procederá contra elle na forma das Leis. (c)
§.336. Findas as Allegações o Juiz sob pena de nullidade perguntará ao Réo, se tem mais alguma cousa q' dizer em sua defeza; e será ouvido em tudo o q' disser a bem della. Feito isto o Juiz dará por terminada a discussão Judicial

396 • Direito Processual Penal

(a) Ref. 3. p. art. 275. Cod. de Instr. Cr. Fr. art. 335. Talvez fora mais filosofico banir a Oratoria das Discussões Judiciaes.
(b) Ref. ib. art. 276.
(c) Ref. ib. art. 277.
* (nota lateral ao § 335) N. B. Este § será inserido depois do § 381.

[65]

Judicial da Causa. Nenhuma das Partes poderá fallar. (a)

Secção 3. ª
Dos Quesitos ao Jury.

§.337. Finda a discussão imcumbe ao Juiz fazer um relatorio simples e claro do facto, com todas as suas circunstancias, apontando aos Jurados com imparcalidade as principaes provas, assim a favor, como contra os réos; sem q' possa ser interrompido, ou pelo Delegado, ou por qualquer das Partes, ou dos seus Procuradores. Em seguida dictará os quesitos em voz alta, e o Escrivão os escreverá, e escritos o Juiz os lerá publicamente. (b)
§.338. O Delegado, e as Partes ou seus Procuradores podem fazer reclamações ácerca do modo de propor os Quesitos. Se não forem attendidos, podem aggravar no Auto do Processo. (c)

(a) Ref. 3. p. art. 278. Cod. de Instr. Cr. Fr. art. 336.
(b) Ref. ib. art. 278 e 279.
(c) Ref. ib. art. 279, junto ao art. 184 §. 4 da 2. ª p. da mesma Ref.

[65V]

§.339. Os quesitos serão propostos ao Jury pela forma seguinte:
= O crime de ..., de q' o réo F. é accusado no Libello, está ou não provado ?=
Se no Libello se houverem accumulado diversos crimes, por cada um delles se fará um quesito separado. E havendo co-réos accusados do mesmo crime, a respeito de cada um se fará um quesito distincto. (a)
§.340. Por crimes q' não forão deduzidos no Libello accusatorio, não pode fazer-se quesito algum sob pena de nullidade. (b)
§.341. Se no Libello se comprehenderem circunstancias aggravantes, q' segundo a Lei augmentem a pena, por cada uma dellas depois do 1. º quesito se fará sob pena de nullidade o quesito seguinte:
= O réo commeteo o crime com tal circunstania aggravante ?
Do mesmo modo se fará, quando as circunstancias aggravantes não forem comprehendidas no Libello, mas nascerem da
discu-
(a) Ref. 3. p. art. 280.
(b) Ref. ib. art. 281.

[66]

discussão Judicial da Causa. (a)

§.342. Se o Réo na sua Contestação escrita, ou na sua defeza verbal da Audiencia aponta uma circunstancia, q' segundo a Lei diminua, ou extingua a pena, o Juiz <u>sob pena de nullidade</u> proporá ao Jury:
=<u>Tal circunstancia attenuante está ou não provada</u> ?
Pelo mesmo modo se haverá o Juiz, quando a circunstancia não foi allegada pelo réo, mas resultar da discussão. (b)
§.343. Se o réo for accusado da tentativa de algum crime, o quesito ao Jury será proposto <u>sob pena de nullidade</u> deste modo;
= <u>A tentativa do crime -tal- de q' o réo F. é accusado, está ou não provada ? Esta tentativa teve começo de execução, e não deixou de ser consumada, senão por circunstancias independentes da vontade do réo</u> ? (c)

(a) Ref. 3. p. art. 282. São circunstancias aggravantes, v. gr. se o crime foi commetido de caso pensado, ou com armas prohibidas. Cod. Pen. Austr. 1. p. art. 36 e 37. Cod. Pen. Bras. art. 16.
(b) Ref. ib. art. 283. Vej. o cit. Cod. Austr. art. 39. e Cod. Pen. Bras. art. 18.
(c) Ref. ib. art. 284. Vej. o Cod. Pen. Austr. art. 7. e Cod. Pen. Bras. art. 2.º n. 2.º

[66V]

§.344. Se o réo for accusado de complicidade de um crime, ou da tentativa delle, no quesito se declarará o facto demonstrativo da mesma complicidade, q' for mencionado no Libello. O quesito <u>sob pena de nullidade</u> será formado do modo seguinte;
=<u>A complicidade no crime -tal-, ou na tentativa do crime -tal-, de q' o réo F. é accusado, por haver (aqui o facto, ou factos demonstativos de complicidade) está ou não provada</u> ? (a)
§.345. Se o réo for accusado de algum crime comsumado, e pela discussão judicial constar que só houve tentativa. Ou quando for accusado como autor do crime, e da discussão se mostrar, q' foi somente complice; o Juiz a requerimento do Delegado, da Parte accusadora ou ainda <u>ex officio,</u> proporá subsidiariamente os quesitos de tentativa, e complicidade. (b)

(a) Ref. 3. p. art. 284 §. un. São complices os q' directamente dão conselho, ajuda, ou occasião para se commeter o crime. Vej. Cod. Pen. Austr. 1. p. art. 5 e 6. Cod. Pen. Bras. art. 5 e 6.
(b) Ref. 3. p. art. 285.

[67]

§.346. Escriptos os quesitos nos Autos, o Escrivão os entregará ao Presidente do Jury, com todos os depoimentos e autos de perguntas e respostas dos réos cosidos e fechados, <u>sob pena de nullidade</u>; os réos retirão-se da Sala da Audiencia, e os Jurados vão para a Sala q' lhes é destinada deliberar; e della não poderão sahir sem dar a sua decisão. (a)

Secção 4.ª
<u>Decisão do Jury</u>.

398 • Direito Processual Penal

§.347. A decisão dos Jurados a favor ou contra o réo, vence-se pela maioria de dous terços dos vogaes. A sua declaração deve mencionar se houve unanimidade, ou maioria, sem comtudo exprimir o numero dos votos; sob pena de nullidade. (b)
§.348. Se a todos os Jurados, ou aos dous terços delles parecer, q' o facto não existio, ou q' existio, e q' delle não foi autor o réo accusado, ou finalmente q' o facto existio, e o réo foi o autor delle, todavia não obrou com moralidade e intenção criminosa, darão a resposta seguinte;
=Por unanimidade (ou por maioria) o crime de q' o réo F.. é accusado, não está provado.(c)

(a) Ref. 3. p. art. 286 e 287.
(b) Ref. ib. art. 288.
(c) Ref. ib. art. 289. Sobre a maioria veja-se o que notamos ao §. 243.

[67V]

§.349. Se o Jury julgar q' o facto existio, q' o réo accusado foi o commetedor, obrando com moralidade e intenção criminosa, e q' existirão todas as circunstancias aggravantes declaradas, dará a resposta seguinte;
=Por unanimidade (ou por maioria) o crime -tal- de q' o réo F. . é accusado, está provado com todas as circunstancias aggravantes comprehendidas nos quesitos. (a)
§.350 Entendendo porem os Jurados, q' nenhuma das circunstancias aggravantes comprehendidas nos quesitos está provada, darão a resposta seguinte;
=Por unanimidade (ou por maioria) o crime -tal- de q' o réo F. . é accusado, está provado; porem sem nenhuma das circunstancias aggravantes comprehendidas nos quesitos.=
Se porem acharem q' umas circunstancias aggravantes estão provadas, e outras não, responderão;
=Por unanimidade (ou por maioria) o crime -tal- de q' o réo F. é accusado, está provado com esta, ou aquelloutra circunstancia aggravante. (b)

(a) Ref. 3. p. art. 290.
(b) Ref. ib. art. 291.

[68]

§.351. A declaração da unanimidade, ou maioria, será somente feita em relação ao facto principal do crime, e não ás circunstancias aggravantes, ou attenuantes. (a)
§.352. Se nos quesitos se tiverem incluido algumas circunstancias attenuantes, o Jury responderá pelo mesmo modo, julgando o crime provado com todas, ou nenhumas das circunstancias attenuantes, com umas sim, e outras não. (b)
§.353. Se os quesitos forem de tentativa, e o Jury * a * julgar provada, mencionará sob pena de nullidade na resposta comprovadas as duas circunstancias essencialmente necessarias para a constituir, respondendo pela forma seguinte ;
=A tentativa do crime -tal-, de q' o réo F. é accusado, está provada, porq' está provado q' houve -tal- começo de execução, q' somente foi suspendido (por tal circunstancia) q' foi independente da vontade do réo accusado. (c)

IV - Projecto Corrêa Telles • 399

(a) Ref. 3. p. art. 291. §. un .
(b) Ref. ib. art. 292.
(c) Ref. ib. Art. 293.

[68V]

§.354. Se os quesitos forem de complicidade, e o Jury a julgar provada, incluirá sob pena de nullidade na resposta a expressa declaração do facto segundo a Lei demonstrativo da complicidade, q' achar provada. (a)

§.355. As respostas do Jury não poderão versar sobre outros crimes, ou circunstancias, que não forem comprehendidos nos quesitos, <u>sob pena de nullidade</u> das q' assim forem dadas. (b)

§.356. Escriptas as respostas do Jury nos Autos, e por todos os Jurados assignadas, sem expressão alguma dos q' forão vencidos, voltarão á Audiencia, e nella, sendo presentes os réos, o Presidente levantando-se lerá em voz alta a decisão do Jury.

§.357. Se as respostas do Jury forem regulares, e completas, porem evidentemente iniquas, e injustas, o Juiz annulará a discussão judicial do Feito, e as declarações do Jury, ordenando para o dia seguinte nova dis-

cussão

(a) Ref. 3. p. art. 294. Este artigo não pode ter boa execução, em quanto não tivermos Codigo Penal q' declare os factos q' constituem complicidade.
(b) Ref. ib. art. 295.
(c) Ref. ib. art. 295. §. un. junto o art. 215.

[69]

discussão da Causa perante outro Jury, em q' não entrará nenhum dos primeiros Jurados. Ante novo Jury se repetirá a inquirição das testemunhas, e todos os mais actos da discussão, e segundo a declaração delle, ainda q' conforme com a primeira, será o Juiz obrigado a proferir a sentença. Fora deste caso, a decisão legal do Jury é irrevogavel, e não admitte recurso algum. (a)

§.358. Somente se procederá do modo determinado no § antecedente, quando a declaração do Jury for por maioria. Nem o Delegado, nem alguma das Partes poderá requerer aquelle procedimento, e só o Juiz ex officio o poderá determinar. (b)

Secção 5.ª

Sentença do Juiz.

§.359. Se o Jury decidio q' o Crime não está provado, o Juiz immediatamente por um Despacho nos Autos mandará soltar os accusados. Deste Despacho não há recurso, se não o de revista, havendo nullidade no

Proces-

(a) Ref. 3. p. art. 296. e ' 2.1
(b) Ref. ib. §. 1. Se a decisão do Jury for por unanimidade, não pode o Juiz annullar a decisão.

[69V]

Processo, e tendo-se protestado contra ella antes da declaração do Jury. Para q' a Revista suspenda a soltura do réo, é necessario q' ella se interponha immediatamente á publicação do Despacho, q' a decreta. (a)

400 • Direito Processual Penal

§.360 Se o Jury não der por provado o crime, e o accusado pedir perdas e damnos á Parte accusadora, assim o requererá verbalmente na Audiencia, e o Juiz, ouvida a Parte sobre isto, perguntará aos Jurados, <u>se houve dólo na accusação, ou se ainda não o havendo, ha lugar para perdas e damnos</u>. Se o Jury responder q' houve dólo, o Juiz por sentença condemnará a Parte accusadora na multa de sincoenta ate trezentos mil reis, metade para o accusado, metade para a Fazenda Publica, e bem assim na reparação civil para o accusado. Respondendo o Jury q' não houve dólo, mas q' somente há lugar para perdas e damnos, o Juiz condemnará nellas a Parte accusadora. (b)

(a) Ref. 3. p. art. 297. Suspende-se a soltura do réo, no caso do §. 371.
(b) Ref. ib. art. 298.

[70]

§.361. Ainda quando o Jury julga não provado o crime, se no Libello da Parte accusadora se pedirem perdas e damnos, o Juiz, ouvido primeiro sobre este ponto o Accusado ou seu Advogado, perguntará ao Jury <u>se o facto existio, e se o réo é por elle responsavel a perdas e damnos</u>. Sendo affirmativas as respostas do Jury a ambos os quesitos, o Juiz por sentença condemnará o accusado na reparação das perdas e damnos. (a)
§.362. Sempre q' o Jury declarar q' há lugar para perdas e damos, poderá fixar a quantia destas, quando se julgar sufficientemente informado. (b)
§.363. Da sentença q' absolveo, ou condemnou na multa, e nas perdas e damnos, compete Appellação. (c)
§.364. Se o Jury julgou provado o crime, o Delegado, ou Subdelegado requererá ao Juiz a applicação da pena da Lei, o mesmo fará a Parte accusadora, havendo-a, reque-

rendo

(a) Ref. 3. p. art. 299.
(b) Ref. ib. art. 300.
(c) Ref. ib. art. 301.

[70V]

rendo tambem a condemnação de perdas e damnos, se os tiver pedido no Libello. (a)
§.365. O Juiz <u>sob pena de nullidade</u> perguntará ao accusado, se tem mais alguma cousa q' dizer em sua defeza; o Réo e seu Advogado poderão novamente fallar uma só vez, sem poderem questionar sobre a existencia do facto, mas tamsomente se elle é ou não prohibido pela Lei como crime. Terão tambem a faculdade de demonstrar q' o crime se acha prescripto ou amnistiado; q' não merece a pena requerida pelo Delegado, q' não produz obrigação de perdas e damnos; ou q' os pedidos pelo accusador são excessivos. (b)
§.366. O Juiz neste mesmo caso (§. 364) perguntará aos Jurados, se há lugar para perdas e damnos para o Accusador, quando as tenha pedido no Libello; e depois da sua resposta dará a sentença absolvendo ou condemnando o réo, segundo entender q' é de Direito, e julgando das perdas e damnos segundo a declaração do Jury. (c)
§.367. Ainda q' o Jury julgasse provado o crime, o Juiz absolverá o réo, se o facto não for prohi-

(a) Ref. 3. p. art. 302. Cod. de <u>Instr. Cr. Fr</u>. art. 362.
(b) Ref. ib. art. 303. Cod. de <u>Instr. Cr. Fr</u>. art. 363.
(c) Ref. ib. art. 304.e 305.

[71]

prohibido por alguma Lei. A absolvição por esta causa não pode ter lugar, quando por sentença da Relação se houver julgado criminoso o facto, ex vi de recurso interposto nos Autos (§. 129 e 131) (a)

§.367. Se o réo for convencido de muitos crimes, somente lhe será imposta a pena do crime maior. (b)

§.368. A sentença será logo escripta e assignada pelo Juiz, e será fundamentada <u>sob pena de nullidade</u>, incluindo nella texto da Lei, q' foi applicada no caso de condemnação. (c)

§.369. A sentença é logo publicada pelo Escrivão, e sendo condemnatoria é logo o réo intimado para interpor o recurso competente, declarando-lhe o termo da Lei, para interposição delle. (d)

(a) Ref. 3. p. art. 306. Cod. de <u>Instr. Cr. Fr</u>. art. 364.
(b) Ref. ib. art. 307. Entende-se da pena corporal; as penas pecuniarias podem-se cumular Rogron, Not. ao art. 365 do Cod. de <u>Instr. Crim. Franc</u>. d' onde foi tirado aquelle art.º
(c) Ref. 3. p. art. 308. Vej. o §. 178.
(d) Ref. ib. art. 309.

[71V]

§.370. Publicada a sentença o Juiz dirigirá ao réo uma breve allocução, exhortando-o, se foi condemnado, á resignação e conformidade com o rigor da Lei; e se foi absolvido, a q' com ulterior comportamento justifique a actual absolvição.(a)

§.371. Se durante a discussão da Causa; o réo accusado se mostrar culpado de outro diverso crime publico, ainda não prescripto, ou pelos depoimentos das testemunhas, ou por documentos, e o Delegado antes de terminar a discussão protestar pelo conhecimento delle; sendo o réo absolvido do crime de q' era accusado, não será solto, mas remetido preso ao Juiz Ordinario do Julgado, em q' o delicto de novo descoberto foi commetido. Devendo neste caso o Escrivão tomar por escripto os depoimentos, ou copiar os Documentos, q' fizerem a nova culpa, para serem enviados com o preso. A disposição assima é igualmente applicavel á Audiencia de Ratificação da Pronuncia.(b)

§.372. Se o réo porem for condemnado, e os crimes novamente descobertos merecerem ma-

ior

(a) Ref. 3. p. art. 310. Este artigo estava mais bem redigido no Cod. de <u>Instr. Cr. Franc</u>. art. 371.
(b) Ref. ib. art. 311. Cod. de <u>Instr. Cr. Fr</u>. art. 379.

[72]

maior pena, q' a da condemnação, o Juiz ordenará q' se tome conhecimento, mandando remeter o réo preso ao Juiz de Direito, em q' se commeteo o delicto; e a sentença do primeiro crime não se executará em quanto o réo não for julgado sobre o segundo. (a)

402 • Direito Processual Penal

Secção 6.ª
Das Custas.

§.373. Na sentença q' o Juiz der, deve tambem condemnar nas custas o vencido; isto é, o réo se elle for condemnado, ou na pena da Lei, ou nas perdas e damnos: a parte accusadora, se o réo for absoluto de uma e outra cousa. (b)

§.374. Se o Delegado é somente accusador, e não há Parte; e o réo for absoluto, os emolumentos do Escrivão e Officiaes de Diligencias são pagos pela Fazenda Publica; as custas de Parte não se contão. (c)

(a) Ref. 3. p. art. 312. Cod. de Instr. Cr. Fr. art. 379
(b) Ord. L. 5. T. 118 pr. Prim. Linh. Crim. §. 257. Desta materia se esquecerão os autores da Reforma.
(c) Ord. L. 3. T. 67. §. 6. Decreto de 16 de Maio de 1832 art. 270 §. 1.

[72V]

§.375. Quando o Processo se julga nullo por alguma nullidade insuprivel, deve pagar as custas, quem deo causa á nullidade, ainda mesmo o Juiz. (a)

§.376. Quando o Advogado do réo nomeado officiosamente pelo Juiz, o defendeo; o Juiz lhe arbitra o honorario razoavel, o qual entra em regra de custas, e será pago como aquellas. (b)

§.377. Da mesma sorte os salarios q' reclamarem as testemunhas de fora do Julgado, na forma do §. 299. (c)

§.378. Em regra, as custas entrão na conta de perdas e damnos: por isso podem ser demandadas pelos herdeiros do vencedor, ou aos herdeiros do vencido. (d)

(a) Ref. 2. p. art. 155. Arg. da Ord. L. 1. T. 65. §. 9 e § 68.
(b) Ref. 3. p. art. 240 §. 5.
(c) Quem produz as testemunhas paga-lhes, e depois vencendo contão-se-lhes estes salarios, como custas.
(d) Prim. Linh. Crim. §. 260.

[73]

Secção 7.ª
Policia da Audiencia.

§.379. A Audiencia de Julgamento pode ser secreta, nos termos e pela forma q' a da ratificação da Pronuncia. (§. 252) (a) Uma vez começada será continua ate a sentença inclusive: o Juiz somente a pode suspender pelo tempo indispensavel para tomar alimento, e repouso; ou para esperar que venha constrangida a testemunha, q' foi citada e faltou; ou para o caso do § 326. Em todos estes casos o Juiz annunciará em voz alta a hora precisa do mesmo dia, ou de qualquer outro, em q' hade continuar a discussão.(b)

§.380. O mesmo q' se disse no §. 253 ácerca da Audiencia de ratificação, é applicavel á de Sentença. (c) Os espectadores podem tomar apontamentos do q' se faz ou diz na Audiencia, e se concorrerem Tachigrafos, o Juiz lhes dará lugar, onde oução bem. (d)

(a) Ref. 3. p. art. 255 § 3.
(b) Ref. ib. art. 313. Deste art.º se infere q' a continuação do discussão no dia seguinte pode ser com os mesmos Jurados, aliás não será continuação, mas uma discussão nova.
(c) Ref. art. 313. §. 2. e 314.
(d) Ref. ib. art. 315.

[73V]

§.381. O Juiz não deve censurar, e reprehender na Audiencia o Delegado ou Subdelegado, nem na Sentença. Deve sim informar o Procurador Geral da Coroa, quando ache q' elle deixa de cumprir o seu dever, ou menoscaba a honra e dignidade de seu cargo. (a)
§.382. Se durante a discussão o réo se mostrar com os sentidos alienados, o Juiz mandará proceder a exame por dous Facultativos, e constando ser verdade a enfermidade, suspenderá a discussão, ate q' o réo possa responder. Constando porem ser fingimento, progredirá na Causa. (b)
§.383. Se a Sentença for complicada, q' não possa logo no mesmo dia ser exarada, o Juiz poderá adiar a publicação della para o dia seguinte. (c)

(a) Ref. 3. p. art. 316.
(b) Ref. ib. art. 318 (?).
(c) Isto não diz a Reforma; mas dizendo no art. 313 q' o Juiz pode suspender a discussão pelo tempo indispensavel para a comida, e repouso, é bastante. É necessario repouso de espirito para combinar as Leis. v. o Cod. de <u>Instr. Crim. Fr</u>. art. 370.

[74]

Secção 8.ª
<u>Do Auto da Audiencia</u>.

§.384. Em cada Processo q' se discutir, o Escrivão deve lavrar um Auto d' Audiencia, <u>sob pena de nullidade</u>, no qual mencionará todas as solemnidades prescriptas na Lei, q' forão observadas na Audiencia. Este Auto deve ser assignado pelo Juiz, e pelo Escrivão, e não poderá ser impresso. O Escrivão q' o não fizer incorre na multa de dez ate cem mil reis, e será suspenso de um até seis mezes. (a).
§.385 Naquelle Auto serão lançados todos os Requerimentos verbaes, assim do Delegado, como de cada uma das Partes, e dos deferimentos do Juiz; quando cada um delles requerer q' se lancem no Auto, e então a Parte assignará tambem o Auto. (b)
§.386. Reputão-se como omittidas todas as solemnidades não expressas no auto de Audiencia, nem se admite prova em contrario. (c)

(a) Ref. 2. p. art. 192. Deste Auto faz menção a Ref. 3. p. art. 265.
(b) Ref. 2. p. art. 192. §. 2
(c) Ref. ib. §. 1.

[74V]

§.387. O Auto d' Audiencia deverá conter,

404 • Direito Processual Penal

1.º O dia, mez, e anno, lugar e caza;

2.º Os nomes do Juiz, Delegado, Partes prezentes, e Advogado ou Curador do réo, e se o não tiver ou não aparecer, do q' o Juiz lhe nomeou para o defender;

3.º Q' se fez chamada dos jurados, q' se lançarão os nomes na urna, d' onde forão tirados por um menino, e depois das recusações das Partes forão apurados os doze seguintes F. F.

4.º Q' o Juiz leo em voz alta a formula do juramento, e os Jurados pondo a mão nos Santos Evangelhos disserão =Assim o juro=

5.º Q' se fez a leitura de todas as peças do Processo q' a Lei manda:

6.º Q' forão mandadas recolher a outra sala as testemunhas, q' havião de depor:

7.º Q' se fez leitura das Cartas de Inquirição requeridas pelo Delegado, e pelos Accusadores, e vindo as testemunhas, a saber F. lavrador e morador em ... de idade de... ao costume disse nada, ou parente... e jurando nos Santos Evangelhos, prometeo dizer toda a verdade, e só a verdade. (Pelo mesmo modo todas as outras testem. as). Perguntadas oralmente pelo Delegado, e as do Accusador pelo seu Advogado,

ficá-

[75]

ficárão na sala da Audiencia.

8.º Q' se fez leitura das Cartas de Inquirição do réo, e vindo as suas testemunhas a saber F... (aqui todos os dizeres como assima), depois F.; forão perguntadas oralmente pelo seu Advogado, e ficarão na Sala.

9.º Procedeo-se depois aos interrogatorios do réo, q' disse ser F. de idade de... natural de ... filho de ... solteiro, ou casado, official de ... e ultimamente morador em ... q' já esteve (ou não) preso por...; e o Delegado lhe fez as mais perguntas oraes:

10.º Fizerão suas allegações oraes o Delegado, o Advogado do Accusador, e por ultimo o Advogado do réo:

11.º O Juiz perguntou ao réo, se tinha mais q' dizer em sua defeza, e tendo dito, houve por acabada a discussão.

12.º Logo elle Juiz fez o seu Relatorio do facto, e notou aos Jurados as principaes provas contra e a favor do réo; em seguida dictou em voz alta os quesitos, q' vão juntos aos Autos; e escritos, com os depoimentos e interrogato-

rios

[75V]

rios fechados e cosidos, forão entregues ao Presidente do Jury, e hindo com os companheiros para a sala q' lhes é destinada, depois de deliberarem, voltárão a Sala da Audiencia, e sendo ahi conduzido o réo, elle Presidente em voz alta leo as respostas aos Quesitos, como nos Autos se vêm.

13.º Logo o Juiz por seu Despacho mandou soltar o réo.

14.º O réo requereo verbalmente reparação de perdas e damnos; e sendo ouvido o Accusador, elle Juiz perguntou aos Jurados, se houve dólo na Querella; e se ainda não o havendo, há lugar para perdas e damnos, e se elles Jurados se achão sufficientemente informados para fixarem a quantia daquelas perdas e damnos.

15.º Os Jurados depois de novamente deliberarem sobre estes quesitos, derão a sua decisão, como neles se contem, e elle Juiz os mandou juntar, para por elles regular sua sentença. - De tudo fiz este Auto q' elle Juiz assignou com os Advogados requerentes, F. . Escrivão o escrevi. (a)

(a) O art. 298 não declara q' estes novos quesitos se fação por escrito, nem se os Jurados devem responder por escrito, assignando-se. Mas convem q' assim se faça, para certeza da decisão do Jury.

[76]

§.388. A imitação deste deve o Escrivão lavrar o Auto de Ratificação de Pronuncia, <u>mutatis mutandis</u>, de modo q' consta q' se observarão todas as solemnidades da Lei. (a)

Titulo 16=Dos Recursos.

Secção 1.ª Da Appellação.

§.389. O Juiz <u>ex officio</u> *e o Delegado* deve appellar da sentença, quando condemnou o réo em maior pena, q' a de sinco annos de degredo para Africa ou Asia, ou de mais de tres annos de trabalhos publicos. Porq' taes sentenças não podem ser executadas, antes de serem confirmadas pela Relação. (b)

§.390. O réo condemnado pode tambem appellar (c); e tambem o Accusador, se lhe parecer q' a pena deve ser ainda

maior

(a) Deste Auto de Audiencia faz menção a Ref. 3. p. art. 192. 207 §. un. e 208.

(b) Ref. 3. p. art. 334.

(c) Ref. ib. art. 334 §. un.

[76V]

maior q' a imposta na sentença. (a)

§.391. Nestas appellações não é necessario recebimento, nem designação de prazo para a apresentação; e dellas se tomará conhecimento em qualquer tempo q' forem apresentadas. (b)

§.392. Qualquer outra sentença definitiva deve ser appellada dentro de dez dias, depois de intimada á Parte q' quer appellar. E a appellação deve ser recebida e attempada, como se pratica nas Causas Civeis. (c)

§.393. A appellação de sentença crime é sempre suspensiva. Do despacho q' a recebe, pode-se aggravar no auto do Processo; e do q' a regeita, pode-se aggravar por Instrumento. (d)

§.394. O réo preso não pode ser compelido a acompanhar o Processo á Relação; e

se o

(a) Assim se infere da Ref. 3. p. art. 322.

(b) Ref. 3. p. art. 334.§. un.

(c) Ref. ib. art. 323

(d) Ref. ib. art. 324 e 325.

[77]

se o requerer, deve pagar todas as despesas da léva. (a)

406 • Direito Processual Penal

§.395. Nos crimes publicos a remessa do Processo á Relação será gratuita, e deve ser promovida pelo Delegado, ou Subdelegado. (b)

§.396. Da sentença sobre crime, em q' não é necessaria fiança, para o réo se livrar solto, não se concede appellação. (c)

§.397. De despachos interlocutorios, somente cabe recurso de Appellação nos casos marcados na Lei. (d)

Secção 2.ª

Do Aggravo no Auto do Processo.

§.398. O Aggravo no Auto do Processo cabe de todos os despachos interlocutorios acerca da ordem do Processo, em q' alguma

Lei

(a) Ref. 3. p. art. 326.

(b) Ref. ib. art. 326 §. un.

(c) Ref. ib. art. 325

(d) Tal é o caso em q' o Juiz não pronuncia, por entender q' o facto de q' se querellou não é criminoso (§. 131)

[77V]

Lei foi violada (a); e tambem daquelles em q' a Lei indica este recurso. (b)

§.399 Deve interpor-se dentro de sinco dias depois da publicação do despacho, ou em audiencia, ou no Cartorio do Escrivão perante duas testemunhas, independente de despacho do Juiz; declarando no termo a Lei q' foi violada. (c)

§.400. Se o Juiz impedir q' se escreva o agravo, o aggravante deve protestar em Audiencia, como se pratica nas causas civieis. (d)

Secção 3.ª

Do Aggravo d'Instrumento.

§.401. O Aggravo d' Instrumento cabe em todos os casos em q' a Lei expressamente o admitte (e), e de todos os despachos in-

terlocu-

(a) Ref. 3. p. art. 327.

(b) Tal é o caso do recebimento da Appelação, como se disse no § 393. Vej. o § 284 e 337.

(c) Ref. 2. p. art. 318 e 319. junto o art. 327 da 3.ª parte.

(d) Ref. 2. p. art. 320.

(e) Vej. o §. 129-182-183-284- e 295. supra.

[78]

interlocutorios, em q' for offendida a Lei, q' não tender á ordem do Processo. (a)

§.402. Deve interpor-se dentro de dez dias depois da publicação do despacho, em Audiencia, ou no Cartorio perante duas testemunhas, sem dependencia de despacho do Juiz; apontando no termo a Lei violada. (b)

§.403. Lavrado o Termo, o Escrivão continûa os Autos com vista por seis horas ao Advogado do Aggravante, para apontar as peças do Processo, q' hão de ser copiadas no Instrumento e por outras seis horas ao adversario, com isto se lavra o Instrumento separado, do qual se dá vista ao Advogado do Aggravante para minutar o Aggravo em 24 horas; por outras 24 horas ao adversario para responder; e por outras 24 ao Juiz para sustentar o seu despacho, ou para reparar o Aggravo. (c)

§.404. Se o Juiz sustenta o seu despacho, as-

signa

(a) Ref. 3. p. art. 328.
(b) Ref. 2. p. art. 322.
(c) Ref. 2. p. art. 323 e 324.

[78V]

assigna ao Agravante até trinta dias para apresentar o Aggravo no Juizo superior. Nas Ilhas deve assignar maior prazo, conforme for a distancia da Relação. (a)

§.405. Se reparando o aggravo offender alguma Lei, a parte offendida pode aggravar deste despacho. (b)

§.406. O aggravo de Instrumento não suspende o andamento do Processo. (c)

§.407. Se o despacho de q' se aggravou for reformado no Juizo superior, expede-se sentença de Provimento no aggravo, para ser executada pelo Juiz inferior, e reformar aquillo em q' o aggravante foi provido. (d)

§.408. A condemnação das custas do Aggravante pode ser feita pelo Juiz q' manda cumprir o Provimento. (e)

§.409. Se a Parte não quiz ser Parte no aggravo, nem requereo aquillo em q' o Ju-

iz

(a) Ref. 2. p. art. 326.
(b) Assim se pratica.
(c) Ord. L. 3. T. 74. §. 4. Silva ib. n. 4
(d) Silva á cit. Ord. n. 5. Prim. Linh. do Proc. civ. §. 336
(e) Silva á Ord. L. 3. T. 20. §. 46. n. 26.

[79]

Juiz fez aggravo, não pode ser condemnado nas custas, a q' não deo causa. (a)

Secção 4.ª

Da Revista.

§.410. Pode interpor-se Revista da Sentença proferida na Relação, havendo nullidade de Processo, ou transgressão de Lei: e tambem dos Despachos da 1.ª Instancia, nos casos q' a Lei os permitte. (b)

§.411. A Revista deve ser interposta no decendio depois da publicação da sentença, pelo mesmo modo q' se interpoem a Appellação. O Termo vai concluso ao Juiz Relator, o qual assigna prazo para o treslado dos Autos, e para a remessa ao Supremo Tribunal de Justiça: ao mesmo tempo manda dar vista por quinze dias peremptorios ao recorrente para minutar, e por outros quinze á Parte para responder. (c)

§.412. A Revista suspende a execução da pena corporal; e não a da pena pecuniaria,

408 • Direito Processual Penal

nem
(a) Peg. <u>For.</u> Cap. 16. n. 34. Silva á <u>Ord.</u> L. 3. T. 20 §. 46. n. 31.
(b) Ref. 3. p. art. 329. Vej. o. §. 246 e 359 e 434.
(c) Ref. 2. p. art. 331 e 3. p. art. 330.

[79V]

nem a reparação de perdas e damnos. Se a pena da sentença for menor q' de degredo para fora do Reino, ou q' a de trabalhos publicos, pode ser executada pendente a Revista, se o Réo condemnado assim o requerer. (a)
§.413. Se a sentença da Relação absolveo o réo, a Revista suspende a sua soltura: se foi absoluto na 1.ª instancia, deve suspender-se, ou não, segundo fica dito nos §§. 246 e 359.

Titulo 17.
<u>Da Execução da Sentença.</u>
§.414. Tanto q' a sentença crime passar em Julgado, ou q' a Revista tenha sido denegada, deve executar-se sem demóra. (c)
§.415. Porem se a sentença condemnou em pena de morte, o Procurador Regio da Relação deve mandar copia della á Secretaria d' Estado dos Negocios de Justiça, acom-

panhada
(a) Ref. 3. p. art. 331.
(b) Ref. ib. art. 332 e 333.
(c) Ref. ib. art. 334 e 335.

[80]

panhada de informação da natureza do crime, circunstancias delle, procedimento do condemnado, e mais qualidades pelas quaes seja indigno, ou merecedor do Perdão, ou de minoração da pena. Antes da Resolução Regia não se executa aquella pena. (a)
§.416. Se a pena não foi perdoada, ou minorada pelo Poder Real, e o réo estiver na cadea da primeira Instancia, na mesma Cidade ou Villa se executa a pena de morte: e se ahi não houver Executor da Justiça, o Juiz de Direito o deprecará ao Presidente da Relação. Se o réo tiver acompanhado o Processo para a Relação, a execução se fará aonde a sentença mandar. (b)
§.417. São concedidas 48 horas ao condemnado para receber os Sacramentos, e os socorros da Religião; se findas ellas se seguir Domingo, Dia Santo, ou de Festividade Nacional, a execução será feita no dia seguinte. (c)

(a) Ref. 3. p. art. 338.
(b) Ref. ib. art. 336.
(c) Ref. ib. art. 339 e 340.

[80V]

§.418. A pena de morte será executada na Forca, em lugar publico, sendo o padecente acompanhado da Irmandade da Misericordia se a houver no logar, e de um Sacerdote: o Escrivão

IV - Projecto Corrêa Telles • 409

dos Autos assistirá, para nelles dar fé do cumprimento da sentença. O corpo do enforcado será entregue a seus parentes, se o reclamarem, para lhe dar sepultura. (a)

§.419. Ao degredado para dentro do Reino, dá-se-lhe guia, para no termo de trinta dias se apresentar ao Juiz do Lugar do degredo; vai solto, assignando primeiro Termo de o hir cumprir. (b)

§.420. Os condemnados a degredo para as provincias ultramarinas são remetidos presos ás cadeas de Lisboa e Porto; e dahi remetidos ao seu destino. (c)

§.421. As penas pecuniarias, e custas, executão-se como as sentenças civeis. Por estes motivos não é o réo detido na prisão. (d)

(a) Ref. 3. p. art. 340 e 341.
(b) Prim. Linh. Cr. §. 290. Nota.
(c) Ord. L. 5. T. 137 §. 5. e T. 142 pr. Port. do Min. da Just. de 4 de Nov. 1839.
(d) Ref. 3. p. art. 343. Mello Jus Cr. T. 20. §. 7.

[81]

Titulo 18
Dos Embargos á Execução.

§.422. Pode-se embargar a execução da sentença, havendo causa legal, ou para suspender a execução, ou para desfazer o efeito da sentença.

§.423. Se a mulher condemnada a morte estiver prenhe, pode embargar, para não ser executada em quanto não parir. (a)

§.424. Se o réo condemnado houver querellado de perjurio, contra alguma das testemunhas, q' jurarão contra elle na accusação, e a Pronuncia foi ratificada; pode embargar, requerendo ao Supremo Tribunal de Justiça a suspensão da execução, em quanto se não decide o crime de perjurio. (b)

§.425. Se as testemunhas accusadas de perjurio são absolvidas, ou falecem antes da sentença condemnatoria; executa-se logo a sentença contra o réo: se são condemnadas, a requerimento do réo querellante, ou do Procurador Geral

da

(a) L. 3 Dig. de Ponis. Cod. Pen. Franc. art. 27. Mello Jus Crim. T. 20 §. 15.
(b) Ref. 3 p. art. 404.

[81V]

da Coroa, o Supremo Tribunal manda passar Ordem para lhe serem remettidos assim o Processo em q' o Réo foi condemnado, como aquelle em q' o forão as testemunhas pelo perjurio, e verificando em Secções reunidas q' as testemunhas forão condemnadas pelo testemunho falso, annullará a Sentença da accusação do réo, e remeterá o Processo a um Juiz de 1.ª instancia, diverso daquelle em q' foi condemnado o réo, e as testemunhas, para se proceder a nova accusação, na qual não podem ser ouvidas as testemunhas condemnadas, sob pena de nullidade. (a)

§.426. Procede-se do mesmo modo, quando o réo condemnado querellou por peita, ou suborno, contra algum dos Jurados, q' intervierão na sentença. (b)

410 • Direito Processual Penal

§.427. Nenhum réo condemnado pode querellar de perjurio contra as testemunhas, se na Audiencia da discussão da Causa não houver requerido Auto de Perjurio, ou se o
reque-
(a) Ref. 3. p. art. 404 e 405. Cod. de Inst. Crim. Fr. art. 445.
(b) Ref. ib. art. 407.

[82]

requereo, e lhe foi indeferido o requerimento, salvo se os factos comprovativos do crime lhe vierão á noticia depois da discussão final da causa. (a)
§.428. Tambem se pode embargar a execução, se depois do réo ser condemnado como autor de um crime, apparecer diversa sentença pelo mesmissimo crime contra outro réo; e ambas as sentenças se não possam conciliar, antes provão q' um dos réos é innocente. Ainda q' naquelle caso tenha sido negada Revista, o Procurador Geral da Coroa, ou algum dos réos pode requerer ao Supremo Tribunal de Justiça a suspensão de ambas as sentenças, o Tribunal manda hir todos os autos, e verificando q' as sentenças são inconciliaveis, as annulla ambas, e remette os condemnados para um Juiz de 1. ª Instancia diverso dos primeiros, para ahi serem conjuntamente accusados de novo. (b)
§.429. Semelhantemente, se na mesma Re-
lação
(a) Ref. 3. p. art. 406.
(b) Ref. ib. art. 402. Cod. da Instr. Cr. Fr. art. 443.

[82V]

Relação apparecerem por appellação duas ou mais sentenças, q' se não possão conciliar, antes de julgadas definitivamente alguma dellas, o Procurador Regio ex officio, ou a requerimento de Parte, requererá q' os Processos se reunão e a Relação procederá na forma do art. antecedente. (a)
§.430 Bem assim pode embargar-se a execução, se o presumido réo condemnado contender q' não é a mesmissima pessoa, q' a sentença condemnou; podendo nascer este engano, ou por causa de arrombamento da Cadeia, ou por fuga do degredo. (b)
§.431 O processo sobre a identidade de réo deve ser tratado no Juizo de 1. ª instancia, onde foi sentenciado o crime, sendo ali chamados os Autos primordiaes, caso ali já não estejão. (c)
§.432 Faz-se um processo preparatorio, q' consiste na inquirição de testemunhas,
q'
(a) Ref. 3. p. art. 403.
(b) Ref. ib. art. 354.
(c) ref. ib. art. 355.

[83]

q' verifiquem a identidade, e na reunião de todos os documentos, ou objectos q' possão servir para a provar, e nas Perguntas do réo apprehendido. (a)
§.433 Findo o processo preparatorio, o Delegado forma Artigos allegando a identidade, juntando-lhe os Documentos q' tiver, e rol das testemunhas, com q' intenta prova-la. Uma copia de tudo é dada ao réo, o qual poderá contestar no termo de oito dias, juntando-lhe os seus documentos,

IV - Projecto Corrêa Telles • 411

e rol de testemunhas; e da contestação, documentos e rol de testemunhas se dá outra copia ao Delegado. (b)

§.434. Esta questão é discutida em Audiencia per ante o Jury; depois de perguntadas as testemunhas, e de feitas as Perguntas ao réo, o Juiz faz ao Jury este Quesito,

=Está ou não provado q' o cidadão F. q' está presente, é o réo q' foi accusado neste Processo, e condemnado pela Sentença folhas na pena de ...

Segundo a resposta do Jury, se dará a sentença, da qual só cabe o Recurso de Revista,

ha

(a) Ref. 3. P. art. 356.

(b) Ref. ib. art. 357. 358.

[83V]

havendo nullidades no Processo. (a)

§.435. Verificando-se por aquella discussão q' o réo fugio do degredo, na sentença q' julga a identidade se lhe applica logo a pena de quebrantamento do degredo. Desta sentença cabe Appellação para a Relação. (b)

§.436. Assim tambem se poderá embargar a execução, se o réo foi condemnado como homicida, e o reputado morto ainda é vivo. Neste caso deve requerer-se ao Supremo Tribunal de Justiça a suspensão da execução, e o Tribunal designa o Juiz de 1.ª instancia onde se deve conhecer da existencia do reputado morto, e verificada ella o mesmo Tribunal annulla a sentença contra o réo. (c)

§.437. Finalmente pode-se embargar a execução com alguma das excepções peremptorias,

q'

(a) Ref. 3. p. art. 360. 361 e 362.

(b) Ref. ib. art. 363. Dobra-se o tempo do degredo ao réo, q' foge antes de o cumprir. Vej. Prim. Linh. Cr. §. 292.

(c) Este caso deixárão no silencio os Redactores da Reforma, não obstante ser mencionado no art. 444 do Cod. de Instr. Cr. Fr. Mas já aconteceo entre nós. Vej. Mend. de Castr. 1. p. L. 5. Cap. 1. n. 89.

[84]

q' não tiverem sido allegadas na Defeza, ou q' sobrevierão depois: taes são Indulto Real, Prescrição, e Caso julgado.

§.438. Quando os Autos da culpa estão na 2.ª instancia, aos Juizes da Appellação pertence julgar o Indulto conforme á culpa (a). Estando na 1.ª instancia, o Juiz de Direito o pode julgar; mas deste despacho se pode appellar. (b)

§.439. O Perdão Regio sempre se entende dado sem offensa da acção de perdas, e damnos.(c)

§.440. As penas dos crimes prescrevem por vinte annos, contados do momento em q' a sentença passou em Julgado; salvos os casos em q' Leis excepcionaes determinão menos tempo. (d)

§.441. Porem as restituições e reparações civis ordenadas na sentença criminal prescre-

vem

(a) Ord. L. 5. T. 122 §. 5.

(b) Cit. Ord.

412 • Direito Processual Penal

(c) Ref. 3. p. art. 338 §. un.

(d) Ref. ib. art. 351 e 352. Prim. Linh. Crim. §. 321 Nota. Mello Jus Crim. T. 23. §. 2 º

[84V]

vem pelo mesmo tempo q' as obrigações civis. (a)

§.442. Aquelle q' foi absoluto de um crime, ou castigado pela sentença, e tornar a ser accusado pelo mesmissimo crime, ainda q' por diverso accusador, pode valer-se da excepção do caso julgado; salvo se o novo accusador póder provar q' o réo se livrou por falsa prova, ou por coloio com o primeiro accusador. (b)

Titulo 19.
Da forma do Processo nos crimes commetidos pelos Juizes, fora do exercicio das suas funções.

§.443. Distribuida a Querella no respectivo Tribunal (§. 17. e 18.) o Juiz Relator a manda com vista por sinco dias improrogaveis ao Magistrado do Ministerio Publico, para este examinar, e requerer a observancia de alguma solemnidade, ou diligencia q' nella falte. O Relator proporá ao Tri-

bunal

(a) Ref. 3. p. art. 353.

(b) Ord. L. 5. T. 130. pr. L. 7. §. 2. Dig. . L. 9. L. 11. Cod. de Accusat. Ant. Math de Crim. L. 48. T. 19. Cap. 1 e 2. Prim. Linh. Cr. §. 318. n. V.

[85]

bunal os requerimentos, (se os houver) e para as diligencias requeridas marcará ao Juiz inferior um prazo, q' não poderá exceder a quinze dias peremptorios. (a)

§.444. Satisfeitos os requerimentos do Magistrado do Ministerio Publico, o Tribunal em sessão publica, reunidas todas as secções de q' se composer, manda lêr todas as peças do Processo, e depoimentos das testemunhas, e pronuncia sobre a procedencia, ou improcedencia da Accusação. (b)

§.445. Julgada procedente a Accusação o Juiz fica logo suspenso do exercicio das suas funções, e se passa ordem de prisão contra elle. Mas se no crime couber Fiança, não será preso, é somente mandado citar, para dentro de certo prazo comparecer no Tribunal, a fim de responder á accusação. (c)

§.446. Se o pronunciado não comparece no

Tribunal

(a) Ref. 3. p. art. 366.

(b) Ref. ib. art. 367. O mesmo se deve fazer, quando o Juiz foi culpado no Juizo de 1.ª instancia; e a Culpa veio remetida na forma dos §§. 17 e 18.

(c) Ref. ib. art. 368.

IV - Projecto Corrêa Telles • 413

[85V]

Tribunal dentro do prazo assignado, procede-se a prisão; e não lhe será mais admitida Fiança. Para a intimação da suspensão, e para a prisão, o Tribunal pode encarregar a um Juiz de Direito, q' lhe for subordinado. (a)

§.447. Preso, ou apresentado o réo, o Relator ordena ao Procurador Regio q' forme o Libello accusatorio no prazo de oito dias, dando-lhe os Autos com vista. No mesmo prazo deve a Parte, querendo, entregar no Cartorio do Escrivão o seu Libello. Se o crime for particular, a Parte somente formará o Libello. (b)

§.448. Nos primeiros tres dias seguintes o Escrivão dá ao Réo copia dos Libellos, assignando-lhe o prazo de quinze dias para apresentar a Contestação por escrito. Copia da Contestação será tambem dada ao Procurador Regio, e ao Accusador; e tanto a Contestação como o Libello deve ser acompanhado do rol das testemunhas.

§.449. Findos os quinze dias, o Relator com a Con-

testação

(a) Ref. 3. p. art. 368. §. 1.º e 2.º

(b) Ref. ib. art. 369.

(c) Ref. ib. art. 370.

[86]

testação ou sem ella leva o Processo ao tribunal, para este assignar dia para a decisão da Causa, o qual nunca poderá ser antes de vinte dias. As testemunhas q' residirem fóra da Comarca da séde do Tribunal, serão perguntadas por carta de inquirição; salvo se alguma das Partes requerer q' ellas compareção para depor oralmente per ante o Tribunal. (a)

§.450. Na discussão se guardará a ordem q' fica determinada para os outros crimes, só com a differença q' não intervem Jurados, e a Sentença é proferida pelo Tribunal inteiro. (b)

§.451. A sentença proferida pelo Supremo Tribunal de Justiça não admitte recurso. Se for proferida pela Relação, cabe o Recurso de Revista, se houver nullidade. (c)

(a) Ref. 3. p. art. 371 e 372.

(b) Ref. ib. art. 373.

(c) Ref. ib. art. 373 §. 1.

[86V]

Titulo 20.

Da forma do Processo nos erros de officio, e crimes commetidos pelos Juizes, no exercicio das suas funcções.

§.452. O Magistrado do Ministerio Publico, a Parte offendida, ou qualquer pessoa do Povo nos casos do §. 77., q' tentar accusar um Juiz de 1.ª ou 2.ª instancia, ou do Supremo Tribunal de Justiça, ou algum Empregado do Ministerio, por erro d' officio, ou por crime commetido no exercicio das suas funcções, deve dirigir a Petição da Querella, com os Documentos q' lhe servirem de prova, ao Presidente do Tribunal respectivo (§. 20), o qual a distribue a um Juiz do

414 • Direito Processual Penal

Tribunal, e a este pertence receber a Querella, inquirir as testemunhas, a fazer todos os mais actos do Processo preparatorio, e fica sendo o Relator do Feito da Accusação. (a)

§.453. Se as testemunhas q' se houverem de perguntar residirem fora da Comarca, onde existe o Tribunal; ou se for necessario fazer algumas diligencias no Processo preparatorio fóra da Cidade e Termo, o Juiz Relator as

com-

(a) Ref. 3. p. art. 375.

[87]

commeterá ao Juiz de Direito da respectiva Comarca, não sendo o Querellado; se o for, a commissão será feita a um Juiz de Direito das Comarcas visinhas. Este Juiz dará promptas as diligencias no prazo q' lhe for marcado, q' nunca poderá exceder a vinte dias. (a)

§.454. No recebimento da Querella, e Summario della, se observará tudo o q' é determinado para as outras Querellas. (b)

§.455. Findo o processo preparatório, o Relator mandará responder por escripto o Juiz arguido, aprazando-lhe para este fim um termo, q' não poderá exceder a quinze dias, e communicando-lhe copia de todo o processo preparatorio. (c)

§.456. Dada a resposta do Juiz arguido, ou findo o prazo sem a dar, o Processo vai com vista por sinco dias improrogaveis

ao Ma-

(a) Ref. 3. p. art. 376.
(b) Ref. ib. art. 377.
(c) Ref. ib. art. 378.

[87V]

ao Magistrado do Ministerio Publico junto ao Tribunal, e por outros sinco á parte accusadora, para dizerem por escrito sobre o Processo, e resposta do Juiz arguido. Findo isto será o Processo relatado no Tribunal, em Audiencia de todas as Secções reunidas, sendo lidas pelo Escrivão todas as peças do Processo, depoimentos, respostas do Juiz arguido, do Querellante, e do Ministerio Publico: o Tribunal pronuncia sobre a procedencia, ou improcedencia da accusação. (a)

§.457. Julgada improcedente a accusação, a Parte Querellante ficará responsavel por perdas e damnos: e se houver dólo na Querella é logo condemnado na multa de sincoenta mil reis ate 500$000 r. para a Fazenda Publica, segundo o gráo de dólo, e qualidade de injuria. Se a Parte condemnada não tiver com q' pague, será presa por tantos dias quantos forem necessarios para satisfazer a multa, a razão de mil reis por dia. (b)

(a) Ref. 3. p. art. 379 e 380.
(b) Ref. ib. art. 381.

[88]

§.458. Se a accusação for julgada procedente, o Juiz ficará logo suspenso das funções de seu cargo, e proceder-se-ha a prisão nos casos, e pela forma do §. 445.

§.459. A Accusação será proposta perante o Tribunal reunido; a Parte offendida poderá accumular com a accusação a acção de perdas e damnos: em tudo se procederá pelo modo estabelecido no §. 447 e seguintes. (b)

§.460. Quando o Governo suspender algum Juiz, em virtude da prerogativa Real (c), (o q' sempre se deve fazer por virtude de Decreto (d)), e mandar ao Tribunal respectivo, q' lhe forme culpa, o Presidente distribuirá este negocio, na forma do §. 452. O Juiz Relator havendo a participação do Governo por corpo de delicto, de-

ve

(a) Ref. 3. p. art. 382.

(b) Ref. ib. art. 383.

(c) Const. de 4 d' Abril de 1838 art. 82. n. VI. Este artigo não exige as solemnidades do art. 197. da Const. de 4 de Outubro de 1822.

(d) Ref. 3. p. art. 388.

[88V]

deve fazer o processo preparatorio, e mandar responder o Juiz arguido, e sobre ella o Magistrado do Ministerio: feito isto deve relatar o processo, como no caso do §. 456. O Tribunal em Secções reunidas deverá pronunciar procedente ou improcedente a accusação.

§.461. O Magistrado do Ministerio, se o crime for publico, e a Parte queixosa deverão querellar perante o Juiz Relator. A Accusação será proposta na forma do §. 459. (b)

(a) Como no tempo presente o Governo não tem solemnidades a observar na suspensão dos Juizes, como tinha pela Constituição de 1822 art. 197. não pode ter lugar a disposição do art. 386 da Ref. Jud. 3. p. Deverá pois o Juiz Relator tomar a Querella do Ministerio, ou da Parte, inquirir testemunhas, se for necessario, e ouvir o Juiz suspenso, se o Governo o não fizer mandado responder, e proceder como no §. 456. Cumprindo ao Tribunal, não o julgar se o Governo observou as solemnidades, por q' as não há; mas sim, se a accusação é ou não procedente.

(b) Ref. 3. p. art. 390.

[89]

Titulo 21.
Da Acção de perdas e damnos
contra os Juizes.

§.462. Nenhum Juiz, ou Magistrado do Ministerio Publico poderá ser demandado por perdas e damnos, se não nos casos seguintes: 1.º nos crimes de peita, peculato, concussão, ou suborno (§. 77) 2.º nos casos de dólo: 3.º quando a Lei expressamente o fizer responsavel por perdas, e damnos, por alguma commissão ou omissão: 4.º quando houver denegação de Justiça. (a)

§.463. Ha denegação de justiça, quando os Juizes recusão sem legitimo fundamento julgar as causas, q' estão nos termos de o serem, ou obrar aquelles actos, a q' a Lei os obriga. (b)

(a) Ref. 3. p. art. 391. copiado do Cod. do Proc. Civ. Fran. art. 505.

416 • Direito Processual Penal

(b) Ref. ib. art. 392. do Cod. do Proc. Civ. Fr. art. 506. Este art. ° per si só, e desacompanhado dos art. 507 e 508 do Codigo Francez, não melhóra a condição dos litigantes. Os Juizes cadozes continuão a demorar a decisão das causas, e despachos dos Requerimentos, como d' antes.

[89V]

§.464. Nenhum Juiz se poderá recusar ao Julgamento de qualquer causa, com o pretexto do silencio, obscuridade, ou falta de Lei. (a)

§.465. Nenhum Juiz pode ser citado e demandado por perdas e damnos, sem precedente permissão do Tribunal, q' hade Julgar a acção: excepto quando esse Tribunal por sentença passada em Julgado, houver deixado á Parte direito salvo para ella. (b)

§.466. O Supremo Tribunal de Justiça conhece das acções de perdas e damnos contra algum de seus Membros, ou contra os Juizes dos Tribunais de segunda Instancia, e contra os Magistrados do Ministerio per ante elles. Cada uma das Relações conhece das acções q' por perdas e damnos forem movidas contra os Juizes Ordinarios, e Juizes de Direito civis, ou commerciaes, Delegados, e Subdelegados do seu Districto. (c)

(a) Ref. Jud. 3. p. art. 393. Cod. Civ. Franc. art. 4. Se tivessemos Codigos completos, bom era. No estado actual aquelle artigo pedia outros menos antiquados q' a Ord. L. 3. T. 64., e q' a Lei de 18 de Agosto de 1769 §. 9

(b) Ref. 3. p. art. 394. Cod. do Proc. Civ. Fr. art. 510.

(c) Ref. ib. art. 395. Onde devem ser demandados os Juizes Eleitos; ficou no silencio.

[90]

§.467. A Parte q' quizer intentar esta acção dirigirá ao tribunal competente Petição assignada por Advogado, em q' especifique os factos q' servem de fundamento á acção, e conclua requerendo licença para o Juiz ser citado para ella. A Petição será acompanhada de todos os documentos comprovativos, e de Procuração ao Advogado, e não poderá conter termo algum injurioso ao Juiz, sob pena de multa de dez ate sincoenta mil reis á Parte requerente. (a)

§.468. Distribuida a Petição, o Juiz Relator manda ouvir por escripto o Juiz demandado, marcando-lhe um prazo ate quinze dias; e mandando-lhe copia da Petição e dos Documentos. A resposta, ou certidão da falta della é junta á Petição, e ouvido o Magistrado do Ministerio Publico, o Tribunal em uma das suas Secções pronuncia sobre a admissão ou rejeição da acção, concedendo ou negando a Licença pedida. (b)

(a) Ref. 3. p. art. 396. Com maior razão devêra ser imposta a multa ao Advogado, do q' á Parte.

(b) Ref. ib. art. 397. Não deverá negar-se a Licença todas as vezes q' o Juiz deixou de observar a Lei do Reino, q' lhe foi apontada. Ord. L. 1. T. 5. §. 4.

[90V]

§.469. Concedida a licença para a acção, será esta intentada e julgada em outra Secção do mesmo Tribunal, diversa daquella q' a admittio. Se o Tribunal não tiver mais do q' uma Secção, o

IV - Projecto Corrêa Telles • 417

Supremo Tribunal de Justiça, a requerimento da Parte, designará a Relação q' ha de conhecer da acção. (a)

§.470. Remettidos os Papeis á Secção competente, serão distribuidos entre os Juizes della; o Relator dará todos os despachos preparatorios. A forma do Processo é a mesma q' está estabelecida para as causas civeis, com a unica excepção de não ser necessaria a conciliação, nem haver intervenção de Jurados. (b)

§.471. Se o Tribunal q' não admittir a acção entender q' na Petição houve dólo, condemnará a Parte em uma multa de vinte até duzentos mil reis. (c)

(a) Ref. 3. p. art. 398. Cod. de <u>Proc. Civ. Franc</u>. art. 515.

(b) Ref. ib. art. 399.

(c) Ref. ib. art. 400. Se o réo for julgado em dolo, alem das perdas e damnos em q' for condemnado, deverá ser suspenso até Mercê Real. Ord. L. 1. T. 5. §. 4.º

[91]

§.472. Logo q' for concedida a licença para intentar a acção, até ser definitivamente decidida, o Juiz não poderá julgar causa alguma do Autor, de seus descendentes, ascendentes, ou transversaes até o 2.º gráo de Direito Civil, pena de nullidade das sentenças. (a)

Titulo 22.
<u>Do Processo contra os absentes.</u>

§.473. Quando o réo indiciado de crime q' tenha pena de morte natural ou civil se ausentar, ou acolher a casa de algum poderoso, para não ser preso, o Ministerio Publico, ou a Parte querelosa pode requerer , q' se lhe faça o Processo á revelia. (b)

§.474. Mandão-se affixar Edictos na morada do réo, e nos lugares mais publicos da Cidade ou Villa, por tempo de dous mezes, pelos quaes é citado para comparecer em Juizo, e assistir á ratificação da Pronuncia, e á accusação q' se seguir, com pena de revelia. (c)

(a) Ref. 3. p. art. 401. Cod. do <u>Proc. Civ. Fr</u>. art. 514.

(b) Ord. L. 5. T. 126 pr. Esta materia esqueceo aos Redactores da Reforma; bem como o processo da Policia Correcional.

(c) Ord. <u>supra</u>. Não é novo q' a ratificação de Pronuncia se faça sem o réo ser presente. Assim acontece nos casos dos art. 218 e 219 da Ref. (§. 245.)

[91V]

§.475. O Juiz na ausencia do réo lhe nomeará Curador, para fiscalisar a observancia das formas legaes, e ainda para requerer, sendo necessario, se fação ás testemunhas as perguntas ou confrontações convenientes para esclarecer a verdade. (a)

§.476. Os parentes ou amigos do réo no acto da ratificação da Pronuncia podem servir de escusadores, representando a impossibilidade delle se apresentar, por estar fora do Reino, ou em parte, onde não podia ter noticia da citação edictal. Com isso não se suspenderá aquelle acto: mas o Juiz ordenará nova citação por tempo razoável, para elle acudir á accusação. (b)

418 • Direito Processual Penal

§.477. Se a Pronuncia for ratificada, uma copia dos Libellos accusatorios será dada ao Curador do ausente; não para q' este se incumba da defeza delle, mas para q' no acto da discussão possa notar as contradições da accusação, e arguir os defeitos das

teste-

(a) Mello, Proj. de Cod. Crim. T. 61 §. 4 e 6. Se quando o absente é demandado pelos bens, se lhe nomea Curador; por maioria de razão quando se trata da sua vida, ou da sua honra. *

(b) Cod. de Instr. Crim. Fr. art. 468. Pr. Linh. Cr. §. 303. Not.

* Concorda o Decreto de 5 de Janeiro de 1833.

[92]

testemunhas da culpa, ou da accusação, ou o suborno q' lhes tenha sido feito; ou para exigir as perguntas e confrontações tendentes a esclarecer a verdade. (a)

§.478. Se a sentença condemnatoria for tal, como se disse no §. 389, o Juiz mesmo deve appellar para a Relação. (b)

§.479. Tendo a sentença passado em julgado, será publicada por novos edictos; e findos elles será executada, quanto ás custas e indemnisações. (c)

§.480. Se o réo dentro de um anno vier apresentar-se na cadeia, será ouvido com a sua defeza, a qual poderá ser contestada pelo Ministerio Publico, e pelo Querellante: a execução da pena corporal será suspensa ate a final decisão; mas a execução das indemnisações não se suspende com isso. (d)

§.481. Se o réo vier a julgar-se innocente, poderá repetir civilmente do Querellante as indemni-

sações

(a) Mello Proj. de Cod. Crim. T. 61. §. 6. Desideratur.

(b) Ord. L. 5 . T. 126. §. 1.

(c) Desideratur.

(d) Ord. L. 5. T. 126 §. 7.

[92V]

sações q' este indevidamente tiver recebido. Mas se o réo vier depois do anno q'se proferio a sentença, só poderá ser ouvido com a defeza tendente á pena corporal, e não poderá em caso algum repetir as indemnisações q' a Parte tiver recebido. (a)

§.482. Nos crimes menos graves o réo absente somente pode ser demandado civilmente por perdas e damnos; procedendo-se contra elle á revelia, como nas causas civeis. (b)

§.483. O réo condemnado em pena de morte, ou de degredo perpetuo á revelia, será havido como civilmente morto. (c)

(a) Desideratur. Convem q' haja differença entre o réo q' comparece dentro do anno, e o q' só aparece depois. V. Ord. L. 5. T. 127. pr.

(b) Ord. L. 5. T. 126. §. 3.

(c) Desideratur.

IV - Projecto Corrêa Telles • 419

[93]

Da forma de Processo nos Juizos
de Policia Correcional.

§.484. Em Lisboa e Porto os Magistrados de Policia Correcional são os competentes para conhecer correcionalmente dos delitos menos graves. (a)

485. Nas outras terras do reino os Juizes de Direito, e Ordinarios reunem aquellas atribuições. Porem os de Direito tem alçada ate trinta dias de prisão; ou 10$000 r. de pena pecuniaria, como os Magistrados de Policia Correcional: os Juizes Ordinarios tem alçada ate dez dias de prisão, ou 8$000 r. de pena pecuniaria. (b)

486. Os Juizes Eleitos tambem podem conhecer correcionalmente contra os transgressores das Posturas da Camera. (c) A sua al-

çada

(a) Decreto de 12 de Dezembro de 1833. art. 2

(b) Cit. Decr. art. 17 §. 1. e 2. e art. 19. Tão pouco se estimou a liberdade e a bolsa dos Cidadãos, q' até a homens imperitos se confiou uma autoridade descricionaria, sem recurso, e sem modo de poder fazer ver a violencia, q' lhes fizerem !

(c) Ref. Jud. 2. p. art. 65. Este art.º restringio o art. 17 do Decr. de 12 de Dez. de 1833. q' dizia de todos os crimes de Policia Correcional.

[93V]

alçada é de 2500 reis em Lisboa e Porto, e de metade desta quantia nas outras terras do Reino. (a)

§.487. O réo segue o foro do delicto, ainda q' fosse preso em diverso districto. (b)

488. Não há outro processo preparatorio, mais q' o Auto do Corpo de delicto. (c)

489. Se o delicto é de facto permanente, a declaração q' verbal e summariamente se toma no Auto de Exame á cerca da pessoa do delinquente, (Ref. Jud. 3. p. art. 49) serve de Petição de Querella, e de Libello Accusatorio.

490. Se o delicto é de facto transeunte, a declaração * jurada * q' faz o Queixoso em sua Petição, sendo ella assignada, serve de Corpo de Delicto, e de Libello accusatorio. (d)

491. No dorso do Corpo de Delicto devem nomear-se as testemunhas, q' não podem ser

mais

(a) Ref. Jud. 1. p. art. 6. Este art. derogou o art. 17 do Decr. de 12 de Dez. de 1833. q' concedia ao Juiz Pedaneo impor multa de 3000 r. sem recurso algum.

(b) Decr. de 12 de Dez. de 1833. art. 8.º

(c) Cit. Decr. art. 10.

(d) Se não há Parte queixosa q' assigne o Auto, deve ser assignado pela pessoa q' denunciou o delicto, ou pelo Official, ou Magistrado q' o mandou fazer * o Auto *. Cit. Decr. art. 10. O Juiz Eleito, ou o Commissario de Policia pode fazer o Auto de Corpo de Delicto. Cit. Decr. art. 7.

[94]

mais de tres; e outras tantas são as q' o réo pode dar em sua defeza. (a)

§.492. O réo deve ser citado para comparecer pessoalmente na Audiencia; e deve na contra-fé dar-se-lhe copia da Petição e Auto do Corpo de Delicto (b). Deve medear pelo menos o intervalo

420 • Direito Processual Penal

de 48 horas, para ter tempo de considerar a sua defeza, e de fazer notificar as testemunhas q' produzir em defeza. (c)

493 Se o réo quizer offerecer a sua defeza por escripto, pode-o fazer. (d) Mas se o não fizer, e na defeza verbal q' der, allegar factos a q' deva dar prova, o Magistrado os deve mandar escrever em seguimento do Corpo de Delicto. (e)

494 O Delegado ou Subdelegado deve ser notificado, para no dia da Audiencia fazer a Accusação, podendo nella ser ajudado

pela

(a) Decr. de 12 Dez. 1833. art. 10 §. 1.

(b) Isto não diz o Decreto; mas infere-se do art.º do §. 2.º Quem quer os fins, quer os meios indispensaveis.

(c) Cit. Decr. art. §. 2.º

(d) Isto não diz o Decreto. Mas seria injusto q' se lhe não permitisse a defeza por escrito, sendo escrita a Accusação. Favorabiliores rei potins, quam actores hubentur. L. 125 ss. de Reg. jur.

(e) Para sobre elles se perguntarem as suas testemunhas. Cit. Decr. art. 11. Ref. jud. 3. p. art. 246.

[94V]

pela Parte queixosa, a qual deve tambem comparecer pessoalmente. (a)

§.495 No dia da Sessão, em q' o réo deve comparecer pessoalmente, podendo hir com um ou dous Advogados em seu auxilio, e se elle não tiver Advogado, o Magistrado lhe deve nomear um ex officio (b), o mesmo Magistrado manda ler o Auto de Corpo de Delicto, e depois faz perguntas ao Réo (c): feitas ellas, adverte-lhe, se elle tem q' acrescentar a bem da sua defeza; e acrescentando alguns factos, a q' deva dar prova, o Magistrado os manda escrever em seguida do Corpo de Delicto. (d)

(a) Decr. de 12 Dez 1833 art. 9. Sendo grande parte dos Crimes de Policia crimes particulares, em q' só a Parte pode querellar; não vejo motivo para nelles intervir o Delegado. Parece q' nesta parte o Decreto de 1833 se deve entender derogado pela Ref. Jud. de 1837.

(b) Cit. Decr. art. 9. §. un. e art. 11 §. 1.º

(c) Se estas perguntas hão de ser verbaes, ou escritas, o Decr. art. 11 não diz palavra. Eu julgo q' se deverão escrever.

(d) Decr. de 1833. cit. art. 11.

[95]

§.496. Segue-se o inquerito das testemunhas. O Delegado ou Subdelegado inquire as da accusação; o Advogado do Queixoso, com licença do Magistrado tambem lhes pode fazer as perguntas q' julgar necessarias, bem assim o Advogado do réo, ou o réo mesmo. O Advogado do réo pergunta as da defeza; ás quaes o Delegado, e o Queixoso podem tambem com licença do Magistrado fazer as perguntas convenientes. Os ditos das testemunhas não se escrevem, e somente as Partes e os Advogados podem tomar os apontamentos q' lhes parecer. (a)

IV - Projecto Corrêa Telles • 421

497 Findo o inquerito, o Delegado resumirá a questão, e poderá orar sobre a accusação: o Advogado do réo poderá responder, acabado o seu discurso o Magistrado declarará fechado o debate, e lavrará a sua sentença, q' publicará incessantemente. (b)

(a) Cit. Decr. art. 11 §. 1.º e 2.º Não se escrevendo os ditos das testemunhas não tem o réo garantia nenhuma contra um Juiz desafeito, ou ignorante. Como poderá arguilo de dólo, por julgar sem prova, ou contra ella; se a prova se não escreve ?
(b) Cit. Decr. art. 11. §. 3.º Não manda citar a Lei q' pune o facto, como manda o art. 163 do Cod. de Instr. Crim. Franc.; e não é pequeno defeito.

[95V]

§.498 Da sentença q' condemna em maior pena, q' a da alçada do Magistrado ou Juiz, pode-se interpor recurso para o Tribunal de Policia Correcional por termo lavrado no Processo, ou na Audiencia ou fora della, assignando pela Parte ou por seu Procurador, dentro de 24 horas depois da publicação da sentença. (a)
499 Se a sentença absolve o réo, é logo posto em liberdade (, se estava preso) sem pagar custas: e della não há recurso algum. (b)
Se a sentença condemna o réo a prisão, ou a degredo para fora da Comarca, o réo fica em custodia, ainda q' interposesse Recurso, até a decisão do Tribunal. (c)
500. Se a pena imposta na sentença cabe na alçada do Magistrado, ou Juiz, dá-se logo á execução, sem recurso algum. (d)

(a) Decr. de 12 de Dez. 1833 art. 13 §. un. e art. 16. Os Autos com Recurso são levados pelo Escr. ao ex officio ao Tribunal na 1.ª sessão, pena de suspensão. Cit. art. 16. e art. 20.
(b) O art. 13 §. un. só dá Recurso da sentença condemnatoria; da absolutoria não cogitou.
(c) Cit. art. 13 §. un.
(d) Cit. art. 13. e art. 14.

[96]

§.501 O Tribunal de Policia Correcional é composto dos tres Magistrados de Policia da Cidade de Lisboa, sendo Relator o q' proferio a sentença, e o Presidente o mais velho dos outros dous. No Porto, compoem-se do Magistrado e dos dous Juizes de Direito de 1.º instancia da Cidade (a). Nas Provincias, do Juiz de Direito da Comarca, e de dous Vereadores mais votados do anno antecedente: e nos Julgados, do Juiz Ordinario, e dos ditos dous Vereadores. (b)
502 O Tribunal reune-se uma vez por semana na Quinta feira. Nada mais faz q' rever as sentenças, de q' se tiver interposto recurso. O Relator é sempre o ultimo a votar. Se absolve, o réo é logo posto em liberdade: se confirma a sentença, executa-se immediatamente. (c)

(a) Decr. de 12 Dez. 1833. art. 14. e 15. Cousa nunca vista, o Juiz da 1.ª instancia ser Juiz na 2.ª; e os tres Collegas a julgar de meas !
(b) Ref. Jud. 1. p. art. 12. Os Reformadores emendárão para peor duas cousas: substituirão vereadores aos Aspirantes da Magistratura; e erigirão outros tantos Tribunaes, quantos os Juizes

422 • Direito Processual Penal

Ordinarios. Um Tribunal composto de um Juiz Ordinario, e de dous Vereadores seus subditos, a revêr a sentença q' o mesmo Juiz Ordinario deo; é cousa pasmosa !!
(c) Decr. de 12 de Dez. de 1833. art. 14.

[96V]

§.503 Se o réo não comparece para o dia para o qual foi citado, procede-se á sua revelia. (a)
504 Se o autor não comparecer, e o crime for particular; presume-se ter desistido da accusação. (b)
505 Se o réo for absolvido, deve o autor ser condemnado nas custas, e mais despezas q' o réo mostrar q' fez; e pode requerer direito salvo pelas mais perdas e enteresses q' dependerem de liquidação. (c)

(a) O Decreto de 12 de Dez. de 1833 é mudo. Mas assim se acha determinado no Cod. de <u>Instr. Crim. Fr.</u> art. 149. e 186; e é melhor, q' mandar buscar o réo preso, por q' pode ser innocente.
(b) Isto não diz o Decreto: mas se nos crimes em q' cabe Querella, não se procede, se o Querellante não dá prova em vinte dias; muito mais nos crimes menos graves.
(c) Tambem o Decreto passou isto por alto: Mas não esqueceo aos Redactores do Cod. de <u>Instr. Crim. Fr.</u> art. 162 e 194.

[97]

§.506. Do processo da Audiencia deverá o Escrivão fazer um Auto, q' menciona tudo o q' nella se passou á cerca da accusação até a sentença exclusivamente; o qual Auto deverá ser assignado por elle, pelo Magistrado, ou Juiz, e pelas Partes q' requererão alguma cousa. (a)
507 Se faltar alguma testemunha, q' tiver sido notificada, o Magistrado suspenderá o debate, ate q' a testemunha venha debaixo de prisão; e se estiver doente, e constar molestia por Attestado de Facultativo, suspendelo-ha até q' possa vir. (b)
508 Se for preciso mandar fazer algumas deligencias, para melhor acerto da decisão, o Magistrado deverá tambem suspender esta, ate q' as deligencias se effectuem. (c)

(a) Nem palavra diz o Decr.º a este respeito. Mas por analogia do q' se faz nos julgamentos das causas crimes, assim se deverá fazer, para credito mesmo do Magistrado. Como poderá elle mostrar, q' obrou conforme a Lei, a não ser deste modo? Salvo se na mesma sentença se fizer um minucioso relatorio de tudo, e das provas, como se faz em França. Rogron <u>Formulario do Cod. de Instr. Crim.</u> N. 26.
(b) Assim se infere do art. 10. §. 2.º do Decr. de 12 de Dez. de 1833.
(c) Assim se infere do art. 12 do cit. Decreto.

[97V]

Secção 1.ª
Da forma do Processo per ante o Juiz
Eleito, sobre Coimas, e transgressões
de Posturas da Camara Municipal.

IV - Projecto Corrêa Telles • 423

§.509 O Escrivão do Juiz Eleito, ou o Zelador nomeado pela Camara, q' accusa a coima ou transgressão da Postura, faz queixa verbal ao Juiz Eleito; este a manda lançar no Livro em forma d' Auto, e assigna com o Escrivão, ou Zelador, e com uma testemunha. (a)
510 O Escrivão passa Mandado, q' é assignado pelo Juiz, pelo qual manda citar o Réo para comparecer em tal dia, e hora, no local q' o Juiz designa, para allegar a sua defeza, e para ver jurar as testemunhas, cujos nomes devem hir declarados no Mandado. (b)

(a) Ref. Jud. 2. p. art. 65 §. 1. Por este art.º se entende reformada a disposição do art. 17 do Decr. de 12 de Dez. de 1833; q' parecia conceder aos Juizes Pedaneos o conhecer de todos os crimes de Policia Correcional, q' não tivessem maior pena q´ tres dias de prisão, ou 3$000 reis de multa.
*

b) Ref. Jud. 2. p. art. 60. 61. e 65.
* O contrario pensou o Min. º d' Estado na Port. de 17 de Abr. de 1839. Unus quis que in suo sensu abundat.

[98]

§.511. A citação deve fazer-se com intervallo de tres dias ou mais, e dous dias pelo menos. As testemunhas do accusador não podem exceder de tres; e as da defeza outras tres. (a)
512. Na contrafé q' se der ao Réo, deve copiar-se o Mandado citatorio, e no Mandado o Auto de queixa. (b)
Se o réo requerer citação das testemunhas, q' quer dar em sua defeza, deve-se mandar fazer para o dia, hora, e local determinado. (c)
513. No dia determinado sendo presentes o accusador, e o réo, o Juiz Eleito deve mandar ler o Auto; deve ouvir o réo com a sua defeza verbal; pergunta as testemunhas da accusação, e da defeza, e em seguida condemna, ou absolve o réo: o vencido paga as custas. (d)

(a) Ref. Jud. 2. p. art. 61. e 62.
(b) Ref. 2. p. art. 23 e 61 §. un. É assim preciso, para o réo considerar a sua defeza, e as testemunhas q' hade produzir.
(c) Isto não diz a Reforma. Mas infere-se, por q' quem quer os fins, quer os meios.
(d) Ref. 2. p. art. 62.

[98V]

§.514. Quando a Coima, ou multa da Postura excede a alçada do Juiz Eleito, no auto do Julgamento devem-se escrever os depoimentos das testemunhas; excepto se as partes declararem no Auto q' renuncião ao recurso de Appellação. (a)
515 O Auto do Julgamento é escrito no Livro do Juiz Eleito, e deve conter resumidamente o objecto pedido, o nome do accusador, e do réo, se este deo ou não defeza, os nomes e os dizeres das testemunhas, no caso previsto no § antecedente; e ultimamente a decisão do Juiz: tudo será assignado pelo Juiz, Escrivão, e por duas testemunhas. (b)
516 Excedendo a Coima, ou multa a alçada do Juiz Eleito, a Parte vencida pode appellar dentro de tres dias para o Tribunal de Policia Correcional. (c)

424 • Direito Processual Penal

517 Mas para se lançar o Termo de appellação no Livro, é preciso q' o réo apresente

conhe-

(a) Ref. 2. p. art. 65 § 2. Isto é mais bem pensado, q' o Processo de Policia Correcional. Como hade o Tribunal julgar da justiça ou injustiça da Sentença, não tendo as provas á vista ?
(b) Ref. 2 p. art. 62 §. 1.
(c) Ref. ib. art. 65 §.3.

[99]

conhecimento de ter depositado a Coima, ou Multa em q' foi condemnado. (a)
§.518. O Escrivão tem tres dias para dar o traslado dos Autos lançados no Livro, e depois de o entregar ao Appellante, tem este dez dias para o apresentar no Juizo Superior. Havendo Parte vencedora, deve o Escrivão notificar-lhe a entrega do traslado ao Appellante. (b)
519 Se passarem quinze dias sem o appellante apresentar ao Escrivão do Juiz Eleito recibo da entrega no Juizo superior, executa-se a condemnação, mandando entregar o deposito ao vencedor. (c)
520 Nem na primeira, nem na segunda instancia tem intervenção o Delegado do Procurador Regio. (d)

(a) Ref. 2. p. art. 65 §. 4.
(b) Ref. ib. §. 5.
(c) Ref. ib. §. 7.
(d) Portaria do <u>Min. do Reino</u> de 12 d' Agosto de 1839.

[99V]

Secção 2.ª
Dos Crimes de Policia Correcional.

§.521. Processão-se correcionalmente 1.º os crimes a q' não cabe por Lei maior pena q' seis mezes de prisão, ou de desterro para fora da Comarca; 2.º os crimes a q' a Lei impoem pena arbitraria; isto é a pena é deixada ao arbitrio do Juiz, o qual nunca poderá exceder a assima referida, ou a quarenta mil reis de multa: 3.º os q' erão processados pelos Almotacés, a respeito dos quaes o Magistrado não poderá impor maior pena, q' vinte mil reis de multa, ou vinte dias de prisão: 4.º as infracções das Posturas das Camaras Municipaes. (a)
522. Estão no caso dos dous numeros do § 521 os crimes seguintes:
1.º Abrir cartas de pessoas particulares. Ord. L. 5. T. 8. §. 5.
2.º Fazer arruido em Juizo, ou em Audiencia, sem contudo ferir. Ord. L. 5. T. 51. (b)
3.º Dar açoutes em mulher; ou bofetada em qualquer pessoa. Lei de 15 de Janeiro de 1652.
4.º Hir em assuada para fazer mal, não se

che-

(a) Decr. de 12 de Dezembro de 1833 art. 3.º
(b) Ou faltar ao respeito ao Juiz de Paz, depois de este o advertir. Ref. Jud. 2. p. art. 55. §. un.

IV - Projecto Corrêa Telles • 425

[100]

chegando a effectuar; ou ajuntar gente para fazer mal, e não chegando a sahir com ella. Ord. L. 5 T. 45 §. 1 e 2.º

5.º Atirar tiros de noite. Decr. de 30 Abr. 1646.

6.º Blasfemar de Deos, ou de nossa Senhora, ou dos seus Santos. Ord. L. 5 T. 2. § 1.º e 2.º

7.º Caçar com fios, ou com boi. Ord. L. 5. T. 88.

8.º Caçar nas queimadas dentro de trinta dias depois do fogo, ou nella apanhar cinzas. Ord. L. 5. T. 86 §. 7.º Alv. de 22 d' Agosto de 1783.

9.º Caçar lebres, coelhos, e perdizes na primavera. Ord. L. 5. T. 88 §. 1. e 2.º ou depois da neve.

10.º Entrar quintas muradas ou valadas para caçar, Alv. do 1.º de Julho de 1776 § 2.º

11.º Comprar colmeas para matar as abelhas, e aproveitar o mel e cera. Ord. L. 5. T. 78.

12 º Comer e beber na Igreja. Ord. L. 5. T. 5.

13 º Comprar carne fóra dos açougues, Alv. de 15 de Dezembro de 1696.

14 º Correr touros sem terem as pontas cortadas ou emboladas. L. de 2de Fevereiro de 1686.

15.º Ter concubina theuda e mantheuda com escandalo. Alv. de 26 de Setembro de 1769.

16.º Pôr cornos junto das portas de pessoas cazadas. L. de 15 de Março de 1751.

17.º Fazer descantes, e tanger instrumentos de noite á porta de outrem. Ord. L. 5. T. 84.

18.º Meter gado acintemente em seara alheia, ou onde faça damno. Ord. L. 5. T. 87. pr. Alv. de 12 de Setembro de 1750.

[100V]

19.º Diffamar algum Empregado publico, de q´aceita peitas, ou faz outros erros no seu officio, não o provando. Ord. L. 5. T. 5 §. 6.

20. Fingir enfermidades para tirar esmolas. Ord. L. 5. T. 103.

21. Ferir a outro com arma licita, sem contudo o aleijar, nem cortar carne, casos em q' tem lugar a Querella. Ord. L. 5. T. 117 §. 1 e T. 122.

22. Formigueiros q' fazem pequenos furtos. Alv. de 12 de Setembro de 1750.

23. Frequentar as grades das Freiras por passatempo. Alv. de 3 de Nov. 1671.

24. Feitiçarias, advinhações, e outras suprestições semelhantes. Ord. L. 5. T. 3. §. 3.

25. Trazer Habito de alguma Ordem Militar, sem ser Professo nella. Ord. L. 5. T. 93.

26. Injuriar verbalmente a alguem, especialmente os Juizes e seus Officiaes por causa do seu officio. Ord. L. 1. T. 65 §. 25 e L. 5. T. 42 e T. 50. Ou o juiz de Paz- ref. Jud. 2. p. art. 55. §. un.

27. Injuriar com satiras, libellos diffamatorias, e pasquins. Ord. L. 5. T. 84. Ou travar alguma mulher na rua. Ord. L. 5. T. 18. §. 2.º

28. Jogar pedradas na rua, ou laranjadas. Alv. de 31 de Janeiro 1604. Alv. 13. Fevr. 1604.

29. Jogar a bola em dias de trabalho gente mecanica. Ord. L. 5. T. 82 §.10.

30. Jogar jogos de parar. Alv. de 24 Maio 1656. Alv. de 25 Janeiro 1677. Alv. de 29 Out. 1696.

426 • Direito Processual Penal

[101]

31 Establecer Imprensa, ou officina de Lithografia, sem ter declarado per ante a Camera o seu nome, rua, e caza onde hade assentar. L. de 22 Dez. 1834. §. 1º e 2.º
32 Tirar a outro a sua liberdade, constrangendo-o a viver com elle, ou com outrem. Ord. L. 4. T. 28.
33 Lançar immundices, ou lavar nas fontes publicas. Edit. de 19 Janeiro 1807.
34. Lançar nos rios e ribeiras trovisco, ou outros materiaes venenosos. Ord. L. 5. T. 88 §. 7.º
35. Mascarar-se, a não ser em festas de publico regozijo. Ou as mulheres andarem pela rua de rebuço. L. de 25 de Agosto 1689. Decr. de 11 e Lei de 20 de Agosto de 1649.
36. Vestir-se o homem em trajos de mulher, ou a mulher em trajos de homem. Ord L.5. T. 34.
37. Intrigar a outro com mexericos. Ord. L. 5. T. 85.
38. Engeitar moeda boa, q' tenha o cunho Real. Ord. L. 4. T. 22.
39. Pescar nos rios, ou ribeiras nos mezes da Março, Abril, e Maio. Ord. L. 5. T. 88 §.6.
40. Vender polvora dentro do Povoado. Alv. de 9 de Julho de 1754.
41. Fornecer instrumentos ao preso, com q' possa arrombar a cadea. Ord. L. 1. T. 33. §. 5.
42. Sepultar defunto na Igreja, ou Cap
pella

[101V]

Cappella fechada, havendo Cemiterio. Port. do Min. do Reino de 10 de Jan. 1838.
43. Ter a taberna aberta depois das horas de recolher. Ord. L. 1. T. 74 §. 20.
44. Tirar a besta ou outro animal do curral do concelho, sem pagar a coima. Ord. L. 5. T. 87 §. 3.º
45. Fazer-se vadio ocioso. Ord. L. 5. T. 68 (a)
46. Vender generos avariados, corruptos, e nocivos á saude. Regulam. to de 3 Jan. 1837. art. 26.
47. Vender doces colorados com substancias venenosas. Decr. de 13 Agosto 1839 art. 4.º
48. Comprometer a saude publica. Regim. de 20 de Dez. 1693. Classes dos Crimes, pag. 200.
§.523 Os crimes de q' conhecião os Almotacés erão os seguintes:
1.º Usar de pezos e medidas, ainda q' certos com os Padrões, comtudo não aferidos pelo Aferidor. Ord. L. 1. T. 18. §. 28. T. 61. § 3.º
2.º Não aferir os pezos e medidas nos tempos em q' cada um é obrigado segundo a Lei. Cit. Ord. e Ord. L. 1 T. 68. §. 16.
3.º Não terem pezos e medidas aquellas pessoas, ás quaes a Lei manda q' os te
nhão
(a) Recusar de ser Testemunha da citação, ou de aceitar a Contrafé do visinho q' se esconde p.ª não ser citado. (Ref. 2. p. art. 23 §. 4.º

IV - Projecto Corrêa Telles • 427

[102]

tenhão. Ord. L. 1. T. 18 § 41 e seg. ate o § 64.

4.º O ter pezos e medidas dobradas. Ord. L. 1. T. 18 §. 54 e T. 61. § 3.

Se os pezos e medidas são achadas falsas, ou tambem as balanças; neste caso o crime tem maior pena. Ord. L. 5. T. 58, o Magistrado de Policia Correcional é instructor da culpa ate a ratificação da pronuncia inclusivamente: a accusação subsequente deve ser feita per ante o Juiz de Direito. O mesmo é em quaesquer outros crimes, a q' as Leis impoem maiores penas q' as indicadas no §. 521.

§. 524 Incumbia tambem aos Almotacés proceder- 1.º contra os Carniceiros q' não esfolão e alimpão as rezes, logo q' as matão. Ord. L. 1. T. 68 §. 6. - 2.º contra os mesmos, se espancão as rezes antes de as matar, para se apostemar o sangue na carne; cit. Ord. §. 7.º - 3.º contra os mesmos se pezão mal a carne; e contra as padeiras, se fazem o pão com menos pezo, q' o regulado

[102V]

gulado pela estiva, cit. Ord. §. 10 - 4.º contra os rendeiros do concelho, se fazem avença com os donos dos gados, para os não encoimarem; cit. Ord. §. 14. - 5.º contra as pessoas q' fazem esterqueiras na rua, obrigando-as a tiralas, e a alimpar cada um ante a sua porta, cit. Ord. §. §. 19. - 6.º contra os q' lanção na rua bestas, cães, e gatos mortos; sem cuidarem de as soterrar. Cit. Ord. §. 20.

§. 525. Nas contravenções das Posturas somente temos a notar, q' devem ser punidas com as multas pecuniarias legalmente estabelecidas, ou na falta de pagamento da multa com prisão correcional q' não excederá a tres dias. Cod. Admin. art. 83.

428 • Direito Processual Penal

ÍNDICE

Titulo 1.º	Dos Juizes Competentes.	343
Secção 1.ª	Crimes excepcionaes.	347
Titulo 2.º	Dos Empregados do Ministerio.	347
Titulo 3.º	Da participação dos Crimes.	348
Titulo 4.º	Do Corpo de Delicto.	350
Secção 1.ª	Do Auto de busca.	352
Titulo 5.º	Das Querellas.	353
Secção 1.ª	Das pessoas q'podem querellar.	354
Secção 2.ª	Das testemunhas do Summario	357
Secção 3.ª	Dos q' não podem ser testemunhas da Querella.	360
Titulo 6.º	Dos Indicios.	361
Titulo 7.º	Da Pronuncia.	362
Titulo 8.º	Da Prisão.	364
Secção 1.ª	Da Prisão sem culpa formada.	365
Secção 2.ª	Dos Asilos.	366
Titulo 9.º	Da Nota de prisão, e Perguntas.	368
Titulo 10.º	Da Fiança.	370
Titulo 11.	Da Ratificação da Pronuncia.	373
Secção 1.ª	Preparatorios.	373
Secção 2.ª	Da Audiencia de Ratificação.	374
Secção 3.ª	Reperguntas ao Réo.	378
Secção 4.ª	Reflexões.	379
Titulo 12.º	Da Accusação dos Crimes.	383
Secção 1.ª	Da Citação.	384
Secção 2.ª	Do Libello.	385
Titulo 13.º	Da Defeza do Réo.	387
Secção 1.ª	Das Excepções.	387
Secção 2.ª	Da Contestação.	388
Titulo 14.º	Das Provas.	388
Titulo 15.º	Audiencia de Julgamento.	391
Secção 1.ª	Preparatorios.	391
Secção 2.ª	Formação do Jury, e Discussão da Causa.	392
Secção 3.ª	Dos Quesitos ao Jury.	396
Secção 4.ª	Decisão do Jury.	397
Secção 5.ª	Sentença do Juiz.	399
Secção 6.ª	Das Custas.	402
Secção 7.ª	Policia da Audiencia.	402
Secção 8.ª	Do Auto da Audiencia.	403
Titulo 16.º	Dos Recursos.	405
Secção 1.ª	Da Appellação.	405
Secção 2.ª	Do Aggravo no Auto do Processo.	406
Secção 3.ª	Do Aggravo d'Instrumento.	406
Secção 4.ª	Da Revista.	407

Titulo 17.	Da Execução da Sentença	408
Titulo 18	Dos Embargos á Execução.	409
Titulo 19.	Da forma do Processo nos crimes commetidos pelos Juizes, fora do exercicio das suas funções.	412
Titulo 20.	Da forma do Processo nos erros de officio, e crimes commetidos pelos Juizes, no exercicio das suas funcções.	413
Titulo 21.	Da Acção de perdas e damnos contra os Juizes.	415
Titulo 22.	Do Processo contra os absentes.	417
Titulo 23.	Da forma do Processo nos juizos de Policia Correcional	419
Secção 1.ª	Da forma do Processo per ante o Juiz Eleito, sobre Coimas, e transgressões de Posturas da Camara Municipal.	422
Secção 2.ª	Dos Crimes de Policia Correcional.	424

V - Projecto Joaquim Sant' Anna

Apontamentos

PARA

O CODIGO

DO

PROCESSO CIVIL

E

CRIMINAL

Porto 1847

Typographia Constitucional,
Rua d'Almada N.º 23.

AO LEITOR

EMIGRANDO eu em 1828 por causa dos acontecimentos politicos daquella epocha, desejei ter na terra estranha, em que fui obrigado a residir por espaço de quasi quatro annos, algum objecto em que me occupasse, que, servindo-me de distracção, fosse tambem util ao meu paiz. Propuz-me pois organisar um Projecto de Processo Civil e Criminal, que contivesse solidas garantias da execução das leis, persuadido de que d'essa execução (sendo boas as leis) é que depende a prosperidade dos Estados.

Mas como procederei na minha tarefa? disse eu comigo. Irei eu indagar o que se passa nesses Tribunaes de justiça – consultarei os Codigos das nações mais cultas – e o que sobre a materia tem escripto os Autores de melhor nota – para na presença de tudo formar o meu plano de processo? Este methodo parecia-me rasoavel; como porem elle tivesse os gravissimos inconvenientes que o Snr. Vicente José Ferreira Cardoso da Costa havia assignalado no seu Opusculo = Que é o Codigo Civil? = rejeitei-o, para seguir o methodo aconselhado por aquelle nosso patricio; isto é, para tratar o meu assumpto sem a minima prevenção, seguindo em tudo e por tudo a natureza das cousas.

Foi pois pensando no meu assumpto e tendo sempre em vista a natureza das cousas, que eu tracei uma linha de demarcação clara e distincta entre o Codigo Civil e o Codigo do Processo Civil – que separei o direito do facto, para nunca mais se confundirem – que classifiquei os factos em essenciaes e accidentaes ou probatorios – que estabeleci a unidade da questão judicial – que reduzi a tres unicas especies as defezas possiveis dos Reos... n'uma palavra, foi pensando no meu assumpto e tendo sempre em vista a natureza das cousas, que surgírão os differentes Titulos do meu Projecto de Codigo de Processo Civil e Criminal, contendo disposições taes, cujo merecimento me não compete avaliar, mas que provavelmente não verião a luz do dia se eu não tivesse adoptado o methodo que adoptei.

Quando em 1832 regressei a Portugal, ainda o meu trabalho não estava acabado, como se vê do = Ensaio sobre o Processo Civil por meio de Jurados e Juizes de Direito = que publiquei durante o memoravel Cerco do Porto; c nem eu pude influir directa ou indirectamente no Decreto n.º 24 de 16 de Maio do dito anno, pelo qual foi encetada a reforma do nosso foro: sendo porem, logo depois, nomeado Juiz de Direito, empreguei todo o tempo, que me restava do exercicio de minhas attribuições, em acabar e aperfeiçoar aquelle meu systema de processo; bem como fiz todos os exforços ao meu alcance para que, adoptando-se minhas idéas, se proseguisse na reforma começada até a levar áquelle ponto de perfeição de que ella era susceptivel e o interesse publico reclamava.

É escusado dizer que os meus exforços forão baldados. Todos sabem que as providencias legislativas sobre o processo, que se seguírão ao citado Decreto de 16 de Maio, com quanto fossem apresentadas debaixo dos titulos seductores de novas e novissimas reformas, forão com tudo retrogradas; isto é, houve em todas ellas uma bem pronunciada tendencia para o restabelecimento do antigo processo. E tambem é escusado expôr o lamentavel estado a que os novos e novissimos reformadores levárão as nossas cousas judiciaes! Quanto a mim tal desgoto me causou esse estado, que foi um dos motivos que me determinárão a pedir, como pedi, a minha demissão de Juiz de Direito em Outubro de 1844.

Reduzido ao estado de simples particular, pareceo-me que devia publicar pela imprensa e offerecer á Nação essas idêas que tinhão sido o resultado das minhas cogitações durante um longo periodo de tempo, em que primeiramente como emigrado, e depois como empregado publico, recebi subsidios e ordenado do Estado. Era uma divida que eu pagava: mas o desejo de dar maior perfeição ao meu trabalho fez com que por então desistisse de o publicar.

Hoje adverte-me o meu estado de saude de que, para eu haver de pagar aquella divida durante a minha vida, não devo descuidar-me. Ahi mando pois para a imprensa o meu escripto no estado em que se acha, menos com tenção de o fazer correr no publico, attenta a sua grande imperfeição, que de o distribuir pelas pessoas que me parecerem mais capazes de o emendar; o que eu lhes peço encarecidamente, sendo certo que é essa a melhor recompensa que me ellas podem dar do bom conceito que a seu respeito formo; porque tambem é a que mais me afiança que os exforços por mim começados para obter uma *verdadeira reforma* do nosso foro hão de ser continuados até ella effectivamente se conseguir.

Porto 16 de Abril de 1847.

José Joaquim de Sant'Anna.

THEORIA
DO
PROCESSO JUDICIAL

Para servir de INTRODUCÇÃO a um
Projecto de Codigo de Processo Civil e Criminal

SECÇÃO 1.ª

DO PROCESSO CIVIL.

§ 1.

P. O que entendeis por Processo Civil?

R. Entendo um systema de meios legaes, pelos quaes qualquer individuo póde compellir outro individuo a praticar os factos que o primeiro tem direito de exigir do segundo, e que este não quer praticar voluntariamente[1].

§ 2.

P. Dai-nos uma idêa clara de facto e de direito no sentido em que empregaes estas palavras.

R. Por *facto* entendo qualquer sucesso, acontecimento ou acto, ja occorrido, ou que para o futuro possa ter logar: tambem entendo pela palavra *facto,* o não facto ou a omissão do facto; e algumas vezes emprego esta palavra para significar não tanto um facto, como (permitta-se-me a expressão) um grupo de factos. Por *direito* entendo a faculdade legal que tem um individuo de compellir outro a praticar os factos que, segundo as leis do Cogio Civil, são necessarios para satisfazer os direitos que as leis do mesmo Codigo Civil, concedem áquelle primeiro individuo em consequencia d'outro ou outros factos anteriores. De sorte que a palavra direito exprime uma idêa complexa que comprehende – a da existencia de certo facto – a da disposição da lei que liga a esse facto algum direito a favor de qualquer individuo – a da disposição da lei que designa os factos que outro individuo deve praticar para satisfazer o dito direito – e finalmente a da faculdade legal que aquelle primeiro individuo tem de compellir o segundo a praticar estes factos.

§ 3.

P. Traçai uma linha de demarcação clara e distincta entre o Codigo Civil e o Codigo do Processo Civil.

---

[1] Por individuo entendo tambem o Estado ou qualquer outro corpo moral.

438 • Direito Processual Penal

R. No Codigo Civil declara o legislador, em geral, quaes são os factos de que resultão os direitos, e quaes são os factos necessarios para satisfazer os direitos[2]. No Codigo do Processo Civil prescreve a forma pela qual, nos casos particulares; 1.º se ha-de averiguar a existencia dos factos occorridos de que, segundo as leis do Codigo Civil, resultão os direitos; 2.º se ha de declarar *judicialmente* quaes são esses direitos; 3.º se ha de declarar do mesmo modo quaes são, segundo as leis do dito Codigo Civil, os factos necessarios para satisfazer os referidos direitos; 4.º finalmente se ha de fazer praticar estes factos.

§ 4.

P. Quaes são então os fins que o legislador se deve propor d'alcançar no Codigo do Processo Civil, e que meios deve elle empregar para os conseguir.

R. Os *principaes* fins que o legislador se deve propor d'alcançar no Codigo do Processo Civil são – a recta decisão ácerca dos factos occorridos de que resultão os direitos – a justa applicação das leis do Codigo Civil na declaração *judicial,* assim dos direitos que resultão daquelles factos, como dos factos necessarios para satisfazer os ditos direitos – e a prompta execução do julgado. A maior economia possivel – e a indemnisação da Parte vencedora, são tambem qualidade, posto que secundarias, indipensaveis em um bom Processo Civil. Quanto aos meios de conseguir os referidos fins do Processo Civil, deve o legislador empregar os que lhe parecerem mais proprios e adequados segundo a natureza das cousas.

§ 5.

P. Antes de entrarmos na indagação dos meios mais proprios e adequados para conseguir os differentes fins do Processo Civil, deveis tirar-me d'uma duvida, e vem a ser – que achando-se em vosso systema o Codigo do Processo Civil tão estreitamente ligado ao Codigo Civil, não será talvez praticavel aquelle em quanto este se não organisar.

R. Assim parece á primeira vista, mas não o é na realidade; porque apezar de não termos um Codigo Civil em que se achem methodicamente tratados os dous objectos do mesmo Codigo referidos no § 3.º temos com tudo espalhadas no cahos da nossa legislação patria e subsidiaria (porque não é dado aos homens o destruir a natureza das cousas) essas leis que declarão os factos necessarios para satisfazer os direitos, as quaes porisso constituem por ora o nosso Codigo Civil, ao qual pode, sem duvida, ser applicado o systema do processo que proponho[3].

---

[2] De qualquer maneira que o legislador se expresse no Codigo Civil, não podem as leis deste Codigo deixar de ser consideradas como regras de conducta, com as quaes devem os respectivos cidadãos conformar as suas acções, a fim de evitar o prejuizo, ou augmentar o bem-estar, de todos ou de parte dos outros cidadãos, que por isso tem direito a que as ditas regras sejão exactamente observadas. Isto é claro, e justifica plenamente os termos de que me servi ácerca do Codigo Civil para marcar a differença que ha entre elle e o Codigo do Processo Civil; porque devendo a conducta dos cidadãos ser differente segundo a diversidade de circumstancias em que se elles achão (o Pai não deve obrar como o filho, o amo como o creador, nem o que pedio dinheiro emprestado como o que contrahio esponsaes) não pode o legislador, no Codigo Civil, deixar de indicar *o caso, a hypothese, as circumstancias* em que ha de ter lugar a conducta que elle prescreve; isto é, não pode deixar de declarar *quaes são os factos de que resultão os direitos.* E porque a conducta de qualquer individuo senão pode prescrever sem se indicarem os factos que elle deve praticar, tambem o legislador, no Codigo Civil, não pode deixar de declarar *quaes são os factos necessarios para satisfazer os direitos.*

[3] Direi mais: O meu systema de processo pode ser applicado á legislação civil de qualquer nação; porque nenhuma pode haver em que os direitos cuja satisfação qualquer individuo possa exigir d'outro individuo, não resultem

V - Projecto Joaquim Sant'Ana • 439

§ 6.

P. Como conseguirá o legislador a recta decisão ácerca dos factos occoridos de que resultão os direitos (§ 4.°)?

R. Confiando a dita decisão, não de um Juiz só, mas sim de um rasoavel numero delles, e dispondo as cousas de modo que os Juizes de facto ou Jurados (ao menos a maior parte) conheção a verdade dos factos controversos de que resultão os direitos – votem segundo a sua convicção – e seja a sua decisão conforme á maioria dos votos dos ditos Juizes; porque conseguidos estes tres pontos, impossivel será que a dita decisão seja erronea.

§ 7.

P. Porque se não deve confiar de um Juiz só, mas sim de um rasoavel numero delles, a decisão ácerca dos factos occorridos de que resultão os direitos (§ 6.°)?

R. Porque, com quanto as mais das vezes sejão verdadeiros os juizos que os homens dotados de censo comum formão ácerca dos actos ordinarios da vida social, não se póde com tudo negar que todo o homem está sujeito ao erro, e que effectivamente algumas vezes erra. Supponhamos então que cada individuo, de tres juizos que forma, acerta em dous e erra n'um. – Se confiarmos de um Juiz só a decisão ácerca dos factos occorridos de que resultão os direitos, teremos 1/3 das suas decisões em opposição com a verdade: mas se a confiarmos da maioria dos votos de certo numero de Juizes, veremos que, por via de regra, passa a dita decisão sem pagar tributo á fraqueza da razão humna; porque, mesmo na hypothese figurada em que se deve suppor em erro 1/3 dos Juizes, não podem os votos destes, por seu diminuto numero, empecer á rectidão da decisão.

§ 8.

P. Demonstrai a verdade da hypothese em que fundaes o vosso raciocinio, e outro sim que o facto de que nas cusas civeis resulta o direito, está na mesma razão desses actos ordinarios da vida social, a respeito dos quaes cada um dos Jurados, ou qualquer Juiz letrado, póde ajuizar com igual exactidão á vista dos motivos que tiver para os acreditar ou deixar de acreditar; porque ha quem diga que a existencia do proprio facto nas causas civeis offerece já uma questão de direito, a saber se existem, ou não, as provas que segundo a disposição das leis são necessarias para o dito facto se dizer provado.

R. A hypothese de que os homens acertão mais vezes do que errão em seus juizos é verdadeira; porque se o não fosse conviria aos homens, por via de regra, obrar em sentido opposto ao que elles entendião; o que por certo nenhum quererá fazer, até mesmo para evitar que se diga com muita propriedade que perdêra o juizo. Agora pelo que pertence á ultima parte da vossa objecção, verdade é que o legisladores que incumbírão um Juiz só, ou Juizes certos e determinados, de decidir sobre os factos controversos de que resultão os direitos, não podendo fiar-se de individuos assim expostos a toda a qualidade de seducções, tratárão logo de enumerar differentes generos de provas ou motivos de convicção, e marcando-lhes a sua força probatoria, disserão aos ditos Juizes: Julgai por esta *tarifa* (permitta-se-me a expressão) muito embora vades

---

de certos e determinados factos a que as leis ligão esses direitos – e em que os direitos se não satisfação com os factos que as leis declarão como necessarios para os satisfazer. Vide a nota ao § 3.°.

440 • Direito Processual Penal

contra a vossa consciência ou convicção. Mas como uma tarifa de provas seja uma verdadeira quimera; porque o legislador não pode enumera-las todas, nem tão pouco marcar o valor de cada uma na sua applicação pratica, por este depender de circumstancias que o mesmo legislador não pode prever, é tempo e mais que tempo de quebrarmos um instrumento tão nocivo (cujo mais constante effeito tem sido dar a decisões iniquas a aparencia de justas) e substitui-lo pelo mui rasoavel systema de confiar a decisão sobre os factos controversos de que resultão os direitos, da maioria de votos de certo numero de Juizes de facto não expostos áquellas seducções, aos quaes o legislador, sem se embaraçar com o valor das provas, diga sómente: Decidi segundo a vossa convicção. Ora como neste systema o valor das provas ou motivos de convicção não está determinado por lei, mas sim se acha, por assim dizer, escripto no livro da experiencia e do uso do mundo, no qual o Juiz letrado (a quem a decisão sobre o facto podia ser incumbida) não lê melhor nem com mais aproveitamento que cada um dos Jurados, segue-se que cada um destes não é menos apto que aquelle para conhecer a verdade, vindo desta maneira a ser exacto o raciocinio que fiz no § antecedente.

§ 9.

P. Mas segundo o vosso systema de exclusão de provas legaes não poderá o legislador decretar, por exemplo, que os filhos naturaes só possão provar a filiação pelo reconhecimento expresso e authentico do Pai – que os contractos sobre bens de raiz e outros objectos de grande valor se não possão provar sem escriptura publica &! O que, a ser assim, vai tolher o legislador de prestar aos povos um grande serviço, qual o de fazer depender os direitos dos individuos, não de factos incertos occultos e mal definidos, que se podem facilmente contestar, mas sim de factos authenticos, claros e manifestos, cuja certeza passa, por assim dizer, dos ditos factos para os direitos que dos mesmos resultão.

R. Como o legislador póde ligar os direitos aos factos que melhor e mais conveniente lhe parecer, e goza desta faculdade em toda a sua plenitude no meu systema (§ 3.°) não tem a vossa objecção peso algum; porque tanto o legislador não fica inhibido de prestar aos povos o indicado serviço, que para lh'o prestar não precisa de recorrer ao systema de próvas, legaes, antes para conseguir seu fim outro meio mais simples e efficaz se lhe offerece, qual é o de ligar logo os direitos dos individuos directa e exclusivamente a esses factos authenticos claros e manifestos que no systema de provas legaes só servem de provar os factos occultos incertos e mal definidos de que os direitos resultão[4].

§ 10.

P. Que deve fazer o legislador para os Jurados conhecerem a verdade dos factos controversos de que resultão os direitos (§ 6.°)?

R. Deve separar esses factos de quaesquer direitos que dos mesmo possão resultar – fazer redigir as questões ou quesitos respectivos aos dictos factos em termos claros e precisos antes da sua investigação – fazer investigar separadamente cada um dos ditos factos quando forem muitos e distinctos – e dispôr as cousas de modo que os motivos de convicção *pro* ou *contra* a existencia

---

[4] No systema de próvas legaes os direitos dos filhos naturaes resultão da filiação provada pelo reconhecimento expresso e authentico do Pai. No meu systema resultão do proprio facto desse reconhecimento.

do facto em questão operem nos Jurados pelo seu peso natural e verdadeiro – e bem assim que os mesmos Jurados tenhão a capacidade intellectual necessaria para conhecer a verdade dos factos controversos submettidos á sua decisão.

§ 11.

P. Dizeis vós que o legislador deve fazer separar o *facto* do *direito:* mas será isso possivel? Não se tem dicto que a separação do facto do direito nas causas civeis é difficil se não impossivel?

R. Verdade é que se tem dito isso, e com muita rasão no systema de provas legaes, em que o legislador, depois de haver declarado no Codigo Civil quaes são os factos de que resultão os direitos, e quaes são os factos necessarios para satisfazer os direitos (§ 3.º), quiz tambem no Codigo do Processo Civil designar as provas necessarias para aquelles primeiros factos se dizerem provados. No meu systema porem de exclusão de provas legaes (§§ 8 e 9) não só é possivel a dita separação, mas mesmo facil; porque nunca qualquer facto póde confundir-se com a disposição da lei que liga a esse facto algum direito; isto é, que liga a esse facto a faculdade que algum individuo, depois delle occorrido, fica tendo de poder compellir outro individuo a praticar outros factos ([5]).

§ 12.

P. E quem ha de separar em cada causa os factos dos direitos que dos mesmos factos resultão, e redigir as questões ou quesitos respectivos aos ditos factos antes da sua investigação?

R. O Juiz de Direito ([6]) a quem o legislador deve incumbir de fazer por escripto nos autos, logo depois dos articulados das partes, um Relatorio claro e succinto da contenda entre ellas agitada, no qual indique os pontos assim de facto como de direito na mesma contenda comprehendidos, com declaração daquelles em que as Partes estão de acôrdo e dos em que ellas não concordão, redigindo por esta occasião o dito Juiz em termos claros e presisos os quisitos que hão de ser submettidos ao Jury sobre os factos controversos essenciaes á causa.

§ 13.

P. Porque dizcis – factos controversos *essenciaes á causa?*

R. Para excluir os factos *accidentaes* que nunca devem ser objecto de quesitos, ainda que as Partes não concordem nelles.

§ 14.

P. O que são *factos essenciaes* e *factos accidentaes,* e por que razão hão de aquelles e não estes ser submettidos á decisão do Jury?

R. *Factos essenciaes* são aqueles de que resultão os direitos das Partes segundo as leis do Codigo Civil – e *factos accidentaes* são os que só servem de persuadir a existencia, ou não exis-

---

[5] Todavia nas causas crimes não é possivel no meu systema separar o facto do direito, como veremos em logar mais opportuno.

[6] O *estabelecimento da questão* é sempre uma questão de direito.

442 • Direito Processual Penal

tencia, dos factos essenciaes[7]. Ora desta definição segue-se que, com quanto os factos accidentaes devão ser tomados na devida consideração quando se trata de decidir sobre a existencia dos factos essenciaes, não se carece com tudo da decisão sobre a existencia dos ditos factos accidentaes, por isso que não é delles que resultão os direitos das Partes.

§ 15.

P. Dizeis vós que factos essenciaes são aquelles de que resultão os direitos das Partes: mas se por Partes se entende tambem o Reo, não comprehendo bem a definição que acabais de dar de facto essencial; por quanto, concebendo com clareza o que são factos essenciaes relativamente ao Autor (que são aquelles a que as leis do Codigo Civil tem ligado o direito que elle pertende se lhe faça effectivo) não formo idêa clara do que sejão factos essenciaes relativamente ao Reo, que não pertende se lhe faça effectivo direito algum, e so trata de impugnar o do Autor para se livrar de praticar os factos necessarios para satisfazer esse direito.

R. Verdade é que o Reo na simples qualidade de Reo, isto é, quando não reconvem o Autor, não pertende se lhe faça effectivo direito algum, e debaixo deste ponto de vista póde com razão ser taxada de pouco exacta a definição que démos no § antecedente de facto essencial. Todavia a pouca exactidão da dita definição ficará cessando, e vós concebereis o que é facto essencial relativamente ao Reo como concebeis o que é facto essencial relativamente ao Autor pela analyse das *poucas especies* de defeza de que o Reo póde usar.

§ 16.

P. Como assim! Pois as infinitas defezas de que os Reos podem uzar nas causas civeis reduzem-se a *poucas especies?*

R. Reduzem-se a tres unicas, ás quaes para fixar melhor minhas idêas chamarei (em relação á pertenção do Autor) *ex defectu legis – ex defectu facti* – e *ex alio facto.*

§ 17.

P. Quando tem logar e em que consiste a defeza *ex defectu legis?*

R. Tem logar todas as vezes que o direito que o autor pertende se lhe faça effectivo, se não deduz, segundo as leis do Codigo Civil, dos factos essenciaes pelo mesmo Autor allegados. E como nesta especie não ha questão de facto, consiste a dita defeza n'uma allegação juridica, tendente a demonstrar a não existencia do direito do Autor.

§ 18.

P. Quando tem logar e em que consiste a defeza *ex defectu facti?*

R. Tem logar quando todos ou alguns dos factos essenciaes allegados pelo Autor não existem. Nesta especie nega o Reo os ditos factos inexistentes, e a questão fica versando sobre a existencia, ou não existencia, dos referidos factos essenciaes allegados pelo Autor.

---

[7] Póde com tudo acontecer que um facto *essencial* deva ser considerado como facto *accidental* relativamente a outro ou a outros factos essenciaes.

§ 19.

P. Quando tem logar e em que consiste a defeza *ex alio facto?*

R. Tem logar quando, além dos factos essenciaes allegados pelo Autor, existem outros que juntos áquelles formão todos um grupo a que, segundo as leis do Codigo Civil, já não quadra o direito que o Autor pertende se lhe faça effectivo. Nesta especie allega o Reo os factos que assim são essenciaes á sua defeza, e a questão fica versando sobre a existencia, ou não existencia, destes factos. Eis aqui o que são *factos essenciaes relativamente ao Reo.*

§ 20.

P. As tres especies de defeza de que tendes tratado são incompativeis umas com as outras?

R. Não; e devem mesmo cumular-se quando a especie de que se trata assim o exigir. Mas, apesar dessa acumulação, sempre a presente theoria, e a certeza que da mesma resulta de que em materia de defeza do Reo se não póde sahir do pequeno circulo de idêas que temos traçado, ha de prestar grande auxilio ao Juiz no Relatorio de que trata o § 12, depois de o haver prestado aos Advogados para maior precisão e clareza, assim da exposição da pertenção do Autor, como da deducção da defeza do Reo.

§ 21.

P. Como concorre a separação dos factos dos direitos que dos mesmos factos resultão, para os Jurados conhecerem a verdade dos ditos factos (§ 10)?

R. Evita-se desta maneira que, na investigação do facto, se distraião os Jurados com objectos alheios das suas attribuições.

§ 22.

P. Visto isso, não devem as questões de direito ser tratadas perante o Jury?

R. Certamente que não, nas causas civeis.

§ 23.

P. Que differença ha entre as causas civeis e as crimes que possa justificar a que pertendeis introduzir no modo de applicar o Jury; quando este tem até agora sido constantemente empregado, tanto n'umas como n'outras, para decidir somente sobre o facto depois da plena discussão da causa?

R. Discutida plenamente a causa de facto e de direito perante o Jury, não póde a decisão deste deixar de ser subordinada ao todo da cusa; isto é, não póde deixar de participar do juizo, verdadeiro ou falso, que os Jurados fizerem da justiça ou injustiça da mesma causa. Ora, com quanto isto seja mui conveniente e mesmo essencial nas causas crimes, em que, attenta a sua clareza essencial nas causas crimes, em que, attenta a sua clareza e simplicidade, e bem assim a impossibilidade que ahi ha no meu systema, de separar o direito do facto, os Jurados tem de conhecer daquelles dous objectos, como se verá ex § 87, não é com tudo toleravel nas causas civeis, em que, sobre ser a dita separação mui facil, como já mostrámos no § 11, não ha, de ordinario, a clareza e simplicidade das causas crimes, antes encerrão as ditas causas civeis graves questões de direito, cuja discussão, por ser superior ás luzes dos jurados, so serve de lhes

444 • Direito Processual Penal

confundir as idêas, e de os inhabilitar para decidir com acêrto as questões de facto que lhes são submettidas.

§ 24.

P. Que deve então fazer o legislador?

R. Deve fazer discutir plenamente as causas crimes perante o Jury, a fim de que este as decida tanto de facto como de direito. E pelo que toca ás causas civeis, deve dispôr as cousas de modo que os Jurados deliberem somente sobre a existencia, ou não existencia, dos factos controversos de que resultão os direitos, debaixo da so influencia das provas desses factos, e sem relação alguma ao direito que lhes corresponde. De sorte que, no meu systema, póde e deve a decisão do Jury, nas causas civeis, ser considerada simplesmente como uma *prova da prova* dos factos controversos assenciais á causa; ou, se assim quizerem, como uma *prova legal* dos mesmos factos, *geral* e *unica: geral* em quanto todos elles devem ser submettidos a esta prova, e *unica* em quanto ella vai substituir todas as outras provas legaes[8].

§ 25.

P. Mas assim ides vós empregar o Jury d'uma maneira differente daquella por que elle tem sido empregado até agora tanto nas causas civies como nas crimes?

R. É verdade; e é por isso mesmo que eu espero que, postas de parte, quaesquer antipathias que possa haver contra o Jury, seja o presente systema julgado imparcialmente.

§ 26.

P. Como concorre o previo estabelecimento das questões de facto para os Jurados conhecerem a verdade do facto controverso (§ 10)?

R. O estabelecimento das questões de facto antes da sua investigação é necessario, porque sem elle impossivel é que as provas ou motivos de convicção, apresentadas aos Jurados no acto da investigação, lhes fação a devida impressão, e que os mesmos Jurados fação das ditas provas a conveniente applicação[9].

§ 27.

P. Como concorre, para os Jurados conhecerem a verdade do facto controverso, o investigar-se separadamente cada uma das questões de facto (§ 10)?

R. Esta providencia acabará de fixar a attenção dos Jurados sobre o so ponto de facto em actual discussão.

§ 28.

P. O vosso systema analytico, com quanto á primeira vista pareça proprio e adequado para descobrir a verdade, não deixará talvez de apresentar algumas difficuldades praticas, principal-

---

[8] *Verdade* legal sobre o facto, no meu systema, é o que como tal pareceo á maioria do Jury. Vid. § 8.

[9] Todas as nossas Reformas Judiciairias tem ordenado que se estabeleça os quesitos depois da discussão. – Em todas pois se tem discutido sem se saber o que!

mente a separação da investigação dos differentes pontos de facto comtroverso de que resultão os direitos; porque casos haverá em que a discussão d'um desses pontos de facto possa e deva influir no juiso que a respeito dos outros se deva formar. E de mais disso, não vos parece que pelo vosso systema se ha de tornar mui morosa a investigação do facto relactivamente ao todo da causa?

R. A primeira parte da vossa objecção, fundando-se, como se funda, na natureza das cousas (Vid. a nota ao § 14) deve determinar o legislador, não a renunciar o *principio* de separação da investigação dos differentes factos controversos de que resultão os direitos, mas a permittir a modificação do dito *principio* quando ao Presidente do Jury pareça conveniente: e é por isso que no § 10 se disse = quando forem muitos e distinctos = (os ditos factos). Agora pelo que pertence á segunda parte da objecção, são vossos receios infundados; porque, apenas o legislador introduzir no Processo, logo depois dos articulados das Partes, o interessantissimo acto do *estabelecimento da questão* (§ 12 e seguintes) vereis que o Juiz de Direito, mediante a separação das questões de facto das de direito, e da não menos importante separação dos factos essenciaes dos accidentaes ou probatorios, reduz, por via de regra, os factos essenciaes á causa a bem poucos e ao mesmo tempo bem simples pontos. E como destes se devem ainda separar os que as Partes não contestão, submettendo-se á discussão somente os controversos, vem o facto essencial respectivo a cada causa a ficar reduzido aos menos possivel no acto da sua investigação; que tanto se não demora pela separação dos differentes pontos de facto essencial, que é nessa mesma separação que se encontra o meio mais efficaz de abreviar a discusssão; porque, verificada a não existencia d'um facto essencial, torna-se ordinariamente desnecessaria a investigação dos restantes pela razão de que ja não é possivel deduzir delles direito algum.

§ 29.

P. Que deve fazer o legislador para os motivos de convicção *pro* ou *contra* a existencia dos factos controversos de que resultão os direitos operarem nos Jurados pelo seu peso natural e verdadeiro (§ 10)?

R. Deve incumbir o Juiz de Direito (imparcial por sua posição) de interrogar as testemunhas e peritos quando os houver – de ler os documentos .... n'uma palavra deve incumbi-lo da investigação desses factos perante o Jury, e regular as funcções dos Advogados por tal forma, que neste assumpto se limite ás de meros fiscaes da imparcialidade do Juiz, sem que jamais lhes seja permittido fazer discursos oratorios perante o jury sobre a existencia, ou não existencia, dos factos em questão[10].

§ 30.

P. Que deve fazer o legislador para os Jurados terem a capacidade intellectual recessaria para conhecer a verdade dos factos controversos de que resultão os direitos (§ 10)?

R. Tudo o que se disse (e é por esta razão que nós tratâmos em ultimo logar um ponto pelo qual parece que devêramos começar) ácerca da separação das questões de facto das de direito – do previo estabelecimento das questões de facto – da separação de cada uma destas questões

---

[10] Note-se que estamos aqui tratando das causas civeis.

446 • Direito Processual Penal

no acto de sua investigação – e do modo de conseguir que os motivos de convicção operem nos Jurados pelo seu peso natural e verdadeiro – vem a ser outros tantos meios indirectos de conseguir que os Jurados tenhão a capacidade intellectual necessaria para conhecer a verdade dos factos controversos; por que menos capacidade intellectual lhes é necessaria para a conhecer, sendo aquelles factos submettidos á sua deliberação pelo sobredito modo. Deve porem o legislador, álem dos referidos meios indirectos, empregar directamente os que lhe parecerem mais proprios e adequados para excluir quaesquer incapacidades, assim do quadro geral dos Jurados, como do Jury particular para cada causa.

§ 31.

P. Quaes são esses meios?

R. Quanto ao quadro geral dos Jurados, o mais proficuo é, por certo, a eleição popular. E pelo que toca ao Jury para cada causa, deve o legislador assegurar aos litigantes, por meio da recusação por escrutinio secreto, uma perfeita liberdade na exclusão dos Jurados que por qualquer motivo lhes pareção menos capazes de bem exercer suas funcções.

§ 32.

P. Que deve fazer o legislador para os Jurados votarem segundo a sua convicção (§ 6)?

R. Todos os meios acima referidos, de que convem lançar mão para os Jurados conhecerem a verdade do facto controverso, concorrem tambem para elles votarem segundo a sua convicção; porque, á proporção que esta for maior, mais fortes motivos seductores são necessarios para elles se afastarem della. O que porem aqui ha de mais essencial, é o enfraquecer o legislador a acção desses motivos seductores de modo que elles não influão, ou influão o menos possivel, na votação dos Jurados.

§ 33.

P. Como o conseguirá o legislador?

R. Fazendo-os votar por escrutinio secreto e com taes precauções que se torne *impossivel* o saber-se com certeza o voto de cada Jurado: porque neste caso pouco ou nada tem elles a esperar ou a recear do modo por que votarem, que os faça aberrar dos ditames da sua consciencia.

§ 34.

P. Que deve fazer o legislador para a decisão do Jury ser conforme á maioria dos votos dos Jurados (§ 6)?

R. Deve coloca-los, no acto da investigação do facto, em cadeiras que tenhão entre si uma separação que obste a que elles se communiquem suas idêas; e bem assim prohibir-lhes toda e qualquer conferencia antes da votação, tudo a fim de conseguir que os votos da minoria, ou mesmo d'algum Jurado influente, não arrastem comsigo (por motivos secretos a favor dos quaes nenhuma garantia ha) os genuinos votos da maior, que por serem a expressão da convicção que ella obteve durante a investigação publica, constituem a unica e verdadeira base da rectidão da decisão.

§ 35.

P. A providencia de que acabais de fallar não se torna necessaria ainda por outro motivo?

R. É tambem necessaria para assegurar o segredo da votação dos Jurados, do qual tratámos no § 33., e cujas consequencias são, sem duvida, da maior importancia.

§ 36.

P. Como conseguirá o legislador a justa applicação das leis do Codigo Civil na declaração judicial, assim dos direitos que resultão dos factos, como dos factos necessarios para satisfazer os direitos (§ 4)?

R. Dispondo as cousas de modo que os Juizes de Direito *saibão* fazer a dita applicação, e *queirão* effectivamente faze-la.

§ 37.

P. Como conseguirá o legislador o primeiro ponto?

R. Para o conseguir deve, antes de mais nada, substituir o exercicio da advocacia, ou do Ministerio Publico, que actualmente se exige como tirocinio dos Aspirantes á magistratura judicial para serem promovidos a Juizes de Direito, por ensaios praticos da dita applicação das leis, feitos pelos referidos Aspirantes sob a inspecção dos proprios Juizes de Direito; porque, sendo as funcções dos Advogados e dos Agentes do Ministerio Pubico essencialmente differentes das dos Juizes, não é naquella escola, mas sim nesta, que os Aspirantes á magistratura judicial podem adquirir os conhecimentos e os habitos de que precisão.

§ 38.

P. Que mais deve fazer o legislador para os Juizes de Direito, *saberem* fazer a justa applicação das leis aos factos (§ 35)?

R. Deve banir das *causas civeis* as allegações oraes sobre pontos de direito, como improprias para taes discussões – fazer tratar por escripto estas questões – e ordenar que os Juizes de Direito, assim de 1.ª como de 2.ª instancia, as não decidão em publico, mas sim no seu gabinete, aonde possão consultar seus livros e até seus amigos.

§ 39.

P. Mas dessa maneira ides vós suprimir a publicidade das decizões judicaes, que, sem duvida, é uma das melhores garantias da recta administração da justiça.

R. Não: a publicidade das decisões judiciaes sobre pontos de direito não fica supprimida no meu systema, antes sim consideravelmente augmentada e aperfeiçoada, como se verá dos §§ 40 e 46.

§ 40.

P. Como conseguirá o legislador o segundo ponto; isto é, que os Juizes de Direito *queirão* effectivamente fazer a justa applicação das leis aos factos (§ 36)?

R. Ligando o pundonor e o interesse individual dos mesmos Juizes ao exacto cumprimento deste seu dever.

448 • Direito Processual Penal

§ 41.

P. Como ligará o legislador o pundonor dos Juizes de Direito á justa applicação das leis?

R. Pelo que respeita aos Juizes de 1.ª instancia, estabelecendo a appellação de suas decisões para Juizes, em quem haja maiores garantias da rectidão do julgado; sendo porem a sentença da 2.ª instancia proferida no mesmo estado do processo, em que o fôra a da 1.ª Em quanto aos Juizes da 2.ª instancia, estabelecendo tambem ahi a *unidade* de Juiz. E em quanto a todos os Juizes de Direito, decretando a regular impressão das decisões judiciaes sobre pontos de direito, a fim do Publico conhecer o talento juridico dos mesmos Juizes.

§ 42.

P. Para que se ha de proferir a sentença da 2.ª instancia no mesmo estado do processo em que se proferíra a da 1.ª?

R. Para que o Juiz de 1.ª instancia não possa attribuir a reforma da sua sentença na 2.ª instancia a considerações que lhe não forão presentes.

§ 43.

P. Mas parece que então não podem as Partes fazer sobre a sentença do Juiz da 1.ª instancia as reflexões que bem lhes parecer: o que é um grave inconveniente; porque so depois de proferida a dita sentença, e de conhecidos os seus fundamentos, é que estes podem ser analysados.

R. Para evitar esse inconveniente deve o legislador admittir as ditas reflexões na 1.ª instancia, e permittir ao Juiz desta o confirmar ou reformar, á vista dellas, a sua primeira decisão. Mais simples, deve permittir a apellação somente das sentenças em que os Juizes da 1.ª instancia, á vista das mencionadas reflexões, confirmarem ou reformarem a sua primeira desisão.

§ 44.

P. Como concorre a unidade de Juiz para ligar o pundonor dos Juizes da 2.ª instancia, á justa applicação das leis (§ 41)?

R. Recahindo em um Juiz so todo o louvor ou vituperio que as decisões sobre pontos de direito trazem comsigo no meu systema de publicação das ditas decisões pela imprensa, ha de necessariamente a perspectiva desse louvor ou vituperio obrar com mais força no dito Juiz, do que em muitos, pelos quaes o mesmo louvor ou vituperio podesse ser repartido. De sorte que, nas questões de direito, mais esforços para acertar temos nós a esperar de um Juiz so, no systema que proponho, do que de muitos Juizes no systema de julgamento collegial.

§ 45.

P. Assim será. Mas o que é certo, é que no caso de se reformar, na 2.ª instancia, a sentença da 1.ª, nada mais fazeis que trocar a decisão de um Juiz pela decisão d'outro Juiz! Acaso vos esquecestes já de ter estabelecido a pluralidade de Juizes como uma garantia da rectidão da decisão sobre pontos de facto (§ § 6 e 7)?

R. Verdade é que, reformando-se a sentença na 2.ª instancia, trocâmos a decisão de um Juiz pela decisão de outro juiz; porem d'outro juiz, que, alem de maior capacidade proveniente de mais longa experiencia de negocios juridicos, tem mais meios d'acertar que o Juiz da 1.ª instancia; porque até se pódem arranjar as cousas de modo que a decisão da 2.ª instancia seja precedida do voto meramente consultivo d'alguns Juizes. Agora pelo que diz respeito á contradicção de que nos arguis, não passa ella de aparente, attenta a grande diferença que ha entre as questões de facto e as questões de direito. Naquellas depende a opinião dos Jurados das provas, ou motivos de convicção, que sobre a existencia do facto lhes são apresentadas, as quaes, devendo operar nos mesmos Jurados pelo seu peso natural (§ § 8, 10 e 29) não presisão elles para as avaliar d'alguma outra sciencia que não seja a pratica e uso do mundo. Nesta depende a opinião dos Juizes da sua maior ou menor sciencia de direito, sciencia que, como todos sabem, so se adquire com grande trabalho, para suportar o qual são necessarios mui fortes motivos. De mais disso, nas questões de facto, nada resta depois da investigação do mesmo, que possa attestar o acêrto ou desacêrto da decisão; quando nas questões de direito, a propria decisão fica constituindo um monumento para attestar perpetuamente a capacidade ou incapacidade de quem a proferio. Foi pois tendo em vista tão salientes differenças entre estas duas especies de questões, que nós, nas questões de fecto, em que, para assim dizer, não é necessario augmentar a capacidade dos Jurados, e nem mesmo isso é possivel por falta de meios adquados, adoptámos a pluralidade de Juizes, e a maioria de votos, como a melhor garantia da rectidão da decisão, e nas questões de direito, adoptámos agora como garantia da rectidão da sua respectiva decisão a unidade de Juiz, pelo que esta tende a augmentar a capacidade do mesmo Juiz (§ 44) da qual a dita rectidão da decisão incontestavelmente depende.

§ 46.

P. Tambem receio que não seja possivel a regular impressão das decisões judiciaes sobre pontos de direito (§ 41).

R. A impossibilidade que se vos afigura sobre esse objecto desaparecerá á vista do modo por que a dita impressão se ha de levar a effeito.

§ 47.

P. Como ligará o legislador o interesse individual dos Juizes de Direito á justa applicação das leis (§ 40)?

R. Depois de decretar a perpetuidade dos logares da magitratura judicial de modo que os providos nelles os não possão perder senão por sentença legalmente proferida, deve estabelecer a promoção gradual dos Juizes *segundo o seu merecimento,* augmentando quanto possivel seja os gráos da escala judicial[11].

§ 48.

P. Que entendeis por augmento de gráos na escala judicial?

R. Como quaesquer divisões do territorio não possão ser iguaes a todos os respeitos, deve o legislador aproveitar esta desigualdade para classificar os logares de justiça de tal modo, que offereção aos respectivos Empregados uma escala pela qual vão subindo para logares de maior ordenado, ainda que nem sempre sejão de maior jurisdicção.

---

[11] A antiguidade vai incluida no *merecimento* posto que este se não forme somente della.

450 • Direito Processual Penal

§ 49.

P. Quem ha de julgar do merecimento dos Juizes para effeito de serem promovidos segundo elle (§ 47)?

R. O Supremo Tribunal de Justiça em Proposta ao Governo com referencia ás decisões e mais circumstancias demonstrativas do dito merecimento, imprimindo-se esta Proposta ou Consulta, para que o Publico possa verificar a existencia, e apreciar o valor das provas em que ella se fundar[12].

§ 50.

P. O vosso systema de perpetuidade dos Empregados – publicidade dos actos do processo pela imprensa - promoção gradual dos Empregados segundo o seu merecimento, não se póde estender dos Juizes aos de mais Empregados de Justiça?

R. Certamente; e deve o legislador dar-lhe toda a amplitude possivel; porque so assim é que elle póde crear para os ditos empregados, na sua respectiva carreira, um futuro e uma esperança capazes de os fazer servir gostosos, não so pelo ordenado que recebem, mas tambem pelo que hão de vir a receber, achando-se assim o seu interesse individual em perfeita harmonia com o pontual desempenho de seus deveres.

§ 51.

P. Como se hão de promover os Empregados subalternos de Justiça?

R. Tranferindo-os, segundo o seu merecimento, dos logares de menor para os de maior ordenado.

§ 52.

P. O vosso systema de promoção gradual não offerece ainda outra vantagem?

R. Offerece a de proporcionar o augmento do trabalho á capacidade presumida dos Empregados pelo exercicio que hão tido em outros logares de menos afluencia de negocios.

§ 53.

P. Como conseguirá o legislador a prompta execução do julgado (§ 4)?

R. Reconhecendo uma facto incontestavel; a saber, que na execução do julgado *não se julga – opera-se;* e admitindo as consequencias que naturalmente se derivão do mesmo facto, a saber, que a execução do julgado não deve ser incumbida ao Juiz, mas a um mero *executor*; e que da execução do julgado se não deve formar um processo, mas lavrar-se um auto.

§ 54.

P. Como conseguirá o legislador a maior economia possivel (§ 4)?

---

[12] O Supremo Tribunal de Justiça, em o meu systema de processo, não so preside á administração da Justiça em todo o reino, mas gosa dos meios necessarios para conhecer o merecimento, assim dos Juizes, como dos mais Empregados de Justiça.

R. Reduzindo os actos do processo aos sos necessarios, e dispondo as cousas de modo que estes actos custem ao Thesouro Publico e ás Partes o menos possivel, em dinheiro, em tempo perdido, e em incommodos.

§ 55.

P. Como reduzirá o legislador os actos do processo aos sos necessarios?

R. Os actos do processo ficarão naturalmente reduzidos aos sos necessarios, desde que o legislador se deixar possuir plenamente do seu objecto, que nas causas civeis consiste essencialmente em estabelecer os meios mais proprios e adequados para averiguar a existencia dos factos occorridos de que resultão os direitos – para declarar judicialmente os direitos que resultão desses factos – para designar, do mesmo modo, os factos necessarios para satisfazer aquelles direitos – para fazer praticar estes ultimos factos (§ 3). O que porem o legislador deve ter muito a peito, é estabelecer uma garantia capaz de conter o processo dentro dos seus limites naturaes, preservando-o das excursões da chicana e das ciladas que os interesses divergentes dos litigantes não poderão deixar de lhe armar, garantia esta de que logo fallaremos.

§ 56.

P. Que deve o legislador para os actos do processo custarem o menos possivel em dinheiro (§ 54)?

R. Os actos do processo custarão o menos possivel em dinheiro, quando as quantias, com que cada um dos litigantes concorrer, calculadas em relação ao valor da causa, e sobre o numero e importancia dos termos que ella progredir, não excederem em todo o reino a somma necessaria para o pagamento d'ordenados rasoaveis a todos os Empregados de Justiça, segundo a graduação de cada um, e a importancia de suas attribuições. Por tanto, para o legislador conseguir que os actos do processo custem o menos possivel em dinheiro, deve abolir o systema de emolumentos, e substitui-lo por ordenados, pagos pelo Thesouro Publico, o qual, para fazer face a esta despeza, receberá dos litigantes vencidos uma quota parte do valor das demandas, calculada da maneira sobredita[13].

§ 57.

P. Que deve fazer o legislador para os actos do processo custarem o menos possivel em tempo perdido e incommodos (§ 54)?

R. Para o legislador minorar a perda de tempo e os incommodos dos litigantes e mais pessoas que intervem no processo, deve fixar as epocas e os dias em que hão de ter logar os differentes actos do mesmo processo por tal forma, que aquellas epocas e dias dependão da disposição da lei, e o menos que for possivel do arbitrio do Juiz ou d'outra alguma pessoa; e deve outro sim estabelecer a *marcha officiosa do processo* por tal forma, que o seu regular andamento fique a cargo dos Empregados de Justiça, independentemente de solicitação das Partes, desde que estas tiverem feito os depositos a que são obrigadas, ou prestado as devidas fianças. E é esta

---

[13] O argumento de que o systema de ordenados não offerece, como o de emolumentos, aos Empregados Publicos um estimulo ou incentivo para o trabalho, não procede no meu systema de processo, attenta a estreita relação que ha de haver entre o pagamento do ordenado e a effectividade do serviço.

452 • Direito Processual Penal

marcha officiosa do processo (tal qual eu a concebo) a garantia de que acima fallámos no § 55 de conservar o processo em toda a sua pureza; por quanto desde que os Empregados de Justiça não receberem emolumentos por cada um dos actos do processo, e por todo o decurso delle, cessará sua natural tendencia para augmentar esses actos, e espaçar a conclusão do negocio; e como por outro lado ficão responsaveis por aquelles actos que a lei marca, e que devem ter logar nas epocas e nos dias designados na mesma lei, resultará desta combinação a perfeita regularidade do processo, a qual muito ha de concorrer para a boa administração da Justiça; porque o = *quod abundat non nocet* = é uma maxima falsa quando se applica ao processo.

§ 58.

P. Como conseguirá o legislador a indemnisação da Parte vencedora (§ 4)?

R. Para a conseguir deve fixar quanto for possivel as despezas das demandas. Pelo que, estabelecida a *marcha officiosa do processo,* e substituido o systema de emolumentos pela quota parte do valor da causa, que a Parte vencida paga ao Thesouro Publico, ja o legislador tem avançado tanto no transcendente assumpto da indemnisação da Parte vencedora, que pouco lhe resta a fazer para o levar áquelle ponto de perfeição que é necessaria para assegurar os beneficos effeitos da mesma indemnisação; isto é, para tornar circumspectos os litigantes temerarios, e afuguentar do foro os injustos e dolosos.

§ 59.

P. E não ha outros objectos, alem dos referidos no § 4.º, de que o legislador se deva occupar no Codigo do Processo Civil?

R. Deve tambem ahi dispor as cousas de modo que se possa obter uma decisão prompta nos casos urgentes ou de Justiça manifesta – providencia ácerca dos factos essenciaes supervenientes – estabelecer um processo adequado para as causas de pouco valor – e regular a forma d'alguns actos estranhos á ordem do processo.

§ 60.

P. Como disporá o legislador as cousas de modo que se possa obter uma decisão prompta nos casos urgentes ou de justiça manifesta?

R. O meio mais natural e simples de prover neste interessante assumpto é, por certo, o de permittir em os ditos casos uma decisão provisoria, exequivel desde logo, dando o Autor as necessarias garantias de indemnisar o Reo de quaesquer prejuizos, e de repor o negocio no antigo estado, se, não se contentando as Partes com a decisão provisoria, esta vier a ser reformada por sentença definitiva.

§ 61.

P. O que entendeis por factos essenciaes supervenientes (§ 59)?

R. Entendo os que occorrem desde a instauração do processo até á effectiva execução do julgado, os quaes, segundo as leis do Codigo Civil, alterão d'alguma maneira o direito que Autor pretende se lhe faça effectivo, ou os factos nessarios para satisfazer esse direito.

§ 62.

P. Que processo deve adoptar o legislador para averiguar a existencia dos factos essenciaes supervenientes – declarar *judicialmente,* os direitos que resultão desses factos – e designar os factos necessarios para satisfazer estes direitos?

R. O mesmo processo que elle tiver estabelecido para obter os mesmos fins na causa principal; porque, devendo este processo ser o melhor que se possa imaginar, claro está que não póde haver outro pelo qual deva ser substituido.

§ 63.

P. Que processo deve estabelecer o legislador para as causas de pouco valor (§ 59)?

R. A observação que fizemos no § antecedente parece levar-nos tambem a concluir que para as causas de pouco valor se não deve fazer excepção alguma na regra geral do processo. Todavia o diminuto valor destas causas authorisa o legislador a substituir aquelle processo por outro, cuja imperfeição, pelo lado das garantias da rectidão de julgado, seja compensada por maior simplicidade e expedição; por quanto é na curta duração de taes demandas que consiste o verdadeiro interesse dos litigantes e do Estado.

§ 64.

P. Que entendeis por actos estranhos á ordem do processo, dos quaes deve o legislador occupar-se no Codigo do Processo Civil (§ 59)?

R. Entendo os necessarios, ou seja para as Partes poderem litigar, ou para assegurar a execução do futuro julgado, ou para deduzir do dito acto algum direito ou cessação de direito, ou finalmente para adquirir a prova d'algum facto de que se deduza algum direito ou cessação de direito[14]. E deve o legislador no Codigo do Processo Civil regular a forma destes actos sob pena de ficar imcompleta a sua obra; por quanto, depois de estabelecidos os meios mais proprios e adequados para averiguar a existencia dos factos de que resultão os direitos – para declarar judicialmente os direitos que resultão desses factos – para designar, do mesmo modo, os factos necessarios para satisfazer os referidos direitos – e para fazer praticar estes ultimos factos (tudo isto com a maior economia possivel, e da maneira mais adequada para se verificar a indemnisação da Parte vencedora); depois de dispostas as cousas de modo que nos casos urgentes se possa obter uma decisão prompta; depois de dadas as necessarias providencias ácerca dos factos essenciaes supervenientes occorridos desde a instauração do processo até a effectiva execução do julgado, que d'alguma maneira alterão o direito que o Autor pretende se lhe faça effectivo, ou os factos necessarios para satisfazer esse direito; depois finalmente, de estabelecido um processo adequado para as causas de pouco valor; é evidente que, para o legislador possuir a convicção de que tem estabelecido *todos* os meios necessarios para tornar effectivos os direitos que a qualquer individuo possão competir, ainda lhe resta (mas so isso) regular a forma dos actos estranhos á ordem do processo, que acima ficão indicados.

---

[14] Podéramos dizer, e talvez com mais propriedade, – cessação de obrigação –; porque não é o possuidor do direito, mas sim aquelle que tem a obrigação de satisfazer a esse direito, o que ordinariamente promoverá taes actos.

454 • Direito Processual Penal

§ 65.

P. Como regulará o legislador a forma desses actos?

R. Deve ordenar que elles sejão praticados perante a respectiva authoridade administrativa, e outro sim que esta jamais permitta aquelles que envolverem violação do direito de propriedade, ou que de qualquer maneira offenderem a liberdade individual, ou a inviolabilidade da casa do cidadão, sem primeiro obter exactas informações ácerca das circumstancias que tornão legitimos os ditos actos, e sem que o requerente preste fiança idonea á indemnisação de quaesquer prejuizos que a Parte contraria indevidamente haja de sofrer.

§ 66.

P. Porque razão hão de estes actos ser praticados perante a authoridade administrativa e não perante a authoridade judicial?

R. Porque realmente elles não são materia de jugamento; isto é, d'applicação das leis ao facto. E se alguns ha que como taes possão ser considerados[15] não são susceptiveis das formas judiciaes pelo segredo, e muitas vezes pela rapidez, com que convém proceder; sendo, sem duvida, as authoridades administrativas as que estão em circumstancias d'obrar com mais acêrto a este respeito, pelo conhecimento que devem ter das cousas e das pessoas dos seus administrados, como ao diante se dirá quando, na theoria do processo criminal, tratarmos da prisão dos delinquentes.

SECÇÃO 2.ª

DO PROCESSO CRIMINAL

§ 67.

P. O que entendeis por processo criminal?

R. Entendo um systema de meios legaes, pelos quaes o Estado inflige aos delinquentes uma pena proporcionada ao delicto, para emenda dos mesmos delinquentes, e exemplo publico; tudo a fim de taes delictos se não repetirem na sociedade[16].

---

[15] Por exemplo; o embargo ou arresto permittido pela lei em certas circumstancias.

[16] Se ao legislador fosse possivel declarar precisamente no Codigo Penal, quaes são os factos de que resultão ao Estado direitos relativamente á punição dos autores desses factos, e os factos com que esses direitos se devião satisfazer; isto é, as penas que os autores daquelles factos devião sofrer para satisfazer os mencionados direitos (Vid. o § 3) não teria eu necessidade de definir aqui o processo criminal de um modo differente daquelle porque defini o processo civil. As cousas porem correm incontestavelmente d'outro modo; porque tão facil é ao legislador o declarar no Codigo Civil quaes são os factos de que resultão os direitos, e quaes são os factos necessarios para satisfazer esses direitos, quanto é difficil, no Codigo Penal, o declarar precisamente os factos de que ao Estado resultão direitos pelo que respeita á punição dos delinquentes, e os factos, isto é, as penas necessarias para satisfazer esses direitos. Que um homem furte um pão estando farto ou a morrer de fome, que o pão seja de um rico ou de um pobre, que estivesse bem ou mal arrecadado &c. &c. nada disto influe no direito civil que o legislador deve ligar ao facto daquelle furto, a favor do dono do pão; direito, que se satisfará com a restituição do pão ou do seu valor. Mas quem poderá dizer outro tanto a respeito da punição do autor daquelle furto, e da pena que lhe deva ser infligida?! Fique pois notada a differença que ha entre o Codigo Civil e o Codigo Penal, para justificar a differença da definição de um e d'outro processo.

§ 68.

P. Segundo a definição que acabais de dar do processo criminal, não póde intervir nelle como Autor qualquer particular, nem mesmo a Parte offendida!

R. Certamente que não: porque, com quanto todos os cidadãos sejão interessados na repressão dos delictos e na manutenção da ordem publica, não deve por isso a punição dos delinquentes andar a reboque do capricho e das paixões de um simples particular. A direcção deste negocio deve ser incumbida ao Ministerio Publico para que os respectivos Empregados, no exercicio de suas funcções, so tenhão em vista os verdadeiros interesses do Estado.

§ 69.

P. O que acabaes de dizer prova que o M. P. é d'absoluta necessidade. Mas porque não ha de o legislador, para melhor conseguir a punição dos delinquentes, reunir aos esforços do M. P. os dos particulares, permittindo-lhes o intervirem como co'autores no processo criminal?

R. A Partes offendida, e quaesquer outras pessoas que se sintão com disposição para accusar o Reo, hão de naturalmente coadjuvar o M. P. participando-lhe tudo o que souberem ácerca do delicto; e para isto não precisa o legislador de dar a mais pequena providencia. Agora pelo que pertence a intervirem ellas como Autores no processo criminal juntamente com o M. P. não lh'o deve permittir o legislador, porque convem muitissimo para a regularidade das funcções do M. P. que os seus Empregados não tenhão a quem se ater nem com quem se desculpar.

§ 70.

P. Como assim = com quem se desculpar =! Pois a intervenção dos particulares como Autores no processo criminal juntamente com o M. P., póde obstar ás intenções do mesmo M. P.?

R. Certamente que póde; porque, admittidos os particulares como co'autores no processo criminal, forçoso é conceder-lhes o allegarem factos e o produzirem provas, com o que podem prejudicar ao exito da causa, desde o momento em que tiverem (como podem ter) qualquer motivo que a isso os mova. E eis ahi um argumento sem replica para não deverem os particulares ser admittidos como Autores no processo criminal juntamente com o M. P., *salva a indemnisação da Parte offendida.*

§ 71.

P. Mas como assegurará então o legislador a indemnisação da Parte offendida?

R. Concedendo-lhe a acção civil para ella haver do delinquente a dita indemnisação no caso de que qualquer pena pecuniaria imposta ao delinquente no processo criminal, applicada para a Parte offendida, não seja sufficiente para a mesma indemnisação.

§ 72.

P. Visto isso sempre se trata no processo criminal da indemnisação da Parte offendida, quando, não intervindo ella no dito processo, parecia mais simples estabelecer uma linha de demarcação entre a dita indemnisação e a pena que de mais a mais deve ser imposta aos delinquentes, para dar á primeira a natureza de um negocio meramente civil, e fazer da segunda o objecto do processo criminal. Porque não adoptaes este systema?

456 • Direito Processual Penal

R. Porque elle tem o gravissimo inconveniente de se não poder combinar a pena imposta ao delinquente com a indemnisação da Parte offendida, sendo certo que de todas as penas as mais rasoaveis são aquellas que se convertem em proveito da dita Parte offendida, pela quaes se deve sempre começar todas as vezes que ellas não forem incompativeis com as faculdades do Reo.

§ 73.

P. Como conseguirá o legislador aos fins do processo criminal referidos no § 67?

R. Para os conseguir deve empregar os meios que lhe parecerem mais proprios e adequados; 1.º para que os Empregados do M. P. tenhão noticia dos delictos apenas commettidos; 2.º para que os ditos Empregados obtenhão as necessarias informações, assim dos delictos como dos delinquentes; 3.º para que estas informações, e os mesmos delictos, sejão devidamente avaliados, quando se tratar de submetter o negocio ao Poder Judicial; 4.º para que as provas dos delictos e dos delinquentes, e os mesmos delictos, sejão devidamente avaliados, quando se tratar d'absolver o Reo, ou de o condenar em menor ou maior pena; 5.º para que aos delinquentes se imponha a pena que for mais proporcionada ao delicto; 6.º para que esta seja effectivamente infligida aos delinquentes, tanto quanto o exigir o interesse do Estado; 7.º para que as sentenças proferidas no processo criminal tenhão toda a publicidade.

§ 74.

P. Que deve fazer o legislador para os Empregados do M. P. terem noticia dos delictos?

R. Alem de permittir a todo o cidadão o denunciar ao M. P. quaesquer delictos, deve impor essa obrigação, para com seus superiores, não so aos Empregados subalternos do M. P., mas tambem aos da administração propriamente dicta, e bem assim deve colocar na comarca, que for séde de districto administrativo, um Procurador Regio, o qual, tendo com a principal authoridade administrativa conferencias regulares, e estando por isso ao facto do que no mesmo districto se passa, possa suprir pelas participações das authoridades administrativas qualquer falta que porventura tenha havido nas dos seus subalternos, a fim de dirigir com acêrto a acção do M. P. por si na comarca cabeça do districto, e pelos seus Delegados nas de mais comarcas de que o districto se composer.

§ 75.

P. Que deve fazer o legislador para os Empregados do M. P. obterem as necessarias informações dos delictos e dos delinquentes (§ 73)?

R. Deve empregar os meios mais proprios e adequados para que os dictos Empregados; 1.º tenhão a capacidade e aptidão necessarias para as obter; 2.º desejem sinceramente obte-las; 3.ª não encontrem nesta tarefa mais difficuldades que as provenientes e inseparaveis da natureza do objecto.

§ 76.

P. Como conseguirá o legislador que os Empregados do M. P. tenhão a capacidade e aptidão necessarias para obter as necessarias informações dos delictos e dos delinquentes?

R. Para o conseguir deve fazer do exercicio das funcções do M. P. não o tirocinio para o exercicio das funcções judiciaes (Vid. o § 37) mas sim uma profissão separada, que seja continuadamente exercida por uma classe de Empregados que não tenhão outras attribuições, e que de mais a mais passem por um tirocinio proprio daquellas que exercitão.

§ 77.

P. Como conseguir o legislador que os Empregados do M. P. tenhão desejo sincero d'obter as necessarias informações dos delictos e dos delinquentes (§ 75)?

R. Ligando o pundonor e o interesse individual dos ditos Empregados do M. P., em cada uma das comarcas, ao exacto cumprimento deste seu dever.

§ 78.

P. Como ligará o legislador o pundonor dos Empregados ao M. P. ao exacto cumprimento do dito seu dever?

R. Dispondo as cousas de modo, que do desleixo ou prevaricação dos ditos Empregados se não siga a impunidade dos delinquentes, e só sim o descredito das respectivos Empregados, por passarem as devidas averiguações a ser immediatamente feitas por outros de maior confiança e de mais provada aptidão.

§ 79.

P. Como ligará o legislador o interesse individual dos Empregados do M. P. ao exacto cumprimento do seu dever (§ 77)?

R. Empregando a respeito dos ditos Empregados os meios de que tratão os §§ 47 e 50 relativamente aos Juizes de Direito e mais Empregados de Justiça.

§ 80.

P. Como conseguirá o legislador que os Empregados do M. P., na tarefa de explorar as provas dos delictos e dos delinquentes, não encontrem mais difficuldades que as provenientes e inseparaveis da natureza do objecto (§ 75)?

R. Permittindo-lhes o colligirem todas as informações que poderem obter sobre os ditos dous assumptos sem mais formalidades que aquellas com que procedem os particulares para se certificarem de seus direitos, e deliberarem ácerca da instauração de qualquer causa civel.

§ 81.

P. Como conseguirá o legislador que as informações ácerca dos delictos e dos delinquentes, e os mesmos delictos sejão devidamente avaliados, quando se tratar de submetter o negocio ao Poder Judicial (§ 73)?

R. Incumbindo a deliberação sobre este pondo a uma Junta composta das principaes authoridades administrativas (entre estas contamos os Empregados do Ministerio Publico) encarregadas da manutenção da ordem publica em cada districto administrativo; porque impossivel será que ellas não desejem ver punidos os delinquentes, para effeito de se conservar aquella ordem publica: e de mais disso, se alguma das referidas authoridades não tiver, por motivos seductores, esse desejo, não é de presumir que elle falte na maioria da Junta.

458 • Direito Processual Penal

§ 82.

P. Como conseguirá o legislador que as provas dos delictos e dos delinquentes, e os mesmos delictos sejão devidamente avaliados, quando se tratar d'absolver o Reo, ou de o condemnar em menor ou maior pena (§ 73)?

R. Eis ahi o ponto principal; e tambem aquelle que so deve ser confiado de quem não possa ter interesses differentes dos do povo; isto é, deve ser incumbido a um Jury que represente a parte do povo mais intelligente e moral[17].

§ 83.

P. Como se obterá esse Jury?

R. Pelo modo indicado no § 31.

§ 84.

P. As de mais providencias de que trata o § 10 até o § 35 para assegurar nas causas civeis a recta decisão ácerca dos factos occorridos de que resultão os direitos, não são tambem applicaveis ao processo criminal?

R. São certamente; menos as que dizem respeito á separação do facto do direito, por não convir esta separação, nem mesmo ser possivel, nas causas crimes como ja mostrámos nos §§ 23 e 24 e na nota ao § 67.

§ 85.

P. Como conseguirá o legislador que a pena imposta aos delinquentes seja proporcionada ao delicto (§ 73)? E (antes disso) que vantagens resultão dessa proporção?

R. De ser proporcionada ao delicto a pena imposta aos delinquentes, resulta o terem estes, durante mesmo a execução do delicto, motivos de interesse individual para parar a cada momento, e deixar de praticar quaesquer actos, que, considerados como novos delictos, ou como circumstancias aggravantes do primeiro, possão augmentar a sua culpabilidade, vantagem esta tão ponderosa que me dispensa de relatar outras. Agora pelo que pertence aos meios d'obter a mencionada proporção entre o delicto e a pena, como os ate agora empregados são manifestamente defeituosos, deve o legislador recorrer áquelle que lhe parecer mais proprio e efficaz para conseguir um fim tão transcendente.

§ 86.

P. Que meios se tem adoptado ate ao presente para obter a proporção entre o delicto e a pena, e quaes são os defeitos desses meios?

R. O meio mais proprio que se tem empregado para conseguir aquelle fim é, sem duvida, o de fazer declarar pelo Jury d'entre os gráos de culpabilidade marcados pelo legislador (por exemplo 1.º, 2.º, 3.º) aquelle em que o Reo se acha, a fim de lhe ser imposta a pena que no

---

[17] O nosso systema de processo criminal não admitte pronuncia dos Reos. Ficando pois em todo o vigor o disposto no § 2 art. 9 da Carta Constitucional, desaparece inteiramente o objecto do § 3 art. 67 que por isso se deverá ter como eleminado.

Codigo Penal corresponde a esse gráo de cultabilidade. Como porem o legislador não póde marcar todos os gráos de culpabilidade, porque estes são infinitos como as circumstancias attenuantes ou aggravantes de que o delicto se póde revestir; e não póde outro sim conhecer o gráo de sofrimento que qualquer pena vai produzir no delinquente, por este sofrimento tambem variar ate o infinito segundo as circumstancias particulares do memo delinquente, acontece ordinariamente não coincidir o verdadeiro gráo de culpabilidade do Reo com nenhum dos marcados pelo legislador, e menos coincidir ainda a pena correspondente a qualquer destes gráos, marcados pelo legislador, com o dito verdadeiro gráo de culpabilidade do Reo, attentas as circumstancias particulares em que elle se acha relativamente áquella pena: na qual hypothese tem de se impor ao Reo uma pena duplicadamente desproporcionada, se o Jury, para evitar esse inconveniente, não toma (como muitas vezes succede) o expediente, não menos nocivo, de declarar não provado o delicto.

§ 87.

P. Que deve pois fazer o legislador para obter a proporção entre o delicto e a pena?

R. Deve incumbir o Jury de declarar a qualidade e quantidade da pena que deve ser imposta ao Reo, depois de serem presentes ao mesmo Jury todas as circumstancias, que, como dito fica, podem e devem influir nesta decisão.

§ 88.

P. Visto isso, não seguis vós o *principio* – que em materia penal tudo deve ser claro e expresso – ?

R. O systema que se funda nesse principio lucta com tão grandes difficuldades que por impossivel tenho realisa-lo. Demais disso, tendo-se nelle em vista offerecer alguma garantia a favor dos governados, quando estes são julgados por commissarios do Governo e Agentes do Poder, é na verdade essa garantia bem fraca, se a compararmos com a que resulta de serem os Reos julgados por um Jury que represente, como dito fica, e ainda mais uma vez repetimos, a parte do povo mais intelligente e moral.

§ 89.

P. Mas se o Jury ha de declarar a qualidade e a quantidade da pena que deve ser imposta ao Reo no caso espacial de que se tratar, que tem o legislador a fazer no Codigo Penal?

R. O Codigo Penal em o meu systema reduz-se a dous cathalogos, um de delictos e outro de penas, e a um so artigo, no qual o legislador diga que todo o individuo que commeter qualquer dos delictos, de que trata o primeiro Cathalogo, será obrigado a indemnisar a Parte offendida, e a sofrer d'entre as penas, enumeradas no segundo, aquella que em qualidade e quantidade for mais proporcinada ao delicto, attenta a gravidade do mesmo, a culpabilidade do Reo, e suas particulares circumstancias, tudo isto segundo o Juizo de Jurados que representem o paiz.

§ 90.

P. Que deve fazer o legislador para que a pena imposta aos delinquentes lhes seja effectivamente infligida, tanto quanto o exigir o interesse do Estado (§ 73)?

460 • Direito Processual Penal

R. Primeiramente deve conceder ás authoridades administrativas a faculdade de mandar prender o Reo antes de sentença condemnatoria, nos delictos graves, quando houver indicios fortes contra elle, e a prisão se tornar necessaria para assegurar a inflicção da pena, por o dito Reo não offerecer garantias sufficientes de estar em juizo até final. E deve outro sim ordenar que as penas impostas aos delinquentes lhes sejão infligidas debaixo da inspecção das authoridades administrativas, depois destas haverem informado o Governo de todas as circumstancias que possão influir de alguma maneira no exercicio do Poder Moderador, pelo que respeita ao perdão ou minoração das penas. Isto pelo que pertence ás penas corporaes; porque, em quanto ás pecuniarias, deve o legislador ordenar que o Reo seja executado por ellas, como por qualquer outra divida julgada por sentença.

§ 91.

P. Porque razão ha de o legislador encarregar as authoridades administrativas e não as judiciaes de proceder antes de sentença á prisão dos presumidos delinquentes, para assegurar a inflicção da pena?

R. A prisão dos delinquentes antes de sentença condemnatoria, para assegurar a inflicção da pena, é uma medida de pura prevenção, a qual, por isso, compete mais propriamente ás authoridades administrativas que ás judiciaes. Demais disso, é este um negocio que se reveste de tantas e tão variadas circumstancias, que so as authoridades administrativas podem, pelo conhecimento que devem ter das pessoas e das cousas dos seus administrados, proceder nelle com a necessaria promptidão e devido acêrto (§ 66).

§ 92.

P. Mas como evitará o legislador o abuso que da parte da authoridade administrativa póde haver em objecto de tanta importancia?

R. Empregando os correctivos que a natureza das cousas lhe oferece; a saber 1.º limitação do tempo da prisão ao so necessario para o proseguimento dos termos legaes da accusação; 2.º indemnisação do Reo pelo Estado, no caso de o julgar innocente o Jury; 3.º acção criminal contra a authoridade administrativa que ordenou a prisão, quando o mesmo Jury a declarar suspeita de dolo.

§ 93.

P. Que deve fazer o legislador para que as sentenças proferidas no processo criminal tenhão a possivel publicidade (§ 73)?

R. É este um ponto de muita importancia, para conseguir o qual, não basta, por certo, a publicidade do julgamento da causa, nem a que resulta da publicação da sentença nos Periodicos. Deve por tanto o legislador ordenar que os Parochos de todo o reino, nos delictos graves, e os do respectivo districto administrativo, nos menos graves, em as suas respectivas Igrejas na occasião de maior concurso do povo para satisfazer os preceitos da religião, leião aos freguezes as sentenças criminaes, acompanhando esta leitura de convenientes explicações, e de uma pratica tendente a inspirar o amor á virtude e o horror do crime.

§ 94.

P. O que se disse no § 54 e seguintes ácerca da economia e da indemnisação da Parte vencedora não é tambem applicavel ao processo criminal?

R. O que se disse ácerca de dever o legislador reduzir os actos do processo aos sos necessarios – marcar as epocas em que os ditos actos hão de ter logar – e estabelecer a *marcha officiosa do processo*, é, sem duvida, applicavel ao processo criminal. Quanto porem a substituir os emolumentos dos Empregados de Justiça por certa quantia paga pela Parte vencida ao Thesouro Publico, não tem logar esta providencia no processo criminal; porque, assegurada *aliunde* (Vid. o § 56) a decente sustentação dos Empregados de Justiça, deve o dito processo criminal ser, alem d'officioso, gratuito.

§ 95.

P. Porque deve ser gratuito o processo criminal?

R. Por duas razões; 1.º para que a acção do Ministerio Publico seja exercida com perfeita igualdade sem fazer distincção entre o rico que tem com que pague as custas do processo, e o pobre que não tem com que as pague; 2.º para que a condemnação nas custas não va transtornar a proporção que deve haver entre o delicto e apena, visto que a mesma quantia de custas, que arruinaria um Reo pouco abastado, seria indifferente a um rico.

§ 96.

P. O que dissestes á cerca de deverem as provas dos delictos e dos delinquentes, e os mesmos delictos, ser avaliados pelas authoridades administrativas quando se tratar de submetter o negocio ao Poder Judicial (§ 81), e por um Jury que represente a parte do povo mais intelligente e moral, quando se tratar de impor ao Reo alguma pena (§ 82), constitue uma regra tão geral que não admitta excepção?

R. Devem exceptuar-se da dita regra geral os delictos commettidos pelos Empregados de Justiça (entre estes contâmos os da administração que figurão no processo criminal), e bem assim os commettidos pelos particulares contra os Empregados de Justiça; porque são estes delictos de tal natureza, que so o Supremo Tribunal de Justiça (que em nosso systema preside á administração da Justiça em todo o reino, e cujos Membros se achão já, para assim dizer, n'uma região sobranceira ás paixões) pode avalia-los devidamente, para effeito de punir com justa severidade, assim os máos Empregados de justiça, como quaesquer individuos que os não respeitarem, como é do dever de todo o cidadãos, e a ordem publica exige.

§ 97.

P. Quem ha de conhecer dos delictos de que trata o § antecedente, commettidos pelos Membros do Supremo Tribunal de Justiça ou contra os Membros do Supremo Tribunal de Justiça?

R. Como então se trata do – qui gardera les gardiens – indespensavel é um Jury nacional. Pelo que, sendo a Camara dos Pares de pura nomeação da Coroa, e a dos Deputados de eleição popular, forçoso é que de taes delictos conheça um Jury extrahido d'ambas as camaras.

462 • Direito Processual Penal

§ 98.

P. E nenhuma outra excepção da regra geral do processo deve haver, alem da referida nos dous §§ antecedentes?

R. Deve tambem haver um pequeno Jury permanente para julgar com promptidão aquelles Reos, cujos delictos parecerem, ás authoridades administrativas, menos graves. Deste Jury porem (que só poderá impor penas mui leves) poderão os Reos condemnados recorrer para o Jury regular, a fim de ahi se tratar o negocio[18].

SECÇÃO 3.ª

PLANO DO CODIGO DE PROCESSO CIVIL E CRIMINAL, E COMO SE DEVERÁ POR EM PRATICA.

§ 99.

P. Dai-nos uma idêa da ordem das materias ou plano que se deverá seguir em um Projecto de Codigo do Processo Civil e Criminal, no qual se adoptem e desenvolvão os principios que acabais de expender – e outro sim dizei-nos como se poderá pôr em pratica um processo tão differente do actual, que por isso mesmo ha de ter inimigos.

R. Respondo á vossa pergunta com o Artigo *sobre o processo e organização judicial,* que escrevi ha annos[19], e ao diante se segue, – e com o Elenco (que tambem ao diante se seque) dos Livros Titulos e Capitulos do meu Projecto de Codigo do Processo Civil e Criminal.

---

[18] Como os Reos podem ahi ser condemnados em maior pena, offerece esta circumstancia uma garantia de que elles não hão de abusar do recurso, e de que effectivamente punidos pelo pequeno Jury de uma maneira que se poderá dizer a contento do Estado e dos Proprios Reos. Vid. o § 63.

[19] Em 1839.

Sobre o Processo e Organização Judicial

> A experiencia é uma especie de pergunta que
> a Arte faz á Natureza para a obrigar a fallar.
> *Bacon*

HA quem diga que a legislação, na parte que diz respeito ao Processo e Organização Judicial, não é como as outras sciencias; porque, tendo-se em todas procurado simplificar os methodos para se obterem maiores e mais perfeitos resultados, em menos tempo, com menor trabalho e maior economia, parece que nesta parte da legislação se tem seguido um rumo diverso, complicando-se os methodos, e dispondo-se tudo para se augmentar o trabalho e as despezas, como se fôra este, e não outro, o fim da sciencia.

Não sabemos até que ponto são exactas estas idêas; é porem certo que desde 1832 se tem emprehendido tres reformas judiciaes – que ainda é geral a opinião de que precisâmos de nova reforma – e que não falta mesmo quem diga que com as reformas effectuadas nada se tem melhorado, antes peorado.

Acaso não poderemos nós collocar a sciencia do processo a par das outras sciencias? Não será possivel pôr termo a que as nossas cousas judiciaes vão de mal em peor?

Parece-nos que isso é possivel – que é mesmo facil; mas que so o conseguiremos quando, para reformar o nosso foro, nos não dermos ao trabalho de copiar leis nacionaes ou estrangeiras, mas sim de organizar um processo fundado *unicamente* na natureza do seu objecto – e quando do dito processo não fizermos logo Lei geral para todo o reino, mas o fizermos previamente ensaiar em algum logar designado com o triplice fim de emendar os defeitos que elle mostrar na pratica, de redigir bem pensadas formulas para todos os actos do processo, e de mostrar praticamente á nação os vantajosos resultados de novo systema, dispondo-a desta maneira para ella em tempo opportuno o abraçar com avidez[20].

Tal é o methodo que nos parece mais facil e seguro de conseguirmos uma verdadeira Reforma Judicial. É o methodo experimental, ao qual devemos o progresso de todas as Artes e sciencias, e nós o lembrâmos á Nação como o *unico* meio de conseguirmos, dentro de trez ou quatro annos, um Processo definitivo, em que a Justiça seja administrada com tal perfeição que o publico conheça que se faz Justiça – em que os litigantes despendão apenas metade do que hoje despendem – e em que o Thesouro Publico fique desonerado do pagamento aos Juizes e mais Empregados de Justiça, assim da 1.ª como da 2.ª instancia, que em nada menos podêmos avaliar as vantagens do processo natural e simples, que mui facil será estabelecer e consolidar pelo methodo que propomos[21].

---

[20] A Reforma Judiciaria do Senhora D. João III de 1524 experimentou-se dous annos pelos Juizes da Côrte antes de ser sanccionada para todo o reino em 1626.

[21] Não pareça que sou contraditorio em suppôr aqui que o Thesouro Publico ficará desonerado do pagamento dos ordenados dos Juizes e mais Empregados de Justiça, tendo proposto no § 56 da Theoria do Processo Judicial a abolição dos emolumentos, e o estabelecimento de ordenados razoaveis pagos pelo Thesouro Publico aos ditos Empregados; porque ahi mesmo se diz que o Thesouro Publico ha de receber dos litigantes vencidos uma quota parte do valor das demandas, que seja sufficiente para o dito pagamento. Causará, sim, admiração o pagarem os litigantes essa quota parte do valor das demandas, e suppor eu que elles não gastarão nem ainda metade do que hoje gastão: mas essa admiração cessaria, de certo, se nós tivessemos uma estatistica que nos mostrasse o verdadeiro estado das cousas do systema do processo actual!

ELENCO

DOS LIVROS TITULOS E CAPITULOS DO PROJECTO
DO CODIGO DO PROCESSO CIVIL E CRIMINAL,
SEGUNDO OS PRINCIPIOS DA PRECEDENTE INTRODUCÇÃO

LIVRO PRIMEIRO.

Da organização Judicial.

TITULO I.   *Da Divisão do Territorio* (§ 48 da Introd.).

TITULO II.   *Do numero e qualidade dos Juizes e mais Empregados de Justiça.*

TITULO III.   *Da nomeação ou eleição dos Juizes e mais Empregados de Justiça.*

TITULO IV.   *Por quem hão de ser substituidos os Juizes e mais Empregados de Justiça nos seus impedimentos temporarios.*

TITULO V.   *Das attribuições dos differentes Empregados de Justiça.*
- Cap. 1.   Das attribuições dos Juizes e Jurados.
- Cap. 2.   Das attribuições dos Empregados do M. P.
- Cap. 3.   Das attribuições dos outros Empregados de Justiça.

TITULO VI.   *Dos ordenados dos Empregados de Justiça, e dos meios de serem pagos em dia* (§ 57 da Introd.).

TITULO VII.   *Da estabilidade dos Empregados de Justiça, e direitos dos Empregados á sua promoção, condecorações e aposentação* (§ 47 da Introd.)

TITULO VIII.   *Disposições geraes.*

LIVRO SEGUNDO.

Do Processo nas Causas Civeis.

TITULO I.   *Da averiguação dos factos occorridos de que resultão os Direitos* (§ 3 da Introd.)
- Cap. 1.   Da Exposição da pertenção do Autor.
- Cap. 2.   Da citação do Reo.
- Cap. 3.   Da tentativa de conciliação.
- Cap. 4.   Da sentença provisoria nos casos urgentes ou de Justiça manifesta (§ 60 da Introd.).
- Cap. 5.   Da Resposta do Reo á Exposição da pertenção do Autor.
- Cap. 6.   Da Replica e da Treplica.
- Cap. 7.   De algumas disposições relativas á Resposta do Reo, Replica e Treplica.
- Cap. 8.   Da Reconvenção do Reo.
- Cap. 9.   Do Estabelecimento da questão (§§ 12 e 28 da Introd.)
- Cap. 10.   Dos actos preparatorios do Jury.
- Cap. 11.   Da investigação dos factos essenciaes controversos, e decisão sobre a sua existencia (§ 6 da Introd.).

TITULO II.	*Da declaração Judicial dos Direitos que resultão dos factos occorridos* (§ 3 da Introd.).
Cap. 1.	Da Sentença do Juiz de Direito (§ 36 da Introd.).
Cap. 2.	Da Appellação (§ 41 da Introd.).
Cap. 3.	Da Revista.
TITULO III.	*Da designação Judicial dos factos necessarios para satisfazer os direitos* (§ 3 da Introd.).
TITULO IV.	*Como se ha de fazer praticar os factos necessarios para satisfazer os direitos* (§ 3 da Introd.).
Cap. 1.	Quando os factos forem de tal natureza que so possão ser praticados pelo executado.
Cap. 2.	Quando os factos podem ser praticados por pessoa differente do executado.
Cap. 3.	Quando os factos consistirem em o executado entregar certa quantia de dinheiro ao exequente.
Cap. 4.	Dos meios de evitar, ou pelo menos de diminuir, as execuções forçadas.
TITULO V.	*Dos factos essenciaes supervenientes* (§ 61 da Introd.).
TITULO VI.	*Das epocas em que hão de ter logar os differentes actos do Processo Civil* (§ 57 da Introd.).
TITULO VII.	*Do Processo nas Causas de Pouco valor* (§ 63 da Introd.).
TITULO VIII.	*Dos actos estranhos á ordem do Processo* (§ 64 da Introd.).

LIVRO TERCEIRO.

O Processo nas Causas Crimes.

TITULO I.	*Disposições geraes.*
TITULO II.	*Da participação dos delictos ao M. P.* (§ 74 da Introd.).
TITULO III.	*Das subsequentes e immediatas averiguações do M. P. para obter as necessarias informações, assim dos delictos como dos delinquentes* (§ 75 da Introd.).
TITULO IV.	*Da prisão dos delinquentes em flagrante delicto, ou quando for necessaria para assegurar a inflicção da pena* (§ 90 da Introd.).
TITULO V.	*Do libello accusatorio, da defeza do Reo, e dos actos preparatorios do Jury.*
TITULO VI.	*Do julgamento das causas crimes* (§ 82 da Introd.).
TITULO VII.	*Dos recursos.*
TITULOS VIII.	*Da execução do Julgado nas causas crimes* (§ 90 da Introd.).
TITULOS IX.	*Das epocas em que hão de ter logar os differentes actos do processo criminal* (§ 94 da Introd.).
TITULOS X.	*Do processo nos delictos de pouca gravidade* (§ 98 da Introd.).
TITULOS XI.	*Do processo nos delictos commettidos pelos Empregados de Justiça, ou contra os Empregados de Justiça, no exercicio de suas attribuições* (§ 96 da Introd.).

LIVRO QUATRO

Este Livro conterá as formulas e instrucções necessarias para os differentes actos do processo, tanto civil como criminal.

Projecto.

De Codigo do Processo Civil,

e Criminal.

PROJECTO

DE

CODIGO

DO

PROCESSO CIVIL E CRIMINAL.

LIVRO PRIMEIRO.
Da organização Judicial.

TITULO I.
Da Divisão do Territorio.

Artigo 1. O Reino de Portugal será dividido em districtos judiciaes, os districtos judiciaes em comarcas, e as comarcas em pequenos circulos, compostos d'uma ou mais freguezias.

2. As comarcas serão classificadas, segundo sua extenção e notabilidade das Cidades ou Villas que forem suas cabeças, em comarcas de 1.ª, 2.ª e 3.ª entrancia. Os circulos serão tambem classificados, segundo sua grandeza e mais circumstancias, em circulos de 1.ª, 2.ª, 3.ª, 4.ª, 5.ª e 6.ª entrancia (§§ 47, 48 e 50 da Introduc).

3. A cidade de Lisboa será dividida em 8 bairros, que serão cabeças de outras tantas comarcas, reunido-se-lhes o mais adequadamente que ser possa os circulos dos arredores da mesma cidade.

4. A cidade do Porto será dividida em 4 bairros, que tambem serão cabeças d'outras tantas comarcas, reunindo-se-lhes do mesmo modo os circulos dos arredores desta cidade.

5. Nas cidades de Lisboa e Porto cada duas comarcas reunidas formarão uma comarca criminal.

6. Uma lei especial designará o numero dos districtos judiciaes, e o das comarcas e circulos; bem como fixará os limites, e indicará a séde de cada uma destas divisões[22].

---

[22] A divisão do territorio, de que trata este Titulo, e o numero e qualidade dos Empregados de ustiça, de que trata o Titulo seguinte, é tudo, para assim dizer, uma consequencia do systema de processo que adoptamos, do qual estes objectos são muitissimo dependentes. Quanto aos districtos judiciaes, parece-nos digno de adoptar-se o arbitrio de duas Relações no continente do reino, por algumas razões de utilidade publica, alheias com tudo da boa administração da Justiça; pois que, para obter esta no grao da appellação, uma só Relação bastava, attenta a forma do processo. As comarcas, em o nosso systema, tambem são susceptiveis de maior extensão que as actuaes, attento o modo prático do expediente do serviço. Quanto aos circulos substituimo-los na ultima redacção ás freguezias, e dividimo-los em 6 classes para empregar ácerca dos respectivos Empregados as mesmas garantias de bom serviço, que empregámos a respeito dos outros.

TITULO II.

Do numero e qualidade dos Juizes e mais Empregados de Justiça.

7. Haverá na Capital do reino um Supremo Tribunal de Justiça com o numero de Conselheiros necessarios para o expediente dos negocios da sua competencia. Haverá no mesmo Tribunal um Secretaria, um Sub-Secretario, os Amanuenses necessarios, e quatro Continuos.

8. Em cada districto judicial haverá uma Relação, que tambem terá o numero de Juizes de Direito necessario para o expediente dos negocios da sua competencia[23]. Haverá em cada uma das Relações um Secretario, um Sub-Secretario, os Amanuenses necessarios, e dous Continuos.

9. Em cada comarca (á excepção das criminaes de Lisboa e Porto) haverá um Juiz de Direito, um Aspirante á magistratura judicial, em Secretario, um Sub-Secretario, os Amanuenses necessarios, e um Continuo. Haverá tambem em cada uma das ditas comarcas um Juiz Electivo e dous Adjuntos.

10. Em cada uma das comarcas criminaes de Lisboa e Porto haverá os mesmos Empregados de que trata o Artigo antecedente, menos o Aspirante á magistratura, e o Juiz Electivo e seus Adjuntos. Haverá porem em Lisboa dous Juizes de Direito com graduação de 1.ª entracia, e no Porto um, para substituirem os Juizes Criminaes nos seus impedimentos temporarios.

11. As 12 comarcas de Lisboa (civeis e criminaes) serão consideradas como uma só comarca, que terá um quadro de dous mil e quatrocentos Jurados. As 6 comarcas do Porto (civeis e criminaes) serão tambem consideradas como uma so comarca, que terá um quadro de mil e oitocentos Jurados. As demais comarcas do reino terão cada uma um quadro de duzentos Jurados.

12. Haverá na capital do reino um Procurador geral da Coroa com dous Ajudantes.

13. Na cidade de Lisboa haverá um Procurador Regio com quatro Delegados, um em cada comarca criminal da dita cidade. No Porto haverá tambem um Procurador Regio com dous Delegados, um em cada comarca criminal desta cidade.

14. Em cada uma das outras comarcas do reino, que for cabeça de districto administrativo, haverá igualmente um Procurador Regio, e naquellas que o não forem, um Delegado subordinado ao Procurador Regio do respectivo districto administrativo (§ 74 da Introd.).

15. Cada procurador Regio (á excepção dos de Lisboa e Porto) e cada Delegado terá um Ajudante[24].

16. Haverá em cada uma das comarcas criminaes de Lisboa e Porto, e em cada uma das outras comarcas do reino, um Defensor Publico.

17. Haverá em cada circulo um commissario.

---

[23] Qual deva ser o numero, assim dos Conselheiros do Supremo Tribunal de Justiça, como dos Juizes de Direito das Relações, com o nosso systema de processo, so a experiencia o poderá mostrar. Forçoso é pois que este objecto seja regulado por uma Lei posterior.

[24] Os Procuradores Regios de Lisboa e Porto não tem Ajudantes, porque não exercem em detalhe as funcções do M. P., como se verá do Art. 54. Os Ajudantes, de que aqui se trata, podem e devem ser considerados como Aspirantes na carreira do M. P. (§ 76 da Introd.).

TITULO III.

Da nomeação ou eleição dos Juizes e mais Empregados de Justiça

18. Serão da nomeação do Governo os Conselheiros do Supremo Tribunal de Justiça, os Juizes de Direito das Relações, os das comarcas, os Aspirantes á magistratura judicial, os Secretarios, e os Commissarios.

19. Os Presidentes do Supremo Tribunal de Justiça e das Relações serão nomeados pelo Governo d'entre os membros do respectivo Tribunal.

20. O Procurador Geral da Coroa será nomeado pelo Governo d'entre os Procuradores Regios de todo o reino. Os Ajudantes do procurador Geral da Coroa serão por este nomeados d'entre os Delegados. E tanto o primeiro como os seguintes poderão ser livremente demittidos, passando em tal caso a exercer as funcções do logar que occupavão ao tempo da nomeação, ou daquelle a que tiverem sido promovidos.

21. Serão tambem de nomeação do Governo os Procuradores Regios, e todos os mais Empregados do Ministerio Publico com os seus respectivos Ajudantes.

22. Os Sub-Secretarios e Amanuenses serão nomeados pelos respectivos Secretarios, sob cuja responsabilidade trabalhão. A nomeação porem dos Sub-Secretarios do Supremo Tribunal de Justiça e das Relações será confirmada pelo respectivo Presidente, e a dos Sub-Secretarios das comarcas pelos respectivos Juizes de Direito.

23. Os Continuos serão nomeados pelos Presidentes dos respectivos Tribunaes, e pelos Juizes de Direito das respectivas comarcas.

24. Os defensores Publicos serão nomeados pela Junta Geral do Districto Administrativo d'entre os Advogados mais distinctos da respectiva comarca.

25 Os Juizes Electivos e seus Adjuntos serão eleitos pelo povo da respectiva comarca por listas de 6 pessoas das quaes a mais votada será Juiz, e Adjuntos as duas immediatas.

26. O quadro dos Jurados, cujo numero fica indicado no Art. 11, será tambem formado por eleição popular, procedendo-se a esta no mez de Junho de cada anno nos termos d'uma lei regulamentar sobre este objecto.

27. Do quadro geral dos Jurados, assim formado, se irão extrahindo por sorte em tempo oportuno as Pautas necessarias para o expediente das causas, tanto civeis como crimaes, que tiverem de ser julgadas no anno seguinte ao da formação do dito quadro. As referidas Pautas serão de 50 Jurados cada uma.

28. Quando se extrahir cada uma das mencionadas Pautas, se extrahirá tambem uma Pauta supplementar de 10 Jurados para substituirem os que estiverem impedidos.

29. O Jury para cada causa será de 13 Jurados nas causas civeis, e de 15 nas crimaes.

TITULO IV.

Por quem hão de ser substituidos os Juizes e mais Empregados de Justiça nos seus impedimentos temporarios.

30. O Presidente do Supremo Tribunal de Justiça será substituido nos seus impedimentos temporarios pelo Conselheiro mais antigo do dito Tribunal. Os Presidentes das Relações pelo

472 • Direito Processual Penal

Juiz de Direito mais antigo da respectiva Relação. Os Secretarios du Supremo Tribunal de Justiça e das Relações pelos respectivos Sub-Secretarios. Os Continuos do Supremo Tribunal de Justiça e das Relações por pessoas por elles nomeadas e aprovadas pelos respectivos Presidentes.

31. Os Juizes de Direito das comarcas serão substituidos pelos Aspirantes á magistratura, á excepção dos das comarcas criminaes de Lisboa e Porto, que o serão pelos Juizes de que trata o Art. 10. Os Aspirante á magistratura serão substituidos, nas suas attribuições respectivas á inspecção sobre o andamento officioso das causas, e execução do julgado (Art. 56 e 58) pelos Secretarios das comarcas. Os Secretarios das comarcas pelos respectivos Sub-Secretarios. Os Continuos das comarcas por pessoas por elles nomeadas e aprovadas pelos respectivos Juizes de Direito.

32. Os Juizes Electivos e seus Adjuntos serão substituidos pelos immediatos em votos[25].

33. Os Jurados da Pauta para o serviço da respectiva audiencia serão substiuidos pelos da Pauta supplementar (Art. 28).

34. O Procurador Geral da Coroa será substituido por aquelle de seus Ajudantes que elle designar. Se porem o não designar, será substituido pelo mais antigo, preferindo o mais velho em igualdade de antiguidade.

35. Nas cidades de Lisboa e Porto serão os Procuradores Regios substituidos pelos Delegados que elles designarem d'entre os das respectivas comarcas criminaes. Se não nomearem, serão substituidos pelos mais antigos, e em igualdade de antiguidade pelos mais velhos dos ditos Delegados. Estes serão substituidos pelos seus respectivos Ajudantes ou por aquelle que o respectivo Procurador Regio nomear.

36. Nas de mais comarcas do reino serão os Procuradores Regios e Delegados substituidos pelos seus respectivos Ajudantes. Se porem o não poderem ser por estes, sê-lo-hão por aquella pessoa que nomearem, e não a nomeando, nomeará o Juiz de Direito aquella que lhe parecer mais idonea para exercer as funcções do Ministerio Publico em quanto o Empregado superior do mesmo Ministerio Publico (a quem o dito Juiz fará immediatamente a competente participação) não nomear outra pessoa.

37. Os Defensores Publicos serão substituidos por outros Advogados da sua escolha. Se não nomearem quem os substitua, nomeará o Juiz de Direito o que para taes funcções lhe parecer mais proprio.

38. Os Commissarios serão substituidos por pessoas por elles nomeadas e aprovadas pelo Governo.

39. Os Empregados de Justiça, chamados a substituir outros Empregados, não deixarão por isso de exercer as funcções proprias do seu cargo. Mas se assim mesmo acontecer que as providencias dadas neste Titulo para a substituição dos Empregados de Justiça nos seus impedimentos temporais não sejão sufficientes, nomearão os Presidentes das Relações e do Supremo Tribunal de Justiça nos seus respectivos Tribunaes, e os Juizes de Direito nas suas respectivas comarcas, uma pessoa idonea para substituir os proprios substitutos durante o impedimento destes, por tal forma, que os actos do processo nunca sofrão interrupção.

---

[25] É para isso que elles são eleitos por listas de 6 pessoas, segundo o Art. 25.

TITULO V.
Das attribuições dos differentes Empregados de Justiça.

CAPITULO 1.
Das attribuições dos Juizes e Jurados.

40. Aos Juizes Electivos compete conciliar as Partes; e bem assim presidir á formação do processo preparatorio das causas civies, exercendo por todo o decurso delle a sua acção conciliatoria para com as mesmas Partes[26].

41. Aos Juizes de Direito das comarcas compete, nas causas civeis; 1.º examinar se o processo preparatorio foi formado segundo a disposição da Lei (Art. 153); 2.º estabelecer o estado da questão (§ 12 da Introducção Art. 158); 3.º presidir ao Jury, que ha de decidir sobre a existencia dos factos controversos essenciaes á causa, dirigindo o mesmo Juiz a investigação dos ditos factos (§ 29 da Intr. Art. 178 e seguintes); 4.º depois de verificada a existencia dos factos occorridos essenciaes á causa, applicar a disposição das leis aos ditos factos, declarando procedente, ou improcedente, no todo ou em parte, a Pertenção do Autor ou Reconvinte (Art. 196 e seguintes).

42. Compete aos mesmos Juizes de Direito, nas causas crimes; 1.º presidir ao Jury de julgamento, dirigindo a discussão dos quesitos de que trata o Artigo 49 (Art. 336 e seguintes); 2.º impôr aos Reos a pena que o Jury declarar como mais proporcionada ao delicto (§ 87 da Intr. Art. 352), e bem assim condemnar o Reo ou o Estado nas indemnisações que pelo mesmo Jury forem arbitradas (cit. art. 352).

43. Os Juizes de Direito das comarcas do Reino, á excepção dos de Lisboa e Porto, exercerão todas as attribuições de que tratão os dous Artigos antecedentes. Nas cidades porem de Lisboa e Porto, serão as attribuições relativas ao processo criminal de que trata o Art. 42 exercidas exclusivamente pelos Juizes de Direito das respectivas comarcas criminaes[27].

44. Ás Relações compete conhecer por via d'appellação das decisões dos Juizes de Direito das comarcas do respectivo districto judicial proferidas nas causas civeis[28].

45. Ao Supremo Tribunal de Justiça compete presidir á administração da Justiça em todo o reino, e procurar pelos meios, que a lei lhe faculta, que a dita administração seja a mais perfeita que ser possa. Estes meios são:

§ 1.º Conceder a revista das causas civeis nos casos em que a lei permittir este recurso, e rever elle mesmo as causas crimes (Art. 219 e 355).

---

[26] Chamamos *processo preparatorio* á tentativa de conciliação, e ao offerecimento [nas competentes audiencias] da Exposição da pertenção do Autor – Resposta ao Reo – Replica – e Treplica; isto é, a todo o processo anterior á apresentação dos autos ao Juiz de Direito, para este estabelecer o estado da questão. Quanto a incumbirmos da conciliação das Partes o proprio Juiz que preside á formação do *processo preparatorio,* tivemos em vista conseguir a não pequena vantagem delle trabalhar ao mesmo tempo naquelle processo, e na conciliação das Partes; tornando-se esta mais verosimil pela razão de que so depois dos reciprocos articulados das Partes, pelos quaes se conhece o verdadeiro estado da questão, é que ellas se achão habilitadas para entrar n'uma rasoavel transacção.

[27] Nas cidades de Lisboa e Porto convem, em razão da grande affluencia de causas, separar as crimes das civeis, para que o processo d'umas e outras possa ser perfeitamente regular.

[28] Nas causas crimes não ha, no nosso systema de processo, recurso para as Relações, e so sim para o Supremo Tribunal de Justiça por nullidade proveniente d'alteração ou preterição de formulas legaes [Artigo 351].

474 • Direito Processual Penal

§ 2.º Fazer publicar um Periodico redigido debaixo da direcção d'uma commissão composta de Conselheiros do Supremo Tribunal de Justiça, nomeada pelo Presidente e pelo mesmo presidida, no qual Periodico se tratem as questões de direito sobre que mais convier fixar a jusrisprudencia, e se transcrevão todas as decisões do Supremo Tribunal de Justiça, e quaesquer outras que pareção proprias para instrucção do Publico. Publicar-se-hão tambem neste Periodico os mappas estatisticos de que tratão os Art. 94 95 e 96 – as Propostas ou Consultas de que trata o § 4 do presente Art. (§ 49 da Introd.), e bem assim quaesquer outros assumptos, que digão respeito á administração da Justiça, segundo o plano do mesmo Periodico que fará o objecto d'uma Regulamento especial[29].

§ 3.º Indicar ao Poder Legislativo e ao Executivo as providencias de que carecer a boa administração da Justiça, fazendo no fim de cada anno um Relatorio do estado em que se ella acha, o qual Relatorio será publicado no Periodico de que acima se trata.

§ 4.º Abrir concurso para o provimento de todos os Empregos de Justiça da nomeação do Governo (á excepção dos do M. P.) e consultar o mesmo Governo sobre a antiguidade e bons serviços dos concorrentes (§ 49 da Introd.).

§ 5.º Consultar o governo sobre as transferencias dos ditos Empregados de Justiça de uns para outros logares, e bem assim sobre a conveniencia da sua aposentação, ou isto seja requerimento dos mesmos Empregados, ou por ao Supremo Tribunal de Justiça parecer que assim convem ao serviço.

§ 6.º Consultar o Governo sobre licenças que os referidos Empregados peção por mais dos 60 dias de que trata o Art. 98 e seg.

§ 7.º Impôr, mediante o competente processo, a condigna pena a todos os Empregados de Justiça que prevaricarem, ou tiverem culpaveis descuidos no exercicio de suas attribuições; e bem assim punir com justa severidade quaesquer individuos que os offendão, ou embaracem no exercicio das mesmas attribuições (§ 96 da Introd. Art. 379 e seg.).

§ 8.º Processar as folhas para o pagamento dos ordenados dos Empregados de Justiça de 1.ª e 2.ª instancia á vista do serviço dos mesmos, constante dos mappas de que tratão os Art. 94 e 95, por tal forma, que o Empregado, que tiver committido alguma falta, por esse simples facto não seja contemplado na folha em actual processo, e so sim na fuctura por adicionamento a esta com todo ou parte do respectivo ordenado, como ao Tribunal parecer de Justiça, á vista da resposta do interessado que sem demora lhe será exigida[30].

46. Um Jury extrahido por igual da camara dos Pares e da dos Deputados conhecerá dos delictos de que trata o § 7. do Art. antecedente, committidos pelos Membros, ou contra os membros, do Supremo Tribunal de Justiça (§ 97 da Introd. Art. 379); e as folhas de que trata o § 8 do mesmo Art., para o pagamento dos ordenados dos Conselheiros do referido Tribunal, tambem serão processadas por este Jury, á vista do mappa de que trata o Art. 96, que lhe será facultado pelo Governo.

---

[29] Como o Supremo Tribunal de Justiça, em nosso systema de processo, preside á administração da Justiça em todo o reino, indispensavel é que elle tenha um meio pelo qual se faça ouvir por toda a parte. – Tal é o espirito da disposição do presente §.

[30] Vid., a nota ao § 56 da Introducção. Todas as attribuições concedidas ao Supremo Tribunal de Justiça em os differentes §§ deste Art. podem considerar-se como outros tantos corolarios da *Presidencia,* que lhe é conferida, da administração da Justiça em todo o reino.

V - Projecto Joaquim Sant'Ana • 475

47. Aos Presidentes do Supremo Tribunal de Justiça e das Relações compete regular o serviço em os seus respectivos Tribunaes, e formar os mappas estatisticos de que tratão os Art. 95 e 96.

48. Aos Jurados compete nas *causas civeis* deliberar (depois da competente investigação) sobre os quesitos que o Juiz de Direito, por occasião do estabelecimento da questão, tiver redigido para lhes serem propostas (§§ 12 e 24 da Introd. Art. 189 e seg.).

49. Nas *causas crimes* compete aos Jurados decidir sobre os quesitos; 1.º se o Reo commetteo o delicto de que tracta o Artigo de Codigo Penal citado no libello accusatorio (§§ 82 e 89 da Introd. Art. 337 e seg.); 2.º (no caso de decisão affirmativa) se o Reo deve á Parte offendida alguma indemnisação, e qual esta deva ser (§§ 71 e 72 da Introd. Art. 344 e seg.); 3.º se deve sofrer mais alguma pena, e qual esta deva ser, tanto em qualidade com em quantidade (§ 87 da Introd. Art. 347 e 348); 4.º (no caso de decisão negativa do 1.º quesito) se o Estado deve ao Reo alguma indemnisação, e qual esta deva ser; 5.º finalmente (quando o Reo tiver estado preso) se a authoridade administrativa, que o mandou prender, é suspeita de dolo (§ 92 da Introd. Art. 349 e 350).

50. Tanto nas causas civeis como nos crimes, votarão os Jurados por escrutinio secreto (§ 33 da Introd.). Art. 189 e seg. e Art. 343, 346 e 348) – sem conferenciarem entre si, e sem mesmo poderem communicar as suas idêas durante a discussão (§ 34 da Introd.) e vencer-se-ha a decisão do Jury por simples maioria de votos (§§ 7 e 8 da Introd. Art. 191, e 343 e seg.).

CAPITULO 2

Das attribuições dos Empregados do M. P.

51. Aos Commissarios dos circulos compete; 1.º participar ao procurador Regio ou Delegado da respectiva comarca quaesquer delictos commettidos no seu circulo (§ 74 da Introd. Art. 305); e bem assim fazer-lhe quaesquer outras participações em que possa interessar o Estado ou as pessoas a quem o Estado deve especial protecção; 2.º satisfazer as requisições que forem feitas pelo Secretario da comarca relativamente á citação de qualquer pessoa do circulo, ou a respeito de outra qualquer diligencia do serviço; 3.º de combinação com a respectiva authoridade administrativa conservar o estado das cousas depois de commettido qualquer delicto, de modo que se não apaguem as provas materiaes ou indicios delles, em quanto não chega o competente Empregado do M. P.

52. Aos Procuradores Regios nas comarcas que forem cabeça de districto administrativo, e aos Delegados naquelles que o não forem, compete; 1.º Colligir por si e seus Ajudantes as informações e provas tanto da existencia dos delictos como das pessoas dos delinquentes (§ 75 e seguintes da Introd. Art. 311 e seg.); 2.º decidido que seja pelas competentes authoridades administrativas levar o negocio ao Poder Judicial (§ 81 da Introd. Art. 314) offerecer contra o Reo a competente accusação e sustenta-la até final (Art. 327 e seg. e 368 e seg.); 3.º representar activa e passivamente o Estado, a fim do mesmo poder demandar e ser demandado; 4.º advogar os legitimos interesses das pessoas a quem o Estado deve especial protecção.

53. Os Procuradores Regios dos districtos administrativos, alem de exercerem na comarca cabeça do districto as sobreditas funcções, dirigem a acção do M. P. em todo o dito districto por meio dos seus Delegados, com quem estarão em activa correspondencia (§ 74 da Introd.).

54. Os Procuradores Regios dos districtos administrativos de Lisboa e Porto dirigem a acção do M. P. em todas as comarcas dos seus respectivos districtos, e são o centro da acção do

476 • Direito Processual Penal

M. P. em as ditas cidades, para o que terão conferencias regulares com os Delegados das respectivas comarcas criminaes[31].

55. O Procurador Geral da Coroa é debaixo das immediatas ordens do Governo e centro da acção do M. P. em todo o reino, e compete-lhe; 1.º transmittir aos seus subalternos as ordens do Governo, e dar-lhes as instrucções que julgar necessarias; 2.º ser Parte accusadora no processo de que trata o § 7 do Art. 45, e o Art. 46; 3.º informar o Governo dos bons ou maos serviços dos Empregados do M. P. a fim de serem promovidos segundo o seu merecimento (§ 79 da Introd.); 4.º propôr ao Governo a transferencia dos ditos Empregados do M. P. quando o bem do serviço assim o exigir; 5.º fiscalisar por si e seus subalternos a exactidão dos mappas, de que tratão os Art. 94, 95 e 96; 6.º formar os mappas estatisticos dos delictos e de todos os mais objectos da competencia do M. P.

CAPITULO 3

Das attribuições dos outros Empregados de Justiça

56. Aos Aspirantes á magistratura compete dar impulso á *marcha officiosa do processo,* para que os actos de que elle se compõe tenhão logar nas epocas marcadas na lei (§ 57 da Introd.).

57. Os Aspirantes á magistratura exercem a attribuição, que lhes confere o Art. antecedente, de combinação com os Secretarios das comarcas.

58. Tambem compete aos Aspirantes á magistratura a execução do julgado em materiais civeis[32], a cujos actos assistirão, indicando ás partes os inconvenientes, que de suas menos reflectidas deliberações podem resultar[33].

59. Os Aspirantes á magistratura tem por conselheiros legaes, no exercicio de suas attribuições, os respectivos Juizes de Direito.

60. Quando o processo chegar ao ponto de se estabelecer o estado da questão, conferenciarão os Juizes de Direito com os respectivos Aspirantes sobre este objecto; e lhes permittirão juntar aos autos a exposição da sua opinião, quando esta divergir da delles Juizes. Outro tanto farão os Juizes de Direito, quando a final se tratar de julgar procedente, ou improcedente, a Pertenção do Autor ou Reconvinte (§ 37 da Introd.).

61. Aos Secretarios do Supremo Tribunal de Justiça, das Relações, e das comarcas, compete praticar os actos e lavrar os termos, que a lei do processo lhes incumbir. Os Secreta-

---

[31] Centralisar a acção do M. P., nas duas grandes cidades de Lisboa e Porto, em um Procurador Regio, que tenha com os respectivos Delegados conferencias regulares para o bom e prompto expediente do serviço – tal é o pensamento que a ultima parte deste Art. encerra. E é para os ditos Procuradores Regios melhor poderem exercer a fiscalisação que lhes é confiada, que elles ficão isentos do serviço em detalhe, que aos de mais Procuradores Regios compete nas comarcas, cabeças dos districtos administrativos.

[32] As sentenças penaes são executadas sob a inspecção das Authoridades Administrativas [§ 90 da Introd. Art. 357].

[33] Incumbimos o Aspirante á magistratura da execução do julgamento em materiais civeis, e de dar impulso á *marcha officiosa do processo,* porque confiamos muito da actividade de um mancebo, que acaba de sahir da Universidade e se acha na flor dos annos no principio da carreira a que se dedica. A objecção de que nesta epoca ainda elle não terá os conhecimentos e pratica sufficientes, para poder desempenhar taes funcções, não tem peso algum, attenta a simplicidade das mesmas funcções no nosso systema de processo; e de mais disso, la está o Juiz de Direito para na conformidade do Art. que se segue, o dirigirem qualquer difficuldade em que o mesmo Aspirante porventura venha achar-se.

rios das comarcas serão Depositarios das quantias que as Partes são obrigadas a depositar, na conformidade da Tabella junta a este Livro, para ter logar a marcha officiosa do processo (§ 57 da Introd. Art. 72 e seg.).

62. Aos Continuos compete o arranjo e aceio da casa do respectivo Tribunal. Os das comarcas assistirão tambem, como officiaes de justiça, ás audiencias, assim dos Juizes de Direito, como dos Juizes Electivos, e serão os guardas da Casa destinada para a Feira dos bens de raiz e moveis de que trata o Art. 253 e seg.

63. Os Substitutos dos Continuos das comarcas, não so servem o impedimento dos Substituidos, mas tambem nas audiencias de Jurados, para maior regularidade do serviço.

64. Os Defensores Publicos fazem as vezes d'Advogados dos Reos accusados criminalmente, se estes não escolherem outro Advogado; e bem assim representão os mesmos Reos, quando forem menores ou estiverem ausente, na qualidade de Curadores dos mesmos[34].

TITULO VI

Dos ordenados dos Empregados de Justiça, e dos meios de serem pagos em dia.

65. O Presidente do Supremo Tribunal de Justiça terá de ordenado annual 2:800$000 rs.[35]. Cada um dos Conselheiros do mesmo Tribunal 2:000$000 rs. O Secretario do dito Tribunal, com obrigação de pagar ao Sub-Secretario e Amanuense, 2:000$000 rs. Cada um dos Continuos do mesmo Tribunal 300$000 rs.

66. Cada um dos Presidente das Relações 1:600$000 rs. Cada um dos Juizes de Direito das mesmas 1:000$000 rs. Cada um dos Secretarios das ditas Relações, com obrigação de pagar ao Sub-Secretario e Amanuenses, 1:000$000 rs. Cada um dos Continuos das mesmas Relações 200$000 reis.

67. Cada um dos Juizes de Direito de comarca de 3.ª entrancia 800$000 reis; de 2.ª 600$00 reis; de 1.º 400$000 reis. Cada um dos Aspirantes á magistratura, tanto como metade do ordenado do respectivo Juiz de Direito. Cada Secretario, com a obrigação de pagar ao Sub-Secretario e Amanuenses, sendo a comarca de 3.ª entrancia 600$000 rs.; sendo de 2.ª 500$000 rs.; sendo de 1.ª 400$000 rs. Cada Continuo 100$000 rs.

68. O Procurador Geral da Coro terá de ordenado 2:400$000 rs. Cada um dos seus Ajudantes terá de gratificação, alem do seu ordenado, 400$000 rs. O Procurador Regio do

---

[34] Quando mandámos para a Imprensa o nosso escripto, estivemos a ponto de eliminar o procedente Titulo – Das attribuições dos differentes Empregados de Justiça - com os seus respectivos Capitulos. De que serve, reflectimos nós, dizer, por exemplo, nos Art. 48 e 49 quaes são as attribuições dos Jurados, se essas mesmas attribuições são as que lhes vão marcadas na fórma do processo de que tratão os dous seguintes Livros? De mais disso, se no referido Titulo algumas disposições ha que devão conservar-se, por não irem ao diante repetidas, é em os differentes Titulos e Capitulos dos mencionados Livros que ellas podem, e mesmo devem, ser introduzidas. Como porem esta eliminação hia transtornar a numeração dos Artigos do nosso Projecto, e consequentemente as referencias que a cada passo se fazem a elles, resolvemos conservar o dito Titulo, contentando-nos com deixar aqui estampada esta Nota para quem, depois de nós, se propozer aperfeiçoar um trabalho, cujos defeitos francamente reconhecemos.

[35] Os ordenados dos Empregados Publicos de uma Nação pobre não podem, ou pelo menos não devem, ser tamanhos como os dos Empregados d'uma Nação rica. Sendo pois a materia, de que estamos tratando, dependente das circumstancias em que qualquer Nação se acha, fique entendido que os ordenados fixados neste Art. e seg., não o são *taxativamente*, e so sim *exemplificativamente* para se conhecer a proporção que entre elles deverá haver.

478 • Direito Processual Penal

districto administrativo de Lisboa, terá 1:200$000 rs. Dito do Porto 1:000$000 reis. Cada um dos Procuradores Regios dos outros districtos administrativos do reino, que excederem a cincoenta mil fogos, 800$000 rs. – dos que, excedendo a trinta mil fogos, não passarem de cincoenta mil, 700$000 rs. – dos que não excederem a trinta mil fogos 600$000 rs.

69. Cada um dos Delegados das comarcas de 3.ª entrancia terá 500$000 reis. Cada dito de comarca de 2.ª entrancia 400$000 reis. Cada dito de comarca de 1.ª entrancia 300$000 reis. Cada Ajudante de Procurador Regio, ou Delegado, tanto como metade do ordenado do respectivo Procurador Regio ou Delegado, em quanto esta metade não exceder a 300$000 reis.

70. Os Juizes Electivos e seus Adjuntos não vencerão ordenado, mas serão isentos de todos os encargos publicos pessoaes. Aos Defensores Publicos será permittido receberem dos Reos seus honorarios como qualquer outro Advogado[36].

71. Os ordenados, de que acima se faz menção, serão pagos pelo Thesouro Publico em prestações iguaes no fim de cada turno de causas (Art. 93) por folhas processadas no Supremo Tribunal de Justiça nos termos do Art. 45, § 8.º, ou pelo Jury de que trata o Art. 46. E para fazer face a esta despeza, receberá o mesmo Thesouro Publico uma quota parte do valor das demandas, que seja sufficiente para todos os referidos pagamentos (§ 56 da Introd.).

72. Não será pois permittido ao Autor ou Reconvinte o apresentar a Exposição da sua pertenção na Secretaria da comarca, sem que elles assegurem por meio de deposito, ou fiança nos termos do Art. 79, o concorrerem para as despezas da administração da justiça com as quantias de que trata a 1.ª Parte da Tabella junta a este Livro, das quaes quantias vencerá a Fazenda Publica a sua totalidade, ou parte della, da maneira seguinte.

73. Se o processo terminar com a decisão provisoria de que trata o Cap. 4.º Tit. I do seguinte Livro, vencerá a Fazenda 1/3. Continuando porem o processo (haja ou não aquelle incidente) se a demanda terminar por decisão do Juiz de Direito sem a intervenção dos Jurados, vencerá a Fazenda 2/3; e intervindo Jurados a quantia total.

74. Se a demanda terminar, não por decisão do Juiz de Direito, mas por desistencia do Autor, confissão do Reo, ou transacção das Partes (posto que estes dous ultimos actos sejão julgados por sentença do Juiz de Direito), tendo os referidos actos logar na tentativa de conciliação, nada vencerá a Fazenda[37]. Se se verificarem depois daquella epoca até os autos serem submettidos ao Juiz de Direito para este estabelecer o estado da questão, vencerá 1/3. Se depois do estabelecimento da questão até o começo dos actos preparatorios do Jury, 2/3. Se dahi por diante, a quantia total (§ 56 da Introd.).

75. Tambem o Recorrente é obrigado a depositar a quantia de que trata a 2.ª Parte da Tabella para ter seguimento o processo da appellação ou revista.

---

[36] Não tratámos aqui do ordenado dos Commissarios dos circulos, pela razão de que esta nova classe de Empregados do Estado, em o systema geral de organisação do serviço publico, que ultimamente coucebemos [e que talvez publicaremos em Apendix ao presente trabalho sobre o processo] são em os ditos circulos os Commissarios e Agentes, não só das Authoridades Judiciaes mas tambem de todas as outras dos differentes ramos da publica administração; devendo por isso estabelecerem-se-lhes ordenados que estejão em harmonia com o todo de suas attribuições.

[37] Ao tempo da tentativa de conciliação so se tem effectuado por parte da Justiça a citação do Reo; pelo que é uma bem entendida generosidade da parte do Estado nada exigir das Partes, no caso de conciliação, para lhes apresentar mais este incentivo de se conciliarem, o remover um obstaculo que algumas vezes se oppõe á effectividade da conciliação, por não concordarem as Partes sobre qual dellas deva pagar as custas daquelle acto.

76. Finalmente, para ter logar a execução forçada do julgado, será o Exequente obrigado a depositar a quantia de que trata a 3.ª Parte da dita Tabella.

77. As quantias de que tratão os dous ultimos artigos serão sempre vencidas pela Fazenda na sua totalidade, seja qual for o modo porque o negocio termine ulteriormente.

78. As quantias que pertencerem á Fazenda serão pagas pela Parte que fez o deposito ou prestou a fiança; a qual Parte porem, sendo vencedora, haverá da Parte vencida a dita quantia na execução do julgado.

79. Quando as quantias de que tratão os Art. 72, 75 e 76, excederem a 5$000 reis, poderá o deposito ser substituido por fiança idonea.

80. As mesmas quantias serão (por acto do Poder Legislativo) augmentadas ou diminuidas segundo a experiencia mostrar que o seu producto, em todo o reino, é inferior, ou superior, á somma necessaria para o pagamento dos ordenados de todos os Empregados de Justiça[38].

81. Com as referidas quotas partes do valor das demandas ficão cessando os emolumentos que os litigantes até agora pagavão aos Empregados de Justiça. Fica tambem cessando a multa imposta á Parte vencida.

82. Além das quantias que as Partes são obrigadas a depositar, ou a prestar fiança ao seu pagamento, para fazer face ás despezas da administração da justiça, tanto o Autor como o Reconvinte serão obrigados, nas causas que excederem a 5$000 reis, a depositar a quantia de que trata a 4.ª Parte da Tabella, para indemnisar a Parte contraria, quando aquelles desistão do pleito, ou esta venha a ser vencedora: a qual indemnisação se verificará a 1$000 reis por cada um dos seguintes actos do processo pertencentes ao Reo ou Reconvido; a saber – Resposta á Exposição da pertenção do Autor ou Reconvinte – Treplica – Reflexões juridicas sobre o estabelecimento da questão – e sobre a sentença definitiva. Se porem for vencedor o Autor ou Reconvinte, alem de levantar do deposito aquella quantia, haverá tambem do Reo ou Reconvido na execução do julgado 1$000 reis por cada um dos seguintes actos do processo pertencentes ao dito Autor ou Reconvinte; a saber – Exposição da sua pertenção – Replica – Reflexões juridicas sobre o estabelecimento da questão – e sobre a sentença definitiva.

83. O Estado nas demandas que intentar, será isento do deposito ou fiança relativamente ás quantias destinadas para as despezas da administração da justiça, mas não o será a respeito do deposito da quantia destinada para a indemnisação da Parte contraria.

TITULO VII

Da estabilidade dos Empregos de Justiça e direitos dos empregados, á sua promoção, conde-coraçães e aposentação

84. Todos os Empregos de Justiça conferidos pelo governo, á excepção do de Procurador geral da Coroa, são vitalicios e consequentemente não poderão os respectivos Empregados ser privados delles se não por virtude de Sentença legalmente proferida (§ 47 e 79 da introd.).

85. Todos os Empregados de Justiça da nomeação do Governo terão direito a ser promovidos da sua respectiva classe aos logares immediatos de maior graduação e ordenado; a saber

---

[38] Á vista da disposição deste Art. não se poderá dizer que o nosso systema não apresenta os meios necessarios para o pontual pagamento dos ordenados dos Empregados de Justiça.

480 • Direito Processual Penal

os Juizes de Direito desde Aspirante de comarca de 1.ª entrancia, até Conselheiro do Supremo Tribunal de Justiça. Os empregados do M. P. desde Ajudante de Delegado de comarca de 1.ª entrancia, até Secretario do Supremo Tribunal de Justiça. (Art. 65 até 69 inclusive). Os Commissarios, desde commissario de circulo de 1.ª entrancia, até commissario de circulo de 6.ª entrancia.

86. O Governo, precedendo o competente concurso e Consulta do Supremo Tribunal de Justiça, ou informação do Procurador geral da Coroa, quanto aos Empregados do M. P. promoverá os sobreditos Empregados segundo a sua antiguidade, combinada com a sua aptidão e bom serviço (§ 47 e 79 da Introd.).

87. Todos os Empregados de Justiça da nomeação do Governo por cada dez annos de bom serviço adquirirão direito a uma condecoração, que o mesmo Governo lhes concederá na conformidade d'um Regulamento especial a este respeito.

88. Com a nomeação para Conselheiro do Supremo Tribunal de Justiça conferirá o Governo ao nomeado todas as condecorações honras e titulos de que se tiver feito digno; mas não poderão os Conselheiros do Supremo Tribunal de Justiça, depois de nomeados, receber do Governo Mercê alguma honorifica ou lucrativa, sem que pelo simples facto de a aceitarem fiquem privados do seu logar[39].

89. Tambem os Empregados de Justiça da nomeação do Governo, que completarem 10, 20, 30 ou 40 annos de serviço, e sem culpa sua se impossibilitarem para continuar a servir seus empregos, terão direito a ser aposentados: os primeiros com ¼ do seu ordenado; os segundos com ½ do mesmo; os terceiros com ¾; e os ultimos com todo o ordenado, pelo resto da sua vida. Se se impossibilitarem no espaço que decorre entre as referidas epocas, serão aposentados com a porção d'ordenado que lhes competir em relação ás mesmas epocas, e ao tempo que tiverem servido entre uma e outra.

90. A aposentação dos Conselheiros do Supremo Tribunal de Justiça so terá logar depois de verificada perante a Camara dos Deputados a causa da mesma aposentação[40].

TITULO VIII

Disposições geraes

91. Todos os actos do processo serão publicos á excepção daquelles em que com a publicidade se offender a moral; e serão os ditos actos praticados em casas decentes, concorrendo a elles os respectivos Empregados de Justiça com os vestidos e insignias proprias dos seus cargos.

92. Depois de feitos os depositos ou prestadas as fianças de que trata o Titulo VI do presente Livro com referencia á Tabella ao diante junta, será officiosa a marcha do processo nas causas civeis, assim na 1.ª como na 2.ª instancia, e na execução do julgado (§ 57 da Introd.) O processo criminal será alem d'officioso gratuito (§ 94 da Introd.).

---

[39] Desta maneira gozará o Supremo Tribunal de Justiça da independencia necessaria para exercer com inteireza e imparcialidade as altas funcções de que fica encarregado. Vid. o Art. 45.

[40] Se o Governo os podesse aposentar livremente, muito dependerião elles do Governo, e de nada valeria a providencia do Art. 88.

93. Haverá 3 epocas fixas no anno para em cada comarca começarem a correr as causas civeis, as quaes progredirão igual passo até se ultimarem na 1.ª instancia. Tambem nas Relações e no Supremo Tribunal de Justiça haverá epocas fixas para começar a correr o processo d'appellação ou revista[41].

94. Os Juizes de Direito das comarcas, findo que seja o turno das causas civeis, formarão e remetterão ao Presidente da respectiva Relação, e ao do Supremo Tribunal de Justiça, um mappa estatistico que conterá; 1.º o numero das causas comaçadas a processar; 2.º quantas deixáram de chegar ao seu ultimo termo, e por culpa de quem; 3.º que vencimentos houve para a Fazenda em cada uma dellas, 4.º que questões de direito se offereceram a decidir e como forão decididas.

95. Os Presidentes das Relações no fim de cada turno de causas tambem formarão e remetterão ao Supremo Tribunal de Justiça um mappa estatistico que conterá; 1.º o numero de causas apresentadas á distribuição no principio do turno; 2.º em que dias tiverão logar as subsequentes sessões, e que Juizes faltaram a cada uma dellas; 3.º que vencimentos houve para a Fazenda no gráo da appellação; 4.º que questões de direito se offereceram a decidir – como forão decididas, e por que Juizes.

96. O Presidente do Supremo Tribunal de Justiça formará igual mappa das causas de revista segundo as disposições do artigo antecedente, no que estas poderem ser applicaveis, e remetterá o dito mappa ao Ministro e Secretario d'Estados dos Negocios da Justiça[42].

97. Todo o Empregado de Justiça, que por qualquer motivo que seja não exercer as funcções do seu Emprego, deixará por esse simples facto de receber a 4.ª parte do respectivo ordenado.

98. Não haverá ferias; mas todos os Empregados de Justiça terão direito a gozar em cada anno 60 dias de licença continuos ou por intervallos, como melhor lhes convier.

99. As licenças de que trata o Art. antecedente serão concedidas aos Empregados subalternos da comarca pelo Juiz de Direito da mesma: aos Juizes de Direito das comarcas e das Relações pelo Presidente da respectiva Relação: aos Presidentes das Relações e aos Conselheiros do Supremo Tribunal de Justiça pelo Presidente do mesmo Tribunal.

100. Aos Empregados do M. P. serão concedidas as ditas licenças pelo Governo, que tambem as concederá ao Presidente do Supremo Tribunal de Justiça.

101. Na concessão das sobreditas licenças se terá sempre em vista que os negocios de Justiça não fiquem paralisados pela ausencia simultanea dos Empregados necessarios para o andamento dos processos (Art. 39).

102. Dar-se-hão as providencias necessarias para que entre a cabeça da comarca, e os circulos de que ella se compõe, haja meios de communicação regularmente duas vezes por semana.

---

[41] Estas epocas vão marcadas no Titulo VI do Livro Segundo. A nossa intenção é fazer marchar as causas, como os soldados, em *fórma,* para senão desgarrarem.

[42] Os mappas de que trata este Art. e os dous antecedentes são publicados no Periodico de que trata o § 2.º do Art. 45, segundo fica disposto no dito §. É por este meio que nós nos propomos conseguir a regular impressão das decisões judiciaes sobre pontos de Direito. Vid. os §§ 41 e 46 da Introd.

TABELLA

Das quantias que as Partes são obrigadas a depositar, ou a prestar fiança ao seu pagamento.

1.ª PARTE

Das quantias que o Autor e o Reconvinte são obrigados a depositar, ou a prestar fiança ao seu pagamento, para a Exposição da sua pertenção ser admittida em Juizo.

§ 1.º

Até 1$000	A quantia de	$200 rs.
De 1$000 até 2$000	A quantia correspondente a 1$000 rs., e mais vinte por cento do excesso, vindo a ser em .... 2$000	$400 rs.
De 2$000 rs. até 3$000 rs.	A quantia correspondente a 2$000 reis, e mais dezanove por cento do excesso, vindo a ser em .... 3$000	$590 rs.
De 3$000 rs. até 4$000 rs.	A quantia correspondente a 3$000 reis, e mais dezasete por cento do excesso, vindo a ser em .... 4$000	$770 rs.
De 4$000 rs. até 5$000 rs.	A quantia correspondente a 4$000 reis, e mais dezasete por cento do excesso, vindo a ser em .... 5$000	$940 rs.
De 5$000 rs. até 10$000 rs.	A quantia correspondente a 5$000 reis, e mais dezaseis por cento do excesso, vindo a ser em .... 10$000	1$740 rs.
De 10$000 rs. até 20$000 rs.	A quantia correspondente a 10$000 reis, e mais quinze por cento do excesso, vindo a ser em .... 20$000	3$240 rs.
De 20$000 rs. até 30$000 rs.	A quantia correspondente a 20$000 reis, e mais quinze por cento do excesso, vindo a ser em .... 30$000	4$640 rs.
De 30$000 rs. até 40$000 rs.	A quantia correspondente a 30$000 reis, e mais treze por cento do excesso, vindo a ser em .... 40$000	5$940 rs.

De 40$000 rs. até 50$000 rs.	A quantia correspondente a 40$000 reis, e mais doze por cento do excesso, vindo a ser em .... 50$000	7$140 rs.
De 50$000 rs. até 100$000 rs.	A quantia correspondente a 50$000 reis, e mais onze por cento do excesso, vindo a ser em .... 100$000	12$640 rs.
De 100$000 rs. até 200$000 rs.	A quantia correspondente a 100$000 reis, e mais dez por cento do excesso, vindo a ser em .... 200$000	32$640 rs.
De 200$000 rs. até 300$000 rs.	A quantia correspondente a 200$000 reis, e mais nove por cento do excesso, vindo a ser em .... 300$000	34$640 rs.
De 300$000 rs. até 400$000 rs.	A quantia correspondente a 300$000 reis, e mais oito por cento do excesso, vindo a ser em .... 400$000	39$640 rs.
De 400$00 rs. até 500$000 rs.	A quantia correspondente a 400$000 reis, e mais sete por cento do excesso, vindo a ser em .... 500$000	46$640 rs.
De 500$000 rs. até 1:000$000	A quantia correspondente a 500$000 reis, e mais seis por cento do excesso, vindo a ser em .... 1:000$000	76$640 rs.
De 1:000$000 até 2:000$000	A quantia correspondente a 1:000$000 reis, e mais cinco por cento do excesso, vindo a ser em .... 2:000$000	126$640 rs.
De 2:000$000 até 3:000$000	A quantia correspondente a 2:000$000 reis, e mais quatro por cento do excesso, vindo a ser em .... 3:000$000	166$640 rs.
De 3:000$000 até 4:000$000	A quantia correspondente a 3:000$000 reis, e mais trez por cento do excesso, vindo a ser em .... 4:000$000	196$640 rs.
De 4:000$000 até 5:000$000	A quantia correspondente a 4:000$000 reis, e mais dous por cento do excesso, vindo a ser em .... 5:000$000	216$640 rs.
De 5:000$000 para cima.	A quantia correspondente a 5:000$000 reis, e mais um por cento do excesso.	

§ 2.º

Para a admissão da Exposição da pertenção do Autor ou Reconvinte no caso de facto essencial superveniente, ficão reduzidas a 1/3 as quantias sobreditas.

2.ª PARTE.

Das quantias que o Recorrente é obrigado a depositar, ou a prestar fiança ao seu pagamento, para ter seguimento o processo da appellação ou revista.

§ unico.

As mesmas quantias do § 1.º, 1.ª Parte.

3.ª PARTE.

Da quantia que o Exequente é obrigado a depositar, ou a prestar fiança ao seu pagamento, para ter logar a execução forçada.

§ unico.

Uma vigessima parte do valor da execução.

4.ª PARTE.

Da quantia que o Autor e o Reconvinte são obrigados a depositar para indemnisação do Reo ou Reconvido, no caso daquelles desistirem ou decahirem de suas respectivas Pertenções.

§ unico.

A quantia de 4$800 reis.

LIVRO SEGUNDO.
Do Processo nas Causas Civeis.

TITULO I.
Da averiguação dos factos occorridos, de que resultão os Direitos.

CAPITULO 1.
Da Exposição da pertenção do Autor

103. O Autor exporá por escrito os factos occorridos, que as leis do Codigo Civil exigem para ter logar; 1.º o direito que elle pertende se lhe faça effectivo; 2.º a competencia do Juizo, em que tenciona demandar o Reo; 3.º a capacidade legal, assim do Autor para demandar, como do Reo para ser demandado[43].

104. Alem dos factos, de que trata o art. antecedente (que são essenciaes da acção), exporá de mais a mais o Autor os factos accidentaes ou probatorios, que julgar conducentes a persuadir os Jurados da existencia de qualquer dos referidos factos essenciaes (§ 14 da Introd.).

105. Nos casos de presumpções *juris et de jure* o facto accidental ou probatorio toma o logar de essencial, e como tal deve ser allegado entre os factos essenciaes da acção.

106. Se as leis do Codigo Civil determinarem que certos factos essenciaes so se possão provar por certo genero de prova, serão os factos que constituem essa prova allegados tambem como factos essenciaes[44].

107. É permittido ao Autor allegar differentes factos, ou grupos de factos, de cada um dos quaes resulte, segundo as leis do Codigo Civil, a sua pertenção em cada uma das 3 partes de que a mesma se compoem, nos termos do art. 103.

---

[43] O direito, que o Autor pretende se lhe faça effectivo, differe dos direitos que lhe assistem relativamente á competencia do Juizo, e á capacidade legal das Partes, em que o primeiro ha de satisfazer-se com factos por si mesmo proveitosos ao Autor, quando os segundos se satisfazem com factos, que so são proveitosos ao Autor em quanto tendem a tornar effectivos aquell'outros factos, que por si mesmos lhe são proveitosos. Todavia os direitos que assistem ao Autor para a demanda correr em certo Juizo, e para se reputarem Partes legitimas nessa demanda tanto o Autor como o Reo, não dependem menos da existencia de certos factos anteriores, e da disposição da Lei, que o referido direito que o Autor pertende se lhe faça effectivo, e que constitue o principal objecto da demanda. Suppondo pois que o legislador tem declarado no Codigo Civil os factos de que resultão os direitos relativamente á competencia do Juizo, e á capacidade legal das Partes, pareceo-nos que deviamos, para assim dizer, accrescentar aos requisitos essenciaes de cada acção pelo que pertence ao direito de que principalmente se trata, mais dous requisitos relativos á competencia do Juizo, e capacidade legal das partes; porque foi reunindo todos os factos de qualquer maneira essenciaes para a procedencia da Pertenção do Autor, e sujeitando depois este grupo de factos á nossa theoria da defeza do Reo (de que ja tratámos no § 16 e seg. da Introd. e havemos de tratar ainda no Capitulo 5.º do presente Titulo) que nós conseguimos estabelecer a *unidade* da questão judicial, e livrar-nos dos embaraços e delongas das excepções dilatorias.

[44] Este artigo, e o antecedente, forão aqui lançados para maior clareza; porque a sua disposição já se achava comprehendida na do Art. 103. Com effeito, se a lei, dada a existencia de um facto, presume outro (a que liga algum direito) de tal modo, que nem ainda admitte prova em contrario – ou se ella não permitte que se considere existente um facto (a que tambem liga algum direito) sem que elle se prove por certo genero de prova; isto é por certos e determinados factos, quem não vê que isto vale o mesmo que ligar o direito a esses factos probatorios? Vid. o § 9 da Introd.

486 • Direito Processual Penal

108. Depois de expostos os factos de que tratão os artigos antecedentes, declarará o Autor qual seja a sua Pertenção; isto é, indicará o direito que, á vista dos factos essenciaes expostos, e da disposição das leis do Codigo Civil (que deverá citar), elle Autor pretende se lhe faça effectivo pelo Juizo, em que tenciona demandar o Reo, e por meio da acção contra elle intentada.

109. Se a pertenção do Autor for de natureza tal que exija uma decisão prompta sobre o seu objecto, ou parte delle, sem a qual decisão se seguiria algum prejuizo grave ou damno irreparavel – ou se a pertenção do Autor se fundar em facto e direito incontestaveis, protestará o Autor por uma decisão provisoria, indicando qual esta deva ser, attenta a especie de que se tratar[45].

110. Quando o petitorio do Autor não consistir em quantia certa e determinada, avaliará o Autor a demanda, declarando em quanto estima o seu objecto, tendo porem em vista que, vencida a mesma demanda, poderá o Reo, como melhor que convier, entregar-lhe o objecto della, ou pagar-lhe a quantia da avaliação com mais a 4.ª parte[46].

111. A Exposição da pertenção do Autor será assignada por Advogado, que tenha feito ou fizer constar a sua habilitação no juizo aonde a mesma Exposição ha de ser apresentada, e será seguida:

1.º De uma relação dos nomes moradas e empregos das testemunhas, que hão de depôr sobre os factos expostos, as quaes não poderão exceder o numero de 4 para cada facto, indicando-se aquelles a que cada uma ha de depôr, ou o numero de 12, não se fazendo a dita indicação.

2.º De outra igual relação dos documentos que provão os ditos factos, os quaes documentos se juntarão por apenso, e serão acompanhados de *publicas formas* os originaes, ou cujos originaes não existirem em actos ou livros publicos.

3.º De certidão do Secretario da comarca, pela qual conste ter o Autor depositado para as despezas da administração da Justiça a quantia de que trata a 1.ª Parte da Tabella, junta ao Livro Primeiro, ou prestado fiança ao seu pagamento; e bem assim ter depositado a quantia, de que trata a 4.ª Parte da mesma Tabella, para indemnisação do Reo, no caso delle Autor desistir ou decahir da demanda.

4.º De nomeação de pessoa residente na cabeça da comarca, em cuja casa se hajão de realizar quaesquer avisos, que no decurso da causa devão ser feitos ao Autor[47].

---

[45] Vid. o § 60 da Introd. Continua-se a tratar deste objecto no Capitulo 4.º do presente Titulo.

[46] Sendo d'absoluta necessidade a avaliação da Causa para regular os depositos ou fianças que o Autor é obrigado a fazer ou prestar segundo o disposto no Titulo VI do Livro Primeiro e Tabella a elle junta, pareceo-nos que de nenhum modo podiamos conseguir a dita avaliação tão prompta e exacta, como incumbindo-a ao proprio Autor, uma vez que o pozessemos, como pozemos pela disposição deste Artigo, na necessidade de ser justo. A 4.ª parte que o Reo é obrigado a dar ao Autor, alem do valor por este arbitrado, é para contrabalançar o dezejo que o Reo ha de naturalmente ter de não entregar ao Autor o objecto da demanda em que acaba de ser vencido.

[47] Temos até aqui indicado como o Autor deve fazer a Exposição da sua pertenção, pela qual deve, sem duvida, começar toda a demanda. Reveste-se, é verdade, de circumstancias que difficultão até certo ponto a proposição da acção; mas nós entendemos que o começo de uma demanda não deve depender de um simples requerimento, feito pelo Autor, talvez em um momento de mao humor contra o Reo. Um acto, que pelo menos vai perturbar a paz de duas familias, não se deve permittir ao Autor, sem alguma garantia da sua justiça – e que melhor garantia que a propria Exposição da sua pertenção, sendo ella feita, segundo as regras prescriptas neste Cap., por um Jurisconsulto que mereça este nome? É assim que nós teremos a porta aberta para as demandas justas e bem fundadas, ao mesmo tempo que as destituidas de fundamento terão difficil entrada em Juizo.

112. A Exposição da pertenção do Autor será entregue em duplicado com as relações de que tratão o 1.º e 2.º requesitos do Art. antecedente (tambem em duplicado) pelo Autor ou seu Procurador ao Secretario da comarca, o qual lhe dará o competente recibo, declarando nelle o dia, em que segundo o disposto nos art. 265 e 266 ha de ter logar a tentativa de conciliação: depois do que promoverá o mesmo Secretario a citação do Reo nos termos do cap. seguinte.

Capitulo 2.

Da citação do Reo.

113. A citação do Reo será feita pelo Commissario do Circulo do domicilio do mesmo Reo[48] por virtude de officio do Secretario da comarca dirigido ao dito commissario.

114. Logo que o commissario do circulo receber o dito officio, participará ao Reo o contheudo no mesmo na presença de duas testemunhas, que saibão ler e escrever, e passará a competente certidão da citação, que tambem será assignada pelo Reo e ditas testemunhas, em seguimento do referido officio, o qual reenviará pelo correio immediato[49] ao Secretario da comarca, depois de o registar, e a certidão da citação, em um livro que deve existir em seu poder, e estar patente a quem o quizer examinar.

115. Não sendo o Reo achado em casa, para se lhe fazer pessoalmente a participação sobredita, será a mesma feita a qualquer pessoa que la se encontre, e a duas outras pessoas da visinhança.

116. Haverá no Adro da Igreja de cada freguezia um logar destinado para estar exposta ao publico a lista das pessoas citadas daquella freguezia, que não tiverem comparecido no acto da citação, ou que, comparecendo, se tiverem recusado a assignar a certidão della, por si, ou por outra pessoa a seu rogo quando não saibão escrever. Dada pois esta especie, o commissario do circulo inscreverá o nome do citado na mencionada lista na presença das mesmas testemunhas que o forão da citação, e fará na competente certidão expressa menção desta circunstancia[50].

117. Quando a citação se houver de fazer em differente comarca, será effectuada pelo modo sobredito por virtude d'officio do Secretario da comarca, a quem a Exposição da pertenção do Autor foi apresentada, dirigido pelo correio ao Secretario da comarca do domicilio do Reo, e transmittido por este ultimo Secretario ao commissario do circulo da respectiva freguezia; o

---

[48] Entendemos por domicilio do Reo a casa da sua habitação, segundo a lista geral dos moradores da comarca fornecida pela authoridade administrativa á judicial, da qual lista haverá uma copia geral na secretaria da comarca, alem das copias particulares dos moradores de cada freguezia, que devem existir em poder dos respectivos Commissarios dos circulos.

[49] Alludimos aos meios de communicação de que trata o Artigo 102, pelos quaes o officio de que trata o Art. antecedente deve ser dirigido pelo Secretario da Comarca ao respectivo Commissario do Circulo.

[50] A disposição deste Art., ao mesmo tempo que dá toda a publicidade á citação, não poderá deixar de tambem concorrer para ella se effectuar pelo modo indicado no Art. 114, que é, por certo, o mais natural e livre de duvidas. Demais disso, nós tivemos em vista neste Cap. estabelecer uma forma de citação, que contendo as necessarias garantias do Reo ter noticia della, não exigisse com tudo a presença do mesmo Reo para se poder effectuar; não so porque sempre nos pareceo incompativel com o respeito devido aos Empregados de Justiça o andar o Reo, pelo facto de se esconder, ludribiando os ditos Empregados, e paralizando a seu bel-prazer os actos do processo, mas tambem porque, admittida a marcha officiosa do processo, em que os Empregados de Justiça são responsaveis pelo regular andamento do mesmo, cumpria remover todos os obstaculos que a esse regular andamento se podessem oppôr.

488 • Direito Processual Penal

qual, depois de effectuada a citação, reenviará o mencionado officio ao Secretario que lh'o transmittio, e este ao da comarca aonde pende a demanda[51].

118. A citação para a tentativa de conciliação serve para todos os mais actos do processo[52] á excepção de deducção de facto essencial superveniente, e da execução do julgado.

CAPITULO 3.

Da tentativa de conciliação.

119. Não comparecendo o Autor no dia e hora designados para a tentativa de conciliação[53], quer o Reo compareça quer não, ficará a citação sem effeito. Se comparecer o Autor, e não comparecer o Reo, se lavrará nota de revelia deste, e com ella se proseguirá nos termos do Art. 127, devendo o Reo tomar o processo no estado em que se achar, se depois comparecer em juizo.

120. Comparecendo o Autor e Reo, o Juiz Electivo, em audiencia publica, e por todos os meios possiveis, não sendo violentos nem cavilosos[54] procurará conciliar as Partes sobre o objecto da demanda, de modo que se ponha fim á questão, ou seja por o Reo convir na pertenção do Autor, ou por este desistir della, ou finalmente por transigirem ambos, devendo neste ultimo caso declarar-se a forma da transacção[55].

121. Não comparecendo o Autor, ou desistindo da sua pertenção, lavrar-se-ha termo disso em um livro, que deve existir em poder do Secretario da Comarca. Se porem o Reo convier na pertenção do Autor; ou as Partes transigirem, será o termo lavrado nos autos, e estes apresentados pelo Secretario da comarca ao Juiz de Direito, a fim de ser julgado por sentença o acôrdo das Partes na conformidade do Art. 154.

122. Em todas as especies figuradas no Art. antecedente poderá o Autor levantar o deposito que fizera, bem como ficará sem effeito qualquer fiança prestada na conformidade do Art. 79. Nas duas primeiras especies do dito Art. poderá tambem o Autor receber do Secretario da comarca a Exposição da sua pertenção (Art. 74, e Nota ao Art. 147).

123. Por occasião da tentativa de conciliação, se esta se não effectuar, lembrará o Juiz Electivo ao Reo a nomeação de pessoa residente na cabeça da comarca, em cuja casa se hajão de

---

[51] Eis aqui ao que se reduzem as Cartas precatorias citatorias. Da citação edital, que bem se poderia chamar citação feita ao vento, nada dizemos, porque a não reconhece o nosso systema, segundo o qual os ausentes, assim como os menores, prodigos e mentecaptos, serão representados por pessoas nomeadas pela respectiva authoridade administrativa, as quaes são citadas do mesmo mod que o serião os seus representados, se estes estivessem presentes, ou não tivessem os referidos defeitos.

[52] Note-se que pela apresentação da Exposição da pertenção do Autor ao Secretario da comarca nos termos do Art. 142, ficão fixadas as epocas e os dias, em que hão de ter logar os demais actos do processo no decurso da causa, como se verá do Titulo VI do presente Livro.

[53] Este dia e hora vão declarados no officio de que trata o Art. 113. vid. os Art. 265 e 266.

[54] A melhor garantia de que se não hão de empregar taes meios está na publicidade do acto.

[55] Considerámos a tentativa de conciliação como um acto proprio, não so para as Partes transigirem entre si sobre o objecto da demanda, mas tambem para o Reo convir na pertenção do Autor, quando entender que este tem justiça, ou o Autor desistir da demanda, quando, á vista das razões que o Reo expozer, vier no conhecimento de que a justiça está da parte do mesmo Reo. Eis o motivo por que exigimos a tentativa de conciliação em todas as causas, devendo notar-se que com isso não as prolongâmos, visto que sendo instructor do processo o proprio conciliador, trabalha ao mesmo tempo nestes dous objectos. Vid. a Nota ao art. 40.

V - Projecto Joaquim Sant'Ana • 489

realisar quaesquer avisos que no decurso da causa devão ser feitos ao Reo, e se escreverá na acta a declaração que elle fizer a este respeito.

CAPITULO 4.

Da sentença provisoria dos casos urgentes, ou de Justiça manifesta.

124. Se depois da tentativa de conciliação o Autor insistir na decisão provisoria de que trata o Art. 109, prestará o mesmo Autor fiança idonea a repor o negocio no estado anterior, e a indemnisar o Reo de quaesquer prejuizos, se a decisão provisoria vier a ser revogada por sentença definitiva; com a qual fiança o Secretario da comarca apresentará immediatamente os autos ao Juiz de Direito, para este dentro de 3 dias proferir a sobredita decisão, ou declarar que ella não tem logar, como lhe parecer de justiça (§§ 59 e 60 da Introd.).

125. A decisão provisoria será exequivel desde logo; e mesmo ficará valendo de sentença definitiva, se depois de intimada ás Partes, alguma dellas não protestar, dentro de 15 dias, pelo andamento regular do processo. Não havendo este protesto, poderá o Autor levantar immediatamente o resto do deposito, bem como ficará sem effeito qualquer fiança prestada, depois de paga a quantia vencida pela Fazenda nos termos do Art. 73[56].

126. Ainda que o Autor na exposição da sua pertenção não tenha protestado por decisão provisoria, poderá exigir esta, por termo nos autos, depois da tentativa de conciliação, á vista das circumstancias ahi occorridas; e outro tanto poderá fazer na Replica, á vista do que o Reo allegar na Resposta á Pertenção do Autor; e depois da Treplica (por termo nos autos) á vista do que o mesmo Reo ahi allegar; para effeito do Secretario da comarca (apresentada a competente fiança) proceder na 1.ª especie, nos termos do Art. 124, e nas duas ultimas, póde o Juiz de Direito, por occasião do estabelecimento da questão, proferir a pertendida decisão provisoria, ou declarar que ella não tem logar[57].

CAPITULO 5.

Da Resposta do Reo á Exposição da pertenção do Autor.

127. Não se conciliando as Partes, e não havendo decisão provisoria com que ambas se contentem, será a Exposição da pertenção do Autor apresentada pelo Secretario da comarca[58] na competente audiencia[59]; e então, mediante recibo do Reo, se dará a este vista dos autos, os quaes

---

[56] O protesto, de que trata este Artigo, é o unico recurso que ás Partes compete da sentença provisoria.

[57] Na tentativa de conciliação póde o Reo fazer declarações que alterem o estado da questão, e pode esta tambem ser alterada pelo que elle disser na sua Resposta á Pertenção do Autor, ou na Treplica. Eis ahi pois o motivo por que no Art. 124 nas palavras – se insistir – se permitte ao Autor o desistir da sua pertenção relativa á sentença provisoria, por que protestára na Exposição da sua pertenção; e pelo presente Art. se lhe permitte deduzir essa pertenção, não se depois da tentativa de conciliação, mas até depois da Resposta do Reo á pertenção do Autor, e mesmo depois da Treplica: por quanto, desde que póde haver alteração no estado da questão, ninguem pode affirmar que essa alteração não torne improcedente a decisão provisoria que a principio parecêra ter logar, ou procedente, util, e mesmo necessaria, a que até ali era inadmissivel.

[58] É o Secretario da comarca quem apresenta na audiencia a Exposição da pertenção do Autor [que lhe fôra entregue nos termos do Art. 112]; porque, depositadas as quantias de que trata a Tabella junta ao Primeiro Livro, ou prestada a competente fiança, é, em nosso systema, officiosa a marcha do processo. Vid. § 57 da Introd. e o Art. 92.

[59] Esta audiencia está marcada no Titulo VI do presente Livro.

490 • Direito Processual Penal

se comporão d'um dos duplicados da dita Exposição da pertenção do Autor, e de todos os documentos a ella juntos, ficando as *publicas formas* dos originaes na Secretaria da comarca com o outro duplicado[60].

128. Sendo muitos os Reos, dar-se-ha vista ao primeiro, ou á pessoa residente na cabeça da comarca, em que elles tiverem concordado por occasião da tentativa de conciliação nos termos do Art. 123. Alem disto, o duplicado da Exposição da pertenção do Autor, e as publicas formas dos documentos originaes, estarão patentes na Secretaria da comarca a quem os quizer examinar.

129. Continuados os autos com vista ao Reo, se este entender que dos factos essenciaes expostos pelo Autor se não segue, segundo a disposição das leis do Codigo Civil, o direito que o mesmo Autor pertende se lhe faça effectivo, assim o declarará, expondo as razões em que se funda ([61]).

130. Se o Reo entender que a pertenção do Autor não procede, por não existirem todos ou alguns dos factos essenciaes de que o mesmo Autor a deduz, negará aquelles dos referidos factos que julgar inexistentes (§ 18 da Introd.).

131. Se o Reo entender que a pertenção do Autor não procede, por existirem, alem dos factos essenciaes expostos pelo Autor, outro ou outros factos essenciaes á defeza delle Reo, que tornão inefficazes aquelles, ou que, para melhor dizer, juntos a elles, formão todos um grupo de factos, de que ja não resulta a dita pertenção, exporá o dito facto ou factos essenciaes á sua defeza (§ 19 da Introd.).

132. Nas especies dos dous Art. antecedentes exporá o Reo de mais a mais os factos accidentaes ou probatorios, que julgar conducentes a persuadir os Jurados, ou da não existencia dos factos essenciaes expostos pelo Autor, ou da existencia dos factos essenciaes á sua defeza (§ 14 e seg. da Introd.).

133. Tambem poderá o Reo na Resposta á pertenção do Autor dizer o que se lhe offerecer ácerca dos factos accidentaes allegados pelo mesmo Autor na Exposição da sua pertenção, e bem assim acerca dos documentos com ella offerecidos[62].

134. Se o Reo impugnar a competencia do Juizo, declarará o que reputa competente para a instauração da causa, sem o que não será a dita impugnação attendida[63].

---

[60] Convencidos de que é essencial á boa administração da justiça o serem os litigantes dirigidos por pessoas que tenhão os necessarios conhecimentos juridicos, que nem sempre se encontrão naquellas que pelas privincias frequentão os auditorios, como offerecendo-se ás Partes para estas se aproveitarem de seus serviços, tivemos em vista arranjar as cousas de modo, que ás Partes se désse vista dos autos, para ellas poderem leva-los a Jurisconsultos de sua confiança, que ordinariamente não estão em circumstancias de frequentar os auditorios. Procurámos porem com a disposição do 2.º requisito do Art. 111, relativa aos documentos originaes, e com a disposição do presente Art. remedear os inconvenientes, que possão resultar do descaminho dos ditos documentos: bem como com a disposição dos Art. 144 e 155, temos em vista conseguir que os autos não deixem jamais de ser apresentados na competente audiencia.

[61] Introd. § 17. Póde com tudo acontecer que o direito que o Autor pretende se lhe faça effectivo se deduza, sim, segundo a disposição das leis do Codigo Civil, dos factos pelo mesmo Autor expostos, porem para uma epoca futura, e não na actualidade. Dada esta especie, deve o Reo proceder nos mesmos termos indicados neste, e nos dous Art. seg.; porque tão ampla e exacta é a nossa theoria da defeza do Reo, que essa mesma falta de actualidade no direito do Autor, não menos que a falta absoluta do dito direito, so pode verificar-se [tomado o negocio depois da Exposição da pertenção do Autor] em alguma das hypotheses figuradas nos ditos 3 Art.

[62] Os documentos ordinariamente podem ser considerados como factos accidentaes.

[63] Desta maneira cessará toda a incerteza sobre este ponto, para effeito de passar o Autor a proceder nos termos do Art. 147, se entender que não póde sustentar a competencia do Juizo que escolhêra.

135. A Resposta do Reo á pertenção do Autor será tambem assignada por Advogado que tenha feito ou fizer constar a sua habilitação do Juizo aonde pende a causa, e será seguida do 1.º, 2.º e 4.º requisitos do Art. 111, excepto, quanto ao ultimo, se o Reo tiver ja satisfeito a elle por occasião da tentativa de conciliação nos termos do Art. 123[64].

CAPITULO 6.

Da Replica e da Treplica.

136. Para a Replica e Treplica se continuará vista dos autos ao Autor, e ao Reo, do mesmo modo que se continua ao Reo para a Resposta á Pertenção do Autor, segundo o Art. 127.

137. Se o Reo na Resposta á Pertenção do Autor tiver allegado algum ou alguns factos essenciaes á sua defeza, procederá o Autor na Replica a respeito delles do mesmo modo que o Reo na dita Resposta a respeito dos factos essenciaes allegados na Exposição da pertenção do Autor, segundo os Art. 129, 130 e 131.

138. Do mesmo modo, se o Autor na Replica allegar algum ou alguns factos essenciaes, para effeito de tornar inefficazes os allegados pelo Reo na Resposta á Pertenção do Autor, e procedentes os por elle ellegados na Exposição da sua pertenção, procederá o Reo na Treplica nos termos dos Art. 129 e 130.

139. Alem do que fica disposto nos dous Art. antecedentes (que dizem respeito aos factos essenciaes) poderão o Autor na Replica, e o Reo na Treplica, dizer o que se lhes offerecer ácerca dos factos accidentaes allegados pelo Reo na sua Resposta e pelo Autor na Replica; e bem assim ácerca dos documentos offerecidos com esses articulados.

140. A Replica e Treplica serão tambem assignadas por Advogado nos termos do Art. 111, e seguidas do 1.º e 2.º requisitos do dito Art.

CAPITULO 7.

De algumas disposições relativas á Resposta do Reo, Replica e Treplica.

141. A acção conciliatoria do Juiz Electivo para com as Partes será por elle exercida, não so no dia destinado para a tentativa de conciliação, mas tambem por todo o decurso do processo preparatorio (Art. 40) a cujos actos deverão as Partes assistir por si ou Procurador munido de poderes sufficientes para fazer qualquer desistencia, confissão, ou transacção.

142. As tres formas por que se póde proceder a respeito dos factos essenciaes segundo os Art. 129, 130 e 131, e remissivamente segundo os Art. 137 e 138, não são imcompativeis antes devem cumular-se quando a especie de que se tratar assim o exigir (§ 20 da Introd.).

143. Todos os factos essenciaes allegados por qualquer das Partes em seus articulados, que a contraria não negar expressamente, ou não declarar que os ignora, serão havidos por confessados[65].

---

[64] O que dissemos na Nota ao Art. 111, relativamente á Exposição da pertenção do Autor, é igualmente applicavel á Resposta do Reo. Á vista de todo este Capitulo tambem podêmos dizer que fica aberta a porta aos Reos para as suas defesas justas e bem fundadas, ao mesmo tempo que as destituidas de fundamento terão difficil entrada em Juizo.

[65] A disposição deste Art. deve simplificar sobremaneira a questão de facto. Mas negarão as Partes os factos allegados pela contraria, so para fazer recahir nesta o onus da prova? Parece-nos que não: 1.º porque pelo disposto nos Art. 127 e 136 temos feito quanto é possivel para livrar os litigantes dessa gente, que, não tendo os necessarios

492 • Direito Processual Penal

144. Todas as vezes que as partes apresentarem na competente audiencia os autos sem as suas respectivas Respostas, Replica e Treplica[66], será a exposição dos factos havida por terminada, para effeito de serem os autos apresentados pelo Secretario da Comarca ao Juiz de Direito, e este estabelecer o estado da questão. Se porem alguma das Partes, Autor ou Reo, não apresentar os autos na dita audiencia, autuará o Secretario da Comarca o duplicado ou duplicados que existirem na Secretaria, e com certidão daquella omissão, fará a sobredita apresentação ao Juiz de Direito, a fim do mesmo proceder nos termos do Art. 155.

145. Na Resposta á Pertenção do Autor, ou na Treplica, poderá o Reo pedir tempo para obter alguma informação ou documentos ácerca dos factos essenciaes, declarando o objecto da dita informação ou documentos, e a terra donde pertende have-los; e o Autor poderá conceder-lhe o espaço pedido, ou um espaço menor, ou progredir na causa como se tal exigencia não houvesse[67].

146. Nos dous ultimos casos, apresentando o Reo a mencionada informação ou documentos dentro do tempo que pedíra, e antes do estabelecimento da questão, poderá o Juiz, por essa occasião, se lhe parecer preciso, admittir o Reo a allegar o que deixou de allegar. E o mesmo poderá fazer o Juiz por occasião da sua sentença definitiva, se a dita informação ou documentos tiverem sido apresentados dentro do tempo que pedíra, mas depois do estabelecimento da questão.

147. Se o Autor, ávista da Resposta do Reo, ou da Treplica, entender que a sua pertenção não procede, desistirá da instancia, e indemnisará o Reo, o qual levantará do deposito, de que trata a 4.ª Parte da Tabella, a quantia que lhe competir a razão de 1$000 reis por cada um dos seus articulados, Resposta e Treplica. Neste caso lavrar-se-ha, no livro para isso destinado, termo de desistencia; e então o Secretario da comarca, desfazendo os autos, entregará a cada uma das Partes as peças que dos mesmos lhes pertencerem; podendo o Autor levantar o resto dos depositos, ou ficando sem effeito a fiança prestada, depois de paga a quantia vencida pela Fazenda, segundo o disposto no Art. 74[68].

148. Se o Reo á vista do que o Autor disser na Replica entender que lhe convem confessar a pertenção do Autor, assim o praticará, ficando responsavel pela quantia vencida pela Fazenda segundo o disposto no dito Art. 74. Neste caso reduzida a termo nos autos a confissão do Reo,

---

conhecimentos juridicos, entende, ou finge entender, que uma Parte deve sempre negar o que a outra affirma; 2.º porque negando as Partes, ou declarando que ignorão factos que ellas tem razão de saber, dão uma prova tão evidente da sua má fé, que não poderá esta circumstancia deixar de lhes ser muito prejudicial a respeito de quaesquer decisões que o Jury tenha a proferir. As Partes, em nosso systema de processo, tem tanta necessidade de ser sinceras, como até agora tem tido de ser ardilosas, para obter seus fins.

[66] Vid. o Titulo VI do presente Livro.

[67] Ninguem melhor que o Autor conhece se o Reo na especie figurada neste Art. procede de boa fé, ou com malicia: por isso ninguem melhor que o Autor póde resolver essa questão, uma vez que a resolva por sua conta e risco, facultando-se ao Reo, [como pelo seguinte Art. se lhe facultão] os meios de ser restituido aos anteriores termos do processo, no caso de ter obrado de boa fé.

[68] Quando se erra o caminho, cumpre, sem demora, procurar o verdadeiro. Pelo que, se o Autor, durante o processo preparatorio, isto é, em quanto se offerecem os articulados, e os autos não são apresentados ao Juiz de Direito para estabelecer o estado da questão, descubrir na sua Pertenção algum vicio, erro ou defeito, que obste ao seu vencimento, ou o torne mais difficil, e entender que para fazer effectivos os seus direitos lhe cumpre obrar d'outro modo, poderá pela disposição do presente Art. desistir da instancia, indemnisado o Reo; e reduzido o negocio ao estado em que se achava antes de ser apresentada em Juizo a Exposição da sua pertenção, ir intentar aonde, e contra quem, bem lhe parecer a competente acção, servindo-se até dos materiaes da primeira em quanto estes lhe poderem ter algum prestimo.

serão os mesmos autos apresentados pelo Secretario da comarca ao Juiz de Direito, a fim deste proceder nos termos do Art. 154. Outro tanto praticará o Secretario da comarca no caso de transacção entre as Partes, em o qual caso, alem de se declarar a forma da transacção, se dirá qual das Partes fica responsavel pela quantia vencida pela Fazenda na forma do sobredito Art. 74.

CAPITULO 8.

Da Reconvenção do Reo.

149. A Reconvenção do Reo terá logar nos proprios autos da acção, quando os factos essenciaes á causa pelo Autor allegados forem taes, ou procedendo o Reo nos termos do Art. 129 e seguintes, ficarem sendo taes, que delles resulte algum direito do Reo contra o Autor.

150. Dada a referida especie poderá o Reo na Resposta á pertenção do Autor indicar qual seja tambem a sua pertenção contra o mesmo Autor.

151. A Reconvenção do Reo não produz alteração alguma na marcha do processo. Deve porem o Reo, para a dita Reconvenção ser admittida, avaliar o objecto da mesma nos termos do Art. 110, e offerecer com ella a certidão de que trata o 3.º requisito do Art. 111.

CAPITULO 9.

Do Estabelecimento da questão.

152. Apresentados os autos pelo Secretario da comarca ao Juiz de Direito nos termos dos Art. 121, 144 e 148, o mesmo Juiz examinará com toda a circunspecção o processo instaurado perante o Juiz Electivo, e fará por escrito nos autos um relatorio claro e succinto da contenda entre as Partes agitada, o qual terminará por algum dos seguintes modos.

153. Se o Juiz de Direito achar o processo irregular em quanto á sua forma extrinseca por não estar construido segundo o disposto na lei, declara-lo-ha nullo, e responsavel ás Partes por perdas e dammos o Secretario de comarca que o processou.

154. Se o Reo tiver convido na pertenção do Autor, ou as Partes transigido nos termos dos Art. 121 e 148, julgará o Juiz de Direito por sentença o acôrdo das Partes.

155. Dada a especie de que trata a 2.ª parte do Art. 144 julgará o Juiz procedentes as pertenções do Autor ou Reconvinte, ou absolverá o Reo e o Reconvido das ditas pertenções, conforme for o Reo, ou o Autor, o que tiver deixado de apresentar os autos na competente audiencia.

156. Se ao Juiz de Direito parecer que o processo está regular em quanto á sua forma extrinseca, mas que o não está em quanto á intrinseca, por o Autor ou Reconvinte não ter allegado na Exposição da sua respectiva pertenção os factos de que ella podia juridicamente deduzir-se, declarará ineptas as ditas pertenções.

157. Dada a especie de que trata a 1.ª parte do Art. 146, procederá o Juiz, depois de estabelecer o estado da questão[69], na conformidade do mesmo Art., admittindo ou deixando de admittir o Reo aos termos antecedentes do processo, como lhe parecer justo.

---

[69] É para que o Juiz, com uma pennada em que restitua o Reo aos termos anteriores, se não livre [ao menos por aquella vez] de examinar o processo, e estabelecer a questão segundo o estado dos autos, sem o que nem ainda elle póde conhecer se o Reo deve, ou não, ser restituido aos ditos termos.

494 • Direito Processual Penal

158. Não se verificando porem alguma das especies figuradas nos Art. antecedentes, terminará o Juiz de Direito o seu relatorio, indicando quaes sejão d'entre os factos articulados pelas Partes aquelles, que segundo a disposição das leis do Codigo Civil são necessarios para a procedencia da pertenção do Autor, ou da defeza do Reo, e d'entre estes quaes são os que ja se achão provados pela confissão expressa ou tacita das Partes nos termos do Art. 143, redigindo em termos claros e explicitos os quisitos que hão de ser submettidos ao Jury ácerca dos factos essenciaes controversos[70].

159. Se o Juiz de Direito achar provados todos os referidos factos essenciaes, procederá nos termos do Art. 196.

160. Dada qualquer das ultimas duas especies do Art. 126, e não se verificando a do Art. antecedente, deferirá o Juiz de Direito á Pertenção do Autor, relativamente á decisão provisoria, como lhe parecer de justiça.

161. Publicado o relatorio do Juiz, de que no presente Capitulo se trata, poderá a Parte que se sentir aggravada com qualquer decisão contida no mesmo relatorio, fazer por escrito as reflexões que bem lhe parecer, as quaes, bem como a resposta que a Parte contraria lhes quizer dar, serão assignadas por Advogado que tenha feito ou fizer constar a sua habilitação no Juizo da comarca aonde se trata a demanda[71].

162. O Juiz de Direito attenderá ou desattenderá as ditas reflexões como achar de Justiça, e se com esta decisão alguma das partes se sentir aggravada, poderá appellar para a Relação do districto judicial[72].

CAPITULO 10.

Dos actos preparatorios do Jury.

163. Estabelecidos pelo Juiz de Direito os quesitos que hão de ser submettidos ao Jury, indicarão as Partes, por termo lavrado nos autos d'entre as testemunhas que nomeárão aquellas por cujos depoimentos insistem[73].

164. Se alguma das Partes quizer que a Parte contraria deponha sobre os factos controversos, fará tambem menção do nome desta no acto de que trata o Art. antecedente, para se praticar a respeito della o mesmo que a respeito das testemunhas.

---

[70] Introd. § 12 e seg. Nesta especie deve o relatorio do Juiz ser considerado como um principio ou começo da sentença definitiva, que elle ha de ultimar á vista da decisão do Jury sobre os factos essenciaes controversos, nos termos do Art. 197.

[71] Nos Art. 270 e 271 se achão marcados os dias em que o Juiz ha de publicar o seu relatorio, e em que as Partes podem apresentar contra o dito relatorio as suas observações. Sobre a necessidade destas antes da appellação Vid. o § 43 da Introd.

[72] Esta appellação, sendo de decisão que não põe fim ao processo, so tem seguimento depois da sentença definitiva. Vid. o Art. 205, e outro sim o Art. 278 sobre o tempo em que a appellação se deve interpôr.

[73] Cada uma das Partes, allegando os factos que lhe parecem proficuos, deve desde logo indicar, nos termos do 1.º requisito do Art. 111, e remissivamente dos Art. 135 e 140, os nomes das testemunhas que hão de depôr sobre os ditos factos, para que a Parte contraria possa formar o seu juizo sobre a probabilidade de se provarem, ou não, os referidos factos perante o Jury. Como porem as mais das vezes os factos allegados por uma das Partes não são todos negados pela outra [o que é bastante segundo o Art. 143 para se haverem por confessados] tornar-se-hia desnecessario, e mesmo nocivo, o comparecimento de todas aquellas testemunhas perante o Jury, tendo apenas de ser inquiridas sobre um ou outro ponto de facto controverso, a que o negocio ficou reduzido depois do estabelecimento da questão. No Art. 272 se marca o tempo em que ha de ter logar o acto de que aqui se trata.

165. Se as testemunhas do Reo forem moradoras em logares tão distantes, que se não possa obter o seu depoimento a tempo de ser presente aos Jurados na sua primeira reunião, poderá o mesmo Reo, no acto de que trata o Art. 163, pedir tempo para haver os ditos depoimentos; e o Autor poderá conceder-lho ou negar-lho em todo ou em parte nos termos dos Artigos 145 e 146, no que possa ser applicado á presente especie[74].

166. Um mez antes do dia destinado pela Lei para a abertura da audiencia de Jurados, reunidos os Membros da Camara Municipal, o Juiz de Direito, e o respectivo Empregado do M. P., se extrahirão por sorte do quadro geral dos Jurados (Art. 27) os que hão de constituir a Pauta de serviço da futura audiencia, e bem assim os da Pauta supplementar.

167. Os nomes dos Jurados d'uma e outra Pauta, e os nomes das testemunhas e das Partes, designados no termo de que trata o Art. 163, serão enviados pelo Secretario da comarca aos Commissarios dos circulos das respectivas freguezias a fim de todos esses individuos serem citados pelo modo prescripto no Cap. 2.º do presente Titulo, para comparecerem na cabeça da comarca no dia que lhes for indicado, sob pena, os Jurados de 5$000 rs. por cada dia que faltarem ao serviço, e as testemunhas de serem punidas como desobedientes á Justiça, e de ficarem responsaveis ás Partes por perdas e damnos[75].

168. As Partes terão o cuidado de saber se as suas testemunhas tem algum impedimento pelo qual não possão comparecer perante o Jury, para effeito d'obterem, em tal caso, com a necessaria anticipação os seus depoimentos pelo modo prescripto no Titulo VIII do presente Livro. Pelo mesmo modo obterão as Partes com a conveniente anticipação, não so quaesquer exames de peritos, mas tambem os depoimentos das testemunhas moradoras em differente comarca, se ellas não quizerem voluntariamente comparecer perante o Jury[76].

CAPITULO 11.

Da investigação dos factos essenciaes controversos, e decisão sobre a sua existencia.

169. Reunidos na cabeça da comarca e casa destinada para o Jury, os Jurados da respectiva pauta no dia designado pela lei[77], verificará o Juiz de Direito o comparecimento dos mesmos Jurados. Se faltar algum, será prehenchido o numero da Pauta pelos primeiros da Pauta supplementar.

170. Prehenchido o numero de Jurados da Pauta, passará o Juiz de Direito a formar o Jury para a primeira causa designada na Tabella do serviço da audiencia de Jurados, o que fará da maneira seguinte[78].

---

[74] Vid. a Nota ao Art. 145, e o Art. 199.

[75] Não se commina pena á Parte que não comparecer; porque bem punida fica ella pela impressão desfavoravel que ha de fazer no Jury o abandono do seu posto no dia do combate!

[76] Sendo os litigantes de boa fé interessados em que as suas testemunhas compareção no Jury, persuadimo-nos de que, mediante as diligencias dos mesmos litigantes, não deixarão ellas de ahi comparecer sob falsos pretextos. Quanto aos litigantes de má fé, certos estamos de que, mancommunados com as suas testemunhas, não poucas vezes hão de procurar subtrahi-las ao interrogatorio perante o Jury; mas também nos parece que o Jury ha de saber avaliar o credito que o depoimento escrito de taes testemunhas merece, e bem assim o premio que devem ter os litigantes que recorrem a similhantes estratagemas. Vid. o final da Nota ao Art. 143.

[77] Este dia está marcado no Art. 273.

[78] Dissemos no § 31 da Introd. que o legislador devia assegurar aos litigantes uma perfeita liberdade na exclusão dos Jurados que por qualquer motivo lhes parecessem menos aptos para exercer suas funcções. – Vamos pois nos quatro Art. seg. estabelecer o modo pratico de conseguir essa liberdade.

496 • Direito Processual Penal

171. Os nomes dos 50 Jurados de que se compõe a Pauta, estarão escritos em bilhetes de cartão similhantes a cartas de jogar. O Juiz de Direito baralhará os ditos bilhetes, fará partir o maço pelo Autor e Reo, e depois de separar os primeiros 5 (que porá sobre a mesa voltados para baixo) entregará os outros ao Autor.

172. O Autor examinará os ditos bilhetes, exluirá 13 (que igualmente porá sobre a mesa voltados para baixo), e entregará o resto ao Juiz, que os dará ao Reo para este tambem excluir igual numero.

173. O Juiz, recebendo do Reo o resto dos bilhetes, os baralhará e fará novamente partir pelo Autor e Reo; depois do que, tomando um e um os primeiros 13, que pòrá sobre a mesa voltados para cima, de forma que as Partes possão ler os nomes nelles inscriptos, irá procla-mando os ditos nomes, para os respectivos Jurados tomarem os assentos que na casa da audiencia lhes são destinados.

174. Acabado o acto da extracção dos Jurados, o Juiz de Direito lançará mão de todo os bilhetes que estão sobre a mesa, e os baralhará de modo que se não possa jamais saber quaes forão os Jurados excluidos por cada uma das Partes[79].

175. Se na audiencia do Jury comparecer somente o Autor ou o Reo, proceder-e-ha á revelia do que faltar. Os co-autores ou co-reos suppõe-se um só individuo para effeito de excluirem (conferenciando entre si) os 13 Jurados que cada uma das Partes deve excluir.

176. O Juiz de Direito deferirá o juramento aos Jurados, que compõe o Jury, empregando a seguinte formula: A presente causa contém um pouco (ou alguns pontos) de facto essencial para a sua decisão, sobre o qual (ou os quaes) as Partes não estão de acôrdo. Logo vos indicarei esse ponto (ou esses pontos) de facto, e passaremos, em seguida, a fazer as convenientes averi-guações, para que possaes deliberar com acerto sobre a sua existencia ou não existencia. Vós prometteis diante de Deos e dos homens prestar toda a atenção a este negocio, e decidir o referido ponto (ou cada um dos referidos pontos) de facto segundo o estado da vossa convicção depois da competente averiguação (ou das competentes averiguações)? Cada um dos Jurados, pondo a mão direita nos Santos Evangelhos, dirá em voz alta: Assim o juro.

177. Constituido o Jury, ordenará o Juiz de Direito que as testemunhas e peritos sejão recolhidos a quartos para elles destinados, aonde estarão incommunicaveis por todo o tempo da investigação dos quesitos pertencentes á causa, vindo á audiencia acompanhados por um official de Justiça todas as vezes que for necessário para responder ás perguntas que se lhes houverem de fazer.

178. Indicará então o Juiz de Direito aos Jurados o primeiro ponto de facto ou quesito que cumpre investigar, sobre o qual e mais factos que com elle tenhão relação interrogará as proprias Partes, estando presentes; e bem assim as testemunhas e peritos que houver – lerá (ou mandará ler pelo Secretario) na parte essencial os documentos apensos, indicando aos Jurados o que a

---

[79] E com effeito assim é; porque os 5 bilhetes, que o Juiz separa ao principio, encobrem ao Reo os Jurados exclui-dos pelo Autor, por tal forma que ainda que nos bilhetes, que são entregues ao Reo, na conformidade do Art. 172, não venha, por exemplo, o Jurado da Pauta, Abel, não sabe o Reo se elle foi excluido pelo Autor, ou se é um dos inscriptos nos referidos 5 bilhetes. E tambem o Autor não sabe quaes forão os Jurados excluidos pelo Reo; porque ficando sobre a mesa 6 bilhetes depois de extrahido o Jury, ainda que nos bilhetes que passão do autor para o Reo vá, por exemplo, o Jurado da Pauta, Abilio, e este não saia para formar o Jury, não sabe o Autor se elle foi recusado pelo Reo, ou se é um dos inscriptos nos ditos 6 bilhetes.

respeito dos mesmos documentos as Partes tiverem allegado (Art. 133 e 139) – lerá tambem os depoimentos das testemunhas inquiridas fóra da audiencia – fará as acareações necessárias – n'uma palavra fará todas as possiveis averiguações para se conhecer a verdade do ponto do facto em questão, procedendo em tudo com a boa fé e imparcialidade proprias do seu cargo (§ 29 da Introd.).

179. Depois do Juiz interrogar qualquer testemunha ou perito, poderão os Jurados, os Advogados das Partes, e estas mesmo, fazer-lhe as perguntas que julgarem a proposito para maior esclarecimento da verdade.

180. Se alguma Parte tiver motivos para suspeitar que qualquer testemunha produzida pela Parte contraria faltará á verdade, declarará esses motivos antes da testemunha ser chamada á audiencia, e então o juiz fará de mais a mais a esta testemunha, sobre os ditos motivos, as perguntas, que forem necessárias para os Jurados virem no conhecimento do credito que a mesma testemunha merece sobre o negocio principal. Se a testemunha negar os defeitos que a Parte contra quem é produzida lhe attribuir, poderá esta prova-los perante o Jury por qualquer modo que lhe seja possivel.

181. Se qualquer testemunha, depois de advertida pelo Juiz de que lhe cumpre ser circunspecta, insistir em alguma asserção evidentemente falsa, e parecer pelas circunstancias que ella obra com dolo, poderá o mesmo Juiz, ex officio ou a requerimento de Parte, mandar escrever a dita asserção pelo Secretario, e submetter immediatamente ao Jury o seguinte quesito: A testemunha F. falta dolosamente á verdade em asseverar que ...? (a dita asserção).

182. Se o Jury decidir affirmativa e unanimemente o dito quesito, ficará a testemunha em custodia, e será remettida, como aprehendida em flagrante delicto, á respectiva authoridade administrativa, logo que termine a investigação do ponto ou pontos de facto respectivos á causa em que fôra produzida.

183. Se alguma das Partes tiver arguido de falsos quaesquer documentos offerecidos pela Parte contraria, tudo o que a este respeito se passar na audiencia servirá somente para determinar o grao de credito que os mesmos documentos devem merecer ao Jury[80]. Exceptua-se porem o caso da falsidade do documento ser facto essencial á causa, e fazer o objecto do quesito em questão; porque em tal caso deliberará o Jury sobre a dita falsidade como sobre outro qualquer facto essencial controverso.

184. O Juiz de Direito, na qualidade de Presidente da audiencia, regulará a investigação de cada um dos quesitos ou factos essenciaes á causa do modo que lhe parecer mais conducente ao descubrimento de verdade.

185. Os Advogados das Partes são os fiscaes da imparcialidade do Juiz na investigação dos ditos quesitos, e podem, durante a mesma investigação, requerer ao Juiz que proceda desta ou d'aquell'outra maneira que lhes pareça mais conveniente; e o Juiz procederá na conformidade das pertenções dos Advogados, excepto se vir que ellas tendem a confundir a questão ou difficultar a sua decisão; porque nesse caso proporá o negocio aos Jurados, e obrará como pela maioria dos mesmos for deliberado.

186. As provas ou motivos de convicção *pro* ou *contra* a existencia do facto em questão serão acompanhados de todas as circunstancias que possão augmentar ou diminuir a força de

---

[80] Equiparámos os documentos aos depoimentos das testemunhas, pois que, em verdade, ha entre uns e outros grande analogia.

498 • Direito Processual Penal

cada um dos ditos motivos. O Juiz procedá de modo que as ditas circunstancias sejão presentes aos Jurados; e se alguma dellas lhe não occorrer poderão os Advogados lembrar-lha: mas nem o juiz, nem os Advogados poderão emitir a sua opinião sobre o valor das provas, nem dirigir ao Jury discursos oratorios (§ 29 da Introd.).

187. Acabada a investigação do primeiro ponto de facto ou quesito, perguntará o Juiz aos Jurados se carecem ainda de mais alguma indagação, que seja possivel fazer-se naquelle acto; e a fará, se elles ou algum delles a exigir.

188. Em seguida, fará o juiz de Direito distribuir a cada Jurado uma esfera branca e outra preta, e depois de fazer apresentar a urna ás partes e seus Advogados, e bem assim aos Jurados, para se certificarem de que ella está vasia, lançará publicamente dentro da mesma urna 12 esferas, 6 brancas, e 6 pretas, dizendo aos Jurados que a lei determina este acto para assegurar o segredo da sua votação, visto que daquella maneira se não poderá jamais saber qual seja o voto de cada um.

189. Praticado este acto dirá o Juiz de Direito aos Jurados: Acabada a investigação sobre o facto se ... (aqui mencionará o facto que se acaba de investigar) segue-se agora a vossa votação sobre o dito facto. Lembrai-vos do juramento que prestastes de decidir segundo a vossa convicção. Os Snrs. Jurados que estiverem persuadidos de que o referido facto é verdadeiro, lançarão naquella urna (indicando-lha) a esfera branca, e os que não estiveram persuadidos de que elle é verdadeiro, lançarão a esfera preta.

190. Empregada pelo Juiz a dita formula, dirigir-se-hão os Jurados sem conferenciarem, um e um, á dita urna, que estará colocada em a mesma sala, mas em sitio onde elles possão votar sem a fórma de sua votação ser percebida de pessoa alguma, e para onde tambem possão passar sem se aproximarem das Partes, ou de qualquer outra pessoa, de quem se suspeite que deseja influir na sua votação; e lançarão na referida urna a esfera branca, ou preta, segundo a sua opinião; e na volta, antes de tomarem o seu logar, lançarão a outra esfera em outra urna, que para isso estará colocada em logar conveniente.

191. Acabada a votação dos Jurados, um menino menor de 7 anos, com os braços nus, ira buscar a urna, que será posta sobre a meza diante do juiz de Direito, e então aproximando-se da dita meza as Partes e seus Advogados, e os Jurados que quizerem presenciar este acto, o dito menino extrahirá da urna as esferas uma e uma, até sairem 13 brancas ou 13 pretas. No primeiro caso reputar-se-ha provado o facto em questão, no segundo repurtar-se-ha não provado.

192. Depois de extrahidas as esferas na conformidade do Art. antecedente, será a urna da votação emborcada sobre a outra urna aonde os Jurados lancáram as esferas não empregadas na mesma votação, a fim de se confundirem as que restarem de modo que se não possa jamais saber de que qualidade ellas erão[81].

193. A votação dos Jurados sobre os objectos dos Art. 181 e 185 será nominal.

194. Depois da votação sobre o primeiro ponto de facto essencial, passará o Juiz de Direito á investigação do segundo, e depois deste á dos mais, observando-se o que fica determinado desde o Art. 178. Poderá porem o Juiz de Direito, á vista da decisão do Jury ácerca de algum ou

---

[81] Sobre as disposições dos Art. 188 até 192 Vid. Os §§ 33,34 e 35 da Introdução. Quanto a serem necessarias 13 esferas brancas ou 13 esferas pretas para o vencimento da questão [que aliás se vence por simples maioria § 7 da Introd.], procede isso das 6 esferas brancas e 6 esferas pretas lançadas na urna pelo Juiz para encobrir o voto individual dos Jurados, que no caso de unanimidade quasi se descobriria senão fosse o mencionado acto do Juiz.

de alguns dos quesitos, prescindir da investigação dos restantes, ou de parte delles (§§ 27 e 28 da Introd.). Mas se alguma das Partes requerer que se investigue mais algum dos Pontos de facto anteriormente estabelecidos (pois que de outros se não pode ali tratar), e o Juiz indeferir este requerimento, poderá a mesma Parte appellar[82].

195. De tudo o que se passar na audiencia lavrará o Secretario a competente acta, que será assignada pelo Juiz e dito Secretario depois de lida publicamente; o qual, juntando-a aos autos, os apresentará ao Juiz de Direito, para este proferir a sua Sentença e a publicar na competente audiencia.

TITULO II.

Da declaração Judicial dos Direitos que resultarão dos factos ocorridos.

Capitulo I.

Da Sentença do Juiz de Direito.

196. Se o Juiz de Direito ao tempo do estabelecimento da questão, de que trata o Cap. 9.º do Titulo antecedente, entender que nenhum dos factos essenciaes á causa deve ser submettido á decisão do Jury, por se acharem provados pela confissão expressa ou tacita, das Partes nos termos do Art. 143, proferirá logo a sua Sentença, declarando se a pertenção do Autor ou Reconvinte procede, ou não, em todo, ou em parte (Art. 159).

197. Outro tanto fará o Juiz de Direito quando os autos lhe forem apresentados depois do Jury haver decedido os pontos de facto essencial controversos que lhe houverem sido submetidos (Art. 195).

198. Dada a especie da 2.ª parte do Art. 146, procederá o Juiz depois de dar a sua Sentença segundo o estado dos autos[83], na conformidade do mesmo Art., admitindo ou deixando de admitir o Reo aos termos anteriores do processo como lhe parecer justo.

199. Dada a especie do Art.165. poderá o Juiz do mesmo modo, isto é depois de dar a sua Sentença, admitir o Reo a nova investigação do facto se lhe parecer preciso, e relevantes os depoimentos das testemunhas por elle apresentados.

200. O Juiz de Direito, nas suas decisões, declarará os motivos juridicos das mesmas decisões, e tratará separadamente de cada um dos pontos ou partes de que se compõe a pertenção do Autor segundo os Art. 103. e 108. Se porem o Juiz achar procedente a pertenção do Autor pelo que respeita ao direito que o mesmo Autor pretende se lhe faça effectivo, e improcedente pelo que respeita á competencia do Juizo, ou á capacidade legal do Autor para demandar, ou do Reo para ser demandado, declarará tambem improcedente aquella primeira parte da pertenção do

---

[82] Esta appellação porem não suspende os ulteriores termos do processo e so tem seguimento depois da sentença definitiva. Vid. O Art. 205.

[83] Sobre a disposição deste Art. e do seguinte Vid. a Nota ao Artigo 157.

500 • Direito Processual Penal

Autor, [depois de ter emitido a sua opinião; sobre ella[84]] por se não verificar a procedencia das outras duas ou d'alguma dellas[85].

201. Quando o Juiz julgar procedente somente em parte o direito que o Autor ou Reconvinte pertende se lhe faça effectivo; declarará a quota parte da quantia depositada ou afiançada (de que trata a Tabella junta ao Primeiro Livro para as despezas da administração da justiça, e para indemnisação da Parte vencedora) por que cada uma das Partes fica responsável.

202. Se alguma das Partes se sentir aggravada com qualquer das decisões proferidas nos termos do Art. 197 a seguintes[86] poderá fazer por escrito as reflexões que se lhe offerecem nos termos do Art. 161, e o Juiz de Direito as attenderá ou desattenderá como achar de Justiça, confirmando ou reformando a sua sentença[87].

203. Da decisão do Juiz de Direito proferida nos termos do Art. antecedente poderá a Parte que se sentir aggravada appelar para a Relação do districto judicial[88].

CAPITULO 2.

Da Appellação.

204. A appellação será interposta em audiencia[89] por um termo lavrado nos autos pelo Secretario da comarca e assignado pelo Appellante ou seu Procurador.

205. As appellações interpostas de decisões que não põe fim ao processo na 1.ª instancia[90] não suspendem os actos subsequentes do mesmo processo, e so terão seguimento depois de terminados os ditos actos com a Sentença definitiva. Esta será exequivel não obstante a appellação que se tiver interposto daquellas decisões, ou que se interposer da propria Sentença definitiva[91], prestando o Exequente fiança idonea a repor tudo no estado anterior, se a dita Sentença definitiva vier, de qualquer maneira, a ser reformada[92].

---

[84] Dá-se aqui a mesma razão do disposto nos Art. 157, 198 e 199.Vid. a Nota ao dito Art. 157. Além disso, como o Autor ha de concorrer para as despezas da administração da Justiça com a respectiva quota parte do valor da demanda, tem direito a ouvir a opinião do Juiz sobre o principal objecto della, para melhor se determinar a intentar, ou deixar de intentar nova acção, isto quanto ao Autor; e pelo que pertence ao Reo, tambem é claro que a opinião do Juiz sobre o ponto principal da demanda o pode esclarecer para uma razoavel transacção com o Autor.

[85] Vid. a Nota ao Art. 103.

[86] Não se menciona o Art. 196, porque na especie deste Art. 196 já se acha providenciado pelo disposto nos Art. 161 e 162.

[87] Introd. § 43. Nos Art. 274 e 275 se achão marcados os dias em que o Juiz ha de publicar esta sentença, e aquelle em que as Partes podem offerecer contra ella as suas observações.

[88] Sobre o tempo em que a appellação deve ser interposta Vid. o Art. 278.

[89] Esta audiencia está marcada no Art. 278.

[90] Estas decisões são as de que tratão os Art. 157 [quando o Juiz admitte o Reo aos termos anteriores do processo], 158, 194,198 [quando o Juiz admite o Reo aos termos anteriores do processo] e 199 [quando o Juiz admite o Reo a nova investigação do facto].

[91] Desta maneira não se appellará de uma sentença manifestamente justa, so com o fim de espaçar a execução do julgado. E não se diga que, no caso de decisão injusta, fazemos uma violencia ao Executado, não so porque elle fica a coberto dessa violencia com a fiança prestada pelo Exequente, mas tambem porque este, tendo [como em nosso sistema tem] de ver dentro de mui pouco tempo confirmada ou reformada a sentença da 1.ª instancia, não se abalançará a pertender a execução d'uma sentença, cuja reforma pareça verosimil, não tirando, como realmente não tira em tal caso, proveito algum do seu procedimento.

[92] Dizemos – de qualquer maneira -, porque reformada alguma das interlocutorias que não põe fim ao processo, reformada se deve suppor [pelo menos provisoriamente] a sentença definitiva.

206. Interposta a appellação de Sentença que põe fim ao processo, ou terminados os actos, que o processo deve percorrer na 1.ª instancia no caso da appellação interposta de decisão que lhe não põe fim, apresentará o Appellante na audiencia[93] certidão de haver depositado a quantia de que trata a 2.ª Parte da Tabella junta ao Primeiro Livro; ou prestado fiança ao seu pagamento (Art. 79). Esta certidão será junta aos autos pelo Secretario da comarca; o qual, deixando o competente traslado[94] do processado naquelle Juizo, enviará os proprios autos pelo correio ao Secretario da Relação, aonde se observará o seguinte[95].

207. Na primeira, sessão do turno, em que começar a correr o processo da appellação[96] apresentará o Secretario da Relação os autos, que tiver recebido depois da respectiva sessão do turno antecedente, ao Presidente da Relação, o qual ordenará ao mesmo Secretario que os numere, e fará entrar em uma urna os correspondentes numeros.

208. O Juiz mais antigo dos que concorrerem à sessão[97] tirará da urna tantos numeros quantos lhe competirem, dividido o numero total dos autos por todos os ditos Juizes em quanto couber numero igual a cada um.

209. Depois de conhecidos os numeros extrahidos da urna pelo dito Juiz, ordenará o Presidente ao Secretario que lhe apresente os respectivos autos, e ao mesmo tempo que conferir os numeros extraidos, com os dos autos, escreverá na primeira folha destes o appellido do Juiz; o qual tambem excreverá o seu appellido em os bilhetes que contem os referidos numeros[98].

210. O disposto nos dous Art. antecedentes se observará com cada um dos de mais Juizes. Os numeros e os autos que restarem[99] serão distribuidos pelos Juizes presentes a quem competirem por escala.

211. Na sessão seguinte cada um dos Juizes apresentará os autos, que lhe forão distribuidos, com o seu Parecer nos termos dos Art. 214 e 215, ou sem elle, se por algum caso inesperado o não tiverem podido dar[100]. E então para se saber quem ha de dar o seguinte Parecer em cada um dos autos, se procederá á extracção dos bilhetes que contem o numero delles como na sessão antecedente.

212. Se algum dos Juizes, extrahindo o numero de bilhetes que lhe toca, encontar em qualquer delles o seu appedido, será esse bilhete lançado outra vez na urna, e trocado por outro em que não haja o dito seu appellido. E se algum dos bilhetes extraidos pelo ultimo Juiz tiver o seu appellido, e não houver na urna outro, por que possa ser trocado, serão os respectivos autos trocados pelos do numero maior extrahido pelo penultimo Juiz, que não tenha o appellido do ultimo, e verificando-se o mesmo em mais de um bilhete se fará a troca dos respectivos autos pelo mesmo modo com o antecedente Juiz, e assim sucessivamente. O mesmo se observará, se

---

[93] Esta audiencia está marcada no Art. 279.

[94] No Livro quarto, em que havemos de tratar de formulas e instruções, se dirá em que consiste este traslado, que, na verdade, é em bem pouco.

[95] Tanto a remessa dos autos, como o mais que vai ter logar na 2.ª instancia é tudo officioso. Vid. O Art. 92.

[96] Esta sessão acha-se marcada no Art. 280.

[97] Os Juizes que não concorrerem ás sessões em que os autos lhes são distribuidos, ou em que elles devem apresenta-los com o seu Parecer ou sentença, terão de soffrer o resultado do seu desleixo quando se processarem as folhas para o pagamento dos ordenados nos termos do § 8 do Art. 45.

[98] O Juiz escreve o seu appellido nos bilhetes para o effeito de que trata o Art. 212, evitando-se assim que nas Sessões futuras se distribuão autos a Juizes que ja tenhão dado nelles o seu parecer.

[99] Vid. o Art. 208 in fine.

[100] Vid. a Nota ao art. 208.

502 • Direito Processual Penal

o referido inconveniente se verificar em os autos distribuidos por escala na conformidade da ultima parte do Art. 210.

213. Na terceira sessão, para se saber quem ha de dar o seguinte parecer em cada um dos autos, se procederá em tudo do mesmo modo que na segunda[101].

214. Os Pareceres dos Juizes so podem ter por objecto confirmar, modificar, ou reformar a decisão de que se tiver interposto a appellação. Se porem esta tiver sido interposta de mais que uma decisão, sobre cada uma dellas emitirão os Juizes o seu parecer.

215. Os ditos Pareceres serão escritos em papel separado dos autos, e fechados com lacre ou obreya indicando-se por fora de cada um delles o Juiz que o deo; e o numero dos autos a que pertence. O Presidente receberá de cada um dos Juizes os referidos Pareceres, e os guardará, sem os abrir, em caixa fechada na sala das sessões[102].

216. Na sessão, em que se completar o numero de 3 Pareceres em cada um dos autos, entregará o Presidente os ditos Pareceres ao Secretario, que immediatamente os abrirá, e cozerá aos respectivos autos, para estes serem nesse mesmo acto entregues áquelle dos 3 vogaes a quem couberem por sorte[103]; o qual levando os referidos autos para sua casa (§ 38 da Introd.), proferirá nelles a Sentença da 2.ª instancia como melhor lhe parecer sem ser obrigado a seguir nenhum dos pareceres, nem mesmo o seu (§ 45 da Introd.); e os apresentará com a referida Sentença na sessão seguinte.

217. Se qualquer dos Juizes, assim incumbidos de proferir a Sentença da 2.ª instancia, a não proferir por algum caso inesperado, não deixará de apresentar os autos na competente sessão[104], para nesse caso serem entregues, para o mesmo fim, àquelle dos outros vogaes que a sorte designar.

218. A sessão de que trata o art. 207 terá logar no dia marcado no Art. 280. As outras terão logar nos dias que forem designados pelo Presidente tendo este em vista o numero d'autos que cabe a cada Juiz, e outro sim que as Sentenças da 2.ª instancia, pertencentes aos autos apresentados naquella primeira sessão do turno, devem ser proferidas, e ha de elle Presidente fazer o mappa estatistico de que trata o Art. 95, tudo antes da primeira sessão do turno seguinte, por tal forma que o Secretario da Relação (depois de registar a Sentença da 2.ª instancia em um livro para isso destinado) remetta impreterivelmente, pelo correio anterior ao começo do novo turno, os autos do turno findo, aos Secretarios das respectivas comarcas, a fim dos ditos autos serem immediatamente apresentados ao Juiz de Direito, e este publicar na primeira audiencia a Sentença da 2.ª instancia[105].

---

[101] Precede a distribuição dos autos immediatamente a cada um dos Pareceres, para desta maneira desorientarmos as partes em seus planos de empenhos para os Juizes; por quanto ainda que os ditos empenhos nada influão na decisão, por lhes resistir a imparcialidade da nossa Magistratura Judicial, são sempre dispendiosos ás Partes, e algumas vezes tem arruinado o credito dos Juizes na opinião publica.

[102] Evita-se desta maneira que os Juizes se previnão com os Pareceres emittidos. Elles terão de estudar a questão e não poderão jamais recorrer a um simples – Concordo-.

[103] Da-se aqui a mesma razão indicada na Nota ao Art. 213.

[104] Vid. Ainda a Nota ao Art. 208.

[105] Vid. O Art. 281. A publicação da sentença de 2.ª instancia pelo proprio Juiz de Direito, de quem se appellou, é mais um motivo para elle se esmerar quando proferir a sua. Em todo o caso ficará sabendo como se julga na Relação para sua instrucção; e as Partes, podendo contar com se publicar ali na 1.ª instancia, a tempo certo e determinado, a decisão do recurso, ficão desoneradas de acompanhar a demanda no grão da appellação.

CAPÍTULO 3.

Da Revista.

219. Quando a Sentença da 2.ª instancia for evidentemente injusta, o processo contiver alguma nullidade por falta de formulas legaes, que influisse na averiguação do facto, ou na applicação da disposição das leis ao mesmo facto, poderá a 1.ª Parte que se sentir aggravada recorrer ao Supremo Tribunal de Justiça, afim deste lhe conceder que o negocio seja submettido a uma nova decisão.

220. A Exposição dos motivos do recurso será apresentada pelo Recorrente ou seu procurador, juntamente com a certidão do deposito ou fiança de que trata a 2.ª Parte da Tabella junta ao Primeiro Livro, na competente audiencia[106]. A Parte contraria lhe responderá, querendo, ate á 2.ª audiencia seguinte; e então o Secretario da comarca remetterá pelo correio os autos ao Secretario do Supremo Tribunal de Justiça.

221. No Supremo Tribunal de Justiça e sessão do turno correspondente àquella de que trata o Art. 207 se procederá na conformidade do dito Art. e seguintes, para effeito de serem distribuidos os autos pelos Conselheiros do mesmo Tribunal (à excepção dos que composerem a Commissão de que trata o Art. Seguinte), os quaes, levando para sua casa os autos que lhes forão distribuidos, e dando nelles o seu Parecer por escrito sobre a concessão ou denegação da Revista, os enviarão, sem demora, ao Presidente do Tribunal.

222. Os pareceres dos Conselheiros do Supremo Tribunal de Justiça sobre a concessão ou denegação da Revista serão examinados por uma Commissão permanente de 3 Conselheiros presidida e nomeados pelo Presidente do Tribunal (na qual o mesmo Presidente terá voto de qualidade), a qual commissão emittirá por escrito o seu Juizo ácerca dos ditos Pareceres, e enviará sem demora por copia o dito Juizo e respectivo Parecer aos de mais Conselheiros do Tribunal.

223. Ao Presidente do Supremo Tribunal compete, á proporção que os Conselheiros do mesmo Tribunal lhe enviarem os autos com os Pareceres de que faz menção o Art. 221, designar os dias em que se ha de reunir a Commissão, de que trata o Art. Antecedente, para examinar os ditos Pareceres; e á proporção que esta Commissão tiver emitido o seu Juizo sobre elles, designar os dias em que se ha de reunir o Tribunal para definitiva decisão do negocio.

224. No dia designado para definitiva decisão do negocio, mandará o Presidente que o Secretario lêa o Parecer do Conselheiro do Supremo Tribunal a quem os autos forão distribuidos, e bem assim o Juizo emittido pela Commissão permanente sobre o mesmo Parecer; e pondo em discussão o dito Juizo da Commissão, dará a palavra sobre elle áquelles dos Conselheiros que a pedirem, até a materia se julgar sufficientemente discutida. A questão decidir-se-ha pela pluralidade de votos dos Conselheiros presentes[107], tendo o Presidente voto de qualidade[108].

---

[106] Esta audiencia está marcada no Art. 279.

[107] Os Conselheiros do Supremo Tribunal de Justiça, que não concorrerem ás Sessões ou demorarem os autos sem darem o seu Parecer, terão tambem de soffrer o resultado do seu desleixo, quando no Jury de que trata o Art. 46 se processar a folha dos seus ordenados.

[108] Presidindo o Supremo Tribunal de Justiça em nosso systema á administração da Justiça em todo o reino [Vid. o Art. 45] indispensavel é arranjar as cousas de modo que as decisões do mesmo Tribunal tenhão o maior nexo e coherencia possiveis. Esta consideração deverá justificar as providencias adoptadas no presente Cap. que são as que nos parecêrão mais efficazes para conseguir o fim proposto. A Commissão permanente de que aqui se trata deve ser encarregada da direcção do Periodico mencionado no § 2 do Art. 45.

504 • Direito Processual Penal

225. Da decisão do Supremo Tribunal de Justiça lavrará o Secretario a competente acta nos autos, que será assignada pelo Presidente e mais dous dos Conselheiros do mesmo Tribunal. O dito Secretario registará a referida acta, bem como o Parecer e o Juizo da Commissão, em um livro para isso destinado; e desde que o Presidente tiver concluido o mappa estatistico de que trata o Art. 96, remetterá os autos, no caso de denegação da Revista, ao Secretario da respectiva comarca, e no caso de concessão della, ao Secretario da Relação aonde, segundo a deliberação do Supremo Tribunal, se hade proferir a nova decisão da causa.

226. A remessa de que trata o Art. antecedente será feita pelo correio proximo anterior á primeira sessão do novo turno de causas (o que o Presidente terá muito em vista na designação que pelo Art. 223 lhe compete fazer dos dias em que para o expediente do serviço se ha de reunir a Commissão permanente e o Tribunal) a fim de ser publicada a decisão do Supremo Tribunal de Justiça pelo Juiz da 1.ª instancia na audiencia competente[109], para o que, no caso de se haver concedido a revista, enviará o Secretario do Supremo Tribunal ao da respectiva comarca uma certidão da decisão do Tribunal, e de que os autos já forão remetidos para a competente Relação.

227. Na Relação a que os autos forem remettidos se procederá em tudo e por tudo como nas appellações[110].

228. Concedida a revista, sobrestar-se-ha na execução do julgado á vista da certidão de que trata o Art. 226.

TITULO III.

Da designação Judicial dos factos necessarios para satisfazer os direitos.

229. Se o Juiz á vista dos direitos julgados ao Autor ou Reconvinte poder logo designar os factos que, segundo a disposição das leis do Codigo Civil, o Reo ou o Reconvido deve praticar para satisfazer, em todo ou em parte, os mencionados direitos[111], fará essa designação na mesma Sentença em que decidir ácerca daquelles direitos, e condemnará o Reo ou Reconvido a praticar os factos por elle designados.

230. Se porem o Juiz de Direito não podér fazer a sobredita designação dos factos necessarios para satisfazer, em todo ou em parte, os direitos do Autor ou Reconvinte, sem primeiramente se verificar judicialmente a existencia d'algum ou alguns factos de que a mesma designação dependa, designará os que podér, e remetterá as Partes a um processo ulterior, em que se verifique a existencia dos factos necessarios para á vista delles se fazer a referida designação.

231. A verificação da existencia dos factos necessarios para se fazer a designação dos que, segundo as disposições das leis do Codigo Civil, o Reo ou Reconvido deve praticar para satisfazer os direitos julgados ao Autor ou Reconvinte, e a desiganção judicial destes ultimos

---

[109] Esta audiencia está designada no Art.281.

[110] Se disserem que desta maneira vamos substituir a decisão de um Juiz pela decisão d'outro Juiz de igual graduação, respondemos que o segundo, sobre dever ser mais circunspecto, attenta a natureza do negocio, tem mais meios de acertar, já no processo de Revista, e já nos Pareceres que de novo procedem a sua decisão. Vid.o § 45 da *Introd.*

[111] Vid. O § 3 da Introd.

factos, far-se-hão do mesmo modo que a verificação da existencia dos factos de que resultarão os direitos, e a declaração judicial destes direitos, segundo os dous Titulos antecedentes[112].

TITULO IV.

Como se há de fazer praticar os factos necessarios para satisfazer os direitos.

Capitulo 1.

Quando os factos forem de tal natureza que so possão ser praticados pelo Executado.

232. Quando o facto ou factos necessarios para satisfazer os direitos do Exequente[113] forem taes que so o proprio executado os possa praticar[114], declarará o Exequente, por termo nos autos, a que assistirá o Aspirante á magistratura[115], o praso dentro do qual pertende que o Executado pratique o dito facto ou factos.

233. O Executado será citado para comparecer em dia certo e determinado[116] perante o dito Aspirante á magistratura, o qual, dando-lhe uma copia authentica do julgado, o persuadirá de que lhe convem praticar voluntariamente o dito facto ou factos, para evitar os incommodos e despezas da execução forçada.

234. Se o Executado dentro do praso marcado praticar o referido facto ou factos de modo que o Exequente se dê por satisfeito, disso se lavrará termo, e se haverá por finda a execução.

235. Se porem os não praticar, ou os praticar de modo que o Exequente se não dê por satisfeito, poderá o mesmo Exequente usar do processo de que remissivamente trata o Titulo III do presente Livro a fim de se fixarem os factos necessarios para satisfazer o direito do Exequente; isto é a quantia necessaria para a sua indemnisação[117].

Capitulo 2.

Quando os factos podem ser praticados por pessoa differente do Executado.

236. Quando os factos necessarios para satisfazer os direitos do Exequente forem taes que possão ser praticados por pessoa differente do Executado[118], proceder-se-ha na conformidade dos Art. 232 e 233. Mas se o Executado não praticar facto algum, ou o Exequente se não der por satisfeito com os que elle praticar, terá logar o seguinte.

237. O Exequente avaliará, nos termos do Art. 110, o objecto da execução, se este for illiquido, e fará o deposito ou prestará a fiança de que trata a 3.ª Parte da Tabella junta ao Primeiro

---

[112] Tem tambem aqui logar o que dissemos no § 62 da Introd.

[113] Vid.os §§ 3 e 53 da Introd.

[114] Por exemplo: Uma obra de pintura a que algum artista de merecimento distinto se obrigasse.

[115] Vid. O Art. 58

[116] A citação far-se-ha pelo modo indicado no Cap. 2 do Titulo I do presente Livro; e o dia em que o Executado deve comparecer vai designado no Art. 282.

[117] Se o praso marcado ao Exequente pelo Executado nos termos do Art. 232 para a execução do julgado não tiver sido razoavel, ou se o mesmo Exequente, devendo dar-se, se não der por satisfeito com o facto ou factos praticados pelo Executado, terá o referido Exequente de soffrer as consequencias do seu injusto procedimento, nesse processo a que pode, sim, recorrer; mas em que nada obterá pela relevante defesa que assiste ao Reo.

[118] Por exemplo: O tapamento d'uma janella, ou a demolição de um muro.

506 • Direito Processual Penal

Livro. Depois do que procederá o Aspirante á magistratura com os peritos necessarios a uma vistoria, a fim de fazer as competentes averiguações.

238. Se pela dita vistoria se achar que o praso marcado pelo Exequente para a execução do julgado não foi razoavel, e que o Executado, assim mesmo, fez dentro delle o que razoavelmente podia fazer para cumprir o julgado, designará o Aspirante á Magistratura, no acto da mesma vistoria, o praso ainda necessario para o complemento da execução, e ficará a cargo do Exequente o deposito feito ou fiança prestada, por tal forma que, não se dando o mesmo Exequente por satisfeito com os factos praticados pelo Executado no novo praso, terá de fazer outro deposito ou prestar outra fiança para ter logar a futura vistoria[119].

239. Se pela referida vistoria se achar que o Executado praticou dentro do praso marcado os factos necessarios para satisfazer os direitos do Exequente, haver-se-ha por finda a execução, ficando tambem a cargo do Exequente o deposito feito ou fiança prestada[120].

240. Se porem se achar que o praso foi rasoavel, e que aquelles factos não forão praticados, ou o não forão completamente, serão os mesmos praticados por operarios, aos quaes o Exequente pagará á custa do Executado, segundo o costume da terra, e ficará o mesmo Executado responsavel ao Exequente por quantia igual ao deposito feito ou fiança prestada[121].

241. Se o facto que o Executado é obrigado a praticar for tal, que não possa concluir-se no acto da vistoria, incumbirá o Aspirante á magistratura a direcção da execução do dito facto áquelle dos peritos que for mais da sua confiança, o qual depois delle praticado virá á Secretaria da comarca fazer a competente declaração para se haver a execução por finda.

242. Se a vistoria de que trata o Art. 237 e seguintes, se houver de fazer em outra comarca, será requesitada ao Aspirante á magistradura dessa comarca por aquelle da comarca aonde se executa o julgado.

CAPITULO 3.

Quando os factos consistirem em o Executado entregar certa quantia de dinheiro ao Exequente.

243. Quando os factos necessarios para satisfazer os direitos do Exequente consistirem em o Executado lhe entregar certa quantia de dinheiro[122], depois do Exequente declarar por termo nos autos que pertende a execução do julgado, será o Executado citado nos termos do Art. 233 para comparecer perante o Aspirante á magistratura, o qual lhe assignará 10 dias para dentro delles depositar a referida quantia, ou nomear d'entre seus bens os necessarios para pagamento della, acrescendo neste caso á mesma quantia aquella quota parte que as leis do Codigo Civil tiverem estabelecido como indemnisação da coacção que o Exequente sofre recebendo bens em vez de dinheiro, e bem assim os juros da quantia devida correspondentes ao tempo de um anno.

---

[119] Assim fica punido o Exequente de não haver estabelecido ao Executado um praso razoavel para a execução do julgado.

[120] Nesta especie tambem fica o Exequente punido de se não ter dado por satisfeito com os factos praticados pelo Executado, quando por satisfeito se devêra dar.

[121] Nesta especie fica o Executado punido de se não ter prestado voluntariamente á execução do julgado.

[122] Esta quantia comprehende não so a que fez o objecto da demanda, mas tambem a vencida pela Fazenda para as despezas da administração da Justiça. Vid o Art. 78.

V - Projecto Joaquim Sant'Ana • 507

244. Se o Executado dentro do praso assignado depositar a quantia devida – ou designar bens com que o Exequente se dê por satisfeito, disso se lavrará termo nos autos, e se haverá a execução por finda, salvo ao Executado o direito de reunir os bens nomeados na conformidade do Art. 150[123]. Na 2.ª especie figurada neste Art. ficarão os bens nomeados pelo Executado em poder do mesmo Executado se forem de raiz, e se forem moveis entrarão em deposito; e se dará ao Exequente um Titulo que elle poderá conservar, vender ou negociar como bem lhe parecer[124].

245. Se porem o Executado não depositar a quantia devida nem fizer designação alguma de bens – ou fazendo-a o Exequente se não der por satisfeito, terá então logar o disposto no Art. 237 para effeito de se proceder á competente vistoria.

246. Nesta vistoria, dada a primeira especie do Art. antecedente, se designarão d'entre os bens do Executado quantos bastem para o pagamento da quantia devida ao Exequente, respectiva quota parte pela coacção do Exequente receber bens em vez de dinheiro, e importancia do deposito feito ou fiança prestada, segundo o disposto no Art. 76: os quaes bens serão nesse mesmo acto avaliados pelos competentes peritos, e o Exequente empossado delles, do que tudo se fará menção no auto da vistoria com o qual se haverá por finda a execução, salvo ao Executado o direito de remir[125].

247. Na segunda especie figurada no Art. 245 examinar-se-ha se os bens designados pelo Executado são sufficientes para pagamento do Exequente. Se o forem se haverá a execução por finda, salvo ao Executado o direito de remir, ficando o deposito ou fiança prestada a cargo do Exequente, ao qual se dará o Titulo de que trata o Art. 244[126]. Se não forem sufficientes proceder-se-ha na forma do Art. antecedente[127].

248. Quando o Executado nomear bens para pagamento da divida ao Exequente, não poderá nomear bens de fora da comarca tendo-os nella, nem nomear dous ou mais predios tendo um com que possa satisfazer a divida; de sorte que nomeando o Executado bens de fora da comarca tendo-os nella, ou nomeando differentes predios podendo nomear um so, por esse

---

[123] Como a designação de bens feitos pelo Executado não importa desde logo a alheação dos mesmos bens, como se vê deste Artigo e seguintes, de supôr é que o Aspirante á magistratura, no acto de que trata o Art. antecedente, quando não consiga que o Executado deposite a quantia exigida, para ficar em contas justas com o Exequente, não deixará pelo menos de o persuadir de que lhe convem nomear bens, e taes, que o ponhão a coberto das consequencias que a falta de nomeação, ou uma nomeação insufficiente, trazem com sigo nos termos do Art. 246 e ultima parte do Art. 247. O Exequente, pela sua parte, tambem não deixará, sem motivo justo, de se dar por satisfeito com os bens designados pelo Executado, receando,com neste ponto deve recear, a punição da sua injustiça, attenta a disposição da 1.ª Parte do dito Art. 247. De sorte que na presente especie de Execução tudo concorre a persuadir-nos de que o negocio se arranjará as mais das vezes a contendo d'ambas as Partes sem necessidade de recorrer a outros meios.

[124] O preço deste Titulo não poderá deixar de correr ao par do seu valor nominal attentas as garantias do mesmo, e o vencer juros. Vid. o art. 251, e o Art. 252 cuja disposição tem com o presente objecto uma relação manifesta.

[125] Vid. a Nota 2.ª ao Art. seguinte.

[126] Assim fica punido, o Esequente de se não ter dado por satisfeito com os bens designados, quando devêra dar-se.

[127] E esta a justa punição do Executado que tendo bens suficientes para assegurar o pagamento de divida ao Exequente os não nomeou, ou nomeou menos do que devêra nomear. E dizemos *justa punição*; porque tendo o Executado um anno inteiro par remir os bens nomeados, durante o qual pode obter o valor real dos mesmos na Feira de que trata o Capitulo seguinte, não deve obstar a que as cousas corrão de modo que desde logo se dê ao Exequente um Titulo de valor permutavel, com o qual o mesmo Exequente fique satisfeito. Vid. o Art. 251.

508 • Direito Processual Penal

simples facto se procederá (exigindo-o o Exequente) na conformidade do Art. 246, como se elle não tivesse nomeado bens alguns[128].

249. Se o valor de qualquer predio ou objecto movel destinados pelo Executado para pagamento da divida for maior que a mesma divida, proceder-se-ha (ou seja pelo Executado quando os nomear ou pelo Aspirante á magistratura no acto da vistoria de que trata o Art. 246) á divisão dos ditos bens, quando esta se possa fazer sem destruir ou diminuir consideravelmente o seu valor. Se porem a dita divisão se não poder fazer pelo sobre dito modo, far-se-ha com relação ao tempo do usofructo dos mencionados bens.

250. O executado póde remir os bens destinados para pagamento da divida, pagando dentro de um anno a dita divida, e nas especies do Art. 244, e 1.ª parte do Art. 247, os juros della até o momento da remissão; depois do que, lavrado o competente termo nos autos, ficarão os ditos bens livres e desembargados para o Executado, que reverterá á posse dos que na especie do Art. 246 forão entregues ao Exequente, recolhendo este os fructos pendentes ao tempo da remisão,[129].

251 Passado que seja um anno sem se verificar a remissão, paga a competente sisa, será o Exequente ou qualquer outra pessoa que possuir o Titulo de que trata o Art. 244, e a 1.ª parte do Art. 247 empossado dos bens designados pelo Executado; e nas especies do art. 246 e ultima parte do dito Art. 247 se haverá por definitiva a posse tomada pelo Exequente.

Capitulo 4.

Dos meios de evitar, ou pelo menos de diminuir, as execuções forçadas.

252. Haverá, em cada comarca um Estabelecimento destinado a emprestar dinheiro sobre penhores ou hipotheca mediante um premio rasoavel[130].

253. Haverá tambem na cabeça da comarca uma Feira permanente de bens de raiz ou moveis, que seus donos pertenderem vender; a qual se effectuará pela maneira seguinte.

254. Todo o individuo que quizer vender alguns dos referidos bens, assim o declarará por Termo lavrado pelo Secretario da comarca em um livro existente na Secretaria, declarando no mesmo Termo os signaes, ou confrontações dos ditos bens, em quanto os avalia, os encargos que

---

[128] Tivemos em vista neste Artigo tornar mais facil a execução forçada quando o Exequente se não der por satisfeito com os bens nomeados. E note-se que nenhuma violencia fazemos ao Executado; porque ninguem o impede delle vender d'entre todos os seus bens os que melhor lhe parecer, para dentro do anno remir os designados para o pagamento da divida.

[129] Na referida especie do Art. 246 recebe o Exequente os fructos pendentes em compensação dos juros da divida.

[130] Pela disposição do Art. 82, e do requesito 3.º (in fine) do Art. 111 respectivo ao deposito que o autor é obrigado a fazer para indemnisar o Reo no caso daquelle desistir ou decabir da demanda, ficarão cessando todas as execuções por custas que em tal caso o Reo teria de promover contra o Autor senão achasse a sua indemnisação garantida pelo referido deposito. Alem deste meio directo de evitar as execuções, o nosso plano de execução póde tambem ser considerado, até certo ponto, como um meio de as evitar, isto é, de evitar as execuções forçadas. Resta-nos porem empregar ainda dous meios de evitar, ou pelo menos de diminuir, as ditas execuções forçadas, e vem a ser; 1.º um Estabecimento em cada comarca, que facilite os emprestimos de dinheiro sobre penhores ou hypotheca; 2.º uma Feira permanente de bens, em a qual possa o Executado, com mui pouca despesa, obter o verdadeiro valor de quaesquer bens que lhe pertenção, inclusive dos destinados á execução, para com o preço delles pagar ao Exequente, e se utilizar do resto que do mesmo preço possa haver. Tal é o objecto do presente Cap.

pesão sobre elles, e bem assim indicará o nome e morada da pessoa que elle authorisa para tratar do ajuste quando queira delegar essa faculdade a outro individuo.

255. Lavrado o referido Termo, extrahirá o Secretario o competente aviso, que será exposto ao publico em uma casa para isso destinada. Estes avisos estarão ahi colocados por freguezias, e retirar-se-ão logo que a venda se effectue, ou o vendedor não insista nella.

256. Durante o anno marcado para a remissão dos bens destinados á execução do julgado na especie do Capitulo antecedente, poderá o Executado vender os ditos bens. Em tal caso porem não se realisará a venda sem que o Exequente se dê por pago da sua divida, ou se deposite a quantia necessária para o pagamento della.

257. Haverá tambem na Secretaria da comarca um livro destinado para nelle se escreverem as declarações relativas a quaesquer encargos inherentes aos objectos submettidos á venda, não declarados pelo respectivo dono. Estas declarações serão assignadas pelo declarante e duas teste-munhas que reconheção a identidade da pessoa, se esta não for conhecida do Secretario, e será o dito livro facultado a quem o quizer examinar.

258. Para o dono do objecto ser admitido a fazer o Termo de que trata o Art. 254, deverá entregar nesse mesmo acto ao Secretario da comarca um por cento da avaliação do mesmo objecto; quantia esta que tambem será applicada para as despezas da administração da Justiça.

TITULO V.

Dos factos essenciais supervenientes.

259. Se depois d'apresentada em Juizo a Exposição da pertenção do Autor ou Reconvinte, até á completa execução do julgado, ocorrer algum ou alguns factos que, segundo as leis do Código Civil, alterem d'alguma maneira os direitos que os ditos, Autor ou Reconvinte, pertendem se lhes fação effectivos, ou os factos necessarios para satisfazer esses direitos[131], os mesmos (Autor e Reconvinte) exporão as suas novas Pertenções, fundadas nos ditos factos essenciaes supervenientes, por addição àquellas que anteriormente tiverem exposto.

260. Apresentada em juizo a nova Pertenção do Autor ou Reconvinte fundada no facto essencial superveniente, sobrestar-se-ha na marcha do processo relativamente á primeira Pertenção até que a nova chegue aos termos em que aquella se achava.

261. As novas Pertenções fundadas em factos essenciaes supervenientes processar-se-hão do mesmo modo que as anteriores Pertenções do Autor ou Reconvinte, em quanto não chegão aos termos em que estas se achavão (§ 62 da Introd.). D'ahi por diante serão consideradas ambas uma so Pertenção.

262. A deducção de facto essencial superveniente so é permittida ao Autor ou Reconvinte, e não terá logar em quanto o processo estiver concluso ao Juiz de Direito para proferir qualquer decisão e bem assim desde que se tiver apresentado na audiencia a certidão de que tratão os Art.

---

[131] Vid. o § 61 da Introd.

510 • Direito Processual Penal

206 e 220, até o Juiz de Direito da 1.ª instancia publicar nos termos dos Art. 218 e 226 o resultado da appellação ou revista[132].

TITULO VI.

Das epocas em que hão de ter logar os differentes actos do Processo civil.

263. Os Juizes Electivos e os Juizes de Direito farão audiencias nos dias 1, 11, e 21 de cada mez não sendo domingo; porque sendo-o será a audiencia no dia seguinte. Alem destas audiencias os Juizes Electivos farão tambem audiencias nos domingos para exercerem as suas funcções conciliatorias.

264. A todas as referidas audiencias assistirá o Secretario da comarca, ou o seu Substituto. A audiencia do Juiz de Direito precederá à do Juiz Electivo.

265. A apresentação da Exposição da pertenção do Autor ao Secretario da comarca, de que trata o Art.112 pode ser feita em qualquer tempo. A tentativa porem de conciliação terá logar no primeiro domingo que se seguir ao nono dia depois daquella apresentação, se o Reo for morador na cidade ou villa cabeça da comarca ou nos circulos circumvisinhos – ao decimo nono sendo morador nos outros circulos da comarca – e ao vigessimo nono se for morador em differente comarca[133].

266. Sendo muitos os Reos, e moradores em differentes terras, terá logar a tentativa de conciliação no domingo, que segundo o disposto no Art. antecedente, corresponder ao que morar em maior distancia.

267. O Secretario da comarca na 1.ª e 2.ª especie do Art. 265 officiará dentro de 4 dias (depois da referida apresentação da Exposição da pertenção do Autor) ao Commissario do respectivo circulo a fim deste proceder á citação do Reo; e na 3.ª especie officiará dentro do mesmo praso, e para o mesmo fim, ao Secretario da comarca do domicilio do Reo.

268. Não se conciliando as partes, nem havendo decisão provisoria com que ambas se contentem, terá logar o offerecimento da Exposição da Pertenção do autor na audiencia do 1.º de Janeiro, 1.º de Maio, ou 1.º de Setembro, que se seguir á tentativa da conciliação.

269. A resposta á Pertenção do Autor será offerecida na audiencia de 21 dos mesmos mezes em que se offereceo a Exposição da dita pertenção. A Replica será offerecida na audiencia do 1.º de Fevereiro, 1.º de Junho, ou 1.º d'Outubro, que respectivamente se seguir. A Treplica será offerecida nas audiencias de 11 dos mesmos mezes em que se offereceo a Replica.

270. Logo que findarem os articulados, o Secretario da comarca apresentará os autos ao Juiz de Direito para este estabelecer o estado da questão, e publicar o seu relatório nas audiencias do 1.º dos respectivos mezes, de Março, Julho, ou Novembro.

---

[132] Se ao Reo ou Reconvido fosse permitido alegar o facto essencial superveniente, ao mesmo tempo que faria de Procurador, sem mandato, do Autor ou Reconvinte, podia por esse meio conseguir que nunca terminasse o processo da Pertenção do mesmo Autor ou Reconvinte. Quanto a não se poder deduzir o facto essencial superveniente senão depois de publicada a decisão de direito, para se proferir a qual os autos tiverem subido á conclusão, é porque a dita questão de direito pode muito bem ser proferida no estado actual do processo, e deduzir-se depois o referido facto essencial superveniente para que haja de produzir os seus legaes effeitos.

[133] Sobre as disposições deste Art. e dos que se seguem Vid. o § 67 da Introd. E o Art. 93.

V - Projecto Joaquim Sant'Ana • 511

271. As Partes podem apresentar nas audiencias de 11 dos ditos mezes as reflexões de que trata o Art. 161, e a Parte contraria a sua resposta nas audiencias de 21 dos mesmos mezes; com a qual, ou sem ella, o Secretario da comarca apresentará immediatamente os autos ao Juiz de Direito, que proferirá a sua decisão sobre as ditas reflexões, e a publicará nas audiencias de 11 dos respectivos mezes d'Abril, Agosto, ou Dezembro.

272. A declaração dos nomes das testemunhas, de que trata o Art. 163, será feita até o dia 15 dos mesmos mezes.

273. A abertura da audiencia de Jurados, para a investigação e decisão dos pontos de facto essencial controversos, terá logar nos dias 11 de Maio, 11 de Setembro, ou 11 de Janeiro, que respectivamente se seguir.

274. As Sentenças, de que trata o Art. 197 e seguintes, serão publicadas pelo Juiz de Direito nas audiencias de 11 de Junho, 11 de Outubro, ou 11 de Fevereiro, que respectivamente se seguir.

275. As partes podem apresentar nas audiencias de 21 dos ditos mezes as reflexões de que trata o Art 202. e a Parte contraria a sua resposta nas audiencias do 1.º de Julho, 1.º de Novembro, ou 1.º de Março, que respectivamente se seguir; com a qual, ou sem ella, o Secretario da comarca apresentará os autos ao Juiz de Direito, que proferirá a sua decisão sobre as ditas reflexões, e a publicará nas audiencias de 21 dos ditos mezes[134].

276. As epocas referidas desde o Art. 268 podem ser alteradas nas differentes comarcas do reino segundo o exigir a commodidade dos povos, começando os quadrimestres para o turno das causas em mezes differentes dos mencionados no dito Art. 268, a fim de todas as outras epocas indicadas para os subsequentes actos do processo sofferem a alteração proveniente das dos mezes em que começa os ditos quadrimestres.

277. Nas 8 comarcas civeis de Lisboa começarão os quadrimestres para cada duas comarcas em os differentes mezes do mesmo quadrimestre; e o mesmo se observará no Porto a respeito de cada uma das 4 comarcas civeis desta cidade[135].

---

[134] Segundo as epocas estabelecidas neste titulo tem o Reo 20 dias para responder á pertenção do Autor; este 10 dias para replicar, e o Reo outros 10 para treplicar. O Juiz tem 20 dias para estabelecer o estado da questão (bem entendido, de todas as causas do turno). As Partes tem 10 dias para fazer as suas reflexões sobre o estabelecimento da questão, e outros 10 para lhes responder, e o Juiz tem 20 para deliberar sobre as ditas reflexões. Para os actos preparatórios do Jury há quasi um mez. Para a audiencia de Jurados, e para o Juiz proferir a sua primeira decisão sobre a applicação das Leis ao facto, ha o espaço de um mez. As Partes tem 10 dias para fazer as suas reflexões sobre a dita sentença, e outros 10 dias para lhes responder; e o Juiz tem 20 dias para as attender ou desattender como for de justiça. Relativamente ao Juiz, eis aqui como o serviço fica distribuido. De 11 de Janeiro até 11 de Fevereiro preside ás audiencias de Jurados, e profere a primeira sentença nas causas do turno antecedente. De 11 de Fevereiro até 1 de Março estabelece o estado da questão nas causas do novo turno. De 1 de Março até 21 do mesmo mez ratifica ou reforma, á vista das reflexões das Partes, a primeira sentença das causas do turno antecedente. De 21 de Março até 11 de Abril altera ou ratifica o estado da questão nas causas do novo turno. De 11 de Abril até 11 de Maio forma o mapa estatistico das causas do turno antecedente, segundo o disposto no Art. 94. E é este o serviço do Juiz de Direito em cada quadrimestre; porque desde 11 de Maio até 11 de Setembro, e desde 11 de Setembro até 11 de Janeiro, tem o Juiz o mesmo serviço que acima fica indicado para o espaço que decorre de 11 de Janeiro até 11 de Maio.

[135] Fica assim repartido pelos 4 mezes o serviço em Lisboa e Porto, para se evitarem os inconvenientes que da sua accumulação em so 3 epocas naturalmente resultarião para as Partes, Advogados, Procuradores & c.

512 • Direito Processual Penal

278. Tanto a appellação como a revista serão interpostas na 1.ª ou 2.ª audiencia que se seguir áquella em que foi publicada a decisão de que se recorre[136].

279. A certidão do Recorrente haver depositado a quantia de que tratão os Art. 206 e 220, ou prestado fiança ao seu pagamento, será apresentada na primeira audiencia que se seguir áquella em que se interpoz o recurso da Sentença definitiva, ou áquella em que a mesma Sentença foi publicada, quando se não appellar della, e se tiver appellado d'alguma decisão anterior[137].

280. As sessões das Relações de que trata o Art. 207 e as do Supremo Tribunal de Justiça de que remissivamente trata o Art. 221. terão logar no 1.º de Janeiro, 1.º de Março, 1.º de Maio, 1.º de Julho, 1.º de Setembro e 1.º de Novembro.

281. As Sentenças da 2.ª instancia e as decisões do Supremo Tribunal de Justiça sobre a concessão, ou denegação da Revista serão publicadas pelo respectivo Juiz de 1.ª instancia nas audiencias de 11 dos referidos mezes[138].

282. As declarações de que tratão o Art. 232, o Art. 236 remissivamente, e o Art. 243, podem ser feitas pelo Exequente em qualquer tempo depois de proferida a Sentença. A citação porem do Executado, e o comparecimento deste na secretaria da comarca perante o Aspirante á magistratura effectuar-se-ha tudo em dias e prasos iguaes aos marcados nos Art. 265 e 266 para a tentativa de conciliação.

283. Feito o deposito ou prestada a fiança de que trata o Art. 237, e o Art. 245 remissivamente, não poderá espaçar-se a vistoria de que ali se trata por mais de 15 dias.

284. Os actos do processo respectivos ao facto essencial superveniente terão logar nas mesmas epocas referidas no presente Titulo (§§ 61 e 62 da Introd. Art. 259).

285 Se por algum motivo acontecer que qualquer dos actos do processoque no adoptado systema de marcha officiosa do processo estão a cargo dos differentes Empregados de Justiça se não effectue na epoca para elle marcada, não poderá praticar-se senão na corespondente epoca do seguinte turno de causas[139].

286. Por ocasião da tentativa de conciliação, não se effectuando esta, se dará a cada uma das Partes um directorio impresso contendo a integra do presente Titulo, e as mais instrucções necessárias para as mesmas Partes se regularem no progresso da causa.

---

[136] Não poderá pois interpor-se o recurso sem passarem pelo menos 10 dias. É para que no entretanto possa a Parte aconselhar-se, e pensar maduramente no que lhe convém fazer, e não seja o recurso simplesmente filho do ressentimento que tão natural é nas Partes quando ouvem proferir uma sentença contraria.

[137] Vid. a 1.ª Nota ao Art. 205.

[138] Os mezes de Janeiro, Março, Maio,Julho,Setembro, e Novembro, sendo aquelles em que começo os turnos das causas nas Relações e no Supremo Tribunal de Justiça segundo o Art. 280, vem a ser os que immediatamente se seguem aos turnos findos, em que se proferirão as decisões de cuja publicação se trata.

[139] Temos esta disposição por muito importante; por quanto no systema actual, em que ordinariamente o que se não faz n'um dia pode fazer-se nos dias immediatos, o que acontece é fazer-se o serviço sem regularidade, e com grande demora, não se podendo de mais a mais verificar facilmente a reponsabilidade de quem assim retarda os actos do processo. No nosso systema porem não ha meio termo entre fazer-se o serviço na epoca designada na lei, e o não se fazer. O desleixo dos Empregados de Justiça apparecerá em toda a luz, e tambem não tardará o castigo desse desleixo pelo que dispõe o Art. 45 § 8.º e o Art. 46, ainda mesmo que elle não forneça motivo para uma accusação formal. Vid. o dito Art. 45 § 7.º, e o Titulo XI do livro Terceiro.

TITULO VII.

Do Processo nas causas de pouco valor.

287. As causas, cujo valor não exceder a 5.000 rs. serão processadas da maneira seguinte (§ 63 da Introd.).

288. O Juiz Electivo, ou algum dos seus Adjuntos, fará audiencia para estas causas no 1.º e no 3.º Domingo de cada mez.

289. O autor, ou seu Procurador, comparecerá no 1.º Domingo, e exporá verbalmente a sua pertenção contra o Reo, a qual será escrita pelo Secretario da comarca em um Livro para isso destinado.

290. O Reo será citado pela forma que dispõe o Cap. 2.º do Titulo 1, do presente Livro para responder á pertenção do Autor na audiencia do 3.º Domingo do mez. Se nesta audiencia não comparecer nem o Autor nem o Reo, ficará o processado sem efeito. Se comparecer somente o Autor, será o Reo condemnado no pedido. Se comparecer somente o Reo, será este absolvido da pertenção do Autor. E se comparecerem ambas as Partes, procurará o dito Juiz Electivo, ou Adjunto concila-las de modo que a questão termine. Se o não conseguir, ordenar-lhes-ha que compareção, com as provas que tiverem, no 4.º domingo do mez.

291. Se as Partes ou alguma dellas quizer produzir testemunhas, declarará o nome destas na audiencia de que trata o Art. antecedente, e o Secretario dará a cada uma das Partes que as nomear um bilhete com os nomes das respectivas testemunhas, não excedendo a quatro, a fim da mesma Parte lhes fazer o competente aviso[140].

292. No 4.º Domingo do mez o Juiz de Direito juntamente com o Juiz Electivo e seus Adjuntos, depois de fazerem em audiencia publica as investigações que julgarem a proposito, decidirão a causa como entenderem que é de justiça e equidade. Se na audiencia do 4.º Domingo do mez não comparecerem ambas as Partes ou alguma dellas, proceder-se-ha como no 3.º Domingo segundo o disposto no Art. 290.

293. As Partes devem comparecer pessoalmente, e so com justo motivo poderão ser representadas por Procurador. O ministerio dos Advogados não é admitido nesta especie de causas.

294. Para na audiencia do 1.º Domingo do mez ser admitida a pertenção do Autor, deve este entregar ao Secretario da comarca a quantia de que trata a 1.ª Parte da Tabella junto ao Primeiro Livro, segundo o valor da causa, que o mesmo Autor, não sendo liquido o objecto della, avaliará naquelle acto nos termos do Art. 110. Outra igual quantia entregará o Autor ao Secretario da comarca na audiencia do 3.º domingo, para a causa ser julgada no 4.º, se por ventura não terminar no dito 3.º domingo do mez.

295. As quantias de que trata o Art. antecedente serão sempre vencidas pela Fazenda, e ficarão a cargo das Partes segundo estas acordarem na especie do Art. 290, ou se julgar na do Art. 292, dando-se ao Exequente para a execução do julgado, ou acordado, uma simples copia do acôrdo ou do julgamento, a primeira assignada pelo Juiz Electivo ou respectivo Adjunto, e a segunda pelo Juiz de Direito.

---

[140] Este aviso, assim feito da parte do Secretario, equivale á citação nesta especie de causa.

514 • Direito Processual Penal

TITULO VIII.

Dos actos estranhos á ordem do Processo.

296. Sendo necessario praticar algum acto estranho á ordem do processo, ou seja para as Partes poderem litigar[141], ou para assegurar a execução do futuro julgado[142], ou para deduzir do dito acto algum direito ou cessação d'obrigação[143], ou finalmente para adquirir ou conservar a prova d'algum facto donde se deduza algum direito ou cessação d'obrigação, ou que sirva para provar esse facto donde o dito direito ou cessação d'obrigação se deduzem[144], praticar-se-hão os ditos actos perante a competente autoridade administrativa segundo os Regulamentos geraes que prescrevem a fórma de taes actos.

297. A autoridade administrativa não poderá ordenar aquelles que envolverem violação do direito de propriedade, ou que de qualquer maneira offenderem a liberdade individual, ou a inviolabilidade da casa do cidadão, sem primeiro ter exactas informações acerca das circunstancias que tornão legitimos os ditos actos, e sem que o requerente preste fiança idonea á indemnisação de quaesquer prejuizos que a Parte contraria haja de sofrer indevidamente (§§ 65 e 66 da Introd.).

298. Queixando-se a dita Parte dos referidos prejuizos, será a questão relativa á sua indemnisação decidida pelo Jury, que, no caso de decisão affirmativa, tambem fixará a quantia necessaria para os satisfazer, e deliberá ácerca do dolo que porventura tenha havido da parte da autoridade administrativa, como nas causas crimes (§ 92 da Introd.).

299. Nenhum dos actos mencionados no Art. 297 será praticado sem ser por ordem escrita da respectiva autoridade administrativa, na qual ordem se diga expressamente que, não apresentando dentro de 30 dias o requerente certidão de ter offerecido em Juizo a competente acção, ficará o dito acto sem effeito algum, independentemente de nova ordem.

---

[141] Por exemplo; o deposito da mulher casada para esta poder intentar contra o marido a acção de sevicias.

[142] Por exemplo: o Embargo em objecto movel que o devedor possa subtrahir.

[143] Por exemplo: a denuncia da demanda para gozar do direito de evicção – o deposito da quantia devida, quando o credor recusa acceita-la.

[144] Os depoimentos das testemunhas *ad perpetuam rei memoriam* sobre factos essenciaes ou accidentaes.

LIVRO TERCEIRO.

Do processo nas Causas Crimes.

TITULO I.

Disposições geraes.

300. A acção para punição dos delinquentes é da exclusiva competencia do M. P. (§ 68 e seg. da Introd.). Tratar-se-ha porem officiosamente no processo criminal de julgar e fixar a indemnisação da Parte offendida, começando por esta indemnisação a punição do Reo todas as vezes que a dita indemnisação deva ter logar, e for compativel com as faculdades do mesmo Reo (§ 72 da Introd.).

301. A Parte offendida ou seus herdeiros poderão intentar contra os delinquentes ou seus herdeiros a acção civil para obterem a competente indemnisação no todo, ou na parte, em que a mesma indemnisação lhes não tiver sido julgada no processo criminal (§ 71 da Introducção).

302. Ausentando-se ou homisiando-se o Reo depois de commetido o delicto, correrá o processo com o Procurador que constituir, ou á sua revelia com o Defensor Publico. A Sentença proferida contra o Reo em qualquer dos dous casos será exequivel em quanto ás penas pecuniarias, ou que se possão converter em pecuniarias (Art. 321); mas não o será no que toca a penas corporaes, sem que o Reo seja ouvido pessoalmente com a sua defesa.

303. O processo criminal será officioso, e nunca haverá nelle condemnação de custas (§§ 94 e 95 da Introducção).

TITULO II.

Da participação dos delictos ao M. P.

304. As participações dos delictos ao M. P. consistem na exposição por escrito do delicto com todas as circuntancias que o acompanhárão, e a indicação das pessoas e das cousas que possão de qualquer maneira servir para a demonstração da existencia do delicto, ou da pessoa do delinquente.

305. As participações dos delictos serão feitas sob responsabilidade dos respectivos Empregados; 1.º pelos Commissarios, a respeito dos delictos commettidos nos seus respectivos circulos (Art. 51); 2.º pela authoridade administrativa do logar aonde se commetter o delicto; 3.º por qualquer Empregado publico, a respeito dos delictos de que elle tiver noticia pelo exercicio das funcções do seu Emprego. E podem tambem ser feitas; 4.ª pela Parte offendida, ou seus herdeiros; e 5.º por qualquer pessoa do povo.

306. As participações das Partes offendidas ou seus herdeiros, e bem assim as de qualquer pessoa do povo, podem ser feitas a qualquer dos Commisarios dos circulos, Delegados, ou Procurador Regio do districto administrativo aonde se commeteu o delicto ou a qualquer autoridade administrativa do mesmo districto.

307. As participações dos Commisarios dos circulos serão feitas ou transmitidas por este no Procurador Regio ou Delegado da respectiva comarca. As das autoridades administrativas, depois de feitas ou transmittidas pelos subalternos á principal autoridade administrativa do districto, serão por esta communicadas ao Procurador Regio do mesmo districto (§ 74 da

516 • Direito Processual Penal

Introd.). As participações de que tracta o n.º 3 do Art. 305 serão feitas aos Procuradores Regios do respectivo districto administrativo.

308. As participações recebidas pelos Delegados serão por estes transmittidas ao Procurador Regio do districto, e este transmittirá tambem aos Delegados as participações que por outra via tiver recebido dos delictos commettidos nas respectivas comarcas dos ditos Delegados. O Procurador Regio transmittirá igualmente á principal autoridade administrativa dos districto todas as participações de delictos que por esta lhe não tiverem sido communicadas.

309. Tanto o Procurador Regio como a principal autoridade administrativa do districto participarão (aquelle por intervenção do Procurador Geral da Coroa, e este directamente) ao Governo todos os acontecimentos de algum momento que tiverem logar em o dito districto.

310. Chegando á noticia de qualquer das autoridade superiores referidas neste Titulo o haver-se commettido algum delicto, sem que este lhe fosse participado pela autoridade subalterna immediata, aquella exigirá desta a dita participação, bem como a declaração do motivo da falta commettida[145].

TITULO III.

Das subsequentes e immediatas averiguações do M. P. para obter as necessarias informações, tanto ácerca dos delictos como dos delinquentes.

311. Logo que o Procurador Regio ou Delegado tiver noticia pelas participações de que trata o Titulo antecedente de que na sua respectiva comarca se commetteo algum delicto, irá sem demora ao logar aonde elle se commetteo, a fim de se informar do facto ocorrido, e colligir todas as informações tanto ácerca do delicto como da pessoa do delinquente.

312. Se o delicto parecer de pouca gravidade, poderá o Procurador Regio ou Delegado incumbir ao seu respectivo ajudante a diligencia de que trata o Art. antecedente.

313. O referido Procurador Regio, Delegado, ou Ajudante, indo ao logar do delicto interrogará quaesquer pessoas que melhor o possão informar do caso, mandando-as vir á sua presença, ou indo ter com ellas, como melhor lhe parecer; e reduzirá elle mesmo a escrito, sem ordem nem figura de processo, todas as referidas informações que poder obter (§ 80 da Introd.).

314. Obtidas as competentes informações ácerca do delicto e pessoa do delinquente pela maneira prescrita no Art. antecedente, serão as mesmas apresentadas pelo Procurador Regio (para o que os Delegados lhe remetterão as que obtiverão nas suas respectivas comarcas) a uma Junta, de que será Presidente, com voto a principal autoridade adminstrativa do districto, e vogaes o dito Procurador Regio, e o Conselheiro do districto mais votado, na qual Junta, depois de ouvida por escrito a principal autoridade administrativa do conselho aonde se commetteu o delicto, se deliberará e decidirá á pluralidade de votos; 1.º se deve fazer-se mais alguma averiguação; 2.º se o negocio deve ser submetido ao Poder Judicial; e neste caso, se deve intentar-se uma acusação em fórma contra o Reo, ou se basta faze-lo julgar pelo Tribunal de Policia Correccional (§ 81 de Introducção).

---

[145] Não sendo verosimil no presente systema que as autoridades superiores deixem de ter, já por um, já por outro modo, noticia dos delictos, offerece a disposição deste Art. aos subalternos um motivo bem forte para fazerem pontualmente as competentes participações.

315. No caso de se proceder a novas averiguações designará o Procurador Regio, d'entre os Empregados do M. P. do seu districto, aquelle que há de ir proceder a ellas, ou irá elle mesmo se assim o julgar conveniente (§ 78 da Introd.) e obtidas que sejão as ditas informações se procederá novamente nos termos do Art. antecedente.

TITULO IV.

Da prisão dos delinquentes em flagrante delicto, ou quando for necessaria para assegurar a inflicção da pena.

316. Em flagrante delicto, de qualquer natureza que seja, podem e devem os delinquente ser presos, não so pela pessoa offendida, mas por quaesquer outras que força physica tenhão para os prender[146].

317. A fóra o caso de flagrante delicto, não poderão os delinquentes ser presos senão por ordem escrita da principal autoridade administrativa do concelho ou districto, e estas so a darão, quando a opinião publica indicar de uma maneira positiva o delinquente, ou qualquer das ditas autoridades souber quem elle seja, concorrendo de mais a mais as circunstancias da gravidade do delicto, e da pouca estabilidade do delinquente, que justifiquem a necesidade da prisão deste, para assegurar a inflicção da pena.

318. No caso de prisão em flagrante delicto será o delinquente conduzido immediatamente pelo aprehensor á presença da principal autoridade adminsitrativa do concelho, a qual, á vista da informação do aprehensor – do que o preso disser em sua defesa – e mesmo de qualquer outra infirmação que a dita autoridade possa obter decidirá de plano se a prisão deve ou não vigorar.

319. Effectuada a prisão do delinquente nos termos do Art. 317, ou ratificada nos termos do Art. antecedente, enviará sem demora a mesma autoridade administrativa o preso para a cadêa da cabeça da comarca, remettendo ao respectivo Procurador Regio ou Delegado a competente participação do delicto; e outro sim officiará á principal autoridade administrativa do districto, remettendo-lhe igual participação, e informando-a dos motivos ou circunstancias que a determinarão a ordenar ou a ratificar a prisão do delinquente.

320. Pertence á principal autoridade administrativa do districto, á vista da informação constante do officio de que trata o Art. antecedente, e d'outras quaesquer que possa obter, ou conservar o Reo na cadea até ser julgado, ou manda-lo soltar antes da Sentença sob fiança, se esta lhe parecer admissivel, ou mesmo sem ella quando a julgar desnecessaria.

321. A obrigação de fiador consistirá em pagar ao Estado o equivalente da pena corporal que foi imposta ao Reo[147] se até um mez depois da sentença o não apresentar, para lhe ser infli-

---

[146] Dizemos no delictos de qualquer natureza para incluir mesmo os leves; por quanto, ainda que a autoridade administrativa possa, nos termos do Art. 318, declarar não procedente a prisão, attenta a insignificancia do delicto, cumpre todavia armar todos os cidadãos do poder de prender o delinquente em flagrante, não só para se obstar á continuação ou progresso de qualquer delicto, mas tambem para conseguir que todo o cidadão seja circumspecto em sua conducta, achando-se sempre, para assim dizer, na presença do tribunal, que tem o poder de o julgar, e mesmo de o punir até certo ponto.

[147] Para este effeito [e só para este] suppomos existir um Tabella que fixa a quantia equivalente ás differentes penas corporaes.

518 • Direito Processual Penal

gida a dita pena: a qual, não obstante aquelle pagamento, será infligida ao Reo logo que este possa ser preso.

322. As autoridades administrativas no que toca á prisão dos presumidos delinquentes, ou á sua soltura com fiança ou sem ella, antes de sentença, obrarão segundo exigirem as circumstancias sob sua responsabilidade, mas sem que de seus actos haja recurso algum, excepto o de queixa ao Governo. Se porem o Reo for julgado innocente pelo Jury, e este lhe arbitrar alguma indemnisação, deliberará tambem o dito Jury sobre se é ou não suspeita de dolo a autoridade administrativa que mandou prender o Reo (§90 e seg. da Introd.).

323. A quantia arbitrada pelo Jury para indemnisar o Reo innocente ser-lhe-ha immediatamente paga pelo Estado, ao qual fica competindo a acção criminal contra a autoridade administrativa que mandou prender o Reo, se o Jury a tiver declarado suspeita de dolo[148].

324. Quando o Reo se achar em districto differente daquelle aonde commetteu o delicto poderá a principal autoridade administrativa deste districto requisitar por um simples officio dirigido á principal autoridade administrativa da residencia do Reo, a prisão do mesmo, a qual autoridade a fará verificar sob a responsabilidade da deprecante.

325. A prisão dos presumidos delinquentes, da qual se trata no presente Titulo, não se estenderá a mais de 15 dias, se dentro delles não forem chamados ao Tribunal de Policia Correccional ou se lhes não entregar a copia do libello accusatorio offerecido em juizo pelo M. P.; em cujo ultimo caso ficará a prisão prorogada somente até a audiência de Jurados, em que o processo do Reo deva entrar segundo os prasos marcados na lei e a marcha officiosa do mesmo processo.

326. A ordem que acompanhar o preso, para o Carcereiro o recolher na cadêa, não será exequivel se não for redigida, por tal forma que para o mesmo Carcereiro o soltar, nos termos do Art. antecedente, não precise de nova ordem.

TITULO V.

Do libello accusatorio, da defesa do Reo, e dos actos preparatorios do Jury.

327. Se a delibaração de que trata o Art. 314 for que se intente contra o Reo uma accusação regular, será o libello accusatorio apresentado na Secretaria da comarca aonde se commeteo o delicto, pelo principal Empregado do M. P. da dita comarca.

328. O referido libello conterá a exposição do facto praticado pelo Reo, com todas as circunstancias de que o mesmo facto se revestio; e a sua conclusão será – que á vista da dita exposição, e das provas que sobre ella se hão de produzir, ha de parecer ao Jury que o Reo commetteo o delicto de que trata tal Art. do Codigo Penal (o qual Art. será transcripto no libello): pelo que deverá o mesmo Reo ser condemnado a indemnisar a parte offendida, e a sofrer aquella pena que ao jury parecer mais proporcionada ao delicto, attento o grao de culpabilidade do Reo e as suas particulares circumstancias relativamente á pena que se lhe ouver de impor.

329. Quando tiverem parte no delicto mais que um Reo, serão todos accusados em um so libello; posto que este possa conter partes distinctas para cada um delles.

---

[148] Em o nosso systema é esta acção tambem competente para o Estado haver a indemnisação da quantia que pagou ao Reo.

330. Do libello accusatório se dará ao Reo (ou a cada um dos Reos sendo mais que um) ou a seu Procurador, e na falta de um e outro ao Defensor Publico, a competente copia, para efeito do dito Reo deduzir à sua defesa.

331. O Reo poderá contestar o Libello acusatorio – negando que seja prohibido pela disposição do Codigo Penal, citada no Libello, o facto que se lhe imputa – negando ter praticado o dito facto – e finalmente negando algumas circunstancias do facto expendidas no libello, acrescentando outras, ou fazendo uma e outra cousa, de modo que o dito facto fique alterado a ponto de ja não ser proibido pela citada disposição do Codigo Penal, ou, pelo menos, fique revestido de circunstancias taes que, diminuindo a culpabilidade do Reo hajão tambem de minorar a pena que lhe deve ser imposta.

332. Tanto o libello accusattorio como a defesa do Reo (exceptuada a primeira especie de que trata o Art. antecedente) serão acompanhados do 1º e 2º requesito do Art. 111. Com a differença porem de que não são precisas as publicas fórmas dos documentos originaes.

333. Os actos preparatorios do Jury, nas causas crimes, praticar-se-hão do mesmo modo que nas causas civeis, segundo o disposto no Cap. 10 do Titulo I do Livro Segundo.

TITULO VI.

Do julgamento das causas crimes.

334. O Jury para o julgamento das causas crimes será formado do mesmo modo que nas causas civeis, com a differença porem de que será composto de 15 Jurados.

335. Formado o Jury, deferirá o Juiz de Direito o juramento aos jurados empregando a seguinte formula: Vós juraes na presença de Deos e dos homens, que haveis de prestar toda a attenção ao negocio de que vamos tratar e dicidir os quesitos, que vos hei de propor segundo o estado da vossa convicção, depois das indagações a que vamos proceder sobre cada um deles? Cada um dos Jurados, pondo a mão nos Santos Evangelhos, dirá am voz alta: Assim o Juro.

336. Deferido o juramento aos jurados, e recolhidas as testemunhas, como nas causas civeis, a quartos para ellas destinados, lerá o juiz de Direito aos jurados o libello accusatorio e a defesa do Reo; finda a qual leitura, lhes exporá com precisão e clareza o estado da questão, attenta a especie de defesa de que o Reo tiver usado nos termos do Art. 331, e os quesitos de que trata o Art. 49.

337. Dirá então o Juiz de Direito aos Jurados: O primeiro quesito que cumpre investigar é – se o Reo commetteo o delicto de que trata o Art. do Código Penal citado no libello – (Art. 49). O Juiz de Direito lerá novamente o dito Art. e passará a fazer sobre o referido quesito, do mesmo modo que nas causas civeis, todas as indagações para descubrir a verdade.

338. O disposto desde o Art. 178 inclusive até o Art. 186, é applicavel ás causas crimes, á excepção do que dispõe o dito Art. 186 relativamente aos discursos dos Advogados.

339. Depois de qualquer testemunha prestar o seu depoimento, se este divergir essencialmente da informação por ella dada ao Empregado do M. P. nos termos do Art. 313, poderá o mesmo Empregado lêr perante o Jury a dita informação, e interrogar a testemunha sobre os motivos da sua divergencia.

340. Feitas as averiguações respectivas ao 1.º quesito, que ao Juiz, Jurados, Empregados do M.P., Reo e seu Advogado ou Defensor Publico, parecerem conducentes ao descobrimento da verdade, dará o juiz de Direito a palavra ao Empregado do M.P. e depois deste ao Advogado do

520 • Direito Processual Penal

Reo ou Defensor Publico, para fazerem sobre o quesito em questão as reflexões que lhes parecerem justas, assim de facto como de direito (§24 da Introd.), podendo os sobreditos replicar uns aos outros.

341. Terminadas as reflexões de que trata o Art. antecedente, perguntará o Juiz de Direito aos Jurados se carecem de mais alguma averiguação que se possa fazer naquelle acto, e a fará se elles a exigirem. Depois do que, e de ainda ouvir o que o Reo mais quizer pessoalmente allegar sobre o quesito em questão, fará uma exposição clara e succinta dos motivos apresentados na discussão, quer contra, quer a favor do Reo, a fim d'habilitar os Jurados a decidir o mencionado quesito com conhecimento de causa.

342. Logo que o Juiz de Direito acabar a sua exposição, fará distribuir a cada um dos Jurados duas esferas, uma branca e outra preta – fará apresentar a urna ao Empregado do M. P., ao Reo e seu Advogado ou Defensor Publico, e aos Jurados, para certificarem de que ella está vasia – lançará na mesma urna 12 esferas, 6 brancas e 6 pretas – e explicará aos jurados a razão porque a lei manda praticar este acto, tudo como nas causas civeis, segundo o Art. 188. Depois do que dirá aos Jurados: O primeiro quesito sobre que tendes a dicidir é, como ja sabeis, – se o Reo commeteo o delicto de que trata o Art. do Codigo Penal citado no libello – (o Juiz lerá outra vez o dito Art.) Os Snrs. Jurados, que não estiverem persuadidos de que o Reo commetteo o dito delicto, lançarão naquella urna (indicando-lha) a esfera branca, e os que estiverem persuadidos de que elle o commetteo, lançarão a esfera preta.

343. Cada um dos Jurados irá lançar na urna a esfera correspondente á sua opinião, as quaes esferas serão extrahidas da mesma urna, bem como serão confundidas as que nella restarem depois do vencimento da questão, tudo como nas causas civeis segundo os Art. 190, 191 e 192 com a differença porem de que, para a questão se vencer a favor, ou contra, o Reo, são necessarias 14 esferas brancas, ou 14 esferas pretas.

344. Decidindo-se que o Reo commetteo o delicto de que trata o Art. do Codigo Penal citado no libello accusatorio, dirá o Juiz de Direito aos Jurados: Vamos agora tratar do 2.º quesito, a saber – se o Reo deve á Parte offendida alguma indemnisação, e qual esta dêva ser? – (Art. 49). Sobre o qual quesito fará o dito Juiz todas as indagações que possão concorrer para os Jurados o decidirem com acêrto, procedendo em tudo e por tudo na conformidade dos Art. 337, 338, 339, 340, e 341.

345. Acabada a exposição do Juiz ácerca do 2.º quesito nos termos do referido Art. 341, fará o mesmo Juiz distribuir a cada um dos Jurados uma pequena tira de papel e um lapis, e depois de fazer apresentar a urna segundo o disposto no Art. 342 para todos se certificarem de que ella está vasia, dirá aos Jurados: O segundo quesito sobre que tendes de decidir é, como sabeis – se o Reo deve á Parte offendida alguma indemnisação, e (em caso affirmativo) qual esta deve ser? – Determina a lei que a deliberação sobre este quesito preceda a do que diz respeito a qualquer outra pena que deva ser imposta ao Reo, porque, sendo os delinquentes responsaveis pelo damno que causarão, justo é que pela reparação do dito damno comece a sua punição; e é mais rasoavel que a quantia, fixada pelo Jury para a indemnisação da Parte offendida, tenda a diminuir as penas que de mais devão ser impostas aos Reos, do que estas tendão a diminuir aquella indemnisação. Ides pois deliberar agora sobre a indemnisação da Parte offendida. Os Srs. Jurados que forem de opinião que esta indemnisação não tem logar, escreverão nas tiras de papel, que lhes forão distribuidas, a palavra – nada –, e os que forem d'opinião que ella deve ter logar, escreverão nas ditas tiras de papel a quantia que para a mesma indemnisação lhes parecer rasoavel.

346. As referidas tiras de papel serão lançadas pelos Jurados na urna, e della extrahidas como as esferas, e vencer-se-ha que não tem logar a indemnisação da Parte offendida, se houver 8 votos negativos, álias vencer-se-ha a indemnisação em que concordarem 8 votos, e na falta de concordancia, regulará a quantia menor das 8 maiores.

347. Fixada pelo Jury a indemnisação da Parte offendida, será permittido ao Reo, antes de se passar á discusão do 3.º quesito, prestar fiança ao pagamento da mesma indemnisação, a fim de que a certeza desta se realisar influa, como é natural a favor do mesmo Reo na decisão do dito 3.º quesito (art. 49) relativo á pena que elle de mais a mais deverá sofrer. O Juiz pois advertirá o Reo da faculdade que a lei lhe concede, e terminado este incidente, declarará aos Jurados que se vai tratar do referido 3.º quesito; a saber – se o Reo deve soffrer mais alguma pena, e (em caso affirmativo) qual deva ser esta pena – [149].

348. A respeito do mencionado 3.º quesito procederá o Juiz do mesmo modo que a respeito do 2.º, com a differença porem de que para a resolução deste 3.º quesito são ordinariamente necessarias duas votações, a primeira para decidir se o Reo deve sofrer mais alguma pena e de que especie esta deve ser, e a segunda para determinar o tempo da sua duração. Na primeira vencer-se-ha que não tem logar mais pena alguma, se houver 8 votos negativos, aliás vencer-se-ha a especie de pena em que concordarem 8 votos, e na falta de concordancia regulará a especie de pena menos grave das 8 mais graves[150]. Na segunda vencer-se-ha o tempo em que concordarem 8 votos, e na falta de concordancia regulará o tempo menor dos 8 maiores.

349. Se a decisão do 1.º quesito for negativa, procederá o Juiz de Direito, immediatamente depois da dita decisão, a respeito do quesito – se o Estado deve ao Reo alguma indemnisação, e qual esta deve ser? – (Art. 49) do mesmo modo que a respeito do 2.º quesito.

350. Se a decisão do quesito relativo á indemnisação do Reo lhe for favoravel, e o mesmo Reo tiver estado preso, procederá o Juiz de Direito a respeito do quesito – se a autoridade admnistrativa, que mandou prender o Reo, é suspeita de dolo – (Art. 49) do mesmo modo que a respeito do primeiro quesito (§§ 91 e 92 da Introd.).

351. A investigação e discussão de cada um dos quesitos, de que se tem tratado, será simultanea para todos os Reos, quando haja mais que um; a votação porem será especial para cada um delles, fazendo nesse acto o Juiz de Direito retirar da audiencia todos os outros Reos, de modo que so fique aquelle a quem a votação diz respeito.

352. Na especie do Art. 344 condemnará o Juiz de Direito o Reo na indemnisação arbitrada pelo Jury, e na pena por este indicada nos termos do dito Art. 344 e seguintes até 348 inclusive. Na especie do Art. 349 absolverá o Reo, e condemnará o Estado na indemnisação, que tambem for arbitrada pelo Jury nos termos do dito Art. 349.

353. A sentença do Juiz de Direito será por elle escrita na mesma audiencia do julgamento, e nella publicada pelo Secretario, com cuja publicação terminará o acto, do qual o mesmo Secre-

---

[149] O Juiz adverte o Reo da faculdade que lhe concede este Art. mais por forma do acto, do que para fazer constar ao Reo uma faculdade legal, que este deve ja saber, e que o deve ter determinado a dispor as cousas de modo que o seu fiador esteja presente na audiencia. Quanto ao fundo da disposição, se eu me não engano, ha de ella muitas vezes fazer apparecer, debaixo da fórma de uma fiança, o proprio objecto roubado, que no systema do nosso actual processo se esconde mui cautelosamente, como o unico meio de fornecer ao Reo algum lenitivo nos trabalhos que o esperão no degredo.

[150] Nós suppomos que no Cathalogo de que trata o § 89 da Introd. Se achão as penas enumeradas por sua ordem desde a mais pequena até á maior.

tario lavrará a competente acta, que será assignada pelo Juiz e pelo referido Secretario depois deste a ler publicamente.

TITULO VII.

Dos recursos.

354. Havendo no processo criminal preterição ou alteração de formulas legaes, tanto o Empregado do M. P. como o Reo, ou o Defensor Publico, podem interpor da decisão do Juiz de Direito o recurso de revista para o Supremo Tribunal de Justiça.

355. O recurso de revista, nas causas crimes, interpõe-se e processa-se do mesmo modo que nas causas civeis com as seguintes differenças; 1.ª suspende desde logo a execução do julgado; 2.ª não é precisa a certidão do deposito ou fiança de que trata o Art. 220; 3.ª a decisão do Supremo Tribunal de Justiça versa sobre a nullidade do processo, ou d'algum acto delle, para effeito de mandar instaurar outro processo, ou proceder de novo ao acto ou actos annullados.

TITULO VIII.

Da execução do Julgado nas causas crimes.

356. As sentenças proferidas no processo criminal serão executadas, na parte que imposer aos Reos penas pecuniarias, como as sentenças proferidas no processo civel.

357. Os Reos condemnados em penas corporeas serão entregues á principal autoridade administrativa do respectivo districto, para satisfazerem ao julgado debaixo da inspecção da mesma autoridade, a qual informará o Governo de todas as circunstancias, que possão influir no exercicio do Poder Moderador, pelo que respeita ao perdão ou minoração das penas (§ 90 da Introd.).

358. As Sentenças proferidas no processo criminal, quer sejão condemnatorias quer absolutorias, logo que passarem em julgado, serão por ordem da respectiva autoridade administrativa afixadas no logar do delicto. Nos delictos graves e nos atrozes serão tambem impressas as sentenças criminares condemnatorias, para no caso dos primeiros, serem distribuidas pelos Parochos das freguezias do respectivo districto admnistrativo, e no caso dos segundos, pelos de todo o reino, os quaes nas suas respectivas Igrejas, na occasião de maior concurso do povo para satisfazer os preceitos da religião, lerão aos freguezes as ditas sentenças criminaes, acompanhando esta leitura de convenientes explicações, e de uma pratica tendente a inspirar amor á virtude e o horror do vicio (§ 93 da Introd.).

TITULO IX.

Das epocas em que hão de ter logar os differentes actos do processo criminal.

359. O libello accusatorio, de que trata o Arrt. 328 pode ser apresentado em qualquer dia na secretaria da comarca pelo respectivo Empregado do M. P., a quem o Secretario dará o competente recibo (§ 94 da Introd.).

360. O Secretario da comarca entregará a copia, de que trata o Art. 330, dentro de 48 horas depois da apresentação do libello, ao Reo, se este estiver preso. Não estando preso o Reo, entre-

gará a dita copia dentro do mesmo praso, ou no domicilio do mesmo Reo, se elle morar na cidade ou na villa cabeça da comarca, ou no domicilio do Procurador que elle ahi tiver constituido.

361. Se o Reo não estiver preso,não morar na cidade ou villa cabeça da comarca, nem ahi tiver constituido Procurador, entregará o Secretario da comarca a copia do libello accusatorio dentro do referido praso de 48 horas ao Defensor Publico, e officiará immediatamente ao Commissario do Circulo do domicilio do Reo, a fim deste ser citado para deduzir a sua defesa, ou pelo dito Defensor Publico, ou por outro qualquer Advogado residente na cabeça da comarca, que o mesmo Reo constitua seu Procurador, o qual haverá do Defensor Publico a cópia que a este fora entregue pelo Secretario da comarca.

362. A defesa do Reo será apresentada na Secretaria da comarca dentro de um mez depois da entrega da cópia do libello nos termos dos dous Art. antecedentes.

363. Os actos preparatorios do Jury, de que trata remissivamente o Art. 333, serão praticados logo depois do Reo apresentar a sua defesa, e sendo mais que um os Reos com differentes defesas, depois da apresentação da defesa de todos, ou passando o praso estabelecido para a sua apresentação.

364. O julgamento das causas crimes nas comarcas do reino, á excepção das criminaes de Lisboa e Porto, effectuar-se-ha com os mesmos Jurados das causa civeis, não so na reunião delles para o julgamento das ditas causas civeis, mas tambem em outra reunião de Jurados 2 mezes depois, para o que os jurados de cada uma das Pautas comparecerão novamente na cabeça da comarca 6 mezes depois da sua primeira reunião.

365. Nas comarcas criminaes de Lisboa e Porto as Pautas dos Jurados para o serviço criminal serão differentes das do serviço civel, e extrahidas como estas do quadro geral dos Jurados, assistindo á extracção um dos Juizes Criminaes por turno, cujo Secretario avisará os Jurados por intervenção dos Comissarios dos respectivos circulos, para comparecer no dia competente.

366. No primeiro dia de cada mez se reunirão em as ditas Cidades os Jurados da respectiva Pauta, para julgarem com cada um dos Juizes das comarcas criminaes as causas que se tiverem aprontado até o dia 15 do mez antecedente, segundo uma Tabella feita pelos mesmos Juizes, na qual serão collocadas por sua antiguidade, primeiramente as causas pertencentes ao Juiz que assistio á extracção da Pauta dos Jurados, e depois as pertencentes aos outros Juizes por sua ordem.

367. Não se podendo dar expediente a todas as causas da Tabella dentro de um mez, conrtinuarão os Jurados da Pauta do dito mez, findo elle, a julgar as causas que restarem, sem que por isso se retarde a reunião dos Jurados, e o Julgamento das causas pertencentes ao mez seguinte, para o que haverá duas casas em que estes processos se julguem.

TITULO X.

Do processo nos delictos de pouca gravidade.

368. Se á Junta mencionada no Art. 314 parecer que o delicto de que se trata, attenta a sua pouca gravidade, ficará sufficientemente punido com as penas que aos Reos podem ser impostas pelo Tribunal de Policia Correccional, segundo o Art. 376, e ordenar que o negocio seja levado perante o dito tribunal, proceder-se-ha de maneira seguinte (§ 98 da Introd.).

524 • Direito Processual Penal

369. O empregado do M. P. da respectiva comarca exporá por escrito o facto praticado pelo Reo, indicando o Art. do Código Penal que constitue delicto o dito facto. Outro sim ajuntará a esta exposição quaesquer documentos que lhe possão servir de prova, e nomeará até 4 testemunhas que sobre a mesma exposição hajão de depor.

370. A exposição de que trata o Art. antecedente será entregue em duplicado pelo dito Empregado do M. P. ao Secretario da comarca, que indicando o dia em que ha de ter logar o julgamento da causa, segundo o disposto no Art. 372, entregará, sem demora, um dos duplicados ao Reo, se este estiver preso, e se o não estiver, lho fará entregar pelo Commissario do respectivo circulo, o qual citará para comparecerem no dia designado, não so o Reo, mas tambem as testemunhas da accusação, e as que o Reo, lhe indicar para depôrem em sua defesa.

371. O Tribunal de Policia Correcional compõe-se em cada uma das comarcas do reino (excepto as criminaes de Lisboa e Porto nas quaes o não ha) do respectivo Juiz de Direito, do Juiz Electivo e qualquer dos seus Adjuntos. Este Tribunal funcionará somente nos domingos depois das 10 horas da manhã[151].

372. Para o Julgamento da causa designará o Secretario da comarca o domingo immediato áquelle que se seguir ao dia da apresentação da exposição de que trata o Art. 369 na Secretaria da Comarca.

373. Em o referido Domingo, presente o Empregado do M. P. – o Reo e seu Advogado, e na falta deste, ou d'ambos, o Defensor Publico, lerá o Juiz de Direito em publica audiencia a exposição de que trata o referido Art. 369. Depois do que o mesmo Juiz interrogará o Reo, as testemunhas, e fará todas as mais averiguações necessarias para elle e demais Membros do Tribunal formarem o seu Juizo a respeito de cada um dos pontos, sobre que os Jurados deliberão nas causa crimes, segundo o Art. 49.

374. Terminadas as investigações, conferenciarão entre si (mas publicamente) os Membros do Tribunal, e o que por elles for acordado, ou se vencer por maioria de votos, formará a decisão da causa ou sentença, que o Juiz de Direito reduzirá a escrito, e assignará juntamente com o Juiz Electivo e Adjunto, para ser naquelle mesmo acto publicada pelo Secretario.

375. De tudo o que se passar na audiencia lavrará o Secretario da comarca a competente acta, que igualmente será assignada pelos Membros do Tribunal depois de publicamente lida pelo dito Secretario.

376. O Tribunal de Policia Correcional não poderá impor ao Reo maior pena corporal que 15 dias de prisão, nem maior pena pecuniaria que a multa de 5$000 rs. incluindo-se nella a indemnisação da parte offendida quando deva ter logar. Se porem o Empregado do M. P. mostrar por documento authentico que o Reo paga maior contribuição directa, poderá a dita multa subir á quantia da contribuição, com tanto que não exceda a 50$000 rs.[152].

377. Das sentenças absolutorias proferidas pelo Tribunal de Policia Correcional não haverá recurso algum. Das condemnatorias poderá o Reo apellar para o Jury, aonde o negocio será tratado com as solemnidades regulares do processo criminal, e onde se poderá impor ao Reo qualquer pena que pareça proporcionada ao delicto[153].

---

[151] Temos em vista, alem da economia de tempo, o dar, neste dia de descanço aos povos [principalmente nas Provincias] uma especie de divertimento que ao mesmo tempo lhes sirva de instrucção.

[152] Assim se mantém a igualdade de multa, que, fixada n'uma quantia certa, seria tão desigual como a fortuna dos individuos a quem fosse applicada.

[153] Vid. A Nota ao § 80 da Introd.

378. As Sentenças do Tribunal de Policia Correccional, logo que passem em julgado, serão executadas como as proferidas no processo criminal ordinario, segundo o disposto no Título VIII do presente Livro.

TITULO XI.

Do processo nos delictos committidos pelos Empregados de Justiça, ou contra os Empregados de Justiça, no exercicio de suas attribuições.

379. Todos os Empregados de Justiça podem servir-se da força publica, para remover qualquer obstaculo que se oponha ao livre exercicio de suas attribuições legaes; e bem assim para prender e fazer entregar á competente autoridade administrativa, como aprehendido em flagrante delicto, todo o individuo que os insultar ou desacatar. Os delictos porem committidos pelos Empregados de Justiça no exercicio de suas funcções legaes serão processados da maneira seguinte (§ 96 da Intr.).

380. Nesta especie de delictos serão as participações, de que trata o Titulo II do presente Livro, feitas pelas pessoas ahi mencionadas, e pelos Empregados de Justiça contra quem se tiver committido o delicto, ou directamente ao Procurador Geral da Coroa, ou a qualquer dos Procurador Regio ou Delegados do districto administrativo do comicilio do delinquente, os quaes as remetterão pelo primeiro Correio ao dito Procurador Geral da Coroa.

381. Logo que o Procurador Geral da Coroa receber alguma das ditas participações, envia-la-ha a qualquer Empregado do M. P. do respectivo districto administrativo, que for mais da sua confiança, a fim d'este proceder ás averiguações de que trata o Titulo III do presente Livro, e lhe remetter o resultado das mesmas averiguações. O Procurador Geral da Coroa, á vista destas averiguações, poderá mandar proceder a novas investigações, e nesse caso incubi-las-ha ao mesmo Empregado do M. P., ou a outro como melhor lhe parecer (§ 78 da Introd.).

382. Obtidas as informações do delicto, submetterá o Procurador Geral da Coroa o negocio ao Supremo Tribunal de Justiça, para este deliberar se o Reo deve ou não ser accusado. Esta deliberação será proferida mediante o processo estabelecido no Art. 221 e seguintes com a so differença de que a distribuição de que trata o dito Art. 221 poderá ter lugar em qualquer sessão do Tribunal.

383. Deliberando o Supremo Tribunal de Justiça que o Reo seja accusado, formará o Procurador Geral da Coroa o Libello acusatorio, e envia-lo-ha ao Empregado do M. P. que obteve as informações do delicto e o dito Empregado do M. P. fará entregar immediatamente uma copia do mesmo libello ao Reo, a fim deste poder deduzir a sua defesa.

384. Tanto as provas da accusação, como as da defesa, serão obtidas pelo modo indicado no Titulo VIII do Livro Segundo: e depois de juntas aos autos, havera vista delles o Advogado do Reo para dizer, tanto de facto como de direito, o que se lhe offerecer; com a qual resposta, o sobredito Empregado do M. P. enviará os autos ao Procurador geral da Coroa, que, dando tambem nelles a sua resposta, submetterá novamente o negocio ao Supremo Tribunal de Justiça.

385. O Supremo Tribunal de Justiça, mediante então o mesmo processo indicado no Art. 382, absolverá o Reo ou lhe imporá a pena que lhe parecer mais proporcionada ao delicto. Esta decisão será executada pelos meios ordinarios sob a inspecção do Procurador Geral da Coroa, que dará conta da effectividade da mesma execução ao Presidente do Supremo Tribunal de Justiça.

526 • Direito Processual Penal

386. Os delictos commettidos pelos Conselheiros do Supremo Tribunal de Justiça, ou contra os Conselheiros do Supremo Tribunal de Justiça, no exercicio das suas funcções, serão processados nos termos do presente Titulo perante um Tribunal composto de tantos Membros como os do Supremo Tribunal de Justiça, extraidos, na conformidade do Art. 46, da camara dos Pares e da dos Deputados, os quaes Membros elegerão Presidente, e este designará a pessoa que hade servir de Secretario (§ 97 da Introd.).

LIVRO QUARTO

O Livro Quarto ha de conter, como se diz no Elenco, as formulas e instrucções para os differentes actos do processo, tanto civil como criminal; as quaes são absolutamente necessarias para completar o nosso Plano, que foi – estabelecer os principios na Introducção – desenvolve-los nos 3 primeiros Livros – e mostrar o modo pratico da sua execução no 4.º. Mas a occasião opportuna de trabalhar neste importante assumpto é, sem duvida, a indicada a pag. 48, no methodo que temos por mais efficaz (senão *unico*) de conseguir em poucos annos uma verdadeira Reforma Judicial, sobre o qual chamâmos a attenção do Leitor.

Appendix

CONTENDO AS BASES D'UMA

NOVA

ORGANISAÇÃO DO SERVIÇO PUBLICO,

EM QUAL O INTERESSE PESSOAL DOS EMPREGADOS FICA
DE TAL FORMA LIGADO AO INTERESSE PUBLICO, QUE
PARA ELLES OBTEREM AQUELLE, FORÇOSO LHES
HA DE SER OBRAR DA MANEIRA MAIS
CONFÓRME A ESTE.

> Les déclamations continuelles des moralistes contre la
> méchanceté des hommes prouvent le peu de connaissance
> qu'ils en ont. Les hommes ne sont point méchants, mais
> soumis á leurs intérêts. Les cris des moralistes ne changeront
> certainement pas ce ressor de l'univers moral. Ce n'est donc
> point de la méchanceté des hommes dont il faut se plaindre,
> mais de l'ingnorance des législateurs, qui ont toujours mis
> l'intérêt particulier en opposition avec l'intérêt génèral.
>
> HELVETIUS.

§ 1. O serviço Publico será dividido nos differentes ramos em que elle naturalmente se divide; e estes serão sub-divididos por tal forma que os respectivos Empregados tenhão no exercicio de suas attribuições uma occupação continuada, mas que razoavelmente possão desempenhar[154].

---

[154] Queremos que os Empregados Publicos *tenhão no exercicio de suas funcções uma ocupação continuada;* porque nos parece que não deve haver estes Meio-Empregados que exercem as funcções do seu emprego de envolta com as do seu mister, officio ou profissão particular. Um Empregado Publico deve ser so Empregado Publico, para que no exercicio de suas attribuições nenhum objecto o distráia da sua *missão social*, para bem desempenhar a qual todas as suas faculdades são ainda poucas. Dirão que em tal caso, cumpre augmentar o ordenado a alguns dos Empregados actuaes. Sim, cumpre, dizemos nós; mas não se adduza isso como argumento contra o nosso systema de organização do serviço publico; porque podendo nelle um Empregado fazer o serviço de dois Meio-Empregados no systema actual, vem o menor numero de ordenados a contrabalançar o respectivo augmento de cada um. Dirão tambem que é necessario estabelecer

530 • Direito Processual Penal

§ 2. Haverá em cada ramo do serviço publico diferentes logares, os quaes, desde os mais inferiores até os mais elevados tanto em ordenado como em preeminencia dos Empregados, formarão uma escala com o conveniente numero de graos[155].

§ 3. Cada ramo do serviço publico terá uma classe especial de Empregados, que, começando sempre a sua carreira pelos logares mais inferiores do respectivo ramo, terão direito a ser promovidos aos logares superiores do mesmo ramo, segundo sua antiguidade e bons serviços. O Governo não os poderá demitir, e so poderão perder o seu emprego por decisão do Poder Judicial, sendo convencidos de haver tido desleixos ou committidos erros, a que a lei tenha imposto essa pena[156].

§ 4. O Governo nomeará para os logares de 1.ª entrancia os pertendentes, que durante o competente concurso se tiverem apresentado com melhores habilitações literarias, e demais qualidades que a lei exigir para o exercicio das funções do respectivo ramo. As promoções para os logares superiores serão feitas pelo Governo sob Propostas ou Consulta do Supremo Tribunal de Justiça[157].

§ 5. Todos os Empregados Publicos da nomeação do Governo estarão sujeitos no exercicio de suas funcções, não so á fiscalização do mesmo Governo, mas tambem á residencia popular, que consistirá no voto d'aprovação ou reprovação, dado por escrutinio secreto, dos actos prati-

---

ordenados áquelles que os não tem, como são os Regedores de Parochia e os Juizes Eleitos. A isso respondemos nós, que, havendo sido a ignorancia, a inabilidade (e não sabemos se a ruindade) da maior parte desses empregados que estão em contacto com o povo e formão o ultimo, mas muito interessante, elo da cadêa da autoridade publica, uma das principaes causas por que tão atrazados nos achâmos nos differentes ramos da publica administração, convém muitissimo o deixar-mo-nos de freguezias como divisão politica, para estabelecermos Circulos de differentes grandezas segundo as circunstancias locaes, de modo que formem a sua competente escala, e introduzir-mos uma nova classe de empregados, que, sobre terem as necessarias habilitações literarias, seja o seu bom serviço garantido pelas demais providencias de que trata o nosso plano de organisação do serviço publico: os quaes poderão denominar-se Commissarios geraes, pelo serem effectivamente de todas as autoridades superiores, cujas ordens devem executar nos seu respectivos circulos. Ora a estes Empregados verdade é que se lhes ha de estabelecer ordenado, mas bem merecido ordenado, se attendermos aos muitos valiosos serviços que hão de prestar á nação.

[155] Quanto maior for o numero de graos de escala, tanto mais frequente serão as promoções que a lei em nome do Estado offerece aos Empregados em premio de seus bons serviços, e por consequencia tanto maior será a influencia desse premio na conducta dos mesmos Empregados.

[156] De haver uma classe especial de Empregados para cada ramo do serviço publico resultará o serem elles mais peritos no ramo a que se dedicarem. De começarem pelos lugares inferiores, com acesso para os superiores, alem de se proporcionar o augmento do trabalho á capacidade presumida dos Empregados pelo exercicio que já tem tido em outros logares de menor afluencia de negocios, resultará um grande fundo de esperanças, que os fará servir gostosos, não so pelo ordenado que recebem, mas pelo que hão de vir a receber. De não poderem ser demitidos arbitariamente pelo Governo resultará o tornarem-se os empregos publicos, de discordia que estão sendo, um novo genero de propriedade, tão solida como brilhante, que fornecerá meios de subsistencia permanente a milhares de familias.

[157] Uma lei d'Habilitações é tão politica e tão necessaria ao paiz que não atinâmos com motivos d'ella se não ter feito. Acaso ignorará o Governo que as revoluções são obra dos descontentes, e que a falta daquella lei augmenta consideravelmente o numero destes, por deixar a porta aberta a milhares de pertenções, que não devem, nem mesmos podem, ser attendidas? Ora, nós suppomos a existencia da referida lei, para o Governo fazer na conformidade della a nomeação dos individuos que vão entrar em qualquer dos ramos do serviço publico. Quanto porem ás promoções em o respectivo ramo, ficão ellas dependentes de Proposta ou Consulta do Supremo Tribunal de Justiça, para que entendão todos que não é este um negocio de *graça*, mas sim de *rigorosa justiça*, em que o Supremo Tribunal, á face dos documentos de que trata o § 6, ha de decidir qual dos concorrentes deve ser proposto, do mesmo modo que um juiz recto e imparcial decide, no concurso creditorio, qual dos credores deve ser graduado em primeiro logar á face dos seus respectivos titulos. E note-se que o Supremo Tribunal de Justiça ha de fazer isto debaixo da salvaguarda da publicidade; porque a Proposta ou Consulta, de que se trata ha de ser publicada pela imprensa segundo o disposto no referido § 6.

cados pelo respectivo Empregado no exercicio de suas funções, tomados collectivamente. Aquella fiscalisação terá logar todos os annos na conformidade d'uma lei regular; e a residencia popular dar-se-ha logo que o Empregado tenha sahido de um para outro logar, tambem na conformidade de uma lei regulamentar, a qual com tudo tenha por base o concorrerem á votação todos os individuos do districto do respectivo Empregado recenseados para votar nas eleições municipaes, e o proceder-se nella por tal forma, que, conseguindo-se o perfeito segredo da votação individual, se assegure aos votantes o poderem exprimir livremente a sua opinião[158].

§ 6. Os resultados da dita fiscalisação do Governo e residencia popular formarão a base da Proposta ou Consulta, de que trata o § 4.º para a promoção dos Empregados na sua respectiva carreira. Na dita Proposta mencionar-se-hão os nomes de todos os concorrentes, e indicar-se-hão as razões da preferencia dada ao proposto. Esta Proposta será publicada pela imprensa[159].

---

[158] Dever geral é de todo o Empregado Publico obrar no exercicio de suas attribuições da maneira mais conveniente aos interesses do Estado; e o Povo [para cuja felicidade as Leis, o Governo, os Empregos e os Empregados devem constantemente tender] é, sem duvida, a quem principalmente toca avaliar a conducta dos Empregados Publicos. Eis aqui a razão,porque introduzimos no nosso plano de organisação do serviço publico o que chamâmos *residencia popular*; e nem nós podiamos achar um meio mais adequado e eficaz de ligar o interesse individual dos Empregados ao interesse publico, que o de fazer depender o adiantamento dos ditos Empregados, na carreira a que se dedicárão, da boa opinião que o povo houver a respeito delles formado pela série de seus actos durante o tempo em que exercerão suas funções. Mas para que os Empregados Publicos, em vez de verdadeiros amigos do Povo senão tornem seus aduladores, cumpre tambem sujeitar os seus actos a fiscalização do Governo, e marcar as epocas dessa fiscalização para que jamais deixe de ter logar. Porque enfim, nós não queremos tolher a acção do Governo sobre a conduta do Empregados. O que queremos é que elle somente a exerça para lhes fazer cumprir suas respectivas obrigações.

[159] Taes são pois as bases d'uma organisação do serviço publico que nos parece ligar o interesse individual dos Empregados ao interesse publico por tal forma, que não poderão jamis obter aquelle sem obrarem d'uma maneira conforme a este, como acima dissemos; e note-se que dizemos *bases*; porque não tratamos aqui das modificações que porventura ellas devão sofrer n'um ou n'outro caso, quando se tratar da sua applicação e desenvolvimento na confecção d'uma Lei sobre este importante assumpto. É o nosso Plano uma combinação de dous systemas oppostos – o de Empregados perpetuos – e o de Empregados amoviveis instituidos e destituidos por eleição popular – cujas vantagens, tanto d'um como do outro, nos parece haver conseguido, bem como evitado os seus principais inconvenientes. E tambem o presente escrito se poderia considerar como bases d'uma Lei Regulamentar do Art. 145 § 13 da Carta Constitucional, a fim de que *para o futuro* seja uma verdade o disposto no dito §; a saber, que – Todo o Cidadão pode ser admitido aos Cargos publicos, civis, politicos ou militares, sem outra differença que não seja a dos seus talentos e virtudes. – De qualquer maneira, que o leitor considere o nosso trabalho, não poderá deixar de reconhecer que elle versa sobre objecto de summa transcendencia: e como taes casos todas as opiniões devem ser examinadas, nós lhe offerecemos este imperfeitissimo ensaio, para que se digne de o corrigir e emendar, se entender que, depois disso, pode ser de alguma utilidade.

ÍNDICE

AO LEITOR		435
THEORIA DO PROCESSO JUDICIAL		437
SECÇÃO 1.ª	DO PROCESSO CIVIL	437
§ 1.		437
§ 2.		437
§ 3.		437
§ 4.		438
§ 5.		438
§ 6.		439
§ 7.		439
§ 8.		439
§ 9.		440
§ 10.		440
§ 11.		441
§ 12.		441
§ 13.		441
§ 14.		441
§ 15.		442
§ 16.		442
§ 17.		442
§ 18.		442
§ 19.		443
§ 20.		443
§ 21.		443
§ 22.		443
§ 23.		443
§ 24.		444
§ 25.		444
§ 26.		444
§ 27.		444
§ 28.		444
§ 29.		444
§ 30.		445
§ 31.		445
§ 32.		446
§ 33.		446
§ 34.		446
§ 35.		447
§ 36.		447
§ 37.		447
§ 38.		447
§ 39.		447
§ 40.		447

534 • Direito Processual Penal

§ 41.		448
§ 42.		448
§ 43.		448
§ 44.		448
§ 45.		448
§ 46.		449
§ 47.		449
§ 48.		449
§ 49.		450
§ 50.		450
§ 51.		450
§ 52.		450
§ 53.		450
§ 54.		450
§ 55.		451
§ 56.		451
§ 57.		451
§ 58.		452
§ 59.		452
§ 60.		452
§ 61.		452
§ 62.		453
§ 63.		453
§ 64.		453
§ 65.		454
§ 66.		454
SECÇÃO 2.ª	DO PROCESSO CRIMINAL	454
§ 67.		454
§ 68.		455
§ 69.		455
§ 70.		455
§ 71.		455
§ 72.		455
§ 73.		456
§ 74.		456
§ 75.		456
§ 76.		456
§ 77.		457
§ 78.		457
§ 79.		457
§ 80.		457
§ 81.		457
§ 82.		458
§ 83.		458
§ 84.		458

§ 85.	....	458
§ 86.	....	458
§ 87.	....	459
§ 88.	....	459
§ 89.	....	459
§ 90.	....	459
§ 91.	....	460
§ 92.	....	460
§ 93.	....	460
§ 94.	....	461
§ 95.	....	461
§ 96.	....	461
§ 97.	....	461
§ 98.	....	462
SECÇÃO 3.ª	PLANO DO CODIGO DE PROCESSO CIVIL E CRIMINAL, E COMO SE DEVERÁ POR EM PRATICA.	462
§ 99.	....	462

Sobre o Processo e Organização Judicial 463

ELENCO DOS LIVROS TITULOS E CAPITULOS DO PROJECTO
DO CODIGO DO PROCESSO CIVIL E CRIMINAL,
SEGUNDO OS PRINCIPIOS DA PRECEDENTE INTRODUCÇÃO 464

PROJECTO DE CODIGO DO PROCESSO CIVIL, E CRIMINAL 467

LIVRO PRIMEIRO.
Da organização Judicial. 469

TITULO I.	*Da Divisão do Territorio.*	469
TITULO II.	*Do numero e qualidade dos Juizes e mais Empregados de Justiça.*	470
TITULO III.	*Da nomeação ou eleição dos Juizes e mais Empregados de Justiça.*	471
TITULO IV.	*Por quem hão de ser substituidos os Juizes e mais Empregados de Justiça nos seus impedimentos temporarios.*	471
TITULO V.	*Das attribuições dos differentes Empregados de Justiça.*	473
Capitulo 1.	Das attribuições dos Juizes e Jurados.	473
Capitulo 2.	Das attribuições dos Empregados do M. P.	475
Capitulo 3.	Das attribuições dos outros Empregados de Justiça	476
TITULO VI.	*Dos ordenados dos Empregados de Justiça, e dos meios de serem pagos em dia.*	477
TITULO VII.	*Da estabilidade dos Empregos de Justiça e direitos dos empregados, á sua promoção, condecorações e aposentação*	479
TITULO VIII.	*Disposições geraes*	480

536 • Direito Processual Penal

LIVRO SEGUNDO.
Do Processo nas Causas Civeis. 485

TITULO I.   *Da averiguação dos factos occorridos, de que resultão os Direitos.* 485
CAPITULO 1.   Da Exposição da pertenção do Autor 485
CAPITULO 2.   Da citação do Reo. 487
CAPITULO 3.   Da tentativa de conciliação. 488
CAPITULO 4.   Da sentença provisoria dos casos urgentes, ou de Justiça manifesta. 489
CAPITULO 5.   Da Resposta do Reo á Exposição da pertenção do Autor. 490
CAPITULO 6.   Da Replica e da Treplica. 491
CAPITULO 7.   De algumas disposições relativas á Resposta do Reo,
                Replica e Treplica. 491
CAPITULO 8.   Da Reconvenção do Reo. 493
CAPITULO 9.   Do Estabelecimento da questão. 493
CAPITULO 10.   Dos actos preparatorios do Jury. 494
CAPITULO 11.   Da investigação dos factos essenciaes controversos,
                e decisão sobre a sua existencia. 495
TITULO II.   *Da declaração Judicial dos Direitos que resultarão*
                dos factos ocorridos. 499
CAPITULO I.   Da Sentença do Juiz de Direito. 499
CAPITULO 2.   Da Appellação. 499
CAPITULO 3.   Da Revista. 503
TITULO III.   *Da designação Judicial dos factos necessarios*
                para satisfazer os direitos. 504
TITULO IV.   *Como se há de fazer praticar os factos necessarios*
                para satisfazer os direitos. 505
CAPITULO 1.   Quando os factos forem de tal natureza que so possão
                ser praticados pelo Executado. 505
CAPITULO 2.   Quando os factos podem ser praticados por pessoa differente
                do Executado. 505
CAPITULO 3.   Quando os factos consistirem em o Executado entregar
                certa quantia de dinheiro ao Exequente. 506
CAPITULO 4.   Dos meios de evitar, ou pelo menos de diminuir,
                as execuções forçadas. 508
TITULO V.   *Dos factos essenciais supervenientes.* 509
TITULO VI.   *Das epocas em que hão de ter logar os differentes actos*
                do Processo civil. 510
TITULO VII.   *Do Processo nas causas de pouco valor.* 513
TITULO VIII.   *Dos actos estranhos á ordem do Processo.* 514

LIVRO TERCEIRO.
Do processo nas Causas Crimes. 515

TITULO I.   *Disposições geraes.* 515
TITULO II.   *Da participação dos delictos ao M. P.* 515
TITULO III.   *Das subsequentes e immediatas averiguações do M. P. para obter*
               as necessarias informações, tanto ácerca dos delictos como
               dos delinquentes. 516
TITULO IV.   *Da prisão dos delinquentes em flagrante delicto,*
               ou quando for necessaria para assegurar a inflicção da pena. 517
TITULO V.   *Do libello accusatorio, da defesa do Reo, e dos actos*
               preparatorios do Jury. 518
TITULO VI.   *Do julgamento das causas crimes.* 519
TITULO VII.   *Dos recursos.* 522
TITULO VIII.   *Da execução do Julgado nas causas crimes.* 522
TITULO IX.   *Das epocas em que hão de ter logar os differentes actos*
               do processo criminal. 522
TITULO X.   *Do processo nos delictos de pouca gravidade.* 523
TITULO XI.   *Do processo nos delictos commettidos pelos Empregados*
               de Justiça, ou contra os Empregados de Justiça, no exercicio
               de suas attribuições. 525

LIVRO QUARTO... 527

Appendix 529

Índice

Preâmbulo 7

Introdução 9

I - Projecto Mello Freire 11

II - Projecto Forjaz Sampaio 207

III - Projecto Giovanni Carmignani 239

IV - Projecto Corrêa Telles 341

V - Projecto Joaquim Sant' Ana 431